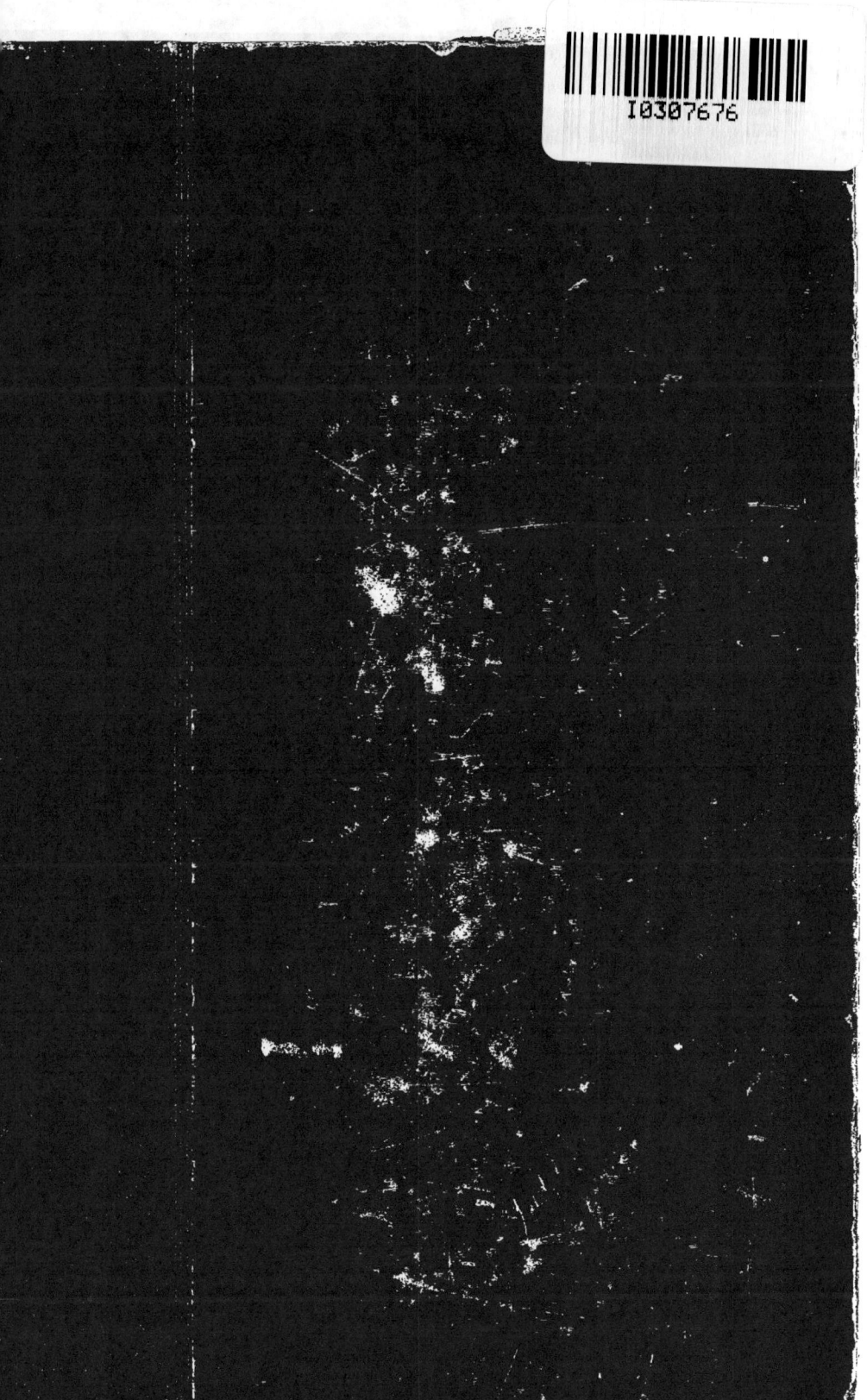

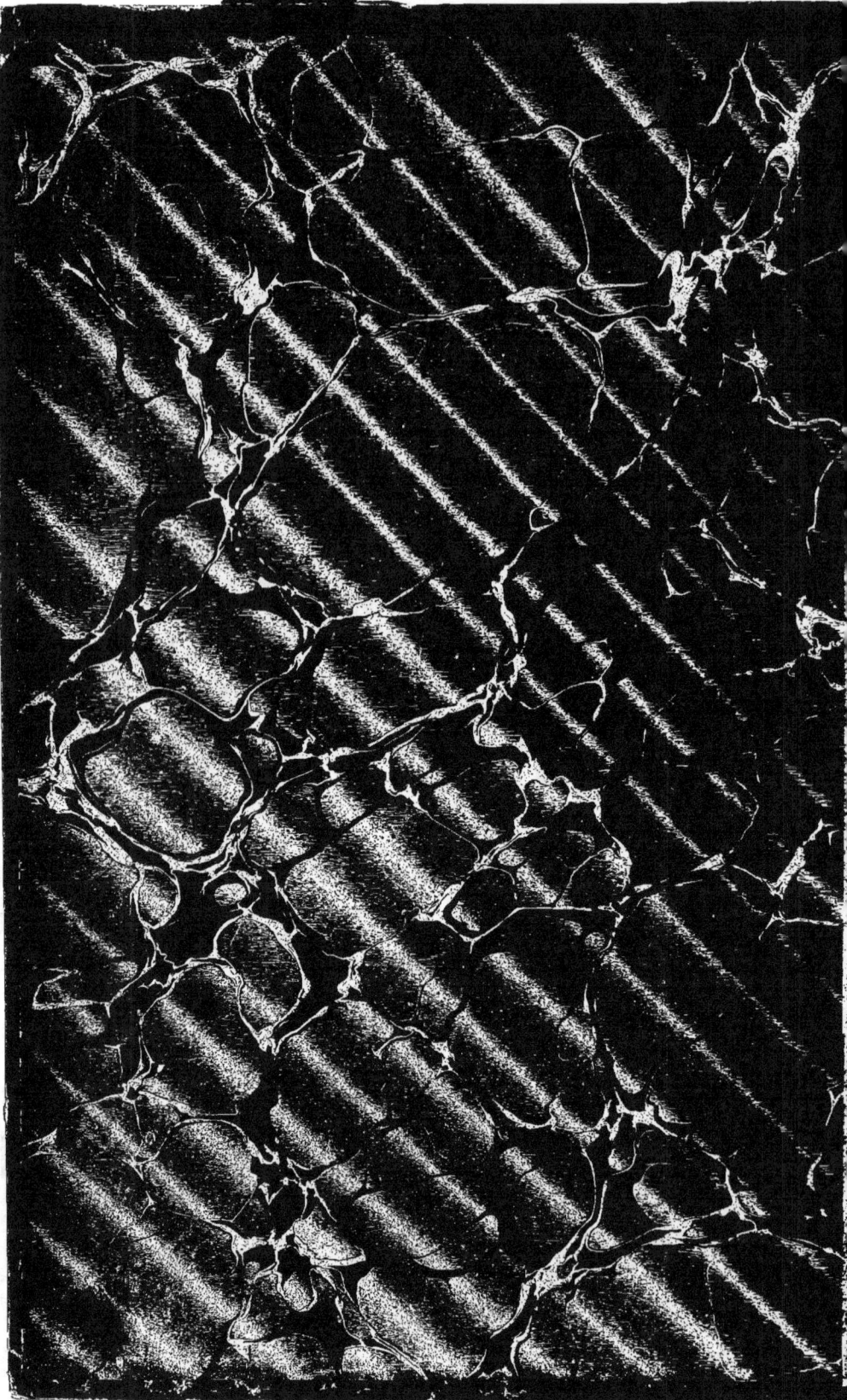

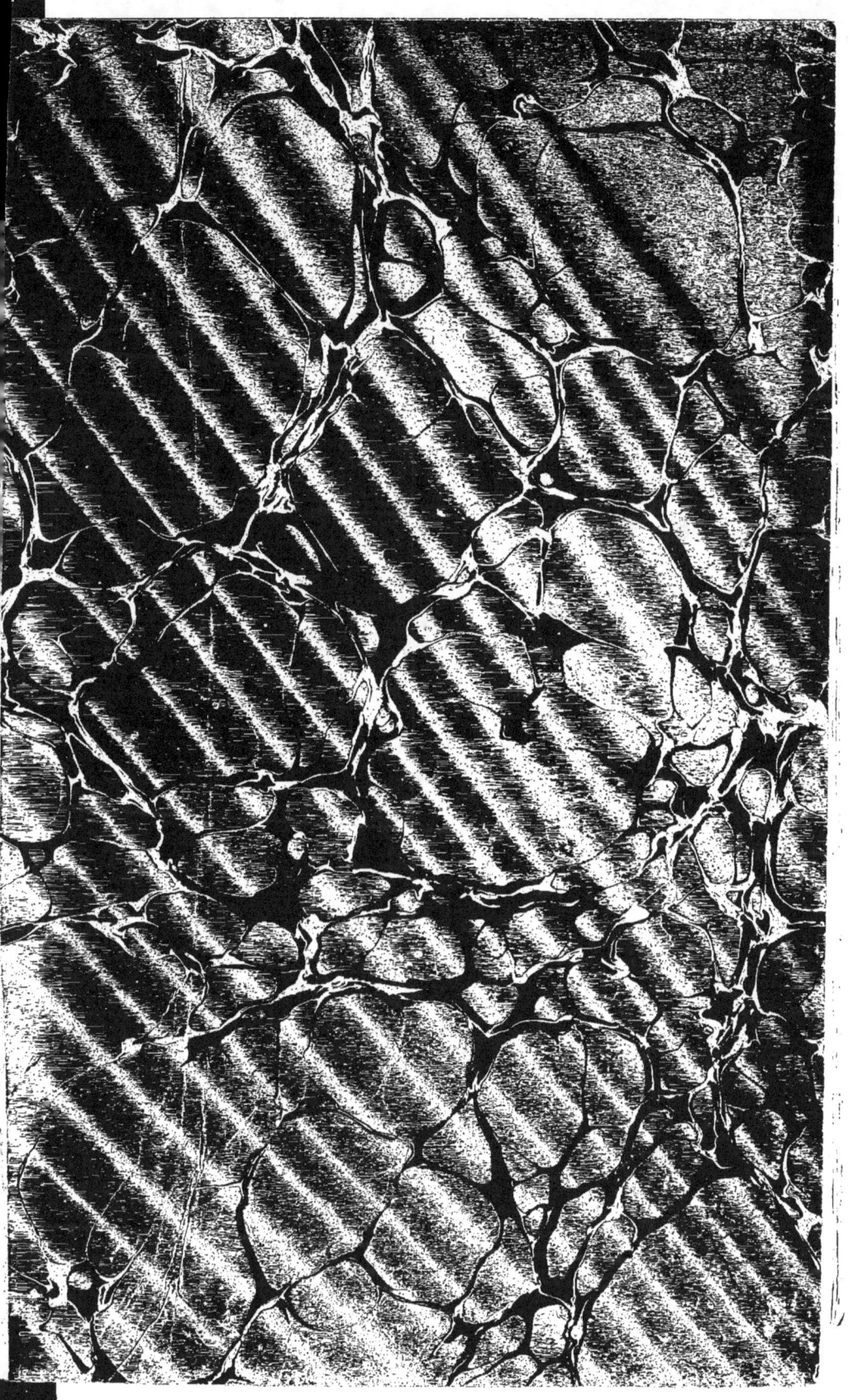

LA CHALOTAIS

ET

LE DUC D'AIGUILLON

CORRESPONDANCE

DU

CHEVALIER DE FONTETTE

PUBLIÉE PAR

HENRI CARRÉ

PROFESSEUR D'HISTOIRE A LA FACULTÉ DES LETTRES DE POITIERS

———·◊·———

PARIS
ANCIENNE MAISON QUANTIN
LIBRAIRIES-IMPRIMERIES RÉUNIES
7, RUE SAINT-BENOIT, 7
MAY ET MOTTEROZ, DIRECTEURS

1893

LA CHALOTAIS

ET

LE DUC D'AIGUILLON

DU MÊME AUTEUR :

Le Parlement de Bretagne après la Ligue. — Un volume in-8º,
prix broché.. .... 7 fr. 50

Recherches sur l'administration municipale de Rennes, au
temps de Henri IV. — Un volume in-8º, prix broché...... 3 fr.

La France sous Louis XV. — Un volume in-8º, prix broché.... 4 fr.

LA CHALOTAIS

ET

LE DUC D'AIGUILLON

CORRESPONDANCE

DU

CHEVALIER DE FONTETTE

PUBLIÉE PAR

Henri CARRÉ

PROFESSEUR D'HISTOIRE A LA FACULTÉ DES LETTRES DE POITIERS

PARIS
ANCIENNE MAISON QUANTIN
LIBRAIRIES-IMPRIMERIES RÉUNIES
7, RUE SAINT-BENOIT, 7
MAY ET MOTTEROZ, DIRECTEURS

1893

LA CHALOTAIS

ET LE

DUC D'AIGUILLON

---o---

I

LES IDÉES REÇUES SUR MM. DE LA CHALOTAIS ET D'AIGUILLON.
LA CORRESPONDANCE FONTETTE

Les documents rassemblés ici sont des lettres que leurs auteurs ne destinaient pas à la publicité. Ils intéressent M. de La Chalotais et le duc d'Aiguillon. Nous les devons à un personnage peu connu de nos jours, M. le chevalier de Fontette, maréchal de camp aux armées de Louis XV(1).

(1) Le chef de la famille de Fontette fut Claude Févret, avocat à Semur en Auxois (1383). Son dixième descendant fut Charles-Marie Fevret, seigneur de Fontette, Saint-Mesmin, Godau, conseiller au parlement de Dijon, né en 1710, mort en 1772. C'est l'auteur de la 2e édition de la *Bibliothèque historique* (1778, 5 vol. in-f°) Au commencement du quatrième volume on trouve son *Éloge*, écrit par M. Dupuy, secrétaire perpétuel de l'Académie des inscriptions et belles-lettres. On y lit, p. xiv :
« Il a laissé... dans la robe un fils, aussi conseiller au parlement de Dijon,...
« dans l'épée, M. le chevalier de Fontette, aujourd'hui maréchal de camp, qui,
« dans un service de quarante et un ans, a signalé son mérite dans l'art mili-
« taire. »
Le chevalier de Fontette (Jean-Baptiste-Antide Fevret) est le personnage qui nous occupe. Il est né à Dijon le 27 décembre 1713; il y est mort au mois de jan-

Il est communément admis que le procureur général de La Chalotais, après avoir joué un rôle décisif dans la condamnation des jésuites (1761-1762), fut sacrifié à leur vengeance ; et l'on croit que le duc d'Aiguillon, lieutenant général commandant en Bretagne, fut l'instrument dont les jésuites se servirent pour frapper l'auteur des célèbres *Comptes-rendus*. Jeté en prison (11 novembre 1765), et relégué hors de sa province (22 décembre 1766), sans avoir été juridiquement convaincu d'aucun crime, M. de La Chalotais passa pour une des victimes illustres du pouvoir arbitraire. Invité par le roi à constituer un parlement, quand l'ancienne magistrature bretonne venait de se démettre (22 mai 1765), M. d'Aiguillon fut bientôt après chargé de contenir une assemblée d'états qui pouvait protester contre les actes du pouvoir (29 décembre 1766, 23 mai 1767) ;

vier 1796. Il n'avait pas voulu émigrer. Il ne s'était pas marié. On voit par les almanachs royaux de 1766 et de 1771 qu'il était devenu brigadier d'infanterie le 25 juillet 1762, et maréchal de camp le 3 janvier 1770. Il est l'oncle du onzième descendant direct de Claude Févret, Bénigne-Charles, né en 1739, mort en 1802, marié à Marie-Victoire de Motmans, créole célèbre par sa beauté.

Bénigne-Charles eut pour fille Etiennette-Antide-Sophie, née en 1771, morte en 1835, mariée en 1795 à Jacques-Gabriel-Olive Leclerc de Juigné, capitaine de cuirassiers, aide de camp de Napoléon I. C'est par elle que les papiers du chevalier de Fontette passèrent dans la famille de Juigné. Son fils unique, M. le baron de Juigné, capitaine d'état major, est mort le 4 mai 1866. Il avait épousé Mlle Raufer de Bretenières, qui a fait don à la bibliothèque de la ville de Dijon de toutes les pièces formant aujourd'hui le fonds de Juigné (1872-1886). Ces derniers renseignements nous ont été fournis par M. le conservateur Quignard, à qui nous adressons nos remerciements sincères.

La correspondance du chevalier de Fontette forme à la bibliothèque de Dijon quatre manuscrits in-4°. Ils sont inscrits au catalogue général sous les n°[s] 1427, 1429, 1430 et 1431. Les lettres y sont rangées par noms de correspondants; nous avons préféré les soumettre à l'ordre chronologique, pensant qu'elles feraient ainsi une sorte d'exposé narratif des événements.

Une autre famille avait pris le nom terrien de Fontette. C'est la famille d'Orceau. Un maître des requêtes, du nom de François-Jean d'Orceau, chevalier, seigneur et baron de Fontette, fit baptiser un fils à Saint-Sulpice, à Paris, le 12 janvier 1766. (*Notes prises à l'état civil de Paris* par le comte de Chastellux. Paris, 1875, in-8°, p. 461.) Le *Journal des événements qui ont suivi l'acte de démission...*, 1766, in-12, a confondu les deux familles de Fontette, et fait du commandant du château de Saint-Malo un Orceau au lieu d'un Févret (p. 23).

et il fut considéré comme l'agent tyrannique et hautain du cabinet de Versailles.

Les historiens sont tombés d'accord pour faire de M. de La Chalotais un homme dont la vie privée fut des plus honorables ; à qui toute sa famille donna des marques irrécusables de son affection et de son dévouement. C'est à leurs yeux un magistrat pénétré des devoirs de sa charge, et prêt à leur tout sacrifier ; un parlementaire qui aurait voulu limiter les abus de la monarchie absolue ; un janséniste convaincu ; et, pour parler le langage du xviiie siècle, un grand « patriote ». Ils ont pensé que les crimes dont il fut accusé n'étaient que des inventions de la jalousie et de la haine ; ils ont nié qu'il eût pris part à un complot contre le gouvernement ; ils ont nié qu'il eût écrit des billets anonymes attentatoires à la majesté royale. Ils ont vu dans ses juges des ennemis personnels, des partisans ou des créatures de ses ennemis. Ils l'ont suivi dans les prisons, et l'ont montré soumis à une détention des plus rigoureuses ; les officiers généraux chargés de sa personne n'auraient été que de vulgaires geôliers, les plus durs d'ailleurs qui se pussent rencontrer.

Très sévère est le jugement porté d'ordinaire sur le duc d'Aiguillon, commandant de Bretagne. On ne voit pas qu'il puisse l'être davantage. Il est rare qu'un historien se risque à faire valoir en faveur de ce personnage quelque circonstance atténuante. Et, s'il est question de son rôle dans les affaires La Chalotais, chacun le condamne sans réserves, tant il est universellement tenu pour vrai que, parmi les persécuteurs du grand magistrat, il fut le plus coupable. Poussé par des rancunes personnelles, il aurait demandé et obtenu son arrestation ; il aurait contre lui secrètement dirigé toute l'instruction de son procès ; il aurait tenu en main tous les fils de la procédure. Ses agents auraient intimidé les témoins favorables à l'accusé, et suggéré aux autres des témoignages calomnieux. Sa haute situation, son influence l'auraient mis à même de dicter leurs décisions aux juges.

Voilà pour l'homme vindicatif et haineux qui sacrifie toute justice à l'intérêt de ses vengeances. Quant au commissaire, tenant la place du roi dans une assemblée d'états convoquée au moment même où La Chalotais part pour l'exil, il est traité couramment d'ennemi de la noblesse. Il veut détruire les franchises des grands. Il est aussi l'ennemi de la province, puisqu'il s'en prend à ses vieux privilèges. Sans cesse il se préoccupe d'amener les Bretons à supporter de nouvelles charges ; et le génie fiscal de la monarchie trouve en lui un de ses hardis représentants. Il achemine un pays d'états comme la Bretagne vers la condition d'un pays d'élection. Aussi bien dit-on volontiers que la Bretagne tout entière s'indigne contre son despotisme, et que la prodigieuse haine dont il devient l'objet fournit un aliment de plus à la popularité de La Chalotais (1).

(1) Michaud, *Biographie universelle, ancienne et moderne*. Paris, 1811-1849, 82 vol. in-8°, t. VII, art. *Chalotais*, et art. *d'Aiguillon*. — Hœfer, *Nouvelle biographie générale*. Paris, 1854-1870, 46 vol. in-8°, t. XXXVIII, art. *La Chalotais*, art. *d'Aiguillon*. — Lacretelle (de), *Histoire de France pendant le XVIII° siècle*, 6 vol. in-8°, 1812, t. IV, pp. 113 et suiv. — Sismondi, *Histoire des Français*. Paris, 1821-1844, 31 vol. in-8°, t. XXIX, pp. 322 et suiv. — Michelet, *Histoire de France*, Paris, 1871-1874, 17 vol. in-8°, t. XVII (Louis XV et Louis XVI), pp. 120 et 121. — H. Martin, *Histoire de France*. Paris, 1864-1872, 17 vol. in-8°, t. XVI, pp. 239 240. — Dareste, *Histoire de France*. Paris, 1874-1879, 9 vol. in-8°, t. VI, p. 571. M. Dareste est bien moins affirmatif contre le duc d'Aiguillon. — Jobez, *la France sous Louis XV*. Paris, 1873, 6 vol. in-8°, t. VI, pp. 260, 261, etc. — Lucas (Hippolyte), *Revue de Bretagne*, t. III, 3° livraison, 1833, art. *La Chalotais*. — Ducrest de Villeneuve, *Histoire de Rennes*. Rennes, 1845, in-8°, pp. 377, 380, 381, 383, 394. — Pitre-Chevalier, *la Bretagne ancienne et moderne*, 1844, in-8°, p. 619. — Ogée et Marteville, *Dictionnaire historique de Bretagne*. Rennes, 1843-1853 2 vol. in-8°, art. *Rennes*. — Le Vot, *Biographie bretonne*, 1852-1857, 2 vol. grand in-8°, t. II, art. *La Chalotais*, par M. Marteville, pp. 65 et suiv. — De Carné, *les Etats de Bretagne et l'administration de cette province jusqu'en 1789*. Paris, 1868,

LA CHALOTAIS ET LE DUC D'AIGUILLON

Dans la façon dont on apprécie les événements de Bretagne, il entre une grosse part d'illusion, et cela provient de ce que les documents consultés le plus souvent reflètent les passions d'un parti. De 1765 à 1768, beaucoup de brochures et de livres ont été publiés pour remuer les parlementaires, les jansénistes, les philosophes, les gentilshommes bretons, même certains courtisans. Tous ces écrits de polémique étaient répandus par les amis de M. de La Chalotais, ou, si l'on veut, par les coteries d'opposition que l'affaire du procureur général groupait dans une action commune. Ils furent d'autant plus puissants sur l'opinion qu'il ne se trouva ni presse officielle, ni presse modérée, pour faire campagne contre eux. Les hommes du temps s'habituèrent à ne juger MM. de La Chalotais et d'Aiguillon que d'après des libelles, et l'histoire est encore l'écho de leurs opinions (1).

2 vol. in-8°, t. II, pp. 157, 158, 177, 181, 183, 189, 191 et suiv., 198, 201 et suiv. M. de Carné a nié l'influence des Jésuites dans les affaires La Chalotais. Il a entrepris tout à la fois de faire le panégyrique de La Chalotais, et de décharger les Jésuites de tout soupçon. — Du Châtellier, *Histoire de la Révolution dans les départements de l'ancienne Bretagne*, 6 vol. in-8°, t. I, pp. 5 et suiv., 9 et suiv. M. du Châtellier fait valoir quelques circonstances atténuantes en faveur du duc d'Aiguillon. — Bossard (l'abbé), *le Parlement de Bretagne et la royauté (1765-1769), Procès de La Chalotais.* Paris, 1882, in-8°. — Letourneux, *Essai sur La Chalotais* (Discours de rentrée à la cour de Rennes), 1837, broch. in-12 de 20 pages, *passim*. — Bonnet, *La Chalotais, son caractère et ses idées*. Rennes, 1882, in-8° de 73 pages, *passim*. — Pocquet (Barthélemy), *l'Opposition aux états de Bretagne; la tenue de 1760.* Vannes, 1892, 33 pages in-8°, *passim*. M. Pocquet n'est pas systématiquement hostile au duc d'Aiguillon. — Floquet, *Histoire du parlement de Normandie*, 7 vol. in-8°, t. VI, p. 526. — Foisset, *le Président de Brosses ; Histoire des lettres et des parlements au XVIII° siècle.* Paris, 1842, in-8°, pp. 287 et suiv., 294, 295, 296. — Cabasse, *Essais historiques sur le parlement de Provence* Paris, 1826, 3 vol. in-8°, t. III, pp. 407 et 408. — Dubedat, *Histoire du parlement de Toulouse.* Paris, 1885, 2 vol. in-8°, t. II, p. 593. — Vatel, *Histoire de Mme du Barry*. Paris, 1882-1883, 3 vol. in-12, t. I, pp. 373 et suiv., p. 381. M. Vatel est très favorable au duc d'Aiguillon. — Cf. Plaidoyers des avocats Bernard, Berryer fils et Hennequin dans l'affaire du journal *l'Etoile* (1826). V. le *Recueil complet du procès intenté par les héritiers de M. de La Chalotais, ancien procureur général du parlement de Bretagne, contre les éditeurs du journal dit l'Etoile*. Rennes, 1826, in-8° de 103 pages.

(1) *Journal des événements qui ont suivi l'acte des démissions des officiers du parlement de Bretagne, souscrit le 22 mai 1765*, in-12 de 156 pages, suivi

Quel fut donc en réalité le rôle du gouvernement et de l'administration si violemment attaqués en Bretagne, il y a plus d'un siècle ? Ce ne sont pas des documents imprimés qui peuvent le dire. Quelques arrêts du conseil ou quelques mémoires judiciaires seraient, pour nous éclairer, aussi insuffisants que les écrits de l'opposition. Mais il subsiste des pièces manuscrites et confidentielles, des lettres intimes où l'on trouvera la défense du parti d'Aiguillon opposée enfin aux accusations du parti contraire. Peut-être y découvrira-t-on la vérité sur des faits qui ont longtemps passionné une grande province.

d'un supplément de 31 pages, 1766. — *Procès instruit extraordinairement contre M. de Caradeuc de La Chalotais*, etc., éd. de 1768, 3 vol. in-12, et éd. de 1770, 4 vol. in-12. — *De l'affaire générale de Bretagne, depuis l'origine des difficultés jusqu'à la clôture des états ouverts le 29 décembre 1766*; 1767, in-12 de 141 pages. — *Lettre d'un gentilhomme breton à un noble espagnol, où l'on découvre les vrais auteurs des troubles qui affligent la Bretagne*, 2e éd., corrigée et augmentée considérablement. Rennes, François Vatar, 1768, in-12 de 110 pages. *Deuxième lettre d'un gentilhomme breton... Troisième lettre... où l'on rend compte de quelques arrêts rendus par le prétendu parlement de Bretagne, non moins iniques que celui du 5 mai, au sujet des assemblées clandestines des Jésuites et leurs affiliés*, etc., 1768, in-12 de 122 pages. — *Procédure de Bretagne*, 2 vol. in-4° de 208 et 71 pages, avec tableaux résumant les faits et les preuves. — *Procédures faites en Bretagne devant la cour des pairs en 1770, avec des observations*. 1770, 2 vol. in-12. — *Tableau chronologique des lettres de cachet distribuées, et des actes violents du pouvoir absolu excités en Bretagne depuis la signature de l'acte de démission, du 22 mai 1765*, s. l. n. d., in-12 de 8 pages. — *Témoignages des différents ordres de la province de Bretagne, sur la nécessité de rétablir le parlement de Rennes dans son universalité*; s. l. n. d., 83 pages in-12. — *Tableau des assemblées secrètes et fréquentes des jésuites et leurs affiliés à Rennes*, nov. 1766 et mai 1767. On trouve ce tableau reproduit dans la *Correspondance de Fontette* et dans la *Procédure de Bretagne*, t. I, pp. 40 et suiv. — *Observations sur l'imprimé intitulé Réponse des états de Bretagne au Mémoire du duc d'Aiguillon*. Paris, 1771, in-4°, chaque page est divisée en deux colonnes ; dans celle de gauche est le texte de la *Réponse des états*; dans celle de droite sont les *Observations* de Linguet. — *Recueil des pièces, actes, lettres et discours de félicitations à l'occasion du rappel de l'universalité des membres du parlement de Bretagne au 15 juillet 1769*. 1770, in-12. *Commentaire de la liste imprimée de NN. SS. du parlement*, 1767-1768, br. de 18 p. in-12, s. l. n. d.

Mémoires de M. de La Chalotais, procureur général au parlement de Bretagne, petit in-12 de 80 pages, s. l. n. d. Le premier mémoire finit à la page 39; le second à la page 68. De la page 69 à la page 80 se trouve une *Addition* au second mémoire. — *Troisième mémoire de M. de La Chalotais, procureur général au parlement de Bretagne*; s. l. n. d., in-12 de 71 pages. — *Sixième développement de la requête qu'a fait imprimer M. de Calonne, ex-ministre, réfugié en*

La correspondance du chevalier de Fontette nous a paru mériter d'être publiée, comme offrant un double intérêt : Elle raconte l'histoire de la captivité de M. de La Chalotais à Saint-Malo et à Rennes ; elle montre le duc d'Aiguillon aux prises avec tous ceux qui se réclament du procureur général.

M. de Fontette est né à Dijon, le 27 décembre 1713. Il appartient à la vieille famille parlementaire dont il porte le nom. Bien que ses parents fussent gens de robe, il embrassa le métier militaire et s'y distingua. A vingt ans il assistait aux batailles de Parme et de Guastalla (1734). A trente-cinq il était chargé d'une mission en Corse par M. de Chauvelin (1748). Le maréchal de Richelieu le considérait comme le plus intelligent officier qui fût sous ses ordres.

M. de Fontette parut en Bretagne en 1756. Deux ans plus tard il y remplit les fonctions de maréchal général des logis « près des troupes employées à la défense des côtes ». En 1764, il fut régulièrement commissionné comme tel. Au mois de janvier 1766, il reçut le commandement du château

---

Angleterre, où le sieur Calonne, ex-procureur général de Douai, maître des requêtes et procureur général de la commission extraordinaire érigée en 1765 et 1766 à Rennes et à Saint-Malo, dénoncé à la nation française et à la postérité, et pris à partie par l'ombre de feu M. de La Chalotais, procureur général au parlement de Bretagne. Londres, 1787, in-8° de xxx, 183, 32 pages. — *Mémoire présenté au Roi par Louis-René de Caradeuc de La Chalotais et Jacques-Raoul de Caradeuc, procureurs généraux, Picquet de Montreuil, Louis Charette de La Gascherie, Louis-François Charette de La Colinière et Jean Euzenou de Kersalaün,* 1766, in-4° de 43 pages. — *Requête présentée au Roi...* (par les mêmes, pour le supplier de retirer les lettres patentes du 5 juillet), le 12 août 1765. Paris, 1766, in-4° de 32 pages. — *Mémoire au Roi...* (par M. de La Colinière), in-4° de 60 pages. — *Requête au Roi...* Paris, imp. Simon, 1767, in-4°. — *Mémoire adressé au Roi* (par M. de Bégasson), 1767, in-4° de 18 pages. — Cf. *Mémoires secrets pour servir à l'histoire de la République des lettres depuis 1752 jusqu'à nos jours.* Londres, 1777-1789, 36 vol. in-12, t. III, *passim.* — Moufle d'Angerville, *Vie privée de Louis XV.* Londres, 1788, 4 vol. in-12, t. IV, *passim.* — Voltaire, éd. Garnier, t. XLII, {p. 100; t. XLIV, pp. 369, 383, 404, t. XLVII p. 281; — éd. Beuchot, t. LXIII, pp. 264, 272. — Bezenval (baron de), *Mémoires* Paris, 1821, 2 vol. in-8°, t. I, pp. 362 et 363.

de Saint-Mâlo (1). On venait d'y incarcérer les procureurs généraux du parlement de Bretagne alors dispersé, MM. de La Chalotais et de Caradeuc, le père et le fils (2) ; et aussi MM. de Charette de La Gascherie et de La Colinière, MM. de Montreuil et de Kersalaün, conseillers au même parlement, tous accusés de conspiration contre l'état (3). Ayant dès lors la haute surveillance sur ces prisonniers politiques, M. de Fontette s'intéressa à tout ce qui les concernait. Comme il était de famille parlementaire, il y avait des chances pour qu'il ne leur fût pas systématiquement hostile. Son âge était une garantie contre des entraînements irréfléchis (4).

Il fut nécessairement très au courant de tout ce qui se passait en Bretagne ; et ses informations se retrouvent dans sa vaste correspondance. Sans compter les parents des prisonniers, qui abusèrent étrangement de sa galanterie, il eut pour correspondants le général vicomte de Barrin, le comte de La Noue, inspecteur général des garde-côtes, l'avocat général Le Prêtre de Chateaugiron, le conseiller de Quehillac, d'autres encore. Mais les lettres les plus intéressantes sont ici les siennes et celles du comte de La Noue. MM. de

---

(1) Bibl. de Dijon. Fonds de Juigné. *Fatras généalogique*, t. VII, f°° 35, 36, 50, 51, 52; t. XV, f°° 3 et suiv.

(2) M. de La Chalotais avait cédé son office à son fils par acte du 18 décembre 1763. Les lettres de provision du 20 décembre de la même année portent que le père exercera ses fonctions concurremment avec le fils, mais elles attribuent à ce dernier tous les gages, émoluments et appointements. M. de Caradeuc a été reçu le 24 juin 1764. (Archives de la cour d'appel de Rennes. *Registres secrets* du parlement.)

(3) MM. de La Chalotais et de Caradeuc, son fils, avaient d'abord été incarcérés auprès de Morlaix, au château du Taureau; MM. de Charette, de La Gascherie et Picquet de Montreuil, au mont Saint-Michel; M. de Charette de La Colinière, au château de Nantes; M. de Kersalaün, non arrêté d'abord, s'était vu saisir récemment en Basse-Bretagne et conduire tout droit à Saint-Mâlo. *Journal des événements qui ont suivi l'acte de démission des officiers du parlement de Bretagne*, pp. 25, 26 et 27. Cf. Bossard, *le Parlement de Bretagne et la royauté* (1765-1769) : *Procès de La Chalotais*. Paris, 1882, in-8°. — De Carné, *les États de Bretagne*, t. II, *passim*.

(4) Il avait alors cinquante-deux ans.

La Noue et de Fontette étaient des amis du duc d'Aiguillon, et ils furent instruits par lui de beaucoup de choses. Quand ils résidaient à Rennes, ils savaient d'ailleurs ce qui se passait à l'intendance. A un moment donné, Fontette est à Rennes, et La Noue à Versailles. Ils se racontent sur l' « affaire de Bretagne » tous les bruits de la province, tous ceux de Paris et de la cour. M. de La Noue a des attaches dans le personnel des bureaux des ministres ; et l' « affaire de Bretagne » est alors le gros souci du gouvernement.

Les correspondants de M. de Fontette sont, pour la plupart, des Bretons. S'ils comptent parmi ceux qui tiennent pour le duc d'Aiguillon, leurs lettres ont du moins ce grand avantage de ne pas être des écrits de polémique. Nous avons d'ailleurs, le plus souvent possible, contrôlé leurs assertions avec les documents que possèdent nos dépôts publics, à Rennes et à Paris.

On regrettera que notre correspondance s'ouvre seulement au début du mois de mars 1766, environ quatre mois après l'arrestation de M. de La Chalotais. Les manuscrits Fontette ne contiennent pas de pièces politiques portant une date antérieure. Il n'y faut donc rien chercher sur les opérations de la chambre royale de Saint-Malo, qui fut chargée de juger La Chalotais avant que d'Aiguillon eût pu former à Rennes un nouveau parlement. De même, on n'y trouve plus rien sur la Bretagne, vers la fin de l'année 1768. M. de Fontette est parti pour la Corse.

Comme un grand nombre de familles bretonnes devaient ici attirer l'attention, il nous a paru nécessaire de rassembler sur elles quelques notes précises. Pour ce travail, nous avons eu recours à un homme que ses recherches d'érudition locale préparaient à nous venir en aide, M. Saulnier, conseiller à la cour d'appel de Rennes. Depuis plus de trente ans, M. Saulnier s'est consacré à l'étude des généalogies bretonnes. Il a eu entre les mains beaucoup de papiers conservés par les familles parlementaires. Il a dépouillé les registres de paroisses et les registres d'état civil concernant ces familles. Il nous a libéralement ouvert ses cartons. C'est pour nous un devoir de dire que les événements nous ont parfois paru expliqués par les détails biographiques qu'il nous communiquait. Il nous a confié des lettres de famille qui nous ont paru fort importantes.

Dans l'étude qui va suivre, on a tenté de montrer, sous un jour nouveau, le caractère, le tempérament, la tactique politique de MM. de La Chalotais et d'Aiguillon. On a insisté sur la captivité du procureur général; sur l'attitude prise par le tribunal que les contemporains flétrissaient du nom de bailliage d'Aiguillon. On s'est demandé si réellement le commandant de Bretagne fut l'ennemi de la noblesse, et l'agent servile d'un gouvernement despotique, ou s'il ne vaut pas mieux attribuer son discrédit à l'audace heureuse, à la ténacité d'un parti qui a su conquérir l'opinion, mais qui, sous couleur de patriotisme, n'a obéi qu'à de haineuses et basses passions.

II

M. DE LA CHALOTAIS; SON CARACTÈRE; SON TEMPÉRAMENT. — SON RÔLE COMME HOMME PUBLIC. — SA CAPTIVITÉ A SAINT-MALO ET A RENNES. — SES JUGES DANS LE BAILLIAGE D'AIGUILLON

Parmi les magistrats incarcérés le 11 novembre 1765, les procureurs généraux de La Chalotais et de Caradeuc attirèrent surtout l'attention du public, et l'on peut même dire que le premier la tint sur lui presque tout entière fixée.

A soixante-cinq ans, M. de La Chalotais était encore un homme violent et farouche, que sa détention rendit souvent intraitable pour quiconque l'approchait. Tout plein de l'orgueil de la robe, il montrait un grand mépris pour « le mi-« litaire », ne voulant voir en lui qu'un instrument de « des-« potisme ». Au château de Saint-Malo, et dans la prison des Cordeliers, à Rennes, il se trouva cependant sous la surveillance d'officiers généraux, en qui nous sommes portés à reconnaître des gentilshommes distingués et de politesse raffinée. Ils sont prêts à le satisfaire, dans les limites des instructions qu'ils ont reçues, et vont même au delà; ils le traitent avec les plus grands égards. Mais le prisonnier ne s'adoucit jamais (1).

Dans l'opinion que M. de Fontette se fait de M. de La Chalotais, on saisira les indices de certaines rancunes; et sans doute c'est là chose assez naturelle. Mais les événe-

---

(1) Correspondance Fontette, vicomte de Barrin à chevalier de Fontette, de Rennes, le 13 août 1766.

ments dont cet officier général entretient ses amis paraîtront quand même difficiles à nier; car il n'avait, en écrivant, aucun intérêt à mentir.

M. de Fontette raconte qu'il a pris sur lui d'autoriser une correspondance entre M. de La Chalotais et toute sa famille, sous la seule condition que les lettres lui seraient remises décachetées. Or, le prisonnier en profite pour lui « chanter pouille... par toutes les postes ». Il fait de lui un « barbare », un geôlier féroce, un homme qui n'a point d'amis, et n'en saurait avoir; enfin il déclare que c'est un « ogre » (1). M. de La Chalotais écrivait-il tout cela sérieusement? Je ne veux pas expliquer son intempérance de langage par une hypothèse appuyée sur l'affirmation de M. de Calonne, qui faisait, dit-on, du procureur général un homme livré à la boisson (2); les faits ne sont nullement prouvés, et, s'ils étaient vrais, il est bien probable qu'ils auraient laissé quelques traces dans la correspondance de M. de Fontette. Mais nous savons, à n'en pas douter, que les habitudes d'esprit de M. de La Chalotais le poussaient à ne jamais s'exprimer avec sang-froid, ni sur les choses politiques, ni sur les hommes qu'il estimait être ses ennemis. Les « militaires », dit-il, sont façonnés à l'obéissance passive, et par suite toujours prêts à frapper les citoyens, comme « dans un combat ». On leur fait « tenir « sans cesse le poignard levé contre leurs compatriotes ». Aussi ses persécuteurs l'ont-ils livré à la « soldatesque (3) »; et ce sont des soldats qui arrêtent ses mémoires et ses re-

---

(1) Corr. Font., Fontette à La Noue, de Saint-Malo, le 29 avril 1766; — *Ibid.*, à Mme de Caradeuc, de Saint-Malo, le 26 avril.
(2) *Journal des événements*, p. 70.
(3) *Troisième mémoire de M. de La Chalotais, procureur général au parlement de Bretagne*; s. l. n. d., in-12 de 71 pages, pp. 4 et 5.

quêtes, « la bayonette au bout du fusil (1) ». Voilà des échantillons du style qu'il prend quand il veut forcer la voix, dénaturer les faits ; et en voilà aussi de ce style déclamatoire qui fit fortune au xviii° siècle.

Ce n'est pas seulement la plume à la main que M. de La Chalotais maltraite les officiers « commis » par le roi pour son service. Il oublie qu'en plaçant de tels hommes à côté de lui on rend honneur à son état de magistrat. Il les maltraite, comme des inférieurs, comme les huissiers et gens du « bas palais », qu'il avait coutume de menacer « le bâton « haut ». Il en résulte que M. de Fontette renonce envers lui aux attentions dont il avait d'abord usé. Il les réserve pour MM. de La Colinière, de La Gascherie, de Montreuil, ou de Kersalaün, qui sont, dit-il, « les meilleurs gens du « monde ». M. de La Chalotais pourra faire venir ce qu'il voudra pour sa table (2) ; on lui donnera des livres ; on lui permettra de se promener jusqu'à deux fois par jour ; mais on se gardera de lui faire passer dorénavant les brochures intéressantes. M. de Fontette est si mécontent de son principal prisonnier qu'il ne veut voir en lui qu'un « fou », dont le public est dupe. La tête lui a tourné, dit-il, dès le jour où furent publiés ses fameux *Comptes-rendus* contre les jé-

---

(1) *Le sieur de Calonne dénoncé à la nation française et à la postérité, et pris à partie par l'ombre de M. de La Chalotais, procureur général au parlement de Bretagne.* Londres, 1787, in-8°. C'est le quatrième mémoire de M. de La Chalotais, p. 99.

Les traits principaux du caractère de M. de La Chalotais sont d'ailleurs nettement marqués dans une lettre que M. Le Pelletier de Beaupré, président de la commission de Saint-Malo, adresse au contrôleur général : « M. de La Chalotais, » y est-il dit, « conserve son esprit de hauteur, et même, dans certains moments, de « violence ». Archives nationales, H. 437 ; de Saint-Malo, le 12 février 1766.

(2) En six mois il dépensa pour sa nourriture, chez un restaurateur de Saint-Malo, 689 livres. Si l'on tient compte du pouvoir de l'argent vers 1766, on remarquera que le prisonnier était bien traité. (Arch. nat. H. 608. Etat de dépense.) Le contrôleur général des finances fit payer le restaurateur. (Arch. nat. H. 362, 25 nov. 1766.)

suites ; il s'en croit toujours l'auteur, et est peut-être le seul à ignorer que c'est d'Alembert qui les a faits (1).

M. de La Chalotais fut transféré de Saint-Malo à Rennes dans la nuit du 31 juillet au 1ᵉʳ août 1766. Il passa de la surveillance de M. de Fontette sous celle du vicomte de Barrin. Le comte de La Noue a raconté à Fontette la translation de son prisonnier et ses rapports avec le tribunal chargé de le juger. Son récit est fort animé, parfois impertinent pour le procureur général. Il le montre d'ailleurs sous des aspects plus variés que M. de Fontette, aussi violent par instants, mais plus souple, et maniant l'ironie avec une véritable supériorité. A Rennes depuis trois jours, le voici en présence du rapporteur de son procès, M. de **La Villebouquais**. Ils passent quelques heures ensemble. C'est le rapporteur qui paraît être l'accusé ; et l'on dirait de l'autre, à voir son air dégagé, qu'il se croit au parquet. L'accusé persifle le juge et le greffier. Se saisissant des fameux billets anonymes qu'on lui présente en original, il en fait ironiquement l'analyse. Le même jour, il veut voir le général de Barrin, et, quand il reçoit sa visite, il recom-

(1) Corr. Font., Fontette à La Noue, de Saint-Malo, le 29 avril 1766.
Cf. Sénac de Meilhan, *le Gouvernement, les mœurs et les conditions en France avant la Révolution*, éd. Poulet-Malassis, p. 400 : « Sa tête, qui n'était pas très « bonne, tourna... » Il n'est pas probable que d'Alembert soit l'auteur des *Comptes-rendus*, mais il ne serait pas impossible qu'il y eût collaboré. La Chalotais était en relations avec d'Alembert avant le procès des Jésuites. Lorsque d'Alembert publia, sans le signer, l'opuscule intitulé : *De la destruction des Jésuites en France*, il en fit parvenir un exemplaire à La Chalotais, par l'intermédiaire de Duclos, qui devait laisser deviner le nom de l'auteur. La Chalotais écrivit à d'Alembert pour le remercier, et d'Alembert lui répondit. Les deux lettres de Duclos et de d'Alembert, provenant de la bibliothèque de La Chalotais, vendue en 1827, ont été publiées par M. le conseiller Saulnier dans la *Biographie bretonne* de Levot (t. II, p. 79). Elles sont fort curieuses. La Chalotais fit relier l'exemplaire de la *Destruction* que lui avait envoyé Duclos avec un exemplaire de ses *Comptes-rendus*. Cf. Georgel (l'abbé), *Mémoires*. Paris, 1817, 6 vol. in-8°, t. I, pp. 61, 62 et 63. Georgel raconte une intéressante histoire d'où il résulterait que La Chalotais avait bien pu travailler sur des notes qui lui auraient été fournies, sans avoir vu en personne les documents qu'il invoquait dans ses *Comptes-rendus*.

mence à jouer avec son procès. Pour se justifier, il répète à Barrin tout ce que contiennent les *Mémoires* qui viennent de paraître sous son nom (1). Puis il rit des *Mémoires*, reconnaît qu'ils sont « plus récriminants que justificatifs », et « s'en « défend, comme une fille fait son pucelage ». Il rit de son arrestation, de toute la peine qu'on se donne pour lui trouver des crimes, et prétend avoir des indices sur les auteurs des billets anonymes (2).

Deux jours plus tard, il réclame son rapporteur, non plus pour le railler, mais pour l'accabler d'injures. Il est, dit-il, vendu à la cour et au duc d'Aiguillon ; et tous ses confrères sont aussi vendus. Déjà ils ont « argent en poche », pour l'iniquité qu'ils doivent consommer. Un secret dessein se cache sous ces violences. La Chalotais veut faire peur au parlement, pour obtenir des délais dans l'instruction de son procès, et tout montre qu'il y parvient sans peine (3).

Aux Cordeliers, il fut parfois plus doux, parfois plus violent encore qu'à Saint-Malo. Il eut des disputes terribles avec les officiers qui l'approchaient (4). Il en eut une avec l'intendant de Flesselles, où M. de La Noue fait d'autant mieux ressortir l'âpreté et l'impétuosité de son tempéra-

(1) Le premier mémoire de M. de La Chalotais est daté du 15 janvier 1766 ; le second du 17 février suivant. Ils auraient été écrits tous deux au château de Saint-Malo. Le *Journal des événements*, p. 140, mentionne leur apparition à la fin de juillet. On voit dans des lettres de M. de Saint-Florentin au duc d'Aiguillon et au procureur général de Villeblanche (Arch. Nat. O¹ 462, 21 et 23 juin 1766), que les deux premiers mémoires réunis en une seule brochure in-12 de 80 pages commencèrent à se répandre sourdement dès le mois de juin. Le ministre considérait comme probable qu'on les avait imprimés à Bordeaux. — La lettre de M. de Barrin, citée ci-dessus, nous pousse à croire que La Chalotais fut bien, comme il le prétendit plus tard, l'auteur des deux premiers mémoires.
(2) Corr. Font., La Noue à Fontette, de Rennes, le 4 août 1766.
(3) *Ibid.*, La Noue à Fontette, de Rennes, le 6 août 1766.
(4) *Ibid.*, Barrin à Fontette, de Rennes, les 4 août et 21 novembre 1765.

ment que M. de Flesselles offre avec lui le plus parfait contraste. La conversation fut entre eux, dit La Noue, « fougueuse, haute et impertinente, du côté du prisonnier », mais, « de la part de l'intendant, mesurée et monosyllabique (1) ».

Le jour où l'on vit M. de La Chalotais en proie à la plus grande fureur, ce fut peut-être le 20 août 1766. M. de la Villebouquais venait de lui refuser communication des dépositions des experts désignés pour faire la comparaison entre les billets anonymes et sa propre écriture. « Vous « êtes un coquin ! » lui avait-il crié « la rage dans les yeux ; « une âme vendue à Saint-Florentin ! Vous n'avez jamais eu « que le masque de la religion. — Vous, et tous les juges, « êtes des monstres, sectateurs de l'intendant, qui vous fait « bonne chère, et vous promet des grâces. Votre âme dure « et fausse ne s'est seulement pas émue à la lecture de mon « testament, cette pièce où, la mort sur les lèvres, j'ai dit « le vrai intérieur. Faites-moi donc venir le premier pré- « sident » (2) ! Et la scène continue sur ce ton.

Si l'on rapproche ces documents des lettres où M. de La Chalotais parle des hommes qu'il déteste, il est facile de constater que la passion l'entraînait presque toujours au delà du bon sens. Avant qu'il fût arrêté, il parlait et écrivait avec une imprudence que son âge et ses fonctions rendaient encore plus condamnables. Je ne dirai rien des lettres intimes, qui furent incriminées au procès, et dont la violence est par trop évidente (3); mais j'en citerai d'autres que, dans ce même procès, le procureur général se

---

(1) Corr. Font., La Noue à Fontette, de Rennes, le 19 septembre 1766.
(2) *Ibid.*, La Noue à Fontette, de Rennes, le 20 août 1766.
(3) *Procès instruit extraordinairement;* éd. de 1768, t. I, pp. 221 et suiv.

vanta d'avoir écrites. Mécontent du ministre chargé de la province de Bretagne, il déclarait au contrôleur général qu'il était prêt à publier les mémoires les plus amers contre son collègue. Voulant s'absenter de Rennes pour assister au mariage de sa fille, qui se faisait à la campagne, il affectait de n'en pas demander la permission à M. de Saint-Florentin ; et, chose plus grave, il écrivait encore au contrôleur général, pour dire qu'il aimerait mieux ne pas s'absenter que de s'adresser à son ennemi. Et c'était alors cet ennemi même qui lui envoyait la permission demandée (1).

Une lettre du comte de La Noue montre qu'en dehors du monde parlementaire la haute société jugeait sévèrement le procureur général de Rennes. Au mois de mars 1767, alors que ce magistrat, sorti de prison, était relégué à Saintes, M. de La Noue assistait à un dîner de trente-cinq personnes, chez le maréchal de Biron. Il y aurait vu tous les convives s'accorder à reconnaître que La Chalotais était une « tête chaude, sans cesse au delà du but » ; on se serait même fort élevé contre sa « méchanceté ». Et M. de La Noue affirme qu'il pourrait citer cent autres exemples du discrédit de La Chalotais. Le gros public pensait autrement que lui et les gens de son monde (2).

M. de Caradeuc offre avec son père quelques traits de ressemblance. La correspondance Fontette le représente comme moins emporté, mais plus inquiet. « Il tracasse » tous ceux qui l'approchent, jusqu'au domestique « qui a eu « la bonté de s'enfermer avec lui » ; et, dans sa désola-

---

(1) *Le sieur de Calonne dénoncé à la nation française et à la postérité...*, pp. 129 et 130.
(2) Corr. Font., La Noue à Fontette, de Paris, le 21 mars 1767.

tion, ce « pauvre diable » demande qu'on le jette au cachot (1).

M. de Caradeuc fait des scènes continuelles à l'officier que l'on a mis à sa disposition, lui parle avec « une hauteur », et un « mépris » insupportables (2). Une lettre de M. de Barrin paraît même faire allusion à un véritable pugilat où M. de Caradeuc aurait été surpris comme combattant, et où M. de Fontette aurait dû mettre le holà (3). Nous savons par ailleurs que son orgueil le poussait parfois jusqu'à se montrer brutal envers qui lui résistait. Les dépositions Beaudouin, Berthelot et Turquety, recueillies contre lui, et son propre interrogatoire subi à Saint-Malo, le montrent, à ce qu'il semble, fort clairement (4).

M. de Fontette fut en correspondance régulière avec Mme de Caradeuc, à peu près tout le temps que dura la captivité de son mari. Ses lettres ont naturellement une valeur particulière pour peindre le personnage dont elles parlent si souvent. On y voit que M. de Caradeuc découragea la bienveillance de son gardien, non seulement par ses violences, mais encore par le peu de soin qu'il eut de sa personne. Il demeurait indéfiniment vêtu d'une robe de chambre qui était dans le plus grand « délabrement » ; il s'obstinait à ne la point quitter, même pour ses promenades ; il ne se faisait la barbe que le dimanche ; et l'on

---

(1) Corr. Font., Fontette à La Noue, de Saint-Malo, le 29 avril 1766.
(2) Ibid., Fontette à Mme de Caradeuc, de Saint-Malo, le 25 mai 1766.
(3) Ibid., Barrin à Fontette, de Rennes, le 13 août 1766.
(4) Procès instruit extraordinairement, éd. 1768, t. I, pp. 104, 105, 106 et 133; t. II, pp. 215 et suiv. — M. de Caradeuc paraît avoir été peu intelligent; le duc d'Aiguillon et M. de Saint-Florentin l'avaient quelque temps écarté des fonctions de procureur général comme incapable. M. Le Pelletier de Beaupré écrivit de Saint-Malo à M. de L'Averdy qu'il était « le plus ingénu des prisonniers », et « plus bête « que méchant ». (Arch. nat. H. 439, 12 fév. 1766.)

voit, à travers les réticences de M. de Fontette, qu'il négligeait les soins de la plus vulgaire propreté (1).

La correspondance Fontette contient beaucoup moins de renseignements sur les opinions religieuses de La Chalotais que sur sa personne. Certaines lettres pourtant sont assez explicites pour confirmer l'idée qu'il était déjà permis de s'en faire, d'après Voltaire et d'Alembert. Il semble hors de doute que le plus célèbre des magistrats hostiles aux jésuites n'était pas lui-même de doctrines jansénistes (2). Si La Chalotais eût été janséniste, comment admettre que les philosophes, ses correspondants, se fussent montrés assez mal appris pour railler et flétrir ses coreligionnaires, en lui écrivant à lui-même? C'était au xviiie siècle une opinion régnante, et vraie d'ailleurs, que la condamnation des jésuites avait été prononcée parce que la masse de la magistrature était janséniste; et d'Alembert disait des magistrats : « Ce sont des fanatiques qui en égorgent « d'autres (3). » Mais, de ce que le plus grand nombre des

(1) Corr. Font., Barrin à Fontette, de Rennes, le 13 août et le 22 octobre 1763; — Fontette à Mme de Caradeuc, de Saint-Malo, le 26 avril 1766.
(2) C'est cependant ce qu'ont prétendu les historiens bretons Marteville et de Carné, et c'est ce que répétait récemment M. Bonnet, avocat général à la Cour de Rennes. (V. ci-dessus, p. 5, notes.)
(3) Voltaire, éd. Garnier, t. XLVII, p. 281. (Voltaire à La Chalotais, le 3 nov. 1762.) Biographie bretonne, t. II, p. 79 : Lettre de d'Alembert à La Chalotais, le 17 avril 1765. Cette lettre provient de la bibliothèque de La Chalotais, comme il a été dit ci-dessus. D'Alembert, parlant de l'auteur de la Destruction des Jésuites, c'est-à-dire de lui-même, dit en propres termes : « Les conseillers jansénistes « convulsionnaires du parlement de Paris ne sont pas aussi contents de lui que « vous. Ils trouvent mauvais que l'auteur donne aux jansénistes sur le dos les « coups de bûche qu'ils se font donner sur la poitrine. Il me semble cependant que « c'est toujours là un secours, et que la place doit leur être indifférente. » Voltaire, éd. Garnier, t. XLII, p. 100 (Paris, 4 mai 1762).

magistrats souverains était alors janséniste, il ne résulte pas que, parmi tous les *Comptes-rendus* des procureurs généraux, les plus prônés dussent être nécessairement l'œuvre d'un janséniste. La Chalotais était assez peu dévot ; car, à Saint-Malo, aller à la messe fut ce dont il s'embarrassa le moins (1). Peut-être inclinait-il vers le déisme. Ses liaisons étroites avec l'Encyclopédie pourraient le faire supposer. Mais il eut dans sa disgrâce l'appui des jansénistes ; et c'est là sans doute ce qui fit croire qu'il était des leurs (2).

Ce fut avec une habileté réelle qu'il se ménagea leur alliance. Car, pour se recommander à eux, il ne fallait pas seulement qu'il parût la victime des jésuites, ou le martyr des théories d'opposition légale qui faisaient alors fortune dans les parlements ; il était indispensable qu'il n'attribuât ses malheurs à aucun janséniste, et que, dans ses *Mémoires*, il n'en attaquât aucun. Là était cependant le point délicat. Il ne pouvait pas ignorer que les différentes lettres patentes qui avaient « retourné son affaire de tous les sens » étaient l'œuvre du contrôleur général de L'Averdy, un fougueux janséniste ; mais, en s'en prenant à L'Averdy, l'accusé eût rompu le plan qu'il avait formé pour montrer, dans son arrestation et dans son procès, toute la trame d'un complot des jésuites. S'indignant contre ses persécuteurs, il ne pouvait pas confondre le contrôleur général avec ces religieux, sans que le public lui rît au nez. Et, faisant par ailleurs du duc d'Aiguillon un ami des jésuites, il était plus naturel que, parmi

---

(1) Corr. Font., Fontette à La Noue, de Saint-Malo, le 29 avril 1766.

(2) En Bretagne, le jansénisme avait eu peu de prise sur une société parlementaire presque exclusivement d'origine aristocratique ; il trouvait plutôt ses adeptes parmi des juges de souche bourgeoise.

les ministres, l'oncle du duc devînt l'objet exclusif de ses invectives (1).

Avant qu'il n'eût publié ses *Comptes-rendus*, M. de La Chalotais était fort peu connu en Bretagne. Le parti économiste le prônait cependant comme un de ses adeptes, parce que, en 1754, il s'était prononcé pour la liberté du commerce des grains. Quand il eut écrit contre la société de Jésus, les encyclopédistes l'acclamèrent. On ne douta plus qu'il fût de leur parti. Brissot de Warville le signale comme disciple de Voltaire, en même temps que deux autres magistrats, Dupaty et Servan. Sénac de Meilhan le montre, à Paris, accueilli « avec transports » par toute l'Encyclopédie, et lui-même, dans un de ses écrits, il rend d'éclatants hommages à Voltaire, à Diderot, à d'Alembert (2). Il reçoit de Voltaire des lettres où son éloge s'entremêle avec des injures adressées aux jésuistes et à la cour de Rome (3). Il va bientôt lui soumettre ses manuscrits; il va lui offrir son *Essai d'éducation nationale*, et le grand flatteur, le mettant fort au-dessus du parquet de Paris, caressant chez lui l'orgueil du provincial, osera lui dire qu'il tient de l'Hospital, de Locke et de Newton (4). Enfin, quand le rédacteur de la *Correspondance littéraire et critique* résume son opinion sur la campagne de *Comptes-rendus* faite par

(1) Corr. Font. Note du comte de La Noue, 17 mars 1767. Cf. *le Sieur Calonne dénoncé...*, p. 90. — Moufle d'Angerville, *Vie privée de Louis XV*, t. IV, pp. 56 et 97 — De Carné, *les États de Bretagne*, t. II, p. 177.

(2) Brissot de Marville, *Bibliothèque philosophique*, t. I, p. 13. — Sénac de Meilhan, p. 400. — Grimm, *Correspondance littéraire, philosophique et critique*. Paris, 1877-1882, 16 vol. in-8°, t. V, p. 309. — Cf. Tresvaux (l'abbé), *Histoire de la persécution révolutionnaire en Bretagne à la fin du XVIIIe siècle*. Paris, 1845, 2 vol. in-8°, t. I, p. 4.

(3) Voltaire, éd. Garnier, t. XLII, p. 105 (17 mai 1762); t. XLVII, pp. 280 et 281 (3 nov. 1762). Voltaire dit, par exemple, dans cette lettre : « Le siècle du gland « est passé ; vous donnez du pain aux hommes. Quelques superstitieux regretteront « encore le gland. »

(4) *Ibid.*, t. XLII, pp. 432, 433, 493 et 507.

les cours souveraines, il déclare que M. de La Chalotais dépasse tellement les autres procureurs généraux qu'on peut « hardiment » le regarder « comme le destructeur des « Jésuites en France (1) ».

S'il fut utile au parti encyclopédique d'avoir dans ses rangs un homme investi d'une portion de la puissance publique, un procureur général de parlement, ce fut aussi, pour M. de La Chalotais, un très grand avantage que d'être prôné par ceux qui, d'une façon presque souveraine, disposaient de la réputation. Il paraît d'ailleurs avoir très bien compris quel appoint les écrivains de métier apportaient à sa gloire. Hors de la Bretagne, il s'était d'abord surtout fait connaître par ses *Comptes-rendus*, et, pour beaucoup de gens, à plus d'un siècle de distance, les passions et les préjugés anti-religieux font encore de lui presque uniquement le vainqueur et la victime d'une « société » toujours vivante. Nous pensons que La Chalotais, ses amis de Bretagne, et ses amis les gens de lettres furent les artisans de cette légende. Ils différèrent pourtant entre eux, car bien des Bretons savaient les jésuites étrangers aux malheurs du procureur général ; à distance au contraire les gens de lettres crurent parfois à leurs sinistres manœuvres (2).

Dès son premier mémoire, daté du 15 janvier 1766, M. de La Chalotais dénonce les jésuites comme les instigateurs du

---

(1) Grimm, *Correspondance littéraire*, in-8, t. V, pp. 121 et 144.
(2) Corr. Font., La Noue à Fontette, de Rennes, le 12 sept. 1766. La Noue dit que les récits qui circulent sur les agissements des jésuites « sautent le bon sens » ; et le duc d'Aiguillon en convient. — Cf. Voltaire, éd. Garnier, t. XLIV, p. 383. — D'Alembert à Voltaire, le 11 août 1766. Il prétend que quatre-vingt-trois jésuites sont rassemblés à Rennes ; et « ces marauds, » dit-il, « ne s'endorment pas dans l'affaire La Chalotais ». *Ibid.*, t. XLIV, p. 369. Diderot à Voltaire. Il reconnaît dans l'arrestation de La Chalotais un prélude aux persécutions contre les philosophes. — On verra plus loin avec détails que les bruits de cette nature n'avaient aucun fondement.

procès criminel qu'on lui intente ; il reconnaît, dit-il, « la
« force et le venin » de leurs rancunes, et tout naturellement
il est traité, grâce à eux, comme « dans les prisons d'inqui-
« sition ». N'y a-t-il pas là de quoi surexciter la curiosité et
la sympathie du public? Si la haine des jésuites a donné des
lecteurs à l'auteur des *Comptes-rendus*, ne doit-elle pas en
assurer à celui des *Mémoires* (1)? Aussi La Chalotais fait-il
remonter les agissements des religieux, ses ennemis, jusqu'en 1762 ; et, dans la troisième séance de ses interrogatoires, il montre le duc d'Aiguillon, dès cette époque, favo-
risant leurs menées, de façon à provoquer peut-être la guerre
civile. Il va plus loin : il soutient qu'avant son arrestation
il était « l'unique but des flèches empoisonnées de tous les
« fanatiques du royaume », qu'il était « injurié et vilipendé
« jusque dans les confessionnaux et les sacristies ». Il veut
élargir le débat religieux où il se dit partie, mais la violence
même de son style dénonce l'exagération de sa pensée (2).

M. de La Chalotais eut cette bonne fortune politique de
devenir célèbre, comme ennemi des jésuites, avant d'être
impliqué dans un procès criminel, et d'acquérir aussi
d'abord l'alliance de ceux qui donnaient l'impulsion à l'opi-

(1) *Mémoires secrets pour servir à l'histoire de la république des lettres, depuis 1762 jusqu'à nos jours*. Londres, 1777-1789, 36 vol. in-12, t. III, p. 59.
Voltaire, éd. Beuchot, t. LXIII, p. 272 (11 août 1766) ; éd. Garnier, t. XLIV, p. 404 (27 août 1766). — Corr. Font., La Noue à Font., de Rennes, le 1ᵉʳ août 1766. La Noue dit : « On mande que le Mémoire de M. de La Chalotais est multi-
« plié de manière que toutes les femmes l'ont sur leurs toilettes et qu'il fait la plus grande sensation. »

(2) *Procès instruit extraordinairement...* Édit. de 1768, t. II, pp. 50, 51, 54, 55.
— Cf. Moufle, *Vie privée de Louis XV*, t. IV, p. 103. — Soulavie, *Mémoires historiques et politiques du règne de Louis XVI...* Paris, 1801, 6 vol. in-8°, t. I, p. 62.
— De Carné, *les États de Bretagne*, t. II, p. 154, note.
En prenant parti contre la Compagnie de Jésus, M. de La Chalotais dut nécessairement, en Bretagne, froisser les convictions de beaucoup de gens. Son arrestation et sa mise en jugement purent être considérées par ceux-là comme le châtiment
de sa conduite ; et il est probable qu'ils s'en félicitèrent. Mais presque toute cette
étude tend à prouver qu'ils ne firent pas autre chose.

nion publique, de ceux qui furent, au xviii⁰ siècle, les plus dangereux ennemis de l'Église. S'il n'eût été qu'un janséniste et un dévot, sa réputation n'aurait guère dépassé les limites de la Bretagne. Son rôle dans le procès des jésuites et les prétendues vengeances de ceux qu'il avait d'abord frappés comme magistrat le grandirent de cent coudées aux yeux des philosophes ; et ce sont là les hommes qui ont fait sa réputation en dehors de la Bretagne.

Il fut à coup sûr populaire parmi les Bretons ; mais leur admiration pour lui ne vint pas de la guerre qu'il fit aux jésuites. Ils ne partageaient pas sa colère contre ces religieux. S'ils n'avaient vu en lui que l'ennemi des jésuites, ils auraient probablement appris sa captivité et son exil avec assez d'indifférence. Mais la résistance qu'il opposa à l'autorité et aux ordres du gouvernement fit de lui, à leurs yeux, la personnification de l'esprit provincial, aux prises avec le pouvoir central. En sorte que, si je puis ainsi parler, La Chalotais est devenu, pour la France du xviii⁰ siècle, un homme célèbre en deux personnes : l'ennemi de l'ultramontanisme, et le patriote breton.

La correspondance Fontette est pleine de faits relatifs à la lutte des gentilshommes bretons contre l'administration monarchique et contre ses agents ; et par suite elle met en lumière le rôle de La Chalotais comme « patriote ». Disons tout de suite que ce nom de « patriote » est alors attribué à ceux qui font passer l'intérêt de la province avant l'obéissance qu'exige le roi ; et à ceux qui veulent maintenir les états dans leur forme ancienne, c'est-à-dire en des assemblées de sept à huit cents nobles mis en présence de quelques évêques, de quelques députés de chapitres, et de quarante-deux individus formant la représentation avilie d'un tiers état de deux millions d'hommes. On imagine que les « patriotes » pouvaient souvent prendre leur intérêt propre pour celui de la Bretagne. Et quand M. de Fontette les accuse de rêver d'un régime républicain, il ne songe assurément qu'à une république oligarchique, où la noblesse aurait tenu toute la place.

Il est une lettre où M. de Fontette fait remonter tous les troubles de Bretagne aux intrigues de M. de Kerguézec, qui fut l'intime ami de M. de La Chalotais. M. de Kerguézec est une des figures les plus originales de l'histoire provinciale du xviii° siècle ; M. de Carné l'a dépeinte sous d'assez vives couleurs : et, tout récemment, M. Pocquet du Haut Jussé a tenté d'en saisir les nuances (1). M. de Fontette montre en Kerguézec un « forcené républicain », ralliant à ses projets des membres du parlement comme MM. de La Gascherie et de La Chalotais ; et ces projets auraient consisté à faire sortir de sa place, coûte que coûte, le lieutenant général commandant, le duc d'Aiguillon. C'est que les chefs des « patriotes » et de l'aristocratie bretonne voyaient en lui un homme trop habile à maintenir dans la province l'autorité du roi ; ils redoutaient même qu'il ne l'étendît à leur détriment. Ils lui reprochaient ses « grand chemins » qui pouvaient faire sortir de leur isolement des pays où ils étaient les maîtres. Ils lui reprochaient son luxe, et de prétendues exactions. Ils ne lui pardonnaient pas de se créer des partisans, même parmi les nobles. En réalité, ils le trouvaient trop au fait des affaires de la province (2).

(1) De Carné, *les États de Bretagne...*, t. II, passim. — Pocquet, *l'Opposition aux États de Bretagne*, br. in-8° de 33 pp. Vannes, 1892, pp. 8 et suiv.
(2) Corr. Font., Fontette à La Noue, de Rennes, le 17 mars 1767 ; La Noue à Fontette, de Paris, le 24 janvier 1767. Cf. *Troisième mémoire de M. de La Chalotais*, pp. 6, 7 et 9.
Des bulletins de Bretagne, adressés au contrôleur général, et datés du 11 juillet,

M. de La Chalotais fut surtout poursuivi pour les avoir
secondés dans leurs complots, et pour avoir ainsi frappé
d'impuissance la royauté qui le considérait comme un de
ses agents. Par cela seul que le régime de la vénalité faisait
de lui le propriétaire de sa charge, il se croyait moins lié
vis-à-vis de l'état que tout membre d'un parquet le serait
nécessairement de nos jours. Il distinguait aussi entre sa
province et sa patrie. Mais on lui fit, à coup sûr, un procès
politique : et, par suite, il eut, pour le plaindre et protester
en sa faveur, tous ceux qui pensaient comme lui.

Il remua d'autant plus l'opinion que lui-même il parut
plus passionné ; et il montra d'autant plus d'ardeur dans sa
défense que, par tactique et par tempérament, il fit bientôt de son procès une affaire personnelle avec MM. d'Aiguillon, de Saint-Florentin et de Calonne. Il put ainsi rallier à
sa cause les ennemis de ces trois hommes. C'est avec une
animosité particulière qu'il a poursuivi en Calonne le procureur général de la chambre royale de Saint-Malo. Il avait
eu, paraît-il, avec lui des rapports assez étroits quand tous
deux étaient procureurs généraux, l'un à Douai, l'autre à
Rennes, et peut-être, après son arrestation, avait-il fondé des

du 12 août et du 20 septembre 1765, signalent MM. de Kerguézec, de La Chalotais,
de La Gascherie, de Bégasson, comme les plus actifs parmi les meneurs du parti
de l'opposition. Un secrétaire du procureur général, le sieur Jousselin, aurait été
à Paris son agent secret. (Arch. nat., H. 608.) On trouve encore dans les papiers du contrôleur général (Arch. nat., H. 440, n° 24), à la date du 6 octobre
1765, une note qui représente de Kerguézec comme « l'âme de la cabale » opposante, et sa présence en Bretagne comme extrêmement dangereuse. Les procureurs généraux, de La Chalotais et de Caradeuc, y sont considérés comme ayant
l'intention d' « entretenir et perpétuer » le mal, « tant qu'ils en auront le pouvoir ».
Un mémoire non signé, mais évidemment de la main de M. de Caradeuc de Kéranroy, frère de M. de La Chalotais, dénonce le procureur général comme « un
« des grands chefs » d'une conspiration qui a pour but d'amener divers parlements
à des démissions combinées. M. de La Chalotais, qui avait affecté de ne pas être à
Rennes du parti des démissions, y aurait cependant poussé la jeunesse des enquêtes. Le parlement de Rennes se serait démis pour seconder celui de Pau, où
M. de La Gascherie avait des attaches. (Arch. nat., H. 436.)

espérances sur le concours de son collègue. Tout au contraire il trouva en Calonne un adversaire actif et ardent, très désireux de rassembler contre lui les indices d'un crime d'état (1). Bien que magistrat, Calonne n'admettait pas que, dans l'ordre public, les parlements fussent au-dessus des ministres; il niait qu'en dépit du roi ils pussent, mieux que les ministres, représenter la majesté et la puissance royale. Il considérait qu'un procureur général, en « improuvant » ce qui émanait du roi, en applaudissant aux actes de résistance opposés à sa volonté, violait tous les devoirs de sa charge ; il pensait qu'exciter au mépris des ministres, dont le roi faisait les dépositaires de son autorité, c'était sacrifier son devoir à des rancunes personnelles. Et c'était là, disait-il, ce que faisait M. de La Chalotais (2). Le désaccord entre M. de Calonne et l'accusé paraît en partie résider dans l'interprétation d'une théorie chère aux parlements. Ils prétendaient que « la religion du prince » était perpétuellement « surprise » par les ministres. Ce fut là un sophisme qu'ils défendirent jusqu'à la veille de la révolution. Voici comment, en 1788, parle un pamphlet parlementaire : « Les « ministres trompent le roi ; ils disent : le roi a ordonné, « quand il n'a rien ordonné du tout. » Ce sont « les prési- « dents et les conseillers au parlement qui doivent dénon- « cer au roi ceux qui le trompent, et ceux qui le volent (3) ».

Il nous semble que la question des billets anonymes, dont on accuse La Chalotais d'être l'auteur, fut d'importance secondaire à côté du crime d'état. Mais souvent le crime d'état est, de sa nature même, aussi facile à repousser qu'à

---

(1) *Le sieur Calonne dénoncé*.... pp. 66 et suiv.
(2) *Procès instruit extraordinairement;* édit. de 1768, t. I, pp. 213 et suiv.
(3) *Entretien entre un paysan et un voyageur* (juillet 1788).

établir ; surtout dans une province où les faits mêmes, qui servaient à édifier l'accusation, pouvaient passer pour des actes de « patriotisme ». Aussi, n'osant pas le faire condamner pour conspiration et pour trahison, le pouvoir a-t-il tenté de le convaincre d'un crime plus vulgaire, et de le déshonorer.

―――――

On se représente volontiers les magistrats bretons dans une affreuse captivité. Un historien jette M. de Caradeuc dans une « casemate », et son père sur un « lit de Pro-« custe » ; il compare le chevalier de Fontette à Hudson-Lowe (1). D'autres affirment que M. de La Chalotais, transféré à Rennes, au couvent des Cordeliers, y fut soumis à une réclusion plus étroite que jamais, et que M. de Barrin fut alors pour lui un aussi dur geôlier que son col-

(1) Ducrest de Villeneuve, pp. 377 et 391. Il est possible que le château de Saint-Malo ne se soit pas tout d'abord trouvé aménagé pour recevoir les six magistrats dans les conditions où le gouvernement lui-même l'eût désiré ; mais il est certain qu'on usa à leur égard de toutes sortes de ménagements, et d'une réelle déférence. La correspondance de M. de Saint-Florentin en témoigne tout autant que celle de MM. de Fontette. Le 10 janvier 1766, le ministre écrit à M. Scott, lieutenant du roi à Saint-Malo, pour lui recommander de faire donner aux prisonniers tous les secours nécessaires, dans le cas où ils viendraient à être malades. Quand M. de La Chalotais est transféré à Rennes, M. de Saint-Florentin écrit dans le même sens au vicomte de Barrin (4 août 1766). Il est l'objet des sollicitations de Mmes de Caradeuc, de Montreuil et de La Colinière, tout comme M. de Fontette ; et il répond à leurs lettres pour les assurer que leurs maris seront l'objet de toutes attentions pouvant se concilier avec les nécessités de la surveillance exigée par le roi. (Arch. nat., O¹ 462, 26 janvier, 30 mai, 30 juillet, 27 septembre 1766.) Lorsqu'il a constaté qu'on le trompe par une correspondance clandestine il n'en devient pas intraitable ; il reste le même. Remarquons enfin que le mobilier des prisonniers fut lui-même suffisant à Saint-Malo. En voici la preuve. Un certificat donné par un médecin « chalotiste », M. de La Rue, près d'un an après l'arrestation de M. de La Chalotais, déclare que ce magistrat, vu l'affection dont il est atteint, ne doit pas s'asseoir sur des sièges rembourrés. Il lui faut se contenter d'une simple planche. L'ameublement donné au prisonnier comportait donc des sièges qui ne sont pas ceux des vulgaires prisons. (Arch. nat., K. 712, le 29 octobre 1765.)

lègue de Saint-Malo. Ce sont là des bruits accrédités par l'auteur des fameux *Mémoires*, par les écrivains de son parti, par les parents ou les amis des prisonniers. Qu'on lise par exemple le *Journal des événements qui ont suivi l'acte de démission*... ou les notes du *Procès instruit extraordinairement*; on comprendra comment ces deux pamphlets durent agir sur le mouvement d'opinion qui fit de La Chalotais, et des parlementaires poursuivis avec lui, autant de héros et de martyrs (1).

La Correspondance Fontette ne commençant qu'en mars 1766, nous ne pouvons pas nous prononcer sur la façon dont furent traités les prisonniers durant les mois précédents ; mais, à partir de ce moment, il est bien certain que leur détention fut très loin d'être aussi rigoureuse qu'on l'a toujours prétendu. Nous savons que MM. de La Chalotais et de Caradeuc pouvaient correspondre avec leurs proches, et que Mme de Caradeuc écrivait fort souvent à M. de Fontette. Au mois de mars 1766, par exemple, il reçoit d'elle jusqu'à trois lettres en cinq jours. Et, à coup sûr, Mme de Caradeuc abuse de la tolérance et de la galanterie du commandant. Elle ne tarit pas sur la détention rigoureuse de son beau-père et de son mari ; elle ne cesse jamais d'y demander des adoucissements. Tantôt elle voudrait que

(1) *Mémoires de M. de La Chalotais, procureur général au parlement de Bretagne*, petit in-12 de 80 pages, s. l., premier mémoire, pp. 7, 38, 39. — *Troisième mémoire de M. de La Cholotais*, pp. 5 et 24. On y lit, p. 48 : « L'effet de mes « cris a été la consigne la plus violente, minutée par MM. d'Aiguillon, de Fles-« selles et de Fontette; consigne qui n'a peut-être pas d'exemple à l'égard des « plus grands criminels. » — Arch. nat., H. 439. Lettre de M. de La Chalotais au contrôleur général, le 30 mai 1766. — Bibl. nat., 6680 (Journal de Hardy), f° 19 v°. —*Journal des événements...*, pp. 49, 50, 119, 125, 141, 155. *Procès instruit extraordinairement*, t. I, pp. 8 et suiv. (éd. 1768). — Moufle, *Vie privée de Louis XV*, t. IV, pp. 115 et suiv. — De Carné, *les États de Bretagne*, t. II, pp. 192 et 195. — Ogée et Marteville, *Rennes ancienne et moderne*, t. III, pp. 86 et suiv. —Bossard (l'abbé), *le Parlement de Bretagne et la royauté*, pp. 34 et 48. — Jobez, *la France sous Louis XV*, t. VI, pp. 260 et 261.

l'on baissât les « hottes » qui masquent en partie les fenêtres; tantôt elle réclame pour ses « chers captifs » de plus longues et plus fréquentes promenades (1). M. de Caradeuc éprouve un mal d'estomac qui ne peut être atténué que par le grand air ; et il est d'humeur à ne pouvoir vivre « séparé des hommes (2) », ignorant « tout ce qui se passe « dans le monde (3) ». On devine l'embarras que, pour la satisfaire, éprouve M. de Fontette. Il consent à faire passer des lettres à son prisonnier ; il en transmet à ses parents ; il accepte même des paquets à l'adresse de M. Caradeuc (4). Mais il lui faut bien tenir quelque compte des instructions de ses chefs. Que M. de Caradeuc, allant à la chapelle, se livre à certaines démonstrations vis-à-vis de son père, il sera privé d'assister à la messe ; car le commandant du château ne doit tolérer aucune communication entre les deux procureurs généraux. Or Mme de Caradeuc ne paraît pas pouvoir se faire à l'idée que son mari ne fréquente plus les offices. En vain M. de Fontette l'entretient-il des nombreuses et longues promenades que fait le prisonnier ; elle se désole d'apprendre qu'il n'a pas entendu la messe, le jour de la Pentecôte (5). Ses plaintes sont comme noyées dans beaucoup de banalités, dans des protestations de reconnaissance qui laissent soupçonner une sorte de désir de cacher des agissements secrets. Et, de fait, nous avons la preuve que Mme de Caradeuc et les siens ont trompé la confiance de M. de Fontette.

(1) Corr. Font., Mme de Caradeuc à Fontette, les 10, 12 et 14 mars 1766.
(2) *Ibid.*, le 25 avril 1766.
(3) *Ibid.*, le 30 avril 1766.
(4) *Ibid.*, ce 30 avril 1766.
(5) *Ibid.*, les 12, 16, 24 et 30 mai 1766, Fontette à Mme de Caradeuc, le 13 mai 1766.

Quand toute correspondance est interdite entre M. de La Chalotais et ses parents, le chevalier de La Chalotais, son second fils, écrit à M. de Fontette pour se plaindre de cette « interruption de commerce » ; et il déclare que personne, dans sa famille, ne croit y avoir donné lieu. Le commandant se défend de pouvoir fournir aucune explication ; mais le chevalier revient à la charge ; et le commandant se décide à lui répondre qu'il a mis fin à la correspondance dont il était l'intermédiaire, ayant acquis la certitude qu'elle était « illusoire », destinée seulement à donner le change sur une autre « plus active » et « clandestine (1) ».

On ne peut douter de la véracité du commandant, car la correspondance de M. de Saint-Florentin vient confirmer ses assertions. Le secrétaire d'état constate que la plupart des officiers qui ont approché les prisonniers ont favorisé entre eux des relations « perpétuelles et journalières » ; ils l'ont avoué aux gens de police. Ajoutons qu'un soldat invalide, du nom de La Rose, et sa femme, assuraient à Saint-Malo, les communications de M. de La Chalotais avec le dehors. A Rennes, aussi bien qu'à Saint-Malo et au château du Taureau, le procureur général trouva toujours le moyen de correspondre avec ses amis politiques. Il en fut de même des autres prisonniers ; et, le 2 novembre 1766, M. de Fontette saisissait encore, à l'adresse de M. de Caradeuc, un billet de son secrétaire (2).

M. de Fontette fut donc la dupe de la famille de La Chalotais. Il laissa voir qu'il en était offensé, mais ne découragea pas pour cela Mme de Caradeuc dans son zèle de solli-

(1) Corr. Font., chevalier de La Chalotais à Fontette, le 4 juin, et juillet 1766 ; — Fontette au chevalier de La Chalotais, les 5 juin et 29 juillet 1766.
(2) Arch. nat., O¹ 462, les 6 et 9 août, le 2 novembre 1766.

citeuse. Jusqu'au bout elle fit appel au « cœur sensible » du commandant. Elle continua de l'entretenir des souffrances d'estomac et des rhumes de son mari. Elle mit tant de persistance à réclamer l'entrée du château de Saint-Malo pour le médecin de sa famille qu'elle finit par l'obtenir, mais n'en fut pas, pour cela, plus satisfaite (1). A lire les réponses que lui fait M. de Fontette, on s'étonne que cet officier ne se soit jamais départi envers elle de son exquise politesse, et qu'il n'ait jamais perdu patience ; et pourtant il fut comme exténué de ses exigences. On le voit bien aux lettres de M. de Barrin, près duquel Mme de Caradeuc intriguait aussi, et qui la renvoyait plaisamment, soit au ministre, soit au commandant du château de Saint-Malo, leur jetant, disait-il, « le chat aux jambes (2) ».

Les lettres que M. de Fontette échange avec les femmes ou les parentes des autres prisonniers montrent l'extrême désir qu'il eut de leur complaire. Mme de La Gascherie lui écrit à tout propos. C'est par lui qu'elle fait parvenir à son mari ses lunettes et sa perruque. Elle se confond en excuses, craignant, dit-elle, d'abuser, mais continue d'expédier une multitude de paquets et de boîtes (3). Mlle de Charette, sœur du prisonnier, fait mieux encore ; toute émue de l'ennui qu'il doit éprouver, elle lui envoie, par M. de Fontette, une petite chienne qu'il aime ; et ce trait prouve que le com-

---

(1) Corr. Font., Mme de Caradeuc à Fontette, les 4, 5 et 22 septembre, les 23 octobre, 11 et 16 novembre ; — Fontette à Mme de Caradeuc, le 26 octobre ; — Saint-Florentin à Barrin, le 27 septembre 1766.
(2) Ibid., Barrin à Fontette, de Rennes, le 8 octobre 1766. — Le contrôleur général, de L'Averdy, reçut lui aussi des lettres de Mme de Caradeuc, et sur le même thème que celles de MM. de Fontette et de Saint-Florentin. (Arch. nat., H. 439.)
(3) Corr. Font., Mme de La Gascherie à Fontette, de Rennes, le 14 mars, le 4 et le 27 avril ; le 23 mai, le 4 et 11 juin, le 24 septembre ; — Fontette à Mme de La Gascherie, le 5 juin 1765.

mandant se prête même aux fantaisies des dames (1). Jusqu'à la fin il fut, à leur égard, irréprochable. Au moment où M. de La Gascherie quittait Saint-Malo, il annonça son départ à Mme de La Gascherie qui lui répondit d'ailleurs ne pouvoir exprimer « l'étendue de sa reconnaissance (2) ». Mais ces protestations contrastent de façon singulière avec les injures que le magistrat adressa plus tard au même chevalier de Fontette (3).

Il se trouve dans notre correspondance des lettres de Mme de Charette de La Colinière qui ne sont pas sans intérêt. On y voit que cette grande dame fait parvenir à M. de La Colinière, son fils, des paquets de vêtements et des pots de beurre (4) ; elle s'inquiète, au delà de toute raison, aussitôt qu'il éprouve quelques saignements de nez ; elle soutient qu'il doit être malade, parce qu'il ne peut vivre dans une chambre fermée. Il faudrait, dit-elle, lui donner beaucoup d'air. Il n'y aurait à cela nul péril ; car son respect pour le roi suffirait à le retenir dans sa prison. Les portes de la citadelle de Saint-Malo pourraient s'ouvrir sans qu'il songeât à s'échapper (5). Ce sont là d'étranges raisonnements dans une lettre adressée au commandant d'une prison d'état. En vain M. de Fontette essaye-t-il de rassurer Mme de La Colinière, affirmant que son fils n'a pas cessé un

---

(1) Corr. Font , Mlle de Charette à Fontette, de Rennes, le 8 octobre 1766. Cf. Mme de La Roche de Marigny à Fontette, de Fougères, le 12 et le 16 septembre 1766.
(2) *Ibid.*, Fontette à Mme de La Gascherie, de Saint-Malo, le 16 novembre 1766 ; — Mme de La Gascherie à Fontette, le 26 novembre 1766.
(3) *Ibid.*, Fontette à La Noue, de Rennes, le 30 mai 1767. — Cf. *Mémoire pour Louis Charette de La Gascherie, conseiller au parlement de Bretagne*, in-4° de 68 pages, s. l. n. d., p. 65.
(4) *Ibid.*, Mme de Charette à Fontette, de Nantes, le 1er et le 17 avril, le 12 mai 1767.
(5) *Ibid.*, Mme de Charette de La Colinière à Fontette, de Nantes, le 3 sept. 1766. Cf. *Mémoire au Roi par Louis-François Charette de La Colinière*, in-4° de 16 pages, s. l. n. d., p. 15, note.

seul jour de se promener, ni de manger ; en vain il invoque le rapport d'un chirurgien de Saint-Malo, et proteste qu'il serait le premier à avertir les parents de son prisonnier, s'il le croyait atteint d'une maladie sérieuse. Il ne peut rien contre les bruits publics d'autant plus avidement accueillis qu'ils offrent moins de garanties (1). D'ailleurs, le voilà pris à partie fort vivement par Mlle de Charette. Il faut à M. de La Colinière, dit-elle, le médecin de sa famille, celui qui depuis longtemps connaît son tempérament. C'est un médecin de Nantes. M. de Fontette tergiverse, et finit par répondre que ce personnage peut venir au château de Saint-Malo. Mais quand il a donné cette autorisation, la tactique de la famille de Charette change tout à coup. Son médecin ne peut plus se mettre en route ; il est pris d'une attaque de goutte ; il réclame d'ailleurs un ordre de la main même de M. de Fontette. Il eût été tout au moins étrange qu'un officier, commandant à Saint-Malo, pût donner des ordres à un médecin de Nantes ; et l'on voit bien que de la part du médecin il n'y avait là que pure défaite. Peut-être ne voulait-il pas se risquer à jouer le rôle de messager clandestin, tenter de transmettre aux prisonniers quelques nouvelles du dehors. Ce fut M. de La Rue, médecin de Rennes, qui le remplaça auprès de MM. de La Colinière et de La Gascherie; et, bien que tout dévoué à leur parti, il reconnut qu'ils n'étaient malades en aucune façon (2).

Il nous a semblé que toutes les lettres émanées des parents des magistrats détenus faisaient honneur au chevalier de Fontette. Il en est une de Mme de Montreuil qui peut

(1) Corr. Font., Fontette à Mme de La Colinière, de Saint-Malo, le 6 sept. 1766.
(2) *Ibid.*, Mlle de Charette à Fontette, de Rennes, les 3 et 8 octobre; de Nantes, les 10, 16 et 19 octobre; de Rennes, les 24 et 26 octobre, etc. ; — Fontette à Mlle de Charette, de Saint-Malo, les 7, 14, 20 et 26 octobre 1766.

attirer particulièrement l'attention ; non pas qu'elle nous fournisse des anecdotes piquantes, mais parce qu'elle est écrite avec une tristesse et une résignation faites pour toucher (1). Il en est une autre qui nous a beaucoup frappé. C'est celle d'un vieillard, père de ce conseiller de Kersalaün qui fut si longtemps, en Bretagne, un des plus ardents adversaires du pouvoir : « Mme de Kersalaün et moi, » écrit-il à Fontette, « avons la plus vive reconnaissance des bontés
« dont vous avez bien voulu honorer mon fils, pendant
« qu'il a été à Saint-Malo... Nous sommes pénétrés du
« plus grand chagrin qu'il ait pu déplaire au roi, puisque
« moi et les miens avons toujours été ses plus fidèles
« sujets (2). »

Les lettres du vicomte de Barrin nous renseignent sur la captivité de M. de La Chalotais à Rennes, comme celles du chevalier de Fontette sur tous les prisonniers de Saint-Malo. Elles sont assez plaisantes, parce qu'elles montrent les ruses employées par la famille de Caradeuc pour communiquer secrètement avec le procureur général. M. de Barrin sait qu'on a trompé la surveillance de son collègue de Saint-Malo ; et il se défie de son prisonnier comme de tous ceux qui l'approchent. Si M. de La Chalotais demande un perruquier pour se faire raser, M. de Barrin redoute aussitôt qu'en « façonnant la moustache » du procureur général cet homme ne lui glisse quelques lettres ; et il écrit à M. de Fontette : « Dites-moi, je vous prie, comment vous faisiez
« la barbe à M. de La Chalotais ?... Je voudrais savoir
« si, pendant son séjour à Saint-Malo, son laquais ne le

---

(1) Corr. Font., Mme de Montreuil à Fontette, de Rennes, le 4 juin 1766.
(2) *Ibid.*, M. de Kersalaün à Fontette, le 29 novembre 1766.

« rasait point (1). » M. de Fontette ne répond pas à cette question singulière ; et le commandant de Rennes prend le parti d'inviter le prisonnier à se raser lui-même. Autrement, dit-il, « jamais il n'aurait pu guérir de la peur » ceux qui, comme Fontette, prenaient La Chalotais pour un sorcier. C'était déjà beaucoup d'autoriser les visites d'un chirurgien, dont on se croyait sûr, mais qui pouvait cependant vous tromper ; c'était chose dangereuse de remettre la surveillance directe d'un prisonnier d'état à un officier de dragons qui, peu à peu, se relâchait de la rigueur de sa consigne. N'était-il pas d'ailleurs contradictoire de demander aux officiers toutes sortes d'attentions à l'égard de M. de La Chalotais, et de vouloir qu'en même temps ils le soumissent à une surveillance sévère (2) ?

Des officiers de l'armée étaient peu faits pour soupçonner les pièges où l'on cherchait à les faire tomber, et l'autorité supérieure peu habile à prévoir les tentatives que le parti La Chalotais devait faire nécessairement pour communiquer avec son chef. Du moment où la famille était autorisée à lui faire passer des provisions de bouche, des livres, et toutes sortes d'objets, il y avait gros à parier qu'elle abuserait de cette tolérance ; et ce qui s'était passé à Morlaix et à Saint-Malo aurait dû éclairer le gouvernement sur ce qui serait tenté à Rennes. Les partisans de La Chalotais ont raconté avec indignation que ses geôliers fouillaient jusqu'à ses aliments (3). Et s'il y a là beaucoup d'exagération, il est vrai du moins que M. de Barrin fit creuser dans des pots de beurre expédiés au procureur général par sa famille ;

---

(1) Corr. Font., Barrin à Fontette, de Rennes, le 4 août 1766.
(2) Ibid., le 13 août 1766.
(3) Journal des événements, p. 50.

il est vrai aussi que la précaution se trouva justifiée ; ce beurre recélait des billets à l'adresse du prisonnier (1). M. de La Chalotais trouvait-il son tabac trop sec, il commandait de le renvoyer à son hôtel ; mais ses gardiens avaient l'idée de sonder au préalable le pot de tabac, et ils en tiraient un mémoire tout entier de sa main ; ils expédiaient le pot à l'hôtel de Caradeuc, et le voyaient revenir, plein d'un tabac frais qui recouvrait la requête présentée par Mlle de La Chalotais, au nom de tous les prisonniers (2). M. de La Chalotais pouvait faire venir de la bière dans sa prison ; c'était de l'hôtel de Caradeuc qu'on l'apportait. Mais si M. de Barrin faisait examiner le contenu des bouteilles, on y trouvait, soit une petite fiole remplie d'encre, soit des plumes, toutes taillées. La famille du prisonnier ne voulait pas qu'il courût risque de manquer de plumes ou d'encre ; mais le mémoire saisi prouvait qu'il était loin d'être à court. Nos lecteurs seront peut-être maintenant tentés de sourire en rapprochant tous ces faits de la phrase fameuse que contient le premier *Mémoire* écrit sous le nom de M. de La Chalotais, et reconnu par lui comme son œuvre : « Fait « au château de St-Malo 15 janvier 1766, écrit avec une « plume faite d'un cure-dent, et de l'encre faite avec de la « suie de cheminée, du vinaigre et du sucre, sur des papiers « d'enveloppe de sucre et de chocolat. » Outre que la fabrication d'une pareille encre eût demandé du temps, et supposé une surveillance peu attentive, le prisonnier dut trouver plus simple de surprendre la candeur de ses gardiens, et de se faire remettre un peu d'encre véritable, du papier, et quelques plumes. Et l'on ne prendra peut-être plus guère au

(1) Corr. Font., Barrin à Fontette, de Rennes, le 2 octobre 1766.
(2) *Ibid.*, Barrin à Fontette, le 6 octobre 1766.

sérieux cette exclamation de Voltaire parlant du magistrat-philosophe : « Son cure-dent grave pour l'immortalité (1) ! »

Avec une réelle surprise nous lisons une lettre de M. de Barrin constatant que M. de La Chalotais, depuis deux mois à Rennes, n'a pas encore été fouillé. Il a d'ailleurs dans sa chambre une cassette pouvant contenir beaucoup de papier. M. de Barrin s'amuse quelque peu des efforts que les partisans de La Chalotais font pour le tromper, et il n'est pas mécontent que leur « commerce furtif » lui apprenne de temps en temps de jolies choses (2). Leurs efforts d'imagination l'intéressent ; il en entretient M. de Fontette. C'est pour lui qu'il résume le mémoire saisi dans le pot de tabac, lui montrant le duc d'Aiguillon, M. de Saint-Florentin et l'intendant de Flesselles déchirés ; « le mili-« taire », pris à partie pour sa dureté, est invité à examiner les ordres du roi avant de les exécuter (3). C'est encore à Fontette qu'il raconte, en grand secret, comment les livres envoyés à son prisonnier ont permis d'établir une correspondance clandestine. En en mouillant les feuilles on est parvenu à y faire apparaître des caractères. Les amis de La Chalotais lui écrivaient « en encre blanche ». Le fait s'est produit à Saint-Malo. M. de Caradeuc a eu l'audace de soutenir à M. Scott, lieutenant du roi, et devant témoins, qu'il avait longtemps toléré une correspondance de cette nature entre lui et Mme de Caradeuc (4). Ou bien M. de Caradeuc

---

(1) *Mémoires de M. de La Chalotais...* (1er mémoire), pp. 38 et 39. Voltaire, édit. Beuchot. t. LXIII, p. 264 (7 août 1766).—Cf. *Mémoires secrets pour servir à la république des lettres...*, t. III, p. 59. — Ducrest de Villeneuve, p. 390. — De Carné, *les Etats de Bretagne*, t. II, p. 159. — A notre avis, les historiens se sont extasiés d'une façon assez naïve sur l'émotion de Voltaire qui, très probablement, en cette circonstance, s'est moqué du public.

(2) Corr. Font., Barrin à Fontette, de Rennes, le 24 septembre 1766.

(3) *Ibid.*, le 6 octobre 1766.

(4) *Ibid.*, Barrin à Fontette, les 20 et 27 octobre 1766.

calomniait M. Scott ; ou bien cet officier trahissait le gouvernement. MM. de Fontette et de Barrin n'hésitent pas à se prononcer contre le prisonnier, dont ils trouvent la conduite indigne : « Voilà Scott, » dit l'un d'eux, « bien payé « de ses égards ! A bon entendeur salut (1). »

Mais, de toutes les aventures de M. de Barrin, la plus curieuse est celle qu'il eut avec MM^{mes} de La Fruglaye et de Caradeuc. Elles viennent chez lui, pour tâcher de savoir le contenu du mémoire qu'il a saisi. Elles ont appris l'affaire par une lettre de Paris. Et, les en voyant si bien instruites, M. de Barrin convient avoir surpris le mémoire au passage. Ces dames s'étonnent de sa conduite, car elles auraient cru trouver en lui, disent-elles, « un patriote, » et ne le supposaient point capable de vouloir du mal aux prisonniers. Barrin allègue les ordres qu'il a reçus, et son devoir d'homme d'honneur ; mais elles ripostent qu'elles ont « de l'honneur de reste », et ne se croiraient pas, en sa place, tenues à tant de scrupules. Ne pourrions-nous pas montrer là quelque chose comme une tentative d'embauchage ? Et, aux yeux des deux Bretonnes, le « patriotisme » ne consistait-il pas à faire passer l'intérêt d'une famille, ou même, si l'on veut, celui d'une oligarchie, avant l'obéissance due au roi ?

M. de Barrin se donna le malin plaisir de déclarer à MM^{mes} de La Fruglaye et de Caradeuc qu'il ne pouvait plus guère avoir d'égards pour M. de La Chalotais, ayant découvert qu'on le trompait en écrivant sur les feuilles des livres destinés au prisonnier. Il leur parla du procédé de l'encre blanche. A la grande stupéfaction de Mme de Caradeuc, il

(1) Corr. Font., le 24 octobre 1766.

parla de l'accusation de son mari contre M. Scott ; elle défendit Scott, sans songer d'abord qu'elle chargeait ainsi son mari. Enfin ces dames se retirèrent. Deux jours après elles revenaient, et c'était pour faire à M. de Barrin la plus étrange proposition. Elles le supplièrent d'écrire à M. de Saint-Florentin, afin d'obtenir de lui que Mme de Caradeuc pût aller à Saint-Malo, s'enfermer avec son mari ; elle le ferait revenir, disait-elle, « dans son état naturel » ; et aussitôt qu'il vivrait avec elle, « l'on serait plus content de lui ». M. de Barrin écrivit au ministre ; et le ministre refusa la grâce demandée (1).

Ce fut pour MM. de Barrin et de Fontette une sorte de délivrance que de voir leurs prisonniers transférés enfin à Paris (2). M. de Fontette, écrivant à M. de La Noue, parle d'eux en ces termes : « J'en suis défait, grâces à Dieu ! Il « ne me reste plus qu'à me tirer d'ici, de quelque façon, « car je suis aussi las de tous les habitants de ce pays que « je l'ai été des persécutions des gens de ce château (3). » Ainsi le gardien, dont les prisonniers ont fait un barbare geôlier, prétendait lui-même avoir été leur victime. Il continua cependant de résider en Bretagne, et fut délégué à Rennes, pour tenir la place du général de Barrin. Ce fut là que, quelques mois plus tard, il put lire les mémoires et les requêtes des magistrats exilés. Il en parle à M. de La Noue, comme d'un tissu de mensonges. Il s'indigne surtout que MM. de Montreuil et de Kersalaün osent l'accuser

---

(1) Corr. Font., Barrin à Fontette, le 27 octobre 1766. — Extrait d'une lettre de M. de Saint-Florentin à M. de Flesselles, le 6 septembre 1766.

(2) Ibid., Barrin à Fontette, le 24 novembre 1766.

(3) Ibid., Fontette à La Noue, le 28 novembre 1766. Les magistrats étaient transférés à la Bastille. Il est curieux de constater que dans cette nouvelle prison ils furent on ne peut mieux traités. C'est un parlementaire avéré qui le déclare très nettement, le libraire Hardy. (Bibl. Nationale, mss. fr° 6680, f° 38 r°.

de « barbarie » : « Ils sont, dit-il, sans contredit, ceux de
« tous, pour qui j'ai eu le plus d'attentions, et je n'aurais
« qu'à rendre leurs lettres publiques, dont j'ai les origi-
« naux, et mes réponses, dont j'ai les copies, pour les con-
« vaincre de fausseté et de méchanceté. » Nous n'avons
pas retrouvé ces documents, mais ceux que nous publions
suffisent pour établir que M. de Fontette était très faussement accusé.

Le bailliage d'Aiguillon, devant qui l'affaire La Chalotais
fut renvoyée le 14 février 1766, ne mérita pas plus que
MM. de Fontette ou de Barrin les très graves accusations
dont il fut, et dont il reste encore l'objet. Voici avec
quelle dureté l'a traité le procureur général lui-même :
« Cette espèce de parlement » avait été composé pour « nous
égorger » ; il a poursuivi « à outrance », contre nous, une
« procédure monstrueuse (1) ». On ne trouvera pas dans la
correspondance Fontette l'histoire détaillée du procès La
Chalotais. Celui qui entreprendra de l'écrire devra compulser
tout ce qui subsiste de la procédure, et faire la critique
des œuvres de polémique provoquées par elle. Mais du
moins les lettres de MM. de La Noue et de Barrin mon-

(1) *Le sieur Calonne dénoncé...* (4ᵐᵉ mémoire), pp. 114 et 120. — Cf. *Procès instruit extraordinairement...*, éd. de 1768, t. I, p. 207. — Le pamphlétaire qui a rédigé les notes de cette publication affirme que les « rentrés » étaient vendus à la cour et au duc d'Aiguillon. On désignait ainsi les juges de l'ancien parlement qui avaient consenti à siéger dans le nouveau. *Troisième lettre d'un gentilhomme breton à un noble espagnol*, in-12 de 122 pages. 1768, pp. 9, 33, 37, 38, 39. Ici encore le bailliage d'Aiguillon est accusé de passion et de servilisme. On pourrait multiplier les citations de cette nature.

trent quelle fut l'attitude des juges souverains de Rennes, tant que le procès leur fut attribué. Il est déjà intéressant de découvrir qu'ils firent effort pour n'y pas encourir de responsabilité, c'est-à-dire pour ne pas juger. Ils trompèrent les espérances du gouvernement; mais, tenant à lui par leurs origines et par leurs attaches, ils passèrent quand même pour ses agents serviles. Avec d'Aiguillon, ils devinrent, en Bretagne, les victimes expiatoires des « persécu- « tions » de La Chalotais.

A leur tête fut un premier président qui pratiqua le jeu de bascule entre le parti « chalotiste » et le gouvernement. C'était M. de La Briffe d'Amilly. En dépit de son inimitié pour l'accusé, et peut-être en raison de cette inimitié même, il voulut le ménager. Quand la procédure fut ouverte sur les billets anonymes, il reçut journellement, dans son cabinet, l'avocat du Parc-Poullain, un de ceux qui combattaient l'expertise avec le plus de vigueur. Et il se rendit dans la prison des Cordeliers, pour assurer l'accusé qu'il n'avait jamais, à son égard, éprouvé de haine (1). Il fut l'objet des espérances des « chalotistes », car Mmes de Caradeuc et de La Fruglaye venaient « pleurer » chez lui (2). Peut-être était-il surtout préoccupé de gagner du temps, et espérait-il qu'à la longue sa compagnie serait débarrassée du procès; et M. de La Chalotais réclamant toujours des délais, il lui venait en aide par son attitude expectante (3). Il ne parvint pas à satisfaire les « chalotistes » ardents, qui ne voyaient partout que des ennemis ou des amis. On le comprend à la

---

(1) Corr. Font., La Noue à Fontette, de Rennes, le 15 août 1766. — Cf. *Journal des événements*, p. 147. — Il est curieux de constater que ce pamphlet raconte la visite d'Amilly presque dans les mêmes termes que M. de La Noue.
(2) *Ibid.*, La Noue à Fontette, de Rennes, le 20 août 1766.
(3) *Ibid.*, La Noue à Fontette, les 6 et 15 août.

note méprisante que lui consacre un de leurs pamphlets, le *Commentaire de la liste imprimée de nos seigneurs du Parlement* (1767-1768)(1).

Aurait-il tout au moins satisfait les amis du duc d'Aiguillon? Il les fit au contraire passer par toutes sortes de perplexités. Tandis que le duc affectait de se désintéresser de l'affaire La Chalotais, ses amis rêvaient du prompt jugement des accusés. S'ils se plaignent de voir le parlement s'attarder sur des questions de récusation, M. d'Amilly déclare « qu'il faut du temps à tout ». et que le procès du général Lally a demandé trois ans (2). Si M. de Flesselles lui fait remarquer que la cour est mécontente de voir les magistrats quitter le palais cinq jours de suite, et, par ainsi dire, travailler à faire naître des « incidents », qui prolongeront le procès, il répond sans sourciller que « vingt conseillers ne se « mènent pas comme vingt dragons », qu'ils ont d'ailleurs des affaires chez eux, qu'on ne peut pas les traiter comme une « commission de maîtres des requêtes », et les faire passer légèrement sur les formes (3). Puis, tout à coup, paraissant se raviser, il donne à entendre qu'il serait partisan de laisser « décréter » La Chalotais. Il flatte ainsi, pour un jour, ceux qui, par quelque lien, tiennent au pouvoir et à l'administration.

M. d'Amilly fut assez ondoyant et insaisissable. C'est ainsi qu'il nous apparaît surtout dans cette séance du parlement où il s'obstine à faire lire une requête de La Chalotais

---

(1) Ce pamphlet se trouve en manuscrit aux archives de la cour d'appel de Rennes. Nous avons cru longtemps qu'il n'avait jamais été imprimé. Il le fut au contraire. Il témoigne chez son auteur d'une grande haine contre les partisans vrais ou supposés du duc d'Aiguillon. Voici la note qui s'y trouve consacrée à M. d'Amilly : « Sa « conduite dans les affaires publiques le fait assez connaître. »
(2) Corr. Font., La Noue à Fontette, de Rennes, le 6 août 1766.
(3) *Ibid.*, La Noue à Fontette, de Rennes, le 15 août 1766.

et consorts, le 20 août 1766. Il trouve ce jour-là le moyen de satisfaire aux réclamations des « chalotistes », et de soulever sa compagnie contre La Chalotais. La requête, dont il obtenait la lecture, dénonçait chez son auteur le mépris le plus insultant pour les juges et pour leur chef (1). Parfois l'intendant suspecta fort le premier président, et le contrôleur général l'accusa de trahir le gouvernement. Parfois l'intendant crut lui avoir fait partager son zèle pour donner au procès une prompte solution (2). En réalité, M. d'Amilly était un homme faible et un sceptique, paraissant ménager chacun, et ne songeant guère qu'à lui. Ses relations de société le mettaient surtout en rapports avec les magistrats démissionnaires; il subissait les influences de son milieu (3). Le ministère le savait, et quelquefois lui parlait avec fermeté (4) ; mais alors il laissait entendre que le roi pourrait ne pas le soutenir plus tard, et le sacrifier, bien qu'il se fût dévoué à son service (5). Au delà de toute expression il redoutait les menées du parlement de Paris (6). C'est ainsi que, toujours hésitant, il rendit service à M. de La Chalotais qui d'ailleurs ne l'attaqua pas dans ses mémoires aussi vivement qu'il eût pu le faire. Il le payait indirectement de son indifférence et de son égoïsme (7).

Pour que le ministre parlât à M. d'Amilly de façon à ne lui point laisser de doutes sur ses intentions et sur l'avenir, il eût fallu qu'il fût homogène, et il ne l'était pas. Ceux même

---

(1) Corr. Font., de Rennes, La Noue à Fontette, 20 août 1766.
(2) Ibid., le 12 septembre 1766.
(3) Arch. Nat., H. 436. (Bulletin de Bretagne du 17 juin 1765.)
(4) Ibid., O¹462, Saint-Florentin à d'Aiguillon, le 10 janvier 1766.
(5) Ibid., O¹ 462, Saint-Florentin à d'Aiguillon, le 27 janvier 1766. H. 439, 22 janvier 1766.
(6) Ibid., H. 439. (Bulletin de Bretagne du 14 février 1766.)
(7) *Troisième mémoire de M. de La Chalotais*, pp. 14, 21, 38. 63.

de ses membres qui furent hostiles à M. de La Chalotais manquaient d'esprit de suite dans leur politique. Comment le premier président eût-il pu l'ignorer ? Nous verrons bientôt que M. d'Aiguillon, par son éloignement systématique, montrait clairement aux juges ne vouloir être pour rien dans l'affaire du procès La Chalotais. Le premier président ne devait-il pas voir là comme un exemple à suivre ? Et d'autant mieux que son tempérament et sa tournure d'esprit le poussaient à fuir la responsabilité des événements ?

M. de La Chalotais a fort maltraité dans ses mémoires le procureur général de Villeblanche. Il s'est indigné que, sur la récusation de M. Le Prêtre de Châteaugiron, on eût pu contre lui, attribuer les fonctions de « partie publique » à un homme qui était son ennemi capital ; qui d'ailleurs était lié à M. d'Aiguillon, depuis que son frère avait épousé une « proche parente » de la duchesse (1). Il faut ici relever une affirmation que M. de La Chalotais savait évidemment être fausse. Mlle de Quelen, qui épousa M. de Villeblanche, n'était parente de la duchesse d'Aiguillon que comme arrière-petite-fille d'un cousin de sa bisaïeule (2). M. de La Chalotais pouvait-il être assez mal renseigné pour voir là une proche parente ? Mais il entrait dans son système de défense de faire du commandant de Bretagne l'instigateur et le chef de ses ennemis ; et l'affirmation qu'il émit sur la famille de Villeblanche était d'accord avec ce système. Je n'y puis voir qu'un argument de polémique, fait pour le vulgaire. On en rencontre assez souvent de cette nature dans les célèbres *Mémoires*.

(1) *Troisième mémoire*, pp. 13 et 44. — Cf. *Journal des événements*, pp. 111 et 113.
(2) Marquis de Bréhant, *Généalogie de la maison de Bréhant, en Bretagne*. Paris, 1867, in-8°, pp. 101 et suiv.

M. de Villeblanche se montra-t-il au moins, dans le procès La Chalotais, l'ennemi acharné de l'accusé ? Il est impossible de l'admettre quand on a lu les *Bulletins* adressés au contrôleur général par le duc d'Aiguillon, durant le mois de mars 1766. M. de Villeblanche n'avait pas le tempérament d'un homme haineux. Il était doux, timide, irrésolu ; avec cela d'une grande probité. Le gouvernement ne le choisit pas comme le plus capable de servir ses desseins contre M. de La Chalotais, mais parce qu'il ne trouve guère que lui qui puisse jouer le rôle de procureur général. Il n'y a que deux conseillers à la grand'chambre qui n'aient pas de motifs légitimes de récusation, MM. de Villeblanche et de La Villebouquais. Or, il faut un rapporteur et un procureur général ; et M. de Villeblanche paraît moins capable de rapporter que de requérir. Il croit d'abord pouvoir remplir les fonctions de la « partie publique » ; puis, tout à coup, pris de panique, il vient trouver M. d'Aiguillon ; il lui fait part de la « douleur » où le plonge l'idée qu'il peut devenir procureur général. Est-ce là l'attitude d'un homme affamé de vengeance ? Le duc exerce-t-il au moins sur lui quelque pression ? Cela n'est pas vraisemblable, car il conseille au ministère de laisser le parlement désigner son procureur général ; et si M. de Villeblanche, dit-il, s'obstine à ne pas vouloir faire la fonction, il se trouvera bien, dans les enquêtes des gens « plus capables » que lui. Il n'est pas sans intérêt de constater que le duc d'Aiguillon s'accorde ici avec M. de La Chalotais, pour taxer d'incapacité l'homme dont on a fait son agent dans le fameux procès (1). Les conclusions de

---

(1) Arch. Nat., H. 439. Bulletins de Bretagne, des 16 et 19 mars 1766. — Cf. *Troisième mémoire*, pp. 21, 32, 40, 45. — *Le sieur Calonne dénoncé* (4ᵉ mémoire), pp. 120 et 122.

cet étrange procureur général devaient cependant satisfaire les amis du duc d'Aiguillon (1).

M. de La Villebouquais fut rapporteur du procès, comme étant le juge le plus ancien après M. de Villeblanche. Sa probité était reconnue; on le croyait très ferme; et ses lumières, sans être supérieures, semblaient suffisantes (2). Tel était du moins le jugement du duc d'Aiguillon, au mois de mars 1766. Le parti parlementaire a fait de lui un incapable, un magistrat « livré aux jésuites » (3), et comme tel un ennemi de M. de La Chalotais. Quand on lit les lettres de M. de La Noue, on cherche en vain en quoi les jésuites purent exercer quelque influence sur le rapporteur; mais on se pénètre au contraire de cette idée que le rapporteur fut assez soucieux des formes pour devenir hésitant. Le parti opposant ou « patriote » en profita pour faire traîner les choses en longueur. Quant à La Chalotais, à peine fut-il en présence de M. de La Villebouquais qu'il le terrifia, à force de dédains et d'injures (2); et le malheureux rapporteur n'osa plus rendre compte des procès-verbaux des experts en écriture (5). Pris de scrupules sur l'accusation même, il mandait à l'intendant que les juges, à son avis, ne pouvaient se dispenser d'ordonner des « monitoires » (6). Il valait autant dire que l'affaire La Chalotais pouvait encore se prolonger. Préoccupé d'accomplir tout son devoir, La Villebouquais vint trouver l'accusé, pour lui demander ses

---

(1) Corr. Font., La Noue à Fontette, de Rennes, les 19 août et 19 septembre 1766.
(2) Arch. Nat., H. 439, le 16 mars 1766. (Bulletin d'Aiguillon.)
(3) *Commentaire de la liste*, p. 12.
(4) Corr. Font., La Noue à Fontette, le 6 août 1766.
(5) *Ibid.*, Barrin à Fontette, le 13 août 1766; — La Noue à Fontette, le 13 août 1766.
(6) *Ibid.*, La Noue à Fontette, le 15 août 1766.

motifs de récusation sur deux confrères ; mais l'accusé lui fit alors une scène terrible, la plus extraordinaire de celles qu'a retracées M. de La Noue. C'était le bien mal récompenser de ses bonnes intentions. Et, sans doute, il dut perdre contenance, car le ministère venait de lui reprocher vivement sa lenteur (1).

Par habitude et par honnêteté professionnelle, il eut le respect des formes judiciaires. On ne sait s'il redouta le gouvernement, mais il redouta les « chalotistes » qui, plus près de lui que les ministres, pouvaient mieux l'intimider. Qu'on en juge par un exemple. Mlle de La Chalotais, ayant présenté une requête au conseil contre les lettres patentes qui attribuaient au parlement le jugement de son père, demanda aux magistrats de suspendre toute procédure jusqu'au moment où le conseil se serait prononcé ; et, voyant qu'ils s'y refusaient, les « chalotistes » se retournèrent contre le rapporteur. Le chevalier de La Chalotais vint en personne au palais, et se plaça sur le passage de M. de La Villebouquais, pour le prendre violemment à partie. Il atteignit, paraît-il, son but : car, à peine en présence de ses confrères, le rapporteur demanda la remise de l'affaire au lendemain. On pouvait, disait-il, comprendre les sentiments de la famille de Caradeuc (2).

M. de La Noue a porté sur M. de La Villebouquais un jugement sévère ; il a fait de lui un juge « scrupuleux, timide, incertain et paresseux (3) ». Sans nier qu'il puisse y avoir dans ce portrait une part de vérité, on pensera peut-être que M. de La Noue était peu fait pour comprendre

---

(1) Corr. Font., La Noue à Fontette, le 20 août 1766.
(2) *Ibid.*, Barrin à Fontette, le 24 septembre 1766.
(3) *Ibid.*, La Noue à Fontette, le 13 août 1766.

ce que les magistrats appellent les formes, et qu'il fut peut-être un peu trop soucieux d'une justice expéditive.

Le bailliage d'Aiguillon ne fut pas, comme l'a prétendu M. de La Chalotais, peu à peu corrompu par le pouvoir. Les ministres n'avaient pas assez de persévérance dans leur politique, pour poursuivre l'asservissement d'un corps de juges avec la patience savante que leur prête l'accusé (1); et les juges tenaient par trop de liens à la noblesse bretonne pour se prêter à des combinaisons obscures et perfides, ayant pour objet de déshonorer un des chefs de cette noblesse. Le premier président, le juge faisant fonctions de procureur général et le rapporteur se comportèrent comme la plupart des hommes qui se sentent menacés des deux côtés. Ils tergiversèrent, et la masse de leurs confrères inclina peu à peu vers le parti qui leur paraissait le moins dangereux. Ils avaient vu tant de fois le gouvernement se déjuger qu'il leur causait moins de craintes que certaines familles puissantes, et fortement liées entre elles. Ils comptèrent encore sur l'inconséquence des ministres ; et l'événement prouva qu'ils avaient calculé juste.

Les bulletins rédigés à Rennes, à l'hôtel du commandement, montrent d'ailleurs ce que furent ces juges, avec plus de précision peut-être que la correspondance Fontette ; et surtout ils nous renseignent, à leur égard, sur les débuts de l'année 1766. C'est ce que ne fait pas cette correspondance. L'esprit du bailliage d'Aiguillon se modifia très vite avec les recrues qu'il fit. Tout d'abord il s'était refusé à protester contre l'établissement de la chambre royale qui devait juger, à Saint-Malo, M. de La Chalotais. Composé de gens

(1) *Le sieur Calonne dénoncé*, p 91.

rassis, il avait refusé d'entrer dans les cabales des « chalo-
« tistes » ; mais quand le procès du procureur général lui
fut renvoyé (13 fév. 1766), il ne se montra pas nettement
opposé à ceux qui entreprirent de lui faire casser la procédure de Saint-Malo. Il ne prit pas cette grave décision ;
mais beaucoup de ses membres commencèrent à chercher
pour eux des motifs de récusation. Dès le 17 février, le
duc d'Aiguillon prévoyait qu'on ferait naître journellement
des incidents pour retarder la procédure. On espérait,
disait-il, que le roi, ennuyé de tous ces délais, renverrait
l'affaire à un autre parlement (1). Au mois de mars, il devint
impossible de trouver dans la compagnie dix juges en état
de connaître des moyens de récusation ; et le président de
Montbourcher pouvait faire de la situation ce tableau singulier : Onze juges refusent de juger, sous le prétexte
qu'ils n'ont pas pris part à l'acte des démissions ; trois ou
quatre se proposent de se faire récuser ; trois autres allè-
guent qu'ils sont les débiteurs des accusés ; et ainsi le tribunal est réduit à cinq juges (2).

Devant le bailliage d'Aiguillon, les difficultés de l'affaire
La Chalotais parurent donc tout d'abord considérables ; et,
au bout de quelques mois, elles ne le furent pas moins.
Nous pensons que les lecteurs de notre correspondance
trouveront quelque intérêt à voir M. de La Noue se lamen-
ter sur les retards des juges. En militaire qu'il était, il avait
du goût pour la justice sommaire, et les magistrats, en politiques avisés, ne voulaient pas d'une pareille justice. Le
parlement discute-t-il la filiation de quelques-uns de ses

(1) Arch. Nat., H. 439, les 22 janvier, 14 et 17 février 1766 ; O¹ 462, Saint-Florentin à Calonne, le 11 février 1766.
(2) Ibid., H. 439. M. de Montbourcher au duc d'Aiguillon, le 23 mars 1766.

membres, et juge-t-il lentement les récusations, M. de La Noue s'impatiente (1); les experts en écriture arrivent-ils à Rennes, et restent-ils quelques jours sans être assignés, ces malheureux, d'après lui, s'ennuient « à périr » (2). Que sera-ce quand les partisans de La Chalotais soutiendront que l'art des experts en écriture ne peut servir de fondement à un procès criminel? Les juges, pris de scrupules, mettront en présence le livre de Vallain, qui place très haut l'art des experts, et l'argumentation de du Parc-Poullain qui le déclare seulement probable et conjectural. Sous le prétexte d'affaires personnelles à traiter, sept juges, sur vingt, quitteront alors subitement la cour (3). M. de La Noue se demandera si le ministère doit écrire au premier président quelque lettre pressante, ou s'il doit laisser le parlement « s'embourber (4) ». En vain il s'indigne contre des juges « assez lâches » pour reculer devant les « chalotistes »; il voudrait que le roi les mît en demeure de prononcer sur les informations dans les vingt-quatre heures; il voudrait que La Chalotais fût enfin décrété. Mais il compte sans les ressources des gens de palais, plus habitués à retarder qu'à précipiter l'expédition des procès. Tout à coup, il apprend qu'il sera nommé de nouveaux experts. Les procès-verbaux des premiers concluaient à la culpabilité de La Chalotais; mais ils ne suffisaient pas pour éclairer la religion de la cour (5). « Il n'est plus possible, » dit M. de Barrin, « de prévoir quelle sera ni quand arrivera la fin du procès. A

---

(1) Corr. Font., La Noue à Fontette, les 4, 6 et 20 août 1766.
(2) *Ibid.*, le 8 août.
(3) *Ibid.*, le 15 août. Cf. *Journal des événements*, pp. 146 et suiv. Il est dit dans ce journal et dans le livre de M. l'abbé Bossard que les juges ne tiennent pas compte des consultations d'avocats. Le fait est inexact.
(4) *Ibid.*, le 18 août.
(5) *Ibid.*, La Noue à Fontette, le 22 août 1766.

son avis, le parlement tient une conduite « qui ne doit pas « lui faire honneur »; elle est en désaccord avec le bon ordre de l'état (1).

Nous sommes ici bien loin des accusations portées par les « chalotistes » contre le bailliage d'Aiguillon; et, dût-on juger MM. de La Noue et de Barrin comme gens passionnés et injustes, il n'en resterait pas moins évident que ce tribunal aurait refusé de se mettre au service de leurs passions et de leurs violences. Pour M. de La Noue, le gouvernement a peur du parlement de Paris, qui naturellement prend le parti de La Chalotais; et le parlement de Bretagne a peur de La Chalotais lui-même. C'est en vain que M. de La Noue témoigne son mépris à certains juges; il les voit, dit-il, « plus honteux que des chiens à qui on a coupé « la queue »; ils n'osent lever les yeux, ni parler; mais ils n'en restent pas moins entêtés dans leur inaction. Ce sont des « sourds, muets et aveugles volontaires ». Et comment en eût-il été autrement ? Ils voyaient chaque jour les « cha-« lotistes » bretons subordonnant leur conduite à celle des « chalotistes » de Paris. Chaque jour, ils se persuadaient d'avantage qu'il n'y avait de plan continu, de vigueur, et par suite de chances de succès que chez les adversaires du gouvernement. Il se serait même trouvé, à la fin du mois d'août, un tiers des juges tout prêts à renvoyer La Chalotais hors d'accusation (2).

On verra que le passage de M. d'Aiguillon à Rennes, vers le début du mois de septembre 1766, n'influa en aucune façon sur l'attitude des magistrats. Mais des « lettres de

(1) Corr. Font., Barrin à Fontette, le 25 août.
(2) Ibid., La Noue à Fontette, les 27 et 29 août 1766.

« continuature », qui ne marquaient point de terme à leurs opérations, mécontentèrent tous ceux dont le désir était de « revoir leurs campagnes ». Apprenant d'ailleurs que le conseil recevait la requête où les prisonniers réclamaient le retrait des « lettres de disjonction », et le voyant demander copie des « charges et procédures » rassemblées depuis le mois de novembre (1), le « sénat » breton se montra décidé à ne plus suivre la procédure, tant qu'il resterait incertain si elle serait cassée. Il parut même un moment ne pas vouloir entendre les nouveaux experts, quoique cette audition ne pût l'engager à rien. Il les entendit enfin, et reconnut que leurs dépositions concordaient avec celles de leurs confrères. Ils affirmaient eux aussi que La Chalotais était l'auteur des billets anonymes.

L'affaire La Chalotais ne pouvait plus toutefois, à Rennes, que s'éterniser ; car le travail de copie, réclamé par le conseil, nécessitait une masse énorme d'écritures. Il ne fut terminé qu'en octobre ; et comme on approchait du temps où la convocation des états de Bretagne devrait nécessairement s'imposer, les ministres commencèrent à se montrer favorables à l'évocation (2).

---

(1) Corr. Font., Barrin à Fontette, le 19 septembre 1766.
(2) *Ibid.*, Barrin à Fontette, les 2 et 8 octobre 1766. Voici une lettre où M. de Flesselles, écrivant au contrôleur général, de L'Averdy, expose nettement la situation, dès le 31 août : « Je ne puis pas convenir qu'il puisse résulter
« quelque bien de laisser le parlement de Bretagne aller jusqu'au bout,
« après avoir fait passer par toutes les longueurs que la mauvaise foi peut
« faire naître. Je mets en fait que le parlement n'osera jamais décréter de prise de
« corps M. de La Chalotais, et qu'enfin, après trois mois de délais et d'incidents,
« il n'osera pas le juger comme il le devrait. Il est de l'intérêt des partisans de
« M. de La Chalotais de faire traîner son affaire jusqu'aux états, dont ils espèrent
« tant, et ils y parviendront, si on laisse faire le parlement de Bretagne. Mais,
« quels que soient l'événement du procès et le parti qui sera pris, votre intention étant
« de fixer les états au 15 novembre, il y a bien des choses à prévoir, parce que je
« crois qu'il faut s'attendre à tout ; d'après la permission que vous m'annoncez que
« vous m'en donneriez, je me rendrais auprès de vous, du 20 au 25 de septembre.

Le bailliage d'Aiguillon avait-il tout d'abord projeté d'amener le gouvernement à cette solution ? cela est assez probable, et le projet en dut être formé d'une façon précise par le premier président. M. d'Amilly était-il en cela d'accord avec quelque ministre ? C'est une hypothèse que l'on pourrait former, mais qui ne trouverait pas de point d'appui dans la correspondance Fontette. L'évocation au parlement de Bordeaux avait été réclamée par les accusés ; et il est utile de constater que certains juges l'appuyèrent. Le président de Cuillé se prononça dans ce sens. Le fait paraîtra digne d'attention si l'on songe aux attaques violentes dont M. de Cuillé et sa famille furent l'objet de la part des « chalotistes » sous le prétexte qu'ils étaient tout dévoués au duc d'Aiguillon et aux jésuites (1). On crut quelque temps en Bretagne que l'affaire La Chalotais serait portée à Bordeaux (2) ; mais le roi l'évoqua enfin à son conseil, et ordonna « l'apport des « pièces de conviction et de toutes les minutes de procédures « faites depuis le commencement, tant par la commission de « Saint-Malo que par le parlement de Rennes (3) ». Il crut probablement dangereux de donner à la cour de Bordeaux l'occasion de remuer encore longtemps l'opinion par un procès déjà trop célèbre.

Ainsi, dans le parlement que le duc d'Aiguillon avait établi à Rennes, M. de La Chalotais ne trouva pas l'esprit d'injustice et de haine dont on a tant parlé. Il y rencontra même parfois de violents défenseurs, prompts à déclarer

« Je n'aurais guère qu'un mois pour recevoir vos ordres et jeter un coup d'œil sur « quelques affaires personnelles qui sont négligées par une longue absence. »
Arch. nat., H. 439, de Flesselles à de L'Averdy, le 31 août 1766.

(1) *Commentaire de la liste de NN. SS. du Parlement*, p. 11. — *Bulletin de la Société des Bibliophiles bretons*. Nantes, X, p. 56.
(2) Corr. Font., Barrin à Fontette, les 14 et 17 novembre 1766.
(3) *Ibid.*, Barrin à Fontette, de Rennes, le 26 novembre 1766.

sur les pratiques mystérieuses de ses ennemis (1). Il ne put pas ignorer quel fut vraiment l'esprit de ses juges, et s'il porta contre eux des accusations qu'il savait fausses, c'est qu'il lui importait de montrer en eux les créatures du duc d'Aiguillon, les agents de la compagnie de Jésus. Pour admettre qu'il fût de bonne foi, il faudrait d'abord aussi se convaincre que sa haine pour le lieutenant-général-commandant et pour les jésuites lui aurait troublé l'esprit. Mais la correspondance Fontette le montre trop habile à déjouer la surveillance de ses gardiens, à intimider son rapporteur, ou à railler ceux qui l'approchent, et ses mémoires le montrent trop expert à tirer parti de tous ses moyens de justification, pour qu'on puisse vraiment douter qu'il ait jamais perdu le sentiment de ce qu'étaient ses adversaires.

Nous ne saurions nous prononcer sur le fond du procès de M. de La Chalotais. Il nous semble bien qu'en le jugeant avec nos idées modernes nous serions amenés à voir en lui un conspirateur; mais, au siècle dernier, dans un pays comme la Bretagne, et parmi des gentilshommes groupés en parti d'opposition souvent irréconciliable, qui donc, consciemment ou non, ne conspirait pas un peu ? Il était d'usage d'attaquer l'intendant ou le lieutenant-général, tout en protestant de son respect pour le roi. Avant même que M. de Flesselles n'eût paru en Bretagne, à la seule nouvelle de sa prochaine arrivée, les magistrats démissionnaires le traitaient tout haut d'espion ; ils décidaient de se montrer partout dans Rennes, en costume de gentilshommes, et l'épée au côté (2). Oserait-on prétendre qu'ils ne songèrent pas à atteindre le roi dans ses agents ?

(1) Cor. Font., La Noue à Fontette, le 22 août 1766.
(2) Arch. Nat., H. 436, *passim*... Lettres du subdélégué Raudin; Bulletin du commandement; lettres de M. de Flesselles lui-même (1765).

Pour ce qui est de la fameuse affaire des billets anonymes, la correspondance Fontette n'est pas plus convaincante que les mémoires de La Chalotais, mais elle l'est tout autant. L'accusé fait valoir pour sa défense des preuves morales très fortes, mais il ne met en œuvre que des preuves morales (1). Il y a même contradiction dans ses dires, car il affirme d'une part qu'un « faussaire » a « contrefait » son écriture, et, d'autre part il soutient que les billets incriminés n'ont avec elle aucun rapport (2). Les correspondants de M. de Fontette croient au contraire que les billets anonymes sont son œuvre, et ils appuient leur conviction sur les procès-verbaux de plusieurs experts (3). Son frère, M. de Keranroy, en est également convaincu, et l'écrit aux contrôleur général (4); le comte de Mirabeau doit plus tard soutenir la même opinion, mais, comme les autres, sans donner de preuves (5). Il faudrait que l'historien du procès La Chalotais eût en main les originaux des billets anonymes, et les « pièces de comparaison » qui furent présentées aux magistrats. Et à voir quelles contradictions et quelles incertitudes mettent encore aujourd'hui en évidence la plupart des procès où interviennent les experts en écriture, on douterait peut-être quand même que ses efforts pussent aboutir. Le pamphlet « chalotiste » intitulé *Procès instruit extraordi-*

---

(1) *Troisième mémoire...*, et *le Sieur Calonne dénoncé...*, passim.
(2) *Troisième mémoire*, pp. 7 et 63.
(3) Neuf experts furent consultés, soit à Paris, soit à Rennes ; ils reconnurent que les billets anonymes étaient de l'écriture des « pièces de comparaison » qui leur furent soumises. Or, ces pièces étaient de l'écriture de M. de La Chalotais. Sur 9 experts, 4 furent confrontés avec le procureur général, et persistèrent devant lui dans leurs dires. (Arch. Nat., H. 440, déc. 1766. Rapport de Le Noir au conseil du roi.)
(4) Arch. Nat., H. 439, le 13 octobre 1766.
(5) *Mémoires du ministère du duc d'Aiguillon, pair de France, et de son commandement en Bretagne*. 3ᵉ édition. Paris, 1792 (par le Cte de Mirabeau, publiés par Soulavie), p. 31.

nairement... contient deux pièces qui seraient la reproduction en fac-similé des billets anonymes. Comment l'éditeur se les est-il procurées ? Pourquoi n'y a-t-il pas joint les pièces de comparaison ? Ou, plutôt, quelle preuve avons-nous que ce soient là vraiment les billets anonymes, en fac-similé ? Et quand même il en serait ainsi, les procédés de reproduction en fac-similé n'étaient-ils pas, au xviiie siècle, trop imparfaits pour que nous puissions former notre opinion, d'après quelqu'une de leurs productions ?

Nous avons pensé que si la correspondance Fontette ne permettait de rien décider sur la culpabilité ou l'innocence de M. de La Chalotais, elle devait du moins amener les esprits non prévenus à reconnaître que jusqu'ici on a jugé l'affaire des troubles de Bretagne et le fameux procureur général sur la foi des traditions d'un parti politique, et sur celle de brochures ou de livres qui ne furent que des pamphlets.

III

LE DUC D'AIGUILLON : SON ROLE DANS LE PROCÈS LA CHALOTAIS : SES RAPPORTS AVEC LES MINISTRES, DURANT CE PROCÈS ET DURANT LA « TENUE » D'ÉTATS DE 1766-1767. SES RAPPORTS AVEC LA NOBLESSE BRETONNE

Il semble que l'on connaît assez mal l'attitude prise par le duc d'Aiguillon dans l'affaire La Chalotais. On se rend peu compte de ses relations avec les ministres au temps de cette affaire, et durant la « tenue » d'états de 1766-1767 ;

on se méprend sur sa politique à l'égard de la noblesse bretonne. Voilà du moins ce que la correspondance Fontette nous amène à croire, et ce qu'elle nous permettra peut-être de montrer.

Le duc d'Aiguillon n'a pas voulu protester auprès d'un public prévenu contre les dénonciations d'une foule de libelles ; il estimait que leurs assertions paraîtraient invraisemblables ; il a compté sans la passion de ce même public qui les tint pour démontrées. C'est dans les papiers du contrôle général, et dans la correspondance de ses amis qu'il faut aujourd'hui chercher sa justification. S'il eût été l'instigateur du procès La Chalotais, les ministres l'auraient su, M. de L'Averdy l'un des premiers, car c'est à lui qu'étaient expédiés les « bulletins de Bretagne » signés du nom de d'Aiguillon. Comment le lieutenant-général aurait-il donc osé lui dire qu'il n'avait jamais été pour rien dans l'affaire La Chalotais ? Voici cependant ce qu'il lui écrivait le 11 fév. 1766 : « Je n'ignore pas les propos injustes et dé-
« placés qu'on a tenus dans les séances du 10 et du 11 du
« parlement de Paris ; et quoique j'en craigne peu les suites,
« je ne puis pas n'en être pas vivement affecté. Je n'ai
« jamais eu de querelles particulières avec les prisonniers.
« Ils m'ont attaqué parce qu'ils ont redouté mon zèle pour
« le service du roi et pour le maintien de son autorité. Ils
« ont agi de même vis-à-vis tous les fidèles serviteurs du
« roi, et les honnêtes gens. C'est une vérité qui n'est que
« trop bien prouvée aujourd'hui. Je n'ai jamais sollicité, ni
« conseillé leur détention. Je n'ai eu d'autre connaissance
« de leur affaire que celle que la relation, que je suis forcé
« d'avoir avec leurs juges, m'en a donnée. Je sais cependant
« qu'on a osé m'accuser publiquement d'avoir occasionné

« leur disgrâce, et influé sur les jugements préparatoires de
« la commission. Il me serait aisé de prouver la fausseté de
« cette accusation ; mais il est humiliant d'être réduit à se
« justifier, et cruel de ne pouvoir obtenir justice d'un
« outrage aussi sanglant. On ne manquera pas de la renou-
« veler, si le roi m'oblige à rester en Bretagne, pendant que
« le parlement sera occupé à juger cette affaire ; et je vous
« prie instamment, Monsieur, de m'en mettre à l'abri (1). »
Le duc d'Aiguillon ne cessa pas de rappeler qu'il n'avait
pas conseillé la procédure criminelle ouverte contre les
magistrats arrêtés ; il déclara même qu'il l'aurait combattue,
si on l'eût d'abord consulté ; il estimait qu'elle devait avoir
des suites fâcheuses pour le service du roi et la tranquillité
de la Bretagne (2).

Le duc d'Aiguillon ne nous paraît pas mentir ; ses
allégations concordent avec les faits que nous relevons dans
la correspondance Fontette (3). Nous l'y voyons faisant tout

(1) Arch. Nat., H. 439, duc d'Aiguillon à contrôleur général, le 11 février 1766.
(2) *Ibid.*, H. 440, n° 24. Notes sur l'affaire de Bretagne, du 4 octobre 1766.
La responsabilité de l'arrestation des magistrats bretons paraît remonter exclusivement à MM. de Saint-Florentin et de Calonne. L'opinion où fut le ministre que les billets anonymes étaient l'œuvre de La Chalotais lui fit perdre son sang-froid. Le duc d'Aiguillon fut considéré comme son complice, et enveloppé, comme lui, dans une sorte de réprobation. Prenons au hasard un des pamphlets dirigés contre lui, *le Procès instruit extraordinairement* (éd. de 1768, t. I, p. 208). On y lit que le duc d'Aiguillon « demandait absolument le sang de ses ennemis », mais que les vigoureuses remontrances du parlement de Paris firent échouer son projet. Puis cette phrase topique : « Il manqua d'en mourir de dépit ; » c'est là sans doute une allusion à sa maladie du mois d'avril 1766.
(3) On peut rapprocher des affirmations de MM. d'Aiguillon et de Fontette quelques lignes du rapport fait par Le Noir sur l'affaire La Chalotais, en décembre 1766. Il y est question des deux premiers mémoires de l'accusé. Ils sont, dit Le Noir, « pleins d'emportement et de personnalités étrangères au procès et tracées mécham-
« ment et calomnieusement. M. de La Chalotais lui-même a désavoué ces expres-
« sions, ces personnalités qui ont échappé à sa plume et à son esprit, a-t-il dit,
« dans un temps où, absorbé par une longue détention, accablé par une longue
« maladie, il n'était plus maître de lui-même ».
Pour ce qui est du troisième mémoire, saisi dans le pot de tabac « il a ajouté
« qu'il s'attendait que sa famille retrancherait de cet ouvrage les traits que lui-
« même avait dessein de supprimer ». Le mémoire fut saisi et cependant publié,

le possible pour se tenir éloigné du lieu où le procès s'instruisait ; se refusant à exercer aucune action sur les juges ; faisant de grands efforts pour amener le ministère à se montrer aussi discret que lui-même. En sorte que, pour donner une explication de la haine dont les magistrats démissionnaires poursuivirent le lieutenant-général-commandant, nous sommes réduits à croire que son principal crime à leurs yeux fut d'avoir accepté de reconstituer en Bretagne un parlement. Son demi-succès dans cette entreprise ne compromettait-il pas le but qu'ils poursuivaient, le « rappel de « l'universalité », et ne devait-il pas faire oublier peu à peu les démissionnaires obstinés ?

Aussitôt que, grâce à lui, les « non-démis » s'étaient trouvés renforcés d'un nombre suffisant de magistrats, le roi avait pu dissoudre la commission de Saint-Malo. Il avait renvoyé les accusés devant le nouveau parlement, affectant de les faire juger par leurs pairs. De son côté, le lieutenant-général avait dès lors demandé qu'il lui fût permis de quitter la Bretagne(1). Il n'y fut pas autorisé sur-le-champ, parce que sans doute le roi l'estimait seul capable de mener à son terme le « complément » du parlement ; mais il fut convenu qu'il ne tiendrait pas les états dont la réunion devait avoir lieu à la fin de l'année. Il quitta Rennes pour aller résider à Nantes et à Belle-Isle (2).

Les amis du duc d'Aiguillon prétendirent en vain que sa

soit que La Chalotais l'eût écrit de nouveau et eût réussi à le faire passer aux siens, soit que, dans le ministère, quelqu'un ait préparé et favorisé cette publication. (*V*. Arch. Nat., H. 440, déc. 1766.)

(1) Arch. Nat., H. 439, duc d'Aiguillon à contrôleur général, les 11 et 16 février 1766.

(2) *Ibid.*, H. 440, n° 24, le 13 mars 1766. Il était à Nantes dès le mois de mars ; nous en voyons la preuve dans une lettre où le président de Montbourcher le met au courant sur l'état de sa compagnie. Elle est datée du 23 mars. (Arch. Nat., H. 439.)

présence à Rennes serait seule capable d'empêcher le procès de traîner en longueur. Il se défendit de demeurer à portée des juges; et, quel que fût son désir de voir juger M. de La Chalotais, une fois qu'il eut pris la décision de se tenir à l'écart, il ne s'en départit pas. Ce fait est d'autant plus caractéristique que M. de Saint-Florentin en personne lui écrivait vainement : « Il n'y a que votre présence à Rennes qui puisse « soutenir le zèle des bons serviteurs du roi (1). » — « Votre « présence dans cette ville est seule capable de me rassu- « rer (2). » Il fallut que M. de Saint-Florentin renonçât à voir son neveu seconder la politique du ministère dans une affaire qu'il n'avait pas engagée, et qu'il voyait grosse de périls. Il en vint à ne plus guère l'en entretenir. Au regard de la surveillance des prisonniers, il fut en rapports avec M. de Barrin, qui commandait à Rennes comme délégué du lieutenant-général (3). Sur le fait de la procédure, il correspondit surtout avec l'intendant de Flesselles, le premier président d'Amilly, le président de Montbourcher (4).

Durant les mois d'avril et de mai nous voyons d'ailleurs M. d'Aiguillon assez sérieusement malade. Il reste trois

(1) Arch. Nat., O¹ 462, le 22 février 1766.
(2) *Ibid.*, le 12 avril 1766.
(3) *Ibid.*, O¹ 462, Saint-Florentin à Barrin, le 24 juillet 1766...
(4 *Ibid.*, O¹ 462, Saint-Florentin à Montbourcher, le 5 mai, à Flesselles, les 1ʳ et 25 août, à d'Amilly, le 6 août 1766. — M. de Flesselles représenta nécessairement à Rennes les idées et la politique du ministère dans l'affaire La Chalotais. La grande situation du duc d'Aiguillon eût pu lui permettre d'exercer quelque influence sur cet intendant ; mais il eût fallu, pour cela, qu'il ne se fût pas désintéressé du procès en cours, qu'il en eût été, en somme, l'instigateur. Les meneurs « chalotistes » savaient très bien que le lieutenant-général n'était pas l'homme pervers qu'ils dénonçaient, et qu'il eût été pour eux plus logique de s'en prendre exclusivement à M. de Flesselles ; mais l'intendant était un personnage d'un nom trop obscur pour qu'une campagne menée contre lui leur assurât des alliés à la cour. Ils firent donc de M. de Flesselles la « créature » de M. d'Aiguillon, et, d'après eux, ce fut M. d'Aiguillon seul qui combina toutes les trames horribles où devaient succomber La Chalotais et les privilèges de l'aristocratie bretonne.

semaines à Nantes, avec une fluxion qui dégénère en abcès suppurant sur la lèvre supérieure. Les médecins qu'il consulte d'abord le soignent mal, et il va en chercher d'autres à Paris. Quand sa santé s'améliore, c'est à Nantes qu'il retourne, et M. de Barrin s'en désole ; car, en son absence, dit-il, le procès ne pourra jamais « battre » que « d'une « aile (1) ».

Le duc d'Aiguillon vient à Rennes dans la seconde moitié de juin, mais il affecte d'être alors dans la plus grande ignorance des affaires de la province (2). Y résida-t-il durant le mois de juillet? On retrouve des bulletins de ce mois, signés de son nom, et datés de Rennes, mais il pourrait se faire qu'il les eût signés à Nantes. En tout cas, il n'est plus à Rennes durant les derniers jours de juillet, car le vicomte de Barrin y commande à sa place (3). Il en est absent pendant le mois d'août ; et c'est alors que l'affaire La Chalotais est plus intéressante que jamais. Le principal accusé vient d'être transféré de Saint-Malo à Rennes.

Au début du mois d'août il semble bien que M. d'Aiguillon a fait de Belle-Isle son quartier général. C'est de là qu'il part pour rejoindre le ministre de Choiseul-Praslin, qui visite les côtes de Bretagne. Nous le suivons à Port-Louis, à Lorient, à Vannes, à Quiberon (4). Évidemment il voulait être bien loin de la ville où pouvait être condamné La Chalotais ; mais les scrupules dont ses partisans s'étonnent ne

---

(1) Corr. Font., Barrin à Fontette, de Rennes, les 18 et 27 avril 1766 ; — Fontette à La Noue, de Saint-Malo, le 29 avril ; — Barrin à Fontette, de Fromenteau, le 8 mai ; de Rennes, le 14 mai. — Cf. Raudin à Fontette, de Rennes, le 26 mai.
(2) Arch. Nat., H. 439, duc d'Aiguillon à contrôleur général, de Rennes, le 18 juin.
(3) Ibid., O¹462, Saint-Florentin à Barrin, le 24 juillet.
(4) Corr. Font., La Noue à Fontette, les 15 et 18 août 1766. Dans ces lettres il s'agit de renseignements divers adressés par les officiers qui accompagnent le duc.

furent, aux yeux de ses ennemis, que des indices de sa culpabilité. C'est que, dans le parti « chalotiste », on se prenait alors à fonder de grandes espérances sur ce « bailliage d'Ai-« guillon » qu'on avait d'abord affecté de mépriser. On cria bien haut que le lieutenant-général avait couru à Belle-Isle, redoutant que la procédure ne tournât mal contre lui. A Belle-Isle, il était, disait-on, « à portée de quitter la France, « et de passer en Angleterre (1) ».

En septembre M. d'Aiguillon reparut à Rennes, mais pour quelques jours seulement. Il vint s'y aboucher avec la commission intermédiaire des états; il voulait empêcher ses amis de le compromettre en poussant les ministres aux mesures de vigueur (2). Il quitta enfin la Bretagne, et se rendit en Touraine, au château de Veretz. Quoi qu'il eût fait, il n'était pas parvenu à convaincre le public de son abstention dans le procès La Chalotais; mais le témoignage secret de ses conseillers, de ses amis, peut-il, sur ce point, nous laisser des doutes? Il est bien probable que M. d'Aiguillon suivit à distance le cours des affaires de Bretagne; elles lui inspiraient, disait-il, un profond dégoût, et le 22 septembre 1766, il écrivait à M. de Barrin qu'il les voulait complètement oublier. Son correspondant douta qu'il y pût parvenir (3).

Les lettres de MM. de La Noue et de Barrin doivent expliquer en partie quel fut alors l'état d'esprit de M. d'Aiguillon. Sans doute, il ne voulait pas qu'on le prît pour un tyran; mais les gentilshommes de l'opposition bretonne s'obsti-

---

(1) Cor. Font., La Noue à Fontette, le 25 août 1766.
(2) *Ibid.*, le 12 septembre 1766. — Cf. *Barreau français*, 1re série, t. VI, p. 49 (Mémoire de Linguet pour le duc d'Aiguillon).
(3) *Ibid.*, La Noue, à Fontette, de Rennes, le 29 août 1766; Barrin à Fontette, de Rennes, le 22 septembre.

naient à parler de sa tyrannie. Avec les parlementaires purs ils s'exaspérèrent quand l'avocat Linguet entreprit sa défense; et, pour le flétrir, ils épuisèrent l'arsenal des comparaisons antiques. Linguet devint l'Hortensius de cet autre Verrès, dont ils firent aussi tout ensemble un Tibère, un Néron, un Caligula (1). En 1766, M. d'Aiguillon fut pourtant tout entier aux idées d'apaisement et de modération. Il n'oubliait pas que les premières années de son gouvernement l'avaient réellement rendu populaire; et que, après la bataille de Saint-Cast, pendant un an, les Bretons avaient fait de lui une sorte de héros. Il s'était montré longtemps « laborieux, bien-« veillant »; il avait consacré toute son activité à de grands travaux publics, dont la province allait profiter (2). Comment ne se serait-il pas désolé à l'idée de voir une gestion de seize ans finir par des coups de force ? Il était partagé entre « le « désir d'être aimé » et la crainte de laisser se perdre l'auto-rité (3); et, redoutant le jugement de l'opinion publique, il ménageait ses adversaires. M. de La Noue le désapprouve, toute son indulgence et sa modération n'étant, dit-il, plus de mise dans une province où les partis hostiles au pouvoir mènent contre le lieutenant-général une guerre sans merci ;

(1) *Lettre à M. Linguet, avocat au parlement de Paris.* Broch. in-8° de 8 p. S. l. n. d.
(2) M. Pocquet du Haut-Jussé (*Revue de Bretagne, de Vendée et d'Anjou,* septembre 1891, *l'Opposition aux Etats de Bretagne;* pp. 186-187) a signalé les légendes relatives au moulin de Saint-Caast, et au « mot spirituel et méchant attri-« bué faussement » à M. de La Chalotais.
(3) Corr. Font., La Noue à Fontette, de Rennes, le 8 août 1766. Cf. Arch. Nat., O¹463. Dans les lettres que M. de Saint-Florentin adresse à M. d'Aiguillon, tout montre que le ministre considère son neveu comme un homme modéré et sage. On l'a trop exclusivement jugé d'après le témoignage de ses adversaires. Voici ce que dit de lui une lettre d'un de ses partisans : « Je reconnais à ses traits son âme « bienfaisante et toujours occupée des moyens à faire des heureux, mais que l'in-« gratitude la plus affreuse affecte aujourd'hui de méconnaître tant le fanatisme « a pris d'empire sur quelques-uns ; car il s'en faut de beaucoup que cette frénésie « soit générale. » Arch. Nat., H. 436. Quemadeuc de Cargouet à de L'Averdy, le 17 juillet 1765.

de son côté, M. de Barrin, convaincu que le jugement de La Chalotais serait d'une importance incalculable, déclare que son chef devrait tout faire pour tenir les juges en bride. Il écrit en vrai soldat : Qu'importent des propos « qui ne s'en « tiendront ni plus ni moins, et qui seront bien pis, si la chose « ne tourne pas comme on le désire (1) ».

Tout au contraire, M. d'Aiguillon agissait à la cour, pour que le ministère se prêtât aux délais réclamés par les juges. Pendant les quelques jours qu'il passa à Rennes, au début de septembre, il défendit son système d'indulgence auprès de MM. de Flesselles et de La Noue. Il déclara devant MM. de Chabrillan, de Barrin et de Balleroy que le premier président et les juges faisaient ce qu'ils devaient, pour le bien de l'état. Il était à ses yeux nécessaire d'épuiser tous les moyens de justification de M. de La Chalotais. On ne pourrait ainsi, disait-il, adresser aucun reproche au parlement. Il n'y avait d'ailleurs personne, parmi les juges, qui pût être décidé d'avance à « blanchir » l'accusé. Pourquoi redouter que l'affaire traînât un peu ? Ne faudrait-il pas enfin qu'elle fût jugée ? Et le parlement de Rennes ne jugerait-il pas mieux que ne sauraient le faire les requêtes de l'hôtel ? Voilà les raisonnements qui désespéraient M. de La Noue ; car, en dépit des « cajoleries » que le lieutenant-général prodiguait aux magistrats et de l'extrême confiance qu'il paraissait garder en sa propre habileté, M. de La Noue restait convaincu que les magistrats duperaient son général (2).

---

(1) Corr. Font., Barrin à Fontette, le 8 septembre 1766.
(2) Corr. Font., La Noue à Fontette, de Rennes, les 3 et 5 septembre 1766. M. de Flesselles écrivait peu de jours avant à M. de L'Averdy : « J'attends ici « M. d'Aiguillon après demain... Il m'a témoigné les plus vives inquiétudes sur « le parti qu'on va prendre relativement à la procédure et au procès. Il désire-

On pourrait peut-être prétendre que la correspondance Fontette montre M. d'Aiguillon commettant une double erreur. Il aurait tenté de triompher de l'opposition bretonne par la temporisation ; il aurait supposé au ministère assez d'esprit de suite pour s'attacher longtemps à une même politique. Or, les opposants se sont fortifiés en Bretagne parce qu'ils se trouvaient en présence d'un pouvoir qui ne prenait pas parti ; ils se sont montrés d'autant plus audacieux qu'ils se croyaient plus redoutés ; et les ministres se sont fatigués de soutenir un procès politique, où ils reconnaissaient sans doute s'être maladroitement engagés. Nous nous sommes par suite demandé si les correspondants de M. de Fontette avaient bien réellement connu toute la pensée de M. d'Aiguillon, et s'il ne serait pas prudent de croire que le duc pût leur dissimuler quelqu'une de ses combinaisons politiques. Il put bien, par exemple, ne pas leur révéler tout ce qu'il savait ou soupçonnait des intrigues de cour. Celles qu'il indique dans son *Journal* éclairent certains de nos documents, et nous le soupçonnons d'avoir joué au plus fin avec M. de Choiseul, dans toute l'affaire La Chalotais. M. d'Aiguillon affirme qu'en 1765, aussitôt que les affaires de Bretagne étaient débattues au conseil des ministres, M. de Choiseul se déclarait pour les mesures les plus rigoureuses, demandant toutefois que le lieutenant général fût d'abord consulté. Il aurait ainsi, avec perfidie, paru prêter son appui à l'homme dont il voulait ruiner le crédit, ne redoutant rien tant que son avènement au ministère. Il aurait agi d'ailleurs en toute sécurité ; il savait que le public

« rait fort qu'on laissât le parlement de Bretagne juger, ce qui arriverait tôt ou
« tard, trouvant au surplus de grands inconvénients à évoquer ou à finir par voie
« d'autorité. » (Arch. Nat., H. 439, le 31 août 1766.)

breton attribuerait à d'Aiguillon ce que les opérations des ministres comporteraient de violent. Et d'Aiguillon, voyant le piège, aurait été parfois contraint d'y tomber (1).

Or, La Chalotais eut un temps la protection du duc de Choiseul et de Mme de Pompadour. On a prétendu qu'ils auraient fait miroiter à ses yeux la perspective d'arriver au contrôle général. N'était-il pas connu pour ses écrits sur la liberté de commerce des grains ? N'était-il pas populaire, depuis qu'il avait fait campagne contre les jésuites ? N'était-il pas du parti philosophique sur lequel s'appuyaient ses protecteurs ? N'aurait-il pas pu, comme procureur général, devenir l'âme d'une procédure ourdie contre les abus de l'administration du commandant de Bretagne? Perdre d'Aiguillon, n'était-ce pas affermir Choiseul et la favorite ? Par malheur La Chalotais était un homme inconséquent et emporté ; et le plan profond des ambitieux de cour aurait été dérangé subitement par cet ambitieux étourdi. La Chalotais fut impliqué dans un procès criminel, et Choiseul décontenancé sembla vouloir l'abandonner à son sort (2).

Quand bien même le procureur général n'aurait pas été,

(1) De Carné, *les États de Bretagne*, t. II, pp. 151 et 152. M. de Carné a eu en main le *Journal* manuscrit du duc d'Aiguillon. — Cf. Soulavie, *Mémoires sur Louis XVI*... t. I, pp. 27 et 30. Pour bien des gens le duc d'Aiguillon, petit-neveu du cardinal de Richelieu et ami du Dauphin, aurait représenté la politique opposée à celle de Choiseul tant au dehors qu'au dedans.

(2) *Mémoires du ministère du duc d'Aiguillon, pair de France, et de son commandement en Bretagne, passim*. Cf. Arch. Nat., K. 712 (Procès criminel instruit contre M. de La Chalotais). — Dans le *Procès instruit extraordinairement* (t. II, p. 54), M. de La Chalotais dit positivement que M. de Choiseul l'a personnellement obligé en l'aidant à faire passer sa charge à son fils. M. de Carné (*les États de Bretagne...* t. II, p. 171), citant le *Journal* d'Aiguillon, montre le comte de Saint-Florentin et le lieutenant-général de Bretagne faisant obstacle au désir qu'avait La Chalotais de faire son fils procureur général ; ils considéraient ce jeune magistrat comme insuffisant. De là sans doute la haine secrète vouée par les Caradeuc à l'oncle et au neveu. M. de La Chalotais, ayant rendu à M. de Choiseul et à Mme de Pompadour un service signalé contre les Jésuites, il put triompher par eux de la résistance de M. de Saint-Florentin et il associa son fils à l'exercice de ses fonctions. Cf. Georgel (l'abbé), *Mémoires*, t. I, pp. 60 et 61.

en haut lieu, nettement invité à conspirer contre d'Aiguillon, il n'est guère douteux qu'une fois en prison il se soit acharné contre lui dans le but de plaire à Choiseul et à son parti. Il savait bien que ses libelles sèmeraient dans le ministère un désarroi dont il ne pourrait que profiter. Il est une lettre où M. de La Noue laisse entendre qu'on aurait sauvé La Chalotais « dans la crainte qu'il ne parlât et com-
« promît des gens en place, qui l'avaient guidé, ou s'étaient
« livrés à lui (1) ». L'allusion n'est-elle pas ici assez transparente ?

Comme M. de Choiseul, mais pour d'autres causes, M. de L'Averdy, contrôleur général, était partisan des mesures de rigueur contre les Bretons. Nous savons pourquoi ce magistrat janséniste ne fut pas malmené dans les *Mémoires* de La Chalotais ; et nous savons aussi, par notre correspondance, qu'il combattit vigoureusement le système de temporisation du duc d'Aiguillon. Il acceptait tous les bruits qui montraient la Bretagne sous les couleurs les plus noires, parce qu'il y trouvait autant de prétextes à précipiter le jugement de M. de La Chalotais, c'est-à-dire à hâter la convocation des états (2). Or les états avaient pour lui un intérêt financier ; ses préoccupations d'argent furent donc en désaccord avec les combinaisons politiques du duc d'Aiguillon. Et si d'ailleurs M. de L'Averdy devinait en La Chalotais un successeur éventuel, ne trouvait-il pas encore dans l'ambition de ce magistrat de quoi exciter son zèle contre lui ?

Quant à M. de Saint-Florentin, dont le département comprenait la province de Bretagne, nous ne voyons pas que la correspondance Fontette lui prête un rôle odieux comme

(1) Corr. Font., La Noue à Fontette, le 24 janvier 1767.
(2) *Ibid.*, La Noue à Fontette, de Rennes, le 12 septembre 1766.

la plupart des historiens (1). Nous avons même été surpris de ne l'y voir tenir qu'une assez petite place. Dans un temps où les attributions des ministres étaient très loin d'être nettement délimitées, M. de L'Averdy eut autant d'action que lui sur la Bretagne ; c'est que tous les pays d'états l'intéressaient, sous le rapport financier. Ne voyons-nous pas en outre que les bulletins politiques rédigés à Rennes, à l'hôtel du commandement, étaient expédiés au contrôleur général, et que l'intendant, surbordonné du contrôleur général, correspondait souvent avec le secrétaire d'état de la maison du roi ?

Il semble que l'on pourrait surtout reprocher à M. de Saint-Florentin d'avoir manqué de sang-froid dans l'affaire des billets anonymes. Il agit sans consulter M. d'Aiguillon, qui était absent de Rennes, mais qui peut-être l'aurait détourné de faire arrêter le procureur général. En supposant que La Chalotais eût été vraiment l'auteur des billets, n'eût-il pas mieux valu le mander à la cour, lui montrer la gravité de sa situation, lui prouver que l'on connaissait tous ses agissements, et le sommer de se démettre de sa charge. On préféra l'éclat d'un procès scandaleux, qui tourna tout autrement qu'on ne l'avait prévu.

Il nous paraît certain que le duc d'Aiguillon se crut d'a-

(1) M. de Saint-Florentin, comme on l'a vu plus haut, fut très loin de se montrer dur pour les prisonniers de Saint-Malo ou de Rennes. Il fut assez accessible aux sollicitations de leurs familles, et à ce point que M. de La Noue l'en blâmait. (Corr. Font., de Barrin à Fontette, de Rennes, le 22 octobre 1766.) — Cela ne l'empêchait pas d'être très sensible au mauvais vouloir qu'il rencontrait parfois chez ses collègues, ou chez le chef de la police ; il aurait reproché à M. de Sartines de fermer les yeux sur l'impression de libelles où on le vilipendait. (Corr. Font., La Noue à Fontette, de Paris, le 11 février 1767.)

bord plus menacé par les intrigues de Versailles que par les ennemis qu'il comptait en Bretagne. Il ne dut pas se dissimuler l'impopularité que les affaires La Chalotais pouvaient attirer sur lui ; mais il espéra que, s'il se tenait à l'écart, ce serait surtout le ministère qui deviendrait impopulaire. Il se trompa, car La Chalotais et ses amis s'emparèrent de l'opinion, et la déchaînèrent contre lui, rendant ainsi au parti Choiseul et au ministère un immense service.

Ce sont là probablement les faits auxquels songe M. de Miroménil quand il écrit que les troubles de Bretagne eurent leur origine dans des intrigues de cour (1). Miroménil connaissait bien le monde des parlements, et savait quelles intrigues se nouaient entre les magistrats et les courtisans. Le parti qui, à la cour, appréhendait l'élévation du duc d'Aiguillon, dut tout faire pour que cet homme politique s'usât sur le difficile terrain de la Bretagne. D'ailleurs, MM. de Fontette et de Flesselles disent positivement que l'opposiion bretonne fut en correspondance régulière avec des courtisans qui ne lui laissaient rien ignorer des bruits de Versailles. Ils « échauffaient ou tempéraient les passions pro-
« vinciales en proportion des leurs », qui toujours étaient

---

(1) Il dit aussi que ces troubles furent la cause première de la destruction des parlements.(Bibl.Nat., ms. fr. 10986, f° 21.)—N'est-il pas curieux de voir le contrôleur général, cinq ans avant l'époque où écrit Miroménil, écrire lui-même à l'intendant de Rennes : « Tout ce qui se passe ici ressemble à une conjuration pour détruire « les parlements sous le prétexte de les soutenir » (Arch. Nat., H. 436, le 19 juin 1765)? A qui M. de L'Averdy faisait-il allusion ? D'autre part, nous possédons la copie d'une lettre écrite le 9 novembre 1771 par le premier président du parlement de Bretagne, M. d'Amilly, à M. Gault, ancien substitut de M. de La Chalotais ; il y parle de la destruction de la magistrature, et dit : « Vous avez vu « comme moi l'incendie commencer dans la ville de Rennes; cinq ou six personnes « l'ont allumé, et il s'est communiqué à tout le royaume. Dieu veuille que les « changements nous conservent la paix, etc... » *Papiers de la famille Gault de la Galmandière*, dont est possesseur M. Norbert Saulnier, avocat à la cour d'appel de Rennes.

prêtes à éclater ou à s'amortir, suivant que le gouvernement annonçait de la faiblesse ou de la fermeté (1).

Il est une lettre de M. de La Noue qui nous a paru montrer que le duc d'Aiguillon nourrissait de fortes rancunes contre les ministres. On l'y voit perdre son sang-froid, et parler d'eux avec une excessive violence (2). A ses yeux ils durent être les auteurs indirects d'une grande partie des difficultés où il se débattait. D'ailleurs il reprochait à l'intendant d'avoir monté l'esprit du contrôleur général, de lui avoir fait sur l'état de la province des rapports empreints d'une extrême exagération ; d'avoir provoqué le ministère aux mesures les plus dangereuses, dont lui-même il serait responsable aux yeux des Bretons.

Sa colère s'apaisa, et sa réconciliation avec M. de Flesselles forme, sous la plume de M. de La Noue, une assez piquante histoire. Le premier président y apparaît ; l'intendante y joue son rôle. Le duc s'excuse sur sa vivacité ; et, surpris par l'attendrissement de l'intendant, il fond lui-même en larmes. Quant à M. de la Noue, qui a pu conjurer une brouille dont les conséquences eussent été graves, il en est certes récompensé. A l'hôtel du commandement il est plus que jamais en faveur ; à l'intendance, il reçoit les embrassades de Mme de Flesselles (1).

(1) Corr. Font., Fontette à La Noue, le 31 janvier 1767. On voit dans la correspondance du contrôleur général et de l'intendant de Flesselles que les secrets du conseil auraient été régulièrement révélés à des Bretons habitant Paris, et transmis à Rennes, aux chefs de l'opposition. Quelques femmes auraient joué un rôle très actif dans cette campagne d'intrigues et d'indiscrétions. (Arch. Nat., H. 436, les 19 et 23 juin 1765.)

(2) Si maître qu'il fût de lui d'ordinaire, M. d'Aiguillon tombait parfois en de violents accès de passion. Augeard (*Mémoires secrets*, 1760-1800. Paris, 1866, in-8°, pp. 31 et suiv.) a raconté qu'il avait provoqué chez le duc d'Aiguillon une colère furieuse en lui révélant les machinations de Maupeou contre lui; et le récit d'Augeard offre avec celui du comte de La Noue plusieurs traits de ressemblance.

(3) Corr. Font., La Noue à Fontette, de Rennes, le 12 septembre 1766.

Les calculs politiques du duc d'Aiguillon offrirent des nuances que ne pouvaient pas, ou ne voulurent pas saisir les ministres. De là des défiances continuelles entre eux et lui. D'Aiguillon demandait à la cour de la fermeté ; et quand la cour se disait prête à se montrer ferme, il croyait reconnaître qu'elle allait plutôt devenir violente ; il repoussait les projets de la cour. Il lui demandait de pratiquer en Bretagne une politique d'apaisement, pensant qu'il n'était pas impossible de la concilier avec la fermeté ; mais il eût fallu pour cela que le trésor eût peu de besoins, que le contrôleur général n'invitât pas les Bretons à s'imposer de nouvelles charges. Les lettres de M. de La Noue reflètent parfois les alternatives d'espérance et de crainte par lesquelles passa le duc d'Aiguillon, quand il crut rallier le ministère à ses vues, quand il le vit s'en écarter. Le 5 septembre 1766, M. de La Noue écrit à M. de Fontette : « La girouette ministérielle tourne au vent d'Aiguillon. » Et, quelques jours plus tard, au contraire : M. d'Aiguillon est « résolu de jeter le manche après la cognée, et de « ne pas tenir les états ; et cela, par des lettres qu'il « a reçues de la cour... Il est persuadé qu'on veut sauver La Chalotais « par le parti qu'il a dans le ministère, et le « parlement de Paris, qui sollicite pour lui, quoiqu'en va- « cances (1) ».

Les tergiversations et les intrigues des ministres avaient leur contre-coup dans l'opinion ; et l'on allait jusqu'à raconter à Rennes que l'intendant de Flesselles serait venu, dans la prison de La Chalotais, lui proposer un accommodement. Le procureur général l'aurait refusé. Le fait n'était guère

---

(1) Corr. Font., La Noue à Fontette, de Rennes, le 5 septembre 1766.

probable, mais le public l'acceptait. Sa crédulité témoignait de sa mince estime pour le gouvernement (1).

On ne sait ce qu'aurait pu produire le système de temporisation et de fermeté que recommandait le duc d'Aiguillon. On voit bien que cet homme politique crut de sa dignité, et de son intérêt, de ne pas agir sur le parlement, en vue de hâter le jugement de M. de La Chalotais ; mais on voit aussi que, pour n'avoir pas subi son influence, les juges n'en furent pas beaucoup plus libres. Ils furent soumis à la pression de l'opinion, dont le parti La Chalotais était devenu le maître. Jusqu'au bout M. d'Aiguillon s'obstina dans la confiance qu'il disait avoir en eux. Il parut les croire capables de juger les requêtes et les mémoires répandus dans le public, et de ne se laisser ébranler par aucun des propos de ce même public. Il donne une foule de raisons pour éviter l'évocation (2). Peut-être avait-il même plus de confiance dans le jugement que prononceraient, en fin de compte, les juges de Rennes, que dans celui du conseil, dont les ministres seraient les inspirateurs. Plus que jamais il se défiait des ministres, et s'il se rendait de Veretz à Versailles, c'était pour avoir avec eux de très vives explications. En dépit des bruits que l'on faisait courir sur sa disgrâce, le roi lui conservait sa faveur ; mais les ministres, qu'il gênait, et qui récemment s'étaient déclarés pour les mesures de vigueur, se montraient maintenant sceptiques sur toute l'affaire La Chalotais (3). Était-ce le commencement d'une évolution nouvelle ?

D'ailleurs la question de la convocation des états de

---

(1) Corr. Font., La Noue à Fontette, le 12 septembre 1766.
(2) *Ibid.*, Barrin à Fontette, de Rennes, le 8 octobre 1766.
(3) *Ibid.*, le 29 octobre. M. de Barrin résume une lettre de M. de Flesselles, qui se trouve en ce moment à Paris.

Bretagne se posait très pressante. Mais cette convocation pouvait-elle s'effectuer sans que rien fût décidé sur le procès La Chalotais ? Au point où en étaient venues les choses, le ministère avait à se prononcer entre des partis bien divers. Traduire les accusés devant le parlement de Bordeaux, comme ils le demandaient ; renvoyer le procès après la « tenue » des états ; continuer le procès, et renvoyer les états après le jugement ; évoquer l'affaire devant le conseil. Le gouvernement ne crut pas pouvoir donner aux accusés le tribunal qu'ils réclamaient ; car c'eût été reconnaître que les juges de Rennes ne formaient pas un vrai parlement. Il pensa qu'il était impossible de réunir une assemblée d'états à côté d'un tribunal qui jugerait La Chalotais. Peut-être estima-t-il difficile de prolonger de longs mois la détention des accusés, avant de reprendre leur procès. Il dut trouver dangereux de rompre la tradition qui voulait que les états fussent convoqués tous les deux ans pour voter les impositions de la province (1). Il avait d'ailleurs besoin d'obtenir ce vote au plus tôt. Il prit le parti qui lui semblait devoir provoquer le moins de mécontentement, celui qui, d'ailleurs, correspondait le mieux à ses habitudes d'autorité, et qui, à coup sûr, était propre à satisfaire le parlement de Bretagne. Il évoque l'affaire au conseil du roi (22 novembre 1766) (2).

Le duc d'Aiguillon dut, en apparence, prendre son parti de l'évocation. Nous savons qu'il écrivit au premier prési-

---

(1) Corr. Font., Barrin à de Fontette, le 3 novembre 1766.
(2) *Procès instruit extraordinairement* (éd. de 1770, t. III, pp. 208 et 220). L'arrêt du Conseil annule les procédures faites en Bretagne contre La Chalotais et consorts, ordonne l'envoi des pièces de conviction au greffe dudit conseil, et le transfert des prisonniers à la Bastille, où se fera l'instruction dudit procès ; fait défense à tous juges et à toutes cours de faire ailleurs aucune poursuite ou procédure au sujet dudit procès. Cf. Bibl. Nat., mss. fr. 6680 (Hardy), f°˚ 37 r° et 38 r°.

dent d'Amilly, pour le féliciter, à l'avance, d'être déchargé du procès (1). Il est possible que, moins sûr de lui-même, il en soit venu à prendre le parti de jouer à l'inertie, et de ne plus vouloir se prononcer en rien. C'est sous cet aspect que nous le montre M. de Barrin, au début du mois de novembre. Les ministres voudraient le consulter sur les mesures politiques à prendre avant la convocation des états. Il désire, au contraire, ne point se prononcer. Il ne consent à leur fournir que des éclaircissements et des explications. Il refuse de donner tel avis, dont on pût dire plus tard qu'il s'y était rendu garant des événements. Il sent que le parti qu'on prendra aura toujours des suites fort embarrassantes. Or, s'il veut le plus possible échapper à la responsabilité des événements, le ministère, de son côté, tente de la rejeter sur lui tout entière. Il semble bien qu'au mois de novembre 1766 la tactique de MM. de Choiseul et d'Aiguillon, dans la guerre obscure qu'ils se faisaient, était toujours la même qu'en 1765 (2).

M. d'Aiguillon, qui d'abord avait demandé à ne pas paraître aux prochains états de Bretagne, consentit à y venir, comme premier commissaire ; et ce fut là qu'il apprit bientôt des nouvelles peu faites pour le satisfaire. Le gouvernement se débarrassait enfin du procès La Chalotais, car, ne pouvant intimider l'aristocratie bretonne, il se croyait, par nécessité fiscale, obligé de la ménager. C'est ainsi que les besoins du trésor, ayant en partie amené l'évocation, influèrent sur la suppression de toute procédure (3).

(1) Corr. Font., Barrin à Fontette, de Rennes, le 10 novembre 1766.
(2) *Ibid.*, le 5 novembre. La correspondance Fontette est ici d'accord avec des documents datés du 4 et du 14 octobre 1766, conservés dans les papiers du contrôleur général et portant ce titre : Notes sur les affaires de Bretagne. (Arch. Nat., H. 440, n° 24.)
(3) Arch. de la cour d'appel de Rennes (copies de lettres), in-f°, pp. 161 v° et 162 r°. Lettre de M. de Saint-Florentin au parlement.

Nous sommes ici en présence d'un acte d'absolutisme que le roi pensait avoir le droit d'accomplir, mais que les ennemis du gouvernement qualifièrent d'hypocrisie et d'iniquité. Pour qui veut tenir compte de l'état d'esprit des royalistes purs, aussi bien que de celui des opposants, la suppression de la procédure fut surtout l'expédient d'un pouvoir qui ne savait plus comment sortir d'un procès politique, et qui cependant en voulait à tout prix sortir. La relégation de M. de La Chalotais fut aussi un expédient. Il fut suggéré par la politique, car la pure justice ne l'eût pas conseillé.

Que si maintenant nous nous plaçons au point de vue particulier du duc d'Aiguillon, la suppression d'une procédure à laquelle il avait voulu rester étranger nous apparaîtra cependant pour lui comme un grave échec (1) ; car le public en était venu à croire que le lieutenant-général n'avait jamais cessé de poursuivre la perte des magistrats incriminés. En dépit du crédit conservé par lui auprès du roi, les ministres l'avaient joué. Ils s'étaient débarrassés de l'affaire La Chalotais par un coup d'autorité, sûrs qu'aux yeux du public M. d'Aiguillon, aussi bien et plus qu'eux-mêmes, en serait responsable. N'était-il pas d'ailleurs retourné en Bretagne, à Rennes même, où le service du roi exigeait sa présence ? Il y supporterait fatalement tout le poids de la haine des partis parlementaire et aristocratique ; il deviendrait pour eux, chaque jour davantage, le principal ennemi des franchises bretonnes, le plus acharné persé-

---

(1) L'évêque de Rennes, écrivant au contrôleur général, lui a dit l'effet produit en Bretagne par la suppression de toute la procédure : « La consternation a été « générale parmi les personnes attachées au roi et à son autorité. Un grand « nombre de membres du nouveau parlement, qui croyaient voir arriver M. de La « Chalotais au premier jour, et rétablir l'ancien parlement, voulaient prévenir en

cuteur des La Chalotais. La rancune de M. d'Aiguillon contre le ministère dut être profonde ; et M. de La Noue a exprimé son opinion à ce sujet d'une façon mordante : « Je « crois, dit-il, que notre général doit faire en ce moment-ci « la femme de Sganarelle battue, » et dire au ministère : « Je te le pardonne, mais tu me le payeras (1). »

Pour avoir définitivement compromis le lieutenant-général, le ministère n'en avait pas moins manqué de suite dans ses vues. Aussi bien les partis d'opposition pouvaient-ils continuer de protester contre tout ce qui ne leur donnait pas pleine satisfaction. Les familles des magistrats mis en liberté le 22 novembre 1766, mais relégués hors de Bretagne, firent naturellement imprimer des requêtes au roi, qui toutes tendaient à obtenir une nouvelle instruction du procès (2). Le jugement du conseil était pour elles non avenu. Elles savaient que leur obstination trouverait sa récompense dans la faiblesse du pouvoir, dans les combinaisons d'intrigues des gens en place (3). Il n'est pas possible de juger plus sévèrement le gouvernement d'alors que ne le fait M. de Fontette, au mois de septembre 1767 : « Vous « serez étonné, écrit-il à M. de La Noue, des inconsé- « quences ministérielles ; mais en voici une plus forte, que

---

« se démettant de leurs charges. » L'évêque ajoute que M. d'Aiguillon n'a arrêté la panique qu'en faisant part aux états de ses instructions. D'ailleurs, pour lui, bien des gens crient et cabalent, qui ne désirent point le rappel de l' « universalité ». (Arch. Nat., H. 362, de Rennes, le 2 janvier 1767.) — Pour rassurer les partisans du gouvernement, M. de Saint-Florentin dut leur écrire des lettres comme celle-ci : « A M. Blanchard du Bois de La Musse... Vous n'avez pas à « craindre que M. de La Chalotais ni M. de Caradeuc aillent reprendre leurs « fonctions. L'intention du roi est qu'ils ne retournent pas même en Bretagne. Sa « Majesté n'est pas moins déterminée à soutenir de toute son autorité les magistrats « qui lui sont demeurés fidèles. » Arch. Nat., O¹ 463, le 4 janvier 1767.
(1) Corr Font., La Noue à Fontette, de Versailles, le 3 janvier 1767.
(2) *Ibid.*, La Noue à Fontette, de Versailles le 3 janvier 1767.
(3) *Ibid.*, de Paris, le 13 mai 1767.

« vous ignorez peut-être. Il est certain qu'on négocie ac-
« tuellement avec M. de La Chalotais, pour qu'il engage son
« parti à se conduire plus modérément dans l'affaire des
« jésuites, et dans celle des dépositions Moreau et Canon (1).
« Cela ne fait-il pas pitié?... Il y a encore quelque chose
« de plus fort, c'est qu'il y a des membres du conseil qui
« inclinent au rappel de « l'universalité » du parlement.
« Nous verrons ce que tout cela deviendra ; mais M. d'Ai-
« guillon fera bien d'abréger son séjour à Bagnères et à
« Aiguillon, et de se rendre à la cour le plus tôt qu'il
« pourra (2). »

Ainsi le duc d'Aiguillon, rendu responsable de la procédure contre La Chalotais, en dépit de lui-même, put prévoir, dès le mois d'août 1767, le rappel des démissionnaires, que la cour tout récemment déclarait rebelles. Les ministres avaient fait de lui l'instrument d'une négociation contre le rappel ; ils l'avaient félicité de son succès, et c'était son œuvre même qu'ils songeaient déjà à détruire. Utilisant les ressources de son intelligence, de son activité et de son sang-froid, contre l'esprit de résistance des Bretons, ils devaient le sacrifier aux rancunes de ses adversaires. Manquant de cohésion, inconséquents, livrés à l'intrigue, et liés en secret aux opposants eux-mêmes, ils faisaient assurément le plus grand mal à l'état. Les contradictions constantes de leur politique intérieure ont discrédité et usé la monarchie.

Durant la « tenue » d'états, le duc d'Aiguillon n'eut pas

(1) Il s'agit d'un procès qui sera résumé à la fin de cette étude.
(2) Corr. Font., Fontette à La Noue, de Bagnères, le 15 septembre 1767.

pour lui le ministère d'une façon constante (1). Les ministres différèrent d'avis avec lui sur des questions essentielles. Entre eux et lui, comme dans l'affaire La Chalotais, le désaccord vint souvent d'une défiance persistante ; il se fortifia par l'orgueil de chacun, et par l'idée, dont chacun se pénétra, qu'il connaissait l'esprit des Bretons aussi bien que les intérêts de l'état. M. d'Aiguillon pensait pouvoir relever en Bretagne l'autorité du roi, pourvu qu'on lui permît d'agir à sa guise, et qu'on lui laissât le temps nécessaire. Ce qu'il reproche aux ministres, c'est leur impatience, l'incohérence de leur conduite, leurs indiscrétions, leurs inconséquences (2). Ils voudraient que tout se fît en un jour ; et dès qu'ils se fatiguent de ne pas voir leurs projets aboutir, ils en adoptent d'autres ; en sorte que le commissaire voit sans cesse « sa besogne culbutée » par eux. C'est dans une pareille conduite, dit-il, qu'il faut chercher la cause de l'audace des « brouillons » et des « mal inten-« tionnés ». On sait très bien parmi eux que le gouvernement ne s'attache à aucune politique précise. On le sait d'autant mieux qu'à la cour les amis de la « cabale », toujours au courant des secrets du conseil, font ce qu'il faut pour exciter les passions en Bretagne. Suivant M. de Fontette, l'action des courtisans, ennemis du commissaire, était là aussi sensible que celle d'un soufflet sur le feu d'une forge (3).

Ce qu'il y a alors de plus original dans l'attitude du duc

(1) Il subsiste toutefois nombre de pièces qui attestent la haute opinion que certains ministres se faisaient du premier commissaire : V. par exemple la lettre de L'Averdy, du 16 mars 1767, Arch. d'Ille-et-Vilaine C. 1780 ; il y est dit que M d'Aiguillon et M. de Flesselles ont tiré le meilleur parti d'une « position désespérée ».
(2) Corr. Font., Fontette à La Noue, de Rennes le 17 janvier 1767 ; La Noue à Fontette, de Paris le 21 janvier 1767.
(3) Corr. Font., Rennes, Fontette à La Noue, le 31 janvier 1767.

d'Aiguillon à l'égard des ministres, c'est qu'il ne cesse guère de leur rappeler leurs fautes. M. de Fontette nous donne l'écho de ses récriminations. Il nous le montre incapable d'oublier ni l'évocation du procès La Chalotais, ni la suppression de toute la procédure. Il se scandalise avec lui de voir une correspondance établie entre les « factieux » de la province et les princes du sang; car les « factieux », dit-il, se flattent de trouver des appuis contre le commissaire, jusqu'auprès du trône (1).

Les ministres reconnaissaient parfois leurs torts, mais ils ne voulaient pas qu'on y fît trop souvent allusion (2); ou bien ils reprochaient à leur tour au commissaire d'être toujours préoccupé de se disculper. Ne connaissait-on pas son zèle, disaient-ils, et pouvait-on douter qu'il ne fît tout pour le mieux? Ils le laissaient libre d'adopter dans les états telle décision qu'il jugerait utile; ils auraient même voulu le voir plus souvent prendre sur lui d'agir, sans recourir à eux (3). A la vérité, ce vœu leur échappait surtout dans les circonstances embarrassantes; et, dès que l'événement tournait mal, ils étaient prêts à en repousser la responsabilité.

Si le commissaire avait fort à faire de tenir tête à une opposition turbulente, le rôle des ministres était-il, d'ailleurs, moins difficile? On les disait tout-puissants, et pourtant leur autorité fut parfois illusoire. Ils virent le roi passer

(1) Corr. Font., Rennes, Fontette à La Noue, 24 février 1767. Paris, La Noue à Fontette le 2 mars 1767.
(2) Arch. d'Ille-et-Vilaine, C. 1777. Paris, le 14 mars 1767, de L'Averdy à de Flesselles; — G. 1780, Versailles, 16 mars 1767. Le roi et les ministres, d'après le contrôleur général, auraient regretté l'effet produit par les lettres des princes, et auraient décidé que rien de semblable ne se produirait à l'avenir.
(3) Corr. Font., Paris, La Noue à Fontette, le 22 avril 1767. Arch. d'Ille-et-Vilaine, C. 1781. Versailles, 21 avril 1767, de L'Averdy à de Flesselles.

par-dessus leur tête pour correspondre directement avec une faction ; et le prince de Conti, prenant leur place, invita les opposants à se prêter à l'amiable aux volontés de Louis XV (1). Ne devaient-ils pas déplorer tour à tour, ou la faiblesse de leur maître, ou l'anéantissement de toute hiérarchie? Assurément il faut surtout plaindre parmi eux le contrôleur général qui, dans le désarroi de l'autorité, dut faire face à des dépenses toujours croissantes. Quand le trésor était assez pauvre pour qu'on ne pût pas donner le plus mince acompte sur la pension échue d'un ancien garde des sceaux, comment M. de L'Averdy n'aurait-il pas perdu la tête? Il aurait « sacrifié quatre pays d'états au désir des « enregistrements ». Les embarras du duc d'Aiguillon sont grands, dit La Noue, mais ceux du contrôleur général le sont plus encore (2). De là, pour ce ministre, impossibilité réelle de s'attacher aux combinaisons de longue haleine recommandées par le commissaire. Un gouvernement obéré est toujours contraint d'aller au plus pressé ; et quand il se trouve en face de corps investis du droit de consentir les taxes, il est bien vite réduit aux pires expédients.

Une sorte de conflit fut sur le point de surgir entre M. d'Aiguillon et le ministère quand il fut question de prononcer la clôture des états. La noblesse avait opposé tant de résistance aux demandes de la couronne; elle avait troublé les délibérations d'une façon si scandaleuse que les ministres voulaient à tout prix prendre contre elle des mesures pour l'avenir. Depuis longtemps, il leur paraissait nécessaire de limiter par un règlement le nombre des gentilshommes ayant droit de paraître aux états; ils vou-

(1) Corr. Font., La Noue à Fontette, le 1er avril 1767.
(2) *Ibid.*, le 4 février.

laient établir un ensemble de prescriptions qui fussent comme l' « ordonnance de discipline » des assemblées bretonnes. On avait prié M. d'Aiguillon d'y travailler, et il s'était mis à la tâche, avant même que les états ne fussent convoqués. Au bout de quelques mois, il avait soumis au ministère son projet de réforme. Mais alors cet homme très circonspect se prit à redouter d'avoir à présenter lui-même aux états le règlement qui modifiait leur constitution. Il crut que la noblesse bretonne et le parlement de Paris en jetteraient les hauts cris ; il crut que toute la responsabilité de la réforme retomberait sur lui, et non sur les ministres (1). Une fois de plus ses ennemis feraient de lui le destructeur des privilèges et des droits les plus anciens de la noblesse. Il profita de difficultés survenues entre les ministres et lui sur quelques détails du règlement (2), et il déclara à la cour que le temps était trop avancé pour qu'on pût tomber d'accord avant la clôture des états. Mieux vaudrait, disait-il, faire enregistrer le règlement à la prochaine « tenue » (3).

On retrouve dans la correspondance Fontette la trace des discussions qui s'engagèrent alors. Le gouvernement voulait faire sentir au commissaire la nécessité du règlement que lui-même il avait préparé, mais le commissaire se dérobait, parce que l'attitude des ministres et du gouverneur, M. de Penthièvre, lui paraissait plus que jamais équivoque. Il sentait que personne au-dessus de lui ne s'avouerait nettement l'auteur responsable du règlement; il s'effrayait de toute cette faiblesse, appréhendant même d'être

---

(1) Corr. Font., de Rennes, Fontette à La Noue, le 1ᵉʳ mai 1767.
(2) Arch. Nat., O¹ 463, de Saint-Florentin à d'Aiguillon, le 29 avril 1767.
(3) Corr. Font., de Rennes, Fontette à La Noue, le 1ᵉʳ mai 1767.

« inculpé » de l'événement. Sans doute, puisqu'il faudrait tôt ou tard, disait-il, « franchir le pas, » il eût été préférable de fermer les états en proclamant leur constitution nouvelle. N'ayant pas à délibérer sur elle, les gentilshommes auraient vu, avant le retour des états, leurs passions s'amortir (1). Mais pourquoi les ministres faisaient-ils tant de réticences? Pourquoi ces objections, ces doutes, ces réflexions timides annonçant les défaillances du lendemain? Si M. d'Aiguillon, dit le chevalier de Fontette, avait affaire « à un Ri-« chelieu ou à un Louvois, il n'hésiterait pas, car il serait « certain d'être soutenu (2) ».

Le commissaire se laissa enfin convaincre par la cour, et fit lire le nouveau règlement aux états, dans leur dernière séance, le 23 mai 1767. Le règlement ne provoqua pas de grandes colères parce que le gouvernement laissa entendre qu'il pouvait être modifié. Le procureur général syndic des états fit opposition à son enregistrement au parlement Bientôt même des états extraordinaires furent convoqués pour le discuter.

Il est difficile de porter un jugement sur les derniers dissentiments du ministère et du commandant. A coup sûr, M. d'Aiguillon peut y paraître trop timide; et l'on est tenté d'y donner raison aux ministres contre lui. Mais il est bien vrai pourtant que, ces dissentiments une fois passés, les ministres montrèrent de nouveau leur inconsistance. Et si le duc d'Aiguillon ne pouvait pas prévoir qu'ils soumettraient son travail aux délibérations d'une assemblée d'états, il savait bien qu'en fait de contradiction il devait s'attendre à tout de leur part. Chaque jour pour ainsi dire il en

---

(1) Corr. Font., de Rennes, Fontette à La Noue, le 10 mai 1767.
(2) *Ibid.*, le 14 mai.

acquérait des preuves nouvelles ; chaque jour, en partie par leur faute, il se sentait lui-même plus odieux aux Bretons. Y a-t-il lieu d'être surpris qu'il ait parfois voulu revenir sur des projets d'application dangereuse pour lui? Faut-il lui reprocher de n'avoir pas eu toujours plus de souci des intérêts de l'état que les ministres eux-mêmes (1) ?

Quand on lit dans M. de Fontette le récit de la « tenue » d'états de 1766, on ne voit pas que le duc d'Aiguillon ait eu de la haine pour les nobles bretons. Il combat les entreprises de la faction intransigeante qui essaie de les amener à refuser les taxes ; mais il est l'ami de beaucoup d'entre eux ; il en protège quelques-uns, et des plus compromis, contre les châtiments qui les menacent.

Ce n'est pas qu'il estime les franchises de la noblesse utiles à l'état, ou même à la province ; mais il est convaincu que les ministres, en parlant de les détruire, ne l'oseront jamais ; et il n'est pas de ces hommes politiques qui croient que de grandes réformes peuvent se faire d'un seul coup.

Il serait étrange que le duc d'Aiguillon se fût conduit en Bretagne comme un despote, et que le gouvernement l'eût accusé d'y avoir établi une administration « d'indulgence » et de « condescendance (2) ».

(1) Quand les états furent dissous, il y eut encore quelques discussions entre le duc et le ministère. Le ministère aurait voulu que d'Aiguillon ne quittât pas la Bretagne. Mais ni l'enregistrement du règlement, ni le « complément » du parlement n'étaient encore besogne prête, et M. d'Aiguillon demandait à partir. M. de Saint-Florentin combattit quelque temps son désir ; Mme d'Aiguillon mère vint de Rennes à Paris, et emporta de haute lutte le congé de son fils. Ce fut sur l'intendant de Flesselles que retomba dès lors tout le souci des deux grosses affaires en cours. (Corr. Font., Font. à La Noue, les 2 et 5 juin 1767 ; — La Noue à Font., le 3 juin. Arch. Nat., O^1 463, de Saint-Florentin à d'Aiguillon, le 8 juin.)

(2) Corr. Font., La Noue à Font., le 12 janvier 1767 ; — Font. à La Noue, le 17 janvier.

Qu'on apprécie comme on voudra sa tactique ou celle des ministres, les faits n'en resteront pas moins là pour prouver qu'il ménagea, parmi la noblesse, les plus violents adversaires de son administration. Parfois il tenta même de plaire au corps entier des nobles.

Lorsque M. de Kerguézec fut exilé dans un bourg d'Auvergne, à Vic-le-Comte, le duc d'Aiguillon intervint pour obtenir qu'on lui permît de résider à Clermont (1). Lorsque, aux approches des états, la noblesse réclama le rappel de Kerguézec et de Piré, un autre exilé, le duc d'Aiguillon détermina les ministres à céder (2). Ce fut lui encore qui fit cesser l'exil du gendre de M. de La Chalotais lui-même, M. de La Fruglaye (3).

Quelques mois plus tard, malgré le tumulte que les « chalotistes » provoquaient dans les états, le duc, premier commissaire, conserva tout son sang-froid. Il ne frappa que ceux qui lui avaient manqué en pleine assemblée, s'obstinant à ne pas voir en lui le représentant direct du prince. Dans la nuit du 20 au 21 mai, MM. Le Vicomte et de La Moussaye furent enlevés, et on les conduisit au château de Pierre-Encize. A coup sûr, M. d'Aiguillon avait eu la pensée d'en punir d'autres ; il avait, pour cela, demandé des « ordres du roi » ; il avait même dressé une liste de douze gentilshommes coupables d'avoir écrit contre lui, et signé un libelle insultant (4). Mais quand il eut en mains les pouvoirs nécessaires, il résolut de n'en pas user. Si deux des

(1) Arch. nat., O¹462. Saint-Florentin à Aiguillon, 26 mars 1766.
(2) Ibid., H. 439, de Coniac à contrôleur général ; — O¹462. Saint-Florentin à Aiguillon, 17 décembre 1766.
(3) Corr. Font., La Noue à Fontette. Paris, 14 janvier 1767.
(4) Arch. d'Ille-et-Vilaine, C. 1782, 22 mai 1767 (Bulletin de l'Intendant). Corr. Font., Fontette à La Noue, Rennes, le 22 mai 1767. La Noue à Fontette (Versailles), etc., le 25 mai 1767.

pamphlétaires, MM. de Bruc et d'Orvaux, furent éloignés de Rennes, ce fut pour avoir refusé d'obéir à un ordre du roi (1).

Le duc d'Aiguillon se montra parfois d'autant plus indulgent qu'il savait le ministre très capable de frapper un gentilhomme plus sévèrement qu'il ne le souhaitait. Ayant remis une note à M. de Choiseul sur un officier de l'armée, M. de Vieux-Châtel, il avait conclu à ce que sa démission fût demandée à ce personnage ; mais M. de Choiseul, par esprit d'autorité, ou par perfidie à l'égard du lieutenant-général, avait tout simplement cassé M. de Vieux-Châtel (2).

Les amis du commissaire s'étonnent et s'indignent que MM. de Guerry, de Bégasson, de Pontual ou de Coëtanscours ne soient pas punis, étant, disent-ils, les plus coupables parmi les nobles qui ont bouleversé les états. Ils désapprouvent M. d'Aiguillon d'avoir toujours « le faible » de « vouloir être bon » ; comme si, pour lui, le temps n'en était pas passé ; comme s'il pouvait vraiment espérer reconquérir des « fanatiques » ; comme si répondre aux injures par le mépris n'était pas de la plus grande imprudence (3). Mais tout en déplorant que son chef ne sévisse pas contre quelques énergumènes, M. de Fontette approuve sa conduite générale. Il ne croyait pas que, du jour au lendemain, M. d'Aiguillon pût se départir des « moyens de « douceur et de patience » ; car, les choses étant sur le pied où il les avait mises, des actes de rigueur, qui n'eussent

(1) Corr. Font., Fontette à La Noue, le 5 juin 1767.
(2) *Ibid.*, La Noue à Fontette, Paris, le 29 juin. — Ce fut en vain que M. d'Aiguillon agit auprès de M. de Choiseul pour qu'il se contentât de demander sa démission à cet officier.
(3) *Ibid.*, Fontette à La Noue, Rennes, le 30 mai 1767.

pas étonné chez un autre commandant, auraient, venant de lui, fait jeter les hauts cris. Il ne fallait pas exaspérer les opposants de la noblesse, mais les intimider en laissant entendre qu'on n'oubliait pas leurs fautes, en provoquant parmi les modérés de leur ordre un courant d'opinion contre leurs violences (1).

M. d'Aiguillon déclarait lui-même, au gens de son parti, qu'il avait pour la noblesse un « attachement particulier(2) » ; et, en fait, il donna aux gentilshommes qui siégèrent en 1767 un gage d'une importance considérable. Pour qu'ils ne voulussent pas s'en souvenir, ils devaient être possédés d'un violent esprit de faction. La noblesse s'était brouillée avec l'église et le tiers, qui lui avaient interdit d'inscrire ses délibérations sur le registre commun des états. Elle obtint du duc d'Aiguillon le droit de tenir un registre particulier. La cour désapprouva la concession du commandant; elle y voyait un encouragement donné à toute minorité d'une assemblée ou d'un corps (3). Enfin, faut-il dire que dans le récit des séances des états, où parurent les commissaires, on trouvera souvent des exemples de la déférence de M. d'Aiguillon à l'égard des nobles?

S'il provoqua les colères, les rancunes de beaucoup de gentilshommes, ce fut sans doute, en partie par la fermeté, par l'esprit de suite qu'il dissimulait sous sa modération. Il avait cette conviction qu'avec du temps et de la patience on surmonte tous les obstacles (4). Il ne redoutait que les

(1) Corr. Font., Fontette à La Noue, le 17 janvier 1767.
(2) Papiers de la famille Gault de La Galmaudière, duc d'Aiguillon à Gault, de Paris, le 11 juillet 1767.
(3) Corr. Font., Paris, le 4 février 1767. La Noue à Fontette. —Cf. Arch. d'Ille-et-Vilaine, C. 1779. Lettre de M. de L'Averdy à M. de Flesselles. Le contrôleur général redoute les conséquences de la concession faite.
(4) Corr. Font., Rennes, 27 fév. 1767, Fontette à La Noue.— Cf. Arch. Nat., H.

scandales subits qui peuvent tout compromettre (1). Dans ceux de ses discours que M. de Fontette résume, il paraît d'une extrême correction, mais aussi, comme la plupart des administrateurs de son temps, d'une raideur assez hautaine (2). Laissant les « bastionnaires (3) » dire en sa présence les choses les plus fortes, il se possédait assez pour ne proférer contre eux aucune menace, mais pour conserver toujours présent le souci des droits et des intérêts du roi (4).

L'attitude du premier commissaire vis-à-vis des nobles pourrait s'expliquer, sans qu'on eût même à invoquer sa sympathie pour eux. Dès l'ouverture de la « tenue », et jusqu'à la fin des séances, il espéra rallier parmi eux une majorité de modérés. Il crut les trouver moins unis contre le gouvernement qu'en 1764. Il ne voyait plus, comme alors, se nouer en face de lui l'alliance de deux grands corps, la noblesse et le parlement; car une moitié des nobles tenait pour la magistrature démissionnaire, et l'autre pour le bailliage d'Aiguillon (5). Plus de coalition possible entre les états et la magistrature. D'ailleurs, sur cinq cents gentilshommes réunis le 29 décembre 1766, la « cabale » ne comportait guère que quarante ou cinquante jeunes gens, conduits par deux d'entre eux, M. de Piré, « taré sur tous les « points », M. de Guerry, frère d'un ex-conseiller qui fut une

---

362. Lettre de M. Le Prêtre de Châteaugiron au contrôleur général, le 18 janv. 1767.
(1) Corr. Font., Paris, La Noue à Fontette, le 7 fév. 1767; Rennes. Fontette à La Noue, le 12 mars. — Les lettres de M. de Flesselles au ministre montraient au contraire les choses sous l'aspect le plus sombre. — *Ibid*., Font. à La Noue, le 21 mars et le 25 mai.
(2) *Ibid*., Font. à La Noue, 17 mars, 8 avril, 23 avril, 13, 14, 16, 25 mai 1767, etc.
(3) Ce sont les chefs de l'opposition parmi les nobles; ils forment comme un « bastion » contre l'autorité royale.
(4) *Ibid*., Font. à La Noue, 4 avril 1767. M. de Fontette déclare qu'il ne l'a jamais entendu menacer qu'une fois les factieux.
(5) *Ibid*., Font. à La Noue, le 17 janvier 1767.

des plus mauvaises têtes de l'ancienne cour. La « cabale » fut donc, à l'origine, peu nombreuse, mais elle était prête à tout, pour troubler les délibérations. Appréhendant le retour et les vengeances des magistrats démissionnaires ou exilés, le reste des nobles n'osait pas s'élever contre les jeunes gens qui faisaient du rappel de « l'universalité » une sorte de mot d'ordre, un cri de ralliement (1).

Un des appuis les plus fermes du parti gouvernemental, M. de Tinténiac, fit voir clairement au commissaire la situation complexe des nobles. « Aucun de nous, disait-il,
« ne pense que le roi doive rappeler l'universalité du par-
« lement. S'il se portait à cette démarche, il mettrait le feu
« dans la province, et aliénerait absolument les esprits de
« tous ceux qui lui sont attachés, principalement des hon-
« nêtes gens qui se sont sacrifiés à son service. Il n'y a pas
« trente gentilshommes de l'assemblée qui désirent le rappel,
« mais tous craignent qu'il n'ait lieu, et qu'ils ne soient vexés,
« s'ils ne l'avaient pas sollicité fortement. Nous imaginons
« que nous serions déshonorés dans tout le royaume, si nous
« ne faisions pas de vives instances en faveur des magis-
« trats. Ainsi tout notre désir, au moins celui de la plus
« nombreuse partie de la noblesse, est de constater publi-
« quement que nous avons fait les plus grands efforts pour
« obtenir le rappel de gens qui disent qu'ils se sont sacrifiés
« pour nous. Si vous pouviez prendre sur vous de nous per-
« mettre d'envoyer à la cour une députation, le roi rece-
« vrait mal nos députés ; ils reviendraient nous rapporter
« une réponse négative, et tout serait dit (2). »

---

(1) Arch. Nat., H. 362, d'Aiguillon à contrôleur général, Rennes, le 2 janvier 1767.
(2) *Ibid.*, Rennes, le 7 janv. 1767.

Voilà un document qui montre bien que le commissaire, en 1767, avait dans l'ordre de la noblesse plus d'amis que d'ennemis, mais que ses amis étaient souvent craintifs. Il leur déclarait que ses instructions lui interdisaient d'autoriser aucune députation en cour, aucun mémoire au roi, et dès lors il voyait leur dévouement devenir plus hésitant ; enfin ils étaient pris de panique à la pensée du triomphe possible du parti « chalotiste ».

L'ordre du tiers n'eut pas moins d'inquiétude que les nobles sur la fermeté du ministère. Il avait plus à craindre qu'eux du rappel de « l'universalité », mais il ne fut pas, comme eux, accessible aux influences des coteries locales. Jusqu'au bout il tint bon pour le commissaire. L'ordre ecclésiastique lui donna d'ailleurs l'exemple de la fermeté durant toute la « tenue ». Sur vingt-huit membres, il s'en trouva cinq pour favoriser les opposants ; mais tous les autres restèrent fortement unis (1).

M. de Fontette s'est fait de l'habileté du duc d'Aiguillon l'idée la plus haute. Elle consista surtout, pour lui, dans cette prudence et dans cette circonspection que le ministère appelait parfois irrésolution et timidité (2). Il n'a pas perdu son chef de vue, dit-il, pendant douze ans, et il parle de lui sans préoccupation de faire son éloge, comme en parlerait tout honnête homme aussi bien renseigné qu'il l'est lui-même (3). Très dévoué au duc d'Aiguillon, le chevalier de Fontette pouvait avoir tendance à approuver toute sa conduite. Mais on voit, dans les lettres de M. de La Noue, que

---

(1) Arch. Nat. H. 362, 2 janv. 1767. Les ecclésiastiques qui se montrèrent favorables au « bastion » furent : l'abbé de Laubrière, doyen du chapitre de Nantes, l'abbé de Pontual, l'abbé des Fontaines, ami et commensal de La Chalotais, et deux députés de chapitres.

(2) Corr. Font., Font. à La Noue, le 29 mars 1767.

(3) Ibid., Font. à La Noue, 17 mars 1767.

de très hauts personnages, et la plupart des administrateurs, partageaient son avis sans restriction. On ne parlait souvent à la cour que de la conduite admirable du premier commissaire (1). On disait de lui que, dans la cohue des états, il était « comme un rocher au milieu des vagues (2) ». Pour le maréchal de Biron, il ne fut rien moins qu'un « grand serviteur du roi ». Pour d'autres, il fut le « cheva-« lier d'honneur » de Sa Majesté. A la cour comme à la ville, il ne pouvait y avoir à le condamner que les esprits voués à l'opposition par système, et ceux qui n'entendaient rien aux affaires d'état (3). Les maréchaux de France, les officiers généraux, les gens de cour, qui pouvaient un jour exercer quelque commandement, grand ou petit, se prononçaient ouvertement pour le premier commissaire. Et le roi lui-même ne dissimula pas sa façon de penser quand ce personnage tant décrié par le gros public reparut à la cour, au mois de juin 1767. Il lui dit en propres termes qu'il « s'était conduit comme un ange », et, devant trois cents personnes, au grand couvert, il l'accabla de ses prévenances (4).

Au plus fort de la guerre d'injures qui lui fut faite en Bretagne, le duc d'Aiguillon conserva donc une grande influence à la cour. En 1768, nombre de gens le crurent sacrifié aux ressentiments de la noblesse bretonne ; or, quand fut sur le point de s'ouvrir la « tenue » des états extraordinaires, où devait être discuté le nouveau règlement, ce fut lui cependant que le ministère dut consulter sur tou-

(1) Corr. Font., La Noue à Font., le 30 mars 1767. — Cf. Levis (duc de), *Souvenirs et portraits*, Ed. Barrière, t. XIV, p. 237.
(2) *Ibid.*, le 21 fév. 1767.
(3) *Ibid.*, La Noue à Font., le 14 mars 1767.
(4) *Ibid.*, Paris, La Noue à Font., le 17 juin 1767.

tes les mesures à prendre. D'Aiguillon ne devait pas être cette fois commissaire du roi ; mais si l'on en croit M. de La Noue, il régla les instructions que reçut le premier commissaire. Le fait est certifié à La Noue par des « gens « ayant la main à la pâte ». Le président Ogier, premier commissaire, fut acclamé par les gentilshommes bretons, comme leur apportant des gages de la justice du roi, surtout, comme prenant la place du duc d'Aiguillon. Et, pendant que se jouait cette comédie, le pouvoir en jouait une autre, s'il est vrai qu'il ait fait de son nouveau commissaire le « porte-voix » du duc d'Aiguillon (1). De là peut-être le mécontentement dont M. Ogier donna bientôt des signes non équivoques ; de là aussi, à la cour, une reprise d'hostilités entre les ennemis et les partisans d'un homme qui, tout en paraissant rentrer dans l'ombre, jouissait encore d'un très grand crédit (2).

IV

LE PARTI LA CHALOTAIS. — SON ROLE DANS LA PRESSE. — SON ROLE DANS LES ÉTATS DE 1766-1767, — SON ACTION SUR LA CLIENTÈLE DE L'ANCIEN PARLEMENT. — SES ATTACHES A PARIS. — LE PROCÈS DES ASSEMBLÉES ILLICITES ET LE PROCÈS DU PRÊTRE CLÉMENCEAU. — CONCLUSION

Un gouvernement qui ne sait pas se faire obéir, et que l'état de ses finances paralyse, un corps de magistrats dont l'autorité est mal établie, un lieutenant-général qui se croit

(1) Corr. Font., La Noue à Font., es 25 janv. et 3 fév. 1768.
(2) *Ibid.*, le 10 fév.

toujours sur le point d'être désavoué en haut lieu, voilà les pouvoirs débiles que l'opposition bretonne combat de 1766 à 1768. Elle ne le fait d'abord qu'avec de faibles ressources, car elle forme dans la province une infime minorité. Mais peu à peu elle se fortifie de toute la faiblesse de ses adversaires ; elle s'enhardit au delà du vraisemblable, et son audace fait son succès. Elle acquiert une espèce de célébrité, du jour où elle paraît confondre ses revendications avec les plaintes d'un homme dont les malheurs font grand bruit ; du jour où elle combat violemment un homme qui passe pour un des plus fermes appuis de la monarchie. Aux yeux du grand public, l'opposition bretonne a pris corps en s'armant pour La Chalotais contre d'Aiguillon. Prompt à s'éprendre d'idées simples, fussent-elles fausses, les Français se sont persuadés que le parti du procureur général, c'était la Bretagne elle-même, tandis que le commandant premier commissaire c'était le cabinet de Versailles ; et, Versailles représentant le despotisme, la Bretagne pouvait-elle être autre chose que le champion de la liberté ?

Le parti La Chalotais s'est formé et a grandi avec une rapidité merveilleuse. A proprement parler, il n'existait guère avant l'arrestation et le procès de celui dont le nom lui a servi de mot d'ordre. Car cet homme n'avait joué jusque-là parmi les opposants qu'un rôle dont le public ne pouvait pas être instruit ; mais, illustré par la défaite des jésuites, il le fut encore par leur prétendue revanche. Sa famille et celles des magistrats poursuivis comme lui, toutes les familles des magistrats démissionnaires formèrent un noyau de mécontents à qui l'esprit parlementaire donna une forte cohésion. Ils comprirent très vite le parti qu'ils pouvaient tirer d'un procès politique retentissant. Ils surent se créer des adhérents, et établir entre eux un concert secret ou apparent ; si bien que, peu à peu, les « chalotistes » devinrent pour le gouvernement des ennemis très redoutables. Leur activité, leur esprit de réclame, leur art de mise en scène, leur goût pour la conspiration, leurs passions et leurs injustices les désignent comme un des partis les plus intéressants qui se puissent étudier au xviiie siècle.

Dans un temps où l'opinion publique était une si grande puissance, les « chalotistes », entreprirent de gagner cette « reine du monde » par la presse ; et l'illusion des gouvernementaux fut de croire que le respect dû à la majesté royale suffirait pour les protéger contre une propagande effrénée. Hors de Bretagne, les « chalotistes » conquirent les magistrats, les jansénistes, les philosophes, et nombre de courtisans ; en Bretagne, la clientèle parlementaire et une fraction de la noblesse ; partout, cette masse confuse de frondeurs qui se déclare pour quiconque attaque le gouvernement.

M. de La Chalotais fut le principal polémiste de son parti. Les *Mémoires* qu'il écrivit pour sa défense ont tous les caractères des pamphlets(1). Ils sont amers et passionnés ; tantôt ils exagèrent les faits, tantôt ils les dissimulent ; ou bien ils les présentent de telle façon que le public y peut reconnaître les abus les plus criants des institutions du temps. Ils affirment

(1) Il n'y a pas de raisons pour douter que les *Mémoires* publiés sous le nom de M. de La Chalotais soient vraiment de lui. Dans le troisième mémoire, il s'est déclaré l'auteur des deux premiers. Or celui là est évidemment son œuvre, puisqu'il fut saisi, écrit en entier de sa main, au moment où il l'expédiait de sa prison à son hôtel. (Barrin à Fontette, le 6 octobre 1766, Rennes.) Le quatrième fut rédigé à Saintes, et demeura en manuscrit jusqu'en 1787. M. de La Chalotais, en rentrant en grâce, avait promis au gouvernement de ne pas le livrer au public ; mais quand il fut mort, le mémoire s'imprima sous ce titre bizarre : « *le Sieur Calonne* « *dénoncé à la nation française et à la postérité, et pris à partie par l'ombre de* « *feu M. de La Chalotais.* Londres, in-8°, XXX, 183 et 32 pp. (V. pp. XII et suiv.)

ce qui est faux ou incertain. Ils s'attaquent à quelques hommes qu'ils tendent à rendre responsables de tous les maux dont souffre la Bretagne.

Prenons par exemple le troisième mémoire qui fut écrit au moment où M. de La Chalotais avait déjà vu se dérouler toute la procédure poursuivie contre lui, et alors qu'il était encore prisonnier.

C'est assurément une œuvre déclamatoire, comme beaucoup d'écrits du temps; mais c'est aussi un pamphlet fort habile, très bien combiné pour soulever les passions. L'auteur sait que le gros public déteste et redoute les jésuites; la haine de cette compagnie peut rallier autant de gens que la haine des huguenots, en 1572(1). Aussi M. de La Chalotais déclare-t-il que les jésuites ont rassemblé contre lui calomniateurs, faux témoins et faussaires. Ayant sous leurs ordres espions et casuistes, ils l'ont soumis au régime des prisons d'inquisition; et, grâce à eux, il a souffert d'une procédure abominable. Il n'y a pas, dit-il, de citoyen qui ne puisse, à son tour, être injustement frappé. Tout lui fait présager l'asservissement de la nation (2).

Il est impossible d'admettre qu'en de pareilles invectives l'écrivain ait été sincère. Il jouait du jésuite par tactique, et son indignation n'était qu'un rôle préparé.

On croirait, à lire M. de La Chalotais, que le gouvernement de la France était devenu, de son temps, plus oppressif que jamais. Ne se dit-il pas victime de persécutions qui rappellent le despotisme turc (3) ? Il est « dans les fers (4) »;

---

(1) Corr. Font., de Paris, La Noue à Fontette, le 13 mai 1767.
(2) *Troisième mémoire*, pp. 4, 52, 56, 57, 58, 59.
(3) *Ibid.*, p. 58.
(4) *Ibid.*, pp. 1 et 23.

les consignes les plus violentes sont données contre lui; on lui a « lié les mains » pour mieux l' « assassiner (1) ». En réalité, plutôt que de se défendre, il attaque ceux qu'il estime ses ennemis. Il s'en prend même à presque tout l'organisme politique. S'il s'étend longuement sur les incarcérations arbitraires et sur le système des lettres de cachet, c'est qu'il trouve là une ample matière pour accuser l'administration française de corruption, et pour la flétrir (2). S'il déclame sur la discipline militaire et sur l'obéissance passive, s'il cherche à soulever l'opinion contre l'armée, c'est qu'il voit dans l'armée un des plus forts appuis du gouvernement (3). Aussi bien ses *Mémoires* sont-ils destinés au public plutôt qu'au roi ; il y sollicite le jugement du public plutôt que celui d'un corps de juges. Lui magistrat, qui sait mieux que personne à quels écarts de jugement les masses sont sujettes, il déclare que le tribunal du public saura « dis-« tinguer le crime de l'innocence ». Il veut enfin que le public s'attendrisse sur ses malheurs, et, par un procédé oratoire, qui sent le mélodrame, il joint à son mémoire le passage le plus émouvant d'un testament écrit par lui dans sa prison de Saint-Malo (4). Est-il possible de voir en M. de

(1) *Troisième Mémoire*, pp. 48 et 55.
(2) *Ibid.*, pp. 23,59 et 60. Cf. Arch. Nat., O¹ 462. Lettre de M. de Saint-Florentin à M. d'Aiguillon. Il y est dit qu'une brochure de 80 pp.in-12, intitulée *Mémoires de M. de La Chalotais*, a paru depuis quelque temps à Bordeaux. C'est un « tissu « d'injures et de faussetés, dont il est assez vraisemblable que M. de La Chalotais « est en effet l'auteur. On y reconnaît son style et surtout la violence de son hu-« meur, et ses emportements. Il semble qu'il ait cru que, pour se justifier, il lui « suffisait de crier bien haut à l'injustice, et d'accuser de dol, d'animosité, de « menées sourdes et de manœuvres abominables, tous ceux qu'il appelle ses dé-« nonciateurs, et qu'il regarde comme les moteurs des poursuites intentées contre « lui, de se déchaîner plus particulièrement contre ceux qui ont le plus de part à « l'exécution des ordres du roi, et de forger, pour les noircir et les rendre odieux, « les imputations les plus absurdes, et les accusations les plus téméraires... ».
(3) *Troisième mémoire*, pp. 24, 45, 48, 55.
(4) *Ibid.*, pp. 3, 53 et suiv., 65 et suiv.

La Chalotais autre chose qu'un révolutionnaire inconscient?

Rien de surprenant que les partisans du pouvoir l'aient qualifié de libelliste (1). Mais, en dépit de leur dédain, il transmit à tous les pamphlétaires de son parti les notions qu'il voulait donner au public sur sa captivité et son procès. Qu'on lise le *Journal des événements qui ont suivi l'acte des démissions...* ou le *Procès instruit extraordinairement*, on y retrouvera la plupart des assertions du procureur général (2). Il en sera de même des libelles anonymes (3) spécialement dirigés contre les jésuites. Ils attribueront à ces religieux toutes les persécutions de La Chalotais. Tels sont les *Lettres d'un gentilhomme breton à un noble espagnol* et le *Tableau des assemblées secrètes et fréquentes des Jésuites et leurs affiliés à Rennes*. La lecture de la correspondance Fontette montre bien qu'il ne se trama pas à Rennes de conspiration « jésui-« tique » pour perdre les « vertueux magistrats »; mais le parti La Chalotais avait intérêt que le public eût foi en cette conspiration, et il accepta, pour la propager, les plus étonnantes nouvelles. Dans leurs assemblées clandestines, les jésuites auraient fait les informations contre La Chalotais,

---

(1) *Procès instruit extraordinairement*, éd. de 1770, t. III, pp. 107 et 109. — Corr. Font., de Versailles, La Noue à l'Ont., le 2 février 1767.

(2) *Journal des événements...*, pp. 125 et suiv., 133 et suiv., 152, etc. Dans le *Procès instruit...* ce sont les notes qui constituent le pamphlet. — Cf. Bibl. Nat., msr. frs, 15196 : lettre de M. de La Chalotais à M. de Saint-Florentin. Les analogies entre cette lettre et les deux pamphlets ci-dessus sont tout à fait frappantes.

(3) V. par ex. la *Lettre d'un gentilhomme breton à un noble espagnol*, où se découvrent les trois auteurs des troubles qui affligent la Bretagne, 2ᵐᵉ éd. corrigée et augmentée considérablement. 1768, in-12. Le pamphlétaire reproduit si bien le système de calomnies de M. de La Chalotais qu'il écrit ces lignes, p. 15 : « Les jésuites, jusqu'alors dispersés dans la province, se rassemblent dans la capi- « tale. On leur livre avec affectation toutes les chaires, tous les confessionnaux... « La mère s'arme contre son fils, la femme contre son mari, le frère contre son « frère. Toutes les familles sont en divorce ; et si l'on sort de sa maison, on se « voit environné de périls, assailli d'espions gagés pour trouver des coupables. « Vos gestes, vos regards même vont devenir des crimes d'état... »

7

préparé les chefs d'accusation, sollicité les témoins, dénoncé les parents, les amis, les conseils des accusés, choisi les espions qu'ils voulaient distribuer dans toute la province. Le *Tableau des assemblées* est une œuvre perfide, en ce qu'il désigne des particuliers à la haine publique. On y voit figurer des prêtres, des magistrats, des officiers, des procureurs, des boutiquiers, des femmes (1).

M. de Fontette ne doute pas que ce soit la famille de La Chalotais qui le fasse distribuer (2). Pourquoi ne l'eût-elle pas fait en secret, puisqu'elle distribuait publiquement et gratuitement des exposés justificatifs de la conduite des magistrats exilés (3)?

D'autres libelles reproduisent les accusations de La Chalotais contre le duc d'Aiguillon, contre le gouvernement et ses agents, contre la chambre de Saint-Malo, contre le nouveau parlement (4). Ils sont toujours d'une excessive violence. Nous publions des pièces de vers où débordent l'injure et la grossièreté la plus cynique; et il n'est pourtant guère douteux qu'elles soient l'œuvre d'hommes cultivés.

Nous ne rangeons pas parmi les libelles les écrits où du Parc-Poullain et le chevalier de La Chalotais ont essayé de réfuter le livre de Vallain sur la preuve par expertise d'é-

---

(1) Une copie de ce document se trouve dans la Corr. Font., avec les pièces du mois de mai 1767.
(2) Corr. Font., de Rennes, La Noue à Font., le 30 mai 1767.
(3) Bibl. Nationale, mss. fr, 6680 (Hardy), f° 46 v°, le 12 mai 1767.
(4) Corr. Font., de Rennes, Barrin à Font., le 1er décembre 1766; de Rennes, de Quéhillac à Fontette, le 22 mars 1768. — Les plus célèbres de ces libelles sont les brochures suivantes : *Des troubles de Bretagne*, la *Liste des officiers du parlement de Rennes*, le *Tableau chronologique des lettres de cachet distribuées et des actes violents du pouvoir absolu, exécutés en Bretagne, depuis la signature de l'acte de démission du 22 mai 1765*, s. l. n. d., in-12 de 8 p. On voit signalées dans cette dernière brochure Mmes du Halgouet, de Guerry, de Bouteville et de La Pajotière, comme ayant reçu l'ordre de sortir de Rennes. Cf. Corr. Font., de Paris, La Noue à Font., le 10 février 1768.

critures (1). Nous ne les citons que comme ayant figuré dans la campagne de presse dirigée par les « chalotistes » contre le pouvoir. Mais les requêtes des accusés ou de leurs adhérents offraient parfois le caractère de libelles ; et il en était de même de certaines remontrances de parlement (2).

La correspondance Fontette nous fait voir clairement que l'influence exercée sur l'opinion par les « chalotistes » fut en grande partie due à l'usage qu'ils firent des écrits anonymes. On ne s'étonnera pas qu'ils les aient multipliés outre mesure, tant que dura le procès de leur chef. On pourrait peut-être chercher pour eux des excuses dans les passions dont ils furent alors animés. Mais sans doute on les condamnera d'avoir continué plus tard leur campagne d'injures et de calomnies.

En réalité, durant tout son séjour en Bretagne, M. de Fontette constate que l'opposition locale faisait au pouvoir une atroce guerre de pamphlets. Les gens en place se demandaient comment ramener l'opinion qui se prononçait contre eux. Faiblement soutenus, et parfois trahis en haut lieu, ils ne pouvaient qu'être très perplexes. Le duc d'Aiguillon fut, parmi tous, le plus attaqué. Il savait bien que la calomnie, demeurée sans réponse, pouvait faire impression sur les esprits peu éclairés. Mais, de même qu'il avait méprisé les premiers *Mémoires* de M. de La Chalotais, il crut indigne de lui de répondre ou de faire répondre aux innombrables écrits qui s'en prirent plus tard à sa politique

---

(1) Le sieur Vallain, expert en écritures, avait publié, en 1761, à Paris, un ouvrage où il réfutait le traité de l'incertitude de la preuve par experts de Le Vayer. (Corr. Font., La Noue à Font., le 11 août 1766.)

(2) Corr. Font., de Rennes, La Noue à Font., le 18 août 1766; Barrin à Font., le 17 octobre 1766; de Rennes, La Noue à Font., les 20 et 22 août; Barrin à Font., le 22 septembre.

ou à sa personne. Il croyait, dit La Noue, que sa naissance, sa fidélité, son zèle du bien public suffisaient à le défendre auprès du roi. De temps à autre un officier de condition moins élevée prenait la plume pour répondre aux libellistes qui s'acharnaient contre lui : un jour, le major Audouard ; un autre jour, M. de La Noue, ou M. de Fontette lui-même (1). Mais ce n'étaient là que des pamphlétaires d'occasion. Ils écrivirent tout au plus chacun quelques pages pour défendre leur général. Ils étaient bien loin d'avoir le fanatisme de libellistes qui paraît avoir distingué nombre de parlementaires du xviiie siècle. D'ailleurs ils répandaient leurs écrits à la cour, ou dans leur monde, et le gros du public leur échappait.

Il aurait fallu qu'à une campagne de presse, comme celle des « chalotistes », le gouvernement opposât une autre campagne de presse. Mais la haute administration ne voulut pas combattre ses ennemis avec leurs armes. Elle crut qu'il était au-dessous d'elle de se justifier par des écrits anonymes. Un de ses représentants soutient que M. d'Aiguillon ne le peut faire, car il n'est pas homme à se cacher. Le ferait-il qu'un arrêt furibond pourrait jeter sur lui un grand discrédit. Il lui reste donc à « demander justice au roi », et à le supplier de « faire usage de sa sagesse et de son « autorité », pour ouvrir « les yeux du public ». Voilà bien les paroles d'un homme qui ne voit pas que le prestige de la royauté s'est en partie évanoui ; et il est étrange que

---

(1) Audouard aurait répondu au *Troisième mémoire* de La Chalotais, sur les faits qui lui étaient reprochés. La Noue aurait fait une *Lettre d'un garde-côte*, et une *Lettre sur les grands chemins*, qui toutes deux étaient des œuvres de polémique. Une des lettres de M. de Fontette à M. de La Noue fut répandue à la cour, dans le monde officiel, comme écrit polémique. On la désignait sous le nom de *Lettre apologétique de M. d'Aiguillon*. (Corr. Font., de Paris, La Noue à Font., le 11 février et le 17 avril 1767.)

M. de La Noue se puisse rallier à une pareille théorie sur l'action souveraine de la majesté royale. M. de Fontette était d'avis différent et disait des magistrats qui l'accusaient de « barbarie » : « Ces oiseux et fourbes écrivains séduiront « toujours le public à leur gré, tant qu'on n'aura pas la « liberté de leur répondre. » Ou encore, parlant de La Chalotais lui-même : « Il ne tiendra donc qu'à un méchant « d'invectiver et de répandre des libelles; et il faut que les « gens en place se taisent par respect pour le maître. Cela « ne paraît pas juste. Qu'on laisse donc répondre, et se « battre avec les mêmes armes. On aura beau jeu, et le « public sera bientôt désabusé (1). »

Le gouvernement parut du moins vouloir empêcher l'impression et la vente des ouvrages clandestins; mais il n'agit pas d'une façon décisive. Nous voyons bien M. de Fontette se rendre de Rennes à Saint-Malo, pour y saisir une édition des trois premiers mémoires de M. de La Chalotais ; mais nous voyons aussi un haut fonctionnaire du ministère, averti que l'impression clandestine de ces mémoires se poursuit à Saint-Omer, et que les feuilles en sont corrigées par un officier de l'armée, M. d'Ostalis; il ne révèle pas le fait aux chefs de l'officier pour ne pas jouer le rôle de dénonciateur, et les mémoires continuent de s'imprimer (2).

---

(1) Corr. Font., de Rennes, Font. à La Noue, le 28 janvier, le 30 mai et le 6 juin 1767. Cf. Arch. d'Ille-et-Vilaine, C. 1781. Lett. de M. de L'Averdy au duc d'Aiguillon, du 28 avril. Le contrôleur général déclare à M. d'Aiguillon que si les factieux osent rendre publics leurs griefs contre lui, dans des mémoires imprimés, un arrêt du conseil frappera les auteurs des mémoires; mais « Sa Majesté pense que, « les commissaires n'étant comptables qu'à elle de leur conduite, la justice qu'elle « leur rend doit les satisfaire et leur suffire, et qu'ils peuvent se reposer sur elle « pour leur entière justification dans leurs fonctions ».
(2) Corr. Font., de Saint-Malo, Font. à La Noue, les 19 et 23 avril 1767; de Paris, La Noue à Fontette, le 22 avril. Cf. Arch. Nat., O¹ 463. Lettre de M. de Saint-Florentin à M. d'Aiguillon, du 15 avril 1767. Il est question dans cette lettre du

En présence des hésitations d'un pouvoir qui ne paraissait pas sûr de lui-même, comment les auteurs et les colporteurs de libelles ne se seraient-ils pas montrés plein d'audace ? Et comment la magistrature opposante n'aurait-elle pas indirectement pris parti pour eux, et frappé leurs adversaires ? Le parlement de Paris garde le silence sur les écrits du parti « chalotiste », sur le *Journal des événements,* sur les *Mémoires* de La Chalotais, sur la *Liste des officiers du parlement de Rennes;* mais il supprime les *Entretiens sur les états de 1766,* brochure injurieuse, dit-il, pour la noblesse de Bretagne. Quant au bailliage d'Aiguillon, si souvent pris à partie par la presse anonyme, il se plaint aux ministres ; il leur dénonce en particulier un journal étranger, la *Gazette de Leyde,* comme accueillant les écrits calomnieux de ses ennemis ; mais M. de Saint-Florentin avoue son impuissance ; il conseille aux juges de mépriser des accusations dont le bon sens public fera un jour justice, ou d'empêcher eux-mêmes, par arrêt, la vente clandestine et la distribution de la gazette. Conseil bien superflu. Nous voyons le bailliage d'Aiguillon condamner à la « brûlure » les libelles qui l'outragent, mais les marchands les vendent quand même, jusque dans les salles du palais (1).

Ainsi le gouvernement et l'administration supportaient avec impatience les attaques de la presse opposante. La presse était déjà même assez forte pour leur faire peur ; mais ils ne se rendaient pas compte de tout son pouvoir, et dans leur inexpérience ils défendaient à leurs agents de se

sieur Hovius, imprimeur de Saint-Malo, qui aurait repris l'impression des *Mémoires* de M. de La Chalotais.
(1) Arch. de la cour d'appel de Rennes. Reg. secrets, 20 mars 1766, 3 juillet 1767, 23 et 27 février, 5 et 22 mars 1768, etc. — Corr. Font., La Noue à Font., le 10 février 1768; Font. à La Noue, le 16 février; — Arch. Nat., O¹ 434. Lettre de M. de Saint-Florentin à M. Le Prêtre de Châteaugiron, le 17 avril 1768.

faire à leur tour pamphlétaires. Si un ami se risquait à écrire pour les défendre, il pouvait en être châtié. Et c'est ainsi qu'ils restaient sous le coup des accusations même les plus invraisemblables.

———

Quelque puissance que la presse anonyme assurât aux « chalotistes », elle ne pouvait pas cependant leur donner, en Bretagne, l'apparence d'un parti national. Assez forts pour déconsidérer l'administration et la royauté, ils n'en seraient pas moins restés, avec elle seule, de vulgaires conspirateurs et d'obscurs pamphlétaires. C'est la convocations des états de Rennes qui leur a permis de se montrer au grand jour. Ils ont formé dans cette assemblée une faction ardente, rompue à l'intrigue, ayant ses orateurs et son plan de conduite. Rien de plus naturel, car les Caradeuc étaient les parents et les amis des principaux chefs de l'aristocratie, de ceux qu'on nommait ses « tuteurs », ses « bastionnaires »; ils avaient naguère combiné avec eux l'union politique des états et de la magistrature. Aux yeux de M. de Fontette les deux « grands chefs » de l'intrigue anti-royale étaient, depuis longtemps, MM. de Kerguézec et de La Chalotais; ils auraient eu pour lieutenants MM. de Coëtanscours, de Piré, de Bégasson, de La Besneraye (1).

Or, quand s'ouvrent les états, M. de Kerguézec n'est pas revenu de son exil, et M. de La Chalotais est parti pour Saintes, où le relègue le roi. Menacé dans son honneur, et

(1) Corr. Font., de Rennes, Fontette à La Noue, le 24 février 1767.

dans sa vie même, le procureur général est nécessairement devenu bien plus célèbre que son ami, et c'est lui que les états choisissent pour objet de leurs manifestations. C'est à lui surtout qu'ils pensent, quand ils réclament le rappel de l' « universalité » du parlement (1) ; c'est l'exil des siens qu'ils invoquent pour protester contre les lettres de cachet(2) ; c'est lui qu'ils applaudissent en son petit-fils, quand M. de Piré promène cet enfant dans les bancs des états ; et quelques-uns comparent Piré lui-même à Marie-Thérèse devant les magnats (3). Si Mlle de La Chalotais vient à mourir, ils acclament le gentilhomme qui propose d'envoyer une députation à la famille en deuil (4). En apparence au moins, l'opposition des états fut toute « chalotiste » ; et d'ailleurs les « bastionnaires » tinrent leurs grandes assemblées dans l'hôtel même du procureur général exilé (5).

Les commissaires du roi demandaient aux états de voter le don gratuit, la capitation, les vingtièmes et les deux sols pour livre d'iceux, connus dans la province sous le nom de « secours extraordinaire ». Le don gratuit fut tout de suite accordé, du consentement des trois ordres (6) ; mais tout

---

(1) Corr. Font., de Rennes, Font. à La Noue, les 2 et 6 janvier 1767 ; — La Noue à Font., le 7 janvier.
(2) Ibid., de Rennes, Font. à La Noue, le 7 janvier.
(3) Ibid., de Rennes, Font. à La Noue, le 6 janvier 1767.
(4) Ibid., de Rennes, Font. à La Noue, le 15 février 1767 ; — de Paris, La Noue à Font., le 16 février. —Cf. Arch. Nat., H. 362, 15 février 1767 (Bulletin d'Aiguillon). Mlle de La Chalotais est morte à Paris, le 11 février, à l'âge de quarante ans. Le libraire Hardy nous apprend que les « chalotistes » de Paris envoyèrent cinq cents billets d'enterrement pour provoquer une manifestation en faveur de la famille La Chalotais. Hardy est un parlementaire très favorable à La Chalotais ; mais il constate que le curé de Saint-Sulpice, ayant voulu que le convoi eût lieu à huit heures du matin, il ne s'y rendit que douze personnes. Cela montre combien l'agitation « chalotiste » était superficielle. (Bibl. Nat., mss. fr. 6680 (Hardy, f° 41 v°).
(5) Ibid., de Rennes, Font. à La Noue, le 31 janvier 1767.
(6) Arch. d'Ille-et-Vilaine, C. 1778, M. de Flesselles à M. de Saint-Florentin

de suite aussi les « chalotistes » montrèrent quelle serait leur tactique. Ils émirent le vœu que le courrier qui porterait en cour la nouvelle de leur premier vote fût aussi chargé de remontrances où les états supplieraient le roi de révoquer les lettres de cachet relatives aux affaires publiques (1). Et comme les instructions du premier commissaire voulaient qu'il empêchât les états de prendre des décisions sur de pareilles matières, les « chalotistes » le prièrent de faire modifier ses pouvoirs (2). Ils affectèrent de ne consentir les taxes que conditionnellement. Ils firent désigner par la noblesse une commission qui porterait au pied du trône ses tributs et ses justes représentations (3).

Ni l'église ni le tiers ne devaient s'associer aux démarches d'un ordre que ses membres les plus violents entraînaient, en surexcitant son orgueil. C'était par point d'honneur que la noblesse réclamait le retour des magistrats « démis » ; et ce fut aussi par point d'honneur qu'elle entra en lutte avec les ordres fidèles au roi. Il lui parut intolérable de se voir interdire par eux l'inscription de ses avis sur le registre commun des états (4). Elle les traita de tyrans, sans paraître songer que ses meneurs se conduisaient eux-mêmes de la façon la plus intolérante et la plus tyrannique (5). Quand il fut question de la capitation, des vingtièmes ou

---

30 décembre 1766. Cf. *De l'Affaire générale de Bretagne*, p. 69. Arch. Nat., H. 362, Lettre de M. de Robien au contrôleur général, 30 décembre 1766.
(1) Arch. d'Ille-et-Vilaine, C. 1778. M. de Flesselles au contrôleur général, le 31 décembre 1766.
(2) *De l'Affaire générale de Bretagne*, p. 71.
(3) Arch. d'Ille-et-Vilaine, C. 1778, 6 janvier 1767. (Avis de la noblesse.) Corr. Font., de Rennes, Font. à La Noue, les 2 et 6 janvier 1767.
(4) *De l'Affaire générale de Bretagne*, p. 72. Arch. d'Ille-et-Vilaine, C. 1778. M. de Flesselles au contrôleur général, le 20 janvier 1767.
(5) *Témoignages des différents ordres de la province sur la nécessité de rétablir le parlement de Rennes dans son universalité*. S. l. n. d., 83 pages in-12, p. 3.

du secours extraordinaire, elle subordonna encore son vote à l'envoi d'une députation en cour (1).

C'est un des traits les plus remarquables de la conduite des nobles que cette prétention persistante d'aller trouver le roi, comme si, dans les états, un seul ordre eût eu qualité pour parler au nom de la province. A Paris et à Versailles, parmi les royalistes, on aurait trouvé assez naturel que M. d'Aiguillon les autorisât à venir en cour, pour leur y faire subir l'affront qu'ils méritaient (2). Durement traités par le roi, ils auraient compris qu'ils n'avaient plus qu'à obéir. Mais M. d'Aiguillon avait des ordres contraires. Et d'ailleurs, fallait-il être grand clerc pour comprendre que la noblesse, en demandant à communiquer directement avec le roi, songeait surtout à créer un précédent? Elle se serait officiellement détachée des ordres rivaux, pour les annuler; elle aurait passé par-dessus la tête des commissaires et des ministres. Pourquoi, dit M. de La Noue, n'en serait-elle pas venue à vouloir « plaider à la cour, à chaque hoquet », et établir enfin le « tapis vert des députations » jusque « dans l'œil-de-bœuf (3) » ?

Ce qui encourageait les prétentions des « bastionnaires », c'est qu'ils avaient déjà obtenu gain de cause sur le fait de l'enregistrement de leurs avis particuliers. Les commissaires avaient invité le greffier des états à recevoir, par provision, et par forme de dépôt, tous avis et tous actes de la noblesse,

(1) De l'Affaire générale de Bretagne, pp. 78 et 91.
(2) Les députés, disaient les gens de cet avis, auraient été renvoyés « la fourche « au c.. ». Mais M. de Fontette connaissait trop bien, disait-il, « le bois dont on « se chauffait » à Versailles, pour en rien croire. (Lettre à M. de La Noue, du 10 mars 1767.)
(3) Corr. Font., de Rennes, Font. à La Noue, le 17 janvier 1767; de Paris, La Noue à Font., le 16 février; Font à La Noue, le 18 février; La Noue à Font., le 7 mars, etc.— M. de La Noue trouve indispensable de rétablir le règlement de la « pluralité » des ordres au lieu de l' « unanimité ».

pour vu qu'ils fussent signés par son président (1). Ayant enfin son registre à elle, et comme affranchie de la « pluralité », elle trouvait humiliant de ne pas pouvoir s'émanciper complètement par le système des députations à part. Ses « tu-« teurs » résolurent d'en appeler aux princes du sang, aux ministres, aux « barons » de Bretagne. Ils firent une vingtaine de lettres où ils priaient ces hauts personnages d'intervenir en leur faveur auprès du roi. Mais un obstacle imprévu fut sur le point de les arrêter. M. de La Trémoille, président de la noblesse, refusa de signer les lettres, et ne voulut pas non plus consentir à déléguer son pouvoir aux dix gentilshommes chargés des affaires du « bastion ». C'étaient ceux qu'on appelait les « décemvirs », et qui très volontiers auraient pris la place d'un président d ont son ordre n'était pas sûr (2).

La correspondance Fontette met bien en relief le rôle de M. de La Trémoille aux états de 1766-1767. A peine âgé de trente ans, ce grand seigneur fut président de la noblesse, comme baron de Vitré. Il se trouva aux prises avec des difficultés sans nombre, et en sortit à son honneur. Il avait du sang-froid, de la présence d'esprit, de la modération, du courage. Comprenant qu'ils ne pourraient pas facilement le rallier à leurs projets, les « chalotistes » essayèrent de l'intimider, ou de le duper. Il fut de leur part l'objet de telles violences et de tels outrages qu'on en demeure confondu.

Si M. de La Trémoille abandonne son ordre, dit en pleine séance M. de La Morandais, il faut que tout gentilhomme

(1) Arch. d'Ille-et-Vilaine, C. 1782, 29 juin 1767.
(2) Corr. Font., de Rennes, Font. à La Noue, le 18 février 1767; de Paris, La Noue à Font., le 21 février. Cf Arch. d'Ille-et-Vilaine, C. 2710, le 17 février 1767.

s'interdise d'entrer chez lui ; il faut, dit un autre, qu'on le casse de ses fonctions ; il n'est pas possible de conserver un président qui obéit aux injonctions du roi (1). Sans cesse on lui fait des scènes (2) ; on lui donne des démentis publics ; on vient jusque chez lui pour l'insulter (3). M. de Bégasson, assistant à une réception de Mmes de La Trémoille, dit à haute voix qu'il est là pour les duchesses, et non pour le duc. La douairière l'apprend, et charge son suisse de défendre sa porte à cet insolent (4) ; mais tout aussitôt une conspiration mondaine s'ourdit pour empêcher les jeunes gens de danser à l'hôtel de La Trémoille (5). Un fait inouï se produit. Un petit gentilhomme, du nom de Leziart, vassal du duc, lui dit, aux états, des injures en face. Le duc le traite d'impertinent, mais ne peut le faire taire. Menacé d'être arrêté, Leziart se jette aux genoux de M. de La Trémoille, et lui demande grâce (6). Ce ne sont pas là des faits isolés. Tous les « bastionnaires » en veulent à M. de La Trémoille ; et, quand les états se séparent, ils quittent Rennes, sans prendre congé de lui. Le duc est outré contre eux (7).

L'aristocratie opposante était, en Bretagne, de mœurs singulières ; et il est facile de comprendre que, sous peine de se perdre, un président de la noblesse devait être là, plus qu'ailleurs, un homme de tact, de fermeté et de décision.

A ne lire que les registres officiels de la « tenue », ou le

(1) Arch. Nat., H. 362, séances du 13 et du 21 janvier 1767. (Bulletin de Bretagne.) Corr. Font., Font. à La Noue, le 20 février 1767, etc. Cf. Arch. d'Ille-et-Vilaine, C. 1780, 1er mars 1767 ; C. 2710, 27 mars. (Délibération de la noblesse.)
(2) Corr. Font., de Rennes, Font. à La Noue, le 28 janvier 1767 ; de Versailles, La Noue à Font, le 2 février 1767 ; Font. à La Noue, le 4 février, etc.
(3) Ibid., de Rennes, Font. à La Noue, le 15 février 1767.
(4) Corr. Font , de Rennes, Font. à La Noue, le 20 février 1767.
(5) Ibid., de Rennes, Font. à La Noue, le 24 février.
(6) Ibid.. le 22 février.
(7) Ibid., le 29 mai.

registre particulier des nobles, on pourrait être dupe du langage des opposants ; ils parlent du bien public non moins que de leurs privilèges, et les discours écrits qu'ils ont laissés sont parfois d'un style ferme et digne. Dans le rapide résumé que le greffier donne des séances des états, on ne découvre d'ailleurs ni leurs violences, ni leurs folies. A lire les bulletins de MM. de Flesselles et d'Aiguillon, on saisit déjà mieux la physionomie de leurs débats. Mais M. de Fontette a peint de main de maître tous les personnages qui jouèrent un rôle aux états ; et, au ton de son récit, il semble bien qu'il soit relativement impartial. Tantôt il montre M. de La Trémoille assailli par les « bastion-« naires », qui veulent lui arracher une signature, échappant à leur obsession, ressaisi par eux, contraint de signer, protestant contre la violence dont il a été l'objet, entraînant avec lui quatre-vingt-trois protestataires, injurié, chansonné, presque pris à la gorge (1) ; tantôt il dessine en pied les chefs opposants, les « chalotistes » avérés, d'autant plus audacieux qu'ils croient La Chalotais soutenu dans le ministère, et qu'ils estiment ne pas provoquer eux-mêmes une égale colère chez tous les ministres (2).

Sous la plume de M. de Fontette et sous celle du comte de La Noue revit M. de Coëtanscours, gros et lourd, asthmatique, parlant sans grâce et la tête penchée, indocile et entêté, poussant tout droit devant lui « comme un bœuf », ardent, convaincu, la voix forte, en somme le tribun de la noblesse bretonne (3). Puis c'est M. de Bégasson de La Lardais,

---

(1) Corr. Font., de Rennes, Font. à La Noue, le 18 février 1767.
(2) Arch. Nat., H. 362. D'Aiguillon au contrôleur général (Rennes, le 2 janvier 1767).
(3) Corr. Font., de Rennes, Font. à La Noue, le 24 février 1767 ; La Noue à Font., les 16 et 22 mai. Cf. Arch. Nat., H. 362. Rennes, le 11 janvier 1767 (de Flesselles au contrôleur général).

ami personnel de La Chalotais, homme faux, grand intrigant, prompt à se dérober dans les moments difficiles, entretenant des relations avec les parlementaires de Paris, et sachant, à point, souffler sur les passions de son parti (1). M. de Piré, le fils, aime la mise en scène, et les démonstrations inattendues. Il monte volontiers sur les bancs pour annoncer de prétendus coups d'autorité, et provoquer un péril qu'il sait ne pas le menacer. Il manque de caractère ; il est insolent, faible et ridicule (2). M. de La Besneraye aime le désordre pour lui-même, crie plus intelligiblement qu'il ne parle, et interpelle les femmes dans la tribune des états (3). M. de Guerry est peu franc et plein de réticences ; mais c'est un homme habile, qui essaie un moment d'amener la conciliation entre les modérés et les violents (4). Quant au chevalier de Pontual et au chevalier du Han, l'un est un fanatique (5) et l'autre une sorte de fou (6).

Comment s'étonner qu'avec de tels chefs le « bastion » ait fait des états quelque chose d'effroyablement tumultueux ? Quand les trois ordres sont réunis « sur le théâtre », il refuse le plus souvent d'entendre les orateurs du parti contraire ; et, s'il y consent, c'est que l'église et le tiers menacent de se retirer. Il pratique au plus haut degré le système d'obstruction ; car il n'est si petit « bastionnaire », qui ne

(1) Corr. Font., de Rennes, Font. à La Noue, les 23 et 25 avril, les 13 et 14 mai 1767 ; de Paris, La Noue à Font., le 16 mai 1767.
(2) Ibid., de Rennes, Font. à La Noue, les 6, 11 et 31 janvier 1767 ; — de Paris, La Noue à Font., 14 janvier. Cf. Arch. Nat., H. 362, de Rennes, janvier 1767 (de Flesselles au contrôleur général).
(3) Ibid., Font. à La Noue, le 24 février, les 10 et 12 mars 1767.
(4) Ibid., Font. à La Noue, le 24 février, le 4 mars, les 13 et 14 mai 1767. — On voit dans la lettre du 4 mars que le « bastion » aurait à l'occasion formé deux partis : le parti Guerry plus modéré, le parti Coëtanscours plus intransigeant.
(5) Ibid., de Rennes, Font. à La Noue, le 6 juin 1767.
(6) Ibid., de Rennes, Font. à La Noue, le 20 février ; de Paris, La Noue à Font., le 30 mars.

soit convaincu que le rappel du parlement et l'éloignement du duc d'Aiguillon dépendent de la députation solennelle réclamée par la noblesse ; et celle-ci dépend elle-même sans doute du refus absolu que la noblesse fera de travailler (1). Que risque donc l'opposition ? Tout au plus de provoquer la dissolution des états. Et c'est peut-être au fond ce qu'elle désire. A coup sûr, d'ailleurs, en traînant les délibérations en longueur, elle donne à ses amis du parlement de Paris des occasions d'intervenir et de faire des remontrances (2).

Le « bastion » discute à perte de vue sur les procès-verbaux des séances (3) ; il envoie à tout propos des députations aux commissaires du roi, et parfois il désavoue ses députés (4) ; il éternise les débats qu'il sait ne pas devoir aboutir (5). Il provoque des désordres en niant que les lettres du roi soient écrites par d'autres que le duc d'Aiguillon (6). Son but unique est de susciter sans cesse des difficultés nouvelles (7), et de trouver des prétextes pour suspendre le travail. Une vingtaine de dragons, venant de l'école d'équitation de Cambrai, passent-ils par Rennes, les « bastion-« naires » représentent qu'il y a des troupes dans la ville, et qu'en conséquence on ne peut plus délibérer ; les avis,

(1) Corr. Font., de Rennes, Font. à La Noue, 4 avril 1767.
(2) Ibid., de Rennes, Fontette à La Noue, le 27 février 1767.
(3) Ibid., les 11 janvier et 20 février.
(4) Ibid., les 2 et 23 janvier, le 12 février, etc.
(5) Ibid., les 6 janvier, 24 février, 4 avril, etc. Arch. d'Ille-et-Vilaine, C. 2710, 13 janvier 1767.
(6) Ibid., le 11 janvier. Arch. Nat., H. 352, 11 janvier (lettre de M. de Flesselles au contrôleur général).—Ici les bastionnaires étaient dans le vrai. M. d'Aiguillon avait envoyé à Versailles un projet de « lettre écrite de la main du roi ». On le retrouve aux Archives Nationales de sa main même, et aux Archives d'Ille-et-Vilaine, sous forme de lettre officielle. (Arch. d'Ille-et-Vilaine, C. 1778, 6 janvier 1767.)
(7) Arch. d'Ille-et-Vilaine, C. 1778, 14 janvier 1767 (lettre de M. de Saint-Florentin à M. de Flesselles).

disent-ils, ne seraient plus libres (1). Or, les gentilhommes portent l'épée, et ils siègent aux états au nombre de cinq cents ! Quand la tenue d'états touche à son terme, et quand les commissaires se montrent résolus de faire procéder à l'adjudication des fermes, toutes les « menées et astuces » du « bastion » tendent à en écarter les compagnies qui se présentent (2). Les commissaires l'emportent, mais la mauvaise humeur de leurs ennemis se traduit dans des protestations, des récriminations, des grossièretés voulues (3).

Pour suspendre le travail des états, le « bastion » a recours aux moyens les plus vulgaires. Il injurie « les protégés « du roi » ; il vocifère ; il pousse des hurlements ; il imite avec succès les chiens et les chats (4). Ce n'est pas que ses membres soient toujours dépourvus d'esprit. Quelques-uns prouvent le contraire par leurs satires ; et, le 3 avril 1767, il en est qui passent toute la séance à rimer et à chanter cette chanson originale :

> Ni oui, ni non,
> C'est aujourd'hui notre devise ;
> Ni oui, ni non ;
> Nous sommes des marchands de plomb !
> Ah ! que la Cour sera surprise
> Qu'un Breton, comme un Normand, disc :
> Ni oui, ni non (5).

Nous voilà bien loin de l'opinion de M. Marteville écrivant que, dans ses difficultés avec le pouvoir, l'opposition

---

(1) Corr. Font., de Rennes, Font. à La Noue, le 11 avril 1767. Cf. Arch. du duc de la Trémoille. *Assise des Etats*, f° 60 r°. Arch. d'Ille-et-Vilaine, C. 1779, 11 février. (Bulletin de l'intendant). Arch. Nat. O¹463, 14 février. (Lettre de M. de Saint-Florentin à M. d'Aiguillon.)
(2) *Ibid.*, Font à La Noue, le 27 mars 1767 ; La Noue à Font., le 30 mars.
(3) *Ibid.*, Font. à La Noue, les 24 et 27 mars.
(4) Corr. Font. Lettres de Fontette, *passim*, et particulièrement celles du 26 février et du 12 mars. V. aussi la lettre de La Noue à Font., du 16 mars 1767.
(5) *Ibid.*, Font. à La Noue, le 4 avril 1767.

bretonne « préludait à la vie constitutionnelle », adoptée plus tard par la France. Il voulait que ces difficultés même fussent « les premières luttes réglées des contribuables « contre le trésor public (1) ». M. Marteville a fait du « bastion » un portrait fort inexact. Une foule de faits montrent qu'en 1767 le « bastion » ne fut jamais guidé par des mobiles d'intérêt général; il en est d'autres qui montrent la noblesse bretonne aussi attachée à son système d'obstruction en 1752 qu'en 1767 (2). Elle n'eut qu'une idée sérieuse : maintenir contre le roi, contre l'église et le tiers sa prépondérance politique et sociale (3).

Tout naturellement M. de Fontette a tracé le portrait des chefs du parti modéré. Il a fait de l'évêque de Rennes un homme prudent, ferme et prompt à la répartie (4) ; de M. de Vannes un orateur intrépide, ardent comme un docteur qui « soutient sa sorbonnique envers et contre tous (5) ». Il a montré dans l'évêque de Saint-Brieuc un politique souple, que sa trop grande confiance en lui-même a fait cependant la

(1) Le Vot, *Biographie bretonne*, t. II. Art. La Chalotais.
(2) Marion, *Machault d'Arnouville*. Paris, 1891, in-8°, pp. 172, 173, etc. Si l'on voulait à tout prix faire des rapprochements avec des faits contemporains, on pourrait dire que les « bastionnaires » pratiquèrent le système d'obstruction des Irlandais Biggar et O'Gormann, les conseillers et les amis de Parnell. (*Revue des Deux-Mondes*, 15 janvier 1892, Augustin Filon.) Mais il n'en subsisterait pas moins, entre les uns et les autres, cette différence profonde que les députés irlandais eurent derrière eux tout un peuple.
(3) Voici une liste curieuse envoyée par M. de Flesselles au contrôleur général de L'Averdy. Elle est intitulée : *Gentilshommes qui ont excité du trouble aux derniers états* : MM. de Coëtanscours ; de Bégasson, lieutenant des maréchaux de France à Rennes; de Bruc; de Goualez; de La Besneraye; de Rosnivinen (Piré); chevalier de Rosnivinen, lieutenant-colonel d'un régiment d'infanterie; chevalier du Han, servant sur les vaisseaux de la Compagnie des Indes; de Vavincourt, lieutenant de vaisseau; Le Vicomte, ancien lieutenant-colonel, ayant une pension de six cents écus; de Francheville; chevalier de Pontual; Des Grées du Lou, chevalier de La Saulaye, ayant une pension de retraite; Le Chaponier de Kergrist ; de La Courpean; de Barberé; de Penquilly; de Guerry. (Arch. Nat., II. 440), 3 mai 1767.
(4) Corr. Font., Fontette à La Noue, de Rennes, les 11 janvier et 22 avril 1767.
(5) *Ibid.*, Fontette à La Noue, 1er et 6 mai 1767.

dupe du « bastion » ; l'illusion du prélat fut de croire un moment qu'avec l'appui du duc de La Trémoille il pourrait réconcilier les partis (1).

M. de Fontette a nié que l'église et le tiers fussent tout à la dévotion du premier commissaire (2). Il affirme que les évêques bretons, les abbés et les chanoines des chapitres ne demandaient rien à la cour, et n'attendaient rien d'elle (3) ; que les maires et députés des villes n'avaient, en soutenant le pouvoir, ni ambition, ni espoir de récompense (4). Il fait voir que l'église et le tiers travaillaient, en dépit des désordres soulevés par leurs adversaires. Ils donnaient sans cesse au commissaire et au roi des témoignages de leur courage et de leur fermeté (5).

La correspondance Fontette ne dépeint pas seulement les hommes et leurs passions. Elle raconte aussi les négociations que provoquent les questions de finances soumises aux états ; mais elle montre bien que, pour l'opposition de de 1767, la capitation ou le secours extraordinaire lui-

(1) Arch. d'Ille-et-Vilaine, C. 2710, 1er mars 1767. Cf. chanson sur le duc de La Trémoille, dans la correspondance Fontette, mars 1767 ; La Noue à Font., 7 mars ; Font. à La Noue, 7 et 12 mars. — On voit là de nombreux détails sur cette espèce de volte-face du duc de La Trémoille qui, désapprouvé hautement par le commissaire et par la cour, revient bientôt à sa première attitude franchement royaliste. (Font. à La Noue, 19 mars 1767.)

(2) M. Ducrest de Villeneuve dit que d'Aiguillon avait flatté « les vœux secrets « du clergé », et « corrompu » le tiers.

(3) Corr. Font , Font à La Noue, le 17 mars 1767.

(4) N'était-ce pas d'ailleurs ces maires et ces députés des villes qui, plus que tous autres, pouvaient avoir le souci du peuple dont ils sortaient, et qui se trouvait si insuffisamment représenté dans l'assemblée aristocratique des états de Bretagne ?

(5) Arch. d'Ille-et-Vilaine, C. 1778, les 6 et 13 janvier 1767, C. 1782, le 8 mai. — Corr. Font., Font. à La Noue, les 7 janvier, 4, 12, 15 et 20 février, 4 et 12 mars, etc. — M. de Fontette proteste d'ailleurs que les nobles du parti royal ne furent pas des solliciteurs. Il ne voit en eux que des hommes de bon sens et de modération, appartenant aux meilleures familles du pays : les du Dresnay, les de Quélen, les du Roscoët, les de Langle, les de Rays, les du Bois de La Motte, etc. (Fontette à La Noue, le 24 mars.)

même étaient de peu d'intérêt, eu égard à l'agitation qu'elle s'efforçait de provoquer et de conduire, non seulement dans les états, mais dans la ville de Rennes, dans toute la Bretagne. Coûte que coûte elle voulait aboutir à l'expulsion du lieutenant-général-commandant (1). M. de Kerguézec étant mort, elle ne parlait plus que du « grand La Chalotais » ; non pas qu'elle fût possédée du désir impérieux de voir ce procureur général réoccuper sa charge, mais parce que, pour entraîner les suffrages des nobles, le rappel des exilés offrait toujours matière à une déclamation facile. Les « bastion-« naires » eurent l'espoir de décourager le duc d'Aiguillon qui seul, à un moment donné, empêchait le ministère de dissoudre les états. La dissolution, paraissant un nouveau coup de force, leur aurait fourni l'occasion de provoquer partout de plus grandes agitations (2).

Leur animosité contre le premier commissaire fut donc surtout leur guide; sa perte, le principe de toutes leurs actions (3). Et ce fut la communauté de la haine qui les rattacha toujours à leur ancien chef, M. de La Chalotais. A leurs yeux, le duc d'Aiguillon représentait le pouvoir central et l'étranger dans ce qu'ils avaient de plus odieux. Sa politique de modération et de ménagements n'était pour eux qu'un tissu de perfidies. Contre ce nouveau Mazarin il fallait organiser une autre fronde des seigneurs (4). Il était suspect de tous les crimes ; et le plus grand qu'il préméditât, c'était

(1) Corr. Font., Fontette à La Noue, le 12 mars 1767.
(2) Ibid., Fontette à La Noue, les 12 et 17 mars; La Noue à Font., le 18 février. — On voit dans cette lettre que de très bonne heure le ministère envisagea l'éventualité d'une dissolution.
(3) M. de La Noue emploie, pour exprimer, ce fait une énergique expression. Il dit que depuis longtemps le bastion « couche en joue » le premier commissaire. (Paris, La Noue à Font., le 11 mars 1767. Cf. Font. à La Noue, les 17 mars et 12 mai.)
(4) Corr. Font., Fontette à La Noue, les 17 mars et 12 mai 1767.

sans doute la transformation de la constitution présente des états. Or, pour les « bastionnaires » le maintien de cette constitution et de tous ses abus, c'était le salut de leur ordre. Elle leur garantissait des privilèges auxquels personne d'entre eux n'aurait voulu renoncer. Pouvaient-ils d'ailleurs avoir quelques vues supérieures sur l'avenir? Tous leurs actes avaient pour but de rendre le pouvoir central impuissant. Ils ne voyaient dans la disgrâce du duc d'Aiguillon que l'avilissement des commandants à venir, et par suite l'impuissance du pouvoir central. C'est là qu'était pour eux la garantie de perpétuité d'un état de choses dont ils profitaient seuls.

On tentera de faire valoir en leur faveur des circonstances atténuantes. On dira qu'ils avaient grandi avec cette idée qu'une constitution émanée d'une génération s'impose aux générations suivantes, et que des contrats passés depuis plus de deux siècles ne peuvent pas être remaniés en dehors des formes anciennes (1). On soutiendra qu'ils ignoraient les aspirations d'une classe inférieure désireuse de sortir de son effacement et de son impuissance. Ce sont eux cependant ou leurs fils qui prétendirent, en 1789, que ni le roi, ni la nation, ni le concours même de ces deux autorités ne pouvaient anéantir d'anciens privilèges. Les états provinciaux, aristocratiquement constitués, auraient seuls été légalement en droit d'annuler l'acte d'union de 1532, les franchises de la noblesse, ou les immunités du clergé; car

(1) Voici en effet quelques lignes des représentations d'un membre de la noblesse du 25 février 1767 : « N'avons-nous pas hérité des usages et des droits de nos « pères? Qu'avons-nous fait pour en être dépossédés, et par quelle fatalité ce qui « fut toujours licite pour eux deviendrait-il un crime pour nous? Le roi, la patrie, « l'honneur sont les seuls objets que nous avons devant les yeux, et nos assemblées « n'ont pas d'autre but que de remplir ce que nous leur devons. » Arch. d'Ille-et-Vilaine, C. 1780, le 25 février 1767. — Mises en regard de la conduite des « bas- « tionnaires », ces paroles font un singulier contraste.

c'étaient là pour eux des privilèges imprescriptibles et inaliénables, quelque chose d'aussi sacré que la propriété elle-même.

La nation n'admit pas ces théories de droit public; et les exemples historiques invoqués à leur appui ne servirent, à ses yeux, qu'à démontrer la trop longue durée des abus. Mais ce qu'il y a d'attristant dans l'histoire des états de 1767, c'est que les « bastionnaires », tout en sacrifiant les intérêts communs à leurs intérêts propres et à leurs passions, en imposèrent cependant à l'opinion publique. Cela s'explique par le discrédit d'une monarchie en décadence, par la timidité d'un tiers état qui n'avait pas encore pris conscience de sa force.

Les « bastionnaires » entretinrent avec le parlement de Paris et les courtisans de Versailles des relations secrètes et régulières. Ils tiraient en partie leur audace de ces alliés. M. de La Noue écrivait au chevalier de Fontette qu'ils avaient un bureau de correspondance où se rassemblaient des magistrats, des gentilshommes, des femmes. C'étaient là ceux qui avaient la haute main sur les lettres expédiées à Paris par l'opposition bretonne. Ils les retenaient ou les faisaient remettre, suivant qu'ils l'estimaient utile ou dangereux (1). Parmi les personnes qui auraient ainsi servi à Paris les intérêts du « bastion », M. de La Noue signale MM^{mes} de Bégasson, de La Roche et de Poulpry (2).

Ce fut l'attitude du « bastion » qui provoqua l'agitation dont Rennes fut quelque temps le théâtre. Si les états

---

(1) Corr. Font., La Noue à Font., le 21 février 1767; Font. à La Noue, le 27 février.
(2) *Ibid.*, Font. à La Noue, le 7 mars 1767; La Noue à Font., le 11 mars.

n'eussent pas siégé là, il est bien probable que la clientèle de l'ancien parlement ne se serait pas mise en révolte contre le nouveau. Mais les plus influents de la noblesse opposante poussèrent toutes les corporations à manifester en faveur de « l'universalité ». On vit des avocats signer pour cela des consultations et des mémoires, affirmer faussement que les magistrats n'étaient pas en nombre pour juger, et déserter eux-mêmes le palais, pour ne pas plaider (1). Ceux qui avaient le plus de réputation prenaient nettement parti pour les « bastionnnaires (2). » Les procureurs firent des représentations au premier président sur la misère où les plongeait « la disette des juges et des rapporteurs (3) ». Ils lui remirent une requête injurieuse pour sa compagnie. La requête fut dénoncée aux juges qui la firent « bâtonner » sur les registres de la communauté. Le syndic des procureurs dut venir témoigner à la cour des regrets de ses confrères. Son discours, paraît-il, ne fut pas des plus humbles, et cependant les procureurs le désavouèrent ; les plus échauffés d'entre eux ne parlaient de rien moins que de fermer leurs « boutiques » ; et les juges les plus timides redoutaient fort qu'ils ne tinssent parole. Les « allées et venues », dit M. de Fontette, se succédèrent entre le « Sénat » et le « mont Esquilin » ; mais la paix se fit enfin, les procureurs consentant à occuper, et « Messieurs » à juger (4).

Les marchands rennais furent tout naturellement du

---

(1) Arch. Nat., O¹463, 7 février 1767 (Saint-Florentin à d'Aiguillon) ; — H. 362, 6 février (Le Prêtre de Châteaugiron au contrôleur général).
(2) Corr. Font., Font. à La Noue, les 31 janvier, 4 février et 31 mars.
(3) *Ibid.*, Font. à La Noue, les 31 mars, 8 et 22 avril.
(4) *Ibid.*, Font. à La Noue, le 31 janvier.
(5) *Ibid.*, Font. à La Noue, les 7 janvier, 7 et 11 février. Cf. Arch. de la cour d'appel de Rennes, Reg. sec., 7 février.

parti de « l'universalité ». La présence d'une compagnie souveraine, nombreuse et riche, était pour eux d'une extrême importance. Et cependant on s'étonnera sans doute qu'il ne se soit trouvé à Rennes que trente individus pour signer une adresse où le négoce signalait l'exil du parlement comme cause de ses souffrances (1). Il était dans l'ordre que les perruquiers prissent une délibération pour présenter requête aux états sur « l'universalité » ; car les perruques des juges étaient en grande partie leur raison d'être (2). Mais on doit supposer que l'esprit d'imitation, le besoin de mouvement, ou certaines influences sociales furent pour beaucoup dans les décisions des autres corps de métier (3). N'y eut-il pas jusqu'aux blanchisseuses qui crurent aussi devoir délibérer (4) ?

Est-ce à dire que le bas peuple se soit montré passionnément attaché aux parlementaires? La correspondance Fontette nous invite à en douter. On sait que, dans les villes de parlement, la halle et la magistrature étaient, pour ainsi parler, en coquetterie réglée. Or les dames de la halle paraissent, à Rennes, s'être assez peu souciées des magistrats démissionnaires. M. de La Noue, par fantaisie, les invite à déjeuner ; elles mangent et boivent « à grand bruit,

---

(1) Corr. Font., Font. à La Noue, le 4 février 1767. Cf. la brochure intitulée : *Témoignages des différents ordres de la province de Bretagne sur la nécessité de rétablir le parlement de Rennes dans son universalité*. S. l. n. d., 83 pages in-12, p. 76.
(2) On ne saurait oublier que, dans les villes de parlement, les perruquiers étaient toujours d'enragés parlementaires.
(3) Arch. d'Ille-et-Vilaine, C. 2692, f° 70 v°. Cf. *Témoignages des différents ordres...*, pp. 82 et 83.
(4) Le duc d'Aiguillon, écrivant au contrôleur général, laisse voir l'impatience qu'il ressent de toute cette agitation : « La communauté des savetiers et des filles « de joie prendront incessamment de pareilles délibérations. Il n'est pas difficile « de deviner les moteurs de ces basses et plates intrigues qui ne causent pas « grande sensation ici... Je crois qu'elles ne méritent que le mépris... » (Arch. Nat., H. 362, 1ᵉʳ février 1767.)

« et grande joie » ; elles portent, « dix fois, » la santé du duc d'Aiguillon, et criant : « L'aze foute ceux qui ne l'aiment « pas ! » C'est au duc, disent-elles, qu'elles doivent le pain de leurs enfants, car « l'Hôtel » et les seigneurs qui le hantent ont remplacé les « beaux pères du peuple », pour le courant du négoce. Et quand M. de La Noue quitte Rennes, elles se montrent toutes dolentes, car « il répandait sa béné- « diction » sur leur poisson (1).

Il est bien probable que les agitations politiques se faisaient seulement sentir en Bretagne parmi ceux qui prenaient part à l'administration du pays, ou parmi leurs clientèles. Le peuple lui-même dut être le plus souvent spectateur silencieux de leurs débats. Il était nécessairement partagé entre le respect que lui inspirait encore l'autorité et la crainte des grandes familles qui formaient de véritables puissances locales.

Les étudiants en droit comptèrent dans le parti La Chalotais. C'est qu'ils tenaient presque tous, soit à la noblesse, soit aux gens de palais. D'après M. de Fontette, on les aurait poussés à former des assemblées pour agiter entre eux l'affaire de l'« universalité ». Ils décidèrent d'envoyer à Paris deux délégués ; ils se montrèrent en public, l'épée au côté ; et l'on dit que c'était là le soulèvement des « Mar- « mousets ». Le parlement, redoutant qu'ils ne provoquassent quelques troubles, rendit arrêt pour leur défendre de s'assembler, de tenir registres, de porter des armes. Ces jeunes gens se croyaient déjà hommes de robe, et, comme tels, ils tentaient de donner officiellement leur avis sur les affaires

(1) Corr. Font., La Noue à Font., le 15 janvier 1768; Font. à La Noue, 24 janvier.

publiques. Ils voulurent paraître parlementaires enragés. Au mois de décembre 1774, ils devaient, à cheval, faire cortège au procureur général revenant d'exil (1).

Un des faits les plus curieux que nous révèle la correspondance Fontette, c'est assurément cette espèce d'entente établie entre l'opposition bretonne et celle de Paris ou de Versailles. Elle se combine avec la conspiration sortie du système des « classes » de la magistrature souveraine. Le parlement de Paris, écrit La Noue, attend pour agir ce qui se passera à Rennes ; et les états de Rennes conforment leur conduite aux nouvelles reçues de Paris (2). Les magistrats parisiens déclarent que si leurs confrères bretons, jetés en exil, ne sont pas coupables, ils doivent être rétablis dans leurs fonctions (3). Comme juge naturel de ses sujets, le roi peut, ils en conviennent, éloigner de sa personne princes ou grands seigneurs, mais un procureur général de parlement ne peut être frappé que par ses pairs (4). Pour confisquer les biens de quelques chanoines de Notre-Dame et de la collégiale de St-Cloud (6 février), pour les faire afficher en place de grève, il suffit au parlement de Paris de déclarer ces prêtres « perturbateurs du repos public ». Mais il n'est

---

(1) Corr. Font., Font à La Noue, les 7 et 31 janvier. M. de Fontette traite les étudiants de « polissons ». Arch. de la cour d'appel de Rennes, Reg. sec., 31 janvier 1767. — L'avocat général remarque que les étudiants doivent seulement s'assembler au sujet de leur privilège d'entrer gratis au spectacle, au nombre de treize. En 1755, ils s'étaient fait un règlement de leur autorité privée; nul citoyen n'avait cependant le droit de s'ériger en corps, etc. Cf. La Sicotière (de), *l'Association des étudiants en droit de Rennes, avant 1790*. Nantes, 1883, in-8°, 74 pages. *Récit de ce qui s'est passé en Bretagne*. 1775. *Journal historique...*, t. VI, p. 357.
(2) *Ibid.*, La Noue à Font., le 14 janvier 1767.
(3) *Ibid.*, le 21 janvier.
(4) *Ibid.*, le 14 janvier.

pas permis au roi, en vertu de son autorité suprême, de reléguer à Saintes, M. de La Chalotais (1).

Les magistrats protestèrent surtout contre les mesures arbitraires du gouvernement, quand elles purent les atteindre ; ils ne paraissaient pas s'apercevoir qu'eux aussi ils étaient souvent l'arbitraire. A Paris, dans l'affaire La Chalotais, M. de La Noue les dépeint comme manquant de sang-froid et de franchise. A peine M. de La Chalotais était-il traduit devant le « bailliage d'Aiguillon » qu'ils le voyaient déjà « jugé, condamné, et près d'avoir le cou « coupé ». Il se serait trouvé parmi eux jusqu'à cinquante juges sur cent deux pour parler de démissions immédiates. Convaincus que La Chalotais était perdu, ils n'auraient cherché qu'à intimider (2) l'autorité en donnant pour lui leur « dernier coup de collier » (3). Plus tard, comme les « chalotistes » de Rennes, ils affectèrent de croire la science des experts en écriture toute conjecturale ; et cependant à l'occasion, dans les affaires de faux, ils adoptaient un autre point de vue (4).

Des documents d'origine « chalotiste » aussi bien que de la correspondance Fontette, il nous a paru ressortir d'une façon évidente que le parti La Chalotais avait montré beaucoup de décision, de persistance et de suite dans sa guerre contre le gouvernement. Ses adversaires au contraire ne lui opposèrent qu'une résistance incertaine et décousue. Très vite, en Bretagne, et surtout à Rennes, ils se sentirent presque isolés.

On a souvent parlé des « espions » du duc d'Aiguillon, et

(1) Corr. Font., le 11 février 1767.
(2) Ibid., Barrin à Font., le 1ᵉʳ août 1766.
(3) Ibid., La Noue à Font., le 4 août 1766.
(4) Ibid., La Noue à Font., le 17 juin 1767.

de sa puissance occulte. On en viendra peut-être un jour à constater que les seuls conspirateurs de ce temps furent les « chalotistes »; qu'ils eurent leurs affiliés, et paralysèrent, grâce à eux, le pouvoir administratif. Il est étrange qu'un avocat général, un conseiller à la cour, ou un subdélégué faisant fonctions d'intendant, ne puissent pas, en toute sécurité, correspondre avec le ministère. Ils redoutent que leurs lettres ne soient ouvertes à Rennes avec la connivence des agents de la poste (1).

Ce n'est pas, comme on voit, le gouvernement seul qui viole le secret des lettres; ce sont aussi les partis de l'opposition. Ce sont même les simples curieux, tant les mœurs publiques sont alors peu faites pour voir dans les correspondances quelque chose d'inviolable. Et M. de La Noue écrit lui-même au chevalier de Fontette cette lettre caractéristique : « Si vous saviez combien le nom d'Aiguillon émous-
« tille tous les esprits et pique la curiosité, vous ne me
« demanderiez pas de vous écrire sous son couvert. Je suis
« persuadé qu'il ne part pas à son adresse une lettre qui ne
« soit ouverte; ou encore mieux quand elles sont écrites par
« moi (2). » Incertains du secret de leurs opérations, comment les hommes en place auraient-ils agi avec cette décision, sans laquelle il n'y a pourtant guère de force durable?

---

(1) Corr. Font., Le Prestre à Font., le 3 février; Raudin à Font., s. d. — Ces documents sont d'accord avec une lettre de M. de Keranroy au contrôleur général. Il recommande au ministre de lui écrire sous double enveloppe, à l'adresse de M. Guinquené, procureur des cinq grosses fermes, à Rennes, rue des Francs-Bourgeois. « Sans cela, dit-il, votre lettre serait à coup sûr interceptée. » Arch. Nat., H. 436, 20 août 1765.
(2) *Ibid.*, La Noue à Font., le 14 mars 1767.

Rien ne montre mieux les excès du « chalotisme » que deux procès, dont nous allons essayer de marquer les traits principaux : le procès des assemblées illicites, et le procès du prêtre Clémenceau. Ils sont étroitement unis l'un à l'autre; et, dans la guerre faite à M. d'Aiguillon par un parti acharné à sa perte, ils tiennent une place à part, non pas la moins considérable.

Aussitôt que la cause du procureur général fut sur le point de ne plus être débattue sur le terrain légal des états, les « chalotistes » songèrent aux moyens de la conserver présente à l'esprit du public. Ils savaient que le public est à qui le tient le mieux en haleine. L'aliment qu'ils offrirent d'abord à sa curiosité et à ses passions, ce fut une prétendue révélation sur des conciliabules formés à Rennes par les jésuites et leurs affiliés.

Ils firent réimprimer une brochure qui, quelques mois auparavant, en novembre 1766, avait passé à peu près inaperçue. On y voyait, comme toujours, M. de La Chalotais victime de la vengeance des jésuites ; mais on y voyait aussi, et c'était là le plus intéressant, les noms de beaucoup d'habitants de Rennes accusés de s'être ligués pour amener à tout prix la condamnation du procureur général; on y voyait l'indication de toutes les maisons où ils auraient mystérieusement ourdi leurs trames. La brochure était intitulée : *Tableau des assemblées secrètes et fréquentes des Jésuites et leurs affiliés à Rennes* (1).

Un moment inquiet, le ministère avait pu constater la fausseté des faits dénoncés. M. de Flesselles avait rassuré

(1) Le texte entier de la brochure a été recopié par les soins de M. de Fontette, et se trouve joint à sa correspondance. — Cf. de Carné, t. II, p. 196.

M. de Saint-Florentin (1) ; le président de Montbourcher avait rassuré le contrôleur général. C'étaient des faits sans importance qui avaient fourni l'occasion à un libelliste de construire une conspiration de toutes pièces. Des dames de Rennes avaient reçu chez elles quelques jésuites qui continuaient de résider dans la ville, sous le couvert de l'édit du mois de novembre 1764 ; un soi-disant bref du pape, envoyé à l'une d'elles, avec un chapelet et une médaille, avait bien occasionné quelques murmures, mais tout s'était vite « assoupi » (2). Les officiers de police, consultés par l'intendant, avaient certifié n'avoir eu connaissance des prétendues assemblées que par le bruit populaire (3).

Or, quand reparut la brochure révélatrice, elle fit tout à coup grand bruit dans Paris. On l'y distribuait à profusion (4). Bientôt elle surexcita les passions en Bretagne, et le parquet de Rennes résolut de la poursuivre. L'avocat général Le Prêtre de Châteaugiron, y étant désigné comme un des affiliés des jésuites, ne put pas requérir ; et sa place fut prise par M. Gault, substitut. Ou bien les assemblées étaient réelles, et leurs fauteurs devaient être punis ; ou bien la dénonciation, qui en était faite, n'était qu'une calomnie atroce « in-
« ventée pour troubler le repos des citoyens », et alors il en fallait poursuivre les auteurs. Or, le *Tableau des assemblées* dénonçait les gens sans donner contre eux d'autres preuves que la liste de leurs noms. M. Gault fit ressortir ce qu'il y avait d'abominable dans la conduite du libelliste qui sans aucune preuve admettait un concert criminel entre des membres du parlement, des gentilshommes et des prêtres « cons-

(1) Arch. Nat., O¹432. — Lettres de M. de Saint-Florentin à M. de Flesselles, les 14 et 27 décembre 1766.
(2) *Ibid.*, II. 439, 24 décembre 1766.
(3) *Procédure de Bretagne*, 1766, 2 vol. in-4°, t. I, p. 13.
(4) Corr. Font., Font. à La Noue, le 17 mai 1767 ; La Noue à Font., le 23 mai.

« titués dans les premières dignités de l'église ». Tous ces hommes se seraient assemblés pour « inventer des chefs « d'accusation, corrompre des témoins, et faire périr des « innocents (1) ».

Le réquisitoire de M. Gault a d'autant plus de portée que ce magistrat était un ami de M. de La Chalotais (2). La cour lui décerna acte de sa plainte, et commit le conseiller de Grimaudet pour informer contre les auteurs, complices et distributeurs de l'écrit anonyme, aussi bien que contre ceux qui avaient pu quelque part former des assemblées illicites. M. Gault fit publier des « monitoires » et cette partie de l'information se poursuivit avec tous les ménagements et tout le secret possibles. Les curés avaient ordre de parler très bas (3).

Sur plus de cent témoins qu'entendit M. de Grimaudet, les trois quarts environ n'avaient aucune connaissance des assemblées que par ouï-dire. D'autres avaient aperçu plusieurs jésuites ensemble; d'autres avaient vu, disaient-ils, devant la porte du petit séminaire, des chaises à porteurs aux armes de la présidente de Langle ou de Mme de Rosily (4). Aucun n'articula de faits qui pussent permettre de lancer des décrets.

L'affaire traîna parce que souvent les juges s'absentaient avec « excuses légitimes », ou se récusaient pour cause de « parentés et alliances (5) »; et surtout parce que le procès Clémenceau se greffa tout à coup sur celui des assemblées illi-

(1) Arch. de la cour d'appel de Rennes, Reg. sec., 29 mai 1767.
(2) *Mémoire à consulter pour le sieur Clémenceau, prêtre supérieur de l'hôpital de Saint-Méen*, in-4° de 254 pages. Paris, 1769, p. 9.
(3) *Procédure de Bretagne*, t. I, p. 17.
(4) *Ibid.*, t. I, pp. 28, 32 et suiv., 46, 48, 154, 160.— *Mémoire à consulter pour le sieur Clémenceau*, p. 34.
(5) Arch. de la cour d'appel de Rennes, Reg. secrets, 3 août 1767.

cites. Ils ne furent clos, l'un et l'autre, que par un arrêt du 5 mai 1768 ; et le *Tableau des assemblées* fut seulement alors « lacéré et brûlé (1) ».

Le procès Clémenceau a son origine lointaine dans l'affaire Bouquerel qui se lie elle-même assez obscurément à l'affaire La Chalotais. Bouquerel était un Normand employé à Rennes, chez son frère, marchand de toiles et de mousselines. Il avait écrit à M. de Saint-Florentin une lettre anonyme fort injurieuse. Il fut soupçonné d'en être l'auteur, arrêté, et conduit à la Bastille. Il y avoua que la lettre était de sa main (2).

Au bout de quelques mois, le ministère pensa pouvoir tirer parti de Bouquerel, pour éclaircir et faire juger le procès La Chalotais. Il n'était pas parvenu à compléter le bailliage d'Aiguillon ; et ce tribunal, qui comptait dans son sein nombre de parents et d'alliés des six magistrats incriminés, semblait incapable de prononcer contre eux. Les récusations menaçaient d'y surgir trop nombreuses. Il fut donc décidé qu'on ne s'occuperait d'abord que des billets anonymes attribués à M. de La Chalotais. Mais, pour éviter quand même les récusations qui pourraient se produire immédiatement sur ce cas particulier, on résolut d'ouvrir le procès contre Bouquerel, inculpé lui aussi d'écrits anonymes. On se réservait de faire intervenir les fameux billets au cours de l'affaire, et de poursuivre alors le procureur général comme fauteur et complice de Bouquerel. Par les réponses de M. de Caradeuc à M. Le Noir, rapporteur de la chambre de Saint-Malo, il paraissait prouvé que Bouquerel,

---

(1) Arch. d'Ille-et-Vilaine, C. 1471. (Arrêt du parlement de Bretagne.)
(2) *Procès instruit extraordinairement*, éd. de 1768, t. I, pp. 38 et suiv.

avant son arrestation, était très connu de La Chalotais (1).

Bouquerel fut donc ramené à Rennes. Il devait y être incarcéré aux Cordeliers, couvent voisin du palais. Mais les préparatifs nécessaires pour le recevoir n'étant pas, paraît-il, tout à fait terminés le jour de son arrivée, on le déposa, pour une nuit, dans l'hôpital de Saint-Méen, maison de force semblable à celle de Charenton.

Le supérieur de Saint-Méen était un prêtre du nom de Clémenceau. Il avait été jésuite dans sa jeunesse, mais depuis 1740 il était sorti de la « société ». Le parlement de Bretagne l'avait autrefois si peu considéré comme un homme dangereux qu'il lui avait confié la garde de l'hôpital où il était encore après seize ans (2). Cependant son nom figurait sur le *Tableau des assemblées*, et cela suffisait sans doute pour exciter contre lui la haine, dans certains milieux.

Durant une nuit, M. Clémenceau garda donc à Saint-Méen l'accusé Bouquerel ; et quand Bouquerel, transféré aux Cordeliers, demanda à se confesser, ce fut M. Clémenceau que l'autorité militaire fit venir. Dès ce moment, Bouquerel donna des signes de folie. Était-il vraiment fou ? ou jouait-il assez bien le rôle de fou, pour que chacun y fût pris ? Redoutait-il d'avoir à dénoncer les instigateurs de la lettre anonyme qui faisait son crime ? On a prétendu que M. Clémenceau l'avait menacé de la damnation. M. de Saint-Florentin ne croyait pas à sa folie (3). Toujours est-il

(1) Arch. Nat., H. 430, 22 juin et 11 juillet 1766. Cf. *Troisième mémoire de M. de La Chalotais*, p. 11. — Le procureur général nie là absolument avoir jamais vu Bouquerel.
(2) *Mémoire à consulter pour le sieur Clémenceau*, p. 26.
(3) Arch. Nat., O¹462. Lettre de M. de Saint-Florentin à M. de Barrin, 30 juillet 1766. — Bouquerel fut transféré de Rennes à la Bastille, enfin il fut envoyé à Bicêtre, où il mourut en 1768, ayant, dit-on, toute sa raison. (*Mémoire à consulter pour le sieur Clémenceau.*)

que, par les accès auxquels il parut dès lors livré, il dérangea beaucoup les plans du ministère.

Aux Cordeliers, M. Clémenceau fut en rapports avec un officier de dragons du nom de des Fourneaux, qui se trouvait préposé à la garde de Bouquerel. C'était un homme très brave, qui avait sauvé son colonel sur le champ de bataille (1). Dans une affaire il avait reçu, disait-on, quatorze coups de sabre sur la tête (2). Il en avait gardé l'esprit un peu faible; et quand il fut en présence d'un prisonnier qui devenait fou, il perdit tout son sang-froid. M. Clémenceau lui demanda s'il voulait se charger de la malle de Bouquerel et d'une bourse trouvée sur lui. Des Fourneaux refusa, et le prêtre dut alors s'adresser à l'intendant qui l'autorisa à déposer l'argent et la malle au greffe criminel du parlement (3).

Voilà les faits tels qu'ils furent racontés par M. Clémenceau, et tels que le parlement les a reconnus vrais.

Très inquiet d'être le gardien d'un homme dont l'affaire lui paraissait avoir de la connexité avec le procès La Chalotais, M. des Fourneaux prétexta sa mauvaise santé, et il obtint qu'on le débarrassât de Bouquerel. Il n'en resta pas moins obsédé de la crainte d'avoir provoqué la haine des partisans de Bouquerel ou de La Chalotais. Il se crut environné d'ennemis et menacé de mort. Son régiment ayant quitté Rennes pour prendre ses quartiers à Blain, il fit là une grave maladie. Dans un accès de fièvre chaude, il courut chez une dame Roland de Lisle, et lui tint des propos extravagants. Il lui aurait dit qu'il était Jésus-Christ; il lui aurait révélé sa passion pour elle ; il lui aurait parlé d'un

---
(1) Corr. Font., Pinon à Font., le 26 janvier 1768.
(2) *Ibid.*, Font. à La Noue, le 28 juillet 1767.
(3) *Ibid.*, 28 juillet. Cf. *Mémoire à consulter pour le sieur Clémenceau.*

prisonnier d'état placé sous sa garde et menacé d'empoisonnement (1).

Snr ces entrefaites vint, de Blain à Rennes, un jeune homme de dix-huit ans, Annibal Moreau, fils d'un procureur au parlement, et soldat au même régiment que des Fourneaux. Il raconta à sa mère la maladie du lieutenant, et en fit, peut-être sans en avoir conscience, une véritable légende. Des Fourneaux, disait-il, avait, dans son délire, souvent parlé de poison ; il s'était dit circonvenu pour tuer un prisonnier ; enfin, pendant sa convalescence, un jour qu'il entendait lire le *Tableau des Assemblées*, il avait frémi au nom de M. Clémenceau. Annibal Moreau, ne connaissant pas Bouquerel, pensait que le prisonnier dont le souvenir torturait des Fourneaux devait être M. de La Chalotais ; il supposait que l'empoisonnement de cet homme aurait été conseillé par « l'ex-jésuite » Clémenceau.

Les Moreau confièrent leurs soupçons à leurs amis, qui en parlèrent à d'autres ; et l'histoire de des Fourneaux se répandit mystérieusement dans Rennes, en Bretagne, et jusqu'à Paris. On sut vaguement que cet officier avait refusé de recevoir une bourse des mains de M. Clémenceau, la bourse saisie sur Bouquerel. On sut qu'il y avait dans cette bourse environ cent louis (2). On se demanda si ce n'était pas là le prix fixé pour un meurtre tant désiré par les jésuites et le duc d'Aiguillon. D'ailleurs, disait-on, M. des Fourneaux, du temps où il résidait à Rennes, n'avait-il pas un

(1) *Mémoire à consulter pour le sieur Clémenceau...*, p. 27.
(2) Linguet a fait remarquer que la bourse de Bouquerel contenait seulement quatre-vingt-quatorze louis, deux écus et quelque monnaie. Il trouve ridicule que le public n'ait pas vu là une preuve complète contre le soi-disant marché de Clémenceau, qui ne pouvait pas se conclure sur des fractions. (*Mémoire pour le duc d'Aiguillon*, 1770, 199 pages in-4°, p. 192.)

jour demandé à Mme Moreau une fiole de lait qui pût lui servir de contre-poison ? A un moment donné le gros public n'eut plus de doutes. Épris de scènes dramatiques et d'émotions violentes, il vit Clémenceau se présentant à des Fourneaux pour le tenter, une fiole de poison dans une main, une bourse d'or dans l'autre.

Il serait surprenant que les « chalotistes » n'eussent pas songé à tirer parti de la légende qui se formait sur des Fourneaux et sur Clémenceau. Les amis du duc d'Aiguillon et le gouvernement accusent MM. de Guerry et de La Bellangerais d'avoir noué toutes sortes d'intrigues pour la répandre (1). En tous cas les opposants déclarés trouvèrent juste à point, pour servir leur cause, un homme de mœurs suspectes, de fortune malaisée, ayant grand goût pour le scandale, et doué d'une imagination hardie. C'était un procureur du nom de Canon. Il dit publiquement au palais pouvoir déposer sur un fait très grave concernant M. de La Chalotais. M. de Grimaudet, chargé de l'information sur les assemblées illicites, fit venir Canon qui déclara qu'un gentilhomme « extra-provinciaire », M. des Fourneaux, avait été « circonvenu », à l'effet d'empoisonner M. de La Chalotais. Il avait affirmé au jeune Moreau qu'un prêtre de Rennes, lié avec les « ex-jésuites », avait préparé pour lui le poison, et lui avait offert le prix du crime. Le nom de ce prêtre, disait Canon, était maintenant en horreur dans Rennes, dans la province, et dans tout le royaume (2).

---

(1) Corr. Font., Font. à La Noue, le 28 juillet 1767 ; La Noue à Font., le 19 septembre. — Arch. Nat., O⁴463 ; Lettre de Saint-Florentin à de Flesselles, le 25 juillet.

(2) *Ibid.*, Minutes de Fontette, le 3 février 1768 ; Font. à La Noue, le 28 juillet 1767. — Déposition de Canon dans le *Mémoire à consulter pour le sieur Clémenceau*, p. 46.

Il paraîtra un peu étrange que des faits aussi graves se soient produits au mois de juillet 1766, et qu'on les ait révélés seulement au bout d'un an ; mais ils séduisirent alors assez l'imagination pour qu'on les acceptât sans examen. L'affaire Clémenceau, se greffant sur celle des assemblées illicites, la compliqua ; et, paraissant elle-même des plus difficiles à démêler, elle devint la principale préoccupation du parlement, aussi bien que du public.

On put deviner vite que les « chalotistes » cherchaient à y impliquer assez de gens pour qu'il ne restât plus bientôt qu'un trop petit nombre de juges capables d'en connaître. Si la cour de Rennes devenait impuissante à juger, il faudrait bien évoquer à une autre tribunal, et peut-être serait-il possible alors de ranimer la vieille affaire des prisonniers de Saint-Malo. En attendant, les « chalotistes » cherchaient à remuer le plus possible à Rennes les passions populaires, et Mlle de La Mancelière, belle-sœur de M. de La Chalotais, tenait, paraît-il, table ouverte pour « la canaille ». Certains jours, dit M. de Fontette, il entrait chez elle, afin d'y festoyer, jusqu'à vingt et trente personnes de tout état et de tout sexe (1).

Le procureur Canon fut un vulgaire imposteur, car il dénatura sciemment les faits allégués par les Moreau. Il prétendit tenir d'eux que le projet d'empoisonnement de La Chalotais aurait été l'un des objets des assemblées illicites ; et jamais ils n'avaient rien dit de semblable. Mais Canon croyait essentiel de lier l'affaire des assemblées à l'affaire Clémenceau, pour que les menées des jésuites en parussent

---

(1) Corr. Font., Font. à La Noue, le 28 juillet 1767. Cf. Lettre de La Noue, du 3 août.

combinées, suivant un plan plus rigoureux. Il était ivre d'orgueil, et il répétait complaisamment ce vers :

Victrix causa diis placuit, sed victa Canoni (1).

Le ministère aurait voulu que les nouvelles procédures fussent rapidement conduites, et que les calomniateurs fussent au plus vite confondus et punis. Elles marchèrent pourtant fort lentement. Le premier président, M. d'Amilly, laissait recevoir toutes les dépositions quelles qu'elles fussent, et M. de Fontette l'accuse d'avoir même toléré qu'on en fît d'étrangères aux affaires entamées. Il écrivait pourtant à Versailles des lettres propres à rassurer les ministres et n'y parlait de rien moins que de la pendaison des coupables (2). Il est permis de croire que, dans l'affaire Clémenceau comme dans l'affaire La Chalotais, il fut préoccupé de ne pas trop se compromettre auprès du parti qui dominait à Rennes. Quant au substitut, M. Gault, il paraît n'avoir pas été d'abord moins perplexe. On le voit par une lettre de M. de Saint-Florentin au premier président : « Il n'est « que trop sensible, y est-il dit, que le sieur Gault cherche « à prolonger et à faire naître de nouveaux embarras. Sa

---

(1) Corr. Font., Font. à La Noue, le 28 juillet 1767.
(2) *Ibid.*, Font. à La Noue, le 14 août 1767. Cf. Arch. Nat., O¹463. Lettre de M. de Saint-Florentin à M. de Flesselles : « J'aperçois facilement. M., par les « dernières dépositions qui m'ont été envoyées par le premier président, que le « parlement n'a pas su se garantir des desseins couverts de ceux qui veulent « tout compromettre pour étouffer la vérité. J'ai lieu de croire qu'il n'a pas été « procédé avec plus de régularité que de franchise aux informations multipliées « qui ont été faites, et lors desquelles on a perdu de vue les objets principaux « que l'on devait s'attacher à approfondir. » Il y a là une critique indirecte mais sévère de la conduite du premier président, qui était le chef de sa compagnie.
Deux jours plus tard, le 16 août, M. de Saint Florentin écrit encore au premier président. Il a vu, dit-il, avec peine, que « le secret si recommandé en matière cri-« minelle n'a pas été observé, et que plusieurs témoins se sont présentés avec leur « déposition préparée et mise par écrit ». Il sait qu'une « intelligence fort dé-« placée » a régné entre les témoins ; qu'ils ont communiqué les uns avec les autres, et qu'ils ont divulgué leurs dépositions dans la v.lle.

« conduite est démasquée. Je vous prie de le lui dire
« et qu'il pourra avoir lieu de s'en repentir (1). » M. Gault
s'excusa auprès du ministre, et il en reçut, quelques jours
plus tard, une lettre d'un ton moins dur, mais encore assez
hautaine (2).

L'instruction dura six mois. On s'exaspérait à Versailles
qu'elle n'allât pas plus vite, et on y disait volontiers que
les affaires étaient conduites à Rennes par des « fa-
« quins (3) ». Ces colères ne tinrent pas cependant. Si l'on en
croit M. de Fontette, le gouvernement aurait eu la lâcheté
de négocier avec La Chalotais, pourqu'il amenât son parti
à se conduire avec plus de modération dans le procès Clémenceau (4).

Les dépositions Moreau, Canon et consorts étaient, d'a-
près M. de La Noue, un « tissu de bêtises », dont la lecture
seule aurait dû faire pendre les déposants (5). Elles ne s'en
accréditaient pas moins dans le public, en raison des passions qu'elles soulevaient, et de l'habileté des meneurs
« chalotistes ». La famille Moreau, très compromise par
l'inculpation de calomnie, se remuait prodigieusement. Elle

---

(1) Arch. Nat., O¹463, le 14 août 1767.
(2) *Papiers de la famille Gault*, M. de Saint-Florentin à M. Gault, le 21 août 1767 : « J'ai reçu, M., la lettre du 19 de ce mois, par laquelle vous m'expliquez la
« conduite que vous avez tenue jusqu'à présent pour l'instruction du procès cri-
« minel qui se poursuit à votre diligence. Vous sentez que le devoir de votre place
« et l'importance de cette affaire exigent de votre part d'autant plus d'attention et
« de diligence que le Roi a témoigné vouloir qu'un crime aussi énorme que celui
« qui a été déféré à la justice soit vérifié avec la plus grande exactitude, et mis au
« plus grand jour. Au reste, je n'ai jamais prétendu vous donner des ordres pour
« faire entendre des témoins. C'est à vous à savoir le parti que vous devez prendre
« pour remplir régulièrement votre ministère, et à faire usage des voies justes et
« légitimes pour découvrir la vérité. »
L'original de cette lettre se trouve dans les *Papiers de la famille Gault*; la copie est dans le registre de correspondance de M. de Saint-Florentin. (Arch. Nat. O¹463, 21 août.)
(3) Corr. Font., La Noue à Font., le 29 août.
(4) *Ibid.*, Font. à La Noue, le 15 septembre.
(5) *Ibid.*, La Noue à Font., le 19 septembre.

avait de grandes alliances, et savait en tirer parti. La dame Moreau était née de Bédée ; elle fut la tante de Chateaubriand. Elle trouva des appuis dans le parlement qui devait la juger ; elle y fut vigoureusement défendue par le président de Cuillé, et par M. de La Villebouquais, celui-là même dont on avait fait un rapporteur dans l'affaire La Chalotais ; tous deux étaient ses parents (1).

Quand la procédure fut terminée, et quand le jugement parut proche, les « chalotistes » devinrent plus actifs que jamais. Ils auraient conduit parmi les juges des « brigues dia-« boliques (2) ». Le substitut Gault semble avoir un moment subi leur influence, quand il conclut contre M. Clémenceau à un décret de « soit ouï », en disant de lui qu'il le trouvait « véhémentement suspect » d'avoir offert de l'argent pour empoisonner M. de La Chalotais (3). Mais il ne justifia pas l'espoir qu'ils purent alors fonder sur lui. Aussi bien fut-il, en fin de compte, un des hommes qu'ils injurièrent le plus violemment (4). Le 9 février il rendit cette « plainte en « calomnie », dont la dame Moreau et son fils lui ont fait tant de reproches dans leurs libelles. La plainte frappait aussi le procureur Canon, comme ayant, dans ses dépositions, surenchéri de beaucoup sur ce qu'il tenait des Moreau (5). Il n'y eut contre la dame Moreau et son fils que des décrets d'ajournement personnel. Décrété de prise de corps, Canon parvint à s'enfuir ; et peut-être le parquet en fut-il bien aise.

Le malheureux des Fourneaux subit divers interroga-

---

(1) Corr. Font., de Quéhillac à Fontette, le 4 mai 1768.
(2) Ibid., Font. à La Noue, le 3 février.
(3) Ibid., Minute Fontette du 3 février ; — Lettre de M. Le Prêtre de Châteaugiron à M. de Font., du même jour.
(4) V. par exemple la *Troisième lettre d'un gentilhomme breton*, p. 32.
(5) *Mémoire à consulter pour le sieur Clémenceau*, pp. 88 et 103. *Lettre d'un gentilhomme breton*, p. 93.

toires, et fut confronté avec les principaux témoins. Il déclara n'avoir jamais parlé d'un ecclésiastique lui présentant du poison et de l'or. Il soutint aux Moreau qu'il ne les avait entretenus d'aucune tentative faite sur lui, pour le corrompre ; il n'avait jamais, dit-il, prononcé devant eux le nom de La Chalotais (1).

Et d'ailleurs toute la légende créée à son sujet n'aurait-elle pas dû s'évanouir, aux yeux des gens non prévenus, devant ce seul fait que des Fourneaux avait été le gardien, non pas de La Chalotais, mais de Bouquerel ? N'était-ce pas chose certaine que La Chalotais était à Saint-Malo, quand des Fourneaux était à Rennes Mais ? il importait peu aux « chalotistes » que l'accusation soulevée contre M. Clémenceau fût vraisemblable ou non. Dans tout le procès, ils se montrent d'une insigne mauvaise foi. Leurs libelles affirment, comme chose prouvée, ce qui justement ne repose sur aucune preuve. On le voit de façon frappante quand des Fourneaux, l'esprit plus troublé que jamais par cet affreux procès, prend tout à coup la fuite, et court à Paris. Il est arrivé hier au soir, dit son lieutenant-colonel, avec la tête « complètement détraquée ». Il croit que son grand-père, Philippe le Bel, a tenté de l'empoisonner (2). Quelques juges de Rennes déplorent cet accident qui retardera encore le jugement ; mais les « chalotistes » crient que le fait est faux, que des Fourneaux n'est pas fou, que sa présence gênait au procès, qu'on l'a fait arrêter, et que le gouvernement se moque du public (3).

---

(1) *Mém. à consulter pour le sieur Clémenceau*, p. 88.
(2) Corr. Font., Pinon à Fout., 13 fév.; Barrin à Font., 15 fév.; La Noue à Font., 20 fév. 1768.
(3) *Lettre d'un gentilhomme breton*, p. 95.—Cf. Le Vot, *Biographie bretonne*, t. II, art. La Chalotais. M. Marteville relate le fait sans se prononcer.

Les ministres étaient assez habitués aux fausses nouvelles pour ne pas s'émouvoir de celle qui faisait de des Fourneaux leur victime (1). La correspondance Fontette les décharge de tout soupçon à cet égard. Au moment où les « chalo- « tistes » disaient des Fourneaux à la Bastille, le lieutenant-colonel Pinon l'envoyait à Joigny, dans sa famille. Il ne voulait pas, disait-il, que ce pauvre fou demeurât à Paris ; car des Fourneaux avait là des compatriotes et des amis, « gens « de plume et de pratique, » dont tout l'effort aurait tendu à le faire jaser, pour répéter ensuite ses extravagances à tort et à travers (2).

M. Pinon se tint au courant de l'état d'esprit de son subordonné. Il était renseigné par un ancien capitaine qui résidait à Joigny même (3). Il se préoccupait beaucoup de savoir si le malheureux lieutenant serait bientôt en état de subir un dernier interrogatoire (4). Au bout d'un mois environ, il crut pouvoir lui faire faire le voyage de Rennes ; mais alors des Fourneaux déclara lui-même ne pas vouloir partir, à moins qu'il ne reçût un ordre du ministre, et qu'on ne le défrayât de toutes ses dépenses (5). M. de Saint-Florentin lui écrivit donc, et on lui donna de l'argent. Il se mit en route, passa par Paris, sans s'y arrêter, et arriva à Rennes le 16 avril. Il n'y parut guère plus en possession de ses facultés que par le passé (6).

(1) Arch. Nat., O¹464. Lettre de M. de Saint-Florentin au premier président d'Amilly, le 12 mars 1768.
(2) Corr. Font., Pinon à Fontette, le 17 février. M. Pinon était de famille parlementaire. (V. Dufort de Cheverny, *Mémoires sur les règnes de Louis XV et Louis XVI*. Paris, 1886, 2 vol. in-8°, t. I, p. 378.)
(3) *Ibid.*, 27 février.
(4) Arch. Nat., O¹464. Lettre de Saint-Florentin à Pinon, 28 février.
(5) Corr. Font., d'Amilly à Font., le 21 mars ; de Quéhillac à Font, le 22 mars.
(6) Arch. Nat., O¹464. Saint-Florentin à des Fourneaux, 10 avril ; — Corr. Font., d'Amilly à Font., 11 avril ; Le Prestre à Font., 12 avril ; d'Amilly à Font., 15 et 17 avril ; Billet de M. d'Amilly à M. de Fontette, 24 avril. — Le Prêtre à Font.,

A la longue, le procès se jugea, mais certes ce ne fut pas avec sévérité ; cela s'explique en partie par la composition du parlement.

La correspondance Fontette contient quelques lettres d'un juge nommé de Quéhillac, qui montrent bien comment sa compagnie était divisée en deux partis de force presque égale, et comment les passions du public l'avaient profondément pénétrée. Onze magistrats voulaient sévèrement condamner les calomniateurs ; neuf s'évertuaient à faire casser la procédure. Si un seul du parti Clémenceau venait à manquer, le parti Moreau pouvait avoir la victoire. M. de Quéhillac dit plaisamment qu'il compte, pour l'emporter, sur les prières de deux abbés ses confrères, et sur celles de M. Clémenceau. Atteint de la goutte, incapable de marcher, et ne se traînant qu'avec des béquilles, ce juge se fait transporter de Redom à Rennes pour être, coûte que coûte, à son poste. Il affronte au palais toutes les plaisanteries. Il y passe tout le jour, et parfois la nuit, tant il redoute qu'en son absence la cabale ennemie ne vienne à l'emporter. C'est un ardent « anti-chalotiste ». Il tient M. de Fontette au courant de tout ce qui se passe au palais ; et ce fait montre combien les mœurs judiciaires du xviii° siècle étaient différentes des nôtres (1). Il n'était assurément pas le seul à révéler au dehors le secret des délibérations. Mais, dans un temps où il était d'usage que les plaideurs vinssent « solli-« citer » les juges, on ne saurait s'étonner que les juges se

---

29 avril. Des Fourneaux se montrait très défiant vis-à-vis de tout le monde. Il donna des inquiétudes au parquet pour l'extrême surexcitation où il tombait aussitôt qu'il rencontrait au palais certaine femme assignée comme témoin. Peut-être était-ce cette dame de Lisle qu'il avait naguère connue à Blain. Peut-être était-ce la dame Moreau ?

(1) Corr. Font., de Quéhillac à Font., les 22 mars, 20 avril, 4 et 6 mai 1768, etc.

fussent montrés peu discrets. D'ailleurs, la Bretagne était alors dans un agitation extraordinaire, et les juges, soi-disant dévoués à toutes les fantaisies du pouvoir, furent, comme la province, trop passionnés pour se plier aux règlements de discipline intérieure.

Le 5 mai, la cour rendit arrêt définitif sur le procès Clémenceau. Jean Canon fut banni à perpétuité « hors du « royaume ». Julie-Angélique de Bédée, épouse de Jean-François Moreau, et Annibal Moreau, son fils, furent condamnés « en mille livres de dommages et intérêts par forme « de réparation civile audit Clémenceau seulement, appli-« cables à l'hôpital Saint-Méen ; ladite somme supportable, « savoir : six cents livres par Canon, deux cents livres « par Annibal Moreau, et deux cents livres par ladite de « Bédée (1)».

Les Moreau crurent payer trop cher l'effroyable scandale qu'ils avaient provoqué. Ils s'indignèrent de l'arrêt qui les flétrissait comme calomniateurs. Quand ils eurent en vain tenté d'éterniser leur affaire en portant au conseil une requête en cassation, ils répandirent des libelles où ils se disaient condamnés pour avoir déposé en justice ce qu'ils savaient. Ils affectèrent d'oublier combien ce qu'ils savaient différait de ce qu'ils avaient raconté.

L'innocence de M. Clémenceau était proclamée par arrêt ; mais le gros public resta convaincu que les libellistes avaient raison. Cette opinion dut être celle de beaucoup de gens du parti parlementaire, surtout de ceux qui vivaient hors de Bretagne. Ils croyaient que le parlement de Rennes était rempli des créatures du duc d'Aiguillon ; et cela suffisait

---

(1) Arch. d'Ille-et-Vilaine, C. 1471. (Arrêt du parlement.) *Mém. à consulter pour le sieur Clémenceau*, pp. 160 et 161.

à leurs yeux pour faire des jugements de ce tribunal autant d'iniquités. Ils ne demandaient pas aux libelles de donner des preuves de leurs dires, et les affirmations répétées à satiété leur semblaient n'en plus avoir besoin. Le libraire Hardy témoigne très bien de cet état d'esprit. Il lit la deuxième édition de la *Lettre d'un gentilhomme breton à un noble espagnol*, et il déclare que cette brochure ne laisse aucun doute dans son esprit. Il a acquis la certitude que, par deux fois, on a tenté d'empoisonner MM. de La Chalotais (1).

Une question se pose ici naturellement. Les pamphlétaires furent-ils de bonne foi et croyaient-ils au complot du poison? Cela est fort douteux. A notre avis, ils durent souvent écrire sans se demander quel crédit méritaient leurs informations. L'occasion leur paraissait bonne pour déshonorer à la fois les « ex-jésuites » et leurs partisans, le duc d'Aiguillon, le parlement qu'il avait formé, et le gouvernement lui-même ; ils s'empressèrent d'en profiter. Ils se conduisirent en violents journalistes.

Les « chalotistes » sont parvenus à accréditer leurs fables hors de France. Ils avaient reconnu de bonne heure de quel intérêt il était pour eux que l'étranger parlât de La Chalotais. Ils adressèrent des « bulletins » à la *Gazette de Leyde*, journal très répandu, qui ne pouvait être qu'hostile aux jésuites. La *Gazette* rendit compte de leurs pamphlets ; elle prit parti pour le procureur Canon et pour les Moreau contre un jésuite empoisonneur ; elle inséra des articles injurieux pour le conseil du roi et pour les magistrats qui avaient connu de l'affaire La Chalotais. Elle était lue en Bretagne, et les ministres se préoccupèrent du mal qu'elle pouvait leur faire.

(1) Bibl. Nationale, mss. f^{rs}, 6680 (Journal de Hardy), f° 60 r°.

Tantôt ils songeaient à intimider le gazetier, tantôt à se faire livrer par lui les noms de ses correspondants (1).

Jusqu'au bout le parti « chalotiste » resta maître de l'opinion; et ce fut en vain qu'un homme comme du Parc-Poullain se déclara pour M. Clémenceau contre les calomniateurs (2). On l'avait acclamé quand il avait soutenu La Chalotais sur le fait des billets anonymes; on ne l'écouta plus quand il fit sa requête en faveur d'un prêtre faussement accusé.

Dans son exil de Saintes, M. de La Chalotais put apprendre au prix de quelles violences et de quelles injustices ses partisans lui élevaient une sorte de piédestal; mais peu scrupuleux sur les moyens d'atteindre à la célébrité, il ne sut ni les condamner, ni les désavouer. On dira peut-être que, comme beaucoup de ses contemporains, il aimait à se guinder au-dessus de lui-même, et qu'à force de déclamation il en vint à prendre au sérieux son rôle de héros et de martyr. Mais nous avons entre les mains une lettre de lui qui nous interdit d'admettre en sa faveur cette circonstance atténuante. Il voulut accepter toute la responsabilité des accusations calomnieuses portées contre le prêtre Clémenceau. En correspondance avec ses proches, il fut assurément au courant de ce qui se publia durant de longs mois sur les tentatives de meurtre dont il aurait été l'objet à Saint-Malo. Il savait très bien que le lieutenant des Fourneaux ne l'avait jamais tenu sous sa garde, et ne pouvait pas par suite avoir eu pour mission de l'empoisonner. Il affirma cependant la réalité

---

(1) Arch. Nat., O¹463, 18 août 1767. (M. de Saint-Florentin à M. de Choiseul.) Cf. O¹164, 17 avril 1768 (M. de Saint-Florentin à M. Le Prêtre); et *Mém. à consulter pour le sieur Clémenceau*, p. 144.

(2) Corr. Font., Font. à La Noue, les 4 et 29 mars 1768.

du crime dénoncé dans l'affaire des Fourneaux. Il l'affirma en écrivant à M. Gault, son substitut, le 22 novembre 1767. Une pareille lettre ne peut témoigner que de l'extraordinaire audace d'un homme qui se croit assez fort pour intimider, même à distance, le magistrat faisant fonction de partie publique. Elle ne saurait laisser supposer chez son auteur un accès de folie, car les termes en sont trop savamment calculés. Bien qu'elle ne fasse pas partie de la correspondance Fontette, nous la reproduisons in-extenso et en fac-similé (1).

Le public a été mystifié par M. de La Chalotais. Il n'a pas vu dans le procureur général un intrigant retors, un juriste rompu aux artifices de la procédure la plus chicanière, mais simplement un ennemi des jésuites et du pouvoir. Il a cru que sa violence était la garantie de sa franchise.

Tout autrement obscure parut être la conduite du duc d'Aiguillon; elle fut cependant plus nette et plus claire, pour ceux du moins qui en purent juger. Bien peu de gens comprirent qu'un homme de gouvernement, un administrateur, ne pouvait pas entretenir de conversation avec le public, ainsi que le faisaient les politiques du parti opposant. La plupart pensèrent que celui qui parlait et écrivait pour le public devait lui dire la vérité, tandis que celui qui se taisait toujours avait beaucoup à dissimuler. La circonspection du duc d'Aiguillon passa pour de la perfidie. Qui donc, parmi les opposants, aurait eu souci des traditions de discrétion et de réserve dont l'administration se faisait gloire? D'instinct, ils jalousaient, critiquaient et attaquaient l'admi-

---

(1) *Papiers de la famille Gault de La Galmaudière.* Cette lettre n'a été découverte que le 2 juillet 1892, dans les papiers laissés par le baron Arthur d'Harembert, arrière-petit-fils du substitut Gault, décédé en 1889.

nistration parce qu'elle était l'autorité publique. On accusa d'Aiguillon, qui ne répondit pas ; on l'insulta ; on fit de lui le dernier des criminels, et devant son silence persistant on le condamna sans appel. Il semble bien que les deux procès des assemblées illicites et de l' « ex-jésuite » Clémenceau furent le prélude du procès plus connu et plus retentissant que devait bientôt intenter au duc d'Aiguillon l'ancien parlement de Bretagne restauré.

CORRESPONDANCE DU CHEVALIER DE FONTETTE

I

10 mars 1766.

Mme de Caradeuc (1) à M. de Fontette.

M. le duc d'Aiguillon (2), Monsieur, m'a fait l'honneur de me mander que vous et M. Scott (3) étiez chargés de tout ce qui regarde MM. les prisonniers détenus à Saint-Malo. Je m'adresse à vous, Monsieur, pour vous prier de vouloir bien remettre à mon mari la lettre que j'ai l'honneur de vous envoyer pour lui, et celle qui est pour mon beau-père, qui est de Mlle de La Manselière (4), sa belle-sœur, et

(1) Mme de Caradeuc était la belle-fille de M. de La Chalotais. Elle fut la première femme d'Anne-Jacques-Raoul de Caradeuc, seigneur de Vern, fils aîné de La Chalotais. Née le 22 août 1734 d'Alexis-René de Coetmen et de Jeanne-Julie de Goyon de Vaudurant, elle s'est mariée le 4 novembre 1759, et est morte en Saint-Jean de Rennes, le 28 janvier 1771. (*Reg. paroissial* de Saint-Jean de Rennes; — Borel d'Hauterive, *Annuaire de la noblesse*, année 1867, p. 151.)

(2) Emmanuel-Armand Vignerod du Plessis, duc d'Aiguillon, était né en 1720 et mourut à Paris, le 1er septembre 1788. (Chastellux, *Notes prises à l'état civil de Paris*. Paris, 1875, in-8°, p. 620.)

Dans un mémoire qui devait lui servir d'instruction pendant la « tenue » de 1766-1767, il est ainsi désigné : « Duc d'Aiguillon, pair de France, chevalier des « ordres du roi, gouverneur d'Alsace, lieutenant général commandant en chef en « Bretagne. » (Arch. d'Ille-et-Vilaine, C. 1780.) Il réside dans la province, en l'absence du duc de Penthièvre, qui en est le gouverneur. Il est placé à la tête de l'ordre militaire, et est le premier et principal commissaire du roi aux états.

(3) M. Scott (François-Hyacinthe-Jean) fut lieutenant du roi à Saint-Malo. Il était chef de la milice locale, et pouvait assister aux délibérations du corps municipal. (*Registres de la communauté de Saint-Malo*, années 1766, 1767, 1768.) Un registre paroissial de Saint-Malo le montre se mariant dans cette ville en 1756, et le signale comme né à Lamballe en 1712. Il est mort le 27 septembre 1772. (Note de M. l'abbé Paris-Jallobert, p. 29 de sa brochure : *Descente des Anglais à Cancale, en 1758*; nouveaux documents contemporains inédits. Rennes, 1888, in-8°. Extrait du t. XVIII des *Mémoires de la Société archéologique d'Ille-et-Vilaine*.)

(4) Jacquette-Anne de Rahier, D^{lle} de La Mancelière, née en Saint-Pierre, près Saint-Georges de Rennes, le 6 mai 1701, décédée à l'hôtel de Caradeuc, en Saint-Jean de Rennes, le 13 juillet 1785, onze jours après son beau-frère, était la cou

de moi. Elle ne vous écrit pas pour ne pas multiplier les lettres. Je me flatte, Monsieur, que vous voudrez bien nous accorder la satisfaction de recevoir des nouvelles des personnes qui nous sont chères, et également que vous voudrez bien leur faire passer nos lettres. J'espère que vous ne trouverez pas qu'une fois par semaine soit trop souvent. Je n'ose en demander davantage, quoique je sois persuadée que vous aimez assez à nous obliger pour procurer tous les adoucissements qui dépendent de vous. La longue et dure détention de mon beau-père (1)

sine germaine de M. de La Chalotais: elle avait associé sa vie à celle de son beau-frère. (Reg. paroissiaux.)

(1) Il s'agit ici du célèbre procureur général, Louis-René de Caradeuc, seigneur de La Chalotais, de Vern, Chateauloger, etc. Il devint marquis de La Chalotais par lettres patentes de Louis XVI, données à Versailles au mois de décembre 1776. Il était fils d'Anne-Nicolas de Caradeuc, seigneur de La Chalotais, conseiller au parlement de Bretagne, et de Jacquemine-Antoinette de Penmarch; il est né en Saint-Pierre, près Saint-Georges de Rennes, le 6 mars 1701, et est mort en Saint-Jean de Rennes, le 2 juillet 1785. Il avait épousé le 28 janvier 1726, en Saint-Pierre près Saint-Georges de Rennes, sa cousine germaine, Anne-Paule de Rahier, demoiselle de La Fresnaye, fille de Jean-François de Rahier, seigneur de La Fresnaye, et de Jacquette de Caradeuc.

De ce mariage sont nés dix enfants : quatre fils, dont deux seulement ont survécu à leurs parents : Anne-Jacques-Raoul, qui fut procureur-général avec son père; Gabriel-Jean-Raoul, dit le chevalier de La Chalotais, qui fut conseiller au parlement; — six filles, dont deux furent mariées, Mme de La Fruglaye et Mme de Boissard; cette dernière est morte à Saintes, pendant l'exil de son père, le 9 janvier 1774 (Registre de la paroisse Saint-Michel, de Saintes); une fille non mariée est morte en Saint-Sulpice de Paris, dans sa quarantième année. Les autres sont décédées en bas âge. (Tous ces renseignements, à l'exception de celui qui est relatif à Saint-Sulpice de Paris, sont tirés des Registres paroissiaux de Rennes.)

Louis-René de Caradeuc est entré au parlement de Bretagne en qualité d'avocat général, le 22 mai 1730; il a été pourvu de l'office de procureur-général par lettres patentes du 12 mai 1752; il fut reçu dans cette charge le 21 juin suivant. Le 18 décembre 1763, il céda son office à son fils ainé, en se réservant d'en exercer les fonctions concurremment avec lui. (V. à ces diverses dates les Registres secrets du parlement de Bretagne.)

M. de La Chalotais appartenait à une famille parlementaire. Son quatrième aïeul Pierre de Caradeuc, avait été reçu président de la chambre des requêtes, en 1581, son aïeul, Jacques de Caradeuc, était devenu conseiller aux requêtes, en 1672; son père, Anne-Nicolas de Caradeuc, en 1691; son frère ainé, François-Nicolas-Gabriel de Caradeuc, mort en 1734, était conseiller depuis 1725; son frère puiné, Félix-Sixte-Marie de Caradeuc, seigneur de Keranroy, l'était depuis 1734. Ce dernier ne modela pas sa conduite sur celle du procureur général; il fut même son ennemi implacable.

Les Caradeuc, qui formaient trois branches au xviie siècle, ont émis la prétention d'être d'ancienne noblesse et de descendre de Raoul de Caradeuc, ambassadeur de la duchesse de Bretagne au xive siècle. Cette prétention a été accueillie par la chambre de réformation de la noblesse en Bretagne; un arrêt de cette chambre, du 22 septembre 1670, les a maintenus dans la qualité de chevalier et d'écuyer, et les a

et de mon mari(1) me cause de vives inquiétudes pour leur santé ; la vie qu'ils mènent depuis quatre mois n'est pas propre à en donner une bonne. Mon beau-père, à son âge, ne peut guère s'habituer à cette vie-là ; et mon mari, quoique plus jeune, a une santé bien chancelante, et est sujet à des maux d'estomac pour lesquels il était obligé de faire de l'exercice. On m'a dit qu'il se promenait une fois en deux jours. Je crois, Monsieur, qu'il dépendrait de vous de leur procurer le moyen de respirer l'air au moins une fois le jour. Voulez-vous bien, Monsieur, que je vous prie de leur faire donner cette petite liberté que je crois bien utile pour leur santé ; et d'autant plus que, suivant ce qu'on m'a dit de leur chambre, ils doivent à peine voir le jour.

J'ai l'honneur d'être, Monsieur, votre très humble et très obéissante servante,

DE COETMEN DE CARADEUC.

déclarés nobles d'ancienne extraction. (Bibl. de Rennes, Mss. *Extraits des arrêts de la chambre de la réformation de Bretagne*, 1668-1671, 6 vol. petit in-f°, B, 84, 89.) Leur nom est éteint. La branche aînée, celle de La Chalotais, s'est fondue dans Falloux. Mlle de Caradeuc, dernière du nom, mariée au comte de Falloux, est morte au château de Bourg d'Iré, en 1877, laissant une fille unique, morte sans alliance en 1881. La prédiction attribuée aux jésuites, et portant que la postérité mâle du procureur général ne passerait pas la troisième génération, se serait donc accomplie. Le seul petit-fils de l'ennemi des jésuites, qui se soit marié, a perdu un fils âgé de dix ans, et est mort en 1859, ne laissant qu'une fille, Mme de Falloux. (*Registres des décès* de Rennes, de Plouasne (Côtes-du-Nord), où est le château de Caradeuc, de Bourg d'Iré (Maine-et-Loire), où est le château de M. de Falloux.) Le secrétaire de la mairie de Bourg d'Iré a adressé à M. Saulnier des extraits des registres de cette commune.

Les Caradeuc, pendant près de deux siècles et demi ont habité à Rennes un petit hôtel situé sur la place Saint Georges ; bien que très modifié, il existe encore. Au XVIIIe siècle, le procureur général Louis-René de Caradeuc a acheté l'hôtel de Marbeuf qui a pris et conservé le nom d'hôtel de Caradeuc. Il est situé au coin de la rue des Fossés et de la rue des Fougères, presque en face d'une des ailes de la préfecture actuelle. Il serait encore aujourd'hui en la possession de descendants directs du procureur général par les femmes.

(1) Anne-Jacques-Raoul de Caradeuc, procureur général en même temps que son père, naquit en Saint-Aubin de Rennes, le 14 septembre 1723 ; il fut condamné à mort par le tribunal révolutionnaire, et exécuté à Paris, le 10 juillet 1794. Ayant perdu sa femme, Marie de Coetmen, dont il est question dans la correspondance Fontette, il épousa, en 1779, Mlle de Montbourcher qui mourut en 1848. Il n'a eu de fils que du second mariage. (*Reg. de Saint-Aubin et de Saint-Etienne.*) M. de Caradeuc était le 12 avril 1753 substitut du procureur général, sous les ordres de son père ; il fut reçu conseiller au parlement le 5 août 1755, et enfin procureur général à charge de survivance, le 20 janvier 1764. (*Reg. sec. du parlement.*)

On appelait le père et le fils : les procureurs généraux de Bretagne.

II

Rennes, ce 10 mars 1766.

Mme de Caradeuc à M. de Fontette.

Voilà encore une lettre, Monsieur, pour le secrétaire de mon mari et de mon beau-père, qui est de sa femme; j'ai espéré que vous auriez la bonté de la lui faire passer.

III

12 mars 1766.

Mme de Caradeuc à M. de Fontette.

Je vous envoie, Monsieur, une lettre que j'espère que vous aurez la bonté d'envoyer à mon mari. Je connais toute son amitié pour moi, et, à présent que vous avez la bonté de m'envoyer des lettres de lui, s'il n'en recevait pas de moi, il me croirait très malade; et je voudrais bien lui éviter cette inquiétude. Je m'adresse à vous, Monsieur, avec assurance, étant persuadée que vous aimez à rendre service. Je crains bien de vous importuner, mais vous savez que je ne puis m'adresser qu'à vous, ce qui me fait espérer que vous ne le trouverez pas mauvais.

J'ai l'honneur d'être...

IV

14 mars 1766.

Mme de Caradeuc à M. de Fontette.

Je vous suis très obligée, Monsieur, d'avoir bien voulu faire passer mes lettres à MM. de La Chalotais et de Caradeuc. Je compte que vous voudrez bien continuer à me rendre le même service, mais sans vous donner la peine de m'écrire à chaque fois. Je craindrais de vous fatiguer. Je mettrai désormais mes lettres sous votre enveloppe, et je les enverrai, comme vous me le dites, par la voie de l'intendance. La détention que souffrent mon mari et mon beau-pè[re] sera plus rigoureuse dans la belle saison qu'elle ne l'était en hive[r]. Je crains que le défaut d'air ne soit nuisible à leurs santés. On m['a] dit que leur fenêtre était masquée de hottes (1) qui supprimaie[nt] presque entièrement le jour de leurs chambres. Trouvez bon, Mo[n]sieur, que je vous fasse mes instances pour faire ôter les hottes, procurer à mes chers prisonniers la faculté de respirer l'air av[ec] liberté. Je suis très reconnaissante de ce que vous voulez bien le[ur] procurer le moyen de se promener le plus qu'il sera possible. J[e] compte beaucoup, Monsieur, sur les assurances que vous voulez bie[n] me donner, et je suis bien persuadée que, loin de chercher à aggrave[r] la rigueur du sort de mes chers captifs, vous serez toujours dispos[é] à l'adoucir.

V

A Rennes, le 14 mars 1766.

Mme de La Gascherie (2) à M. de Fontette.

J'espère encore, Monsieur, que vous ne trouverez pas mauvais que j[e] vous supplie de faire remettre les lunettes que je vous adresse [à] M. de La Gascherie (3). Je vous en fais mille excuses ; mais je n[e] sais par où les lui faire rendre.

J'ai l'honneur d'être, avec tout le respect et la reconnaissanc[e] possible, Monsieur, votre très humble et très obéissante servante,

CHATEAUTRO DE LA GASCHERIE.

---

(1) Les *hottes* dont parle Mme de Caradeuc avaient pour objet d'empêcher les pri[sonniers] de regarder par la fenêtre. C'étaient des sortes de caisses en bois, ayan[t] un peu la forme de hottes.

(2) Anne-Élisabeth de Chateautro de La Fresnais, fille de Mathurin-François d[e] Chateautro, S^{gr} de La Fresnais, et de Rose Le Meilleur, née en Saint-Patern d[e] Vannes, le 10 janvier 1718, est décédée en Saint-Vincent de Nantes le 16 mars 1785 (*Reg. paroiss.*) Elle était femme de Louis Charette de La Gascherie, qui fait l'obje[t] de la note ci-après.

(3) Louis Charette, S^{gr} et plus tard Mis de La Gascherie, S^{gr} de Ste-Pazanne, étai[t] fils aîné de Louis Charette, S^{gr} de La Gascherie, du Boispéant, du Plessis-Thiersaut sénéchal de Nantes, et d'Élisabeth Boussineau. Il est né en Saint-Denis de Nantes le 16 mars 1712, et est mort le 30 janvier 1787 dans l'hôtel de La Gascherie, en

VI

Rennes, le 26 mars 1766.

Mme Souchay de Montreuil (1) à M. de Fontette.

J'ai l'honneur, Monsieur, de vous envoyer une lettre pour mon mari (2), que je vous prie de vouloir bien lui faire remettre. Je continuerai de vous les adresser, sans vous importuner, toutes les fois que je lui écrirai. J'espère, Monsieur, que vous me le permettrez et que vous voudrez bien me procurer le plaisir de recevoir souvent de ses nouvelles. Je vous suis très obligée de celles que vous avez bien voulu me faire parvenir.

VII

Rennes, le 31 mars 1766.

M. de Barrin (3) à M. de Fontette.

. . . .

. . . Les papiers concernant l'affaire de vos prisonniers, comme lettres anonymes et autres, dont le parlement de Paris était

---

Saint-Vincent de Nantes. (*Reg. paroiss.*). Il n'a pas eu d'enfants de son mariage, et en lui s'est éteinte la branche de Charette de La Gascherie. Il fut reçu conseiller au parlement de Bretagne, le 9 août 1737; il est devenu doyen de la compagnie. (*Reg. sec. du parlement.*)

(1) C'est Marie-Anne Souchay; née vers 1731, elle est morte en Saint-Etienne de Rennes, le 15 juin 1780. (*Reg. par.*)

(2) Marie-Anne Souchay avait épousé Louis-Jacques Picquet, seigneur de Montreuil, fils de Guy Picquet, seigneur de La Motte, conseiller et garde scel au parlement de Bretagne, et d'Hélène-Julienne-Rose Robert de La Bellangeraye. Le magistrat dont il est ici question est né en Saint-Etienne de Rennes, le 17 octobre 1719; il est mort en Saint-Aubin de Rennes, le 10 janvier 1786. Il s'était remarié en 1781 avec Marie-Anne-Mauricie de La Moussaye, qui est morte à Rennes en l'an VI. Il est entré au parlement de Bretagne le 11 décembre 1738, en qualité de conseiller et commissaire aux requêtes; il est devenu conseiller en 1744 et est mort dans ses fonctions. (*Reg. sec. du parlement.*)

(3) La famille de Barrin est originaire d'Auvergne. Une branche de cette famille est venue se fixer en Bretagne dans la seconde moitié du xvie siècle; elle a fourni dix magistrats au parlement de Bretagne de 1564 à 1714, des maîtres des requêtes, des officiers généraux de terre et de mer. (*Nobiliaire et armorial de Bre-*

en possession, sont actuellement entre les mains du roi, qui se les est fait remettre ; lesdits papiers seront ici dans la semaine.

. . . .

Il court un assez singulier bulletin, dont le contenu est que le parlement de Bretagne, tel qu'il est aujourd'hui, va être renvoyé, parce que le roi a reconnu qu'on l'a trompé, et que le véritable, qui est composé de tous les membres non rentrés, va venir ici, couvert de gloire, pour juger vos prisonniers. Quoique cela n'ait pas le sens commun, l'auteur de ce bruit mériterait bien d'être piolé, car il n'est pas possible qu'il n'ait mauvaise intention en le répandant, comme par exemple d'engager les avocats à ne pas reprendre (sic). . .

VIII

Sans date, de Nantes.

Mme de Charette de La Colinière (1) à M. de Fontette.

Monsieur,

Je vous suis très obligée d'avoir bien voulu faire passer à mon fils (2) les lettres que j'ai eu l'honneur de vous envoyer. Je crains

---

tagne, par Pol de Courcy, 3e édit., Rennes, 1830, 3 vol. in-4°, t. I, p. 45, et t. III, p. 464.)
La Table historique de l'état militaire de la France depuis 1756 jusqu'à présent (Paris, chez Guyllin, libraire, 1766, in-12, p. 13 donne les renseignements suivants sur le personnage dont il est ici question : « Armand-Charles de Barrin de La Ga-
« lissonnière, vicomte de Barrin, d'abord connu sous le nom de chevalier de la
« Galissonnière, est entré lieutenant en second au régiment du Roi-infanterie le
« 18 mai 1740, parvenu à la lieutenance le 8 mai 1743 et à l'aide-majorité avec
« rang de capitaine le 20 janvier 1746 ; il a obtenu le régiment de Cambrésis, par
« commission du 7 mai 1758, a été créé brigadier d'infanterie par brevet du 6 mars
« 1760, est parti au mois de mai suivant avec son régiment pour se rendre à l'Ile
« de France où il a commandé jusqu'au mois de décembre 1763, qu'il en est revenu
« et est aujourd'hui maréchal de camp depuis le 15 juillet 1763. »
(1) Mme de La Colinière était la sœur de M. de La Gascherie, dont il a été question ci-dessus dans la lettre V. Elle est née le 14 juin 1714 en Saint-Denis de Nantes : elle se nommait Lucie-Félicité-Elisabeth Charette de La Gascherie. Le 6 janvier 1738, elle a épousé son cousin Jean-François Charette, seigneur de La Colinière, dans l'église de Saint-Vincent de Nantes. (*Reg. par.*)
(2) Le fils de Mme de La Colinière est Louis-François Charette, baron de La Colinière, né en Saint-Vincent de Nantes, le 24 avril 1739. (*Reg. par.*) Il fut

de vous importuner, Monsieur, en vous en envoyant souvent ; mais il est tout naturel qu'une mère tendre profite de la permission qu'on lui donne de faire passer à son fils les expressions de son cœur et de se rassurer sur l'inquiétude qu'elle a de sa santé, en voyant de son écriture.

J'ai l'honneur d'être, avec respect, etc.

IX

Nantes, le 1er avril 1766.

Mme de Charette de Jacquelot (1) à M. de Fontette.

Permettez, Monsieur, que je vous supplie de vouloir bien faire passer ces deux lettres, et que je vous assure en même temps des sentiments avec lesquels j'ai l'honneur d'être, Monsieur, votre très humble et très obéissante servante,

CHARETTE DE JACQUELOT.

X

A Rennes, le 4 avril 1766.

Mme de La Gascherie à M. de Fontette.

Voulez-vous bien me permettre, Monsieur, de vous prier d'avoir la bonté de faire remettre ma lettre à M. de La Gascherie, et en recevoir mes très humbles remerciements.

---

pourvu de l'office de conseiller originaire au parlement de Bretagne, le 12 janvier 1763, reçu le 4 août de la même année. Il devint président des enquêtes, par lettre de commission du 3 mai 1784. (*Reg. sec. du parl.*)

(1) Mme de Jacquelot (Cécile Charette de La Gascherie) était fille de Louis Charette de La Gascherie, sénéchal de Nantes, et d'Elisabeth de Boussineau. (*Documents généalogiques pour la maison de Charette* par le comte Alexandre de Monti de Rezé, Nantes, 1891, gr. in-8° p. 68.) — Le 16 juin 1756, elle a épousé, en Saint-Vincent de Nantes, messire Vincent-Florian-Augustin Jacquelot, seigneur de La Motte qui était fils d'un conseiller au parlement de Bretagne (Louis-Jacquelot, vicomte de La Motte et baron de Campzillon), et frère cadet d'un conseiller de la même compagnie (Louis-René Jacquelot, reçu le 29 décembre 1729). — (*Reg. sec. du parl*.)

XI

A Nantes, le 17 avril 1766.

M. de La Colinière à M. de Fontette.

Monsieur,

J'ai l'honneur de vous adresser les deux lettres ci-jointes. Je vous prie de vouloir bien les faire passer à MM. de La Gascherie et de La Colinière. Je vous en serai très obligé.

Je suis avec respect, Monsieur, votre très humble et très obéissant serviteur,

De La Colinière.

XII

Rennes, le 18 avril 1766.

M. de Barrin à M. de Fontette.

Il ne tient qu'à vous, Monsieur le maréchal, de vous plaindre de nous, M. d'Abrieu et moi, si vous aimez à vous plaindre... Il est vrai que nous sommes fondés à avoir confiance en votre patience, sachant que M. de La Chalotais et Messieurs ses confrères l'exercent depuis plusieurs mois. Vous aurez su par M. d'Abrieu ce qui nous est venu de Paris mardi dernier au sujet du délai du jugement, des motifs de récusation. Le prétexte de ce délai va peut-être très malheureusement occasionner une grosse tracasserie dans le ministère, qui n'avancera pas la besogne de ce pays-ci. Tant pis pour nous et tant pis pour toute la province. Quand pourra-t-on dire : Tant mieux pour tout le monde?

M. de La Noue(1) arriva hier au soir, gros et gras. Il nous a donné de mauvaises nouvelles de la reine.

(1) Le comte de La Noue appartenait à une famille qui a donné plusieurs conseillers au parlement de Bretagne, et dont quelques branches ont été bretonnes. Le rameau de La Noue-Vieuxpont, dont il a été un des derniers représentants, sortait de la branche des comtes de Vair, en faveur de laquelle la baronnie de Vair (paroisse d'Anetz, évêché de Nantes) a été érigée en comté, par lettres de

Celles de ce matin sur la santé de M. le duc d'Aiguillon nous le disent encore souffrant beaucoup de sa lèvre supérieure toujours suppurante, et cependant gonflée et douloureuse. Les médecins disent, à ce qu'il paraît, depuis plusieurs jours, que c'est une affaire de trois ou quatre autres jours, lesquels se multiplient et ne prennent point de fin. Il n'est pas encore possible de rien statuer sur le temps de son départ de Nantes.

M. et Mme du Gage sont ici, la femme plus jolie que son mari. Ils sont venus tenir l'enfant de la petite Mme du Plessis-Grenedan, procureurs de M. le prince de Conti et de Mme la comtesse de La Marche (1).

Je n'ai pas fait votre commission auprès de Mme et de M. de Flesselles (2), quoique j'aie vu l'une et l'autre hier. Je vous en fais mes

---

1653. Le chef de ce rameau a été René-François de La Noue, troisième fils de Jacques, comte de Vair, et de Catherine de Vieuxpont, né à Paris en 1685 ; il a joint à son nom celui de sa mère. De son mariage avec Marie-Madeleine-Françoise Le Carlier, il a eu plusieurs fils, dont l'aîné est celui qui nous occupe.

Gabriel-François de La Noue-Vieuxpont, comte de Vair, dit le comte de La Noue, est né à La Roche-Clermaut, près Chinon, le 3 octobre 1714. Colonel d'infanterie avant 1761, inspecteur commandant les milices garde-côtes de Bretagne, chevalier de Saint-Louis, il est devenu ministre plénipotentiaire de l'électeur de Cologne auprès du roi, général-major et chambellan du prince-électeur de Cologne. Marié avec Marie-Marguerite Chevalier, qui vivait encore en 1761, il n'a pas eu d'enfants, et a laissé pour principal héritier son frère puîné René-Joseph de La Noue, comte de Vair, qui devint lieutenant général en 1792, et ne mourut que le 17 novembre 1820, à l'âge de quatre-vingt-neuf ans.

La branche de La Noue-Vieuxpont habitait en Picardie, dans les environs de Saint-Quentin. Un titre cité par O. de Poli le constate, et la correspondance Fontette vient le confirmer. (O. de Poli, *Précis généalogique de la maison de La Noue*, 1886, in-12, pp. 78, 198, 203 ; — Correspondance Fontette, La Noue à Fontette, 24 mars 1767).

Le comte de La Noue portait : *d'azur, à la croix d'argent cantonnée de quatre gerbes d'or*, qui est de La Noue, *parti d'argent à dix annelets de gueules, 3, 3, 3, et 1*, qui est Vieuxpont. (V. son cachet dans la correspondance Fontette.)

Le comte de La Noue est mort en Saint-Sulpice de Paris, le 9 janvier 1779. (Comte de Chastellux, p. 458.)

(1) M. et Mme du Gage sont : Jacques-Claude de Cleux, marquis du Gage, et Jeanne-Jacqueline de Roquefeuil, sa femme. Ils représentent, l'un Louis-François de Bourbon, prince de Conti, prince du sang ; l'autre Mme Marie-Fortunée d'Est, femme de Louis François-Joseph de Bourbon-Conti, comte de La Marche, prince du sang, parrain et marraine de François-Fortuné du Plessis de Grenedan. Cet enfant est né le 31 décembre 1765, fils de Charles-Augustin-François du Plessis, comte de Grénédan, et de Louise-Gabrielle de Maillé-Carman ; il a été solennellement nommé à Saint-Sauveur de Rennes, le 16 avril 1766, par M. et Mme du Gage, au nom des augustes personnages dont ils avaient la procuration. (*Reg. paroissial.*)

(2) M. de Flesselles, intendant de Bretagne en 1765, intendant à Lyon en 1768, est mort en 1789. M. de Courcy (*Nobiliaire de Bretagne*, 3e éd., t. III, p. 418) orthographie ainsi son nom : de Flécelles.

excuses, et m'acquitterai sûrement aujourd'hui de cette dette.

Si toutes vos malouines ressemblent à une que vous nous avez envoyée, je ne vous donnerai pas grand'peine en ambassades auprès d'elles. Cette malouine est Mme de La Gervaisais, fille de M. le président de Montluc (1). Vous auriez bien dû lui apprendre à mettre un peu de rouge avant de l'envoyer dans la capitale. Elle porte un visage qui est précisément de cire blanche fumée et devenue un peu jaune. Je ne crois pas avoir jamais vu de figure plus blafarde et moins expressive.

Adieu, Monsieur le maréchal, je vous embrasse et vous prie de compter sur mon attachement.

Rien de nouveau sur le jugement des motifs de récusation. Mme de Caradeuc sera interrogée, je crois, lundi.

XIII

25 avril 1766.

Mme de Caradeuc à M. de Fontette.

Je suis, Monsieur, dans de grandes inquiétudes de la santé de mon mari. Il me dit être bien dérangé de la vie qu'il mène depuis près de six mois. Le défaut d'air et le défaut d'exercice doivent sûrement le faire beaucoup souffrir. Sa santé est délicate, et il est sujet à des maux de tête et d'estomac qui l'obligent à faire beaucoup d'exercice. Je crois, Monsieur, que vous serez maître de lui procurer les moyens de se promener un peu plus longtemps qu'il ne le fait. Je suis persuadée que vous vous porterez à lui donner ce petit adoucissement dont nous vous aurons l'un et l'autre de l'obligation.

---

(1) M. de Barrin parle ici de Marie-Flore de La Bourdonnaye, fille de Louis-Charles-Marie de La Bourdonnaye, comte de Montluc, marquis de La Marzelière et Bain, président des enquêtes au parlement de Bretagne, et de Renée-Thérèse de Boiséon. Elle est née en Saint-Aubin de Rennes, le 11 mars 1742 ; elle y a épousé, le 28 avril 1762, Nicolas-Rosalie-Marie, marquis de La Gervaisais, fils d'un lieutenant-général des armées du roi, né à Saint-Servan le 21 août 1726, décédé dans son château du Boschet, à Bourg des comptes, près Rennes, le 14 novembre 1789. — La marquise de La Gervaisais est morte elle-même au château de Vaugaillard, à Bruz, près Rennes, le 7 février 1824. Son fils est connu par sa liaison avec Louise-Adélaïde de Bourbon, dont il a publié la correspondance. (*Registres paroissiaux*.)

XIV

26 Avril 1766.

M. de Fontette à Mme de Caradeuc.

Copie de ma réponse du 26 avril à la lettre de Mme de Caradeuc du 25 dernier.

Madame,

Vous aurez été rassurée sur la santé de M. de Caradeuc par sa lettre que j'eus l'honneur de vous envoyer hier. Si vous n'en recevez pas plus souvent ce n'est pas que je ne le fasse presser fréquemment de vous donner de ses nouvelles, pour vous épargner les inquiétudes qu'un long silence peut causer; mais on assure qu'il ne se détermine pas aisément à écrire, et que sa paresse s'étend même sur des objets qui vous paraîtraient encore plus intéressants, puisque sa santé, qui est fort bonne jusqu'à présent, peut en être altérée. Je croirais, Madame, manquer à la confiance que vous voulez bien me témoigner, et aux sentiments qu'on doit au malheur, si je ne vous en avertissais pas, pour que vous puissiez user pour son avantage de l'empire si légitime que vous avez sur son esprit. Les insinuations que j'ai recommandées aux gens qui l'approchent de près n'ayant abouti à rien jusqu'à ce jour, je suis persuadé, Madame, qu'un mot de vous l'engagera à ne pas négliger son ajustement au point de demeurer toute la semaine, et d'aller même se promener en robe de chambre, robe qui est dans un très grand délabrement. Il ne s'habille, m'a-t-on dit, et ne se fait raser que le dimanche, pour aller à la messe. Je supprime tous les autres petits détails de ce genre, sur lesquels on m'assure qu'il n'est pas plus exact. Je n'entre dans ceux-ci que parce que je suis bien certain que vous approuverez que j'aie l'honneur de vous en faire part. Au reste, Madame, je vous prie d'être persuadée qu'avant les instances que vous me faites pour un redoublement de promenade, j'avais prescrit aux officiers qui sont chargés de l'y accompagner de lui laisser la liberté de prendre l'air aussi souvent et aussi longtemps que le temps et le lieu, qui doivent être occupés successivement par les autres prisonniers, pourraient le permettre. Ne soyez pas moins persuadée, Madame, que quand même vous ne l'auriez pas demandé, j'aurais eu l'honneur de vous informer de la moindre altération de sa santé. Ces attentions ne peuvent m'être défendues. Je les trouve dans le cœur de tous ceux qui ont autorité sur moi, dans celui de tous ceux sur lesquels j'en ai, autant que dans le mien ; et dans mon état, dans mon caractère qui ne sont point ceux d'un « geôlier », d'un « ogre », d'un « barbare », d'un « inhumain », enfin d'un homme qui « n'a ni ne mérite de recevoir « aucun sentiment ». Vous voudrez bien en assurer toute votre famille.

XV

Nantes, le 27 avril 1766.

M. de Barrin à M. de Fontette.

Qu'avez-vous dit, Monsieur le maréchal, à la nouvelle du départ subit de M. le duc d'Aiguillon pour Paris, si vous l'avez appris lorsque vous recevrez cette lettre ? Ses médecins, y compris le docteur Busson, dans leur visite d'hier matin, apercevant le peu de succès d'un changement qu'ils avaient fait le jeudi dans son traitement, virent qu'ils voyaient mal et conseillèrent à leur malade d'aller chercher à Paris des gens qui eussent la vue meilleure. M. d'Aiguillon se décida dans le moment et partit fort piqué qu'après trois semaines de remèdes, entre leurs mains, et de continuelles assurances de guérison prochaine, le mieux qu'il pouvait espérer était le ridicule d'avoir été à Paris dans un moment comme celui-ci, pour un mal qui se serait trouvé n'être rien. Convenez que sa réflexion est juste, et qu'il est bien cruel de ne pouvoir pas avoir plus de confiance dans les connaissances de gens qui font toute leur vie le métier d'en acquérir. Nous ne savons donc pas si le séjour de M. d'Aiguillon hors de la province sera long, ne pouvant recevoir de ses nouvelles que dans huit jours. Encore n'est-il pas sûr qu'on puisse nous instruire de son état avec quelque apparence de certitude, puisqu'il faudra du temps à la Faculté de Paris pour en juger elle-même. Je crains, vu la faiblesse dont je dis qu'il est que la route ne le fatigue beaucoup, et ne retarde d'autant son rétablissement en lui échauffant encore la masse du sang. Il a dit en partant au chevalier de Balleroy (1) que nous ferions bien, lui et moi, d'aller nous établir à Fromenteau (2). En conséquence nous comptons y aller ce soir, et j'espère que nous y recevrons de vos nouvelles..........

XVI

A Rennes, le 27 avril 1766.

Mme de La Gascherie à M. de Fontette.

Voulez-vous bien me permettre, Monsieur, de vous supplier de faire mettre l'adresse des lettres que vous avez la bonté de m'envoyer à Rennes; les deux dernières étaient adressées à Nantes. Je les reçois à l'ordinaire plus tard, ce qui retarde mes réponses; et je vois, par le style de la lettre de M. de La Gascherie, qu'il est mécontent que je

(1) Jean-Paul-François de La Cour, chevalier de Balleroy, d'une famille originaire de Normandie, fils de Jacques-Claude-Augustin de La Cour, marquis de Balleroy, lieutenant-général des armées du roi, et de Marie-Elisabeth de Gouyon de Matignon, est né le 12 mars 1726. Sa famille était en faveur au Palais-Royal. Le marquis de Balleroy avait été gouverneur du duc d'Orléans, grand-père du roi Louis-Philippe, et premier écuyer du fils du régent. Son petit-fils, neveu du chevalier de Balleroy, fut tenu sur les fonts à Saint-Cloud, en septembre 1763, par le duc d'Orléans. (La Chesnaye des Bois, *Dictionnaire de la noblesse*, 3e édit., t. VI, col. 318, 319.)
Le chevalier de Balleroy devint brigadier d'infanterie, le 22 janvier 1769. On le retrouve encore mentionné à son rang dans l'*Almanach royal* de 1775. Son nom n'est pas dans celui de 1776.
Le frère aîné du chevalier, Charles-Auguste de La Cour, comte de Balleroy, qui a été plus tard lieutenant-général, était en 1762 l'un des auxiliaires du duc d'Aiguillon en Bretagne; il commandait les évêchés de Quimper, Léon, Tréguier, Vannes et Saint-Brieuc. (*Etat militaire de la France pour 1763*, Paris, 1763, in-12, p. 44.)
(2) Fromenteau est une seigneurie située dans la paroisse de Vallet, du même côté de la Loire. Il y avait un château qui fut détruit pendant la révolution. Elle appartenait depuis longtemps à la famille de Barrin, et avait servi à constituer pour une branche de cette famille le marquisat de La Galissonnière en 1658; plus tard elle fut possédée par les Barrin, seigneurs du Pallet, rameau cadet de cette branche. Marie-Achille Barrin, seigneur de Fromenteau, mestre de camp du régiment de Languedoc, obtint, en 1760, l'érection de ses terres en marquisat de Fromenteau. C'est chez lui que M. de Fontette reçut l'hospitalité en 1767. (*Essai sur le dictionnaire des terres et des seigneuries de l'ancien comté nantais*, par le comte de Cornulier. Paris-Nantes, 1857, in-8, p. 135.)

ne lui écrive pas plus souvent. Je vous demande dix mille pardons de vous importuner encore. Les preuves de politesse que vous voulez bien me donner me font espérer que vous ne le trouverez pas mauvais............

XVII
Saint-Malo, le 29 avril 1766.

M. de Fontette à M. de La Noue.

J'attendais, mon cher ami, pour répondre à votre lettre du 25 passé, l'arrivée de deux paniers de vin que mon frère m'annonçait par la sienne du 9 du courant; mais comme ils tardent à arriver, je ne veux pas différer plus longtemps le plaisir de causer avec vous, et de donner de mes nouvelles à la famille, qui est presque toute rassemblée à Fontette, où je voudrais bien être avec vous tous. J'y serais bien plus agréablement qu'ici, où je mange un argent immense, sans pouvoir savoir comment j'en serai dédommagé. Je ne le suis pas assurément par les agréments de la vie.

C'est une race bien insupportable que celle des procureurs généraux de Bretagne. J'en ai deux ici, que je donne au plus habile de satisfaire. L'un est une tête échauffée dès le sein de sa mère, qui ne fait que clabauder, et me chanter pouille dans toutes les lettres que j'ai condescendance de lui laisser écrire par toutes les postes, à sa famille; car il n'y a jamais eu d'ordres pour rendre la liberté de l'écritoire aux prisonniers. Je prends seulement la précaution de les recevoir décachetées, soit qu'ils écrivent, soit qu'on leur écrive, et comme M. de La Chalotais sait que je dois les lire, il les remplit d'invectives contre moi, qui ai eu la bonté, l'humanité d'adoucir des trois quarts son état. Tantôt je suis un « geôlier », tantôt un « inhu-« main », « un barbare », un homme « qui n'a point d'amis, et n'est « point fait pour en avoir ». Voilà les petites douceurs qu'il me fait lire de temps en temps. Il en dit bien d'autres aux officiers qui l'approchent, qui en usent, avec lui, avec la plus grande honnêteté et modération. Son fils est moins emporté, mais encore bien plus inquiet. Il tracasse tout le monde, et jusqu'au domestique qui a eu la bonté de s'enfermer avec lui. Ce pauvre diable demandait l'autre jour pour toute grâce qu'on le mit au cachot. Tous les autres prisonniers sont les meilleurs gens du monde, et il n'y a jamais avec eux le plus petit mot. En général on a les plus grands égards pour tous ; mais je vous avouerai que quant aux petites attentions, je m'en crois dispensé pour Mgr de La Chalotais, qui croit avoir affaire aux huissiers et autres gens du bas palais, qu'il menait le bâton haut. J'ai envoyé du vin, et tout ce que je puis imaginer d'amusant en brochures, aux autres, et même à son fils, qui dit quelque bien de moi dans ses lettres. Quant à lui, je me crois dispensé des petits soins à son égard ; ceux de l'humanité étendus autant qu'ils peuvent l'être, et puis c'est tout. On lui fait passer ce qu'il demande en vivres, livres, etc. ; il se promène deux fois par jour, s'il veut. Il va à la messe, quoique ce soit ce dont il s'embarrasse le moins. Il n'est jamais content. Je vous assure que ce n'est qu'un fou dont le public a bien été la dupe. Son *Compte-rendu* lui a tourné la tête. Il s'est figuré qu'il était de lui ; et il est peut-être le seul à ignorer aujourd'hui que c'est d'Alembert qui l'a fait.

Je voudrais bien qu'on me débarrassât de cet enragé. Je vois par malheur que le parlement de Rennes lambine fort. Il a cependant dernièrement jugé les récusations. Il y a jusqu'à ce jour quatorze juges non récusables, dont deux présidents, quatre autres interloqués. On en trouvera bien encore trois ou quatre entre les absents ou malades. Notez que les non démis, au nombre de douze, réduits à dix, ne peuvent en connaître, étant parties. La compagnie a nommé pour procureur général en cette affaire M. de Villeblanche (1.) Elle n'a pas encore choisi le rapporteur. Les parents des prisonniers présentèrent dernièrement requête pour supplier le parlement, en conséquence des réserves portées dans les enregistrements qu'il a faits des lettres patentes qui lui réservaient la connaissance de l'affaire de Saint-Malo, tant du droit des parties que des privilèges du parlement même, de casser et annuler la procédure de la commission,

(1) M. Geoffroy de Villeblanche (Jean-René) fut reçu conseiller le 22 décembre 1736. Il fit partie du parlement reconstitué à Rennes en 1771 par Maupeou. Des lettres de provision du 20 juin 1781 constatent que sa veuve et ses enfants ont cédé son office de conseiller à Jean-Baptiste-Marie de Coataudon. (*Reg. d'enregistrement*, année 1781. *Registres secrets.*) V. ci-dessus, pp. 45 et 46.

comme faite par juges incompétents, suivant l'ordonnance de Blois, et autres lois. Cette requête fut renvoyée à temps plus opportun.

M. d'Aiguillon, qui était arrêté à Nantes depuis trois semaines par une fluxion qui avait dégénéré en abcès douloureux et suppurant à la lèvre supérieure, se trouvant fort maltraité par les médecins et chirurgiens de cette ville, se détermina le 26 à partir pour Paris, où il doit être arrivé mardi au plus tard. Je suis persuadé qu'il en sera plus tôt quitte et qu'il pourra être de retour à Rennes avant le 15 du prochain. Je ne doute pas qu'il ne trouve pendant ce voyage le moyen de faire enfin fixer mon sort; il est bien temps.

Adieu, mon cher ami, faites des reproches à ma chère intendante sur son silence. Embrassez pour moi, père, mère et sœur, oncle grand'mère, beau-frère. Jamais l'on n'a eu tant de degrés rassemblés. Je vous embrasse de tout mon cœur.

XVIII

30 avril 1776.

Mme de Caradeuc à M. de Fontette.

J'ai reçu, Monsieur, la lettre que vous m'avez fait l'honneur de m'écrire. Elle m'a un peu rassurée sur l'état de la santé de M. de Caradeuc. Je vous en fais mes très sincères remerciements. Je vois cependant, par les lettres qu'il m'écrit, que sa santé se ressent de la longue captivité où il est. La négligence qu'apporte M. de Caradeuc dans son ajustement est assez ordinaire dans la circonstance où il est; la robe de chambre lui est plus commode sans doute que d'autres vêtements. Je suis persuadée qu'il ne néglige aucune des choses qui tiennent à la santé, et c'est là le principal.

Oserai-je vous prier, Monsieur, de lui faire passer un petit paquet que je fais remettre au courrier, à votre adresse. Je vous répète encore avec plaisir tous mes remerciements. L'assurance que vous voulez bien me donner que vous auriez la bonté de m'instruire, si la santé de mon mari souffrait quelque altération, me donne un peu de tranquillité. Mais je ne puis calmer mes inquiétudes sur ce point.

La triste vie qu'il mène depuis près de six mois ne contribue pas à donner de la santé. Il lui faut de l'air et de la société. On ne s'habitue pas à vivre séparé des hommes, et à ignorer tout ce qui se passe dans le monde. Cette position est affreuse. Il faut être persuadé, Monsieur, que vous prenez part au malheur, pour vous parler aussi longtemps de celui que j'éprouve.

XIX

Fromenteau, le 8 mai 1766.

M. de Barrin à M. de Fontette.

. . . Il paraît que le mal de lèvre du duc d'Aiguillon subsiste toujours, mais avec moins de douleur. Les médecins et chirurgiens de Paris ont changé le traitement de ceux de Nantes. Je trouve ce changement avantageux non seulement pour la plus prompte guérison, mais en ce qu'il évite à M. le duc d'Aiguillon le ridicule, qu'il craignait en partant, de paraître dans le public avoir eu peur d'un petit bobo. Le mal était sérieux, puisque sa lèvre a été trouvée en très mauvais état à son arrivée à Paris; et il a bien fait d'y aller puisqu'on le soignait mal à Nantes. Tout cela doit être connu du public par le rapport des médecins.

Je reçois dans le moment une lettre de Rennes par laquelle on me dit que M. le premier président (1) est mandé sous prétexte que, ne prenant pas connaissance de l'affaire de vos prisonniers, sa présence peut être plus utile à Versailles pour donner des instructions au sujet de la discipline intérieure du parlement. Vous savez cela avant

(1) Le personnage dont parle M. de Barrin est Antoine-Arnaud de La Briffe, seigneur d'Amilly, ancien conseiller au parlement de Paris, et maître des requêtes, pourvu de l'office de premier président au parlement de Bretagne, le 10 juin 1734, et reçu le 18 août suivant. Il avait remplacé M. de Brilhac, décédé. (*Reg. sec. du parlement; Reg. d'enreg.*)

Le premier président était fils d'Arnaud de La Briffe, marquis de Ferrières, procureur général au parlement de Paris, et de Bonne Barillon. Né le 4 janvier 1699 (La Chesnaye des Bois, *Dictionnaire de la noblesse*), il est mort dans ses fonctions, en Saint-Étienne de Rennes, le 7 juillet 1777. Il avait épousé Marie-Charlotte Quentin de Richebourg, fille d'un intendant de Poitiers. (*Reg paroissial.*) V., ci-dessus, nombre de passages de notre introduction, sur le caractère de M. de La Briffe d'Amilly.

11

moi ; mais que pensez-vous de ce mandat ? Je suis bien tenté de croire que le motif donné n'est pas le véritable. Cela ne bat et ne battera que d'une aile tant que M. d'Aiguillon ne sera pas en Bretagne.

Une lettre du chevalier de Balleroy nous apprend, sur l'état de la santé de M. le duc d'Aiguillon, qu'il a un peu d'impatience de la longueur et des accidents de son mal ; que cependant les glandes sont fort dégagées, le bord de la lèvre moins dur et d'une plus belle chair, et le milieu moins mal. On devait le purger le lendemain. Son état, dit-on, n'annonce rien de fâcheux.

XX

Ce 12 mars 1766.

Mme de Caradeuc à M. de Fontette.

J'ai appris, Monsieur, qu'on avait dit à Rennes que M. de Caradeuc n'allait plus à la messe. Je vous avoue que cela me cause bien de l'inquiétude. Quelle peut en être la raison ? L'espérance que vous m'avez donnée que vous voudriez bien m'instruire s'il était incommodé me fait penser que ce n'est pas le motif qui l'empêche d'aller à la messe. Serait-il possible, Monsieur, que le motif de cette nouvelle rigueur fût que mon mari avait voulu embrasser Monsieur son père ? Je ne puis croire qu'un mouvement aussi naturel ait pu lui attirer un traitement aussi rigoureux ; il ne m'en parle pas, comme vous l'avez pu voir. Il aura sans doute craint de me faire de la peine. Mais le public m'en a instruit. Je me flatte que cette nouvelle est fausse. Je ne puis croire, Monsieur, que vous vous soyez porté à autant de rigueur, pensant aussi bien que je suis persuadée que vous le faites. Vous n'avez pu blâmer un sentiment aussi juste, aussi naturel que celui de mon mari. La lettre que vous m'avez fait l'honneur de m'écrire me faisait espérer que vous vous seriez porté à procurer à M. de Caradeuc les adoucissements qui dépendent de vous. Je pense, Monsieur, que vous pouviez lui en accorder quelques-uns sans vous compromettre. La santé de mon mari malheureusement n'est pas bonne, et je crains qu'elle ne devienne très mauvaise à la fin. Voilà plus de six mois qu'il passe dans les cachots. Mes alarmes sont fondées. J'espère, Monsieur, que vous ferez tout ce qui dépendra de vous pour adoucir sa rigoureuse détention.

XXI

Rennes, le 12 mai 1766.

Mme de Charette de La Colinière à M. de Fontette.

Les assurances que vous m'avez données, Monsieur, que mes lettres ne vous seraient pas à charge m'autorisent à vous adresser celle-ci pour mon fils, et à vous prier de vouloir bien lui faire parvenir ce petit panier de beurre. Je le mettrai, si vous voulez bien le permettre, à votre adresse : le courrier sera payé ici. Je prendrai encore la liberté de vous adresser la prochaine semaine un petit paquet de vêtements pour le domestique de mon fils.

Agréez les témoignages de ma reconnaissance, etc.

XXII

Le 13 mai 1766.

M. de Fontette à Mme de Caradeuc.

Madame,

Le public, par qui vous avez été informée que M. de Caradeuc n'allait plus à la messe, ne pouvant qu'être très mal instruit des motifs de cette légère privation, et ne m'étant pas possible d'entrer sur cela dans de plus grands détails, comme je le désirerais, j'ai l'honneur de vous prier de suspendre votre jugement, et d'être fort rassurée sur la santé de M. de Caradeuc, qui est très bonne. Ses promenades sont fort longues, et aussi fréquentes qu'il se peut, et pour ainsi dire qu'il le veut. Ce n'est pas un quart d'heure passé dans une chapelle toutes les semaines qui peut lui être d'un grand soulagement; et vous êtes trop juste pour qualifier de rigueur la nécessité indispensable d'en agir ainsi. Au reste, Madame, c'est toujours avec les mêmes sentiments que j'ai l'honneur de vous renouveler les assurances du désir que j'ai de lui procurer tous les adoucissements qui dépendront de moi.

Je suis, etc.

XXIII

Rennes, le 14 mai 1766.

M. de Barrin à M. de Fontette.

Dites-moi, je vous prie, Monsieur le maréchal, quel est celui de nous deux qui a interrompu le premier notre commerce ? Quel qu'il soit, je pense qu'il a tort et qu'il doit le réparer; en cas que ce soit moi, ce dont je ne me défends en vérité pas, je me mets en règle, et m'y voilà. N'avez-vous pas un peu d'humeur, si toutefois vous êtes capable d'en prendre, de nous voir faire si peu de diligence pour vous débarrasser de votre dépôt? Je crois que j'en aurais à votre place, et quoique je n'aie pas d'impatience d'en être chargé, j'en ai de tant de lenteurs. Vous savez que l'affaire des motifs de récusation, qui devait être examinée jeudi dernier, ne l'a point été, sous le prétexte d'une lettre écrite à M. d'Amilly, qui lui annonçait, de la part de la cour, d'autres arrangements. Cette lettre, mal connue dans le public, fait tenir des propos encore plus mal fondés; c'est-à-dire qu'on s'attend à voir ce qu'on désire, et ce qu'on désire, comme vous savez, est le rappel général de tous Messieurs. La lettre en question, qui est de M. d'Aguesseau (1), n'annonce cependant point tout cela, mais elle est peut-être imprudemment écrite, et, selon les apparences, mal entendue de celui qui l'a reçue.

(1) L'*Almanach royal* de 1766 signale M. d'Aguesseau comme conseiller d'état ordinaire; il le place au conseil des dépêches et au conseil royal du commerce.

XXIV

Rennes, le 14 mai 1766.

M. de Barrin à M. de Fontette.

Je vais tout à l'heure sortir pour aller, chez M. de Flesselles, savoir s'il a reçu quelques nouvelles de la conduite du parlement de Paris à l'occasion de l'enlèvement des papiers, et s'il a quelque chose, je vous le manderai.

Les nouvelles que nous avons de M. d'Aiguillon ne nous annoncent point son départ de Nantes, quoiqu'il soit beaucoup mieux. Mais vous allez voir par le dernier bulletin qu'il y avait eu de l'imprudence à se mettre en route.

La présence du général ici est plus nécessaire que jamais.

Adieu, Monsieur le maréchal, portez-vous bien. Ennuyez-vous le moins que vous pourrez, et ne prenez pas d'humeur contre les habitants de Rennes, surtout contre ceux qui voudraient bien n'y pas être. J'en connais un qui vous est bien sincèrement attaché; il vous prie de n'en jamais douter.

BARRIN.

Il n'est rien venu au sujet du retardement de l'affaire des récusations; mais il paraît toujours par la lettre du ministre que l'intention de la cour est qu'on la juge promptement. Ne dites point que la lettre à M. d'Amilly est de M. d'Aguesseau; cela doit être tenu secret, si cela n'est pas déjà su publiquement. Adieu.

Le parlement a aujourd'hui décrété d'assigné pour être ouïe Mme de Caradeuc au sujet des remontrances du parlement de Paris. Elle sera entendue ces jours-ci.

XXV

Ce 16 mai 1766.

Mme de Caradeuc à M. de Fontette.

Dans la crainte de vous importuner, Monsieur, je commence par vous prier de ne point vous donner la peine de me répondre. Il paraît que la privation d'aller à la messe, pour M. de Caradeuc, n'est pas encore finie. Les témoignages d'attention dont vous m'assurez me font croire, Monsieur, que vous avez eu des ordres, qu'il faut exécuter. Les grandes fêtes qui s'approchent me font espérer qu'on laissera M. de Caradeuc assister à la messe. Je vous prierais, Monsieur, d'en faire dire une particulière, où il pourrait assister sans que Monsieur son père y fût. Il en payera l'honoraire. Je sens, Monsieur, que la présence d'un aussi bon père que M. de La Chalotais doit ranimer dans son fils les sentiments de tendresse auxquels il est difficile de faire violence.

Rien n'égale les sentiments avec lesquels j'ai l'honneur d'être, Monsieur, votre très humble et très obéissante servante,

DE COETMEN DE CARADEUC.

Je ne témoigne pas à M. de Caradeuc combien je suis sensible à la pénitence qu'on lui impose.

XXVI

Ce 24 mai 1766.

Mme de Caradeuc à M. de Fontette.

Vous avez pu voir, Monsieur, par la lettre que j'ai reçue aujourd'hui de M. de La Chalotais, qu'il est dans de grandes inquiétudes, de la santé de Mme de La Fruglaye (1). Comme il ne pourrait recevoir de lettre par la poste que mardi, nous prenons le parti d'envoyer un exprès pour qu'il soit plutôt tiré d'inquiétude.

Vous savez, Monsieur, que M. de Caradeuc m'a mandé par sa lettre

---

(1) Mme de La Fruglaye (Sophie-Antoinette-Paule) était fille de M. de La Chalotais. Elle est née le 3 septembre 1731; elle a épousé en Toussaints de Rennes, le 2 avril 1761, François-Gabriel-Marie de La Fruglaye, seigneur de Keroers; elle est morte à Ploujean (Finistère), le 10 octobre 1809, et son mari est mort à Morlaix, le 10 novembre 1818. (*Registres paroissiaux.* — *Notes particulières de M. Saulnier.*) — De ce mariage est né, à Quimper, Paul-Émile-Louis-Marie, comte de La Fruglaye (13 mars 1766), qui est devenu pair de France, par ordonnance du 3 novembre 1827, et est mort en 1849. C'était un minéralogiste distingué. (Le Vot, *Biog. bretonne*, t. II, p. 100.) Dans son acte de mariage, à Toussaints de Rennes, on a donné à Mme de La Fruglaye le prénom de Pauline.

du 20 qu'il n'avait pas été à la messe le jour de la Pentecôte. Je vous avoue, Monsieur, que je suis touchée qu'il soit aussi longtemps privé d'y assister. Il est fâcheux de ne pas remplir ses devoirs de chrétien. Je suis persuadée, Monsieur, que vous voudrez bien avoir égard...

XXVII

Réponse du 25 mai 1766.

M. de Fontette à Mme de Caradeuc.

Madame,

J'ai reçu par votre exprès la lettre que vous m'avez fait l'honneur de m'écrire hier, et celles qui y étaient jointes pour MM. de La Chalotais et de Caradeuc, à qui je les ai fait remettre. Vous en trouverez les réponses ci-incluses. Vous voudrez bien ne pas vous alarmer sur celle de M. de Caradeuc, qui n'est qu'une suite de deux scènes répétées depuis deux jours avec l'officier qui lui rend ses soins, et qui s'est vu contraint de lui dire enfin ce qu'il pensait sur la hauteur, le mépris, et les termes insupportables qu'il employait envers lui. Je vous prie donc, Madame, de faire entendre à M. de Caradeuc que quand on commet des officiers pour lui rendre des services, c'est un honneur qu'on accorde à l'état de magistrat, et non un droit qu'on lui donne pour les maltraiter et en user avec eux, comme avec des inférieurs. Vous pouvez être assurée que, de mon côté, je recommande sans cesse la modération et la patience à tous ceux qui l'approchent...

XXVIII

A Rennes, le 26 mai 1766.

Mme de La Gascherie à M. de Fontette.

Voulez-vous bien me permettre, Monsieur, de vous prier de faire remettre la boîte que je prends la liberté de vous adresser, espérant que vous ne le trouverez pas mauvais. C'est une perruque que M. de La Gascherie demande.

Recevez-en, Monsieur, mes très humbles remerciements et l'assurance du respect...

XXIX

A Rennes, le 26 mai 1766.

M. Raudin (1) à M. de Fontette.

L'affaire des prisonniers est toujours dans le même état de longueur. Il n'y a que la présence de M. le duc qui puisse la remettre en activité. Par les nouvelles d'aujourd'hui son retour n'était pas fixé, on sait seulement qu'il doit être à Versailles d'hier ou d'aujourd'hui.

XXX

Ce 30 mai 1766.

Mme de Caradeuc à M. de Fontette.

Voulez-vous bien, Monsieur, que je vous renouvelle mes instances, et que je vous prie de procurer à M. de Caradeuc le moyen d'assister à la messe? C'est plus pour s'acquitter de ses devoirs de chrétien que pour passer un quart d'heure hors de prison. J'ai eu l'honneur de vous mander que si vous ne vouliez pas que mon mari assiste à la messe où sont MM. les autres prisonniers, vous pourriez, Monsieur, avoir la bonté d'en faire dire une où il assisterait seul, et dont il payerait l'honoraire.

---

(1) Dans une pièce du 23 mars 1765 (Archives nat., H. 608), M. Raudin est qualifié commissaire des guerres, ordonnateur et subdélégué général de l'intendance de Bretagne. Il fut très attaqué par les pamphlets chalotistes. Dans la 2ᵉ édition de la *Lettre d'un gentilhomme breton à un noble Espagnol*, on lit, à la page 16 : « Les Audouards, les Rodins et tous les autres infâmes ministres des passions du « commandant.... » L'orthographe du nom est : Raudin.

XXXI

A Rennes, ce 4 juin 1766.

M. le chevalier de La Chalotais (1) à M. de Fontette.

Monsieur,

Une lettre de M. de Flesselles à ma belle-sœur, par laquelle il la prévient de ne plus vous adresser de lettres pour mon père, nous a bien surpris. Nous ne savons à quoi attribuer cette interruption de commerce ; nous ne croyons ni les uns ni les autres y avoir donné lieu. J'ose espérer, Monsieur, que si cela dépend de vous, vous ne nous refuserez pas la consolation de continuer à donner de temps en temps de nos nouvelles à notre respectable père, et que vous voudrez bien nous envoyer ses réponses. La délicatesse et la fragilité de sa santé ne nous laisse point sans alarmes. Puis-je espérer, Monsieur, qu'à quelques moments perdus vous voudrez bien me donner de ses nouvelles ; à supposer que les obstacles qui ont interrompu notre commerce seraient encore subsistants, je suis avec respect, Monsieur, votre très humble et très obéissant serviteur.

Le chevalier DE LA CHALOTAIS.

XXXII

Réponse du 5 juin 1766.

M. de Fontette à M. le chevalier de La Chalotais.

Monsieur,

J'ai reçu la lettre que vous m'avez fait l'honneur de m'écrire le 4, et remis celle qui était jointe par M. de Caradeuc. Il ne m'est

(1) Le chevalier de La Chalotais est Gabriel-Jean-Raoul de Caradeuc, fils cadet du procureur général. Il est né en Saint-Etienne de Rennes le 10 juin 1738. Il a pris le titre de comte de La Chalotais, après la mort de son père. Il a été reçu conseiller au parlement le 7 mai 1776, et est mort en Saint-Pierre, près Saint-Georges de Rennes, le 24 janvier 1790. Il avait épousé en Saint-Jean de Rennes, le 25 novembre 1777, Vincente-Émélie de Saint-Pern, qui lui a survécu. (Reg. paroissiaux. — Reg. sec. du parlement.) Il a laissé un fils mort à vingt ans sans alliance et une fille qui s'est mariée et dont la postérité n'est pas éteinte. (Reg. des décès de Rennes, an X. — Notes extraites des Reg. d'état civil de Rennes.)

pas plus permis de vous faire part des motifs qui ont occasionné l'interruption de commerce de M. de La Chalotais avec sa famille que d'en fixer la durée. Sa santé n'a pas été dérangée ; s'il y avait quelque altération, j'aurais sûrement l'honneur de vous en informer avec autant d'exactitude que j'en mets à vous donner tous les détails de ce genre.

XXXIII

A Rennes, le 4 juin 1766.

Mme de La Gascherie à M. de Fontette.

Je commence, comme il est bien juste, Monsieur, par vous faire des millions d'excuses de vous importuner aussi souvent. Vous me prendrez en antipathie, et vous aurez raison. Si les autres femmes et parents des messieurs qui sont au château vous adressent autant de paquets, c'est un casse-tête pour vous ! Pour moi, Monsieur, je suis bien touchée, je n'eusse espéré d'excuse que dans votre politesse dont je vois tous les jours de nouvelles preuves. Soyez convaincu que rien n'égale ma reconnaissance que le parfait respect avec lequel je suis, etc.

XXXIV

Saint-Malo, le 5 juin 1766.

Fontette à Mme de La Gascherie.

Madame,

J'ai reçu la lettre que vous m'avez fait l'honneur de m'écrire le 4, et celle pour M. de La Gascherie, qui lui a été remise. Je vous prie d'être très persuadée que je ne me trouverai jamais gêné par ce qui pourra contribuer à votre satisfaction ; mon seul regret sera de l'être par les circonstances.

Je suis, etc.

XXXV

Rennes, ce 4 juin 1766.

Mme Souchay de Montreuil à M. de Fontette.

J'espère, Monsieur, que vous ne trouverez pas mauvais que je vous adresse un porte-manteau pour mon mari. Il partira demain par le carrosse. Permettez moi de vous prier de vouloir bien le lui faire remettre ainsi que la lettre ci-jointe. Je vous suis très obligée, Monsieur, de ce que vous voulez bien m'envoyer exactement les siennes, et lui faire passer les miennes. C'est pour moi une grande consolation, quoiqu'elle ne soit pas suffisante pour me rassurer sur sa santé. Je crains bien qu'elle ne se ressente toute sa vie de ce qu'il a souffert, depuis près de sept mois, et de ce qu'il souffrira encore, si sa détention ne cesse pas bientôt, et si elle n'est pas plus adoucie qu'elle ne l'a été jusqu'à présent. La lettre que j'ai reçue il y a quelques jours du ministre, auquel j'ai eu l'honneur d'en faire le détail le plus exact, n'est pas consolante. Il me mande qu'on m'a donné de fausses alarmes sur l'état de mon mari ; qu'il est instruit de sa situation, et que je ne dois point en avoir d'inquiétude ; que vous ne pouvez lui donner plus de liberté que le roi ne veut qu'il en ait, mais que vous avez pour lui, tous les jours, les attentions qui peuvent se concilier avec les ordres du roi.

Je n'ai mandé au ministre que ce que j'ai vu de la détention de M. de Montreuil, et ce que vous pouvez savoir qu'il m'en a marqué dans ses lettres. Je n'avais pas besoin d'y rien ajouter pour la faire paraître des plus cruelles. Je suis persuadée, Monsieur, que le détail que vous en avez fait au ministre n'est pas moins exact. C'est pourquoi je suis étonnée qu'il me mande qu'on m'a donné de fausses alarmes. Est-il possible d'en avoir de mieux fondées que les miennes ? Mais quand on ne voit pas les choses de près, elles ne paraissent pas toujours telles qu'elles sont. Personne ne peut mieux en juger que vous, Monsieur, et je ne doute pas que vous ne soyez touché de l'état où vous voyez que les ennemis de mon mari l'ont réduit. Je sais qu'il ne vous est pas possible de lui donner la liberté, que le roi ne veut pas qu'il ait ; mais vous pourriez,

Monsieur, la lui procurer en représentant au ministre tout le danger et toute l'horreur de sa situation; et que personne n'est plus soumis que lui aux ordres de Sa Majesté, quelque rigoureux qu'ils soient. J'en aurais la plus parfaite reconnaissance. Je peux répondre de ses sentiments à cet égard; et que le roi n'a pas de sujet qui lui soit plus fidèle, ni plus attaché. M. de La Motte m'a dit qu'il lui mandait qu'on avait évasé la hotte qui est à sa fenêtre; c'est un faible soulagement, qui me fait cependant plaisir, etc.

XXXVI

Saint-Malo, le 5 juin 1766.

M. de Fontette à Mme Souchay de Montreuil.

Madame,

J'ai reçu la lettre que vous m'avez fait l'honneur de m'écrire le 4, et celle pour M. de Montreuil, qui lui a été remise sur-le-champ. Je lui ferai passer avec la même exactitude le porte-manteau que vous m'adressez par le carrosse qui arrivera ici demain. Vous pouvez Madame, compter entièrement sur ce que M. de Montreuil vous dit de sa santé, qui n'a pas été dérangée un instant. Je voudrais bien pouvoir vous rassurer de même, et avec autant de certitude sur sa liberté, mais vous sentez bien que j'ignore le terme de sa captivité aussi entièrement que vous; et que tout ce que je pourrais écrire au ministre à ce sujet ne l'avancerait en aucune façon. Sa réponse vous convaincra, Madame, de l'impuissance de mes efforts pour adoucir sa situation, puisque vous y voyez que je ne puis lui donner plus de liberté que le roi ne veut qu'il en ait. Je crois que vous êtes persuadée, Madame, que, comme il ajoute, j'ai pour M. de Montreuil tous les soins et attentions qui peuvent se concilier avec les ordres du roi. Je le recommande journellement à tous ceux qui l'approchent, et s'il y a eu de sa part quelque plainte sur des choses auxquelles il m'était permis de pourvoir, il a été suffisant, pour le faire, qu'il ait bien voulu m'en informer. Je vous supplie d'être persuadée, Madame, de tout le regret où je suis de ne pouvoir contribuer plus efficacement à votre satisfaction...

XXXVII

A Versailles, le 6 juin 1766.

Mᵐᵉ Antoine de Reynes à M. de Fontette.

L'inquiétude où je suis, Monsieur, me fait craindre de me rendre importune ; mais la chose est si naturelle que j'espère sur vos bontés. Je suis dans la crainte que mes lettres n'aient point été rendues à mon mari(1), ou bien qu'il ne soit malade. Je les ai mises comme vous me l'aviez mandé, sous l'enveloppe de M. de Flesselles ; je n'en ai point encore eu de réponse, ce qui me détermine à vous envoyer celle-ci par la poste, en droiture. Je vous supplie donc, Monsieur, de vouloir bien me donner des nouvelles de mon mari. Je vous saurais mille obligations aussi de vouloir bien me dire par quelle raison il me laisse si longtemps dans l'inquiétude sur sa santé. Je n'ai point eu de ses nouvelles que par la lettre que vous m'avez fait l'honneur de m'écrire en date du 15 dernier. Je crois, Monsieur, qu'il aura eu l'honneur de vous voir, car M. le comte de Saint-Florentin (2) a eu la bonté de dire à un de mes parents qu'il savait que mon mari était très innocent, et qu'il allait donner des ordres pour qu'il pût sortir, et pour qu'on lui rendît la vie la plus douce. Comme je ne doute point des bontés du ministre, je compte qu'il

---

(1) Une pièce des Archives nat. (K. 712. Procès criminel instruit contre...) donne des indications précises sur M. de Reynes. On y lit : « Pierre-Laurent de « Reyne, écuyer, officier du roi, ancien capitaine de quartier, en l'Isle de France, « âgé de 51 ans, gendre du sieur Antoine, huissier de la chambre du roi. Les huis-« siers de la chambre ont refusé d'admettre le sieur de Reyne parmi eux, ce qui a « fait mettre la charge sur la tête du sieur Antoine. Le sieur de Reyne est lavandier « du gobelet du roi. Il demeure à Versailles, place et paroisse Saint-Louis. » En 1766, il était âgé de soixante-six ans ; il fut détenu à la citadelle de Saint-Malo, où il arriva dans la nuit du 8 au 9 février. Il a déclaré connaître M. de La Chalotais depuis sept ou huit ans, l'ayant rencontré chez le sieur Quesnay, médecin du roi ; mais il ne lui aurait jamais écrit qu'une seule lettre, en mai ou juin 1765, au sujet de l'exportation des blés. Il a nié avoir rien comploté avec La Chalotais. Tel est le résumé de son interrogatoire subi devant le conseiller d'état Le Noir, le 15 février 1766. (*Procès instruit extraordinairement*, édit. de 1770, t. III, pp. 26 et suiv.)

C'est la femme de M. de Reynes qui écrit ici au chevalier de Fontette.

(2) Louis Phélypeaux, comte de Saint-Florentin, né le 18 août 1705 et mort le 27 février 1777, fut secrétaire d'état à partir de 1725 ; il devint ministre de la maison du roi en 1749, fut chargé du département de Paris en 1757. Il fut remplacé par Malesherbes en 1775.

doit en jouir actuellement. Je vous supplie donc, Monsieur, de vouloir bien l'engager à me donner de ses nouvelles. Je suis et serai avec la plus vive reconnaissance, toute ma vie, Monsieur, votre très humble et très obéissante servante.   Antoine DE REYNES.

XXXVIII
Le 11 juin 1796.
Mme de La Gascherie à M. de Fontette.

Monsieur, me voilà encore dans le cas de vous renouveler mes excuses et mes remerciements d'avoir la bonté de recevoir les paquets et boites, que je prends la liberté de vous adresser. On n'a pas envoyé à M. de La Gascherie les livres qu'il demandait; je vous supplie donc encore, Monsieur, de vouloir bien les lui faire passer et d'être convaincu que rien n'égale ma reconnaissance, etc.

XXXIX
Le mercredi 2 juillet 1766.
Mme de Caradeuc à M. de Fontette.

J'ai reçu, Monsieur, la lettre que vous voulûtes bien m'envoyer lundi. Oserai-je vous demander à qui je dois adresser mes lettres pour M. de Caradeuc pendant votre absence de Saint-Malo.

J'ai l'honneur d'être, Monsieur...

XL
Fougères, le 12 juillet 1766.
Mme de La Roche de Marigny (1) à M. de Fontette.

Monsieur,

Ayant l'honneur d'être parente de M. de La Gascherie et de M. de

---

(1) Jeanne-Françoise de La Roche-Saint-André, fille de Jean de La Roche-Saint-André et de Catherine Guérin, femme de François Geffelot, seigneur de Marigny, dont elle a eu un fils, François-Jean, marié en 1780, à Marie-Anne de Chateaubriand, sœur du grand écrivain. Elle était parente de deux des magistrats accusés, Charette de La Gascherie et Charette de La Colinière, étant petite-fille de Renée Charette, femme de Jean de La Roche, écuyer, seigneur de l'Espinay, son frère, Jean de La Roche-Saint-André, seigneur de La Brandaisière, s'était lui-même allié à cette famille, en épousant sa cousine, Louise-Renée Charette de La Desnerie.

La Colinière, voulez-vous bien me permettre de leur demander de leurs nouvelles, et de vous assurer, Monsieur, du respect avec lequel je suis, etc.

XLI

Rennes le 28 juillet 1766.

M. de La Noue à M. de Fontette.

A peine vous nous avez quittés, mon cher Maréchal, que vous criez comme un brûlé qu'on ne vous écrit point. Et que vous dire ? Que selon tous les prognostics et diagnostics, Bouquerel (1) est fol, et que nous n'avons que peu d'espoir que son état soit feint. On travaille à découvrir la vérité.

L'intendant a reçu un courrier cette nuit qui change un peu la marche de la procédure sans la retarder :

1° La cour a la délicatesse raisonnable de ne pas vouloir que l'expert Royllet soit un des deux nommés par M. d'Amilly, attendu qu'il a déjà été employé, comme vous savez, par MM. Goislard ; mais il servira de témoin ; elle demande qu'on en nomme un autre nommé Dautrèpe (2) ;

La terre de Marigny ou Marigné, très belle seigneurie de la paroisse de Saint-Germain-en-Coglais, à deux lieues de Fougères, a été possédée jusqu'en 1810 par Elisabeth-Cécile Geffelot, dernière du nom, petite-fille de Mme de La Roche de Marigny, qui l'a vendue à la famille de Pommereul. (*Notices historiques et archéologiques sur les paroisses du canton de Saint-Brice*, par Léon Maupillé. *Mémoire de la Société archéologique d'Ille-et-Vilaine*, tome XIII, p. 290. — *Registres paroissiaux* de Saint-Laurent de Nantes.)

(1) Le rôle de Bouquerel a été expliqué dans la quatrième partie de notre introduction, à propos du procès Clémenceau-Des Fourneaux.

(2) Un arrêt de la cour, du 21 juillet 1766, avait nommé d'office Royllet et Paillasson, de l'Académie royale d'écriture, tous deux experts jurés et vérificateurs des écritures, pour être entendus devant le conseiller rapporteur sur les faits résultant de la plainte du procureur général Geoffroy de Villeblauche. Le 29 juillet, ce magistrat déclara avoir appris que le sieur Royllet s'était ouvert d'avance sur le fait de la vérification, et demanda que la cour lui substituât un autre expert, sauf à l'assigner et à l'entendre comme témoin ordinaire. M. Goislard était le conseiller-rapporteur du parlement de Paris qui avait déjà entendu Royllet dans l'affaire des billets anonymes.

Les chalotistes qui ne connaissaient pas les faits crurent qu'on écartait Royllet parce qu'il était favorable à La Chalotais ; et voici comment le compilateur des documents judiciaires relatifs au procès s'exprime à ce propos : « Une lettre de « M. de Saint-Florentin fut lue au palais, portant que l'expert Royllet ayant déjà

2° Après consultation des criminalistes fameux elle désire qu'au lieu de commencer par présenter les anonymes à de La Chalotais pour, sur sa dénégation, ordonner le procès-verbal d'experts, on commence par le dit procès-verbal qui fera le motif du décret ; l'ordonnance criminelle disant mot à mot que l'accusé sera interrogé, et, présentation faite à lui des pièces de comparaison et des pièces comparées ; or, M. de La Chalotais n'est point accusé et ne sera sensé l'être que d'après le procès-verbal et le décret.

Cela vous laisse encore M. de La Chalotais pour une dizaine de jours.

Le parlement de Paris remue encore pour l'affaire de Bretagne. Il y eut assemblée des chambres le 23 de ce mois, dans laquelle on dénonça les lettres patentes de disjonction (1) de l'affaire La Chalotais. Ils envoyèrent les gens du roi à Saint Hubert pour demander jour et heure des remontrances. On mande notre Maître décidé à tenir ferme.

Ci-joint la réponse du roi du 25 courant à la députation de Grenoble : elle est très ferme.

Voilà une lettre que M. de Flesselles m'a remise.

Je viens de lire celle-ci au général Barrin qui prétend que je vous dis tout. En conséquence, il ne vous écrira point aujourd'hui, me chargeant de vous assurer de son amitié.

Ne doutez pas de la mienne, mon cher maréchal, etc.

« donné son avis sur les billets anonymes pourrait paraître suspect, qu'il conve-
« nait d'en nommer un autre, et d'entendre celui-ci comme témoin... L'histoire
« de la nomination de Dautrèpe mérite attention et caractérise la docilité servile
« des rentrés. » (*Procès instruit extraordinairement*, éd. de 1770, t. II, p. 131, note.)

(1) Les lettres patentes de disjonction étaient celles du 5 juillet 1766 ; elles établissaient que le parlement de Rennes n'aurait pas à se prononcer sur le crime de conspiration, mais seulement sur les billets anonymes. L'assemblée des chambres du parlement de Paris dont parle M. de La Noue n'a pas eu lieu le 23, mais le jeudi 24 juillet. Le samedi suivant l'avocat général Omer Joly de Fleury a rendu compte à la cour de sa mission et annoncé que le roi recevrait à Versailles les représentations de son parlement. Le jeudi 31 du même mois, la cour ordonna aux gens du roi de se rendre ce jour même près du souverain, et de lui remettre une expédition des représentations du parlement. V. lettres XLV et XLVI. — *Recueil des délibérations, arrestés remonstrances, et représentations du parlement sur les affaires de Bretagne*, 1767, in-12, pp. 192 et 198.)

XLII

Sans date (mais probablement de la fin de juillet 1766).

M. le chevalier de La Chalotais à M. de Fontette.

Monsieur,

Je ne savais pas que vous fussiez à Saint-Malo l'autre jour, lorsque j'eus l'honneur d'écrire à M. de Scott pour le prier de vouloir bien obtenir à mon père la permission de m'écrire de ses nouvelles. Puis-je me flatter, Monsieur, que vous voudrez bien vous joindre à lui ? On m'assure que cela dépend de vous. Je vous le demande en grâce ; que mon père ait la permission de répondre aux lettres que M. de Flesselles a bien voulu se charger de vous faire passer pour les lui faire tenir. C'est une petite consolation, et pour mon père, et pour nous : enfin c'en est une. Je vous la demande, Monsieur, au nom de tous les miens, je vous la demande en grâce.

Je suis avec respect...

XLIII

Réponse, le 29 juillet 1766.

M. de Fontette à M. le chevalier de La Chalotais.

Monsieur,

Je suis très fâché de ne pouvoir autoriser un commerce dont l'interruption, connue de la cour, n'a point été levée. Vous pouvez vous adresser à elle pour obtenir la reprise d'une correspondance à laquelle je n'ai jamais mis obstacle que parce que j'y ai été forcé par la notoriété des voies clandestines et trop répétées dont on s'est servi pour en entretenir une autre, qui rendait illusoire celle qui avait été tolérée.

Je suis, etc..

XLIV

Rennes, le 30 juillet 1766.

M. de Barrin à M. de Fontette.

Enfin, Monsieur, il vient d'être décidé que M. de La Chalotais serait transféré ici la nuit du jeudi au vendredi prochain. En conséquence je ferai partir demain un officier et quatre fourriers ou maréchaux de logis avec une berline, pour aller chercher le magistrat et son laquais. L'officier aura ordre de repartir de Saint-Malo à sept heures du soir, pour arriver ici entre deux et trois heures après minuit. Je vous prie de les faire se pourvoir de quelque chose, et manger, en cas que les deux prisonniers en eussent besoin en route pour leur ôter tout prétexte de demander à s'arrêter en chemin. Il serait même bon de leur proposer de souper avant de partir.

Les ordres du roi étant que toute communication et correspondance au dehors soit interdite à M. de La Chalotais, et qu'il ne lui soit fourni ni livre, ni papier, plume ou encre, je vous prie de faire faire, en présence de ce prisonnier, un paquet ou caisse de ce qu'il se trouvera en avoir, de le faire cacheter ou sceller de ses armes pour être remis, séparément de sa malle, à l'officier de dragons qui le conduira, et lui être représenté à son arrivée dans le même état, ensuite être remis au greffe.

La voiture partira demain de bonne heure. Ainsi vous aurez suffisamment de temps pour faire tout disposer de façon que ces messieurs puissent monter en voiture à sept heures du soir. Je donnerai à l'officier de dragons, pour vous le remettre, l'ordre du roi adressé à M. Scott pour tirer du château de Saint-Malo M. de La Chalotais. Quoiqu'il n'y soit pas fait mention de son laquais, vous le ferez également remettre à l'officier porteur de l'ordre.

J'ai l'honneur d'être, avec un parfait attachement, etc.

XLV

Rennes, le 1er août 1766.

M. de Barrin à M. de Fontette.

Enfin, Monsieur le maréchal, je peux vous parler moins gravement qu'avant hier, et laisser là le style de gens qui parlent d'affaires du roi. Votre prisonnier, qui est actuellement le nôtre, nous est arrivé ce matin à trois heures, en assez bonne santé, à une rétention d'urine près, pour laquelle il a demandé son chirurgien. M. Guibert, l'officier qui l'a amené de Saint-Malo, l'a trouvé très doux et très honnête en chemin.

En arrivant il a été mécontent de tout ce qu'on lui a donné, qui lui était destiné; et il n'avait pas trop de tort. On va chercher à l'arranger le mieux qu'on pourra. Je suis depuis ce matin de pied ferme à mon bureau occupé à répondre aux demandes qu'il me fait faire, et à donner des instructions particulières pour chaque chose à l'officier qui le garde. Il faut s'armer de patience, et ne se pas négliger sur les attentions.

Bouquerel toujours fou, mais moins furieux, a été conduit cette nuit à Saint-Meen (1) le plus tranquillement du monde. L'abbé Clémenceau (2), qui entend mieux le langage des fous, en tirera plus de parti que nous.

Il y a eu mardi dernier, à Paris, un tapage affreux au parlement. On y disait M. de La Chalotais jugé, condamné, et près d'avoir le cou coupé, et Bouquerel mis à la question. Il y eut cinquante voix pour donner sa démission le même jour, et cinquante-deux pour attendre jusqu'à jeudi, jour de la réponse du roi. Nous ne saurons cette réponse que demain ou après-demain (3). Nous avons besoin ici

---

(1) L'hôpital de Saint-Méen était situé dans un faubourg de Rennes; c'était une maison de force, comme celle de Charenton.
(2) L'abbé Clémenceau était le supérieur de l'hôpital de Saint-Méen. Dans sa jeunesse il avait été jésuite. En 1740, il sortit de la Société; en 1750, les chefs de la magistrature de Rennes, administrateurs des hôpitaux, le choisirent comme « supérieur et gardien » de l'hôpital. (*Mémoire à consulter pour le sieur Clémenceau*, p. 26.)
(3) Le *Recueil des délibérations, arrestés...* du parlement de Paris (1767, in-12

qu'elle soit en bon français. Adieu, Monsieur le maréchal, si je ne vous mande des nouvelles fort détaillées tous les jours de poste, M. de La Noue y suppléera. Je vous embrasse de tout mon cœur.

BARRIN.

XLVI

Rennes, le 1ᵉʳ août 1766.

M. de La Noue à M. de Fontette.

Quand vous voudrez que j'aie vos lettres plus exactement, mon cher maréchal, priez donc M. Noël de me les remettre. Il ne me donna qu'hier au soir celle du 29 que j'aurais dû avoir le 30 au matin; celle d'hier 31 m'a été remise ce matin à 8 heures. Eh bien ! ce voyage s'est passé à merveille. Le voyageur a pissé trente fois dans sa bouteille, en faisant trente excuses. Il a voulu parler de ses affaires; Guibert l'en a dispensé de manière à le faire cesser. Son fils le chevalier a demandé à Guibert et à l'officier de garde la permission d'embrasser son papa, qui, comme vous pensez, lui a été refusée. Le père s'est trouvé mal logé, ses draps trop gros, et autres misères.

J'ai lu, comme vous, l'extrait des remontrances de Paris; je les trouve insolentes pour le roi à qui elles reprochent d'être un Prothée. Au surplus je baisse pavillon devant vos lumières, si vous entendez tout le chic-criminel qui y est déduit. Vous savez qu'elles furent portées à Saint-Hubert par les gens du roi et que le roi donna jour au 31 juillet pour la réponse, On nous mande aujourd'hui qu'il y eut la plus grande fermentation au retour des gens du roi; que la séance fut vive, longue; que quarante voix furent pour rester chambres assemblées, cesser toutes autres fonctions, et envoyer demander au roi plus court délai ; mais cinquante-deux voix furent pour attendre le 31 ; qu'on dit hautement aux chambres

ne mentionne pas cette réunion du mardi; la veille, la cour s'était assemblée et ayant appris que le roi se refuserait à recevoir les représentations du parlement avant le jeudi 31, elle s'était ajournée au vendredi suivant, 1ᵉʳ août (pp. 200-202).

que Bouquerel avait eu la question, que La Chalotais serait jugé mardi, 5 aoust; qu'au total, il n'y a pas eu de fermentation plus vive. Vous jugez bien que nous attendons la réponse du roi avec impatience. Notre sénat gâte ses culottes en l'attendant, et ne sera propre qu'en proportion de sa fermeté.

On mande que le mémoire La Chalotais est multiplié de manière que toutes les femmes l'ont sur leurs toilettes, et qu'il fait la plus grande sensation.

Ne criez plus, mon cher maréchal; je vous dirai tout ce que je saurai. J'ai fait vos salamalecs au vicomte-général, à l'intendant, mais vous oubliez l'intendante, qui veut être comptée pour quelque chose, surtout de votre part (1).

Nous n'avons point de nouvelles aujourd'hui de M. d'Aiguillon.

Je vous embrasse, mon cher maréchal, je vous écris à l'intendance qui vous dit mille choses. Je ne vous répète point ma tendre amitié.

XLVII

Rennes, le 4 août 1766.

M. de Barrin à M. de Fontette.

Bonjour, Monsieur le maréchal, car il faut vous prévenir; vous êtes fier dans votre forteresse, avec les gens du plat pays, comme si on ne vous valait pas. Dites-moi, je vous prie, comment vous faisiez la barbe à M. de La Chalotais, quand vous viviez avec lui. Il m'a fait demander un barbier, pour le raser. L'obligation de veiller cet homme qui aurait eu beau jeu, en lui façonnant la moustache pour lui glisser quelques lettres, ou autres marchandises prohibées, m'a paru trop difficile à remplir, et je l'ai refusé. Je voudrais cependant savoir si, pendant son séjour à Saint-Malo, il a eu cette liberté et si son laquais ne le rasait pas. Il n'est plus de l'uniforme des procureurs généraux de porter la barbe longue. Ainsi s'ils ne pouvaient la couper, ni lui ni son laquais, il faudrait bien lui donner un aide, quitte à le veiller de près. Faites-moi le plaisir de me le mander;

(1) Il s'agit ici du vicomte de Barrin, de M. et de M{mme} de Flesselles.

outre l'éclaircissement que je désire, j'y gagnerai le plaisir d'avoir de vos nouvelles.

Notre prisonnier n'est pas trop méchant; je le vis avant-hier, parce qu'il m'avait fait prier de passer chez lui. Nous fûmes assez contents l'un de l'autre; mais je doute que cela dure. Je ne lui ai rien remis de ce que vous m'avez envoyé scellé, et je le fais escorter quand il se promène dans le jardin des Cordeliers, d'une façon qui ne lui plaît pas.

Nous venons d'avoir la réponse du roi au parlement de Paris. Je la joindrai ici (1). Elle nous fera du bien. L'agitation de ce parlement ne laissait pas de faire impression.

Adieu, Monsieur le maréchal ; M. de La Noue vous écrit vraisemblablement et vous mandera plus de nouvelles que moi. Je suis, en attendant des vôtres, avec un parfait attachement...

XLVIII

Rennes, le 4 août 1766.

M. de La Noue à M. de Fontette.

Bonjour tout court, mon cher maréchal. J'ai autre chose à vous dire. Avant-hier le rapporteur Villebouquais (2) fut de huit à onze

(1) Après la lecture des représentations du parlement de Paris faite au roi par le premier président, Louis XV s'est avancé et lui a dit : « J'ai été moi-même dire « à mon parlement de ne plus se mêler de l'affaire de Bretagne ; dites-lui de ma « part qu'il ne m'oblige pas d'y retourner. » (*Recueil des délibérations, arrêtés*..., p. 213.)

(2) Dans le second chapitre de notre introduction (pp. 47 et 48), nous avons essayé de retracer la physionomie de ce rapporteur du procès La Chalotais. Il se nommait René-Jean Bonin, seigneur de La Villebouquais. Il était fils d'Alain-Jacques-René Boninet de Marie-Rose de La Bigottière de Perchambault. Il naquit le 28 novembre 1712, en Toussaints de Rennes. Il fut reçu conseiller au parlement de Bretagne, le 7 juin 1737. Il mourut dans son château de La Villebouquais, en la trève de Trégranteur, paroisse de Guégon (Morbihan), le 7 février 1768. (*Reg. paroissiaux de Toussaints de Rennes; Inventaire des Archives communales du Morbihan ; Reg. sec. du parlement.*)

Le *Commentaire de la liste de NN. SS. du parlement* (pp. 12 et 18) dit de lui qu'il était le demi-frère de l'abbé de Kergus, l'un des principaux ennemis de l'ancien parlement. Il avait signé l'acte des démissions, mais il entra dans le bailliage d'Aiguillon le 7 février 1766. Le *Commentaire* l'accuse d'être l'esclave des jésuites

heures du matin avec Chalot. Le rapporteur avait l'air de l'accusé, et l'autre, avec un air serein et dégagé, semblait être au parquet. Jamais on n'a peloté son juge de meilleure grâce. Il le persifla sans cesse, ainsi que le greffier Saint-Aubin (1). Il s'écria du ton le plus plaisant : « Voilà donc ces fameux anonymes en original! » il en fit, avec dérision, l'analyse vis-à-vis de son écriture, et dit à Saint-Aubin que cela ressemblait à la sienne. Il dit avec un air moqueur à Villebouquais : « Et vous entendez bien que vous ne m'apprendrez pas l'ordonnance. » En total, il traita tout avec audace, ironie et sécurité. La réponse qu'il avait par écrit sur sa poitrine porte en masse : « qu'il ne peut reconnaître le parlement, qu'il regarde comme imparfaitement composé ; qu'il demande avant tout un jugement sur sa cédule évocatoire ; qu'il demande du temps, l'affaire ne lui paraissant pas si pressée, etc. »

A trois heures après midi, il demanda le général Barrin pour avoir encre, papier et livres. Il lui a répété tout ce qui est dans son *Mémoire*, dont il s'est défendu, comme une fille fait son pucelage ; il lui a parlé de toute son affaire avec le plus beau sang-froid, notamment des anonymes. Il a dit avoir des indices du faussaire qui les a faits. Il a plaisanté de sa position et des peines qu'on se donnait pour lui trouver des crimes inexistants. Il est convenu que son *Mémoire* était plus récriminant que justificatif, qu'il invective fort M. d'Aiguillon ; mais qu'on devait excuser la chaleur et l'aigreur dans un homme qu'on tient en captivité depuis six mois. Au surplus il sait tout ce qui s'est passé au dehors, notamment les dernières remontrances de Paris. Il dit : ce diable de Calonne (2), etc. Cette

---

et reproche à son fils d'avoir reçu de lui vingt-cinq louis de récompense quand il avait consenti à revenir sur sa démission. — *V.* ci-dessus le portrait que nous en avons tracé dans notre introduction. *V.* Guillotin de Corson, *l'Abbé de Kergu*, 1892. (*Rev. de Bretagne, Vendée et Anjou.*)

(1) Joseph-René-Jacques Blain, sieur de Saint-Aubin, fils de Joachim-Anne Blain de Saint-Aubin, avocat du roi au présidial de Rennes, et de Thomasse Besnard, né en Saint-Germain de Rennes, le 29 avril 1725. Il est mort en Saint-Etienne de cette ville le 8 novembre 1766. Il a été reçu greffier en chef criminel au parlement de Bretagne le 8 juillet 1751. Sa femme, Jacquemine-Constance Cailleau, fille d'un négociant de Rennes, est morte en 1764 : il en a eu des enfants. (*Reg. paroissiaux de Saint-Germain et de Saint-Etienne* de Rennes. — *Reg. sec. du parlement.* — *Répertoire général de bio-bibliographie bretonne*, par Kerviler. Rennes, in-8° (en cours de publication), 7ᵉ fascicule, 1889, p. 346.)

(2) M. de Calonne, ancien procureur général au parlement de Douai, était de-

contenance étudiée et préméditée en imposait à notre séna hésitant et craintif; il ne savait trop quel parti prendre dans sa séance de ce matin, la réponse du roi au parlement de Paris ne nous étant arrivée que par la poste de ce matin, mais d'assez bonne heure et assez ferme pour rétablir les courages. La voici : « J'ai été moi-même en « mon parlement lui dire que je ne voulais pas qu'il se mêlât de l'af- « faire de Bretagne; dites-lui de ma part qu'il ne me force pas d'y « retourner une seconde fois ».

Cette réponse rapportée le vendredi 1er août, 54 voix ont été pour nommer des commissaires à l'examen, sans fixer le jour; 59 voix pour se rassembler dans le jour. On me mande qu'en sortant du palais plusieurs de Messieurs ont dit : C'est le dernier coup de collier que nous pouvions donner pour La Chalotais. C'est un homme perdu ; sa tête sautera.

Au surplus les experts arrivent ce soir.

A une heure de l'après-midi.

Nous apprenons du palais que le procès-verbal d'interrogatoire d'avant-hier a été lu, sur quoi a été ordonné d'aller sur-le-champ interpeller La Chalotais de nommer ceux de ses juges qu'il avait à récuser. On lui en a envoyé la liste. Il a récusé MM. d'Amilly et de Villeblanche pour cause d'inimitié, Cornulier fils (1) pour parenté,

---

venu maître des requêtes en 1763. Il fut nommé procureur général de la commission de Saint-Malo ; et comme tel s'attira les rancunes de M. de La Chalotais. Il est admis qu'il avait été l'instigateur du procès de son collègue ; il aurait déclaré à M. de Saint-Florentin que les fameux billets anonymes étaient de la main du magistrat breton.

(1) Ce magistrat est Toussaint-Charles-François de Cornulier, reçu conseiller au parlement le 11 mai 1762 et président à mortier en 1775. (*Reg. sec. du parlement.*) Le *Commentaire de la liste du parlement* dit de lui qu'il avait signé l'acte des démissions, et qu'il était rentré le 17 février 1766, pour épouser sa parente Mlle de Nétumières. Ce document, d'un esprit toujours très violent, dit que M. de Cornulier était absolument inepte, et ne rapportait jamais (p. 16).

Le *Commentaire* explique ailleurs cette rentrée; dans les lignes consacrées au président de Cornulier, père de celui-ci (p. 11), il affirme que le mariage de ce dernier avec sa cousine, filleule de son père, devant être frappé d'opposition de la part des parents de la jeune fille, le conseiller était rentré au palais pour s'assurer les suffrages unanimes des magistrats de la cour et faire lever les oppositions. Ce qui est certain, c'est qu'un proche parent de Mlle des Nétumières s'opposa à ce projet d'union et que le mariage fut célébré, après main-levée, le 17 juin 1766, en Saint-Étienne de Rennes. (*Reg. paroissial.*) En résulte-t-il que M. de Cornulier ait obéi aux motifs qu'on lui prête? C'est au moins douteux.

et Peccadeuc (1) pour avoir eu procès avec lui. Au surplus il s'est récrié sur la célérité, et prétend qu'on va bien vite. Le parlement se rassemble cette après-diner pour juger ces récusations et rendra vraisemblablement arrêt pour juger les pièces de comparaison.

J'oubliais de vous dire un trait d'audace qui enlève la paille. Il a demandé à M. de Barrin si Bouquerel était toujours fol ; qu'il avait cru pendant longtemps qu'il le jouait et qu'il n'était pas encore bien sûr à cet égard.

Adieu, mon cher maréchal, c'est du cabinet de l'intendant que je vous écris ; il vous dit mille choses honnêtes, et moi celles que peuvent fournir notre ancienne estime et tendre amitié.

XLIX

Rennes, le 6 août 1766.

M. de La Noue à M. de Fontette.

Vous êtes bien heureux d'avoir le temps de plaisanter, mon cher maréchal ; les colloques Barrin, intendant, Amilly, etc., etc., ne m'en laissent pas le temps. Mais j'en trouve pour vous dire que je vous suis attaché, et pour être le seul à vous écrire aujourd'hui.

J'ai reçu votre lettre du 3, et je l'ai fait lire à l'intendante. Elle a rougi de façon à me persuader votre intelligence. Nous allons travailler à votre broderie, mais ce sera à tête reposée. Elle vous fait mille amitiés, et son mari aussi, qui vient de me dire qu'il attendra de vos nouvelles pour envoyer Audouard (2) à votre secours, questionner la pendarde qui remettait les lettres.

(1) Pierre-Jean-Baptiste Picot, seigneur de Peccadeuc, a été jugé très sévèrement par le *Commentaire de la liste du parlement* (p. 13), comme ayant signé l'acte de démission et étant rentré le 17 février 1766 ; on y parle de son ineptie et de son incapacité à faire un rapport. Il fut reçu conseiller et commissaire aux requêtes le 26 novembre 1757. (*Registres secrets du parlement.*) Au temps où fut rédigé le *Commentaire de la liste*, il faisait partie de la Tournelle. Il fut membre du parlement Maupeou avec Picot de Peccadeuc son frère aîné, Picot de Boisby, son frère cadet.

(2) Audouard, qui appartenait à la bourgeoisie rennaise, était en même temps major de la milice bourgoise et subdélégué de l'intendance, et en cette qualité chargé de l'exécution des ordres de la cour. Il eut donc à prêter son concours à l'autorité administrative dans les affaires de 1765 et des années suivantes. Par suite il fut l'objet d'attaques violentes de la part des « chalotistes ». Il fut désigné dans

J'ai remis à d'Abrieu votre lettre. Les deux Nantaises sont parties hier, et celle pour Lorient, ce jour.

Avant-hier, après midi, notre sénat voulut juger les récusations ; mais la généalogie de Cornulier fils ou de sa femme n'était pas prête ; ce petit incident la fit remettre à hier matin. Le soir, Chalot fit demander le rapporteur qu'il traita ainsi que le greffier avec indignité, disant que lui et tous les membres étaient vendus à la cour, à M. d'Aiguillon, qu'ils en avaient argent en poche, avec l'espoir d'autres grâces, dès que l'iniquité serait consommée.

Hier matin, notre sénat fut encore arrêté par la filiation Cornulier et se contenta de rendre arrêt, pour que le conseiller Boistourné (1) se rendît à Rennes. La perte de ce jour m'a fait chanter pouille au premier président, sur ce qu'il pouvait faire juger les trois autres récusations, sur ce que le retard pouvait être dangereux pour nos experts arrivés lundi soir ; que son corps allait être bafoué de ce que Chalot, en les traitant mal, obtenait les délais qu'il voulait. Il me répondit qu'une ordonnance statuait le nombre vingt pour représenter les chambres assemblées ; que les récusations Villeblanche, Prégenterie (2) (au lieu de Peccadeuc) avaient déjà été jugées ; qu'il fallait du temps à tout ; qu'on avait été trois ans pour le procès de Lally ; que la fermentation de Paris n'était pas finie par la réponse du roi puisque les chambres étaient restées assemblées, etc. Vous reconnaissez l'homme. Le pis c'est qu'on peut le regarder comme

la plainte produite devant la cour des pairs, en 1770, contre le duc d'Aiguillon. Il y était accusé « d'avoir sollicité, effrayé par des menaces, tenté par l'espoir des
« grâces et des récompenses, et cherché à suborner différents particuliers, à l'effet
« de tirer d'eux des dépositions ou attestations de faits dont ils n'avaient pas con-
« naissance, etc., etc... » (*Procédures faites en Bretagne et devant la Cour des pairs en 1770, avec des observations.* 1770, 2 vol. in-12, tome I, pp. 1 et suiv.)

(1) Il peut se faire qu'il soit ici question d'un conseiller de Boisrouvray, dont le nom aurait été mal orthographié par M. de La Noue. — Jean-François de Jacquelot, seigneur de Boisrouvray, fut reçu conseiller le 29 décembre 1729. Il donna sa démission en faveur de son fils, en 1770. (*Registres secrets du parlement.*)

(2) Guillaume-Louis Fabrony, seigneur de La Prégenterie, fut pourvu comme conseiller et commissaire aux requêtes, le 30 décembre 1748, en remplacement de son père. Il était né à Bain de Bretagne le 11 septembre 1713 ; il y est mort le 24 janvier 1776. (*Registres secrets du parlement.—Registres paroissiaux.*) Voici comment il est traité dans le *Commentaire de la liste de NN. SS. du parlement* (p. 15) :
« Cy devant conseiller des requêtes, avait signé l'acte de démission ; inepte et très
« goutteux ; ne rapporte jamais..., etc. »

l'écho de son corps. M. de Saint-Florentin lui a écrit des choses honnêtes ; il ne faut que cela pour diminuer son activité ; il ne va que par les gros mots.

L'avocat La Vrillière du Bois (1), impudent et méchant, alla avant-hier chez le greffier déclarer qu'il avait indice du faussaire des anonymes, et venait demander communication des originaux pour les comparer. — Ce n'est pas la forme de demande que vous devez faire ; d'ailleurs les anonymes sont es-mains du rapporteur ; mais vous avez bien dîné, M. du Bois. — Oui, je viens de dîner à l'hôtel. — Quoi ! à l'hôtel d'Aiguillon ? — Bon ! Est-ce qu'il n'y a d'hôtel que celui de ce b... de duc? C'est à l'hôtel de Caradeuc ! — Ce fougueux alla hier matin, chez le premier président et chez le rapporteur en dire autant, sauf l'assertion de l'hôtel d'Aiguillon. M. d'Amilly me dit que cela n'était pas plus punissable qu'une consultation qui allait paraître imprimée, signée de 21 avocats, sur les suites que peut avoir une écriture reconnue par experts.

Il nous est arrivé un courrier hier à minuit (c'est-à-dire à Flesselles), portant les inquiétudes et soucis de la cour sur la forme dans laquelle on a commencé la procédure. Elle voulait la présentation des pièces avant la plainte ; mais, encore une fois, cela revient au même ; seulement, pour la satisfaire, on mettra Pascal devant et Pascal après.

On a jugé ce matin et rejeté la récusation des trois ; celle de Cornulier en suspens. Ils ont ordonné la présentation des pièces pour demain matin... Cela va ; mais doucement...

M. d'Aiguillon a eu quelques nuages ; mais c'est peu de chose ; les nouvelles d'aujourd'hui sont qu'il est bien.

Adieu, mon cher maréchal, je vous embrasse d'après l'estime, l'attachement et l'amitié que j'ai pour vous.

---

(1) Joseph du Bois, sieur de La Vrillière, avocat au parlement de Bretagne, était inscrit au tableau depuis le 20 août 1744.
Bibliothèque de la Cour d'appel; Tableau arrêté le 8 août 1750 par le bâtonnier. Imprimé.

L

Rennes, le 8 août 1766.

M. de La Noue à M. de Fontette.

M. de Flesselles m'envoya hier matin votre lettre du 5, mon cher maréchal. Audouard m'a remis ce matin celle du 7, y jointes celles pour Abrieu et Saint-André Trevenegat (1), que j'ai fait remettre sur-le-champ.

Le chevalier de Balleroy me mande avant-hier et ce jour la bonne santé du général; qu'il a été partout avec plaisir; que les choses se sont passées à merveille de la part de la marine, etc. Vous savez, mon cher maréchal, que le faible de notre général est d'être aimé et de le croire quelquefois facilement; il n'est pas encore convaincu de la fausseté des dix-neuf vingtièmes de cette province.

On mande de Paris, du 6, que le parlement est assemblé pour délibérer sur la dernière réponse du roi; que, dans l'instant qu'on écrit, on sait qu'il y aura d'itératives remontrances; mais qu'on n'ignore pas d'avantage que ce dernier effet ne produira rien.

Notre sénat n'a rien fait hier. Villeblanche, Villebouquais et le greffier ont passé la matinée au procès-verbal de présentation des pièces de comparaison, savoir : trois notaires, deux billets particuliers

---

(1) Saint-André Trévenégat? Le texte de la lettre de M. de La Noue laisserait supposer qu'il s'agit là d'une seule personne. En tout cas, il est question de M. de Trévenégat (Anne-Camille Auvril), conseiller au parlement depuis le 25 juin 1717. C'était le doyen de la cour. (*Reg. secrets du parlement.*) Il était né à Berrie, près de Vannes, en 1684. (*Inventaire des Archives du Morbihan*, t. II, paroisse de Berrie.) Il a fait partie du parlement Maupeou et est mort en Saint-Jean de Rennes, le 27 avril 1771. (*Reg. paroissial.*)

Le *Commentaire de la liste* (p. 7) l'a fort mal traité, le disant perdu de dettes, et chassé de sa compagnie pour sa dépravation. Les ennemis politiques du rédacteur de ce document avaient d'ailleurs pour lui tous les vices. M. de Trévenégat, qui depuis de longues années vivait gaiement à Paris, ne serait revenu à Rennes que pour seconder les vues du duc d'Aiguillon. On voit, dans la correspondance de M. de Saint-Florentin, que M. de Trévenégat était en relations assez intimes avec le ministre. Non seulement il lui adressait des comptes-rendus des séances des états, mais encore il lui expédiait des pots de beurre et des paniers de gibier. Arch. nat., O¹ 463, 28 janvier et 28 février. Lettres de Saint-Florentin à Tréve-(négat.)

que La Chalotais a reconnus et chiffrés avec ses réservations précédentes.

Les experts s'ennuient à périr. Il a été répandu hier soir dans la ville une consultation de vingt et un de nos avocats. Le chevalier de La Chalotais en a envoyé dix exemplaires à M. de Flesselles. En voici un.

Enfin notre sénat a ordonné ce matin que les experts seraient assignés; mais en distrayant les deux billets particuliers des cinq pièces chiffrées hier, ils ont prétendu que La Chalotais avait dit qu'ils ne pouvaient servir à la comparaison, étant pièces particulières. De sept pièces qui devaient servir, il en reste donc trois, d'ancienne écriture. Chalot n'aura pas à se plaindre que les juges n'emploient tout ce qui lui est favorable. Je ne suis pas sans inquiétude sur cette vérification d'experts. J'aurai un furieux poids de moins quand ils auront fini la besogne qu'ils commencent demain soir.

Un événement assez particulier c'est l'indiscrétion de Villebouquais qui a raconté à Chalot la nomination de Royllet, qui a été changé pour d'autres. Vous savez que ce changement a été fait par scrupule de la cour, parce que Royllet était l'homme employé par M. Goislard. Chalot, qui ignore cela, a conclu du changement que Royllet était un honnête homme, qui n'avait pas voulu se laisser séduire, qu'il le connaissait de réputation; qu'il le demandait à cor et à cri. Ses partisans en font retentir les échos. Or ce Royllet, vieux et infirme, est peu en état d'aller; mais on est forcé par ces circonstances de le faire venir à quelque prix que ce soit; et vous jugez comme il parlera après ce qu'il a dit; convenez que quand la chose eût été préparée, elle n'eût pas mieux réussi.

Le premier président va bien; Villebouquais seulement nous désole. L'assertion du Bois La Vrillière n'a pas eu de suites. En total notre affaire ne pourra finir que vers les premiers jours de septembre.

Bouquerel va un peu mieux; mais rien à espérer de lui pour le moment.

Je dîne avec M. et Mme de Flesselles qui ont lu vos lettres et vous font mille amitiés. Nous allons traiter aujourd'hui votre broderie *ex professo*.

Adieu, grand maréchal. Richardet me serait bien utile pour rire quelquefois. Sans M. de Flesselles, qui est gai, je serais toujours sérieux.

Je ne le suis pas en vous embrassant et en vous assurant de mon attachement.

LI

Le 11 août 1766.

M. de La Noue à M. de Fontette.

Votre lettre d'avant-hier m'a été remise hier par M. de Launay. Mon cher maréchal, vous avez bien raison de vous plaindre de mon silence du 8. J'en ai jeté les hauts cris. Sachez donc que la lettre ci-dessus devait partir à sa date, le même 8. Je la fermai chez M. de Flesselles, en sortant de table. Il s'enfila de détails sur notre histoire courante avec tant d'action qu'il était 4 heures et demie quand nous nous avisâmes d'envoyer nos lettres à la poste ; elle était partie ; il en fut furieux et moi aussi. Cela n'arrivera plus.

Dautrêpe, l'expert, a commencé son travail le samedi, après midi ; il a continué hier dimanche, au point qu'il sera en état de faire son rapport demain après midi. Il n'a pas dit définitivement en quoi il consistait ; mais ses mots ramassés par-ci par-là annoncent qu'il a jugé sans difficulté que le comparé et le comparateur étaient identiques. Mercredi, Paillasson commencera son travail. Le premier président a été voir Chalot et l'a embrassé, disant qu'il était assez malheureux ; vous reconnaissez bien la singularité de M. d'Amilly à ce trait ; il était avec le président de Montbourcher (1).

(1) Ce personnage se nommait René-Claude-Marie de Montbourcher. Il était seigneur de la Maignanne, et résidait au château de ce nom, paroisse d'Andouillé (Ille-et-Vilaine). Fils de Gabriel-René de Montbourcher, président des enquêtes au parlement, et de Madeleine-Thérèse Briaud, il était né en Saint-Etienne de Rennes, le 12 mars 1695, et il y mourut le 20 juillet 1776. (*Reg. paroissiaux.*) Il fut reçu conseiller au parlement de Bretagne, le 28 mai 1725 ; il y devint président aux enquêtes, le 18 août 1728, et président à mortier, le 14 août 1738. (*Reg. secrets.*) Il s'était marié avec Marie-Rosalie de Montaudouin, d'une très riche famille de Nantes. Il a laissé des fils, mais sa postérité mâle s'est éteinte en 1848. (*Registres de décès d'Andouillé*, 1848.)

Dans le *Commentaire de la liste* (p. 6), le président de Montbourcher est dépeint

En fouillant dans les bibliothèques on a trouvé ici un ouvrage du sieur Vallain, expert en écritures, qui réfute Le Vayer en son traité de l'incertitude de la preuve par expert. Cet ouvrage de Vallain, imprimé en 1761, à Paris, fait un effet étonnant, et renverse à plat la consultation ci-jointe que nos deux experts avaient déjà ridiculisée, comme faite par des gens qui n'avaient aucun principe dans l'art d'écrire.

Nous sommes tous en émoi pour recevoir M. de Praslin (1), qui arrivera à 4 heures. Il couche dans l'appartement de M. d'Aiguillon. M. de Barrin lui donne à souper, et a reçu ce matin la lettre de M. de Choiseul, qui ordonne de lui rendre les honneurs de maréchal de France en sa qualité de secrétaire d'état.

Il va demain souper et coucher au Cludon (2), chez du Gage. M. de Flesselles saisit cette occasion d'aller voir Brest, et part demain avec M. et Mme de Langle (3). Je verrai à arranger seul votre broderie, dont je vous enverrai des dessins, avant de la commander.

On me mande de Paris la mort subite du marquis de Valbelle (4);

comme un homme plein de vanité. Il aurait pris place dans le bailliage d'Aiguillon parce que le duc lui aurait fait croire qu'on était fort occupé de lui à la cour. Le duc l'a jugé lui-même comme très dévoué au roi, mais de tête chaude et de cœur romanesque, assez capable à l'occasion de servir involontairement la tactique des ennemis du gouvernement. (Arch. nat., H. 439. Rennes, le 22 janvier 1766.)

(1) César-Gabriel de Choiseul, créé le 2 novembre 1766 duc de Praslin, pair de France, fils du marquis Hubert de Choiseul, baron de La Rivière, et de Louise-Henriette de Beauveau, né à Paris, paroisse Saint-Côme, le 15 août 1712, décédé en Saint-Sulpice de la même ville, le 15 novembre 1785. Il est devenu lieutenant-général des armées du roi, ambassadeur extraordinaire et plénipotentiaire à Vienne, ministre secrétaire d'état des affaires étrangères en octobre 1762, chevalier des ordres (1er janvier 1762), lieutenant général en Bretagne (novembre 1692). Il a épousé le 30 avril 1732 Anne-Marie de Champagne-La-Suze, qu'il a perdue le 27 décembre 1783, et dont il a eu des enfants qui ont vécu de nos jours. (*Notes prises à l'état civil de Paris*, par M. de Chastellux, 1875, in-8°, pp. 132, 170, 173. — *Calendrier des princes et de la noblesse pour 1765*, pp. 72 et 73.)

(2) Le château du Cludon, aujourd'hui en ruines, était situé dans la paroisse de Plougonver, commmune de Plougonver (Côtes-du-Nord). La terre seigneuriale du Cludon ou Cleusdon appartenait en 1766 à Jacques-Claude de Cleux, marquis du Gage... (*V*. note sur la lettre du 18 avril 1766. Barrin à Fontette.)

(3) Plusieurs branches de la famille de Langle ont marqué au parlement de Bretagne durant les XVIe, XVIIe et XVIIIe siècles. Le marquis de Langle de Beaumanoir, sénateur des Côtes-du-Nord, descend directement de l'une d'elles.

(4) Le *Calendrier des princes*..., p. 318, signale le marquis de Valbelle comme chevalier de Saint-Louis, maréchal de camp, et lieutenant général de Provence.

le comte de Valbelle, amant de la Clairon, devient un grand seigneur.

Les secondes remontrances de Paris ont vu le jour; elles sont froides et faibles; le roi les recevra dans quinze jours à Compiègne.

LII

Rennes, le 13 août 1766.

M. de Barrin à M. de Fontette.

J'ai à répondre à trois des vôtres, et je me le reproche, car je sens qu'à votre place je serais bien curieux de savoir ce qui se passe ici, et que je saurais un peu mauvais gré à un correspondant qui, après m'avoir promis de me donner des nouvelles, s'aviserait d'y manquer. Soyez plus indulgent que je ne le serais à votre place. Cet acte de douceur doit vous coûter moins qu'à un autre, après toutes les épreuves auxquelles votre patience a tenu depuis que vous êtes à Saint-Malo. Je vois, par votre dernière lettre, que M. de Caradeuc continue à l'exercer. Il est sûr que vous vous en trouverez mieux dans l'autre monde, mais peut-être êtes-vous assez occupé de celui-ci pour que les avantages du premier ne vous fassent qu'une légère impression. La scène de vos deux lutteurs est assez plaisante pour quelqu'un qui l'aurait vue sans se croire obligé de mettre le hola; mais elle doit vous donner de l'humeur.

M. de La Chalotais a jusqu'à présent paru fort patient avec ses gardiens, et beaucoup moins avec ses juges. Persuadé d'avance de toutes les tentatives que lui et les siens feraient pour nous attraper, j'avais employé tout ce que mon imagination m'avait pu suggérer de précautions pour les prévenir. Malgré cela nous pouvons bien n'avoir pas pensé à tout, et finir par en être dupes; car, quelque précaution que j'aie de renouveler de temps en temps l'officier de dragons qui le garde, lorsque les choses traînent en longueur, on se relâche toujours à la longue, et on finit par être surpris. Quant aux visites que j'ai faites au prisonnier, n'en soyez point alarmé, je ne lui ai rien appris, et je ne les ai faites que parce que M. le duc d'Aiguillon, que j'avais consulté, m'avait dit que je ne pouvais pas m'en empêcher, s'il m'en faisait prier.

Il n'a pas eu de perruquier pour le raser, et s'est fait cette opération-là lui-même. Si vous m'aviez mandé qu'il ne se fût pas rasé, à Saint-Malo, il y avait moyen de lui procurer un barbier sans le moindre risque. J'ai mieux aimé qu'il s'en passât, parce que je n'aurais pas pu guérir de la peur ceux qui, comme vous, mon cher maréchal, le croient sorcier. Je suis sûr, autant qu'on peut l'être, que son chirurgien ne lui a rien dit, ni remis, mais j'aurais peut-être bien de la peine à le persuader, vu tous les contes qu'on fait.

Quoi qu'il en soit, vous savez peut-être déjà que le premier expert avait fini la besogne le matin, et que le second la commença le soir. Nous sommes sûrs que l'avis du premier est à l'affirmative; et on a lieu de croire, sur quelques propos du second, après son travail d'hier et de ce matin, que son avis est aussi affirmatif que l'autre. Il finira demain matin. Si notre rapporteur voulait, le délit suivrait de près; mais il a parlé de ne pouvoir rendre compte de deux procès-verbaux que lundi. Je ne sais pas pourquoi il a besoin de tout ce temps-là.

LIII

Rennes, le 13 août 1766.

M. de Barrin à M. de Fontette.

(Billet annexé à la lettre de ce jour)

Faites-moi le plaisir de me mander, mon cher maréchal, comment se fit la caisse de livres de M. de La Chalotais. Vit-on tout ce qui fut mis dedans ? En fit-on un état ? N'y trouva-t-on rien de suspect ? Si on en prit un état, et si on l'a encore, je vous serais bien obligé de me l'envoyer. Le scellé fut mal mis. Le mouvement de la poste a cassé les cordes et presque entièrement déchiré le papier. Cela pouvait bien me mettre dans l'embarras ; mais le mal est sans remède.

Notre rapporteur menace de ne rapporter que mardi prochain. Vacances jusque-là, et cinq jours entiers de perdus!

LIV

Rennes, le 13 août 1766.

M. de La Noue à M. de Fontette.

Votre humeur irraconde s'est bien satisfaite, mon cher maréchal vous m'avez grondé et fait gronder par le général Barrin d'u[ne] faute involontaire. Je passe tout cela en faveur de vos bonnes nou[v]elles. Le général Barrin, l'intendant vous mandent sûrement [le] rapport de Dautrèpe terminé avant-hier soir. Il est net, assuré et co[n]vaincant pour ceux même qui n'entendent pas la matière. C'est u[ne] pièce triomphante contre La Chalotais. Le travail de Paillasson fin[i]ra aujourd'hui. Il a dit hier « a parte » que Chalot était un gran[d] fripon. Ces deux gens travaillent sur les mêmes principes. Nous pr[é]voyons ce que dira Paillasson. Le Chalot recevra donc la récompens[e] de ses méfaits. Cela sera encore long, notre rapporteur étant scru[p]uleux, timide, incertain et paresseux. Nous allons lui mettre de[s] guêpes aux jambes. Mais que va devenir M. d'Aiguillon d'ici au 10 d[e] septembre, ou à peu près, car cela ira là. Royllet arrive dans cin[q] ou six jours. C'est un grand secret; si notre sénat en avait vent, [il] l'attendrait pour agir.

Notre ministre marin a soupé et couché avant-hier avec nous, [il] est parti hier matin pour Le Cludon et Brest. C'est une frêle machine[.] Il pourra bien rendre une âme qui ne tient guère, lorsqu'il visiter[a] port, vaisseaux, magasins, etc.

Nous n'avons point de nouvelles aujourd'hui du prince de Lam[b]alle. Vous savez qu'il est dans le plus grand danger de la petit[e] vérole, et qu'on lui a mis les vésicatoires.

On nous mande que les gens du roi sont à Compiègne, parce qu[e] le sénat métropolitain a trouvé le terme de quinze jours trop lon[g] pour l'audition des deuxièmes remontrances.

Adieu, cher maréchal, je vous embrasse de tout mon cœur et vou[s] assure de mon tendre attachement. Je verrai ce jour ou demain le[s] sœurs du Bon Pasteur ; vous aurez le résultat de mon travail pou[r] votre broderie.

LV

A Rennes, le 15 août 1766.

M. de La Noue à M. de Fontette.

Le second expert tire à cartouche sur Chalot. Les deux ont offert de plus de fournir un mémoire justificatif des principes de leur art contre des gens qui ne le voient que probable et conjectural, et d'en faire l'application à la vérification qu'ils viennent d'opérer. Ce travail est bien nécessaire pour démonter la batterie que du Parc Poullain (1) dresse pour réfuter le livre de Vallain. Il doit faire paraître sous quelques jours un mémoire à cet égard. Nos magistrats, qui en ont entendu parler, sont ébranlés. C'est sûrement une des raisons secrètes qui leur a fait arrêter, le 13 au matin, de ne rentrer au palais pour cette affaire que le 19. Voilà cinq jours de perdus. M. de Flesselles et moi allâmes l'après-midi du même 13 chez le premier président lui représenter les dangers de ce retard ; combien il déplaisait à la cour ; que c'était donner le temps aux adhérents de La Chalotais d'être informés du contenu des vérifications, et de travailler à faire naître des incidents, etc. Il nous dit que vingt conseillers ne se menaient pas comme vingt dragons ; qu'il y avait eu de l'humeur au parlement sur la célérité qu'on semblait exiger d'eux ; qu'ils avaient dit qu'étant peu payés, et n'espérant ni récompenses ni grâces, ils ne pouvaient travailler une pareille besogne sans prendre de relâche ; qu'ils avaient des affaires chez eux ; que c'était

---

(1) Augustin-Marie Poullain, sieur du Parc (dit du Parc-Poullain), est né en Saint-Aubin de Rennes, le 7 septembre 1703, et mort en Toussaints de la même ville, le 14 octobre 1782. Il est célèbre comme professeur à la faculté de droit de Rennes, et comme jurisconsulte. Il fut anobli en 1763 ; créé chevalier de Saint-Michel, il en reçut les insignes en 1765.

Le *Mémoire* dont parle M. de La Noue a été distribué dans le cours du mois d'août (Rennes, imprimerie de Nicolas-Paul Vatar, 20 pages in-4°) ; l'auteur s'y intitule *ancien bâtonnier des avocats, professeur royal en droit français, chevalier de l'ordre de Saint-Michel*. Presque en même temps la famille de La Chalotais avait fait remettre aux membres de la cour une consultation de 22 avocats, délibérée à Rennes le 4 août et imprimée chez le même Vatar (20 pages in-4°). On y attaquait très vivement l'autorité de la vérification d'écritures en général, sur laquelle on ne pouvait se fonder pour condamner ni même pour poursuivre un accusé tel que le procureur général de Caradeuc de La Chalotais.

(V. *Procès instruit extraordinairement*, édit. 1770, t. III, p. 132.)

les traiter comme une commission de maîtres des requêtes, qui passait légèrement sur les formes; qu'au surplus on devait regarder à trois fois pour décréter un magistrat de soixante-quatre ans, qui était en place depuis trente-six, n'avait contre lui que des vérifications d'experts, qui avaient toujours été vues comme incertaines dans la jurisprudence, etc.

On ne peut s'empêcher de convenir que cette tirade n'est pas faite pour nous rassurer. On y reconnaît ce qu'on sait du mémoire de du Parc-Poullain; aussi cet avocat est-il journellement dans le cabinet du premier président (1).

Nous avons des craintes sur la volonté de notre sénat de décréter. Il serait bien affreux, parce qu'un coupable est célèbre, et qu'il tient à la magistrature, qu'on ne pût lui faire subir les lois. Ce qu'il y a de positif c'est que sept de nos juges partirent tout de suite pour leurs campagnes et autres affaires; et que M. de Flesselles ne crut pouvoir mieux faire que de laisser aussi partir les experts, dont la confrontation paraît bien éloignée. Nous représentâmes encore au premier président que si on continuait les retards, l'affaire ne serait pas finie pour les états; qu'elle leur attirerait sûrement des lettres de continuature; qu'eux tous, qui avaient marqué de l'amitié à M. d'Aiguillon, le laissaient errant dans la province. Il nous répliqua... que ces considérations ne pouvaient militer contre le cours de la justice; que tous les juges étaient déterminés aux cinq jours de vacances sur cette même considération qu'ils recevraient sûrement des lettres de continuature.

On peut conclure de tout cela que s'il ne vient quelque véhicule par un courrier de la cour, nous allons rester embourbés. On disait hier dans la ville que nos juges allaient ordonner des monitoires pour acquérir des adminicules sur les anonymes. Si cette formalité était ordonnée, elle ferait encore un retard de quinze jours.

---

(1) Au sujet de l'intervention de M. de La Noue auprès du premier président, voici ce que dit le *Journal des événements*, p. 147 : « Les rentrés s'assemblèrent ce jour (13 août)... et ils renvoyèrent toute délibération au mardi suivant 19. « L'intendant, instruit de ce renvoi, fit de vifs reproches au premier président. « Un sieur de La Noue, dévoué au duc d'Aiguillon, inspecteur des gardes-côtes, « s'avisa de vouloir faire aussi ses représentations à M. d'Amilly sur la lenteur « du parlement, dans l'instruction de cette procédure, mais il fut très mal accueilli. »

M. de La Villebouquais a mandé ce matin à M. de Flesselles que ces monitoires lui semblaient indispensables.

La poste d'aujourd'hui nous apporte un exemplaire de l'ouvrage Vallain. La personne qui l'envoie mande qu'elle a eu peine à l'avoir, le libraire ayant dit que les parlementaires étaient venus, la veille, enlever tous les exemplaires... Les lettres de la cour marquent aujourd'hui des inquiétudes sur les experts, et l'extrême désir de voir finir l'affaire. Les ministres vont être bien contents, en apprenant la façon dont on répond à leur désir.

J'ai reçu hier votre lettre du 12 par M. de Flesselles. J'en reçois une de pareille date du chevalier de Balleroy, du Port-Louis. M. d'Aiguillon se portait à merveille, malgré un petit reste de fluxion ; je lui ai adressé votre lettre à Vannes, où il doit revenir aujourd'hui. Nous ne savons rien de plus sur sa marche: il faut bien qu'il nous envoie un nouvel itinéraire, car je ne crois pas qu'il puisse rentrer à Rennes avant les premiers jours de septembre.

Vous aviez mis vos bonnes lunettes en prévoyant les craintes et les retards de notre sénat. On nous mande aujourd'hui le départ de Royllet, lundi 18, pour venir ici.

Il n'y a point eu de dames au souper Praslin, et le couvert n'était que de quatorze, ainsi que l'a désiré le ministre. Le chevalier de La Chalotais vint à 9 heures du soir, demander à le voir. Le ministre dit qu'il ne voyait personne à cette heure. Le chevalier avait eu la maladresse de manquer l'après-midi, où le ministre avait vu et parlé à tout le monde.

La visite Amilly et Montbourcher à La Chalotais s'est passée à dire qu'ils ne se haïssaient point, et ne s'étaient jamais haïs ; le reste en persiflage.

Adieu, mon cher maréchal, je vous embrasse de tout mon cœur.

LVI

Rennes, le 18 août 1763.

M. de La Noue à M. de Fontette.

Nous sommes encore dans les délais, non pas de l'ordonnance, mais de la nonchalance. Ce ne sera que demain qu'on reprendra par l'ouverture du réquisitoire et la lecture des conclusions Villeblanche. J'en sais assez pour désirer qu'elles soient suivies... Du Parc Poullain vient de donner le mémoire ci-joint en son pur et privé nom. Il est bien irrégulier qu'un particulier s'avise de justifier un prisonnier d'état, sans réquisition apparente et sans aveu de la cour ou du parlement. M. de La Bourdonnais (1) fut près d'un an à obtenir M. de Gennes pour rédiger son beau mémoire justificatif, et cet avocat ne travailla que de l'agrément de la cour. Du Parc-Poullain se croit au-dessus de cela ; c'est la marque de reconnaissance de la noblesse et du cordon de Saint-Michel, qu'il vient d'obtenir.

L'ombre du contrôleur général Orry vient de répondre à ce mémoire un petit manuscrit, qu'on fait courir. Il a été remis ce matin au premier président qui a dit : « Il n'y a qu'une réponse à faire au bavardage de tous ces avocats, c'est que l'ordonnance prescrit le décret. » Il y a une heure que M. d'Amilly a dit cela ; d'où je conclus que demain ou après, au plus tard, nous verrons le décret.

Royllet est arrivé ce matin. Il paraîtra quand cela sera nécessaire. Avant-hier MM. de Chamballan père et fils (2), l'un conseiller, l'autre président des défuntes enquêtes, sont arrivés de Paris, et font vingt-un juges. Nous recevrons après demain les lettres de continuature du parlement jusqu'à la Saint-Michel, sous prétexte que les affaires sont restées en arrière, pendant les troubles.

(1) On fait ici allusion à Bertrand-François Mahé de La Bourdonnais (1699-1753), marin breton qui opéra dans les Indes, eut des rapports difficiles avec Dupleix, et fut, à l'occasion de sa conduite, arrêté, conduit à la Bastille, emprisonné trois ans et demi, et enfin acquitté. Son avocat, Pierre de Gennes, du barreau du parlement de Paris, a publié en sa faveur un remarquable *Mémoire* (1750, 2 vol. in-4°).

(2) Ce sont :
1° Joseph-François-Marie de Boilesve, seigneur de Chamballan, reçu conseiller le 28 avril 1724, et président le 18 août 1728. Né le 30 janvier 1704, il se fit prêtre après la mort de sa femme et mourut en 1779, grand vicaire à Nantes (*Généalogie de la maison de Cornulier*, supplément publié en 1863. Nantes, in-8°, p. 64);
2° Joseph-Louis-Marie de Boilesve, seigneur de Chamballan, fils du précédent, né en Saint-Germain de Rennes, le 14 février 1733. Reçu conseiller au parlement le 5 août 1755, et président des requêtes le 14 juin 1756. Il n'a pas fait partie du parlement Maupeou, et il est mort vers 1784. (*Reg. paroissiaux* et *Reg. secrets*.)

Le *Commentaire de la liste*, p. 15, dit de ce dernier qu'il avait signé l'acte de démission, et n'était rentré au palais que par les intrigues du duc d'Aiguillon et des jésuites. Tout naturellement il aurait été d'une incapacité notoire.

Burroy est arrivé, et a quitté M. d'Aiguillon au Port-Louis allant à Quiberon. Il lui a dit qu'il resterait plusieurs jours à Belle-Isle ; c'est tout ce que nous savons.

Quelle pitié que les propos dont vous me faites part sur la justification La Chalotais, et sur la robe secouée du petit enfant. Il vint, avec sa bonne, voir M. de Barrin, et demanda à embrasser son grand papa ; le vicomte dit que cela ne se pouvait pas, et la mie et l'enfant s'en retournèrent.

LVII

Rennes, le 20 août 1766.

M. de La Noue à M. de Fontette.

Je vis hier le premier président à qui je proposai de nous couper la gorge. Il se mit à rire et dit qu'il n'avait rendu de notre conversation que la phrase que des conseillers ne se menaient pas comme des dragons ; que c'était sans doute là-dessus qu'on avait bâti la fable.

Les lettres de continuature sont arrivées aujourd'hui.

M. d'Aiguillon mande à l'intendant qu'il a pris son parti de rester à Belle-Isle jusqu'à la fin du procès ; j'ai peine à croire qu'il y tienne, car cela sera long, très long.

J'ai oublié de vous mander que les dames Fruglaye, Caradeuc et le chevalier de La Chalotais avaient été à Pacé (1), attendre M. de Praslin lorsqu'il changerait de chevaux. Il est descendu et les a entendues une petite demi-heure. Cela fut public le jour même ici ; mais cela ne me frappa pas assez pour vous l'écrire, d'autant que le ministre avait parlé à notre intendant d'une manière à désirer le châtiment de La Chalotais et sa séquelle.

Le roi a reçu les deuxièmes remontrances de Paris, et a dit qu'il ferait avertir du jour de sa réponse.

Toute la cour et les ministres en particulier sont furieux du retard jusqu'au 19 de ce mois ; ils vont l'être bien davantage des

(1) C'est une localité voisine de Rennes.

suites. Je serais bien fâché de vous entendre me prédire que je serai pendu. Vous êtes trop bon prophète sur notre sénat, comme vous allez voir.

Le 18 au soir, on signifia à Villeblanche et au greffier une volumineuse requête au roi par La Chalotais et consorts, aux fins que les patentes de disjonction fussent retirées ; la signification porte demande de suspension de la procédure, et protestation contre tout ce qui a été fait et à faire jusqu'à ce que le roi ait répondu. Hier matin, Amilly rendit d'abord compte sommaire de cette requête, ajoutant que quoiqu'extra-judiciaire, il fallait la lire pour le nom respectable qu'elle portait. Plusieurs furent d'avis de n'en faire cas, et de continuer. On fut aux voix. La lecture fut répétée ; mais Amilly la demanda avec instance. On se rendit et cette lecture a duré trois heures. Le parlement y est traité d'embrion, de germe de parlement, en total méprisé indignement. Amilly, de même, et comme un homme faux et passionné qui s'est recusé en avril, et se remet sur les bancs en juillet, etc. Le tout entendu, messieurs ont arrêté qu'il n'y avait lieu à délibérer ; mais comme il était onze heures, Amilly a remis à ce matin, ajoutant qu'on ne traiterait de l'affaire qu'à neuf heures, afin qu'elle ne fût pas finie au départ du courrier, et qu'on ne pût mander le résultat de la séance et des différents avis. Cette singularité donna de l'inquiétude à Flesselles, à Barrin, etc. Je crois y voir qu'Amilly, en perdant la matinée d'hier, pour un objet inutile, avait eu deux motifs : 1º de montrer à la famille La Chalotais et adhérents qu'il n'écartait rien qui pût être utile à l'accusé ; 2º de monter les esprits du sénat sur les injures qu'on dit à ses membres et à lui. D'Abrieu paria contre le décret aujourd'hui, et moi pour ; mais nous en sommes loin.

Ce matin, Villebouquais a proposé d'aller aux Cordeliers pour demander à l'accusé s'il n'a motif de récusation contre les deux Chamballan ; ce qui a été accordé... On a parlé ensuite de la nécessité d'entendre Royllet ; il a été décidé que ce serait à 4 heures ce soir, sur quoi plusieurs, et Boisbaudry (1) en tête, ont dit : Que

---

(1) François-Dominique-Joseph du Boisbaudry, seigneur de Langan, fils de Germain-Marie du Boisbaudry, seigneur de Langan, officier au régiment du roi, chevalier de Saint-Louis, et de Marie-Dominique-Josèphe Druart, né le 17 septembre

Royllet était ici depuis plusieurs jours ; que l'intendant le tenait en mue, lui fournissant poularde et vin de Bourgogne ; que cela sonnait mal ; qu'on les pressait sans cesse ; qu'on cherchait à les séduire, et autres propos bas et offensants. Le président de Cuillé (1)

1724, décédé en 1797. Reçu conseiller au parlement le 28 juin 1748.(*Reg. secrets.*) De son mariage avec Angélique-Perrine de Marnière de Guer, il a laissé des enfants dont la postérité existe encore. (Borel d'Hauterive, *Annuaire de la noblesse.* Paris, 1887, in-12, p. 136.)
Voici ce que le *Journal des événements*, p. 150, dit de Boisbaudry : « Le « 20 (août), M. de Villeblanche requiert que Royllet soit entendu comme témoin. « Ce jour, un des rentrés (M. du Boisbaudry) dit à ses confrères qu'il est scan- « daleux de voir la manière dont on procède, qu'il est notoire que Royllet a été « envoyé à Rennes, qu'il y est arrivé depuis plusieurs jours avec un nommé Le « Fèvre..., qu'il est notoire que ces deux hommes ont des relations continuelles à « l'intendance, et que M. de Flesselles leur envoie du vin de sa cave. Ces repré- « sentations ne firent aucune impression sur les rentrés. M. de Flesselles écrivit le « même jour à M. du Boisbaudry pour l'assurer qu'il ne connaît point l'ex- « pert Royllet, logé à l'hôtel des Trois-Avocats, qu'il ne l'a jamais vu, qu'il est « vrai qu'ayant su que cet homme était malade, il lui a fait porter trois bouteilles « de vin de Bourgogne. »
(1) Jacques-Annibal-Gabriel de Farcy, marquis de Cuillé, fils de Jacques-Daniel-Annibal de Farcy de Cuillé, conseiller au parlement, et de Pélagie-Agnès-Innocente Gourio de Launoster, né au château et en la paroisse de Cuillé (Anjou), le 31 janvier 1724, est décédé à Rennes le 30 thermidor an III. (*Reg. par. de Cuillé ; Reg. des décès*, an III, Rennes.) Reçu conseiller au parlement de Bretagne, le 24 décembre 1746, il y est devenu président à mortier, le 16 novembre 1756. (*Reg. secrets.*) De son mariage avec Catherine-Françoise-Jeanne du Bahuno de Kérolain, il n'a laissé que des filles : la branche de Farcy de Cuillé est éteinte depuis longtemps. Son nom est resté attaché à l'hôtel que possédait le président Cuillé à Rennes, près de La Motte, et dans lequel le parlement s'est réuni lors des troubles de 1788. Le *Commentaire de la liste de NN. SS. du parlement de Bretagne* dit de lui, p. 11 : « Avait signé l'acte des démissions, rentra le 16 janvier 1766, a toujours été « très attaché au duc d'Aiguillon et aux jésuites et très peu versé dans les « affaires. »
Les ennemis du duc d'Aiguillon ont violemment attaqué la famille de Farcy. Ils lui reprochaient son attachement au lieutenant général commandant. Un pamphlet (cité dans le *Bulletin de la Société des bibliophiles bretons*, Nantes, X, p. 56) maltraite surtout Mgr de Farcy, évêque de Quimper, oncle du président de Cuillé ; on y voit le quatrain suivant :

> Farcy d'orgueil et d'arrogance,
> De sottise et d'impertinence,
> C'est le portrait en raccourcy
> Du petit évêque Farcy.

Le pamphlétaire donne de faux renseignements sur l'origine de la famille de Farcy, qu'il dit descendre d'un manœuvre des forges de Paimpont. Il part de là pour parler ainsi du président de Cuillé : « On pourrait avec raison dire de lui, « lorsqu'il est en robe, que c'est un sac de charbon, dont il est revêtu. » M. de La Borderie, qui a communiqué ce pamphlet à la Société des bibliophiles brea aussi joué son rôle en proposant d'écrire demain au roi une lettre où on exposerait que les récusations réitérées et les invectives de La Chalotais obligeaient le parlement à demander lui-même le renvoi au parlement de Bordeaux ; sur quoi on a remis à demain. Mais Villebouquais et son greffier ayant été aux Cordeliers ont été traités indignement. La Chalotais a dit qu'il ignorait s'il était parent de Chamballan ; que c'était à eux à le savoir. Ensuite, s'emportant de fureur, il a demandé communication des dépositions Paillasson et Dautrèpe, que le rapporteur a dit ne pouvoir accorder. L'accusé a dit, la rage dans les yeux : « Vous êtes un coquin, une âme vendue à Saint-Florentin. Vous n'avez jamais eu que le masque de la religion ; vous, et tous les juges, êtes des monstres, sectateurs de l'intendant qui vous fait bonne chère et vous promet des grâces. Votre âme dure et fausse ne s'est seulement pas émue à la lecture de mon testament, cette pièce où, la mort sur les lèvres, j'ai dit le vrai intérieur ; faites-moi donc venir le premier président qu'il me fasse connaître le rapport des experts ! » A quoi Villebouquais a répliqué que M. d'Amilly n'en avait pas encore connaissance : « Comment, s'est écrié Chalot, vous prétendez qu'un premier président n'a pas connaissance de quelque chose qui est au greffe ! Vous êtes tous des coquins qui me prenez pour un Scott. Faites venir votre greffier vendu à l'intendant, je veux vous parler... » Là finit ce que nous savons de la tragédie, mon cher maréchal. Villebouquais est resté longtemps après Saint-Aubin. Nous estimons qu'il n'aura pas dit les dépositions d'experts : 1° parce qu'il est sage et de sang-froid ; 2° parce qu'il a reçu aujourd'hui une lettre de la cour qui le saboule de ses lenteurs. Le premier président en a reçu une pareille. Ah ! mon Dieu, que cela va mal ! si demain ne relève pas tous les inconvénients que nous prévoyons.

Adieu, mon cher maréchal, levez les mains au ciel. Nous n'avons plus d'autres ressources que de devenir dévots comme Chalot. Votre

tons, ajoute : « Par les méchancetés et faussetés qu'on vient de lire contre deux anciennes et honorables familles dont tout le crime était de suivre le parti d'Aiguillon, on juge aisément l'esprit de l'auteur... Témoignage fort expressif de l'état des esprits, de la violence des haines et des passions politiques de ce temps. » (*Voir* aussi *Généalogie de la famille de Farcy*, par Paul de Farcy. Laval, 1891, in-4°, p. 437, où est reproduite la communication de M. de La Borderie.

lettre pour Lorient part aujourd'hui et celles pour MM. d'Aiguillon, Balleroy et Maneyre avec la mienne au chevalier.

Je vous embrasse de tout mon cœur..., etc.

Les dames de Fruglaye et de Caradeuc ont été pleurer une heure hier chez Amilly.

LVIII

Rennes, le 22 août 1763, à 9 heures du matin.

M. de La Noue à M. de Fontette.

Vos raisonnements contre du Parc-Poullain sont ceux d'Orry, dont je ne puis vous envoyer la petite réplique en deux pages; il l'a prise dans Vallain, que je vous envoie à présent.

Je suis aussi étonné que vous de la stabilité de notre général à Belle-Isle. Je goûterais assez votre raisonnement pour qu'il revînt à Rennes; mais il ne le goûtera pas; et d'ailleurs je crois qu'il n'est plus temps, suivant ce que vous allez lire; au surplus, la cour est préparée à tout événement.

Les propos Boisbaudry n'ont pas été aussi venimeux que je vous les ai rendus. Il a bien parlé du vin de Bourgogne envoyé à Royllet par Flesselles; mais il n'a point parlé de séduction des juges. M. de Flesselles, sensible à cette apostrophe, lui a écrit; le premier président s'est mêlé de l'affaire; et après un combat de lettres, la querelle s'est apaisée. Boisbaudry a été hier assurer Flesselles de la plus tendre amitié. Quelle fausseté!

Le même jour M. de Cuillé insinua à ses confrères qu'il fallait que le parlement écrivît au roi pour demander l'évocation à Bordeaux, attendu les liaisons, parentés et récusations réitérées d'entre l'accusé et la plupart des juges.

Hier matin, nouvelle requête des enfants La Chalotais, disant que Royllet était ici incognito depuis plusieurs jours avec un inconnu; qu'il y avait un autre homme casé depuis quelque temps chez Raudin, nommé Orry, pour présider à la conduite de l'affaire (1); que

(1) Orry, greffier du lieutenant criminel de robe courte au Châtelet de Paris,

toutes ces menées annonçaient des mystères et des pratiques clandestines pour perdre l'accusé ; que cela était suspect, pour ne rien dire de plus, de la part des délateurs ; que l'accusé resserré ne pouvait éventer les mines et pratiques, et que ses enfants devaient en instruire le parlement pour qu'il y fit droit. Sur quoi a été donné acte de cette injurieuse requête et ordonné de la joindre au procès.

Le sénat arrêta que le premier président écrirait au roi, pour le supplier de prononcer sur la cédule évocatoire, sans néanmoins discontinuer la procédure. Ensuite ils ont entendu le rapport Villebouquais sur le premier expert, et après avoir longtemps examiné les « comparées » et les « comparatives », ils ont remis le rapport du deuxième expert et de Royllet à ce matin 6 heures.

Notez que Royllet a chargé avec force et dit que La Chalotais était un grand coquin. Hier soir, d'Amilly a dit à d'Abrieu que, de manière ou d'autre, ils finiraient ce matin ; qu'il ne savait quel parti on prendrait ; que plusieurs des juges ne trouvaient pas de ressemblance dans les écrits..., etc. Eh! si on les avait crus capables de juger cette ressemblance, on ne les aurait pas chargés de se nommer eux-mêmes des experts.

Je ne vois dans tout ceci que fausseté et lâcheté ; je désire que la séance d'aujourd'hui me fasse dédire ; mais il me semble que la cour n'a pas de temps à perdre pour écrire des lettres foudroyantes, de la part du roi, sur le déni de justice qu'on lui fait ; et qu'il leur soit ordonné de prononcer dans vingt-quatre heures sur les informations... Cela fera prononcer le décret. Cette forme une fois remplie, le roi offensé dans sa personne et assuré par la déposition de cinq experts habiles, et de probité reconnue, sera libre de prononcer par lui-même un jugement.

A une heure.

Après deux heures de séance, le mystère vient d'éclater, et la mé-

---

accompagna, en qualité de greffier, les commissaires envoyés à Rennes et à Saint-Malo pour le procès des magistrats. Le bruit courut, à tort ou à raison, qu'il était à ce moment, sous le faux nom de Le Roy, logé à Rennes chez Raudin et qu'il avait des conférences avec M. de Villeblanche ; on dit même qu'il était sans doute envoyé par M. de Saint-Florentin pour diriger la procédure du parlement. Le *Journal des événements*, p. 149, rapporte à son sujet une curieuse conversation entre Mmes de Caradeuc, de la Fruglaye et le premier président d'Amilly.

chanceté et la lâcheté sont à découvert... Le parlement vient d'arrêter qu'il serait nommé deux nouveaux experts, Tirel de Paris, et un de Lyon pour lequel le premier président écrirait à M. Baillon d'envoyer la liste des habiles, sur laquelle on choisirait et qu'on lui répondrait ensuite de faire partir... Ce calcul fait va jusqu'au 15 octobre. Ils en sont tous joyeux, à cause de leurs campagnes. Plusieurs sont déjà partis. Ils ont eu l'imprudence de charger le premier président d'écrire à M. de Flesselles pour qu'il fît partir un courrier pour le ministre, lequel en enverrait un autre à Lyon, qui rapporterait la liste, reporterait le choix, etc... Flesselles a répondu que la poste n'était pas partie, et qu'ils étaient libres d'en profiter.

Je regarde l'arrêté de ce jour comme une vindication des lettres de continuature. Quelles gens ! et quelle indignation le roi ne doit-il pas avoir contre eux ! Il y a apparence que M. d'Aiguillon va revenir, et qu'on vous renverra, mon cher maréchal, votre Chalot. Je suis pénétré, je vous l'avoue. Adieu, mon ami, je vous embrasse dans la douleur, etc.

LIX

Rennes, le 25 août 1766.

M. de Barrin à M. de Fontette.

Eh bien ! Monsieur le maréchal, quel est l'état de votre âme ? Les gens qui en ont une y ont mal quelquefois, et je crois la vôtre malade des nouvelles du dernier courrier ; car M. de La Noue doit vous avoir instruit de l'arrêté de vendredi. La lettre écrite au roi de la veille pour lui demander de juger la cédule évocatoire et la dernière requête présentée au nom de tous les prisonniers ; l'arrêt de vendredi qui conclut à assigner deux nouveaux experts, dont un de Paris et un de Lyon ; la lettre écrite à M. Baillon pour lui demander l'état des experts de cette ville et désigner ceux qui ont le plus de réputation ; vous savez tout cela par M. de La Noue. Mais vous ignorez que le lendemain, au palais, un de Messieurs fit observer qu'on avait agi la veille sans réflexion, en écrivant à M. Baillon, ancien ennemi de M. de La Chalotais, qui trouverait peut-être occasion de lui nuire dans l'indication des experts. Cette réflexion fut agitée et ne produisit aucun changement. On dit sans doute comme Pilate : « Quod scriptum est scriptum est. » Si je savais l'Hébreux, je citerais les propres termes de Pilate qui vraisemblablement parla aux princes des prêtres et au peuple juif dans leur langue vulgaire et non en latin.

En français, notre parlement tient une conduite qui ne doit pas lui faire honneur dans l'esprit des gens qui aiment le maintien du bon ordre dans l'état. Il n'est plus possible de prévoir quelle sera, ni quand arrivera, la fin de ceci. Nous n'y verrons un peu plus clair que dans le courant de la semaine, lorsque les réponses de la cour aux lettres de vendredi dernier seront survenues. Il paraît, par celles qui sont arrivées aujourd'hui de Paris, qu'il y avait un parti projeté sur les nouvelles de mercredi, au cas que le parlement de Bretagne prît celui dont il menaçait déjà. Je joins ici la réponse du roi au parlement de Grenoble, et ce qu'on a appris de l'objet des remontrances de celui de Paris. Le tout est de l'écriture de M. d'Abrieu ; vous n'aurez pas besoin de vérification d'experts pour vous en assurer.

Notre prisonnier ne dit pas grand'chose dans sa prison, depuis quelques jours ; mais il veut dire, car il demande à voir son notaire, pour lui remettre son testament, et celui qui doit être l'exécuteur de ses dernières volontés. Il demande de plus à écrire au roi et à ses ministres. J'ai exposé ses désirs à M. de Saint-Florentin. Je ne sais ce qu'il en ordonnera.

Bouquerel est un peu moins fou depuis quelques jours. Je ne sais si c'est une annonce du retour prochain de sa raison.

M. le duc d'Aiguillon me mande qu'il va rester encore quelques jours à Belle-Isle, et qu'il ira du côté du Croisic, où il trouvera de quoi s'occuper pendant une semaine. Les nouvelles du courrier de vendredi lui feront peut-être changer de parti.

Adieu, mon cher maréchal, je suis chargé de vous faire des compliments de la part des habitants de Fromenteau, et je le suis toujours de la mienne de vous assurer du plus parfait attachement.

BARRIN.

LX

Rennes, le 25 août 1766.

M. de La Noue à M. de Fontette.

J'ai reçu hier votre lettre du 23, mon cher maréchal. L'indigne arrêté du 22 ne me laisse plus à vous dire que des ravaudages. Le 23, plusieurs de vos jolis juges dirent au palais qu'ayant appris que M. Baillon était ennemi décidé de M. de La Chalotais, ils voulaient demander le rapport de l'arrêt du 22. On leur dit qu'il fallait le savoir avant de le rendre, et que ce retour allait les faire bafouer... Sur quoi ils s'arrêtèrent.

Le 22 au soir le premier président fit prier d'Abrieu de passer chez lui, et voulut d'abord se justifier personnellement de la besogne du matin. Il fit ensuite un grand étalage de la conscience timorée et scrupuleuse des juges. Il dit que l'ordonnance leur permettait une seconde nomination d'experts, et finit par une pantalonade sur le ridicule des juges qui se reportaient de l'expert de Lyon à M. Baillon, ennemi de La Chalotais... En total il est embarrassé ; cela pourrait avoir des suites pour lui.

Les dames de LaFruglaye et de Caradeuc s'étaient si vantées de la favorable audience de M. de Praslin que M. de Flesselles en a écrit à ce ministre dont la réponse est qu'il a parlé à ces dames sèchement et négativement, en conservant seulement la forme de politesse.

Tous vos sages raisonnements sur le séjour du général à Belle-Isle vont sûrement tomber, mon cher maréchal ; je pense qu'il va revenir ici, sans imaginer qu'il puisse faire mieux. Balleroy me mande du 2 que ce général se porte bien, mais que lui et sa suite se lassent des insulaires. Tout le peuple dit ici, depuis avant-hier, que M. d'Aiguillon n'est allé à Belle-Isle que pour être plus à portée de quitter la France et de passer en Angleterre, en cas que la procédure tournât mal.

Les lettres de Compiègne, de ce jour, annoncent de vives inquiétudes, et néanmoins un parti pris, en cas que l'affaire tourne mal. Ils savent à quoi s'en tenir d'hier au soir.

Le vicomte vous envoie la réponse au parlement de Grenoble, et le sommaire des deuxièmes remontrances de Paris...

LXI

Rennes, le 27 août 1766.

M. de La Noue à M. de Fontette.

Vos raisonnements sur la conduite de notre sénat sont beaux et bons ; mais que voulez-vous faire à des sourds, muets et aveugles volontaires ? J'ai peine à croire à l'évocation à Toulouse. Le sieur Niquet, procureur général, est ami intime de Chalot.

Nous voyons quelques-uns de nos jolis juges qui sont plus honteux que des chiens à qui on a coupé la queue ; ils n'osent ni lever les yeux ni parler. Je ne me console point de leur indignité, et suis toujours prêt à leur marquer le mépris que j'ai pour eux.

Mme de Flesselles est arrivée ce matin à onze heures, chargée de présents de la compagnie des Indes, de ceux de la ville de Lorient, et des emplettes qu'elle y a faites. Elle m'a paru encore plus bégueule, qu'elle n'était partie. Écrivez-lui de jolies choses, ou à moi pour elle.

Il se présente un problème que je vous prie de bien raisonner. On s'attend que les états demanderont d'abord Piré(1) et Kerguézec(2),

---

(1) Les deux gentilshommes dont parle M. de La Noue étaient alors exilés. Ce sont le marquis de Piré et le comte de Kerguézec. Guillaume-Marie-Joseph-Joachim de Rosnyvinen, marquis de Piré, fils de Jean-Baptiste et de Gabrielle-Judith Picquet, est né en Saint-Pierre, près Saint-Georges de Rennes, le 1er septembre 1712 ; il est mort à Rennes le 26 ventôse an IV. (*Reg. paroissial ; Reg. des décès* de Rennes, an IV.) Il a eu l'occasion de présider une fois la noblesse aux états en l'absence du baron de Bretagne, chargé de cette fonction ; le souvenir de cet honneur était resté très vivant chez ses descendants.

De son mariage contracté le 13 novembre 1732 avec sa cousine Louise-Émilie de Visdelou de Bienassis, il a eu plusieurs enfants.

(2) Guillaume-Jean-Joseph, comte de Kerguézec, seigneur de Querrien, a présidé la noblesse à la tenue des états de 1762 ; exilé, par lettre de cachet d'octobre 1765, à Civray en Poitou, d'où une autre lettre de cachet le renvoya à Vic-le-Comte, près de Clermont, en Auvergne. Il est mort le 19 février 1767, à Paris, où il était tombé malade en revenant de son exil. Compromis pour s'être trouvé au château du Boschet avec le procureur général de La Chalotais, ce que celui-ci a toujours nié. (*Procès jugé extraordinairement*, éd. de 1770, t. II, pp. 4 et 5, et note de la

membres des commissions. Faut-il attendre la demande, et les rendre suivant la conduite que tiendront les états? Ou faut-il mieux les rendre d'avance, et, avec une fermeté romaine, faire entendre qu'on ne craint pas des forces de plus, par la résolution où on est de tout briser, si tout ne plie pas ?

Commentez cela dans votre bonne caboche, mon cher maréchal, et mandez-moi votre avis. J'aimerais mieux le discuter avec vous, car je vous verrais, je vous embrasserais et vous dirais que je vous suis vivement attaché.

LXII

Rennes, le 29 août 1766.

M. de La Noue à M. de Fontette.

J'ai reçu hier, mon cher maréchal, votre lettre du 26. Le chevalier de Balleroy me mande du 25 que le lendemain M. d'Aiguillon part pour le Port-Louis, où il restera les 28 et 29, pour voir M. de Praslin à Lorient. Ce ministre en partira le 29; et le 30 M. d'Aiguillon quittera le Port-Louis, et couchera à Vannes le 31, où il attendra de nos nouvelles pour se rendre ici. Il projette d'y rester peu de jours et de s'en aller à Veretz (1), sur un congé, pour attendre la fin de notre maudite affaire.

Je pense cependant que ces arrangements sont subordonnés au parti que la cour prendra; nous l'attendons aujourd'hui; il est midi et le courrier n'est pas encore arrivé.

J'ai reçu ce matin une lettre de Candide, qui me charge de vous assurer de son amitié (2).

---

page 5.) M. de Kerguézec a épousé en Saint-Etienne de Rennes, le 15 avril 1731, Louise-Françoise-Adélaïde du Han, née en 1712. (Reg. paroissial.) — Le chevalier du Han, dont l'opposition violente a été signalée par M. de Fontette, à la session des états de 1766-1767, était le propre neveu de Mme de Kerguézec...

(1) Le duc d'Aiguillon possédait un château à Veretz-sur-Cher, auprès de Tours.
(2) Nous n'avons pas pu découvrir qui MM. de La Noue et de Fontette désignent sous le nom de Candide; c'est une femme qu'ils appellent quelquefois la duchesse Candide. S'agit-il de Mme d'Aiguillon ? de Mlle d'Aiguillon ?

Je ne vous réponds pas sur les spéculations du parti que la cour doit prendre. Ce serait bien le diable si je n'avais pas du positif à vous mander avant de fermer ma lettre; ce qu'il y a de sûr, c'est que le premier président est la cause primitive de nos embarras. Son du Parc-Poullain l'a coiffé de Boisbaudry ; ce dernier a coiffé le président de Cuillé et plusieurs autres. Voilà la cabale.

A 3 heures du soir.

Rien de nouveau par la poste arrivée à midi; seulement une lettre de Saint-Florentin qui exprime de nouveau l'étonnement de notre arrêté du 22, et ajoute que le roi a renvoyé au commissaire du conseil la requête à lui adressée par La Chalotais et séquelle, pour lui en rendre compte le 6 septembre ; que, d'après ce compte-rendu, il enverra un courrier à Rennes... Silence sur cela, mon cher maréchal. Si la cabale en était instruite elle croirait que la cour a peur du parlement de Paris, comme notre parlement a peur de Chalot. Car il me paraît sûr qu'on ne diffère à statuer au 6 septembre que parce que le sénat métropolitain entrera en vacance le 8. On veut agir sans l'avoir sur le dos.

Selon toute apparence, M. d'Aiguillon sera ici mardi, 2 septembre. Ne viendrez-vous pas le voir? Je suis prêt à déguerpir de votre logement pour avoir la satisfaction de vous embrasser.

LXIII

Saint-Malo, le 29 août 1766.

M. de Fontette à M. de La Noue.

Je vous dis, mon cher La Noue, que tout ceci finira par loger l'homme à Pierre-Encize (1) pour le reste de ses jours. N'attendez plus justice et fermeté de vos magistrats bretons; et encore moins des autres parlements. On dit qu'à la séance du 22 il y eut 7 voix pour

---

(1) Pierre-Encise était une prison d'état construite sur un rocher dominant la Saône, à Lyon. Son emplacement est aujourd'hui compris dans le faubourg de la Croix-Rousse.

le renvoyer hors d'accusation (1). Ne croyez pas qu'on ramène aucune de celles-là ; soyez plutôt bien persuadé qu'on en perdra des autres ; et vous verrez ce que M. de Flesselles vit en novembre. Il comptait pour l'enregistrement de la déclaration sur vingt voix, au delà de celles des Ifs ; il en perdit deux de celles ci : MM. de la Musse (2) et d'Armaillé, à ce que je crois (3). J'avais prédit l'événement à M. de

(1) M. de Fontette fait allusion à ce qui s'est passé en 1765. Le roi, après l'arrestation des magistrats, enjoignit au parlement de se réunir pour enregistrer sa déclaration du même jour sur l'abonnement accordé aux états de Bretagne, laquelle déclaration mettait les membres de cette compagnie en demeure de faire leur service ordinaire, comme avant leurs démissions, demeurées nulles et de nul effet. Le 12 novembre, les démissionnaires maintinrent leurs démissions à l'unanimité, et deux de leurs collègues non démis, MM. Blanchard du Bois de la Musse et de La Forêt d'Armaillé, déclarèrent qu'ils n'étaient pas d'avis d'enregistrer purement et simplement avant que la contestation entre le roi et les états fût jugée. (*Journal des événements*, pp. 28, 29, 30, 31, 32.)

(2) Jean-Baptiste Blanchard, marquis du Bois de la Musse (par érection en marquisat, en septembre 1751, de la terre de ce nom, située dans les paroisses de Saint-Herblain et de Chantenay, près Nantes. (*Registre des enregistrements du parlement.*) Fils de Jean-Baptiste Blanchard, seigneur, puis marquis du Bois de la Musse, et de Marie-Reine Pelaud de la Ville-Aubin. Né le 11 octobre 1713, il est mort à Chantenay le 8 décembre 1780. Reçu conseiller au parlement le 4 mars 1749, il est devenu membre de la compagnie, instituée par Maupeou, dans laquelle il a occupé, en 1771, la charge de président des enquêtes, et en 1773 celle de président. (*Registres secrets.*) De son premier mariage avec Françoise-Thérèse Guy de Bruc, il n'a eu que des filles ; il s'est marié deux autres fois et est resté sans postérité mâle. Le *Commentaire de la liste du parlement* (p. 13) le maltraite : « Non démis ; vexateur public de ses vassaux ; dénonça les célèbres remontrances que les parlements de Paris et de Rouen avaient adressées au roi les 8 et 24 février 1766, dans le temps que les commissaires du conseil instruisaient avec précipitation la procédure la plus étrange contre les magistrats enfermés dans les cachots de Saint-Malo ; sur la dénonciation d'une copie manuscrite des remontrances du parlement de Paris, il parvint à faire énoncer des décrets contre Mme la procureuse générale de Caradeuc et Mlle Rayer (sic) de La Mancelière, belle-sœur de M. de La Chalotais. »
Les indications de naissance, décès, filiation et mariages nous ont été fournies par le *Répertoire de bio-bibliographie bretonne* de R. Kerviler, in-8°, Rennes (en cours de publication), t. III, p. 359.

(3) Gabriel-Charles-Anne-François de La Forest, seigneur d'Armaillé, fils de René-Gabriel de La Forest, seigneur d'Armaillé, conseiller au parlement, et de Louise-Perrine-Françoise Huart de la Bourbansais, né à Haute-Goulaine, le 13 novembre 1731 (*Registre paroissial*), est mort à Rennes le 7 novembre 1803. (*Registre des décès*, an XII.) Il a été reçu conseiller au parlement le 23 juillet 1755, sur la démission de son père : en 1771, il a été compris dans la réorganisation de la cour par Maupeou. (*Registres secrets.*) De son mariage avec Agathe-Julienne Champion de Cicé, il a eu un fils, Gabriel-Julien-Jacques-Louis, devenu conseiller au parlement en 1784, et mort sans postérité mâle. L'office de M. d'Armaillé, reçu en 1755, a été supprimé par le roi avec trois autres en 1778 et remboursé au

Broc (1), et à lui aussi. Il n'y a qu'à connaître les hommes bretons, pour savoir que plus une affaire avec la cour fermente, moins celle-ci trouve de partisans. Le faux zèle de patriotisme échauffe les têtes ; et on deviendrait plutôt complice que juge sensé et juste d'une conjuration. Savez-vous d'où vient cette espèce d'animosité de Bretons contre la cour ? De la faiblesse de celle-ci ; des louanges que les autres provinces prodiguent à ce qu'on appelle les martyrs de la liberté ; des récompenses que la cour même accorde le plus souvent à eux et aux leurs. Si l'exil de tant de brouillons n'avait pas cessé si promptement, s'ils avaient été exclus au moins nommément des états ; si le Kerguézec, au lieu d'être fêté, accueilli, comblé de grâces, avait été regardé comme un méchant homme, exclu de la députation, puisqu'il ne pouvait plus l'être de la présidence ; si les Piré, père et fils (2), qui donnaient des scènes séditieuses et indécentes à une assemblée respectable, en avaient été exclus ; les états n'eussent peut-être pas tant duré : ils auraient du moins été plus tranquilles.

prix de 33.000 livres. (Papiers de la famille d'Armaillé, aux mains de M. le comte de Palys, l'un de ses descendants.)

Voici la note que lui consacre le *Commentaire ms. de la liste du parlement* (p. 15) : « Non demis, infirme, devenu fol ; ne vient plus au palais. » S'agit-il bien dans cette note du conseiller d'Armaillé qui n'avait alors que 36 ans et dont le *Journal des événements* signale la présence à la cour ? Son père, conseiller honoraire, né en 1694, vivait peut-être encore à cette époque. Le rédacteur de l'injurieux répertoire a-t-il confondu le père et le fils ?

(1) Michel-Armand, marquis de Broc, lieutenant au régiment d'infanterie du roi dès 1722, capitaine en 1734, colonel du régiment d'Auvergne (incorporé depuis dans Languedoc) en 1747, et du régiment Bourbon-infanterie en 1749. Il a servi en Bretagne en 1758, et a été chargé d'apporter au roi la nouvelle de la victoire de Saint-Cast. Créé brigadier d'infanterie à cette occasion, le 15 octobre 1758, il est devenu maréchal de camp le 20 février 1761, commandeur de l'ordre de Saint-Louis en 1764. Il a commandé à Rennes en 1765. (*Table historique de l'état militaire*, p. 40. — *Almanach royal* pour l'année 1768, p. 132.)

(2) Il a été question plus haut de Piré père. Piré le fils est le personnage que M. de Fontette appelle souvent « le petit Piré ». C'est Pierre-Marie de Rosnyvinen, comte de Piré. Il est né en Saint-Pierre, près Saint-Georges de Rennes, le 28 juin 1739 ; il est mort à Rennes le 18 pluviôse an X. Il a épousé à Saint-Malo, le 13 mars 1773, Hélène Eou du Vieux-Châtel, qui lui a survécu de beaucoup, et dont il a eu des enfants.

Les Rosnyvinen de Piré avaient de belles alliances, en Bretagne, et même à l'étranger. Le duc d'Aremberg était le mari d'une cousine germaine du « petit Piré ». Le nom s'est éteint en 1885 dans la personne du marquis de Piré, député sous l'empire, célèbre par ses boutades et ses interruptions. On pourra dire qu'il y avait là phénomène d'atavisme. (*Reg. paroissiaux de Saint-Pierre, près Saint-Georges de Rennes, et de Saint-Malo ; Reg. de décès de Rennes, an X et 1885.*)

Vous pensez-bien qu'en vous parlant ainsi je ne serai pas d'avis de rappeler, ni d'avance, ni à la sollicitation de l'assemblée, ces deux personnages. Voyez comme il réussit aux derniers états de retirer la décision sur les concours des deux ordres. Je prendrais le parti de faire défendre à l'assemblée, de la part du roi, de lui demander le retour de deux membres, dont les égarements avaient causé les malheurs de la province. J'en dirais autant pour les magistrats prisonniers, si l'affaire n'était pas finie dans ce temps. Il faut enfin que le roi règne en Bretagne. Il faut que les ministres ne craignent pas de s'embarquer dans cette affaire, en prenant un parti ferme, et qu'ils réfléchissent que la faiblesse la rendra bien plus difficile. Puisqu'on est résolu de tout briser, si tout ne plie pas, à quoi bon commencer par enhardir les audacieux en leur rendant leurs chefs? J'en retrancherais plutôt encore bien d'autres, qui ne sont qu'ardents, mais point éclairés sur les affaires de la province. Elles se feront bien et très bien sans tous ces clabaudages. Il ne faut exiger que ce qui est juste; et cent millions de plus ne valent pas les risques d'une rebellion. Adieu, etc.

LXIV

Rennes, le 1" septembre 1766.

M. de La Noue à M. de Fontette.

Si vous aviez voulu décrire mes idées, vous n'auriez pas mieux réussi; j'oserais ajouter que la cour pense comme vous. Mais vous êtes trop éclairé pour ne pas voir que ses coups sont rabattus par celui même qui devrait leur donner de la force. La crainte du qu'en dira-t-on, une certaine temporisation mal entendue, le doute d'être soutenu, le désir d'être aimé, la douleur de voir finir une gestion de seize ans par des coups d'éclat, la peur que des gens puissants ne fassent varier l'esprit du maître, sont les motifs secrets qui dérangent l'effet de l'autorité. On dit, on écrit qu'il faut de la fermeté; et quand la cour en montre, on dit : Ah! cela est trop fort; l'odieux en retombera sur moi. Entre nous, mon cher maréchal, cette indulgence et ces ménagements étaient admissibles, il y a cinq ou six ans, mais depuis l'époque des remontrances du mois de février 1764, ce régime devient dangereux en ce qu'il laisse croire que la puissance et le crédit sont tombés. Il n'y a pas un Breton, même des plus attachés, qui ne prenne le change; et réellement il doit paraître difficile à croire qu'on conserve de la bonté de cœur et des regrets sur les malheurs que les trois quarts et demi de la province se sont attirés.

La poste de Port-Louis m'apporte une lettre du général qui justifie bien ce que je pensais. La voici : « J'espère, malgré ce que vous me marquez, que le roi prendra le parti de garder le silence sur les derniers arrêtés du parlement; qu'il lui donnera le temps de faire venir l'expert de Lyon, de l'entendre, et de juger ensuite. Je serais au désespoir que le ministère se conduisît autrement. Tous les délais de nos sénateurs sont de mauvaise grâce; mais ils ne sont que l'effet de leur timidité. Plus l'affaire s'allongera, plus elle s'éclaircira, et nous n'y pouvons que gagner. M. de Praslin, avec lequel j'en conférai longuement, hier, est entièrement de mon avis, et en écrit en conséquence... Je serai à Vannes lundi 1ᵉʳ septembre, et à Rennes le lendemain ou surlendemain, à moins d'événement extraordinaire. »

J'avouerai, mon cher maréchal, que cette temporisation me paraît étonnante, et que je comptais qu'il serait au moins d'avis que le roi cassât la procédure, et la renvoyât aux requêtes de l'hôtel. Entre nous il faut que ce délai s'ajuste avec le désir qu'il a d'aller à Veretz, marier sa fille (1). S'il n'avait pas cette raison particulière, et qu'il lui fallût attendre le délai dans la province, il crierait comme un brûlé.

La poste d'aujourd'hui ne nous apprend que la dispersion de tous les ministres qui sont à Paris, ou es-campagnes; les chefs de bureaux et commis en font autant, et ce, parce que le roi est parti le 29, tire les jours suivants dans les environs de Paris, chasse le cerf à Chantilly le 5, idem le 6 dans la forêt de Senlis, et arrivera à Compiègne.

_____

(1) Mˡˡᵉ d'Aiguillon a épousé, en novembre 1766, M. de Chabrillan.

LXV

Rennes, le 3 septembre 1766.

M de Barrin à M. de Fontette.

M. d'Aiguillon arriva hier en très bonne santé et se coucha à dix heures suivant l'habitude prise à Belle-Isle, et n'ayant pas perdu celle des gargarismes qu'il continue toujours ; ce qui prouve qu'il craint encore quelque retour de maux de gorge. Il a très bien pris son parti sur l'événement de l'arrêt qui a demandé de nouveaux experts, pense que la cour fera bien d'attendre l'événement, en laissant le parlement conduire la procédure à sa manière, en différant les états, s'il le faut, jusqu'à la fin de décembre. Il sera confirmé dans cette idée, en conséquence de laquelle il a écrit aux ministres, par ceux de messieurs du parlement qui entreront en matière avec lui, et qui lui répondront sûrement que la procédure ira son train, quoique lentement.

Je ne vous fais point les compliments de M. de La Chalotais qui ignore que je vous écris, et ne manquerait pas, s'il le savait, de me dire quelque chose pour vous. Je m'attends bien, comme vous me l'annoncez, à figurer dans les propos, et même dans les mémoires à la main, ou imprimés de ses partisans ; mais mon parti est pris. Le nouvel écrit annoncé sous le nom de Mlle de La Chalotais ne nous est pas encore parvenu.

LXVI

Rennes, le 3 septembre 1766.

M. de La Noue à M. de Fontette.

J'ai reçu hier, mon cher maréchal, votre lettre du 31 août. M. d'Aiguillon m'avait écrit la veille par Champagne qu'il avait envoyé devant : « J'apprends que vous vous êtes emparé, pendant mon ab-
« sence, du logement du maréchal de Fontette, dont je vous loue infi-

« niment; mais je suis obligé de vous prier de me le céder, parce
« que je ne puis expulser M. de Barrin de celui qu'il a pris, ni mettre
« M. de Chabrillan (1) dehors ; donnez-moi cette nouvelle marque de
« votre amitié. » Au moyen de quoi, vous propriétaire et moi confi-
dentiaire, sommes chassés de l'hôtel pour le moment. Il ajoutait dans
cette lettre : « Vous avez furieusement échauffé la tête du contrôleur
« général (2), et de M. Mesnard (3); je ne pense pas que vous avez bien
« fait dans ce moment. Nous en raisonnerons plus amplement le 2
« septembre au soir. Je vous prie en attendant de vous calmer, et
« de les calmer. »

Effectivement, à son arrivée, hier soir à 9 heures, et en très bonne
santé, il débita devant Chabrillan, Barrin, le chevalier (4) et moi la
tirade que le premier président et les juges n'ont pu mieux faire ;
que l'ordonnance donne droit de nommer deux nouveaux experts ;
qu'il était nécessaire d'épuiser tous les moyens de justification de
l'accusé, pour qu'on n'eut aucun reproche à leur faire ; qu'à la vérité l'expert pris à Lyon était retardant : mais qu'au bout du délai il
faudrait bien qu'ils jugeassent, et mieux que toute autre cour, même
les requêtes de l'hôtel, quand on ne ferait pas la reculade vis-à-vis
de ce tribunal ; qu'en jugeant les hommes par leur intérêt il n'y
avait aucun des juges qui dût désirer de blanchir La Chalotais, qui
n'en profiterait que pour les perdre ; que le premier président, qui
n'avait que sa place pour vivre, était persuadé qu'il la perdrait s'il
ne jugeait pas tôt ou tard ; que quand nos juges ne prononceraient
que dans trois mois, par de nouveaux délais, il faudrait enfin qu'ils
prononçassent, étant engrenés ; que le retard des états devait se

---

(1) Il doit être ici question de Joseph-Dominique Quignes de Moreton, marquis
de Chabrillan, qui fut colonel du régiment de Conti-infanterie. C'était le fils du
marquis de Chabrillan, maréchal de camp, et de Louise d'Astuard de Murs. Il
était né le 8 août 1744. — Le 16 nov. 1766, il épousa la fille du duc d'Aiguillon.
(La Chesnaye des Bois, *Dictionnaire de la noblesse*, 3e éd , t. XIX, au mot Vi-
guerod du Plessis, col. 744, et t. XIV, au mot Moreton, col. 555.)

(2) Le contrôleur général était alors M. de L'Averdy, né en 1723 et mort sur l'é-
chafaud en 1793. M. de L'Averdy avait été conseiller au parlement de Paris. V.
ci-dessus, dans notre introduction, pp. 20, 71, 81.

(3) M. Mesnard de Cornichard était premier commis au contrôle général, et était
chargé des pays d'états. (*Almanach royal de 1766*. — Cf. Arch. nat., H. 362.
On voit là son adresse sur différentes lettres.)

(4) Le chevalier, c'est M. de Balleroy.

compter pour rien dans ce cas-ci, et qu'ils seraient aussi bons à la mi-décembre qu'en novembre ; qu'il comptait ramener le contrôleur général à cette façon de penser, etc.

Voilà la médaille retournée, mon cher maréchal ; mais n'est-ce pas une duperie ?... Il a dit qu'il serait huit jours ici, et irait prendre le lait à Veretz. Ce matin tout le parlement est venu chez lui ; grande conférence avec Amilly et Montbourcher ; ils le tromperont encore.

Notre prisonnier se baigne. On dit dans la ville que l'intendant est allé lui faire des excuses de la part du roi, et que Sa Majesté le prie d'oublier le passé.

C'est en homme sensé que je vous dis que la Flesselles est une bégueule pommée, qui veut tout voir, tout savoir, parler de tout, et ne tient à rien. Six fagots de plus dans son bûcher, ou la couronne ébranlée, font la même impression sur son âme, si elle en a une.

LXVII

A Nantes, le 3 septembre 1766.

Mme de Charette de La Colinière à M. de Fontette.

Permettez-moi, Monsieur, de vous demander des nouvelles de mon fils. J'apprends qu'il a été très malade : qu'il a eu des saignements de nez, et des vomissements très considérables, et je l'avais ignoré. J'ai reçu une lettre de lui lundi où il ne m'en parle point, dans la crainte de m'inquiéter gravement. Je vous aurais une obligation infinie, si vous vouliez bien me dire au vrai sa situation ; mes alarmes sont extrêmes, parce qu'une très grande maladie lui avait commencé par de pareils symptômes. J'espère, Monsieur, que vos sentiments d'humanité vous engageront à lui procurer tous les secours qui lui seront nécessaires. Je sais, Monsieur, que vos ordres sont sévères ; mais instruit par vous de ses besoins, la bonté du cœur du roi me fait espérer qu'il permettra qu'on lui donne tout ce qui lui sera nécessaire.

Je crois bien que la corruption de l'air d'une chambre aussi renfermée influe sur son tempérament. N'y aurait-il point moyen de lui donner plus d'air? De quelque façon qu'il soit, on sera aussi assuré sur sa personne. Son respect seul pour le roi le retiendrait. Les portes seraient ouvertes qu'il ne sortirait pas. Si par hasard son mal augmentait, j'aurais une grâce à vous demander, Monsieur, qui serait de vouloir bien m'en avertir. Je solliciterais de lui envoyer un médecin qui l'a élevé, qui connaît son tempérament très faible, et très délicat. il succomberait entre les mains de tout autre. J'ose espérer, Monsieur, que vous voudrez bien m'accorder ce que j'ai l'honneur de vous demander. Son âge intéresse pour lui, etc.

LXVIII

Ce 4 septembre 1766.

Mme de Caradeuc à M. de Fontette.

Il y aura demain un mois, Monsieur, que M. de Caradeuc ne prend point l'air. Il me le marque dans ses dernières lettres, comme vous l'avez pu voir; et que sa santé n'est pas bonne. J'ai eu l'honneur de vous écrire, il y a quelque temps; vous ne m'avez pas fait la grâce de me répondre. Dans la position triste où je suis, je ne compterai que le droit que mes malheurs me donnent à l'attention de tout cœur humain et sensible. Je m'attendais à apprendre de vous, Monsieur, si vous aviez des ordres qui vous prescrivissent de ne point me désigner à qui je pourrais m'adresser, pour obtenir les moyens de conserver la santé délicate et altérée de mon mari. Je serais presque tentée de croire que vous avez des ordres pour ne pas répondre à mes inquiétudes, mais je suis sûre que l'intention du ministre n'a jamais été d'intéresser la santé du cher prisonnier. Les lettres que M. le comte de Saint-Florentin m'a fait l'honneur de m'écrire sont précises à cet égard. J'ose vous demander, Monsieur, si vos ordres particuliers sont assez rigoureux pour ne pas vous permettre d'accorder à M. de Caradeuc les soulagements que sa santé exige; et si, dans le cas de maladie, qui existe peut-être par la privation d'air, vous seriez obligé d'attendre des ordres particuliers pour lui permettre le secours des médecins, et l'usage des remèdes nécessaires. J'ose vous demander s'il est des médecins qui aient assuré qu'un homme d'une constitution délicate, habitué au mouvement et à l'exercice, affaibli par une prison aussi longue, peut demeurer un mois privé de la faculté de se promener au moins quelques moments par jour. Pardonnez, Monsieur, cette question à la triste position où je me trouve, et à ma peine de ce que vous ne m'avez pas fait la grâce de me répondre quand j'ai eu l'honneur de vous écrire. Ma lettre roulait sur un objet aussi important que la santé de mon mari. J'oserai, en finissant, Monsieur, vous intéresser par la considération de ce que vous auriez droit de demander en pareil cas, soit pour vous, ou pour quelqu'un de vos proches. Ayez quelques égards, Monsieur, je vous en supplie, à la position d'une malheureuse femme, qui gémit de la captivité de son mari, qui est accablée d'inquiétude pour la santé de quelqu'un qui lui est aussi cher ; je vous supplie, Monsieur, d'accorder à M. de Caradeuc la permission de se promener, de prendre l'air. Je crains bien de vous importuner ; mon excuse est légitime ; mes inquiétudes ne sont malheureusement que trop bien fondées pour la santé de mon mari.

Je suis, avec respect...

LXIX

Réponse du 4 septembre.

M. de Fontette à Mme de Caradeuc.

Madame, j'ai toujours été aussi exact qu'empressé à répondre aux lettres que vous m'avez fait l'honneur de m'écrire, lorsque j'ai pu adoucir par quelque consolation l'amertume du chagrin que vous cause la détention de M. de Caradeuc ; mais la dernière dont vous m'honorâtes arrivant dans des circonstances qui ne pouvaient qu'augmenter vos inquiétudes, si je vous disais la vérité, trop ennemi du mensonge ou de la ruse pour vous la déguiser, je pris le parti du silence qui a dû vous prouver plutôt mon embarras que mon inattention.

J'ai eu des raisons particulières, et il faut qu'elles aient été bien fortes pour m'engager à supprimer les promenades permises à M. de Caradeuc. J'en ai informé la cour dans le temps, et c'est à elle que vous devez vous adresser, Madame, pour me faire autoriser à lui faire donner plus de liberté. Je ne dois pas vous cacher, Madame, que j'en ai représenté les inconvénients ; mais je ne pourrai qu'obéir à tout ce qui me sera prescrit à ce sujet.

Vous pouvez d'ailleurs, Madame, être assurée que je n'hésiterais pas à prendre sur moi de laisser promener M. de Caradeuc si sa santé, qui est bonne jusqu'à présent, avait besoin de ce soulagement. Je ne douterais pas d'être approuvé en pareil cas. Je ne puis, Madame, que vous renouveler tout le regret que je sens d'être obligé de vous refuser une chose qui, si elle dépendait entièrement de moi, ne tarderait pas à être accordée.

Je suis, etc.

LXX

Rennes, le 5 septembre 1766.

M. de La Noue à M. de Fontette.

J'ai reçu votre lettre du 2, mon cher maréchal. Je n'ai le temps de vous écrire qu'un mot. J'ai été à 10 heures et demie chez M. de Flesselles, où j'ai conféré, jusqu'à ce moment, une heure après midi, que nous sommes revenus chez M. d'Aiguillon. L'intendant y est entré ; je crois qu'il s'y passe une belle scène. M. d'Aiguillon, partant de son système d'indulgence et de temporisation, a écrit de Port-Louis, et fait écrire M. de Praslin, pour que la cour se prêtât au délai, sans prendre de parti violent. Depuis son arrivée, il a soutenu les mêmes idées contre moi et M. de Flesselles, comptant de plus sur la prépondérance de ses lettres et de celles de M. de Praslin. Il a écouté et cajolé nos lâches juges, et, je crois, s'est fait fort de parer les coups ; mais aujourd'hui le contrôleur général écrit à Flesselles qu'il n'est plus le maître de rien changer, qu'il persiste dans la tenue des états au 15 novembre ; que les commissaires du conseil lui paraissent d'accord de prendre un parti vif ; qu'on regarde toute la procédure faite jusqu'à ce jour comme nulle par la forme, et que c'est un beau moment de la casser, d'autant que la requête de Chalot au roi en montre l'invalidité, etc.

Vous sentez que tout ce discord entre deux esprits vifs peut aller loin. Cette crise me fait de la peine, d'autant plus que le Flesselles, vous, et moi, sommes au fond de l'avis du contrôleur général. Chabrillan, qui m'a parlé de tout ceci, et le vicomte de Barrin sont bien de notre avis. Il n'y a donc que le chevalier (1) et M. d'Aiguillon, de l'autre. Dieu sait ce que cela va devenir.

LXXI

Ce 5 septembre 1766.

Mme de Caradeuc à M. de Fontette.

J'ai encore, Monsieur, l'honneur de vous écrire pour vous marquer la douleur que me cause la lettre que vous avez bien voulu m'écrire. On ne peut guère imaginer quelles sont les raisons qui ont pu vous engager à supprimer à M. de Caradeuc ces promenades qui lui étaient si nécessaires. Vous n'avez pas sans doute, Monsieur, dans ce moment, permettez-moi de vous le dire, écouté les sentiments de votre cœur, que je crois bienfaisant. Je ne réclame que les droits de l'humanité. Est-il possible que vous ayez pu vous porter, sous quelque prétexte que ce puisse être, à refuser à un homme d'une santé délicate, affaiblie par dix mois de prison, un soulagement aussi nécessaire que celui de l'air ? Peut-il y avoir de l'inconvénient à lui permettre de respirer l'air que Dieu a fait pour tous les hommes ? Vous me faites l'honneur de me mander que la santé de mon mari est bonne *jusqu'à présent ;* mais, Monsieur, comment pourrai-je le croire lorsque je sais qu'il est privé d'un secours si essentiel ? Faut-il qu'il souffre plus qu'il ne le fait ? Je vous avoue, Monsieur, que je ne puis guère calmer mes alarmes sur cet article. Vous avez eu la bonté de me cacher les motifs d'inquiétude que je dois avoir;

(1) Le chevalier est M. de Balleroy.

vous voulez m'épargner des alarmes, parce que vous savez que je ne puis y apporter de remède. J'écris à la cour, comme vous m'en donnez l'avis ; je vous prie d'appuyer ma demande et ma lettre, en marquant vous-même l'état où est mon mari, étant privé d'air. Je ne crois pas que l'intention des ministres soit que sa santé soit altérée, et j'espère que quand ils sauront par vous qu'elle court des risques ils regretteront d'avoir donné des ordres aussi sévères, et j'espère, Monsieur, que vous ne me refuserez pas cette grâce que je vous demande d'écrire en cour.

Mes motifs d'inquiétude sont si justes et si légitimes, Monsieur, que j'espère qu'ils excuseront mon importunité. J'aime tendrement mon mari. Il mérite les sentiments que j'ai pour lui. Vous pouve juger, Monsieur, de mon inquiétude pour sa santé, dans une prison comme celle où il est. Je crois, Monsieur, qu'il dépend de vous de faire faire quelque changement à la fenêtre, ce qui pourrait procurer un peu plus d'air. Enfin, Monsieur, je m'adresse à vous avec confiance.

Je suis, avec respect...

LXXII

Réponse du 7 septembre 1766.

M. de Fontette à Mme de Caradeuc.

Madame, je suis très mortifié de ne pouvoir entrer dans le détail des motifs qui m'ont forcé de supprimer jusqu'à nouvel ordre les promenades ordinaires de M. de Caradeuc. Tout ce que je puis avoir l'honneur de vous dire, c'est que s'il avait bien voulu avoir quelque égard aux représentations les plus fortes, les plus réitérées, et les plus honnêtes, que j'ai eu l'honneur de lui faire, je n'aurais pas été réduit à cette fâcheuse extrémité, qui répugnait, j'ose le dire, Madame, autant à mon cœur qu'au vôtre. Je n'ajouterai rien à ce que j'ai eu l'honneur de vous dire sur l'impossibilité de rien changer, quant à présent, à la situation de M. de Caradeuc, dont je vous assure avec vérité que la santé n'a jamais été meilleure. C'est avec la même sincérité que j'ai l'honneur de vous promettre, Madame, non seulement de demander à la cour quelque adoucissement, mais même de prévenir ses ordres au cas qu'une santé qui vous est si justement chère parût souffrir la plus légère altération.

Je désirerais fort, Madame, que vous voulussiez bien sentir, autant que moi, la peine que j'ai à vous refuser ce qui ne dépend pas de moi.

Je suis, etc.

LXXIII

6 septembre 1766.

Extrait de la lettre de M. de Saint-Florentin à M. de Flesselles, le 6 septembre 1766.

Mme de Caradeuc m'a écrit pour demander la permission d'aller se renfermer avec son mari, et pour qu'il puisse se promener. Je ne lui fais pas de réponse, mais je vous prie de lui faire dire que la première grâce qu'elle demande est contraire à tout usage, et que si M. de Caradeuc ne jouit plus de la promenade, il s'en est privé lui-même par les excès de violence, auxquels il s'est porté.

M. de Fontette m'a informé de la difficulté que font les prisonniers de Saint-Malo de payer le traiteur qui les fournit. Je lui réponds que la déclaration qu'il leur a faite de la résolution où il est de ne plus les servir pourra les ramener ; que cependant s'ils persistent, il fera bien de continuer ses fournitures, et qu'il n'y a pas lieu de craindre qu'ils veuillent le frustrer de son dû. Je vous ajouterai qu'il conviendrait peu de les laisser manquer du nécessaire dans la vue de les réduire à le payer, et que même si ce traiteur n'était pas en état de leur faire plus longtemps des avances, M. le contrôleur général, avec qui j'en ai conféré, trouve bon que vous lui fassiez remettre quelque argent, mais sans qu'il paraisse que cela vienne de vous, et en supposant quelque personne qui paraîtrait le prêter à la charge de remboursement lorsqu'il aurait été payé de son dû par les prisonniers.

LXXIV

Saint-Malo, le 6 septembre 1766.

M. de Fontette à Mme de Charette de La Colinière.

Madame,

Vous ne devez pas être alarmée sur la santé de M. votre fils, dont la petite incommodité qui paraît être d'ancienne date n'a point dérangé la vie ordinaire. Il n'a pas cessé un seul jour de se promener et de manger. Les petits remèdes, qui lui ont été indiqués par le chirurgien, M. de Berry, qu'il a appelé, ne sont que des topiques, dont il a même, depuis quelques jours, abandonné l'usage. Vous pouvez Madame, être très assurée que rien de ce qui sera nécessaire à sa santé ne lui sera refusé, et qu'en cela même je saurai prévenir vos intentions et ses besoins, très persuadé que je ne serai jamais désapprouvé.

Je ne manquerai pas d'avoir l'honneur de vous avertir, comme vous le désirez, si j'apprends qu'il y a quelque dérangement dans sa santé; et, quoiqu'il y ait ici de fort bons médecins, vous serez bien la maîtresse d'envoyer celui de Nantes en qui vous aurez le plus de confiance; mais j'espère que vous ne serez pas dans ce cas.

J'ai l'honneur de vous prier de ne point vous en rapporter aux propos du public, qui sont toujours infidèles ou exagérés. Vous serez mieux instruite par moi, qui vous le promets, que par qui que ce soit.

On s'est plu à faire courir le bruit à Rennes que M. de La Gascherie qui n'a pas eu un quart d'heure d'incommodité, était fort malade. On le tenait même de gens de Saint-Malo. Vous voyez par là, Madame, qu'on ne doit point compter sur ces rapports; et vous voudrez bien ne vous fier qu'à l'exactitude des miens; c'est la moindre des choses que je voudrais faire pour votre tranquillité, et pour le soulagement de toutes les personnes qui vous sont justement chères.

Je suis, etc.

LXXV

Rennes, le 8 septembre 1766.

M. de La Noue à M. de Fontette.

Vous ne le croirez pas, mon cher maréchal, il est cependant vrai que je n'ai pas eu le temps de vous écrire ; je comptais le faire ce matin, lorsque l'intendant m'a fait dire qu'il voulait me montrer les lettres du jour. A peine étais-je chez lui que le général m'a envoyé chercher pour me montrer les siennes ; et de là nous avons conféré tous les trois jusqu'à deux heures et demie. Nous sortons de table à trois heures et demie. Je ne puis vous faire de détail; seulement il me semble que le système de temporisation du général prévaudra ; mais rien n'est sûr.

Je ne vous écris que pour vous tranquilliser sur mon compte, et pour vous informer que l'intention de M. de Saint-Florentin, d'accord avec le contrôleur général, est de faire payer le traiteur qui nourrit les prisonniers, en cas qu'on ne puisse pas tirer cet argent d'eux ; mais que, jusqu'à définition, il faut que vous parliez à ce traiteur ; et que vous lui fournissiez de l'argent à titre de prêt, et sur billet, en cas qu'il en ait un besoin réel.

Le fin mot de tout cela est qu'on veut que les prisonniers payent ; mais que, sur leur refus de le faire, on ne veut pas qu'ils puissent dire qu'ils ont manqué du nécessaire.

M. de Flesselles m'a dit vous envoyer l'argent pour Boudesculle(1), de Reynes, et pour tous les gens que vous lui avez recommandés.

Je vous embrasse, mon cher maréchal, du cabinet du général, etc.

M. d'Aiguillon part mercredi, après demain.

LXXVI

Rennes, le 8 septembre 1766.

M. de Barrin à M. de Fontette.

Je vois avec douleur que je vais être pour un peu de temps M. le commandant de la province par le départ projeté de notre général

(1) Boudeseul est le secrétaire de MM. de La Chalotais et de Caradeuc.

pour mercredi prochain, et qui aura vraisemblablement lieu, M. de Saint-Florentin ayant déjà écrit de façon à autoriser M. le duc d'Aiguillon à aller à Veretz sans même attendre son congé. Je sais que ce départ de la province, et même l'absence de Rennes, n'est pas suivant vos principes ; le succès de la chose étant ce qu'il y a de plus important, nonobstant toute espèce de propos qui s'en tiendront ni plus ni moins, et qui seront bien pis si la chose ne tourne pas comme on le désire.

Nous venons de lire, MM. de Chabrillan, de Balleroy et moi, le mémoire de M. de Calonne (1) en réponse à l'article de M. de La Chalotais, qui le concerne. Il vient d'arriver imprimé avec permission du roi, auquel il est adressé, et qui a la bonté d'écrire au bas quatre lignes fort obligeantes pour M. de Calonne.

Ce mémoire est très modéré, et peut-être assez pour ne produire aucune impression sur les gens qui ont lu celui de M. de La Chalotais. Un libelle aurait fait plus d'effet, et M. de Calonne avait beau jeu, mais il ne pouvait plus alors être présenté au roi.

Adieu, Monsieur le maréchal, exhortons-nous mutuellement à la patience, nous en avons besoin l'un et l'autre.

M. de La Chalotais prend des bains depuis quelques jours. Il a eu la permission du ministre de déposer son testament entre les mains de son notaire (2). Peut-être verrons-nous dans huit jours tout ou partie de ce testament imprimé.

Vous connaissez les sentiments avec lesquels j'ai l'honneur, etc.....

Depuis ma lettre écrite je viens de voir notre général. Il n'est pas content des nouvelles de la poste d'aujourd'hui. Il parait qu'on est toujours, malgré ce qu'il a mandé, fort en colère contre ce parlement-ci, qu'on voudrait lui retirer la connaissance de l'affaire, en cassant la procédure. Il n'y aurait rien eu de décidé au conseil de samedi. On attendait l'arrivée de M. de Praslin. On n'a pas envoyé à

(1) Le *Journal des événements* annonce ce mémoire, à la page 153 : *Mémoire présenté au roi par M. de Calonne, maître des requêtes*, imprimé à l'imprimerie royale, 35 p. in-4°. On peut le lire aux Archives nationales (K. 712).

(2) Le troisième mémoire de M. de La Chalotais, dans l'édition signalée ci-dessus, reproduit en note, p. 65, un extrait d'un testament du procureur général du 17 février 1766, et un codicille du 11 novembre suivant.

Lyon pour faire venir l'expert, et on aura encore perdu plus de huit jours pour parvenir à la conclusion, si, comme l'espère M. d'Aiguillon, M. de Praslin se décide au parti de la patience.

LXXVII

Rennes, le 10 septembre 1766.

M. de La Noue à M. de Fontette.

J'ai reçu, mon cher maréchal, votre lettre du 8; vous n'aurez point encore de détail aujourd'hui. Le général ne m'a pas laissé une minute à moi depuis cinq jours par les négociations avec Amilly, Flesselles, correspondances à la cour et instructions de conduite. Tout ce que je puis vous dire, c'est que la girouette ministérielle tourne au vent d'Aiguillon. Rien de sûr cependant; ce sera le conseil de samedi 13 qui décidera tout. J'en attendrai le résultat ici, et la permission du contrôleur général de me rendre à Veretz.

M. de Saint-Florentin a envoyé à Baillon ordre de faire partir tout de suite l'expert Borde. Notre général est parti ce matin à 8 heures; il sera à Veretz près d'un mois et demi, et de là à Paris; la fin de la procédure sera l'époque de son retour ici.

Calonne vient de donner son mémoire. Je l'ai lu; il est de l'imprimerie du Louvre, et avoué de la main du roi. Il est écrit modérément; aussitôt que je l'aurai en ma puissance, je vous l'enverrai. Adieu, cher maréchal. Si je ne vous dis pas plus, c'est que je ne peux; rapportez-vous-en à la tendre amitié que je vous ai vouée.

LXXVIII

Le 12 septembre 1766.

M. de La Noue à M. de Fontette.

M. de Flesselles vous envoie, mon cher maréchal, le mémoire de Calonne; renvoyez-le lui tout de suite, après l'avoir lu, à moins que vous ne le fassiez imprimer, ce dont il vous aurait obligation, ne voulant pas le faire imprimer à Rennes. M. de Flesselles n'en a que deux exemplaires. Si vous le faites imprimer, renvoyez-en deux cents exemplaires pour M. de Flesselles ; et le reste l'imprimeur pourra le débiter, avec d'autant plus de gain qu'il n'a été imprimé qu'au Louvre. Il n'y a rien à craindre pour cette impression ; l'aveu du roi suffit, et le parlement ne dira rien.

J'ai reçu ce matin la permission du contrôleur général d'aller à Veretz. Je pars demain pour aller à Couescouvran (1), où j'ai absolument affaire avec ma famille. Mercredi 17, je serai ici, et pourrai bien partir, vendredi 19 pour Veretz ou pour Paris ; car suivant les dépêches de ce jour, qui annoncent un grand flottement dans le parti à prendre au conseil de demain 13, on pourra faire venir M. d'Aiguillon à Compiègne. En ce cas, je n'irais pas à Veretz.

Je crains bien que cette affaire ne finisse désagréablement pour M. d'Aiguillon. Il est résolu de jeter le manche après la cognée, et de ne pas tenir les états, et cela par des lettres qu'il a reçues de la cour, le jour de son départ et qu'il nous envoie aujourd'hui.

Il est persuadé qu'on veut sauver Chalot par le parti qu'il a dans le ministère, et le parlement de Paris, qui sollicite pour lui quoiqu'en vacances. Voilà bien la plus maudite affaire qu'il y ait jamais eu.

L'intendant n'a point été du tout aux Cordeliers; c'est le chirurgien La Rue qui a répandu cela dans la ville. Flesselles l'a envoyé chercher hier pour savoir la source de cela. La Rue a avoué l'avoir dit à l'hôtel de Caradeuc et partout; et que c'était M. de La Chalotais qui lui avait dit précisément que l'intendant était venu le voir et lui proposer un accommodement, qu'il avait rejeté hautement. Le vrai est que La Rue a dit, vrai encore qu'il dit le tenir de Chalot, et plus vrai encore que l'intendant n'y a pas été. Est-ce La Rue qui est menteur ou Chalot? C'est ce qu'on va éclaircir.

(1) *Couescouvran*, ou plus exactement *Coëtcouvran*, terre et seigneurie sise dans la paroisse d'Yvignac, près Broons (Côtes-du-Nord), appartenant encore au xviiie siècle à la famille Geslin et ayant passé dans celle de La Noue par le mariage d'un La Noue avec l'héritière principale des Geslin en 1745. (*Reg. paroissial* d'Yvignac.)

J'ai vu le Talaru (1) ici; mais je lui ai tourné le dos. Quelque chose de singulier c'est qu'il a dit pis que pendre de la cour, des ministres et des chefs de bureaux à notre général ; c'est un être bien singulier, que ce Talaru.

LXXIX

Rennes, le 12 septembre 1766.

M. de La Noue à M. de Fontette.

(Nouvelle lettre du 12)

Sans manquer un courrier, mon cher maréchal, je n'ai cependant pas répondu à vos trois dernières des 2, 4 et 8 de ce mois. Je vous ai seulement mandé que j'étais pressé, occupé, serré, et cela est vrai. J'en suis resté vendredi 5 à la conférence qui se passait entre le général et l'intendant. Elle a été outrée de la part du premier, disant qu'on l'abandonnait, qu'on le déshonorait, que tous les ministres étaient des j. f. d'intrigants; en un mot il fut une heure et demie à ne pas se posséder de colère. Il ne mangea point à dîner ; il me reprit en sous-œuvre, en sortant de table, et acheva de décharger sa bile vis-à-vis de moi. Je le ramenai doucement par la prépondérance que ces lettres avaient toujours eue, et par les inconvénients réels qui existaient dans tout autre parti que celui de laisser agir notre sénat. Il était trop plein de sa matière pour me laisser aller de la journée du 5 et du 6; il me fit écrire le 7 avec détail pour montrer les bonnes dispositions de nos juges, et le danger de les mécontenter et déshonorer, etc.

Lundi 8 il m'envoya chercher à 9 heures. J'étais à l'intendance

(1) Etait-ce le marquis de Talaru? César-Marie de Talaru, marquis de Chalmazel, chef de sa maison, fils du marquis Louis de Talaru, et de Marie-Marthe-Françoise de Bonneval. Il était né le 8 juin 1725, fut fait maréchal de camp en 1761 ; il fut colonel d'un régiment d'infanterie de son nom, premier maître d'hôtel de la reine, gouverneur de Phalzbourg et de Strasbourg ; il se maria, en 1750, avec Mlle de Sassenaye.

Était-ce au contraire le frère de ce personnage, Louis de Talaru, chevalier de Chalmazel, né en 1729, chevalier de Malte, officier de marine ? (*Calendrier des princes et de la noblesse pour 1765*, pp. 303 et 304.)

où on vint. Il me fit lire une lettre à lui du contrôleur général, beaucoup plus forte encore, et plus contrariante que celle à l'intendant. Elle disait qu'on était sûr du projet des monitoires,... du parti pris des avocats de se retirer si on décrétait La Chalotais, que les discussions pour ou contre le jésuitisme étaient si vives dans la province qu'on en craignait des suites offensives... ; qu'on savait que le premier président trompait positivement ; et cela finissait par un raisonnement sans appui sur le renversement des finances en Bretagne si les états n'avaient lieu au 15 novembre.

Je dirai comme les bonnes gens : Ce n'était pas un homme, c'était un diable. Je crus qu'il me mangerait, en me reprochant que c'était l'intendant et moi qui mettions ces ravaudages dans la tête du contrôleur général, que nous donnions croyance à toutes les absurdités, que nous échauffions les têtes, de manière que nous perdions tout.

Je le laissai dire tout ; je répliquai que nous avions de quoi nous justifier. Il m'envoya chercher l'intendant. Nous entrâmes chez lui à midi trois quarts, et en sortions à deux heures et demie ; il nous fit un sabbat incroyable, sans nous donner le temps de parler, et y mit de l'humeur et des propos durs. L'intendant ne desserra pas les dents ; mais quand le feu fut tombé, je le priai, d'un grand sang-froid, de relire cette lettre, et d'y voir les points qui ne pouvaient nous aller, tels que celui des avocats, que nous ignorions absolument, et celui du jésuitisme, qui sentait le bon sens... Il commença à convenir que ce pouvait ne pas être nous qui eussions mandé ces plats récits ; il s'apaisa, justifia le premier président, presque tous les membres,... détruisit la possibilité des monitoires. Après dîner, il me reprit encore, mais, en raisonnant, s'apaisa un peu.

J'allai chez moi à cinq heures ; à six j'y reçus un billet d'invitation, de Mme de Flesselles pour aller causer. Je me rendis d'abord chez le mari, que je trouvai hors de gonds ; il me dit qu'il n'avait jamais été traité comme cela, que les mots durs qu'on lui avait dits et le reproche éternel qu'on lui ferait si la cour ne suivait pas les vues du général lui faisaient prendre le parti d'écrire tout le détail au contrôleur général et de remettre sa démission. Jugez de mon étonnement sur le danger qui arrivait de cette levée de boucliers. Je dis ce que je savais et ne savais pas pour arrêter cette rupture. L'intendant fut inflexible ; il reçut avec embarras le général qui vint souper à neuf heures; la femme avait la parole coupée, et le quitta pour m'entretenir longuement. On ne voulait pas que j'en parlasse ; mais, comme je sentais le danger de me taire, je partis de bonne heure pour me trouver à la rentrée du général, à qui je dis quelques mots sur lesquels il s'emporta et m'envoya coucher.

Le mardi matin il m'envoya chercher pour que j'engageasse l'intendant à venir à une heure pour avoir une explication avec le premier président, qui sortait de la demander. Ce fut alors que j'entrai en détail sur tout ce que m'avait dit l'intendant et ses dispositions ; il écouta patiemment, convint de son feu, et me chargea d'aller chercher l'intendant. Celui-ci avait prétexté son mal à l'œil pour ne pas sortir, et ne voulait entendre parler d'aucune explication avec le premier président, et me faisait des reproches amers sur ce que je lui avais avoué avoir dit sa sensibilité au général. Je fus depuis onze heures jusqu'à midi pour pouvoir ramener la femme; elle se joignit à moi et, à une heure, nous vinmes à bout du mari que j'amenai au général, et qui me disait, le long du chemin, que je serais l'auteur du malheur de sa vie. Je me retirai quand j'eus mis mes deux personnages dans le cabinet. Cela fut long entre le premier président et l'intendant. Ils justifièrent mutuellement leur conduite, se jurèrent estime, union, après quoi le premier président se retira... Autre explication où l'un montra sa sensibilité, l'autre avoua sa vivacité ; tous deux s'attendrirent, et répandirent des larmes...

Ainsi a fini cette grande et périlleuse aventure, que chacun avait bien impatience de me conter. Nous fûmes en sortant de table, voir manœuvrer les dragons. A la rentrée le général me dit tout ce qui s'était passé, et des choses honnêtes sur ma négociation. Je fus à l'intendance, où on m'en conta autant, et des honnêtetés sans fin, et des embrassades de la dame que j'avais fait valoir auprès du général, qui vint la voir, et lui dit cent cajoleries sur son cœur, son esprit, etc... On s'est séparé unis et contents. Personne n'a su un mot de cela. Les intimes étaient étonnés de mes conférences, et me croyaient au plus haut point de faveur... Rions de la croyance, mon cher maréchal, égayons-nous de ce qui y a donné lieu... J'exige que vous jetiez cette lettre au feu, après l'avoir lue; je n'en garde pas même note.

J'omettais de vous dire que le premier président a mis par écrit, le soir, toute sa justification du matin ; copie en a été donnée à l'intendance, qui l'a envoyée au contrôleur général; et d'Aiguillon à Saint-Florentin.

LXXX

Rennes, le 15 septembre 1766.

M. de Barrin à M. de Fontette.

J'ai reçu, Monsieur le maréchal, vos deux dernières lettres. Je n'ai répondu à la première que quatre mots ; encore n'était-ce que par occasion, et pour vous adresser le mémoire de M. de Calonne. M. de Flesselles m'a promis de m'en donner un autre ; ainsi je n'aurais vis-à-vis de vous que le petit mérite de vous l'avoir procuré quelques jours plus tôt. Comment trouvez-vous ledit mémoire ? Il y a des choses que j'ai été fâché d'y voir; et je ne crois pas qu'il remplisse bien l'objet qu'on s'y est proposé.

M. de Chabrillan est encore ici, et y sera jusqu'à l'arrivée du courrier extraordinaire que nous attendons, s'il nous en vient un. Ce sera vraisemblablement pour ce soir, ou la nuit prochaine. J'aimerais assez qu'il n'en vînt point. Ce serait peut-être une preuve qu'on laisserait aller les choses le train qu'elles ont pris, c'est-à-dire que notre parlement serait toujours chargé du jugement, car nous désirions ici qu'il n'y eût point d'évocation. Quand je dis nous, ce n'est pas de nos magistrats que je parle ; ils ne demandent pas mieux que d'être débarrassés de cette affaire.

M. de Flesselles doit aujourd'hui, à onze heures ou midi, voir M. La Chalotais pour lui remettre partie des papiers que le magistrat s'est plaint qu'on lui avait enlevés et non rendus, parce qu'ils sont, dit-il, à sa justification. Je ne sais si cette entrevue sera bien honnête.

LXXXI

Marigny, près Fougères, le 16 septembre 1766.

Mme de La Roche-Marigny à M. de Fontette.

Monsieur,

Me permettrez-vous de vous demander s'il vous a passé une lettre de moi, adressée à vous, pour remettre à M. de La Gascherie. Une adresse mal mise, par un moment d'absence, me fait craindre qu'elle ne vous soit pas parvenue ; elle renfermait un détail de mes affaires particulières, et je serais très touchée qu'elle fût tombée en d'autres mains que les vôtres. De grâce, Monsieur, tirez-moi de cette inquiétude ; ma reconnaissance égalera le respect avec lequel je suis,
Monsieur, votre très humble et très obéissante servante.

De La Roche-Marigny.

LXXXII

Rennes, le 17 septembre 1766.

M. de Barrin à M. de Fontette.

J'ai gardé pour moi l'exemplaire du mémoire de M. de Calonne que vous m'avez envoyé. J'imagine que c'était votre intention.

Le courrier ordinaire a apporté à M. de Flesselles une lettre de M. de Saint-Florentin qui lui mande que l'intention du roi est qu'il lui soit envoyé une copie de toute la procédure sans que la suite en soit arrêtée. Ainsi le parlement de Bretagne va la continuer, et les experts vont arriver. Par un malentendu de courrier, M. le premier président n'a pas encore ses lettres du ministre ; ainsi l'exécution de l'ordre du roi sera nécessairement retardée de quelques jours.

LXXXIII

Rennes, le 19 septembre 1766.

M. de Barrin à M. de Fontette.

Je crois vous avoir parlé de l'entrevue que l'intendant eut avec le dit prisonnier il y a quelques jours. L'officier qui était présent m'a dit qu'ils avaient d'abord peur tous les deux, surtout M. de La Chalotais, mais que le premier se rassura un moment après. Il n'y eut ni invectives, ni reproches fort vifs, mais des propos secs et durs de part et d'autre; en se séparant, M. de La Chalotais, qui avait fait un reçu des papiers que l'autre lui avait remis, lui dit : Monsieur, voilà encore ce qui peut vous servir comme pièce de comparaison.

Les nouvelles du courrier d'aujourd'hui consistent en lettres de continuation pour le parlement sans fixer le terme, ce qui va sûrement déplaire beaucoup à ceux qui ont envie de revoir leurs campagnes. Arrêt du conseil qui reçoit la requête des prisonniers (1), et demande, pour être en état d'y faire droit, copie des charges et procédures depuis le mois de novembre, ladite procédure allant toujours son train sans interruption. Le dernier arrêt doit être signifié par M. le chevalier de La Chalotais dans les vingt-quatre heures (2), et, à son refus, par M. de Flesselles. On vient de me dire que MM. du parlement se décidaient à regarder comme inutile de continuer la procédure jusqu'à ce que le roi eût prononcé sur la requête puisqu'elle peut encore être cassée. S'ils s'en tenaient là, cela pourrait être embarrassant, mais on dit qu'ils ne le peuvent, l'ordonnance disant clairement qu'en matière criminelle toute cédule évocatoire ou requête ne doit

---

(1) Le 13 septembre au soir, les requêtes des six magistrats accusés furent rapportées au conseil du roi ; un arrêt intervint fort avant dans la nuit : il ordonna l'apport au greffe du conseil, dans le délai d'un mois, des charges, informations et autres procédures faites en exécution des lettres patentes du 5 juillet 1766, tant à Rennes qu'à Saint-Malo ou ailleurs. (*Journal des événements*, p. 154.)

(2) Le vendredi, 19 septembre, le jour même où M. de Barrin écrivait, cet arrêt fut remis par M. de Flesselles ou chevalier de La Chalotais de la part de M. de Saint-Florentin. Le lendemain, à la requête des six magistrats détenus, il fut signifié à Blain de Saint-Aubin, greffier criminel du parlement, avec injonction d'obéir audit arrêt. (*Journal des événements*, p. 154.)

point arrêter la suite d'une procédure. Je ne sais où tout cela nous mènera ; fort loin, selon toutes les apparences.

LXXXIV

Rennes, le 19 septembre 1766.

M. de La Noue à M. de Fontette.

Arrivé avant-hier au soir de Couescouvran, mon cher maréchal, je pars dans l'instant pour Veretz, où je compte rester jusqu'au 6 ou 7 octobre, et de là à Paris, à moins que le contrôleur général ne me renvoie ici.

J'ai reçu vos lettres des 11, 14 et 16. J'y vois avec une vraie douleur votre misérable santé. Si cela devient insoutenable à Saint-Malo, ce qu'à Dieu ne plaise, vous pouvez compter sur moi pour vous relever, mon cher maréchal. Vous sentez bien qu'il faudrait l'insinuer doucement à M. d'Aiguillon. Balleroy a emmené son secrétaire Causse.

Je vais par Sablé et Le Lude.

La grande négociation dont j'ai été médiateur, n'a pas transpiré du tout.

Il n'y a rien de clair, dans l'assertion La Rue, que son mensonge, dont il sera sûrement puni avec le temps.

La conversation Flesselles avec La Chalotais pour la remise des papiers a été très longue ; fougueuse, haute et impertinente du côté du prisonnier ; froide, mesurée et monosyllabique de la part de l'intendant, qui a coupé court à chaque période. Les papiers ont été remis ; il a donné son reçu, et tout est dit. Le fameux réquisitoire a fait faire de grands hélas !

Mille grâces du mémoire Calonne imprimé.

Notre sénat est en rumeur et humeur ; il ne veut pas continuer une procédure qui peut être cassée ; on ne sait pas même s'ils voudront entendre les deux experts qui viendront ; mais, pour un décret, ils ont assuré ce matin qu'ils n'en donneraient pas. Ils ont enregistré les lettres de continuature (1).

(1) Ce sont les lettres patentes qui prorogent les séances du parlement jusqu'à la Saint-Martin (11 novembre).

Je pars hérissé de lettres pour Veretz; je désire bien y recevoir les vôtres, sous le couvert de M. de Saint-Florentin.

Adieu, mon cher maréchal, je vous aime tendrement. Je vous embrasse de même; mon attachement est invariable.

LXXXV

Rennes, le 22 septembre 1766.

M. de Barrin à M. de Fontette.

J'ai reçu ce matin une lettre de M. le duc d'Aiguillon par laquelle il m'assure (1) qu'il ne veut plus s'occuper ni parler de l'affaire qui fait ici notre principal objet, mais au contraire l'oublier absolument. Ce dernier projet sera je crois de difficile exécution. Peut-être les choses lui auront-elles paru prendre une meilleure tournure depuis qu'il m'a écrit, car sa lettre est du quinze, et il pouvait encore ignorer le parti qui a été pris depuis. Vous avez dû recevoir ma dernière du 19, par laquelle je vous mandais où nous en étions alors. Le parlement paraissait très décidé à ne pas suivre la procédure tant que durerait l'incertitude si elle serait cassée, ou l'affaire évoquée à un autre tribunal. M. le premier président doit l'avoir mandé à M. de Saint-Florentin. Ce n'était pas tout; le parlement ne voulait même pas entendre les experts, quoique cette audition ne l'engageât à rien.

Les dits experts étaient arrivés d'hier, ensemble, c'est-à-dire, celui de Paris et celui de Lyon.

M. de Flesselles était très inquiet de la résolution de MM. du parlement. La chose a changé ce matin au palais. On vient de me dire qu'il est décidé que les experts seront entendus; ils vont même commencer à travailler ce soir. Le rapport fait, je crois bien que le parlement n'ira pas plus loin, c'est-à-dire qu'il n'ordonnera pas le décret; mais cela mettra toujours la cour plus à son aise.

Avant-hier l'arrêt du conseil fut signifié au greffe par M. le chevalier de La Chalotais, comme le désirait le ministre; et, ce matin, la

(1) Il était à Véretz.

requête présentée au conseil contre les lettres patentes de disjonction a été signifiée au parlement jointe à une autre requête pour demander le rapport de l'arrêt d'enregistrement des dites lettres, le tout au nom de Mlle de La Chalotais chargée de la procuration de son père et de son frère, et se faisant fort pour tous les autres prisonniers.

LXXXVI

Ce 22 septembre 1766.

Mme de Caradeuc à M. de Fontette.

Il n'y a, Monsieur, que la vivacité de mes alarmes, malheureusement trop bien fondées, pour la santé de M. de Caradeuc qui puissent autoriser mes importunités. Trouvez bon, Monsieur, que je vous renouvelle mon instante prière. Donnez, je vous supplie, des ordres pour que mon mari puisse avoir un peu d'air. Les chaleurs, qui sont considérablement augmentées, augmentent aussi le besoin qu'il a de prendre l'air, et de pouvoir faire au moins le petit exercice qui lui avait été permis. Le roi, les ministres ne veulent certainement pas que mon mari soit en danger de périr faute de secours aussi facile et aussi nécessaire. Je suis aussi persuadée, Monsieur, que vous ne voulez pas de mal à mon mari, et vous jugez comme moi qu'il faut de l'air dans une prison où on ne peut ouvrir la fenêtre, etc.

LXXXVII

Rennes, le 24 septembre 1766.

M. de Barrin à M. de Fontette.

Je reçus hier, mon cher maréchal, votre lettre du 21, et le billet qu'elle contenait, que je remis peu de temps après à M. de Flesselles. Il me dit le soir qu'il n'avait pas eu le temps de consulter, comme vous l'en priez, quelques écrivains de confiance, mais qu'il le ferait bientôt, et vous en écrirait. Le billet trouvé dans le pot de beurre marque bien, comme vous le pensez, une communication de la famille au prisonnier ; mais il me semble, de plus, marquer communication du sieur Boutteseul à la famille, puisque M. de Caradeuc le charge dans deux endroits de dire quelque chose à sa femme. Si la cour ne veut pas qu'il passe rien à ces prisonniers, le plus sûr serait d'interdire absolument les lettres à condition d'être lues. Au reste, si vous avez le moyen, comme il me paraît, d'intercepter, il n'y aurait peut-être pas de mal de laisser aller le commerce furtif ; il peut vous instruire de bien des choses bonnes à savoir.

Voici où nous en sommes ici. Je dois vous avoir mandé, par ma dernière lettre, l'arrêt du conseil qui ordonne qu'il soit envoyé, dans le délai d'un mois, une expédition des charges et procédures faites depuis le mois de novembre, pour le mettre en état de faire droit à la requête des prisonniers, et que cet arrêt a été signifié au parlement, suivant le désir de M. de Saint-Florentin, par la famille. A la signification de l'arrêt, cette famille, ou plutôt Mlle de La Chalotais, chargée de procuration de son père et de son frère, et se faisant fort pour les autres prisonniers, joignit lundi matin une requête par laquelle elle demandait que toute procédure fût suspendue jusqu'après le jugement du conseil, protestant contre celles qui se feraient. Le parlement ne voulut pas prononcer sur cette requête, ne se trouvant pas en nombre, parce que plusieurs étaient absents, mais il ordonna qu'on procéderait le même jour à l'audition des experts qui sont arrivés ici ensemble dès dimanche au soir.

A trois heures après-midi, M. de la Villebouquais étant au palais avec les deux experts, attendant M. de Saint-Aubin, grand carillon et plaintes vives à eux adressées par M. le chevalier de La Chalotais contre la résolution du parlement d'aller en avant; point de réponse du rapporteur. Arrive M. de Saint-Aubin ; invectives et injures grossières contre lui de la part du même déclamateur, qui enfin se retira. Ces messieurs furent à la chambre où on devait travailler. M. de la Villebouquais parla alors et dit : « Vous voyez, Messieurs, combien cette famille souffre impatiemment que la procédure soit continuée ; remettons la chose à demain. Hier matin autre requête sur laquelle le parlement refusa de délibérer, et malgré laquelle il ordonna derechef l'audition des experts pour le soir. Effectivement celui de Paris commença sa besogne l'après-midi(1); ensuite viendra celui de Lyon, et il y a apparence que tout cela sera fini à la fin de la semaine. Vous étiez, à ce que je vois, plus tranquille que nous sur le parti que prendrait le parlement. Il est certain que plusieurs étaient d'avis qu'on n'entendit pas les experts.

Adieu, cher maréchal, prenez courage, et portez-vous mieux si vous pouvez; je le souhaite bien sincèrement.

LXXXVIII

Le 24 septembre 1766.

Mme de La Gascherie à M. de Fontette.

Je suis pénétrée de regrets, Monsieur, de vous importuner aussi souvent par les envois continuels que je fais à M. de La Gascherie. Je vous en fais toutes les excuses possibles. Si j'étais encore seule à vous donner tous ces embarras; mais les autres femmes en font autant, ce qui devient fort ennuyeux pour vous. Je vous supplie d'être très persuadé, etc.

LXXXIX

Veretz, le 25 septembre 1766.

M. de La Noue à M. de Fontette.

Mon éloignement ne fera rien à ma correspondance, mon cher maréchal; je vous aime, et vous le dirai de partout. Je suis arrivé ici le 21; j'ai trouvé toute la maison en joie, et en santé; les

(1) L'expert écrivain, Thiré, de Paris, a été entendu comme témoin, les 23, 24 et 25 septembre 1766; ses conclusions affirment que « l'auteur des pièces de question « est aussi celui des pièces de comparaison »; en d'autrestermes que les feuilets incriminés sont de l'écriture de M. de La Chalotais. (*Procès instruit extraordinairement*, t. III, pp. 167 et suiv.)

châtelains sont M., Mme (1) et Mlle d'Aiguillon (2) ; la mère (3) ne viendra pas... En externes MM. de La Châtre (4), de Broc, M. et Mme de la Musanchère (5), le commandeur de Chantilly (6), La

(1) La duchesse d'Aiguillon était née de Bréhand de Plélo. Elle fut nommée dame du palais de la reine en 1748. (*Calendrier des princes et de la noblesse française*, 1765. Paris, in-12, p. 249.)
(2) Mlle d'Aiguillon (Innocente-Aglaé), naquit le 28 décembre 1747 et mourut à Aiguillon, dans l'Agénois, le 11 juin 1776. Elle a épousé le marquis de Chabrillan. (*V.* La Chesnaye des Bois, au mot Vignerod du Plessis.)
(3) La duchesse d'Aiguillon mère était Anne-Charlotte de Crussol, fille de Louis de Crussol, marquis de Florensac, maréchal de camp, et de Marie-Louise-Thérèse de Saint-Nectaire : par contrat du 12 août 1718, elle épousa Armand-Louis de Vignerod Richelieu, comte d'Agenois. (*Hist. généalogique et chronologique...*, par le P. Anselme, t. III, p. 775.)
(4) Ce sont le père et le fils : 1° Charles-Louis (*alias* Charles-Pierre) de La Châtre, d'abord comte de Nançay, et, après la mort de son père, marquis de La Châtre, d'une vieille famille du Berry, fils de Louis-Charles, marquis de La Châtre, brigadier des armées du roi, tué au combat de Parme, le 29 juin 1734, et de Marie-Élisabeth de Nicolaï. Né le 19 septembre 1724, il vivait encore en 1791 (inscrit dans l'*Almanach royal* de 1791). Cornette de dragons dès 1739, colonel du régiment d'infanterie de Cambrésis en 1743, brigadier en 1748, maréchal de camp le 15 octobre 1758 (en récompense de sa conduite au combat de Saint-Cast contre les Anglais, le 11 septembre précédent), lieutenant général le 25 juillet 1762. Il a épousé en 1744 Isabelle-Louise-Jouvenel de Harville des Ursins, dont il a eu plusieurs enfants.
2° Claude-Louis de La Châtre, comte, puis marquis, puis duc de La Châtre, fils aîné du précédent, né le 30 septembre 1745, décédé au château de Meudon le 13 juillet 1824, maréchal de camp en 1788, député aux états généraux de 1789, chargé d'un commandement à l'armée des princes, puis, en 1807, ambassadeur de Louis XVIII, près du roi d'Angleterre, lieutenant général en 1814, pair de France le 17 août 1815, pourvu du titre de duc par ordonnance du 31 août 1817. Marié en 1778 à Marie-Charlotte-Louise-Perrette Bontemps, fille d'un des premiers valets de chambre du roi, il n'en a eu qu'un fils, Alphonse-Louis-Nicolas de La Châtre, qui périt en 1802 dans l'expédition de Saint-Domingue. Avec le duc de La Châtre, s'est éteinte cette branche de la famille. (La Chesnaye des Bois, 3e éd., t. V, col. 346 et 347. — Borel d'Hauterive, *Annuaire de la noblesse*. Paris, 1869, in-12, p. 314. — *Table historique de l'état militaire de la France, depuis 1758*. Paris, 1766, in-12, p. 56. ;— *Almanach royal* pour 1791.)
(5) François-Louis Mauclerc, seigneur de la Musanchère, d'une famille originaire du diocèse de Luçon, et fixée dans celui de Nantes. Il assistait aux états de 1766-1767, et signa la protestation qui fit tant de bruit. Il était proche parent de Pierre Mauclerc de La Musanchère, qui, en 1746, de doyen du chapitre de Luçon, devint évêque de Nantes, et conserva ce siège jusqu'à sa mort (1er avril 1775).
(6) Louis-Joseph des Escotais, seigneur de Chantilly (d'une famille d'Anjou établie en Touraine au XVIIe siècle et possédant dans cette province la seigneurie de Chantilly). Fils cadet de Michel-Séraphin des Escotais, seigneur de Chantilly, capitaine de vaisseaux, et de Louise de Laval-Montmorency. Né le 30 mars 1713, il fut reçu chevalier de minorité dans l'ordre de Malte le 5 mai 1717 ; il y devint titulaire d'une commanderie et y fut élevé à la dignité de bailly ou grand-croix ; il vivait encore en 1791. Il servit dans les armées royales où il devint brigadier d'infanterie le 1er mai 1758, maréchal de camp le 20 février 1761, et lieutenant-général le

Guère (1), l'abbé de La Marche, Chabrillan, le chevalier de Balleroy, Coniac (2), Joviac et le chevalier de Redmond (3), arrivé d'avant-hier.

1ᵉʳ mars 1780. Il est inscrit sur la liste de l'état major général de 1787 sous ce titre : *Le bailly des Escotais de Chantilly.* (*Liste de Messieurs les chevaliers, chapelains conventuels et servants d'armes des trois vénérables langues de Provence, Auvergne et France.* A Malte, au palais et imprimerie de S. A. E. (par Mallia, son imprimeur, 1787, petit in-8, p. 129. — La Chesnaye des Bois, 3ᵉ éd., tom. VII, col. 340 et 341. — *Etat militaire de la France pour 1787*, p. 71. — *Almanach royal* de 1791.

(1) Philippe-Auguste Pantin, comte de La Guère, fils de Jacques-Philippe Pantin, comte de La Guère, et de Jeanne-Guyonne de La Roche-Macé, né le 29 juin 1714. Marié deux fois, il a eu de son deuxième mariage, avec Angélique Boussineau, un fils aîné, Philippe-André Pantin, marquis de La Guère, né en 1746, capitaine au régiment de Royal-Dragons, mort en 1813 sans postérité mâle, et un fils cadet, Bernardin-Marie Pantin, comte de La Guère, né en 1747, capitaine au régiment de Penthièvre-infanterie, mort en 1827, laissant des fils qui ont continué le nom.
Cette famille, qui paraît être originaire de Normandie, a été possessionnée en Anjou, en Poitou et en Bretagne. La terre de La Guère, située en Mésangé, près Ancenis, a été apportée par mariage au xvᵉ siècle au 6ᵉ aïeul de Philippe-Auguste Pantin, ci-dessus. (*Généalogie de la maison Pantin*, in-8° ;de 38 pages, extrait des *Archives généalogiques de la noblesse de France*, par Lainé, 1828-1850, 11 vol. in-8°.)
Dans la liste en vers des partisans du duc d'Aiguillon (pièces annexes), on dit de lui :
« Pantin, autrement dit La Guère,
« Homme commode et nécessaire. »

(2) Pélage de Coniac, fils de Jean-François Dinan de Coniac, seigneur de Toulmen, conseiller au parlement de Bretagne, et de Marie-Anne-Geneviève de Brilhac, était né en Saint-Pierre, près Saint-Georges de Rennes, le 7 février 1732; il est mort au château de La Robinais, près de la ville de Bain-de-Bretagne, le 16 août 1818. (*Reg. paroissiaux.*) Reçu conseiller au parlement, le 5 août 1755, il s'est démis de cette charge le 2 décembre 1757, et a acheté le 8 avril 1758 l'office de sénéchal du présidial de Rennes, dont était pourvu Jean Baillon, et dans lequel il a eu pour successeur, en 1774, Alain-Léon de Tréverret. Cet office, par suite de sa démission et de la suppression de la vénalité des charges, lui a été remboursé au prix de 180.000 livres, sur lesquelles M. Tréverret lui en a versé 40.000.
La famille de M. de Coniac existe encore à Rennes, et son nom ne paraît pas près de s'éteindre.
Dans la *Lettre d'un gentilhomme breton à un noble espagnol...*, 2ᵉ éd., p. 13, on signale le sénéchal de Coniac comme un « affilié des jésuites », l'un des adhérents du complot tramé par eux contre M. de La Chalotais.

(3) Le chevalier de Redmond (ou Redmont, ou Roidemont), d'origine écossaise, sur l'état civil et la famille duquel nous n'avons aucun renseignement précis, est entré au service de France, et, après être parvenu au grade de mestre de camp de cavalerie, a été promu brigadier en 1748. Le maréchal de Belle-Isle l'a employé en cette qualité sur les côtes de l'océan : plus tard, il est allé à Minorque avec le maréchal de Richelieu, s'y est fait remarquer et a obtenu, à la suite de l'expédition, le grade de maréchal de camp (23 juillet 1756). Il a été ensuite nommé maréchal général des logis de l'armée que le maréchal de Richelieu devait commander sur le Haut-Rhin, mais cette armée étant réunie à celle du Bas-Rhin, les fonctions du chevalier ont cessé, et il a été envoyé de nouveau sur les côtes de l'océan occuper

M. du Châtelet (1) est venu y passer deux jours, et Mesnard autant. Ce dernier et notre général s'attendaient à la rumeur du parlement sur l'arrêt du conseil du 13 ; ils avaient prévu que notre sénat ne voudrait pas aller de l'avant jusqu'à ce qu'il sût plus positivement le sort de la procédure. Ils sont tombés des nues l'un et l'autre en voyant que les requêtes ont été admises au nom seul de Mlle de La Chalotais qui n'a qu'une simple procuration générale de son père, aucune de son frère, et encore moins de vos pigeons de St-Malo, pendant qu'il en fallait une spéciale à cet égard, et d'un chacun, suivant les termes de l'ordonnance.

Mesnard a haussé les épaules de cette irrégularité, et s'est promis de la réparer à son arrivée à Paris, autant qu'il dépendrait de lui.

Nos nouvelles de Rennes, d'aujourd'hui, disent que les experts ne sont pas arrivés.

Vous savez qu'on dit comme public dans Paris que M. d'Aiguillon est exilé à Veretz ; il n'en sait rien ; mais en tout cas, il ne s'en porte que mieux ; il prend du lait d'ânesse tous les matins.

L'illustre duchesse Candide, et tous les hommes que je viens de voir, et à qui j'ai dit que je vous écrivais, vous font mille amitiés. Le ministre Choiseul et sa sœur sont à Chanteloup (2), cependant aujourd'hui à Saumur, pour voir les carabiniers ; l'évêque d'Orléans (3)

un emploi de son grade (juin 1758). Nommé lieutenant-général le 25 juillet 1762, il a disparu des listes de l'*Almanach royal* à partir de 1768. Il a dû mourir vers la fin de 1767.

Les *Mémoires du duc de Luynes* (éd. en 17 vol, in-8°, t. XV, p. 186 ; t. XVI, pp· 445 et 460) le signalent comme un très bon officier, plein de valeur et d'intelligence. (*État militaire de la France pour 1763*, p. 99.)

(1) Il est probablement question ici du comte du Châtelet que M. de La Noue signale encore comme un des hôtes de Veretz, dans sa lettre du 3 octobre 1766. Le *Calendrier des princes et de la noblesse française* pour 1765 (p. 62) mentionne Florent-Louis-Marie, comte du Châtelet-Lomont, maréchal de camp depuis 1761, chevalier des ordres, menin du Dauphin, chambellan du roi Stanislas, ancien ambassadeur extraordinaire à Vienne (1761), marié à Diane-Adélaïde de Rochechouart. — A la même époque existait un autre comte du Châtelet (Antoine-Bernardin), de la branche de Clémont, marié en 1741 à Anne de Mailly de Charneuil.

(2) Chanteloup est un hameau de la commune de Saint-Denis-Hors, département de Loir-et-Cher, canton d'Amboise. Une pagode de trente-neuf mètres de haut, à sept étages, bâtie par le duc de Choiseul en 1775, est le seul reste de l'ancienne résidence de ce personnage.

(3) C'est Louis-Sextius de Jarente de La Bruyère, fils de Charles-François-Victor de Jarente, marquis de La Bruyère, premier consul d'Aix en 1706 et syndic de la noblesse de Provence en 1719, et de Marie-Thérèse de Jarente d'Andréa. Il était

et Montazet (1) aîné sont les suivants... Adieu, mon cher maréchal, je voudrais bien vous voir ici, ou être au moins sûr que votre estomac est meilleur et moins douloureux. Je vous embrasse de tout cœur et vous renouvelle ma tendre amitié.

XC

Rennes, le 26 septembre 1766.

M. de Barrin à M. de Fontette.

J'eus hier votre lettre du 23, mon cher maréchal; et je vis avec peine ce que vous me mandez de votre santé. M. de Flesselles, que je n'ai pas vu depuis avant-hier, vous répondra vraisemblablement aujourd'hui relativement aux informations que vous l'avez prié de faire sur les différentes espèces d'encre. Je suis fâché que vous n'ayez pas réussi dans vos expériences sur la lettre de Mme de Caradeuc. Vous auriez pu faire de grandes découvertes par cette voie, si vous aviez trouvé le secret ; peut-être le découvrirez-vous à l'aide des consultations d'ici.

M. de Flesselles, qui vient de m'écrire un mot, me mande qu'il n'a rien de nouveau de Paris. L'expert de cette ville qui commença mardi au soir ne finira que ce soir. Ainsi celui de Lyon n'aura son tour que demain. Par les propos du premier, il est d'accord avec

---

né à Aix en 1706 pendant le consulat de son père. Chanoine de l'abbaye sécularisée de Saint-Victor de Marseille, il fut sacré évêque de Digne le 27 septembre 1747 ; transféré à Orléans en 1758, il devint commandeur de l'ordre du Saint-Esprit en 1762. Il est mort en 1788. Dès 1781, il eut pour coadjuteur son parent, dans une autre branche, Louis-François Alexandre de Jarente de Sénas d'Orgéval, agent général du clergé en 1775, qui lui a succédé et qui s'est rendu célèbre en se séparant, lui quatrième, de tous ses autres collègues de l'épiscopat dans la question de la constitution civile du clergé. (La Chesnaye des Bois, t. IX, col. 163.— *La France ecclésiastique pour l'année 1785*. Paris, 1785, in-12, p. 218.)

(1) Antoine-Marie de Malvin, comte de Montazet, lieutenant-général des armées du roi du 18 mai 1760, grand croix de Saint-Louis depuis 1759, chevalier des ordres du roi de Pologne, nommé gouverneur de Saint-Malo le 9 juin 1764 en remplacement du maréchal de La Tour-Maubourg. Il est mort au commencement de 1768. Son gouvernement a été donné au marquis de l'Hôpital. La Chesnaye-des-Bois, 3º édition, t. XIII, col. 78.—*Almanach royal pour 1766*. — Archives municipales de Saint-Malo; Reg. des délibérations de la communauté, 1764-1768.)

ses prédécesseurs. Vous me paraissez bien ferme dans l'opinion que MM. du parlement ne pourront se dispenser d'aller en avant. Nous n'en sommes pas aussi assurés que vous. Ici, nous verrons, dans trois ou quatre jours, qui, de vous ou de nous, se trompe.

XCI

Extrait de la lettre écrite par M. de Saint-Florentin à M. le vicomte de Barrin, à Paris, le 27 septembre 1766.

Mme de Caradeuc ne cesse de solliciter pour que son mari recouvre la liberté dont il a joui ci-devant. Je lui ai fait dire que s'il l'a perdue, il ne peut s'en prendre qu'à lui-même, et que c'est à lui à mériter par sa conduite qu'elle lui soit rendue. Vous pouvez effectivement la lui rendre lorsque vous jugerez pouvoir le faire sans inconvénient, et sans craindre qu'il en abuse de nouveau.

Pour copie : BARRIN.

XCII

Le 28 septembre 1766.

M. de Barrin à M. de Fontette.

Je ne vous écrirai que deux mots, mon cher maréchal, par Monsieur votre neveu, qui veut absolument nous quitter demain matin, pour vous dire d'avance le résultat du travail de nos experts. Je n'en ai point parlé à Monsieur votre neveu; vous le lui direz si vous voulez. Je crois qu'il serait bon de n'en point parler. L'expert de Paris finit vendredi dernier, comme je vous l'ai mandé. Il dépose absolument contre l'accusé. Celui de Lyon (1) commença hier matin, et, dès le soir, on sut qu'il était de la même religion que son confrère.

(1) Il s'agit de Mathieu Borde. Il fut entendu les 27, 28 et 29 septembre 1766. Lui aussi il conclut à l'identité des pièces incriminées et des pièces de comparaison, c'est-à-dire à la culpabilité de M. de La Chalotais. (*Procès instruit extraordinairement*, éd. de 1770, III, pp. 115 et suiv.)

Je ne vous en dis pas d'avantage aujourd'hui. Je vous en écrirai plus long demain.

Si l'ennui et la mauvaise santé dont vous jouissez n'étaient une raison pour vos amis de désirer que vous ayez quelqu'un avec vous qui puisse vous intéresser et vous faire oublier vos maux, j'insisterais plus que je ne fais pour retenir quelques jours ici M. de Fontette avec qui j'aurais été fort aise de vivre plus longtemps, mais par égard pour vous, mon cher maréchal, je cède à son impatience de vous aller joindre. Il n'a pas voulu du logement que je lui ai offert. Adieu.

XCIII

Rennes, le 29 septembre 1766.

M. de Barrin à M. de Fontette.

Je n'ai pas grand'chose à ajouter, mon cher maréchal, au billet que je vous écrivis hier par Monsieur votre neveu, qui est parti ce matin, pas de fort bonne heure, car il était encore à huit heures et demie à l'hôtel d'Artois lorsque je lui ai envoyé une lettre à votre adresse, qui était dans les paquets que j'ai reçus de Veretz. Je vous en fais passer deux autres, dont une de La Noue, qu'il m'a envoyée dans les paquets de M. de Flesselles, et une autre qui m'a été adressée par la poste. Vous trouverez aussi dans cette lettre l'extrait d'une que m'a écrite M. de Saint-Florentin, qui croyait peut-être vous écrire, car il me parle d'un de vos prisonniers. C'est pourquoi je vous fais passer ledit extrait, par lequel vous verrez que vous avez la liberté de faire ce que vous jugerez à propos pour M. de Caradeuc.

Je n'ai point vu M. de Flesselles ce matin, et le verrai vraisemblablement pas, car il retourne dîner au Hautbois (1), pour en revenir à demeure mercredi. Il compte avoir dans quelques jours la permission d'aller à Paris, persuadé par tout ce qu'on lui mande, que l'affaire finira par être évoquée aux requêtes de l'hôtel. En ce cas, mon cher maréchal, vous et moi pourrions être quittes de nos pri-

(1) Le Hautbois est une propriété située auprès de Rennes, en Saint-Jacques de La Lande.

sonniers à la fin d'octobre. Cela serait fort agréable, mais devons-nous le désirer pour le bien général ? Je n'en sais rien.

L'expert de Lyon a travaillé hier toute la journée, et finira ce soir. Vous savez ce que je vous ai déjà mandé sur cela. Je crois que MM. du parlement entendront le rapport, mais rien de plus.

XCIV

Rennes, le 1ᵉʳ octobre 1766.

M. de Barrin à M. de Fontette.

Les nouvelles que j'ai à vous mander de nos affaires ne diffèrent guère de celles d'avant-hier. Je vous ai mandé que les dépositions des experts étaient aussi fortes et même plus contre l'accusé que celles des précédents ; elles sont finies d'hier, et les experts partis. Je croyais, sur ce que m'avait dit M. le premier président, que MM. du parlement entendraient le rapport. Ils n'en ont rien voulu faire, et décidèrent hier verbalement qu'ils attendraient avant de rien faire de plus, que le conseil eût statué ou prononcé sur son arrêt d'avant-faire droit. Je ne sais si cela dérangera la cour dans ses projets. Nous devons en savoir quelque chose vendredi et peut-être plus tôt ; car on aura reçu le résultat du procès-verbal des derniers experts, et si on a eu à prendre un parti, cela sera décidé, à moins cependant qu'on attende l'arrivée de M. de Flesselles, qui ne partira d'ici que le mercredi huit.

En ce cas, nous en aurions pour quinze jours d'incertitude et d'inaction. Prenons courage et patience pendant le temps, et veillons de près, car j'ai été trompé ainsi que vous, et j'ai fait des découvertes intéressantes. N'en parlez à personne. Je vous conterai cela la semaine prochaine. Ne dites rien non plus du départ de l'intendant, si on ne le sait pas déjà à Saint-Malo.

Adieu, mon cher maréchal, je vous embrasse et vous souhaite un meilleur estomac.

Ci-joint plusieurs lettres qui me sont adressées pour vous. Faites mention de moi à M. de Fontette.

XCV

Rennes, le 2 octobre 1766.

M. de Barrin à M. de Fontette.

Je vous écris aujourd'hui, mon cher maréchal, dans la crainte d'être trop pressé demain qui est jour de poste, comme il m'est déjà arrivé quelquefois, et de ne pouvoir vous écrire qu'à la hâte, quitte à reprendre ma lettre demain, s'il arrive quelque chose de nouveau par la poste de Paris. Il n'y a pas d'apparence qu'il nous vienne rien de fort intéressant. Tout est et sera en suspens encore longtemps, jusqu'à ce que le conseil ait prononcé sur la requête, ou pris un chemin différent; et cela ne sera pas court. On avait écrit au ministère, lors de la demande des charges et procédures faites depuis le mois de novembre, pour savoir si on voulait les minutes de la procédure de Saint-Malo, ce qui aurait fort abrégé la besogne en dispensant de copier le gros et énorme tas d'écritures; la réponse a été qu'on ne voulait point des minutes mais des copies. De façon que beaucoup de secrétaires ont été mis en besogne, et qu'outre l'inconvénient de la longueur, il y aura celui de la publicité des procédures. MM. du parlement étant convenus de ne plus faire un pas en avant, nous allons rester en panne tant qu'il plaira à Dieu. Pendant ce temps, nouveaux et continuels efforts d'imagination de la part de nos prisonniers et de leurs partisans pour nous attraper, à quoi ils ont déjà réussi, et réussiront encore mieux par la suite. Depuis quelques jours nous avons fait plusieurs prises par lesquelles je vois que nous en avons manqué d'autres. Les ruses que nous avons découvertes nous mettront bien en garde contre de pareilles, mais ne nous apprennent pas les autres. J'ai à vous demander sur cela le même secret que vous me recommandez et que je garderai. M. de Flesselles me dit hier que Mme de Caradeuc devait être partie pour Saint-Malo. Ainsi vous l'avez, selon les apparences, vue.

On dit qu'il y a un nouveau mémoire de M. de La Chalotais qu'on ne veut pas encore donner au public, mais qui paraîtra et qu'on fait lire à l'hôtel de Caradeuc aux bons amis. Cela est douteux, mais jusqu'à présent les bruits se sont assez souvent vérifiés. Ainsi, je crois la chose possible. Si cela est, vous conviendrez que nous avons été pris pour dupes, et que non seulement notre homme est venu à bout de faire remettre son mémoire, mais qu'il a eu du papier et de l'encre, soit qu'il l'ait eu ici, ou qu'il l'ait apporté de Saint-Malo. Il est certain qu'on ne l'a point fouillé depuis son arrivée, et que j'ai vu dans sa chambre une cassette dans laquelle il peut tenir beaucoup de papier. On a intercepté il y a deux jours une petite fiole remplie d'encre et cinq ou six plumes toutes taillées dans lesquelles on avait mis plusieurs grains de plomb. Le tout était dans des bouteilles de bière qu'on envoyait à M. de La Chalotais.

Deux jours avant nous avions trouvé, au fond d'un pot de tabac, la première requête présentée au conseil au nom de tous les prisonniers. Vous voyez que nous faisons ici comme vous, la guerre à l'œil, et que, comme vous, nous nous croyons quelquefois trompés.

XCVI

Rennes, le 3 octobre 1766.

M. de Barrin à M. de Fontette.

Nous avons mal entendu, vous ou moi, Monsieur, la lettre de M. le comte de Saint-Florentin au sujet de M. de Caradeuc. Elle m'avait paru ne pouvoir me regarder, aucun détail sur les prisonniers de Saint-Malo ne m'ayant jamais été adressé, et l'instruction ainsi que les ordres du roi n'ayant été envoyés qu'à vous. C'est pourquoi je vous envoyai le même jour l'extrait de ce que m'avait mandé M. de Saint-Florentin. Si la lettre de ce ministre s'adresse effectivement à moi, je vous prie de rendre à M. de Caradeuc la liberté de la promenade, et je m'en rapporte absolument à vous, ainsi que M. de Saint-Florentin sur les motifs qui pourraient vous en empêcher.

J'ai l'honneur d'être, avec un sincère attachement, Monsieur, votre très humble et très obéissant serviteur.

BARRIN.

XCVII

Le 3 octobre 1766.

M. de Barrin à M. de Fontette.

Vous venez de m'embarrasser un peu, mon cher maréchal, par la réponse que vous avez faite à Mme de Caradeuc. Elle sort de chez moi, après y être venue trois fois, hier à huit heures du soir, un moment après que je fus sorti, à minuit, un moment après que je fus couché, et enfin ce matin, avant huit heures. Quoi ! vous lui avez dit que la liberté de la promenade, que demande son mari, dépendait de moi. L'avez-vous pensé tout de bon ? Je ne peux pas l'imaginer. C'est vous particulièrement qui avez les ordres et les instructions pour la garde des prisonniers de Saint-Malo ; c'est vous qui avez retiré à M. de Caradeuc la permission de se promener, et qui avez mandé vos raisons aux ministres. Vous savez mieux que moi qu'il ne peut s'adresser qu'à vous, qui êtes sur le lieu, seul en état de voir ce qui se passe et de juger s'il n'y a point d'inconvénient à laisser un peu plus de liberté à M. de Caradeuc. Vous auriez été en droit de trouver singulier que j'eusse voulu entrer dans quelques détails sur cela, et vous prescrire quelque chose dans l'exécution d'une commission dont vous êtes directement chargé, et de laquelle vous ne me devez aucun compte. Loin de vouloir empiéter sur vos droits, j'aimerais bien mieux vous céder un peu de terrain sur les miens ; et si vous y venez vous verrez que vous serez bien reçu ; mais je crois que vous ne serez pas plus entreprenant que moi, et que nous conserverons, malgré nous, chacun les siens.

Mme de Caradeuc m'a demandé une lettre qu'elle pût vous dépêcher sur-le-champ par un exprès et qui vous laissât la liberté entière de rendre à Monsieur son mari celle qu'il désire recouvrer. Je la lui ai envoyée. Si vous avez des raisons pour refuser la demande de Mme de Caradeuc, elles sont toujours dans toute leur force, mais elles ne peuvent pas rouler sur mon compte. N'augmentez pas la somme de mes iniquités ; je suis, je crois, en état de les porter, ainsi que celles qui pourront venir par la suite, mais je trouve en avoir assez.

XCVIII

Le 3 octobre 1766.

Mme de Caradeuc à M. de Fontette.

Je vous envoie, Monsieur, une lettre de M. de Barrin à qui je n'ai parlé que ce matin, quoique je l'eusse cherché hier au soir. J'espère, Monsieur, qu'en conséquence vous voudrez bien donner des ordres pour que M. de Caradeuc ne soit pas plus longtemps privé d'un secours nécessaire.

XCIX

Réponse du 3 octobre.

M. de Fontette à Mme de Caradeuc.

Madame, je n'hésite pas, sur la lettre de M. le vicomte de Barrin, que vous me faites l'honneur de m'envoyer, à rendre la liberté de la promenade à M. de Caradeuc; et j'espère qu'il voudra bien ne plus me mettre dans le cas de le priver de cet adoucissement que je lui rends avec autant de plaisir que j'avais eu de peine à le lui ôter.

Je suis, etc.

C

Veretz, le 3 octobre 1766.

M. de La Noue à M. de Fontette.

J'ai reçu hier votre lettre du 24 septembre, mon cher maréchal. Sans doute que celle du 19 m'attend à Paris, où je compte être vers le 10. J'en ai l'agrément du contrôleur général; mais le bureau de la guerre n'est pas si exact, malgré mes sollicitations. Je n'ose franchir cette formalité, de crainte qu'en me voyant on ne me fasse éprouver quelque boutade.

Le comte du Châtelet et Chabrillan sont partis ; Coniac porte cette lettre à Rennes ; par conséquent notre compagnie diminue, mais toujours joyeuse par la bonne santé et l'amabilité du maître et de la maîtresse.

Nous sommes contents des experts nouveaux venus ; nous ne sommes pas mal contents de la cour. Je crois presque qu'on va reprendre en protection les lettres de disjonction, rejeter toutes les requêtes nées et à naître, et rendre l'activité que le sénat s'était ôtée. On demande à la cour la présence de notre général ; il rechigne à la proposition. Je serai à Rennes avant lui, et vous dirai mieux les choses, en les voyant de près.

M. et Mme d'Aiguillon ont reçu vos hommages, avec les sentiments que vous leur connaissez. Je ne leur ai pas parlé une fois de vous qu'ils n'aient dit : Celui-là est un honnête homme... Candide en dit autant ; elle prétend qu'elle n'ira vous voir à Saint-Malo que quand vous vous porterez bien. Guérissez-vous, mon cher maréchal, et si le contraire vous semble excessif, ne m'épargnez pas.

Balleroy, La Guère, Redmond vous accollent, et moi, mon cher maréchal, je vous embrasse de tout mon cœur, en vous renouvelant mon tendre attachement.

CI

A Rennes, le 3 octobre 1766.

Mlle de Charette (1) à M. de Fontette.

Je m'étais flattée, Monsieur, que vous eussiez bien voulu nous faire part de la maladie de mon frère. Ne pouvant en être instruite que par

(1) Mlle de Charette est la sœur de M. Louis de Charette de La Gascherie. Cet accusé a eu huit sœurs, dont six sont mortes sans alliance : deux de ces dernières sont mortes âgées : Louise-Victoire, demoiselle de la Chapelle, à 73 ans, le 10 prairial an X, et Reine-Jeanne-Élisabeth, à 60 ans, le 9 septembre 1787. Quelle est celle qui a correspondu avec M. de Fontette ? (*Documents généalogiques pour la maison de Charette*. Nantes, 1891, in-8°, p. 69.)

vous, j'apprends qu'il en contracte une dont il a éprouvé ci-devant les plus funestes effets. Sa longue détention, au château de Saumur, lui avait occasioné une fistule, dont il a été obligé de se faire faire l'opération. Jugez, Monsieur, de mes inquiétudes, aujourd'hui que je sais qu'il en est encore menacé, et que les mêmes causes qui lui occasionnèrent cette maladie en 1757 subsistent actuellement. Mon frère n'a pas voulu demander son chirurgien de confiance, dans la crainte d'inquiéter sa famille. Mais, comme nous sommes instruits de son état, et des risques qu'il court, nous ne pouvons pas le laisser manquer de secours, et négliger de les lui faire rendre par les mains de ceux auxquels il a confiance. C'est un devoir d'humanité. Vous en connaissez trop les droits, Monsieur, pour ne pas permettre au chirurgien de confiance de mon frère de le voir. J'ose espérer, et vous supplier, Monsieur, de vouloir bien me marquer l'état actuel de sa santé qui me jette dans les plus vives alarmes.

J'ai l'honneur, etc.

CII

Rennes, le 6 octobre 1766.

M. de Barrin à M. de Fontette.

Je crois vous avoir mandé que nous avons intercepté un mémoire entièrement de la main de M. de La Chalotais. Ce mémoire était dans le fond d'un pot de tabac qu'il envoyait à l'hôtel de Caradeuc, pour faire changer le tabac qu'il trouvait, disait-il, trop sec. On m'apporta ledit pot, que je fis remettre dans son premier état, après avoir pris le mémoire, et renvoyer à l'hôtel de Caradeuc. Quelques heures après le pot revint aux Cordeliers, et on y trouva, toujours dans le fond, la requête du 11 août dernier, présentée par Mlle de La Chalotais au nom de tous les prisonniers. Au bout de quelques jours on trouva dans une bouteille de bière, venant de l'hôtel de Caradeuc, une petite fiole remplie d'encre, et cinq ou six plumes, toutes taillées. Cette dernière précaution de la famille pourrait faire croire qu'on manquait de quoi écrire aux Cordeliers, mais le mémoire prouve qu'elle était superflue, et que M. de La Chalotais ne manquait de rien. Il prouve de plus qu'il était instruit au moins d'une partie de ce qui s'est passé ici depuis qu'il y est. Cette pièce est diabolique. Le premier mémoire est une dragée en comparaison. Il attaque et déchire plus vivement que jamais les mêmes personnes, à qui il en voulait dans le premier, telles que Saint-Florentin, d'Aiguillon et Flesselles. Vous y êtes pour quelque chose, quant à la dureté du traitement, et moi un peu; Audouard cruellement.

Il sait qu'il y a un mémoire de M. de Calonne, se plaint qu'on n'ait pas voulu le lui faire passer, et promet qu'il ne perdra rien pour attendre. Il y a une tirade au commencement, d'après laquelle le militaire pourrait, si les principes de l'auteur étaient adoptés, examiner les ordres du roi avant de les exécuter, et voir s'ils seraient dans le cas de l'être. Audouard, ou un valet de chambre de M. d'Aiguillon serait auteur des billets, et, selon les apparences, de la part du ministre et de son neveu.

Je crois que nous avons été trompés par le fourrier de dragons donné comme homme de confiance à M. Bonnet, sur lequel je compte toujours beaucoup. Ce fourrier était parti quelques jours avant notre découverte avec son congé absolu et sa paye entière, chez lui, pour retraite. Il y en a un autre à sa place en qui Bonnet a la plus grande confiance. Je veille le plus exactement que je puis pour empêcher qu'il ne passe autre chose; mais qui sait s'il ne nous a pas échapper un autre mémoire ? Il en court des bruits dans le public, et j'en serais bien fâché, car la plume de cet homme est bien dangereuse. Le congé de M. de Flesselles est arrivé. Les expéditions des charges et procédures partiront dimanche. Adieu, mon cher maréchal.

BARRIN.

CIII

Saint-Malo, le 7 octobre 1766.

M. de Fontette à Mlle de Charette.

Mademoiselle, la lettre que vous m'avez fait l'honneur de m'écrire, le 3 octobre courant, que je n'ai reçue que ce matin, m'a donné la première nouvelle de l'incommodité de Monsieur votre frère. Le véritable intérêt que je prends à sa santé, et à celle de MM. ses confrères, m'engage à m'en informer chaque jour, plutôt deux fois qu'une ; et voyant que lui particulièrement n'avait fait aucune plainte à ce sujet, ni manqué une seule fois à se promener, depuis que ce léger adoucissement a été accordé, j'étais en parfaite sécurité à cet égard ; et je ne pouvais avoir l'honneur de vous communiquer des alarmes que je n'avais pas moi-même. J'ajouterai même, Mademoiselle, que j'étais encore rassuré par le rapport du chirurgien, M. de Berry, homme sage et habile, que j'avais envoyé à M. de La Gascherie, à deux reprises, sur sa demande. Il ne me parla nullement qu'il fût question du mal dont vous soupçonnez le renouvellement. Monsieur votre frère vous rassurera vraisemblablement, mais s'il craint, ainsi que vous, le retour de cette incommodité, il pourra se concerter avec vous pour faire venir ici le médecin ou chirurgien en qui vous ou lui aurez le plus de confiance. Je suis très assuré d'être approuvé en souscrivant, en une circonstance si importante, à tout ce qui pourra calmer vos inquiétudes et les siennes. Je désirerais fort de pouvoir de même concourir en tout à votre satisfaction entière, à la sienne, et à celle de Mme de La Gascherie, que j'ai déjà eu l'honneur d'en assurer.

Je suis, etc.

CIV

A Rennes, le 8 octobre 1766.

Mlle de Charette à M. de Fontette.

Permettez-moi de vous prier, Monsieur, de vouloir bien faire conduire cette chienne à M. de La Gascherie. Je vous demande mille pardons de vous donner cette peine ; mais je ne puis me refuser à l'envie de trouver quelques moyens de calmer l'ennui que devraient opérer onze mois de cachot. Je trouve en outre, Monsieur, l'avantage en cela de vous assurer des sentiments respectueux avec lesquels je suis votre très humble servante.

CHARETTE.

CV

Rennes, le 8 octobre 1766.

M. de Barrin à M. de Fontette.

Le nombre de vos correspondants de Rennes diminue tous les jours, mon cher maréchal ; M. de Flesselles est parti ce matin avec sa chère épouse, fort aise de quitter ce pays-ci, quoiqu'il s'attende que ce ne sera pas pour longtemps ; en effet, c'est toujours autant de pris. Je vous reste presque seul, et par cette raison j'en serai plus exact à vous écrire. Je prévois que d'ici à quelque temps je n'aurai pas grand'chose à vous mander d'autre part, et ce quelque temps pourrait aller au commencement du mois prochain. Cependant, les copies des charges et des procédures demandées, partant dimanche 12, il serait possible, si on voulait, que nous sussions les dernières intentions de la cour vers le vingt-six ; surtout si, comme il paraît que le croyait M. le duc d'Aiguillon, il y a quatre ou cinq jours, les ministres sont disposés à évoquer.

Je ne sais s'ils feront bien malgré toutes les raisons que croit avoir notre général pour éviter cette évocation. Car je ne voudrais pas assurer comme lui que nos magistrats jugeront les mémoires et requêtes répandus dans le public ; et tous les propos de ce même public les ébranlent terriblement, et produisent sur leurs esprits les effets que leurs auteurs en attendaient.

Ne croyez donc pas, je vous en prie, que j'aie voulu me débarrasser à vos dépens des importunités de Mme de Caradeuc, ni vous jeter le chat aux jambes. J'ai cru, et je crois encore, sans le moindre doute, que la lettre de M. de Saint-Florentin vous regardait, et que, quand même elle m'eût été destinée, je devais vous renvoyer ce que le ministre me mandait, et nullement me mêler de ce qui avait rapport à une commission particulière qui vous a été confiée. Mais ne parlons plus de cela.

CVI

Ce 8 octobre 1766.

Mlle de Charette à M. de Fontette.

J'ai eu l'honneur de vous écrire, Monsieur, vendredi, 3 octobre. J'espérais que vous eussiez bien voulu être sensible à la cruelle inquiétude où je suis sur la santé de mon frère; et cela m'autorisait à compter sur une réponse de votre part; cependant, Monsieur, je n'ai point encore eu cette satisfaction. Agréez, je vous en prie, que je vous réitère les instances que je vous faisais dans ma première lettre, pour qu'il vous soit permis d'envoyer un chirurgien à mon frère, et que nous puissions être instruits de l'état où il est. Je crois, Monsieur, que mes demandes sont trop justes pour qu'elles ne vous intéressent pas, et j'ose me flatter que vous voudrez bien m'honorer d'une réponse.

Je suis bien véritablement, etc.

CVII

Rennes, ce 10 octobre 1766.

Mlle de Charette à M. de Fontette.

J'ai reçu, Monsieur, la lettre que vous m'avez fait l'honneur de m'écrire. Je vous suis fort obligée de la permission que vous nous donnez d'envoyer un chirurgien à mon frère. Nous en profiterons assurément, Monsieur, car je ne suis nullement rassurée sur son état. Sa fermeté et son courage lui peuvent faire tout souffrir sans plainte.

CVIII

A Nantes, le 10 octobre 1766.

Mme de Charette de La Colinière à M. de Fontette.

J'ai toute la confiance possible dans ce que vous me faites l'honneur de me dire de la santé de mes parents; mais il n'est pas facile de calmer les alarmes d'une sœur et d'une mère tendres. On se persuade toujours que, par un ménagement, on leur cache leur état. Les moments sont précieux ; le mal, en peu de temps, peut augmenter. Je vous demande positivement, Monsieur, si on peut envoyer un médecin de ce pays-ci, en qui nous avons tous confiance, qui nous a tous vu naître, et connaît notre tempérament. Je suis bien touchée, Monsieur, d'être si importune...

CIX

Rennes, le 10 octobre 1766.

M. de Barrin à M. de Fontette.

La poste d'aujourd'hui m'a apporté une lettre de M. d'Aiguillon qui ne me parle point de son départ pour Paris, quoiqu'on dise, d'après ce qu'il a mandé lui-même, qu'il y sera vers le 20...

CX

Rennes, le 3 octobre 1766.

M. de Barrin à M. de Fontette.

Je souhaite, mon cher maréchal, que ma correspondance soit aussi intéressante pour vous que vous devez le désirer dans votre petit coin de la terre, d'où vous désirez à bon droit de sortir. Il faudrait pour cela que M. de Flesselles fût fort exact à nous mander ce qui se passera, et, dans ce cas, certainement je vous instruirais de ce qui viendrait à notre connaissance; mais, comme vous le dites, il aura autre chose à faire, et n'osera vraisemblablement pas nous mander tout. Ainsi nous devons nous attendre à ne savoir les choses que lorsque tout sera décidé, et par conséquent prendre patience.

Vous jugez bien du parti que M. le duc d'Aiguillon sera obligé de prendre pour son départ de Veretz. M. de Coniac, qui en est revenu il y a huit ou dix jours, nous a assurés qu'il se rendrait à Paris du

18 au 20. Il en a même écrit sur ce ton-là à M. de Flesselles. Quant à moi il me mande dans ses deux dernières lettres qu'on le presse de s'y rendre, mais qu'il temporisera, le plus qu'il pourra, n'étant pas curieux d'aller dans ce pays-là.

Sur ce que quelqu'un, qui en revenait, m'en a dit, je ne crois pas non plus que ce soit dans ce moment-ci un séjour agréable pour les gens qui se sont mis en avant dans l'affaire actuelle. Je ne suis pas plus sûr que vous, et vous devez l'avoir vu par ce que je vous ai mandé précédemment, que le parti de laisser l'affaire ici soit le meilleur, quoique M. d'Aiguillon soit toujours très décidé à le penser. Je ne sais pas s'il en connaît tous les risques, comme ceux qui sont sur le lieu. Ce qu'il y a de sûr, c'est que j'en vois beaucoup et qui ne font qu'augmenter par la lenteur à se décider, qui laisse le temps aux têtes chaudes de s'enflammer, et aux tièdes de se refroidir.

CXI

Le 14 octobre 1766.

M. de Fontette à Mme de Charette de La Colinière.

Si, pour calmer vos alarmes, qui sont naturelles quoique nullement fondées, ainsi que j'ai eu l'honneur de vous l'écrire dernièrement, il ne faut que vous assurer de l'état de M. votre fils par le rapport d'un médecin. Vous pouvez, Madame, lui envoyer celui en qui vous avez le plus de confiance. Il aura la liberté de le voir, et tout ce qu'il ordonnera pour sa santé sera exécuté, autant qu'il dépendra de moi. J'ai l'honneur de vous renouveler tout le désir que j'ai de contribuer à votre satisfaction...

Je suis, etc.

CXII

Rennes, le 15 octobre 1766.

M. de Barrin à M. de Fontette.

Encore rien de nouveau aujourd'hui, mon cher maréchal. Je crois que vous vous y attendiez aussi bien que moi, quant à la décision que nous attendons, et qui ne peut pas arriver de sitôt ; mais vous espériez peut-être, et moi aussi, que nous aurions quelque lettre de M. de Flesselles. Je n'en ai point eu par le courrier d'aujourd'hui et ne sais pas encore si M. Raudin en a reçu. Rien non plus de fixé sur le temps et le lieu des états. On savait même par la poste de lundi dernier que nos députés avaient été assez mal reçus de M. de Saint-Florentin sur leur empressement d'en être instruits, et les ouvertures qu'ils avaient faites pour obtenir le retour de MM. de Kerguézec et de Piré. Ce n'est pas aujourd'hui poste de Tours ; ainsi il faut attendre à vendredi pour avoir des nouvelles de ce pays-là et de Paris. Je suis bien curieux de savoir l'effet qu'aura produit la lecture du nouveau *Mémoire*, qui en aura assurément produit dans les deux endroits. Je ne vois encore rien de sûr dans la marche de M. d'Aiguillon, quoique M. de Coniac donne comme certain qu'il sera à Paris le 20. Gardez-moi bien le secret, je vous en prie, vis-à-vis de tout le monde sur le *Mémoire* dont je vous parlais tout à l'heure. Audouard, à qui M. de Flesselles avait cru devoir le montrer pour le mettre en état de se laver de ce dont il y est accusé, qui par parenthèse n'est autre chose que le déclarer publiquement un très grand et infâme fripon, m'a fait une indiscrétion dont je suis fâché, en en parlant à M. le premier président. Ce magistrat me demanda, il y a deux jours, ce qu'on y disait de lui. Je fus assez embarrassé. Je ne me souvenais plus de son article, et fus obligé de convenir de la pièce, en lui demandant le secret, qui ne sera peut-être pas trop bien gardé. Je fus fâché d'être obligé de convenir de cette prise, cet aveu en étant un autre du peu de confiance que j'avais eu en lui, puisque je ne lui avais rien dit.

Je vous plains de l'acquisition que vous avez faite d'une nouvelle correspondante, dont le commerce, au ton qu'elle prend avec vous à la fin de ses lettres, ne promet pas d'être plus agréable que celui que vous avez déjà à soutenir avec les autres. Cette proposition de médecin de confiance ressemble, comme vous dites, à un projet de faire passer quelque chose. Si, dans ces prises, vous trouvez quelques avis qui puissent m'être utiles, pour la guerre que je fais de mon côté ici, vous me ferez plaisir de me les faire passer, car il faut s'entr'aider.

Vous avez vu, dans la nomination aux intendances vacantes, M. de Calonne à Metz. On dit ici que c'est une disgrâce et une espèce d'exil. Que dites-vous de cela ? Je le trouve assez plaisant. Adieu, mon cher maréchal, je vous embrasse et vous prie de compter sur mon attachement.

CXIII

A Nantes, le 16 octobre.

Mme de Charette de La Colinière à M. de Fontette.

A présent, Monsieur, que je suis informée de la situation de mon fils, je vois que mes alarmes n'étaient pas vaines. Il n'est pas étonnant que, mon fils n'ayant pas l'honneur de vous voir, vous l'ayez supposé en bonne santé ; mais moi, qui connais la délicatesse de son tempérament, et la dissolution du sang, je regarde son mal comme ayant besoin de remède. Tous les médecins, ne connaissant pas son tempérament, ne sont pas propres à le traiter. Ne m'ayant pas envoyé d'ordre précis pour faire partir celui en qui j'ai confiance, il n'a pas voulu s'y rendre sans cela. Je vous serais bien obligée, Monsieur, si vous vouliez bien permettre qu'un chirurgien de Saint-Malo allât voir mon fils avec le chirurgien major de Berry et qu'il mandât au sieur Gillet le résultat de leur consultation.

Je prends la liberté, Monsieur, de joindre ici une lettre pour le chirurgien, où je lui indique l'adresse du sieur Gillet, qui est tout à la fois notre médecin et notre chirurgien. J'ai aussi l'honneur d'écrire à M. Scott, pour le prier de vous nommer celui en qui l'on peut avoir plus de confiance. Étant résidant à Saint-Malo, il doit les connaître mieux que personne. Notre chirurgien prétend que le défaut d'air, qui, n'étant point renouvelé, se corrompt, lui cause tous ses maux. Puisque vous pensez, Monsieur, n'être point désapprouvé en leur donnant les adoucissements nécessaires à sa santé, vous voudrez bien lui donner plus d'air. En cas que cela passe vos ordres, j'aurai l'honneur d'en écrire à M. de Saint-Florentin, persuadée (comme je le suis de la bonté du cœur du monarque qui nous gouverne) qu'il voudra bien permettre à ses sujets ce qui leur est nécessaire. L'air leur est aussi utile que les aliments. Mon frère m'a mandé, Monsieur, dans la lettre que vous m'avez fait l'honneur de m'envoyer, qu'il avait tous les symptômes de la fistule...

CXIV

Rennes, le 17 octobre 1766.

M. de Barrin à M. de Fontette.

Bonjour encore une fois, qui ne sera vraisemblablement pas la dernière, Monsieur le général des prisonniers. Je voudrais bien pouvoir vous annoncer que vous serez, ainsi que moi, bientôt dégénéralisé. Mais nous n'en sommes pas encore là. J'ai eu aujourd'hui une lettre de M. d'Aiguillon qui ne me dit mot de son départ pour Paris. Il me mande que je lui ai donné envie de rire par mon dépit d'avoir été trompé, et conclut, de ce que nous avons saisi le mémoire, qu'il n'en a pas passé d'autre, parce que l'auteur n'aurait pas voulu en écrire un second exemplaire.

M. d'Aiguillon paraît disposé à lire, sans s'en affecter, toutes les horreurs de cet écrit contre lui. Je souhaite qu'il en ait pris d'avance une assez terrible idée pour en trouver moins qu'il ne s'y sera attendu, car il est sûr qu'il en verra beaucoup. Le chevalier de Balleroy me mande du 12 que dans huit ou dix jours il prévoit qu'il faudra quitter Veretz, et qu'il en est bien fâché.

Il veut qu'à commencer de dimanche prochain je lui adresse ses lettres à Angers. Je conclus de là que M. le duc d'Aiguillon partira du 20 au 22. M. de Flesselles, qui m'a écrit un mot, me paraît compter sur l'arrivée de ce général à Paris, comme plus prochaine. Il ajoute qu'il trouvera des esprits disposés à suivre un autre chemin que celui où il les croyait décidés à entrer ; c'est-à-dire penchant à ne point laisser juger l'affaire ici. Cela ne lui fera pas plaisir et pourrait bien, s'il le sait, comme il n'y a pas à en douter, le dégoûter encore plus du voyage de Paris qu'il retardera le plus qu'il pourra. M. de Flesselles me mande que la lecture du mémoire a ajouté à l'indignation qu'on avait dans le ministère contre le prisonnier. Il m'a paru, par la réponse du ministre que j'ai eue, qu'on a été plus content de l'interception de cette pièce que touché que M. de La Chalotais ait eu de quoi la faire. D'ailleurs, M. de Flesselles ajoute qu'il n'est pas plus habile que nous sur ce qui se décidera, quoiqu'il ait déjà eu de longues et fréquentes conférences avec les ministres.

Il paraît ici, depuis hier, un nouveau mémoire du chevalier de La Chalotais et de quinze ou seize avocats de Rennes, tendant à réfuter de nouveau l'ouvrage de Vallain. Il l'attaque plus méthodiquement et mieux, selon moi, que la consultation des huit avocats de Paris (1); mais toujours assez bien pour ébranler les juges. Après la réfutation, il fait une espèce d'éloge de La Chalotais et plaide la cause particulière, d'après le peu de fonds à faire sur les preuves par experts, et la conduite de ce magistrat, depuis qu'il est en place. Au reste, je ne l'ai eu qu'un instant et n'ai pu par conséquent que le parcourir. Il a plus de 80 p. in-4°; il a été imprimé à Rennes, et l'imprimeur est convenu avec M. Raudin en avoir fait cinq cents exemplaires qui ont été remis à la famille. Ainsi il ne sera pas rare dans quelques jours. Si je peux en avoir un, je vous l'enverrai; on en fait partir un ce matin pour Paris, c'était le seul que nous eussions.

CXV

A Nantes, le 19 octobre 1766.

Mme de Charette de La Colinière à M. de Fontette.

Je vous suis très obligée, Monsieur, de la permission que vous voulez bien me donner d'envoyer quelqu'un en qui j'aie confiance. Je souhaite bien qu'il ne trouve pas ces messieurs aussi malades que je le crains. J'ai profité dans l'instant de la bonté que vous avez de vouloir bien m'enlever mes alarmes. Malheureusement, le chirur-

(1) Le travail de Paris, daté du 26 août 1766, a été imprimé chez P.-G. Simon, imprimeur du parlement, sous ce titre : *Mémoire à consulter et consultation* in-4° de 36 pages.

gien, en qui j'ai confiance, a la goutte au pied, et de plus un de mes oncles, qu'il voit, est à l'extrémité. Je prends le parti, Monsieur, d'envoyer la lettre que vous me faites l'honneur de m'écrire à ma sœur, parce que mon frère veut que Mme de La Gascherie ignore qu'ils soient malades. Cela n'empêchera pas que le chirurgien de Saint-Malo, à qui vous aurez permis de les voir, n'en rende compte au médecin, qui vous remettra ma lettre. Ce sera, Monsieur, un surcroît d'obligation que je vous aurai.

CXVI

Le 20 octobre 1766.

M. de Fontette à Mme de Charette de La Colinière.

Madame, j'ai reçu la lettre que vous m'avez fait l'honneur de m'écrire le 16, dans laquelle celle que vous m'annonciez pour le chirurgien de cette ville ne s'est point trouvée. J'ai chargé M. Scott, qui connaît mieux que moi les gens habiles de ce pays, d'en envoyer un à votre fils, et je ne doute pas qu'il ne fasse réponse à la lettre que vous lui avez écrite à ce sujet.

Ce que le sieur Gillet vous a dit, Madame, au sujet du voyage de Saint-Malo, que vous lui avez proposé, ne peut être qu'une défaite. Comment pourrait-il imaginer qu'il lui faut un ordre de ma part? Je ne puis en donner à un homme d'un état libre, résidant dans une ville où je ne commande pas. Vous trouverez donc bon, Madame, que je me borne à ce qui tient à moi, qui est la permission que vous désirez...

CXVII

Rennes, le 20 octobre 1766.

M. de Barrin à M. de Fontette.

Enfin, mon cher maréchal, nous sommes sûrs du départ de M. le duc d'Aiguillon pour Paris. Il me mande qu'il partira le 22, et vous le mande, selon les apparences, aussi, car vous avez des lettres de Veretz. Il sera rendu le 23, et nous n'aurons guère de ses nouvelles qu'à la fin du mois, au plus tôt. Il paraît aller avec beaucoup de répugnance à Paris, et regretter fort Veretz. Je n'ai pas de peine à croire l'un et l'autre. Il me mande du 15 qu'il n'a pas encore reçu le *Mémoire* saisi, et M. de Balleroy m'écrit du 16 qu'il l'a lu, que cette pièce indigne contre l'auteur, et qu'il faut être bien prévenu pour qu'elle fasse impression. A la bonne heure ! Mais malheureusement le nombre des prévenus est beaucoup plus grand, dans cette affaire, que celui des neutres, et cela, grâce à la marche lente et incertaine qu'on a suivie jusqu'à présent. Je ne pense pas bien vous dire s'il est fort question de vous dans le *Mémoire*, parce que je n'ai fait que le parcourir, l'écriture en étant si mauvaise que j'avais beaucoup de peine à la lire avec mes mauvais yeux. Vous n'y êtes que pour un peu de dureté dans l'exécution trop stricte, selon lui, de vos ordres ; mais tout l'état militaire est traité dans le même goût. Le plus maltraité est sans contredit Audouard, et surtout M. d'Aiguillon et M. de Saint-Florentin.

M. de Flesselles ne préviendra pas favorablement le conseil sur le compte du parlement. Je le crois comme vous ; mais je crois aussi, avec vous, qu'il ira bride en main dans ses propos, non seulement pour ne pas rendre vaines les propositions méditées de M. le duc d'Aiguillon, mais pour ne pas s'engager lui-même, et ne pas multiplier ses ennemis.

L'exemple de M. de Calonne, qui est on ne peut plus mal accueilli du public, et le peu de fermeté du conseil, dans les partis qu'il a pris et qu'il a à prendre, lui ont fait faire des réflexions, et je crois que les siennes seront modestes.

Ce que vous me mandez de l'espèce de correspondance qu'a notre prisonnier avec ses amis, et dont je vous remercie, ne me surprend point, mais me donne de l'inquiétude, parce que je ne vois pas le moyen de la rompre, sans le resserrer plus qu'il ne m'est permis de le faire, sans de nouveaux ordres, qu'il serait hors de saison de demander. Cependant, si Mme de Caradeuc a de ses nouvelles, ce ne peut être que rarement, la garde changeant tous les jours, et les deux hommes qui le veillent étant toujours sur leurs gardes.

Il pourrait se faire que Mᵐᵉ de Caradeuc ne mandât les bonnes nouvelles à son mari que pour lui faire plaisir, et lui donner du courage. Le plus grand point me paraît être d'empêcher qu'il ne sorte rien de la plume de M. de La Chalotais, pour devenir public, au moins jusqu'à ce que toute permission lui soit donnée à cet égard ; et alors il faut s'attendre à en voir de belles. Quant aux gens qui l'ont vu, cela n'est point difficile, de la maison des Cordeliers qui donne absolument sur le jardin, et je ne peux ni n'entreprendrai de l'empêcher. Ce serait faire une esclandre sans succès. Je vous prie de continuer à me faire part de ce que vous savez. M. le comte de Robien, procureur syndic (1), est arrivé, et ne nous a rien appris sur l'époque et le lieu des états. Lui et les autres députés ont été assez mal reçus lorsqu'ils ont voulu représenter que l'usage était que le roi indiquât l'un et l'autre en rendant les cahiers ; et on dit effectivement qu'ils se trompaient, et que le roi ne fixe souvent le temps de l'ouverture des états qu'après la reddition des cahiers.

Ils furent plus mal reçus encore et refusés plus ouvertement lorsqu'ils parlèrent de leur désir de porter à la province l'annonce du retour de MM. de Kerguézec et de Piré. M. de Saint-Florentin leur dit que ces messieurs ne seraient point à la « tenue » prochaine, et peut-être point à la suivante.

---

(1) Pierre-Dymas de Robien, seigneur de Coetsal, était fils d'André-Joseph de Robien, seigneur de Coetsal, conseiller au parlement de Bretagne, et de Marie-Anne-Geneviève de Brilhac, originaire de Vannes. Il fut lieutenant de grenadiers à cheval, puis mestre de camp de cavalerie et chevalier de Saint-Louis. Élu par les états procureur général syndic, le 20 octobre 1764, à la session tenue à Nantes, en remplacement de M. de Quélen, il a conservé ses fonctions jusqu'à son décès, après lequel il a été remplacé, le 18 novembre 1784, par M. du Boberil de Cherville. Né en Saint-Pierre de Vannes le 11 décembre 1722, il est mort en Saint-Germain de Rennes, le 22 mars 1784. De son mariage avec sa parente, Adélaïde-Jeanne-Claudine Le Prestre de Châteaugiron, fille d'un président à mortier au parlement, et d'une demoiselle de Robien, il a eu une fille mariée en 1788 au vicomte de Mirabeau, dit Mirabeau-Tonneau, qui avait commandé à Rennes le régiment de Touraine. (*Registres paroissiaux de Saint-Pierre de Vannes et de Saint-Germain de Rennes*, où l'on trouve, en juillet 1788, les publications du mariage de Mˡˡᵉ de Robien, célébré le 9 de ce mois à Charentilly (diocèse de Tours); Arch. d'Ille-et-Vilaine C. 2691 et 2702 ; ce sont les registres des états de Bretagne de 1764 et 1784.)

CXVIII

Rennes, le 22 octobre 1766.

M. de Barrin à M. de Fontette.

Quoi, mon cher maréchal, encore M. de Caradeuc! Cet homme ne peut donc pas être tranquille, pour cette fois. J'imagine que M. de Saint-Florentin ne cédera plus aux instances de la famille. Je vous vois disposé à prendre patience, quelque événement qui arrive, et j'en suis bien aise pour vous ; car vous avez besoin de cette bonne disposition. M. Raudin vient de me mander que M. de Flesselles lui annonce, par le courrier d'aujourd'hui, que, selon les apparences, nous ne verrons plus rien de clair et de décidé que vers le 15 de novembre. Ainsi, mon cher maréchal, ne vous rebutez pas. Ceci devient cependant bien excédant. J'en ai par-dessus la tête, et je vous juge cent pieds plus à fond. Il faut pourtant fournir la carrière tout entière. Il vient déjà quelques Bretons ici, de Paris et ailleurs, pour attendre les états. Je crois qu'ils auront le temps de réfléchir d'avance aux affaires qu'ils se proposent d'y traiter.

Je n'ai rien de plus à vous mander de ce pays. Bouquerel fut tant tourmenté, dans ses moments de fureur, qu'il a fait de deux saignées de pied deux ulcères assez dangereux. Cela m'inquiète un peu, quoiqu'il ait cessé, depuis qu'il est bien décidé fou, d'être un personnage intéressant. Voyez les beaux et satisfaisants objets qui m'occupent ici. Les vôtres sont encore pis, me direz-vous, et vous avez raison ; je vous en souhaite la fin prochaine, et à moi aussi.

CXIX

Ce 23 octobre 1766.

Mme de Caradeuc à M. de Fontette.

J'ai appris, Monsieur, que M. de La Rue allait à Saint-Malo. Il voudra bien vous remettre cette lettre. Je vous prie instamment, Monsieur, de vouloir bien permettre qu'il aille dans la chambre de M. de Caradeuc. C'est la personne en qui il a le plus de confiance pour sa santé ; M. de La Rue, qui est habitué à en avoir soin depuis bien des années, est plus dans le cas de juger des choses qui peuvent être bonnes et utiles pour sa santé. Je vous aurai, Monsieur, bien de l'obligation si vous voulez bien m'accorder ce que je vous demande instamment. Vous pensez trop bien, Monsieur, pour désapprouver mes inquiétudes sur un objet aussi essentiel. J'ose donc espérer, Monsieur, que vous voudrez m'accorder la permission que je vous demande avec les plus vives instances. Après une prison aussi longue que celle qu'essuie mon mari, on peut croire qu'il a besoin de secours, et de faire quelques remèdes. M. de La Rue est plus dans le cas de juger ceux qui peuvent être bons pour mon mari. Vous me rendrez, Monsieur, un service bien essentiel.

Je suis avec respect, etc.

CXX

A Rennes, ce 24 oct. 1766.

Mlle de Charette à M. de Fontette.

Nous avons bien différé jusqu'à présent, Monsieur, à profiter de la permission que vous avez bien voulu nous donner d'envoyer un chirurgien à mon frère et à mon neveu, dans l'espérance de faire partir celui en qui nous avons confiance ; mais toutes les contradictions nous assaillent. Il est hors d'état de nous rendre ce service. Je prends le parti de leur en envoyer un d'ici, que mon frère a demandé, et qui les voit depuis longtemps. J'espère, Monsieur, que vous voudrez bien lui donner l'entrée du château, ainsi que vous avez eu la politesse de nous en réitérer l'assurance. Je ne puis vous dire, Monsieur, toute la reconnaissance que j'en ai, et combien vous contribuez à ma tranquillité par cette permission.

CXXI

Rennes, le 24 octobre 1766.

M. de Barrin à M. de Fontette.

Vous avez bien raison, mon cher maréchal, vous m'avez envoyé une pièce indigne, et qui prouve bien la noire méchanceté de votre indocile prisonnier. Car je ne peux pas plus que vous soupçonner Scott de cette intelligence. Le voilà bien payé de ces égards. A bon entendeur salut. J'imagine que vous avez bien fait passer copie de votre procès-verbal à M. le duc d'Aiguillon à Paris. Je lui en parle dans la lettre que je lui écris aujourd'hui. Nous ne sommes pas au bout de nos misères. Je n'ai point eu de lettres de Veretz aujourd'hui, et n'en ai point vu pour vous. Il serait possible que M. le duc d'Aiguillon nous écrivît demain pour lundi, mais je l'espère peu, d'autant qu'il n'aura rien de bien intéressant à nous mander. J'eus avant-hier, après le départ de ma lettre pour la poste, des nouvelles de M. de Flesselles, dont je ne puis pas vous faire part par conséquent. Il me mandait, en me recommandant fort le secret qu'il n'y aurait rien de décidé avant le 15 novembre, que M. d'Aiguillon trouverait les ministres parlant et pensant également pour le fond de l'affaire, mais on ne peut pas moins d'accord sur la forme de conduite à tenir. Je crains toujours beaucoup que notre général ne se trompe dans le choix du parti auquel il se décidera.

Je crois que votre histoire au château de Saint-Malo est à peu près la même que la mienne aux Cordeliers ; c'est-à-dire que l'entrée y est plus aisée que la sortie. J'ai laissé passer plusieurs livres que demandait M. de La Chalotais, et je crois qu'on écrivait en blanc sur les feuilles du commencement et de la fin. Nous avons même à peu près découvert quelque chose qui, sans nous donner de certitude, donne beaucoup de soupçon. Le tout, ajouté au propos de M. de Caradeuc à Scott, me fait suspendre la remise des livres. La vilaine guerre que nous faisons là !

CXXII

Réponse du 26 octobre 1766.

M. de Fontette à Mme de Caradeuc.

Madame,

J'ai souscrit avec empressement au désir que vous avez eu de faire visiter M. de Caradeuc par M. de La Rue, chirurgien de Rennes, envoyé par la famille de M. de La Gascherie. Je l'ai prié de vous rendre compte de bien des choses relatives à la santé de M. de Caradeuc, sur laquelle vous pouvez être assurée que je ne négligerai rien, et ne vous laisserai rien ignorer; je voudrais bien pouvoir contribuer de même sur tout à votre satisfaction.

Je suis, etc.

CXXIII

Saint-Malo, le 26 octobre 1766.

M. de Fontette à Mlle de Charette.

Mademoisellle, M. de La Rue vous rendra compte de l'état de MM. de La Gascherie et de La Colinière. Je serai charmé que son rapport vous confirme ce que j'avais eu l'honneur de vous écrire.

Je suis, etc.

CXXIV

A Rennes, ce 26.

Mlle de Charette à M. de Fontette.

Permettez-moi, Monsieur, de faire passer ce paquet de livres à M. de La Colinière. Je regrette toujours, Monsieur, de vous importuner aussi fréquemment, mais il n'est pas possible à une tante de surmonter le désir d'adoucir la captivité de son neveu, à qui elle est tendrement attachée. Je regarde comme avantageux pour moi que cela me procure l'occasion de vous assurer des sentiments respectueux avec lesquels je suis, etc.

CXXV

Rennes, le 27 octobre 1766.

M. de Barrin à M. de Fontette.

Or, écoutez bien, Monsieur le maréchal, j'en ai beaucoup à conter... Mmes de Caradeuc et de La Fruglaye me firent l'honneur de venir chez moi, vendredi au soir. Elles commencèrent par me demander si je savais qu'il y avait eu un mémoire de M. de La Chalotais intercepté et envoyé au ministre. Je dis d'abord effrontément non. Elles me lurent une lettre de Paris ou de Versailles qui leur contait toute l'histoire sans leur parler du contenu du mémoire. Les voyant si bien instruites, je convins du fait, en leur disant qu'il était inutile de le leur apprendre, la saisie de cette pièce ne pouvant que les inquiéter. Cela passa, on me fit des questions sur ce qui était dedans. Je dis que je l'avais parcouru, et que je l'avais trouvé, comme le premier, plus fort en invectives qu'en raisons. Cela parut choquer un peu Mme de La Fruglaye, qui cependant ne dit pas grand'chose. On voulut me faire quelques reproches, sur ce qu'étant bon patriote, et ne voulant point de mal aux prisonniers, j'avais fait saisir le mémoire.

J'alléguai l'exactitude qu'exige le devoir d'un homme d'honneur, sujet du roi, et militaire, dans l'exécution des ordres qu'il reçoit. On m'assura qu'on avait de l'honneur de reste, et qu'on ne se croirait pas, en pareil cas, obligée à cette grande exactitude.

Après cela vinrent des honnêtetés accompagnées de prières d'un peu d'égards pour M. de La Chalotais. Je demandai moi-même alors quels égards je pouvais avoir, après qu'on avait découvert sur une des feuilles blanches d'un des livres, qu'on avait proposé de faire passer, des caractères qui avaient paru en mouillant la feuille, et après que M. de Caradeuc avait soutenu à M. Scott, devant témoins, qu'il était instruit depuis longtemps du commerce épistolaire qu'il avait avec sa femme, en encre blanche. Mme de

Caradeuc, qui n'en savait rien, parut embarrassée, et ne dit autre chose d'abord, sinon qu'il n'était pas vrai que M. Scott eût jamais donné aucune facilité, et eût rien à savoir sur cela ; ensuite elle nia tout, et ajouta qu'elle n'entendait rien à ce qu'on lui disait de M. de Caradeuc ; qu'il fallait que la prison l'eût entièrement changé, et qu'elle ne le reconnaissait pas.

Mme de La Fruglaye savait l'histoire, et ne dit pas grand'chose, mais ne convint de rien. Nous nous séparâmes pas trop mal ensemble extérieurement. J'avais mandé dans la journée à M. Bonnet de ne plus faire passer de livres ni dedans ni dehors. M. de La Chalotais en demanda avant-hier. On lui dit qu'il n'en aurait plus. Cela le fâcha beaucoup, et il eut querelle avec Bonnet ; hier il fut fort honnête.

Avant-hier au soir, car je ne suis pas au bout, autre visite de Mme de Caradeuc et de Mme de La Fruglaye. L'objet de ces dames était de me prier d'écrire à M. de Saint-Florentin pour obtenir à la première la permission de s'enfermer avec son mari. La proposition m'étonna ; je ne m'y attendais point. Je combattis le projet de toutes les raisons que je pus imaginer. J'affirmai que je serais refusé. On me demanda quels seraient les inconvénients qui pourraient empêcher qu'on accordât. Il ne m'en vint pas dans le moment, au moins que je pusse dire. Les plaintes et l'affliction de Mme de Caradeuc me touchèrent ; elle assurait qu'elle ferait revenir son mari dans son état naturel, et qu'on serait plus content de lui, lorsqu'il serait avec elle ; enfin je promis d'écrire ; mais en assurant qu'on pouvait compter sur un refus. J'ai tenu parole, et j'écrivis hier ; mais n'ayez pas peur, mon cher maréchal, j'ai exposé purement et simplement la demande de Mme de Caradeuc à M. de Saint-Florentin, sans rien ajouter pour l'y déterminer. Comme ce détail ne me regarde point, mais uniquement vous, je ne me suis point mêlé de pérorer sur cela avec le ministre, et j'aurais cru aller sur vos droits. J'en ai prévenu M. d'Aiguillon par le même courrier, en faisant des réflexions qui sûrement le détermineront à s'opposer à sa demande. Je sens que ce serait un embarras de plus pour vous, et qui rendrait presque impraticables toutes les précautions nécessaires à prendre pour la sûreté des prisonniers.

Je vous envoie une recette que m'a donnée M. Raudin pour faire de l'encre blanche, et une autre drogue qui sert à faire paraître la première. Essayez d'en faire pour vous amuser ; cette découverte peut vous être utile. Ici M. de La Chalotais n'écrit point à sa famille, et on ne lui écrit que très rarement ; s'il est arrivé de lui faire écrire quelque chose, ç'a été en présence de l'officier, et avec du papier, des plumes et de l'encre que ce dernier lui donne. Les billets qui lui viennent, on les lui donne à lire, et on les lui retire. Ainsi nous n'avons pu être trompés que par les livres, ou par quelques autres moyens que nous ignorons.

J'ai sur le cœur de n'avoir pas répondu à Mme de Caradeuc que je ne pouvais pas me mêler d'une affaire qui ne regardait que vous, sans votre consentement. L'idée ne m'en vint qu'après.

CXXVI

Rennes, le 29 octobre 1766.

M. de Barrin à M. de Fontette.

J'ai reçu vos deux lettres du 27, mon cher Fontette. Je vous suis bien obligé des détails que vous me faites ; vous aurez vu par ma dernière que je vous paye en même monnaie. Il faut convenir que nos sujets de conversation ne varient guère, et que notre dessein est toujours le même.

Je suis bien aise que le chirurgien La Rue n'ait pas trouvé MM. de La Gascherie et de La Colinière réellement malades. On aurait crié comme des aigles contre vous parmi les partisans de M. de La Chalotais, s'ils avaient eu quelque mal réel, pour avoir dit qu'ils n'étaient pas malades. Ce La Rue me paraît vous avoir encore fait un petit conte de sa façon, en vous disant qu'il voyait souvent M. de La Chalotais, il a voulu vous faire entendre qu'il le voyait dans sa chambre. Il y avait six semaines qu'il n'y était entré, deux jours avant d'aller à Saint-Malo, lorsque M. de La Chalotais le demanda pour des maux de reins dont il se plaignait, et on le lui envoya. Mais il peut le voir tous les jours, s'il veut, de la chambre de quelque cordelier ou d'une maison voisine ; on ne s'y oppose pas.

Je n'ai pas eu de lettre de M. d'Aiguillon ; mais je viens d'en recevoir une de M. de Flesselles qui me mande l'avoir vu. Il ajoute que la première entrevue de ce général avec les ministres, où il n'était pas, lui intendant, a été très vive ; qu'il a trouvé, en revenant de la campagne, où il a passé quelques jours, encore beaucoup de feu ; qu'il a été très content de la fermeté de M. d'Aiguillon, et que, depuis la conférence, trois ministres lui ont paru sceptiques sur l'affaire.

Il met toujours le terme de la décision entre le 15 et le 20. Je crois que nous attraperons peu à peu celui que vous avez fixé, c'est-à-dire le 10 décembre. M. de Flesselles me mande que M. d'Aiguillon a été très bien accueilli du roi avec lequel il a soupé le jour de son arrivée ; ce qui a, dit-il, fait un très bon effet, plusieurs personnes de ce pays-là cherchant à accréditer le bruit de sa disgrâce. Il me conseille d'en parler ici ; je le ferai, et vous donne le même conseil.

M. de Villeblanche a reçu aujourd'hui une lettre de M. de Saint-Florentin qui demande plusieurs pièces, qui ont été oubliées dans l'expédition des charges et procédures, et le rapport des derniers experts. Plusieurs de Messieurs disent qu'on ne peut pas envoyer le rapport sans un nouvel arrêt du conseil, ledit rapport ayant été fait depuis l'arrêt en vertu duquel la procédure avait été envoyée. Ils ne s'en tiendront cependant peut-être pas là. Tout cela fait conjecturer que la chose durera encore longtemps. Cette nouvelle demande du ministre ne serait-elle point un prétexte pour couvrir les délais que nous savons, mais que nous ne devons pas dire. Voilà, mon cher maréchal, toutes les nouvelles du jour, au moins que je sache. Je continuerai à vous faire part de tout ce que je saurai. Adieu, je vous suis attaché pour la vie.

CXXVII

Rennes, le 31 octobre 1766.

M. de Barrin à M. de Fontette.

Les pièces demandées par le ministre à MM. du parlement partiront, je crois, dimanche prochain. Rien de neuf sur le compte du prisonnier des Cordeliers, qu'un billet contenant des nouvelles bonnes ou mauvaises, c'est-à-dire vraies ou fausses, découvertes dans un pot de beurre. Celui de Saint-Meen tranquille, mais toujours fou, et ses plaies aux pieds allant très bien.

Il y a effectivement de la mauvaise foi à Mme de Caradeuc d'avoir dit que j'avais fait saisir le mémoire des avocats; car il n'y a pas un mot de cela, et elle le sait bien. Je ne peux pas trop me dispenser de voir les dames, quand je suis chez moi, et qu'elles y viennent. Ce serait afficher de la dureté, et quoique je m'attende bien qu'elles s'en plaindront également, il ne faut pas leur en donner le sujet. M. Raudin n'a pas encore pu me procurer un exemplaire de ce mémoire. Quelqu'un de plus connaisseur que moi, qui l'avait lu, m'a dit qu'il était fort mal fait. Il faut que les exemplaires aient été envoyés la plupart au dehors, car ils sont très rares ici. Je me défierai plus à l'avenir de cette Mme de Caradeuc, si je la vois, comme il y a apparence. Ce que vous m'en dites m'étonne; je ne la croyais pas capable de cet aveu qu'elle vous a fait du mensonge. Je ne doute pas que M. de Saint-Florentin ne vous ait fort approuvé d'avoir resserré M. de Caradeuc, et j'imagine qu'il ne cédera pas désormais aux sollicitations de sa femme.

CXXVIII

Rennes, le 3 novembre 1766.

M. de Barrin à M. de Fontette.

A l'instant même on m'apporte mes lettres, et je n'en ai point de M. d'Aiguillon. Il en a cependant plusieurs de moi qui demandent réponse. Je le juge très occupé des affaires qui intéressent ce pays-ci, et vous et moi par conséquent. MM. d'Abrieu et Cotonay arrivèrent avant-hier. Je causai beaucoup hier avec le premier. Il me dit que M. d'Aiguillon était parti en très bonne santé, et toujours avec la même façon de penser que lorsqu'il est parti d'ici; et ce qu'il y a d'étonnant, croyant que des états peuvent se tenir à Rennes dans le mois de décembre, après le jugement de M. de La Chalotais prononcé par le parlement de cette province. Peut-être avant d'aller à Paris croyait-il y trouver les choses décidées, et les ordres prêts à être envoyés ici. Il est sûr qu'alors il était possible que, si le parlement eût repris la suite de la procédure à la fin d'octobre, le tout eût pu être fini le 15 décembre, en supposant un parti pris de finir, de la part du parlement. Mais, au lieu de tout cela, la décision ne pouvant être prise que vers le 20 novembre, et nos magistrats aussi peu décidés qu'ils le sont, il me paraît physiquement impossible que l'affaire soit jugée à Rennes, et les états commencés dans l'année.

Sur ce que m'a dit M. d'Abrieu, je vois que M. d'Aiguillon a effectivement allongé la courroie le plus qu'il a pu pour se rendre à Paris; qu'il en a été vivement pressé, sans cependant recevoir d'ordre, principalement sous le prétexte de travailler d'avance à ce qui se traiterait aux états. Le procès ne paraissait pas réussir à le déterminer.

Raisonnez tant que cela vous amusera, tout seul, mon cher maréchal, ou avec votre cafetière de lait de cheval; vous en conclurez toujours, comme vous avez déjà fait, que nous serons débarrassés au commencement de décembre; vous aurez peut-être raison, mais je doute que vous deviniez par quel moyen.

CXXIX

Rennes, le 5 novembre 1766.

M. de Barrin à M. de Fontette.

Enfin, mon cher maréchal, je viens de recevoir une assez grande lettre de M. le duc d'Aiguillon du 1er du mois, et une de M. de Flesselles du 3. Le premier me paraît avec très juste raison désirer qu'on le laisse s'en tenir, dans l'affaire présente, à donner les éclaircissements et explications qu'il pourra fournir, sans l'obliger à donner son avis de façon à le rendre garant de l'événement. Il compte qu'i y aura un parti pris avant huit jours, et ajoute que, quel qu'il soit, ce parti aura certainement des suites embarrassantes dans lesquelles il voudrait bien n'être pour rien. Il me mande de plus que, quoi qu'on puisse dire à Rennes, le roi est plus piqué que jamais contre M. de

La Chalotais et ses consorts, et que les ministres, sans exception, paraissent déterminés à remplir ses intentions, et partager son mécontentement.

M. de Flesselles me mande qu'il voit notre général tous les jours; qu'il a assisté avec lui à plusieurs et même fréquentes conférences ministérielles, ou tous les moyens déterminés ont été traités et retournés de différentes façons, sans qu'on se soit arrêté à aucun. Il ajoute que tous ont de grandes difficultés, que le roi a dit qu'il voulait qu'on s'occupât sans relâche de l'affaire de Bretagne, qu'en conséquence on va s'y donner entièrement, et que, de samedi en huit, il y aura une décision quelconque.

D'ailleurs, mon cher maréchal, M. de Saint-Florentin a refusé la demande de Mme de Caradeuc. Ainsi ne la craignez point. Ce ministre trouve que j'aurais mieux fait de ne pas convenir du mémoire saisi, et attribue la connaissance que la famille en a eue à la correspondance établie avec le prisonnier. Je lui réponds sur cela, et ne suis pas persuadé que j'eusse dû faire un mensonge qui aurait bientôt été publié pour cacher ce que l'indiscrétion du ministre, bureaux, et autres avait laissé découvrir. Je ne suis pas inquiet de cette façon de penser du ministre. M. de Flesselles m'avait mandé, plusieurs jours avant que Mme de Caradeuc fût venue me voir, que les ministres parlaient hautement du mémoire.

Voilà, mon cher maréchal, le précis des nouvelles de Paris. Celles de Rennes sont qu'il a été agité et décidé ces jours-ci qu'il y aurait une messe rouge à la rentrée du parlement et que le bâtonnier des avocats (1) a été dire à M. le premier président qu'il se présenterait, lui personnellement, à cette cérémonie, mais qu'il l'avertissait que, selon les apparences, le corps des avocats ne le suivrait pas, suivant la règle; le tout pour ne pas reconnaître le parlement actuel. Que dites-vous de ce peuple indocile de raisonneurs? Je ne sais comment cela s'arrangera. Je vous informerai de tout.

M. de Flesselles me mande qu'il est fort content de la contenance ferme de notre général, qui en impose par cela à ses ennemis, et, dans le vrai, selon moi, comme selon vous, à ceux du bien général.

(1) Le bâtonnier était alors André-Thomas Even, avocat au parlement de Bretagne depuis le 1er juillet 1728.

Vous vous moquez de moi avec votre témoin du mensonge de Mme de Caradeuc, je n'en ai pas besoin pour vous croire, etc., etc.

CXXX

Rennes, le 7 novembre 1766.

M. de Barrin à M. de Fontette.

J'ai reçu votre lettre du 4, mon cher maréchal; je suis charmé de vous avoir procuré, à force de coups d'éperon, une réponse du docteur Dusson, telle que vous la désiriez, et plus encore du contentement où vous me paraissez être des heureuses dispositions de votre santé, depuis que vous avez commencé les remèdes. Le dernier que je vous souhaite, et qui serait peut-être plus efficace que les autres, serait, je crois, de vous donner la clef des champs et permission de ne plus penser au château de Saint-Malo, et à ce qu'il contient. Encore un peu de patience, je vous en prie. J'ai eu une lettre de M. le duc d'Aiguillon aujourd'hui; il y a quelque temps que je lui avais mandé mes craintes sur l'événement de l'affaire actuelle, fondée sur le peu de courage que je croyais au petit nombre des juges ici présents. Je lui avais fait part de ce que je pensais autant par attachement pour lui que pour le bien général, le voyant prêt à mettre toujours en avant sa façon de penser, et peut-être à décider le conseil à un parti que je crois beaucoup moins sûr actuellement qu'il y a deux mois. M. d'Aiguillon a pris la chose au grave, et me demande un détail des raisons qui me font penser ainsi. Ce détail n'est pas aisé à donner bien clair parce que ce sont des choses qui se sentent sans pouvoir être démontrées, et qu'on se décide souvent en pareil cas sans pouvoir dire clairement pourquoi. Je lui ai répondu sur-le-champ en lui exposant mes motifs, le moins mal que j'ai pu, et en finissant par lui dire que je souhaite qu'il puisse s'en tenir à donner des éclaircissements, et non son avis, de façon à déterminer à un parti qui peut être fort dangereux. Effectivement, je crois que ceci ne finira point si l'affaire nous reste. J'appelle ne point finir, la prolonger pendant six mois, qui donneront le temps à tous les parlements du royaume de lasser la patience du roi, et d'achever de détruire son autorité. Mais l'affaire se terminera-t-elle mieux à un autre tribunal? Je n'en sais rien, et voilà pourquoi je serais bien fâché, à la place de M. d'Aiguillon, d'avancer un avis qui déterminerait l'irrésolution du conseil, à moins d'y être forcé.

Parlons de ce qui s'est passé ici depuis ma dernière lettre. Il y a quelque temps qu'on agite s'il y aura une rentrée solennelle du parlement, ou s'il n'y en aura point. M. le premier président était d'avis qu'il n'y en eût point; mais le plus grand nombre de ceux qui en voulaient fit décider, il y a quelques jours. Mercredi dernier, M. le premier président dit au palais que le bâtonnier des avocats était venu lui signifier que s'il y avait une rentrée on pouvait compter sur lui, mais non sur son corps, aucun avocat ne voulant s'y trouver. Le jour même arriva une lettre de M. de Saint-Florentin avec ordre de faire une rentrée, avec les cérémonies ordinaires. On ne sait pas si cet ordre fera quelque chose sur l'esprit indocile de ces messieurs. Cela ne laisse pas que d'embarrasser. Il est d'usage que le corps des avocats prête serment ces jours-là; mais le serment n'est prêté que par dix ou douze, que le bâtonnier nomme. Si cela est, et qu'il ne faille point de délibération du corps pour cette prestation de serment ou au moins pour la nomination, on dit que le bâtonnier, s'il est bien intentionné, peut nommer ceux qu'on est sûr qui obéiront. Jugez de là, mon cher maréchal, si le feu est éteint dans les têtes.

CXXXI

Rennes, le 10 novembre 1766.

M. de Barrin à M. de Fontette.

Tout s'éclaircira sans doute, Monsieur le maréchal. Je suis bien aise de vous voir prendre votre parti, soit en rêvant, soit en veillant, et penser d'avance à ce qui pourrait arriver de fâcheux pour vous parce qu'en l'apprenant vous ne seriez pas si frappé du coup. Raisonnons puisque nous en avons le loisir, et voyons ce qui peut vous arriver de pis. Trois partis peuvent être pris. Le premier en renferme plusieurs. C'est celui d'évoquer l'affaire, et, en ce cas, on ferait, je crois, juger ensemble tous les prisonniers; la raison qui a fait donner des lettres de disjonction n'existant plus, ainsi vous seriez comme moi déchargé de votre commission. Des deux autres l'un serait de renvoyer le jugement de l'affaire de M. de La Chalotais après la tenue des états, et par conséquent de le remettre à Saint-Malo, pendant qu'ils tiendraient. Voilà sans doute le pis pour vous. Le troisième serait de s'obstiner à le faire juger ici pour tenir les états après ; c'est ce que je ne crois pas possible. Le second parti me paraîtrait détestable, et je n'imagine pas qu'on s'y arrête. Des lettres de M. d'Aiguillon je ne peux pas deviner pour lequel on pourrait pencher, non plus que de celles de M. de Flesselles. M. le premier président vient de me parler d'une lettre de M. d'Aiguillon, qui est du 2, et qui donnerait les plus grandes espérances sur l'évocation, et même aux requêtes de l'hôtel. Je vais dîner chez lui, et il me montrera cette lettre. Il m'a dit que M. d'Aiguillon le félicitait presque d'avance d'être déchargé du fardeau de cette affaire, et s'en félicitait lui-même. Cela est assez clair ; et si cela avait lieu, il y a grande apparence que votre rêve ne serait qu'un rêve.

Je le souhaite de tout mon cœur pour vous, quand même je serais tranquille et sûr de mon fait, pour ce qui me regarde. L'échantillon que j'ai depuis quatre mois me fait juger de toute la pièce que vous avez depuis dix, et j'apprendrai, je vous assure, votre délivrance avec grand plaisir.

Au reste il nous est arrivé ce matin un courrier de M. de Saint-Florentin qui n'a apporté autre chose que des lettres patentes à M. d'Amilly pour prolonger le service du parlement tel qu'il était et devait être jusqu'à la Saint-Martin. Notre rentrée, messe rouge, et autre cérémonie ira son train. On a pris des mesures pour avoir un nombre d'avocats suffisant, et tout ira comme vous l'avez prévu Voilà tout ce que je peux vous dire d'ici.

Passons à votre lettre du 7. Vous recevrez, par le courrier d'aujourd'hui, l'habit brodé que vous m'aviez annoncé ; il m'est arrivé ce matin de Nantes et je le fais partir ce soir. Le port a coûté un écu.

Je vous remercie bien sincèrement de ce vous me mandez du bruit de Saint-Malo sur ma conduite avec M. de Saint-Florentin. Cet avis n'était pas inutile à me donner, et je le regarde comme un service d'ami. Vous me ferez grand plaisir de continuer à me dire ce qui vous passera par la tête dans ce genre; tout maussade que je sois, je ne le suis, je vous jure, pas assez pour prendre mal ce qui me viendra de vous.

Il y a quelque chose de vrai dans la gazette de Saint-Malo. Il est vrai que je donnai avis de la saisie du mémoire à M. le duc de Choiseul, que le ministre m'a mandé que ma lettre avait été lue au conseil [1] et sous les yeux du roi. Mais par le même courrier, j'en donnais aussi avis à M. de Saint-Florentin. Je lui mandais comment la chose s'était passée, et les moyens dont j'imaginais qu'on s'était servi pour instruire furtivement M. de La Chalotais. Je ne lui parlais point, ou fort peu, du contenu du mémoire, et moins qu'à M. le duc de Choiseul; mais en l'avertissant que M. de Flesselles, à qui je l'avais remis, en rendrait compte. Ainsi, vous voyez, mon cher maréchal, que j'étais en toute règle. Ce qu'il y a de sûr c'est que le ministre n'a fait aucun reproche sur cela, et que le duc d'Aiguillon m'a mandé que MM. de Saint-Florentin et de Choiseul approuvaient l'un et l'autre ma conduite, moyennant quoi je suis très à mon aise pour le passé; et j'espère qu'on n'aura aucun reproche à me faire pour l'avenir. Quant au petit reproche du premier sur l'aveu fait aux dames, il m'inquiète d'autant moins que je suis sûr d'avoir bien fait et que la lettre de M. d'Aiguillon est bien depuis que le ministre en est instruit et m'en a écrit.

Quant aux réflexions que le mémoire fait faire à MM. les membres du conseil, je ne les sais pas, et les parents de notre prisonnier ne les savent guère mieux; car M. de Flesselles m'a mandé qu'il avait augmenté l'indignation des ministres. Adieu, cher compagnon de misère, continuez à me parler bien de votre santé.

CXXXII

A Rennes, ce 10 novembre 1766.

Mme de Caradeuc à M. de Fontette.

La dernière lettre, Monsieur, que vous avez eu la bonté de m'envoyer m'apprend que M. de Caradeuc est enrhumé. Je vous avoue que je suis inquiète de sa santé. Oserai-je vous prier, Monsieur, de vouloir bien lui envoyer un médecin. Je n'en connais aucun à Saint-Malo ; mais on m'a dit qu'il y en a d'habiles. J'ai entendu parler d'un nommé M. Spire ou M. de La Chapelle. Je vous aurai obligation, Monsieur, si vous voulez bien lui en envoyer un. Je ne puis guère calmer mes inquiétudes. Le malheur que nous éprouvons, Monsieur, autorise mon importunité, et j'ose même espérer que vous voudrez bien ne le pas trouver mauvais, étant persuadée que vous ne désapprouvez pas la vivacité de mes alarmes, etc.

CXXXIII

Réponse du 11 dernier.

M. de Fontette à Mme de Caradeuc.

Madame, rien ne peut me faire oublier la promesse que j'ai eu l'honneur de vous faire, et j'aurais eu celui de vous avertir si M. de Caradeuc avait eu la moindre incommodité. J'ai journellement des nouvelles de sa santé, et par les gens qui l'approchent, et par ceux qui l'avoisinent ; les uns et les autres ne l'ont entendu tousser une seule fois, et lui-même, à qui je l'ai fait demander, n'a point dit qu'il fût enrhumé. Je suis bien persuadé, Madame, qu'il vous rassurera aujourd'hui ; et le passé, sur lequel j'ai eu l'honneur de vous parler avec la plus grande sincérité, doit vous convaincre que je suis incapable, non seulement de déguiser la vérité pour calmer vos inquiétudes, mais encore de craindre de les faire naître en vous cachant l'état de santé de M. de Caradeuc.

Je suis, etc.

CXXXIV

Rennes, le 12 novembre 1766.

M. de Barrin à M. de Fontette.

J'ai, mon cher Fontette, votre lettre du 10, et je débute avec plaisir, dans ma réponse, par vous dire que vous pouvez espérer ce que vous désirez, c'est-à-dire d'être bientôt délivré. Peut-être le savez-vous directement par une petite lettre que j'ai trouvée pour vous dans une lettre que j'ai reçue ce matin de notre général. Mais qu'est-ce que cela fait ? C'est une satisfaction pour moi de vous mander quelque chose qui peut vous faire plaisir, et je ne veux pas manquer cette occasion de me le procurer.

Notre général me mande que les commissaires ont commencé, le dimanche 9, l'examen de la procédure; ils le continueront et l'achèveront mercredi ; jeudi ils formeront leur avis ; ils en rendront compte au comité ; et samedi le roi prononcera en son conseil des dépêches. Le général ajoute : « J'espère que le roi évoquera à lui cette « malheureuse affaire et la renverra ensuite à un autre tribunal. « J'ignore lequel, et dans quelle forme. »

M. de Flesselles, qui m'écrit aussi, mais du 10, me mande à peu près la même chose, et précisément les mêmes conjectures, le tout sous le plus grand secret ; et vous entendez, mon cher maréchal, que ceci n'est exactement que pour vous. Je ne compte en parler à qui que ce soit. Ici nous en saurons peut-être quelque chose de sûr lundi ; et, en ce cas, vous pouvez compter que vous serez instruit dès le mardi ; au plus tard ce sera jeudi, si nous n'avons de nouvelles que mercredi. Ainsi encore huit jours de patience, et nous aurons un peu de travail pour le déblaiement. Après cela, il faut espérer que nous n'entendrons parler de prisonniers que de loin, car je vous mets toujours de moitié, persuadé que vous serez débarrassé, ainsi que moi. Et, en ce cas, je vous fais mon compliment de tout mon cœur.

Notre rentrée s'est faite ce matin (1). Tout s'est bien passé. Il y avait

---

(1) Les *Registres secrets* constatent que le parlement a eu sa rentrée avec le cérémonial accoutumé. La messe du Saint-Esprit a été célébrée dans la chapelle du palais par l'abbé de Roumillay, chanoine de la cathédrale. L'évêque de Rennes était présent.

La cour se composait de :
    MM. de La Briffe, premier président.
        De Montbourcher, président à mortier,
        De Farcy de Cuillé,   id.
        Auvril,
        Desnos, évêque de Rennes,
        De Brilhac,   Conseillers titulaires
        De Grimaudet,   et honoraires.
        Conen,
        De Foucher,

des avocats suffisamment ; le serment a été prêté en présence de dix-sept de ces messieurs, en comptant M. de Coniac (1), des présidents de Montbourcher et de Cuillé, et de l'évêque, qui a fait le dix-huitième.

Je n'ai point gardé copie des lettres que j'ai écrites à M. le duc d'Aiguillon. Aussi je ne peux pas vous envoyer les dernières. J'ai sauté le bâton, comme vous dites, mais sans risquer de me faire mal ; c'est-à-dire que j'ai dit ce que je pensais, en ajoutant que c'étaient des conjectures. On n'est point responsable par toute terre d'avoir mal raisonné.

D'après ce que je viens de vous mander, je me flatte que vous ne me menacerez plus d'une indignation sans bornes, si mes spéculations retardent votre congé. Franchement vous devez être assez content de moi aujourd'hui. Il me semble que mes nouvelles ne sont pas trop mauvaises. Je souhaite qu'elles ne se démentent point lundi ni mercredi.

CXXXV

Rennes, le 14 novembre 1766.

M. de Barrin à M. de Fontette.

Doucement, Monsieur le maréchal, ne chantez pas victoire complète ; ne vous flattez pas des requêtes de l'hôtel. Ce tribunal ne serait point

Huart,	
De Caradeuc,	
Geffroy,	
De Coniac,	
Bonin fils,	Conseillers titulaires
Eveillard,	et honoraires.
De Keroullas,	
Bonin père,	
Jouneaux,	

« L'audience publique a été ouverte et y ont été lues les ordonnances concernant les avocats et procureurs, qui y ont presté le serment, et ont été avertis de leur devoir par messire Arnaud de La Briffe, premier président. » (Archives de la Cour d'appel de Rennes, *Registres secrets*, 12 novembre 1766.)

(1) M. de Coniac est signalé ici tout particulièrement. C'est qu'il venait d'être reçu conseiller honoraire. Il n'avait été conseiller au parlement que pendant deux ans. Néanmoins il obtint le 12 mars 1766 des lettres lui accordant l'honorariat, avec dispense de temps de service, et ce nonobstant sa nomination de sénéchal du présidial de Rennes. On vise, dans les lettres du 12 mars, les services rendus par son grand-père, le premier président de Brilhac. (Archives de la Cour d'appel de Rennes, *Registres d'enregistrement*, XLI, f° 6 r°.)

le rocher contre lequel les cris des parlements se briseraient, comme les vagues de la mer. Donnant moins dans notre sens ici, et plus à l'état de choses, nous évoquons à Bordeaux. Alors plus de retour à craindre; point de criaillerie à étouffer, et peut-être autant et plus de justice qu'ici. Ce n'est pas que nous sachions rien de certain, et qu'aucune lettre parle de Bordeaux; mais quelques mots jetés dans certaines lettres nous le font soupçonner.

CXXXVI

Rennes, le 14 novembre 1766.

Mme de Caradeuc à M. de Fontette.

Je serais bien touchée, Monsieur, de vous importuner autant que je le fais, si les motifs de mes inquiétudes n'étaient pas aussi justes. Je vous avoue que je ne puis me tranquilliser pour la santé de M. de Caradeuc. Je vous en prie, Monsieur, et je vous renouvelle mes instances pour que vous veuilliez bien envoyer son médecin à M. de Caradeuc. Il cherche à m'éviter des inquiétudes, je le sais bien, et j'en ai cependant beaucoup pour sa santé. Je vous supplie, Monsieur, de lui envoyer un médecin, soit M. Spire, soit M. de La Chapelle-Le Mesle. Je ne connais ni l'un ni l'autre, mais ils ont de la réputation. Ce sera un adoucissement à mes peines que de penser qu'un médecin lui donne ses soins.

Je suis avec respect…

CXXXVII

Réponse du 16 novembre 1766.

M. de Fontette à Mme de Caradeuc.

Madame,

Je désirerais fort pour votre tranquillité que vous voulussiez bien vous fier d'avantage aux assurances réitérées que j'ai eu l'honneur de vous donner de mon exactitude à vous prévenir du moindre dérangement qu'on pourrait apercevoir dans la santé de M. de Caradeuc. Ce qu'il vous a dit lui-même, Madame, par ses dernières lettres n'est pas un ménagement pour votre tendresse alarmée ; c'est la pure vérité qui me fut pleinement confirmée hier par M. La Chapelle-Le Mesle, médecin de cette ville, que j'y envoyai, suivant vos intentions. Il me rapporta qu'il avait trouvé M. de Caradeuc en fort bon état et qu'il n'avait à lui prescrire qu'une diminution de boisson, sur ce que M. de Caradeuc lui avait dit qu'il buvait deux pots de liquide en lait, vin ou cidre, chaque jour. Voilà exactement, Madame, le rapport de M. de La Chapelle Le Mesle qui, m'ajouta que M. de Caradeuc avait fini par lui demander de certifier que l'air de cette ville ne lui était pas bon ; et qu'il lui a répondu qu'il était prêt à certifier que M. de Caradeuc le lui avait dit, mais qu'il ne voyait aucun mauvais effet de cet air sur sa santé, qui effectivement est fort bonne.

Si vous souhaitez, Madame, que ce médecin, ou tout autre, en qui vous aurez confiance, aille faire de temps en temps quelques visites à M. de Caradeuc, je ferai exécuter tout ce qui pourra vous convenir sur ce point et sur tous ceux qui pourront calmer vos alarmes, et qui pourront dépendre de moi...

CXXXVIII

Saint-Malo, 16 novembre 1766.

M. de Fontette à Mme de La Gascherie.

Madame,

J'ai fait remettre à M. de La Gascherie les paquets que vous m'avez annoncés par la lettre que vous m'avez fait l'honneur de m'écrire le 14. J'aurais été très fâché que vous eussiez chargé un autre que moi d'un soin que je prends avec le plus grand plaisir, et dont le respect pour vous, Madame, et l'estime particulière que j'ai pour M. de La Gascherie me font un devoir, etc.

CXXXIX

Rennes, le 17 novembre 1766.

M. de Barrin à M. de Fontette.

Je viens d'avoir une lettre du chevalier de Balleroy, de Nantes le 16. Il devait arriver aujourd'hui à Fromenteau pour dîner. Il est fort instruit de l'état de nos affaires. Mon frère le mettra un peu plus au fait.

Je serais fâché que vos prisonniers fussent obligés de décompter d'après leurs espérances de sortir bientôt de leur château. On compte toujours ici sur Bordeaux, et je crois qu'on serait fort attrapé s'il fallait aller aux requêtes. Ces deux partis nous donneront également de la besogne pendant quelques jours, mais aussi, quand elle sera faite, nous aurons un peu de tranquillité.

CXL

Rennes, le 19 novembre 1766.

M. de Barrin à M. de Fontette.

Vous avez vraisemblablement eu le nez bien long, mon cher maréchal, en apprenant par ma lettre de lundi que nous n'avions eu ni courrier extraordinaire, ni nouvelles par la poste. Je prévois que votre susdit nez va devenir si long qu'il ne pourra plus tenir dans votre appartement, lorsque vous saurez que la poste de Paris vient d'arriver, et que je n'ai point de lettres du ministre, ni de M. d'Aiguillon.

Je n'entends rien à cela, et s'il n'y a rien pour le parlement, je croirais que le conseil des dépêches de samedi n'aura rien décidé. En ce cas, je tremblerai de peur qu'il n'y ait un grand changement dans les avis. Cependant M. de Flesselles écrivait de samedi matin à M. Raudin, et lui mandait que la chose serait toujours décidée le même jour, et que nous aurions sûrement des nouvelles mercredi. Il se disposait à aller le même jour à Versailles, et m'annonçait une lettre pour aujourd'hui. Je viens d'envoyer chez M. Raudin à qui il adresse ordinairement celles qu'il m'écrit. Aurait-on pris le parti de tenir la décision secrète ; et dans la crainte qu'on ne fût instruit ici du jour et de l'heure du départ de M. de La Chalotais, aurait-on préféré d'envoyer un courrier qui arriverait secrètement la nuit prochaine, pour apporter les ordres, et les faire exécuter à petit bruit? Cette idée ne vaudrait pas grand'chose en tout cas ; et, toute réflexion faite, je n'y ai pas foi. Passons à autre chose. Le messager que j'ai envoyé chez M. Raudin arrive dans l'instant, et m'apporte une lettre. En voici le précis : La chose a été agitée devant le roi qui a ordonné le secret sur ce qui avait été dit. Mais M. de Flesselles me dit, sous le plus grand secret, que nous serons débarrassés de nos prisonniers ; qu'il y aura un coup de force dont les accusés et leurs adhérents ne seront sûrement pas contents. Il y a beaucoup de mesures à prendre d'avance, et il faudra les soutenir avec bien de la fermeté contre les incidents qui pourront suivre.

Voilà, mon cher maréchal, sur quoi je vous demande la plus grande discrétion, de la part de M. de Flesselles, qui m'a permis de vous faire part de cet article. Je vous prie même de brûler ma lettre. Vous pouvez dire que le conseil de samedi a duré jusqu'à onze heures, et que le roi a désigné un autre conseil pour la même affaire le lundi à 5 heures du soir. M. de Flesselles m'a mandé que je pouvais avouer le conseil de lundi ; cependant je n'en conviendrai pas, aimant mieux qu'on ne s'attende ici à recevoir de nouvelles que la semaine prochaine, afin qu'on ne soit pas trop sur mes épaules, s'il y a un déblai à faire. Je crois que vous ne ferez pas mal d'user de la même politique. Je suis persuadé qu'avant vendredi j'aurai un courrier. Si nous devons envoyer tous nos prisonniers à Paris, ne pensez-vous pas qu'il serait bien fait de faire aller les vôtres par la Normandie, plutôt que de les faire passer par Rennes? Mandez-moi votre avis.

CXLI

Rennes, le 21 novembre 1766.

M. de Barrin à M. de Fontette.

J'ai un peu d'humeur dans ce moment-ci, mon cher maréchal, et je crains de vous en communiquer par le même canal qui m'en a apporté.

Point de courrier extraordinaire, et celui de Paris, après s'être fait attendre jusqu'à une heure après midi, ne m'a apporté aucune lettre de M. d'Aiguillon, ni du ministre. J'ai vu par une lettre particulière que l'affaire n'a point été décidée, comme on nous l'avait mandé, lundi dernier ; et que vraisemblablement la chose est différée jusqu'au samedi. Tout cela ne me paraît rien dire de bon. Quelqu'un sera venu à la traverse, et aura fait changer les dispositions dans lesquelles on paraissait. Cela me fâche beaucoup, et me dégoûte de m'intéresser à tout ceci, pour m'en tenir à désirer de ne plus jouer aucun rôle dans cette fastidieuse affaire qui tournera comme elle voudra, sans que je m'en embarrasse.

CXLII

Rennes, le 24 novembre, avant l'arrivée de la poste.

M. de Barrin à M. de Fontette.

Que d'événements, mon cher maréchal, depuis que nous nous sommes écrit mutuellement. L'enlèvement de M. de La Chalotais, la nuit du vendredi au samedi, dont je ne fus instruit qu'à sept heures du soir, et qui se passa très bien ; le magistrat, ayant heureusement jeté tout son feu dans une dispute vive et terrible, qu'il avait eue quelques heures avant avec M. Bonnet, fut doux comme un mouton, lorsqu'on lui signifia à onze heures qu'il fallait partir à minuit, et tout se passa très bien. Samedi au soir arriva le conducteur de M. de Caradeuc, qui me dit qu'il ne pouvait pas se résoudre à passer par la route de Normandie, craignant le mauvais chemin à cause de sa chaise ; il me demanda un homme sûr pour courir avec lui. Je convins de tout, et lui dis de dire à son postillon de le mener à l'intendance ; qu'il y trouverait à minuit un courrier et des chevaux frais, et qu'il ne passerait point par la ville. Ce diable d'homme n'a pas l'esprit d'avertir de tout cela le conducteur de M. de Kersalaün, qui, avec le projet d'arriver chez moi, passe par je ne sais quel chemin, manque les chevaux qui l'attendaient, envoie promener un homme placé pour le conduire (autre convention avec le premier), et enfile le chemin de Paris jusqu'à S. Méen, reconnaît qu'il s'est trompé, revient sur ses pas, arrive à près de huit heures à la porte de l'hôtel de Blossac (1), et me fait demander des chevaux. Heureusement les chevaux qui avaient attendu toute la nuit sont avertis, viennent à l'hôtel de Blossac, et y arrivent deux minutes après la chaise qui part un demi-quart d'heure après; et les voilà en chemin. Je leur souhaite bon voyage. Vous avez très bien arrangé de faire passer M. de Caradeuc par la Normandie; et je suis enchanté de savoir que cette route soit praticable, dans l'espérance que vous y ferez passer au moins MM. de La Gascherie, de Montreuil et de La Colinière qui, ayant leurs parents ici, seraient plus incommodes que les autres. Si vous en faites passer quelques-uns par Rennes, envoyez-les tout droit chez M. Raudin. Qu'ils s'adressent à lui pour avoir des chevaux; il sera prévenu d'avance; et l'ignorance du conducteur du prisonnier, du logement de M. Raudin, ne sera pas un obstacle, parce que vous pouvez lui en donner la position par écrit; il lui sera aisé de ne pas se tromper.

La poste de Paris arrive enfin; j'ai une lettre de M. le duc d'Aiguillon qui me fait compliment sur le départ de M. de La Chalotais et me mande qu'il ne peut pas encore me dire la décision qui est ignorée à Paris et à Versailles, et qui y fera, ajoute-t-il, sensation. Il me laisse le maître de faire partir le régiment d'Autichamp pour aller remplacer à Redon, Malestroit et Blain, le régiment de Bourgogne qui ira à Ancenis, Varade et Oudon. Ainsi peu à peu ceci se déblaie, et se dispose à nous rendre la liberté. Vous allez être débarrassé de tous vos prisonniers, et d'ici là vous aurez le temps de savoir les intentions de notre général, sur votre résidence. J'imagine, comme vous, qu'il ne vous retiendra pas à Saint-Malo, où vous me paraissez fort inutile, tous ces messieurs partis.

Encore un peu de temps, mon cher maréchal, et nous serons à

---

(1) L'hôtel de Blossac, qui existe encore à Rennes, rue du Chapitre, n° 6, était loué pour le logement des commandants militaires de la province. Il appartenait en 1767 à Paul-Esprit-Marie de La Bourdonnaye, comte de Blossac, marquis du Tymeur, intendant de Poitiers, et appartient aujourd'hui à ses descendants. La partie de cet hôtel qu'habitait le duc d'Aiguillon a été, pendant la plus grande partie de ce siècle, occupée par le directeur des contributions indirectes; elle a conservé le bel escalier monumental que les invités du commandant de la Bretagne gravissaient pour se rendre à ses réceptions.

portée de nous conter nos aventures, en nous souhaitant que c[elles-ci] soient les dernières.

Nos politiques raisonnent beaucoup sur les événements actuel[s]. A force de produire des idées, ils trouveront la véritable. On crai[nt] beaucoup les requêtes de l'hôtel, et même un jugement définiti[f] par forme d'administration; et, s'il y a un coup de tonnerre, je cro[is] qu'on se taira, au moins dans cette province-ci.

Il est question au parlement d'écrire au roi, pour demander qu[e] les prisonniers soient jugés en conséquence de leurs privilèges. O[n] leur a fait observer que peut-être l'affaire était évoquée à un pa[r]lement, et qu'il fallait attendre le contraire pour le demander. J[e] crois qu'ils attendront...

CXLIII

Rennes, le 26 novembre 1766.

M. de Barrin à M. de Fontette.

Enfin, mon cher maréchal, la décision du conseil, que nous atten[]dons depuis si longtemps, est non seulement rendue, mais nou[s] l'avons.

Le roi a rendu le 22 un arrêt par lequel il évoque, à lui et à so[n] conseil, les accusations intentées contre M. de La Chalotais et autres et ordonne l'apport des pièces de conviction, ainsi que celui d[e] toutes les minutes des procédures faites depuis le commencement tant par la commission que dernièrement par le parlement. Le roi faisant droit sur les requêtes, ordonne que les lettres patentes d[u] 5 juillet 1766 seront rapportées, et, en conséquence, demeureron[t] nulles, ainsi que les procédures qui s'en sont ensuivies; que les pro cédures cependant demeureront au procès, pour y servir de mémoir[e] seulement, et que les témoins qui y ont été entendus pourront l'êtr[e] de nouveau, s'il est ainsi ordonné. Les greffiers du parlement seron[t] contraints, même par corps, de remettre toutes les susdites pièces(1) M. le président croit que le roi sera obéi, comme cela se doit.

(1) Cet arrêt du 22 novembre 1766, signé Phélypeaux, est reproduit dans le *Procès instruit extraordinairement*, éd. de 1770, t. III, pp. 208-220. Il est mentionné que cet arrêt a été imprimé à l'imprimerie royale.

La chose n'est pas encore sue dans la ville. Ainsi j'ignore l'effet qu'elle y produira. Je m'attends à des remontrances du parlement, et à rien de plus. Je vous informerai vendredi de ce qui se passera. Cette affaire sera encore longue; mais elle se terminera vraisemblablement mieux qu'aux parlements quelconques. Un huissier du conseil doit aujourd'hui ou demain signifier l'arrêt. M. de Flesselles compte être ici samedi. Il va y avoir bien du bruit. Il sera sourd pour nous, car nous ne l'entendons que de loin.

Je n'ai pas de lettres de M. d'Aiguillon. J'ai reçu la vôtre du 24. Vous êtes le plus galant homme du monde car vous ne me faites point réveiller, quoique vous m'en menaciez. On disait hier dans la ville que M. de La Gascherie avait passé à huit heures du matin. Je n'en sais pas davantage sur son compte. Je serai fort aise que tous ces messieurs passent ainsi, à petit bruit, sans me donner de leurs nouvelles; et je vois que vous ferez tout aussi bien de les envoyer tous, sans les adresser à M. Raudin.

J'ai oublié de vous dire qu'un courrier de la famille La Chalotais, envoyé à Paris pour porter la nouvelle du départ de ce prisonnier, y a annoncé qu'il l'avait laissé malade à vingt-cinq lieues de Paris. Lundi, à midi, on ne le savait pas encore arrivé. Je n'en suis pas surpris; je comptais qu'il n'arriverait que la nuit du lundi au mardi. La nouvelle de sa maladie pourrait bien n'avoir été répandue que pour toucher le public.

J'ai fait part aujourd'hui à M. le duc d'Aiguillon de votre désir de sortir de Saint-Malo, où je ne crois pas qu'il vous retienne. Je ne sais pourquoi vous n'avez pas voulu lui en parler vous-même. J'attendais, comme vous, de ses nouvelles pour quitter Rennes.

Adieu, mon cher maréchal, je vous embrasse; ne doutez pas de tout mon attachement.

CXLIV

Le 26 novembre 1766.

Mme de La Gascherie à M. de Fontette.

Je ne puis, Monsieur, vous exprimer l'étendue de ma reconnaissance de votre attention à m'apprendre le départ de M. de La

Gascherie. C'est une suite, Monsieur, de la politesse que j'ai toujours connue et éprouvée en vous, depuis le premier moment. Le témoignage que vous avez la bonté de me rendre de la constance de M. de La Gascherie dans l'adversité est la plus vraie consolation que je puisse recevoir. Il ne me reste plus, Monsieur, qu'à vous supplier d'être convaincu, etc...

CXLV

Ce 27.

Mme de La Colinière à M. de Fontette.

Je vous suis très reconnaissante, Monsieur, de la bonté que vous avez de vouloir bien m'apprendre le départ de mon frère et de mon fils, que j'ignorais totalement. Les assurances que vous me donnez de leur bonne santé me font grand plaisir et calment mes inquiétudes...

CXLVI

Saint-Malo, le 28 novembre 1766.

M. de Fontette à M. de La Noue.

Je reçois, mon cher La Noue, d'aussi bon cœur que vous me le faites, votre compliment sur le départ de mes prisonniers. J'en suis défait, grâces à Dieu! Il ne me reste plus qu'à me tirer d'ici de quelque façon, car je suis aussi las de tous les habitants de ce pays que je l'ai été des persécutions des gens de ce château; mais où habiter dans cette province? Il n'y a lieu qui ne soit infecté de principes et de langage républicains, et où toute autorité, quelque modérée qu'elle soit, ne paraisse une invasion sur la liberté, ou pour parler plus juste, sur la licence bretonne. Ce n'est donc pas ici, mon cher La Noue, et vous le savez aussi bien que moi, une province où les commandements tant généraux que particuliers doivent être recherchés, si ce n'est par ceux qui, contents d'être payés par le roi, s'embarrassent fort peu de le faire obéir et respecter. Aussi voyez-vous que tous les officiers généraux qui y sont employés pensent comme moi; et que, si l'amitié qu'ils ont pour M. d'Aiguillon ne les retenait dans cette province, il n'en est aucune dans le royaume qu'ils ne préférassent. Je crois que vous en direz bien autant.

Je vois, comme vous, que je finirai par aller à Rennes, peut-être toujours attaché à cette ville, pour laquelle en vérité je n'ai point d'attachement. Son air m'est pernicieux, et je n'y ai pas passé une journée sans douleurs. Vous pensez bien, mon cher La Noue, que dans ce moment-ci le séjour de Rennes, toujours si ennuyeux, ne deviendra pas amusant; c'est fort bien fait à vous de l'éviter.

Vous avez été effectivement assez négligent avec moi, mais vous promettez exactitude, et il faut bien vous pardonner. Vous me dites avoir reçu mes deux lettres de septembre, mais vous ne me parlez pas de celle du 11 octobre, que je vous adressai chez M. le contrôleur général, autant que je puis m'en souvenir.

Je vous remercie de l'arrêt du conseil. Le parti est bon, mais il y en a sans doute un pris à tout événement, car les cris vont être pis que ceux de Mélusine, et je doute que l'intention même de la cour soit de laisser l'affaire au conseil; si cela est effectivement, il faut la brusquer.

Adieu, mon cher La Noue, donnez-moi fréquemment de vos nouvelles. Je vous embrasse de tout mon cœur.

CXLVII

Rennes, le 28 novembre 1766.

M. de Barrin à M. de Fontette.

J'ai reçu vos deux lettres, mon cher maréchal; je voudrais bien y répondre par l'envoi de l'arrêt du conseil, qui vraisemblablement vous ferait plaisir; mais je ne suis pas encore en état de vous faire cette galanterie, et j'attends pour cela l'arrivée de M. de Flesselles qui peut-être en apportera plusieurs exemplaires. Nous l'attendons toujours demain avec madame.

Je n'ai pas eu plus de nouvelles aujourd'hui de M. d'Aiguillon que mercredi dernier. Pour cette fois j'ai été attrapé, car j'y comptais. Son silence me fâche un peu ; mais il faut bien que les subordonnés prennent patience. Peut-être me traitera-t-il mieux lundi prochain.

Je vous écrivis mercredi à peu près le résultat de l'arrêt du conseil, mais je ne pus pas vous dire ce qui devait se passer le soir. Le voici. Un huissier du conseil arriva le jour même pour signifier le susdit arrêt à M. le premier président, à M. Le Prestre (1), et au greffier ; et encore un autre arrêt du 24, conséquent au premier, qui est du 22. Ce dernier ordonne la remise des pièces de conviction. On ne fit aucune difficulté ici de les remettre ; on donna même les procédures faites par le parlement, quoiqu'on ne le demandât point dans l'arrêt ; un courrier fut dépêché dans la nuit avec toutes les minutes des procédures anciennes et nouvelles, pièces de conviction, de comparaison, et autres. Aussi elles doivent être arrivées à Paris.

Si nous faisons des remontrances ici, je crois qu'elles seront modestes. J'entendis même dire, il y a deux jours, à un membre de notre sénat quelque chose qui me parut sage et raisonnable ; c'est que le roi évoquant à lui, qui est le juge naturel de tous ses sujets, on ne peut pas trop réclamer de droits, puisqu'il n'a pas pu en céder

---

(1) Auguste-Félicité Le Prestre de Châteaugiron, fils de Jacques-René Le Prestre, seigneur de Châteaugiron, président à mortier, et de Louise-Jeanne de Robien, est né en Saint-Germain de Rennes, le 5 octobre 1728. Il fut reçu conseiller au parlement de Bretagne le 24 mai 1749 ; il devint avocat général au même parlement, le 29 janvier 1753. En 1770, il fut surintendant de la maison de Mme la Dauphine ; puis, en 1771, il entra au parlement de Paris, comme président à mortier, mais quand les anciens magistrats furent rappelés, il prit place au grand conseil (1774). Il est mort le 15 février 1782.

De son mariage, contracté le 22 septembre 1761, avec Jeanne-Charlotte de Tréguibé, il a eu plusieurs enfants, dont quatre vivaient encore en 1812. (*Registres paroissiaux* de Rennes, et notes fournies par M. Saulnier ; elles sont extraites d'une *Généalogie manuscrite de la famille Floyd de Trequibé.—Registres secrets.*)

M. Le Prestre a joué dans les affaires du parlement un rôle qui a provoqué les haines de ses collègues démissionnaires. Aussi est-il durement traité par le *Commentaire de la liste imprimée de NN. SS. du parlement*. Pour le rédacteur de ce pamphlet, c'est un « esprit faux et superficiel, dévoué aux jésuites et au duc « d'Aiguillon qui lui promet de le faire procureur général » ; il a fait des réquisitoires « aussi ridicules que criminels ». Dans la *Lettre d'un gentilhomme breton à un noble Espagnol*, 2e éd. 1768, in-12, p. 13, M. Le Prestre est aussi tout naturellement compté parmi « les affiliés » des jésuites.

de contraire au sien, comme roi; droit qu'il ne peut pas aliéner, et que les tribunaux commis par lui pour juger ne le font qu'à son défaut, et parce qu'il ne peut pas faire seul cette fonction ; qu'enfin un tribunal aussi authentique que le conseil, composé de tous les conseillers d'état et de tous ceux qui y ont entrée, ne peut pas être regardé comme une commission. Cela me paraît ainsi, à moi qui ai la vue très courte, et il me semble que le conseil doit être le tribunal des tribunaux. Une lettre que j'ai vue aujourd'hui dit cependant que le parlement de Paris n'est pas de mon avis, et marque prodigieusement d'humeur et de mauvaise volonté. Nous saurons bientôt sur qui elle tombera.

J'ai vu peu de monde encore, et ne sais conséquemment point de nouvelles.

Nos trois prisonniers passèrent avant-hier, à sept heures du soir. Ils attendirent longtemps des chevaux chez M. Raudin, parce que la lettre que vous lui écriviez par la poste, ainsi que celle qui m'était adressée, ne lui était pas parvenue.

N'ayant pas entendu parler de vos prisonniers depuis deux jours, nous étions persuadés que vous enverriez ceux qui vous restaient par la Normandie. Je n'eus votre lettre qu'à huit heures, parce que je l'envoyai chercher. A propos de cela, puisque vous avez le cachet de M. d'Aiguillon, envoyez les lettres que vous contresignez directement, sans me les adresser.

CXLVIII

A Quimper, le 29 novembre 1766.

M. de Kersalaün (1) père à M. de Fontette.

Monsieur,

Mme de Kersalaün et moi avons la plus vive reconnaissance des bontés dont vous avez bien voulu honorer mon fils pendant

(1) C'est Jean-Joseph Euzénou, seigneur de Kersalaün et du Cosquer, chevalier de Saint-Louis, capitaine-général de la milice garde-côte de Concarneau, fils de Jean Euzénou, seigneur de Kersalaün (dont le père fut pendu par ses vassaux au château du Cosquer-en-Combrit, près Quimper, lors de la révolte de 1675), et

qu'il a été à Saint-Malo. Nous sommes pénétrés du plus grand chagrin qu'il ait pu déplaire au roi, puisque moi et les miens avons toujours été des plus fidèles sujets. Mon fils assure que ce sont des ennemis qui lui ont suscité ses disgrâces, et qu'il espère se justifier. On répand que les prisonniers ont été transférés à Paris ; on ne sait pas d'autres nouvelles. C'est la plus fâcheuse affaire qui pouvait m'arriver à la fin de mes jours.

J'ai l'honneur d'être, avec le plus profond respect, Monsieur, votre très humble et très obéissant serviteur,

DE KERSALAÜN.

CXLIX

Rennes, le 1ᵉʳ décembre 1766.

M. de Barrin à M. de Fontette.

Vous n'avez pas l'air de vous croire bien quitte des prisonniers et de leur affaire, et il me semble que vous craignez encore un retour. Je ne crois pas que nous ayons lieu de le craindre. Cependant il ne faut jurer de rien. Il est vrai que le parlement de Paris est dans la plus grande fureur, et qu'il parle de décréter plusieurs personnes de votre connaissance, et à qui vous vous intéressez. On s'attendait au moins à de fortes remontrances, et peut-être à pis. Mais le roi a pris son parti, dit-on, de convenir des principes sur le privilège des magistrats d'être jugés par leurs pairs, et d'aller toujours en mettant sa volonté en avant. On est déterminé à mener l'affaire fort vite ; et pour cela on envoie ordre aux décrétés, qui n'ont pas été entendus par la commission de Saint-Malo de se rendre à Paris ; et là on leur signifiera les décrets ; le tout pour éviter le retardement des délais qu'accorde l'ordonnance. Malgré cela, M. de Flesselles, que nous avons ici de vendredi au soir, ne croit pas que cela puisse être fini

d'Anne-Corentine Le Lagadec, né vers 1687 ; il est mort en Saint-Mathieu de Quimper, à 86 ans, le 18 janvier 1773. Sa femme, Marie de La Pierre, est décédée avant lui en la même paroisse, à 83 ans, le 3 octobre 1771. Outre le marquis de Kersalaün (le prisonnier de 1766), il a eu d'autres enfants. (*Registres paroissiaux de Saint-Mathieu de Quimper.*)

avant les états. Cela est fâcheux ; car, pour terminer tous les troubles, il faudrait que cette affaire fût brusquée. Les états sont fixés au 29, non encore convoqués. En savez-vous la raison ? Je ne la sais pas, mais je crois la deviner. Il est de règle que, du moment que les lettres de convocation sont arrivées, on ne peut pas inquiéter un gentilhomme jusqu'à ce que les états soient finis. Et il y a dans ce cas-là plusieurs messieurs de cette province décrétés par la commission. Il faut que les décrets leur soient signifiés, avant la convocation. Si ma spéculation est juste, nous ne recevrons pas encore aujourd'hui, comme on s'y attend, lesdites lettres de convocation. C'est M. de La Trémoille (1) qui doit présider, malgré tous les bruits contraires qui ont couru. Il y aura même deux duchesses car Mme de la Trémoille mère viendra avec sa belle-fille (2).

(1) Jean-Bretagne-Charles Godefroy, duc de La Trémoille, prince de Thouars, baron de Vitré, mestre de camp au régiment d'Aquitaine, brigadier de cavalerie, était fils de Charles-Armand-René de La Trémoille, et de Marie-Victoire-Hortense de La Tour-d'Auvergne de Bouillon. C'est comme baron de Vitré qu'il était un des présidents-nés des états de Bretagne (ordre de la noblesse).
Il naquit en Saint-Roch de Paris, le 5 février 1737 et mourut à Aix, en Savoie, le 19 mars 1792. Il se maria deux fois. De son second mariage avec Mlle de Salm-Kirbourg, il eut quatre fils. Le *Journal historique de Vitré*, de l'abbé Paris-Jallobert (Vitré, 1880, in-4°), à qui nous empruntons une partie de ces détails, reproduit (pp. 318 et 319) une délibération de la communauté de ville de Vitré, du 2 décembre 1775, sur les honneurs à rendre à LL. AA. le duc et la duchesse de La Trémoille, qui devaient très prochainement traverser Vitré pour se rendre à Rennes aux états. (Cf. *Chartrier de Thouars*, p. 183.)
(2) Il est plusieurs fois question dans les lettres de Fontette de ces dames, de la duchesse douairière et de sa belle-fille. Voici quelques notes sur l'une et sur l'autre.
La duchesse douairière : Marie-Victoire-Hortense de La Tour d'Auvergne, fille d'Emmanuel-Théodore de La Tour d'Auvergne, duc d'Albret, puis de Bouillon, et de Marie-Victoire de La Trémoille, sa première femme, est née le 27 janvier 1704. Elle épousa, le 23 janvier 1725, Charles-Armand-René, duc de La Trémoille, qui est mort à trente-trois ans en Saint-Sulpice de Paris, le 23 mai 1741. Nous ignorons à quelle date se place son propre décès. (*Calendrier des Princes et de la noblesse de France pour l'année 1765*. Paris, 1765, in-12, p. 316. — Comte de Chastellux, p. 600.)
La duchesse de La Trémoille, jeune : Marie-Maximilienne-Louise-Emmanuelle-Geneviève-Sophie de Salm, fille de Philippe de Salm, prince de Kirbourg, et de Marie-Thérèze-Josèphe de Hornes, fut mariée en Saint-Jacques des Hauts-Pas à Paris, le 20 juin 1763, au duc de La Trémoille, qui était veuf, sans enfants Elle est morte à Nice, le 12 juillet 1790. (*Calendrier des Princes pour 1765*, p. 316. — Comte de Chastellux, p. 601. *Journal historique de Vitré*, p. 319, note 1.)
On voit, dans le *Registre des délibérations des états de Bretagne*, qu'à l'ouverture de la session de 1766-1767 trois députations de membres des trois ordres furent nommées pour aller complimenter, selon l'usage, la duchesse d'Aiguillon, la duchesse de La Trémoille et la duchesse de La Trémoille, douairière. (*Archives d'Ille-et-Vilaine*, C. 2692, p. 15.)

Il paraît effectivement deux ouvrages tels que ceux dont vous me parlez. Je n'ai encore pu avoir ni même vu celui contre les commissions; on m'en a promis un exemplaire. Qant au *Journal historique*, il est arrêté par la police de Paris, et fort rare. M. de Flesselles en a apporté un que j'ai vu. Il y est question de nous tous, et il y a des choses assez plaisantes. Vous verrez tout cela quand vous serez ici ; je ne peux pas vous le procurer.

Je ne sais si j'aurai aujourd'hui des nouvelles de M. d'Aiguillon.

Adieu, mon cher maréchal, vous avez ici une jeune amie qui brûle du désir de vous revoir ; c'est la présidente de Francheville(1). Je craindrais qu'elle ne se brouillât avec notre général, s'il ne vous permettait pas promptement de quitter Saint-Malo.

CL

Rennes, le 3 décembre 1766.

M. de Barrin à M. de Fontette.

Il nous arriva avant-hier un homme qui est celui qui a mené M. de Kersalaün à la Bastille et qui est encore chargé de la conduite de Bouquerel, qu'on y fait transférer aussi apparemment. Il est parti

(1) Le *Tableau des assemblées illicites* dénonce une présidente de Francheville, comme affiliée à la Société de Jésus. Il y avait à cette époque deux présidentes de Francheville.

1° Bonne-Suzanne Gentil, fille de François Gentil, sieur des Hayes, avocat au parlement, et de Renéede Mourquer, née en Sainte-Croix de Vannes, le 3 mars 1685, mariée en premières noces au conseiller René-François Fouquet, seigneur de La Bouchefolière. Elle a épousé en 2ⁱᵉ noces, à Saint-Etienne de Rennes, le 20 septembre 1732, Jean-Baptiste-Joseph de Francheville, seigneur de Truscat, président à mortier au parlement de Bretagne, veuf de deux femmes, et père d'un fils du premier lit qui devint aussi président à mortier (voir ci-après). Mᵐᵉ de Francheville est décédée veuve à Rennes (en Saint-Etienne) le 26 mars 1772.

2° Olymphe-Geneviève Vincent des Bas-Sablons, fille de Jacques Vincent, seigneur des Bas-Sablons, écuyer, secrétaire du roi, et de Jeanne-Marie Goret, née à Saint-Malo, le 20 mars 1720, mariée le 27 novembre 1749 à Pierre-Joseph de Francheville, seigneur de Truscat, conseiller, et plus tard président à mortier, qui fut frappé d'interdiction et mourut le 22 septembre 1756. La présidente de Francheville, sa veuve, est décédée à Saint-Servan, le 24 juin 1790.

A laquelle de ces deux dames fait allusion M. de Barrin ? Faute de renseignements plus précis, nous nous contentons de signaler leur existence simultanée. (*Registres paroissiaux de Sainte-Croix de Vannes, de Saint-Etienne de Rennes, de Saint-Malo et de Saint-Servan. — Registres d'enregistrement du parlement.*)

hier au soir avec son fou. Le même homme nous avait apporté des ordres, pour lever, en présence de deux notaires, et de quelqu'un de la famille, le scellé mis sur les effets et papiers de M. de La Chalotais. L'opération s'est faite hier matin par M. de Flesselles, et le chevalier de La Chalotais présent. Mais M. de Saint-Florentin avait envoyé le cachet du prisonnier à M. de Flesselles pour la reconnaissance du scellé, et M. le chevalier de La Chalotais, en reconnaissant ledit scellé en bon état, sut bien remarquer que M. de Flesselles, ayant le cachet, pouvait bien l'avoir levé, et remis avant de le lui représenter. La remarque était juste; et cela s'appelle encore des mesures mal prises, dont les partisans feront usage, s'ils le veulent, pour dire qu'on a pu détourner ou substituer des papiers. Moyennant cela il ne reste plus ici que le souvenir qu'il y a eu des prisonniers.

Votre premier président de Metz, qui était bien réduit, puisqu'il est venu de cette ville chercher une femme à Saint-Malo(1), n'a vu personne en passant ici; mais il avait vu M. de Flesselles à Paris, et l'avait prévenu de l'incognito qu'il garderait à Rennes.

Adieu, mon cher maréchal, je vais voir des gens avec qui je parlerai un peu de vous; pensez à nous quelquefois, et comptez particulièrement, je vous en prie, sur l'attachement que je vous ai voué.

CLI

12 décembre 1766.

Mme de La Roche Marigny à M. de Fontette.

Monsieur,

J'ai reçu la lettre que vous m'avez fait l'honneur de me renvoyer, en me faisant celui de me donner des nouvelles de M. de La Gasche-

(1) Voilà une allusion au mariage de Nicolas de Montholon, premier président du parlement de Metz, avec Marie-Marguerite-Charlotte-Laurence Fournier de La Chapelle, fille mineure de M. Fournier de La Chapelle, ancien procureur général au conseil du Cap Français, domicilié en l'isle de Saint-Domingue au quartier de Limonade. Comme le domicile de droit de la future était à Saint-Domingue, ainsi que celui de son père, et que, de fait, elle demeurait depuis trois ans en France, à Saint-Malo, chez Mme Fournier de Varennes, sa tante, il fallait donc régulièrement, outre une publication de bans en France, une autre publication à Saint-Domingue, ce qui eût retardé de beaucoup la célébration du mariage ; le roi, par let-

rie ; rien de plus flatteur pour toute la famille que les sentiments que vous avez conçus pour lui. Je désire qu'on lui rende la même justice, et suis, Monsieur, avec autant de reconnaissance que de respect, etc.

CLII

A Paris, le 15 décembre 1766.

Mme Souchay de Montreuil à M. de Fontette.

J'ai reçu, Monsieur, les deux lettres que vous m'avez fait l'honneur de m'écrire le 25 et le 27. Elles ne me sont pas parvenues promptement. Je n'ai eu que vendredi la dernière ; je vous prie, Monsieur, d'agréer mes remerciements de ce que vous avez bien voulu m'envoyer celle de M. de Montreuil et m'instruire des nouvelles de sa santé, au moment de son départ.

J'ai l'honneur, etc.

CLIII

Rennes, le 17 décembre 1766.

M. de Barrin à M. de Fontette.

J'ai trouvé ici d'assez bonnes nouvelles sur la diligence que le conseil met et veut continuer d'employer dans la poursuite de l'affaire. Une chose peut retarder, à ce que j'ai appris. C'est que plusieurs des nouveaux décrétés, tels que MM. du Bourblanc, et je crois Rolland (1), n'étaient pas encore arrivés à Paris, par les nouvelles d'au-

tres du 20 octobre 1766, enregistrées par la cour de Rennes, le 13 novembre suivant, a dispensé les futurs conjoints de la publication des bans à Saint-Domingue. (Arch. de la cour d'appel de Rennes, *Registres d'enregistrement*, XLI, f° 24 r°)

(1) Nous ne pouvons dire quel était ce M. Rolland. Mais M. du Bourblanc (Saturnin-Marie-Hercule) était seigneur de Keramanach. Il était fils d'Alexandre-Gabriel du Bourblanc, comte de Kermel, et de Marie-Anne-Charlotte de Boiséon. Né au château de Keramanach en Squiffiec, le 21 novembre 1739, il est mort au château du Rouvre, en Saint-Pierre de Plesguen (Ille-et-Vilaine), le 19 septembre 1819. Reçu conseiller au parlement de Bretagne, le 7 juin 1762, il devint avocat général à la même cour, le 17 août 1775. On le trouve, en 1792, à l'armée des princes

jourd'hui. On espère que celles d'aujourd'hui nous apprendront les nouvelles de lundi dernier. On espère que celles d'aujourd'hui nous apprendront leur arrivée.

M. de Coniac qui, comme vous savez, avait donné la démission de sa place, et avait, en conséquence, refusé de présider au tiers, dans la tenue prochaine (1), partit hier pour se rendre à Versailles, sur une lettre de M. de Saint-Florentin, de la part du roi, qui le lui ordonne. Je suis fâché de cet événement, qui ne fera peut-être pas un trop bon effet.

CLIV

Paris, le 23 décembre 1766.

M. de La Noue à M. de Fontette.

Mme d'Aiguillon se charge de ma lettre, mon cher maréchal ; elle vous trouvera avec grand plaisir à Rennes, parce qu'elle vous maintient honnête et galant homme. Livrez-vous à elle ; adoucissez-lui les amertumes que je pense que son mari et elle vont éprouver. C'est une femme pleine de sens, de connaissances, bonne, vraie, droite, courageuse, capable d'amitié.

J'ai reçu votre lettre du 28 novembre. Je ne vous ai point écrit depuis parce qu'il n'y a eu que le peu que j'ai mandé à M. de Flesselles, les 8 et 17 de ce mois. J'ai adressé hier à M. le duc nos grands événements ; je lui en envoie la glose aujourd'hui par Mme d'Aiguillon, et je lui demande de vous admettre comme mon ami. Je

---

servant dans la compagnie des gentilshommes bretons commandée par M. de Talhouet-Grationnaye. Marié une première fois, en 1766, à Anne Le Roux de Coëtando, qu'il perdit en 1770, il épousa en 2es noces, en 1775, Adélaïde-Marie-Louise Le Cardinal de Kernier, qui lui survécut et ne mourut qu'en 1836. Il a eu des deux lits des enfants dont la postérité existe encore. (Note manuscrite de M. du Bourblanc du 21 avril 1783 ; Archives d'Ille-et-Vilaine. Fonds de Laillé. — Archives de la cour d'Appel, *Registres secrets*. — *État civil de Rennes*. — *État civil de Saint-Pierre de Plesguen*. — *Généalogie de la maison de Talhouet*, p 351.)

(1) V. ci-dessus lettre de Borrin à Fontette du 17 décembre... La « tenue » des états se trouvant fixée à Rennes, c'était le sénéchal de Rennes qui, de droit, devenait président de l'ordre du tiers. En donnant sa démission de ses fonctions, M. de Coniac s'enlevait tout droit à la présidence.

suis sûr que les yeux vont vous tomber de la tête en apprenant tout ce qui s'est passé depuis quatre jours dans ce pays-ci. Je suis dans la plus grande crainte que cela n'influe sur la conduite des états. Je prie M. le duc de m'en donner des nouvelles et, quand il n'aura pas le temps, de vous faire tenir la plume.

La présence du général vous fait trouver le paradis à Rennes, après l'enfer de Saint-Malo. Rétablissez votre santé, mon cher maréchal, et ne soyez point inquiet de vos lettres. J'ai reçu à Rennes celle du 24, et ici celle du 11 octobre; elles ont été brûlées avec la correspondance précédente. J'y ai grand regret. Faites-en autant des miennes.

Voudrez-vous bien dire à M. de Flesselles tout mon attachement, et que j'ai reçu sa lettre du 14 de ce mois. Baisez pour moi les mains de Mme de Flesselles, en la priant de rendre justice à mon respectueux attachement.

Faites mention de moi au vicomte de Barrin, au chevalier de Balleroy, à La Guère, à d'Abrieu.

Voudrez-vous bien dire à MM. Audouard et Lasnier que j'ai reçu leurs lettres des 10 et 7 de ce mois, et que je répondrai dans peu.

J'espère que vous m'écrirez par Manègre, et que vous me manderez l'étonnement et l'affliction de M. de Flesselles dans l'affaire présente; il doit être pénétré...

CLV

Le 28 décembre 1766.

M. de Fontette à M. de La Noue.

Mme d'Aiguillon, mon cher La Noue, me remit hier, à son arrivée, à neuf heures du soir, votre lettre du 23. Je me charge volontiers d'une correspondance où l'amitié et la vérité seront mes guides. J'en ai déjà prévenu M. d'Aiguillon, qui me fournira les pièces qui pourraient ne pas venir d'ailleurs à ma connaissance.

Je sais déjà que le projet, au moins de la noblesse, est de débuter par une demande du rappel de tous les membres du parlement, et surtout de ceux exilés dernièrement. Peut-être même cela arrêterait le don gratuit.

Je n'arrivai qu'hier au soir, et je n'ai pu me mettre au fait des dispositions que sur les physionomies. J'ai reconnu beaucoup de celles qui étaient les plus allumées aux états derniers. Les Kerguézec et Piré sont attendus incessamment. Mais, sans parler d'avance de ce qui arrivera, en raisonnant sur ce qui s'est passé, je vous dirai franchement : 1° Que la décision sur l'affaire épouvante fort bien des gens, et que beaucoup de ceux qui paraissaient dévoués au parti appréhendent fort le retour prochain du chef; 2° Que notre général fait très bonne mine, à ce mauvais jeu ; qu'il a été le premier à publier la bonté du roi, et à sacrifier ses ressentiments particuliers à sa respectable volonté. Comme je ne lui ai parlé qu'un instant, je ne sais s'il espère que cette tournure fasse un bon effet, pendant la tenue. Tout ce que je puis vous dire, suivant mon faible entendement, et la connaissance que j'ai des esprits bretons depuis que je les hante, c'est qu'il me paraît fort douteux que la magnanimité héroïque de votre maître dans le pardon des offenses fasse tout l'effet qu'il devrait en attendre sur des cœurs moins endurcis. Ils vont se persuader, ou je suis bien trompé, qu'il n'y a qu'à demander, et faire grand bruit pour obtenir. Nous serons mieux instruits au bout de quelques jours, et le début nous fera connaître plus réellement ce que nous pouvons espérer ou craindre. Vous sentez comme moi, à ce que je pense, que tout ce qui vient ici, ou peu s'en faut, y apporte l'animosité et les passions des différents démis répandus dans la province.

Nous sommes à peu près tous rassemblés : les deux Barrin, La Tullaye, Quelen, La Guère, le chevalier, et tout ce que vous avez vu approcher le plus près de notre général.

J'ai vu ce soir M. de Juigné, et M. de La Ferronaye doit arriver incessamment ; mais vous savez le peu de crédit et d'influence que la plupart de ces Bretons et autres bons serviteurs du roi ont sur la multitude. La Muzanchère arriva hier au soir. Sa femme ne sera ici que le 6 ou le 7, avec le président de Becdelièvre, qui ira, d'ici à Paris, avec son fils. Nous n'avons encore que cinq évêques ; on assure que celui de Tréguier (1) viendra sous peu. La santé de ceux de Nantes (2), Saint-Malo et Dol (3) les retient dans leurs diocèses pour toute la tenue.

M. et Mmes de La Trémoille sont arrivés ce soir à 5 heures. L'affluence des femmes et hommes chez M. le duc d'Aiguillon, où ils sont descendus, a été considérable. On a compté quatre-vingt-sept des premières ; les seconds étaient innombrables.

Il est 6 heures du soir, mon cher La Noue, et la séance n'est pas encore levée. On s'est retiré aux chambres pour délibérer sur le don gratuit. L'avis du tiers, qui a été de l'accorder purement et simplement, a été porté à la noblesse qui consent à l'accorder, mais veut qu'il soit en même temps délibéré sur plusieurs chefs, dont les principaux sont de nommer un gentilhomme pour en porter la nouvelle à la cour, et le charger directement de leurs demandes au roi, dont la base est le rappel du parlement en entier, et la révocation de tout ce qui a été fait contre les privilèges de la province, comme révocations, lettres de cachet, etc.

L'église entend que le don gratuit soit accordé purement, et simplement annoncé aux commissaires du roi, suivant l'usage...

---

(1) Il s'agit probablement de Jean-Marc de Royère, né le 27 octobre 1727 au château de Budesol, en Périgord. Il fut archidiacre d'Arras, puis évêque de Tréguier ; il n'aurait été sacré évêque que le 26 août 1767. En 1770, il fut transféré à Castres, où il exerçait encore son ministère en 1790. (*Gallia christiana*, XIV, col. 1336. — *Almanach royal* de 1790.)

(2) Voici quelques lignes de la notice que consacre à l'évêque de Nantes, M. J. de Kersauson, dans son travail intitulé *l'Episcopat nantais à travers les siècles* (*Revue historique de l'Ouest*, Nantes, 8ᵉ année, n° de juillet 1892, p. 521) : — « Pierre Mauclerc, issu d'une famille d'ancienne chevalerie possessionnée sur les « confins de la Bretagne et du Poitou, qui a produit Julien Mauclerc, savant archi- « tecte du XVIIᵉ siècle. Il naquit en 1700 à la Muzanchère, de Pierre Mauclerc, « chevalier, seigneur de La Ferté. Un de ses frères aînés, Guy, garde marine, « fut tué en 1710, à l'attaque de Rio Janeiro... Il était déjà du chapitre de la ca- « thédrale de Luçon lorsqu'il fut nommé à l'évêché de Nantes. Le prélat fut « sacré à Paris, dans l'église des Jésuites, le dimanche 6 octobre 1746... Il arriva à « Nantes le 12 janvier 1747 à 5 heures du soir. »
On insiste dans cette notice sur les sentiments très hostiles de cet évêque à l'égard des jansénistes qui lui suscitèrent de grands ennemis et sur son attachement aux jésuites. Il est évident qu'il devait être vu de mauvais œil par les chalotistes.

(3) L'évêque de Dol, alors retenu dans son diocèse par la maladie, était Mgr Dondel, qui mourut le 11 février 1767. (Guillotin de Corson, *Pouillé historique*, t. I, p. 436.)

CLVI

Rennes, le 2 janvier 1767.

M. de Fontette à M. de La Noue.

Vous n'aurez qu'un mot de moi aujourd'hui, mon cher La Noue, pour vous dire que l'affaire de la demande du rappel du parlement en entier occupe les états depuis trois jours. Il y eut avant-hier matin grande députation, les présidents à la tête, pour le demander encore. M. d'Aiguillon répondit par la lecture d'une lettre de M. de Saint-Florentin, au nom du roi, et de deux de Sa Majesté même, qui défendent d'en parler, et protestent de ne rien innover au parlement actuel...

CLVII

Versailles, le 3 janvier 1767.

M. de La Noue à M. de Fontette.

Mille grâces de votre journal; vous me faites voir bien noir. J'espère cependant que la fermeté sur les exilés actuels et la composition nouvelle de votre sénat en imposera aux mutins qui espèrent tout obtenir. Je crois que notre général doit faire dans ce moment la femme de Sganarelle battue : — « Je te le pardonne, mais tu « me le payeras; » — c'est-à-dire qu'il est nécessaire qu'il ne se plaigne pas de la journée du 22 décembre; s'il avait tort, la cour lui pardonnerait plutôt que lorsqu'elle-même lui a manqué.

CLVIII

Rennes, le 6 janvier 1767.

M. de Fontette à M. de La Noue.

Je vous écrivis le 2, et, depuis ce jour, les états n'ont pas changé de position. Toujours nouveaux débats de la part de ce qu'on nomme

la noblesse au sujet du rappel du parlement. Ce sont des brouillon[s]
tels que le petit Piré, Guerry (1), Coëtanscours (2), chevalier d[e]
Pontual (3), un Bédée de La Bouëtardaye (4), qui a une voi[x]
de tonnerre, qui tiennent le haut bout de cet ordre ; les officie[rs]
tant de terre que de mer, qui sont en plus grand nombre que je n[e]

(1) Il nous paraît probable qu'il s'agit ici de Claude-Vincent-Jérôme Guerr[y]
fils cadet de Claude Guerry, seigneur de Boishamon et de Domloup, conseiller a[u]
parlement, et de Marie-Julienne Le Meilleur. Il serait né le 30 juillet 172[?]
dans la paroisse de Domloup, évêché de Rennes. Nous ignorons quelle a été [sa]
carrière. Son frère aîné, Claude-Alexandre-Malo Guerry, né quatre ans avant l[ui]
mort à Domloup, en 1788, a été conseiller au parlement dès 1738 ; il a laissé u[n]
fils qui fut aussi conseiller, président à mortier, et qui mourut en 1831, derni[er]
représentant mâle de sa famille. On trouve des Guerry au parlement de Bretag[ne]
dès 1607. (*Registres paroissiaux de Domloup. — Registres secrets.*)

(2) Louis-François-Gilles, comte de Kersauson, seigneur de Coëtanscours, était
fils cadet de Jacques-Gilles, marquis de Kersauson, conseiller au parlement [de]
Bretagne, et de Bonaventure-Julienne-Marie-Angélique de Brézal. Il naquit [à]
Saint-Pierre près Saint-Georges de Rennes, le 13 août 1718. Il fut page du roi en 173[?]
Il épousa, le 9 septembre 1755, Suzanne-Augustine de Coëtanscours, fille et pr[o]bablement unique héritière d'Alexandre-Paul-Vincent, marquis de Coëtanscours [et de]
Kerjean, et de Louise-Marie Chambon d'Arbouville.
M. de Kersauson, plus connu aux états sous le nom de Coëtanscours, est mo[rt]
au château de Kerjean, en Saint-Vougay (près de Morlaix), le 4 septembre 1767. S[a]
veuve, très charitable, et aussi très fière de sa noblesse, fut une des victimes de [la]
révolution. Elle a été exécutée à Brest, le 27 juin 1794. (Comte de Kersauso[n].
Généalogie de la maison de Kersauson. Nantes, 1886, in-4°, pp. 174 et 175.)

(3) Le chevalier de Pontual, dont parle M. de Fontette, appartenait à une f[a]mille établie depuis des siècles dans la paroisse de Saint-Lunaire, près Dinard, q[ue]
des emplois à la chambre des comptes de Nantes avaient transplantée dans cet[te]
ville et aux environs. Nicolas de Pontual, né dans les premières années du XVIII[e] siè[?]
cle, est entré dans la carrière des armes : en 1757, il a été promu au grade d[e]
lieutenant-colonel de dragons. Vingt-trois ans après, les états de Bretagne o[nt]
demandé pour lui avec instances au ministre de la guerre un petit gouvernemen[t]
une lieutenance du roi ou le grade de brigadier des armées. Nous ignorons c[e]
qu'il est devenu ; il était chevalier de Saint-Louis. Nous savons, par le dossier d[es]
actes de la noblesse aux états de 1766-67, qu'il a prêté un actif concours à l'opp[o]sition et que ses collègues l'ont chargé, avec un autre gentilhomme, de signer *pou[r]
chiffrature* (sic) toutes les pièces officielles émanant de cet ordre. Il devait êt[re]
frère ou au moins proche parent de l'abbé de Pontual, dont le rôle à cette tenu[e]
d'états a été aussi très actif. (La Chesnaye des Bois, 3° éd. t. XVI. — Archiv[es]
d'Ille-et-Vilaine. Registre de la tenue des états de 1780, C. 2700.— *Ibid*. Dossi[er]
des actes de l'ordre de la noblesse, 1766-67, C. 2711.)

(4) Marie-Antoine-Bénigne de Bédée, comte de la Bouëtardaye, baron de Plancoë[t]
né à Bourseul (arrondissement de Dinan) le 5 avril 1727, décédé à Dinan le 24 jui[l]let 1807. Il était frère de Mme de Châteaubriand, mère du grand écrivain, qui par[le]
de son oncle au 1er vol. de ses *Mémoires*. Son fils unique, qui n'a laissé qu'un[e]
fille, a été un des derniers conseillers au parlement de Bretagne. Il a été pensionn[é]
de 200 fr. à la tenue des états de 1784. (*Reg. paroissial de Bourseul. — Reg. d[e]
décès de Dinan, 1807* — Archives d'Ille-et-Vilaine. Reg. de la tenue de 1784.)

les ai jamais vus, ne se montrent pas autant qu'ils le devraient, et sont au moins de la plus grande faiblesse. Hier, M. de Piré promenait dans les bancs de la noblesse, et présentait à tous les ordres, un enfant de six ou sept ans, fils de M. de La Fruglaye et petit-fils de La Chalotais (1). On lui dit que c'était Marie-Thérèse présentant son fils aux Hongrois. Vous voyez bien que ce n'était guère la peine d'enregistrer sur mon journal toutes ces misères, et bien d'autres que je tais.

Hier M. d'Aiguillon fit articuler les demandes du roi par le procureur général syndic. L'église et le tiers se retirèrent aux chambres pour y délibérer; et le tiers envoya son avis à la noblesse qui ne voulut pas en écouter la lecture. Aujourd'hui même train ; et de plus, la noblesse a prétendu que l'objet de la délibération n'avait pas été fixé, en se retirant aux chambres (2). Elle a envoyé aux deux autres ordres pour les inviter à se joindre à elles, pour prier MM. les commissaires du roi de retirer les demandes du roi, comme prématurées, s'appuyant de l'exemple de M. de Chaulnes, auprès de qui

(1) Cet enfant est Joseph-Jacques-Marie de La Fruglaye, fils de François-Gabriel-Marie de La Fruglaye et de Sophie-Antoinette-Pauline de Caradeuc (l'une des filles du procureur général); il est né et a été baptisé en la paroisse Toussaints de Rennes, le 17 janvier 1762. C'était le premier enfant de ce mariage : la mise en scène, à laquelle il a été mêlé, ne lui a pas porté bonheur; il est mort en Saint-Sulpice de Paris, le 9 septembre 1774, dans sa treizième année. (*Registres paroissiaux de Toussaints.* — Chastellux, p. 288.) A la date de la lettre de Fontette, l'enfant dont il s'agit n'avait pas 6 ou 7 ans, mais allait avoir 5 ans.

(2) Les états délibéraient, soit dans leurs chambres respectives, soit sur le « théâtre ». M. de Fontette montre ici deux ordres quittant le « théâtre ».

Ce qu'on appelle le THÉATRE dans les assemblées des états n'est autre chose que l'estrade sur laquelle se plaçaient les membres de ces assemblées et ceux qui avaient un rôle à y jouer. A Rennes, cette estrade s'élevait dans la grande salle des Cordeliers. On en a une vue exacte dans un dessin de l'architecte et dessinateur rennais, Jean-François Huguet (1679-1749), gravé comme frontispice de la dédicace à « Nos Seigneurs les états de Bretagne » d'un des ouvrages de dom Lobineau : *les Vies des saints de Bretagne.* Rennes, 1725, in-f°. Il représente l'ouverture des états et la légende qui l'accompagne explique parfaitement la disposition des lieux ainsi que des places attribuées à chacun, selon son rang et son emploi. Le spectateur placé en face du « théâtre » et au haut des degrés qui y donnaient accès avait en face de lui le principal commissaire sur une estrade élevée de quatre marches; au fond, à gauche, les évêques, et à droite les barons, ou à leur défaut les membres de l'ordre de la noblesse. Sur le côté, à gauche, il avait la tribune des dames, les bancs du tiers, ceux des députés des chapitres et des abbés, ainsi que les sièges des magistrats du parlement ; sur le côté opposé, les bancs de la noblesse, les sièges réservés à divers commissaires et le bureau des officiers des états; les généraux des finances assis sur un banc à dossier lui tournaient le dos.

pareilles instances réussirent ; ce qui ne réussira pas demain, sel[on]
toute apparence, auprès de M. d'Aiguillon. L'église et le tiers
sont refusés à cette invitation ; et, sur ce, les états se sont levés
quatre heures. M. d'Aiguillon ne presse rien, afin de donner tout à
publicité d'une lettre du roi, ou au nom du roi (1), qui doit être l[ue]
demain au parlement, qui était en vacances. Par la connaissance q[ue]
j'ai de ladite lettre, je vois qu'elle devrait ôter toute espérance a[ux]
brouillons de réussir dans leurs instances, mais ils ne perdront q[ue]
le plus tard qu'il leur sera possible celle d'échauffer les esprits et [de]
s'opposer à toute espèce de travail et de délibération. Je pense q[ue]
M. d'Aiguillon ne tardera pas à entrer dans l'assemblée, pour mett[re]
tout en règle...

(1) Cette lettre est du comte de Saint-Florentin et ainsi conçue :

« Versailles, 3 janvier 1767.

« Le Roy me charge, Messieurs, de vous faire part de la détermination qu'i[l a]
« prise sur le compte qu'il s'est fait rendre du procès intenté aux sieurs de
« Chalotais, de Caradeuc et autres et dont l'instruction a été entièrement ache[vée]
« sous ses yeux.
« Sa Majesté a bien voulu éteindre, par un acte de son pouvoir suprême, t[out]
« délit et toute accusation ; mais, résolue de ne pas rendre sa confiance à ses d[its]
« procureurs généraux, Elle a jugé à propos de les éloigner de sa province [de]
« Bretagne et elle vous ordonne de veiller à ce qu'il soit suppléé à toutes le[urs]
« fonctions.
« L'esprit de sagesse a réglé l'usage que S. M. a ainsi fait de son autorité, e[lle]
« ne se départira jamais de sa décision, et les efforts qu'on pouroit faire p[our]
« y porter atteinte seront inutiles.
« Sa Majesté maintiendra pareillement de toute son autorité l'exécution de [l']
« édit du mois de novembre 1765. Le nombre auquel elle a fixé les charges [de]
« président et de conseillers qui doivent composer à l'avenir son parlement [de]
« Bretagne lui a paru suffisant pour l'administration de la justice en cette provin[ce.]
« La liquidation de la plupart des offices supprimés a été faite en vertu de [ses]
« ordres et l'indemnité due à aucuns des offices conservés a été réglée : ce sont
« tant d'actes qui manifestent la volonté du roy, de la manière la plus irrévocab[le.]
« Enfin Sa Majesté a pris toutes les mesures qu'elle a jugé nécessaires pour [é]
« tablir et maintenir la tranquillité dans une province qui lui a donné, en t[ant]
« d'occasions, des preuves d'affection pour le bien de son service. Elle com[pte]
« particulièrement sur votre zèle et votre fidélité, et elle désire que vous fass[iez]
« registre de ce que je viens de vous faire conaître de ses volontés qui seront in[va]
« riables.
« Je suis parfaitement, Messieurs, votre très humble et très obéissant ser[vi]
« teur,

« SAINT-FLORENTIN. »

(Archives de la cour d'appel de Rennes. *Registre littéraire du parleme*[nt.]
Copies de lettres in-f° feuillets 161 v° et 162 r°). La même pièce se trouve [aux]
Archives nationales (H. 362).

CLIX

Paris, le 7 janvier 1767.

M. de La Noue à M. de Fontette.

C'est une forte démarche qu'une députation avec des présidents en tête; mais il n'en sera ni plus ni moins. On est très résolu ici sur le parlement et les exilés. La lettre de la propre main du roi, qui part aujourd'hui, prouve les intentions de deçà; les mauvais propos contre votre sénat actuel, et les tentatives de scission ne feront rien changer...

CLX

Rennes, le 7 janvier 1767.

M. de Fontette à M. de La Noue.

Nos états continuent lentement les divisions entre l'ordre despotique de la noblesse et les deux autres, qui se conduisent sagement. Les injures, les tracasseries sur des riens occupent la plus grande partie des séances. Il y a cependant du calme, et on travaille depuis quelques jours; mais ce n'est qu'à la fin qu'on pourra décider sur le total, car on ne peut savoir quelles nouvelles scènes préparent cinq ou six brouillons qui ne sont pas toujours d'accord entre eux, si ce n'est dans le projet vague de tout bouleverser. Ce sont cependant ces gens-là qui se disent les appuis, les tuteurs de leur ordre, qui entraînent les suffrages des ignorants, qui sont si nombreux; ils l'emportent sur les gens tranquilles et sensés, qui sont toujours plus faibles, plus circonspects et moins véhéments que ceux que la passion transporte. Ils cherchent maintenant à soulever tous les corps de la ville, en leur faisant présenter sous différents prétextes des requêtes ou mémoires dont le but est toujours de demander l'universalité des membres du parlement. Les procureurs en ont donné à M. d'Amilly une injurieuse au parlement actuel, qui fit hier apporter les registres de cette communauté et ordonner aux gens du roi d'en informer (1); les avocats ont nommé douze commissaires pour dresser un mémoire (2). Les marchands ont présenté requête aux états (3) qui fut hier vivement appuyée par les brouillons, mais rejetée par les deux autres ordres. Les étudiants en droit (4) avaient été excités, s'étaient assemblés et avaient pris une délibération sur un registre pour envoyer deux d'entre eux à Paris. Mais ce soulèvement de marmousets fut apaisé par un arrêté du parlement qui leur défendit assemblées, registres et épées, suivant les anciens règlements. Les perruquiers (5) avaient pris une délibération, les blanchisseuses, etc.

(1) Dans le recueil intitulé *Témoignages des différents ordres de la Province de Bretagne*, il n'est pas question de cette requête. Le communauté des procureurs au parlement de Bretagne n'avait fait là probablement qu'une démarche officieuse. C'est le 28 du même mois, qu'à la suite d'une délibération du 27 elle se présenta à M. d'Amilly pour le prier de soumettre au roi leurs doléances sur la diminution des affaires, qui entraînait leur ruine, et c'est le 4 février suivant qu'elle lui remit un mémoire destiné à être placé sous les yeux du souverain (pp. 58 et suiv). Il ne serait pas d'ailleurs impossible que la lettre de M. de Fontette, reproduite ici, fût du 7 février et non du 7 janvier.

(2) Les avocats assemblés dans la salle de la bibliothèque ont arrêté d'adresser au roi des supplications pour le rappel de l'universalité, en se fondant sur l'insuffisance du nombre actuel des magistrats pour expédier les affaires et administrer convenablement la justice. Ils chargèrent de la rédaction de ce mémoire : MM. de La Croix, Annette de La Bourdonnaye, Poullain du Parc, Even, ancien bâtonniers, Le Chapelier de Villejan, Marc de La Chénardaye, Goury, Jousselin de La Haye, Dubois de La Vrillière, Frot Garnier des Aulnays, fils, Le Roy de L'Orgerie Etasse.

Le 7 février 1767, l'ordre arrête la rédaction définitive du mémoire qui est adressé au roi le lendemain. Dès le 14, M. de Maupeou, garde des sceaux, vice-chancelier, répond au bâtonnier Even que le roi « ne peut que désapprouver la « démarche » de son ordre pour demander la révocation de l'édit de novembre 1765. De nouvelles représentations sont adressées au roi par les avocats le 7 mars 1767 ; elles n'ont pas plus de succès. (Tous ces documents sont reproduits dans les *Témoignages des différents ordres de la province de Bretagne*, pages 25 à 57.)

(3) Cette requête était intitulée : *Supplique du corps des marchands de la ville de Rennes, présentée à Nos Seigneurs des états généraux de Bretagne le premier février 1767*. Elle réclame pour les marchands de Rennes une dispense totale ou partielle des impôts, fondée sur la diminution considérable des affaires par suite de la réduction du nombre des magistrats du parlement et de l'absence de la plupart de ceux qui sont démis. (*Témoignages des différents ordres*, pp. 76 et suiv.) On sait que les ordres de l'église et du tiers ont refusé de s'occuper de cette requête.

(4) V. ci-dessus p. 120. — Cf. de La Sicotière, *l'Association des étudiants en droit de Rennes...*, pp. 21 et suiv.

(5) « Le 30 janvier, les perruquiers prirent une délibération dont l'objet était de

La lettre de cachet donnée à M. de La Fruglaye pour ne pas s'approcher de Rennes faisait grand bruit hier. M. d'Aiguillon, qui veut ôter tout prétexte aux criailleries et à l'inaction, a écrit pour la faire lever. Adieu, mon cher La Noue, je vous embrasse de tout mon cœur.

CLXI

Rennes, le 11 janvier 1767.

M. de Fontette à M. de La Noue.

Je vous ai mandé, je crois, que les commissaires du roi avaient été obligés d'entrer jeudi, si je ne me trompe, pour faire, suivant la délibération des deux ordres, c'est-à-dire, en cette occasion, des états, nommer les commissaires de la noblesse. Ils furent nommés, et assistèrent dès le même jour à cette commission présidée par l'évêque de Vannes (1), mais ils ne voulurent pas ouvrir la bouche. L'évêque de Vannes fit son rapport vendredi, et ne fut guère écouté. Hier la séance se passa en disputes sur la rédaction des délibérations des jours précédents : et on ne fit rien, quoique la lettre de la propre main du roi eût été lue au commencement de la séance. Les brouillons niaient qu'elle fût du roi, la disaient faite à l'hôtel d'Aiguillon et épiloguaient sur les mots (2). Enfin elle ne fit

« présenter leur supplique aux états pour exposer leur misère causée par la
« dispersion des membres du parlement. Le procureur du roi de police, Doré, se
« saisit de leur registre et leur fit défense de s'assembler sans la convocation
« préalable du premier chirurgien du roi et de ne donner aucune suite à leur délibé-
« ration. » *(Témoignages des différents ordres*, p. 82.)

(1) L'évêque de Vannes était alors Jean-Charles de Bertin, né le 27 septembre 1712, nommé et sacré en 1746, mort le 23 septembre 1774. Il aurait été un adversaire actif des jansénistes, et le parlement l'aurait frappé d'amende. (*Gallia christiana*, XIV, col. 938.—Cf. Ogée et Marteville, *Dictionnaire historique de Bretagne*, t. II, p. 958. — *Registres paroissiaux* de Saint-Pierre de Vannes, année 1774.)

(2) La lettre dont il est ici question fut en effet rédigée par le duc d'Aiguillon. On la retrouve aux Archives nationales, tout entière écrite de sa main. Il est probable que les bastionnaires furent avisés de ce fait par leurs amis de Versailles, qui pouvaient en être instruits par quelque indiscrétion. Une lettre de M. de Flesselles au contrôleur général confirme celle de M. de Fontette. Il est dit que la lettre « de la main du roi » a donné lieu à des plaisanteries dans les états, « à la risée d'une vingtaine de gentilhommes ». Ils disaient

pas grand effet sur des gens qui ont pris le parti de faire du pis qu'ils pourront, et qui n'ont qu'un objet sur lequel le bien de la province ne prévaudra pas, celui de faire casser les états, parce qu'ils savent que M. d'Aiguillon, qui est seul en vue, répugne aux moyens violents. Ce propos paraît séditieux avec raison ; mais la nomination forcée des commissaires de la noblesse sortira-t-elle à effet ? Les lettres à la cour disent que ces six nobles ne veulent pas délibérer en commission ; cela s'appelle de la chaleur et de la mutinerie. Je trouve un persiflage bien insolent dans la rédaction de l'avis de cette noblesse ; mais pourquoi donc l'avis des nobles sensés est-il si faible et si peu montré ? Sur quoi est donc fondée cette bonne conduite de Tinténiac (1), qu'on vante ici ? Se serait-il enroué ?

Franchement, je commence à craindre que les états n'aillent pas jusqu'au bout, malgré la fidélité et la sagesse des deux autres ordres. Dites-moi, je vous prie, si réellement Tinténiac se conduit bien ?

J'ai causé avant-hier longtemps avec M. Mantel ; il crie de ce qu'on ne lui adresse rien du courant ; il m'a dit que le 9 il y avait eu

---

« tout haut » que la lettre avait été « faite à Rennes », et que « ce n'était point « l'écriture du roi », etc. (Arch. nat., H. 362, 11 janvier 1767.)
La copie de la lettre est aux archives d'Ille-et-Vilaine, C. 1778, datée de Versailles, et du 6 janvier. En voici le texte :
« Mon cher cousin, vos Bretons peuvent-ils s'imaginer que je changerai d'avis sur
« la résolution que j'ai prise de maintenir la nouvelle forme que j'ai donnée à mon
« parlement de Bretagne, et de ne pas souffrir qu'elle excède le nombre de soixante ?
« Croient-ils que je renverrai les bons serviteurs que j'y ai, pour faire entrer, en
« leur place, ceux qui ont manqué à l'obéissance qui m'est due par tous mes
« sujets ? Répétez-leur pour la dernière fois que je leur défends très expressément
« de s'occuper plus longtemps de ce qui regarde mon parlement, et dites-leur que
« s'ils persistent encore à faire des représentations à ce sujet, et à ne pas tra-
« vailler à leurs affaires, je ne pourrai regarder cette conduite que comme une
« désobéissance formelle à mes volontés. Après leur avoir fait cette déclaration,
« vous exécuterez littéralement et ponctuellement ce que je vous ai prescrit dans
« vos instructions. C'est le seul moyen de mériter la continuation de mes bontés et
« de ma protection. Je finis sans compliments. »
« Signé : Louis. »
(1) Il s'agit de François-Hyacinthe, marquis de Tinténiac, baron de Quimerc'h. Né vers 1706, d'une des plus illustres familles de Bretagne, il était lié avec le duc d'Aiguillon. Il fut appelé comme témoin dans la procédure suivie contre ce dernier à la cour des pairs, et déposa en sa faveur, faisant un grand éloge de sa probité et de son zèle pour le service et la gloire du roi.

deux partis dans notre parlement, l'un pour la requête des accusés, l'autre pour des représentations simples ; mais que le tout avait été remis à vendredi 16.

Voici un petit trait qui vous donnera une idée du parti du fameux bastion. Jeudi dernier, un peu avant que les commissaires du roi n'entrassent, l'orateur, le guide du parti, le fameux petit Piré, s'éleva sur un banc, et, ayant demandé audience, qui ne lui est jamais refusée, il dit à haute et intelligible voix : « Messieurs, nous allons voir encore un coup d'autorité, mais nous y sommes accoutumés ; ils ne doivent plus nous effrayer. Nous sommes bien postés, tenons-nous ; et qu'on frappe si on l'ose. » Ces mots entendus de toute l'assemblée répandirent l'indignation dans la plus grande partie, et la consternation dans le bastion même. Pendant le murmure qui les suivit, les bastionnaires en firent sentir les conséquences à l'orateur qui, remontant sur la tribune aux harangues, dit : « Messieurs, quelques gentilshommes me font apercevoir qu'on dit que j'ai eu des propos hasardés, que mon cœur dément ; mon attachement pour le service du roi est connu. » Il s'éleva alors quelques voix qui crièrent : « Il ne l'a pas dit. » Puis le silence ayant succédé, l'orateur ajouta : « Je vous prie, Messieurs, d'oublier ce que j'ai pu dire dans la vivacité ; » et en finissant ces mots, il se retourna du côté de Mgr l'évêque de Rennes (1), président de l'assemblée, qui lui dit d'un ton d'indignation et de mépris : « Allez, Monsieur, allez, tout est oublié. » Ce séditieux petit drôle n'en a pas eu le verbe moins haut depuis ; il avait eu une scène précédente que je vous raconterai quelque jour.

(1) L'évêque de Rennes était alors Mgr Desnos (Henri-Louis-René). Il était né à Ernée, diocèse du Mans. Chanoine du Mans, puis abbé commendataire de Redon et de Saint-Evroult, vicaire général de Saint-Brieuc, il fut nommé évêque de Rennes en 1761, sacré à Paris le 16 août 1761, et prit possession en personne de son siège le 3 avril 1762.
Ayant blâmé l'expulsion des jésuites, il s'attira l'animadversion du parti chalotiste : c'est lui que le procureur général, dans le manuscrit original de son quatrième mémoire, appelle : le fougueux et ignorant évêque de Rennes. Il obtint de quitter la Bretagne et d'être transféré à Verdun. Il y demeura jusqu'au moment où son refus de serment à la constitution civile le força à émigrer ; il est mort à Coblentz en 1793. (Guillotin de Corson, *Pouillé historique*..., t. I, p. 102.)

CLXII

Versailles, le 12 janvier 1767.

M. de La Noue à M. de Fontette.

L'illustre duchesse vous aura dit, mon cher maréchal, que j'ai reçu votre lettre du 6, un jour après la sienne du 7, et toujours parce que vous mettez vos lettres sous couvert... J'avouerai que les cinq têtes que vous me nommez ne me paraissent pas pour faire un schisme. On a trouvé extraordinaire ici la momerie du petit Piré avec l'enfant Fruglaye, et on a dit que si M. d'Aiguillon ne s'était pas mis sur le pied de vouloir administrer par indulgence et condescendance, c'était bien le cas de faire usage d'un des ordres qu'il a en poche ; mais, sur le pied où il a mis les choses, cet acte de vigueur, qui serait tout simple pour un autre commandant, ferait jeter les hauts cris contre lui.

Comme je suis ici depuis avant-hier soir, je n'ai point reçu mes lettres du 9, qui sont à Paris ; mais j'ai vu hier soir celles aux ministres. La ténacité de la noblesse est donc toujours la même ? Et la lettre au parlement, et de la main du roi, n'a donc pu les empêcher de faire venir des notaires pour prendre acte de leur avis ?... On est bien scandalisé ici du propos du petit Piré, après l'entrée de M. d'Aiguillon aux états. A-t-il dit réellement qu'on obéirait aux commissaires du roi, tant qu'ils seraient présents ; mais qu'eux retirés, on en ferait ce qu'on voudrait ?

Je suis véritablement aise que l'intendant et sa femme réussissent. Je les crois fidèlement attachés à M. d'Aiguillon ; je souhaite que ce sentiment soit la base du raccommodement et des suites vis-à-vis le seigneur de la Seillerais (1). Il doit être un peu honteux ;

---

(1) La Seillerais était une magnifique propriété de la paroisse de Carquefou, à l'est de Nantes, sur la rive droite de la Loire. Cent métairies en dépendaient : le château construit en 1671, les jardins dessinés par Le Nôtre avaient une grande réputation. Cette terre seigneuriale appartenait en 1767 à Hilarion-François, marquis de Becdelièvre, premier président de la chambre des comptes de Nantes, qui la tenait de ses ancêtres : son trisaïeul, Louis de Harouys, avait eu l'honneur d'y recevoir la marquise de Sévigné, dont on voit encore le portrait à la Seillerais. (Ogée et Marteville, *Dictionnaire de Bretagne*, t. 1, p. 156.) Cf. de Cornulier, *Essai sur le dictionnaire des comtés et des seigneuries comprises dans l'ancien comté nantais*. Nantes, 1857, in-8°, p. 261.

rappelez-moi dans son souvenir et dans celui de nos amis du quartier.

CLXII

Paris, le 14 janvier 1767.

M. de La Noue à M. de Fontette.

Je ne savais pas la lettre de cachet à La Fruglaye. La condescendance de M. d'Aiguillon à cet égard obligera peut-être la cour d'agir malgré lui. Je ne sais pas si cinq ou six autres lettres de cachet ne feraient pas du bien. Je n'en dirai sûrement mot; mais il y a longtemps que nous pensons tous deux qu'on ne tirera jamais rien des Bretons qu'avec de la fermeté et de la punition. La générosité et la magnanimité leur paraissent pusillanimité. Est-ce que l'insolence avec laquelle on a reçu la lettre de la propre main du roi ne mériterait pas punition? Je vois, comme vous, que les cabaleurs veulent faire casser les états, pour en jeter l'odieux sur M. d'Aiguillon.

Les harangues coupées du petit Piré mériteraient bien un cul-de-basse-fosse et le personnage indigne de son père dans sa cachette en mériterait autant.

Soyez sûr que notre parlement attend, pour agir, ce qui se passera à Rennes, de même que Rennes attend les faits de notre parlement. C'est une connivence assurée. Vous savez qu'il fut dit aux chambres, le 9 courant, qu'on exilait un prince, un grand seigneur, c'est-à-dire qu'on le privait de la vue du roi, mais qu'un magistrat, un procureur général n'était pas fait pour être exilé, et devait être jugé coupable ou retourner à ses fonctions. Cela annonce du feu pour le 16.

CLXIV

Rennes, le 17 janvier 1767.

M. de Fontette à M. de La Noue.

J'ai reçu, mon cher La Noue, votre lettre du 12. Je vous écrirai dorénavant en droiture à votre adresse à Paris, où je vous croyais moins qu'à Versailles.

En supposant, comme le disent certaines gens, que M. d'Aiguillon ait établi en Bretagne une administration d'indulgence et de condescendance, le moment de la changer? Et les moyens de douceur et de patience calmeront mieux les troubles que ceux de violence qui ne feraient que les augmenter et autoriser les prétextes des brouillons. Ce serait jeter de l'huile sur le feu. En bonne politique, les coups d'autorité ne doivent jamais être frappés au moment que la nation est assemblée. Ne vaut-il pas mieux tirer parti de la crainte qu'inspire au méchant le ressentiment d'un propos séditieux qu'il aura tenu? Elle le contient; et on est toujours à temps de le punir, parce que, pour avoir dissimulé l'offense, on ne l'a pas pardonnée. Ses adhérents même s'éloignent de lui, de peur qu'on ne les croie complices; eux et lui se figurent quelquefois qu'une meilleure conduite fera oublier l'injure.

Ce n'est point ici une conjuration qui tombe par la destruction ou l'éloignement des chefs; c'est une troupe de sots ignorants, à qui des gens passionnés persuadent que l'intérêt de leur pays, leur liberté, leurs privilèges exigent une résistance qui ne peut déplaire au roi, et que cette même résistance leur fera un honneur infini auprès de leurs compatriotes. Il faut éclairer la multitude, démasquer les chefs, montrer qu'ils sacrifient les intérêts du peuple à leurs passions. C'est donc plutôt l'ouvrage de la persuasion que celui de l'autorité. Voilà ce qu'on ne voit pas bien dans le pays que vous habitez, et ce que vous ne voyez peut-être pas bien vous-même, si vous comparez l'esprit des états présents à celui des états derniers. Aujourd'hui ce n'est plus que de petites passions particulières; ce n'est plus, comme en 1764, l'alliance séditieuse de deux grands corps, la noblesse et le parlement. La moitié de ce premier corps tient actuellement à ce qui reste du second; et l'autre moitié le craint. Que peut-on appréhender d'un petit feu qui n'a point d'aliment? Il s'éteindra de lui-même, soyons-en bien assurés.

Voilà, si je ne me trompe, comme il faut voir ce qui se passe ici actuellement, et voilà ce que vous pouvez mettre sous les yeux des gens impatients. Je crois pouvoir assurer que M. le duc d'Aiguillon mènera sa barque à bon port, si on veut le laisser tenir le gouvernail; et encore, qu'il saura relever l'autorité du roi, et son propre crédit dans cette province. M. le duc de la Trémoille se conduit parfaitement. Il ne s'accoutume pas à voir une chambre de noblesse transformée en étude de procureur. Tinténiac a effectivement bien fait, et bien parlé jusqu'à présent. Il faut lui passer bien des petites disparates qui partent plutôt de son esprit, qui est léger, que de son cœur qui est honnête.

C'est votre faute, si Mantel n'est pas instruit. Que ne lui faites-vous donner par l'ami tous les bulletins? Je vous y renvoie pour savoir ce qui s'est passé ces jours derniers. On a travaillé aujourd'hui d'assez bonne foi; mais il y en a eu ce soir bien de la mauvaise, dans une conférence qu'a eue M. d'Aiguillon avec les députés de la noblesse, au sujet de la rédaction du procès-verbal de la visite que cet ordre a faite le 15 à M. d'Aiguillon, dont les commissaires du roi ont consenti à signer l'acte. Cette affaire n'est pas finie, mais elle ne peut aller loin.

Adieu, mon cher La Noue. Le duc et la duchesse, l'intendant et l'intendante se portent fort bien, et me chargent de mille compliments pour vous.

L'état major en fait autant, et moi je vous embrasse de tout mon cœur.

CLXV

Paris, le 21 janvier 1767.

M. de La Noue à M. de Fontette.

On me dit hier matin que notre parlement avait mis un peu de chaleur sur l'objet des accusés exilés; qu'on avait arrêté, d'après l'avis des commissaires, que si lesdits exilés n'étaient pas coupables, il fallait les renvoyer à leurs fonctions; que s'ils l'étaient il fallait les faire juger par un tribunal compétent. Reste à savoir si ce dilemme est de forme, pour donner objet à des représentations, ou si on a envie de le suivre dans ses suites (1).

(1) Le parlement de Paris s'était réuni le lundi, 19 janvier, sous la présidence du premier président, pour entendre le rapport de ses commissaires. Il arrêta : « Que les gens du roi se retireront par devers le roi, à l'effet de lui porter une

Votre tableau de la Bretagne est frappant. Je l'avais vu en gros dans la manière dont vous le peignez ; mais votre détail porte une conviction que je vais étendre dans l'esprit des incrédules et des impatients, afin qu'ils laissent conduire la nef au grand nautonnier. Il est cependant reconnu par ces impatients que M. d'Aiguillon se conduit comme un ange à son ordinaire. Ce sont leurs propres termes, depuis les nouvelles des 11, 14 et 16.

Bravo à M. de la Trémoille et à Tinténiac.

J'ignore encore l'histoire de la rédaction du procès-verbal de la visite faite à M. d'Aiguillon par la noblesse, le 15. Je ne vous demande point pour moi, mon cher Fontette, de bulletin-journal, mais seulement l'historique des acteurs qui entreront sur la scène, et les faits et dires principaux.

Adieu, mon cher maréchal.

CLXVI

Paris, le 24 janvier 1767.

M. de La Noue à M. de Fontette.

Pouvez-vous, mon cher maréchal, laisser passer un courrier sans m'écrire dans les circonstances où vous êtes ?

Songez donc que vous êtes la source de mes instructions, et que mes autres correspondances ne sont qu'incidentaires... Je n'ai point reçu de lettre de vous hier, ni de personne. Je les attendais cependant avec grande impatience, et quoique je ne sois pas facile à épouvanter et à décourager, je suis inquiet. L'arrêté de notre parlement du 19 me paraît vif et tranchant. La réponse du roi d'avant-hier aux représentations me paraît faible ; que va-t-il résulter de tout cela ?

« expédition du présent arrêté et de le supplier de calmer les justes inquiétudes de
« son parlement, en dissipant toutes impressions qui pourraient en quelque manière
« compromettre l'honneur et la fidélité des magistrats de Bretagne, ou d'obtenir
« de sa justice qu'il lui plaise faire remettre entre les mains de son procureur
« général, les pièces qu'on croirait pouvoir servir à fonder une accusation contre
« lesdits magistrats, pour leur procès être fait par la Cour, suivant la rigueur des
« ordonnances... » (*Recueil des délibérations, arrêts, remontrances et représentations du parlement sur les affaires de Bretagne.* 1767, in-12, p. 263.)

M. Brottier a été hier matin une heure avec moi et m'a dit que M. de Kerguézec avait été le voir il y a deux jours et lui avait demandé s'il était l'ami de M. d'Aiguillon; que, sur l'affirmative la plus forte et la mieux fondée en raisons, Kerguézec avait répondu : Tant pis pour vous; cela vous fait grand tort. Je conviens qu'il a de l'esprit, de la sagacité au travail; mais sa petite tête n'est pas en état de soutenir la besogne qu'il entreprend; et pour le coup nous en voilà débarrassés. (Expression qu'il a répétée deux fois très positivement.) La province sera calme, quand il n'y sera plus. Il y tient, malgré les désagréments qu'il y essuie, dans la crainte de n'être plus rien. Il sautera, et le Saint-Florentin aussi. M. de La Chalotais n'est point coupable, c'est ce qu'on prouvera.

Ce Catilinaire a tenu cent autres propos dans ce genre. M. Brottier m'a dit qu'il paraissait sûr de son fait. Il va partout disant : Qu'il n'a rien à reprocher à l'esprit et à la probité de M. d'Aiguillon, du côté de l'argent; mais que c'est un génie à bouleverser le royaume. Kerguézec voulait aller à la cour; M. Brottier l'en a dissuadé, en lui observant que M. de Saint-Florentin ne pouvait le voir d'un bon œil; qu'à l'égard du maître il n'y aurait pas plus d'ouverture; qu'il était prévenu contre lui; que lui, Brottier, avait entendu dire au maître que Kuerguézec l'avait trompé indignement, et qu'il ne pouvait s'empêcher de le regarder comme un homme faux.

M. Brottier m'a prié de faire passer ce sommaire de conversation, et m'a répété qu'il était toujours persuadé, au fond du cœur, qu'on n'avait sauvé La Chalotais que dans la crainte qu'il parlât et compromît des gens en place, qui l'avaient guidé, ou s'étaient livrés à lui.

En total, c'est un homme dangereux que notre ex-exilé, et qui mériterait au moins qu'on lui fît dire d'arrêter son audace.

Quoique je n'aie point eu de lettres hier, j'ai entendu quelques lambeaux de celles que d'autres ont reçues, qui disent que les états vont très mal, et qu'il y a apparence qu'il faudra les rompre. Tout cela m'alarme.

La copie de la lettre de la main (1) du roi court tout Paris. On la ridiculise plus encore qu'en Bretagne, et l'on s'accorde à dire qu'en

(1) Il est probablement question de la lettre dont M. d'Aiguillon avait envoyé le brouillon à Versailles, pour que le roi la lui écrivît de sa main.

fait de lettre ostensible il est indécent de fait écrire le monarque dans ce style. Je ne l'ai entendue qu'en gros, lorsqu'elle partit. Je vous demande en grâce de me l'envoyer exacte.

CLXVII
Le 24 janvier à midi (de la main de La Noue).
Copie de la réponse du roi du 22 janvier.

Je suis étonné que mon parlement me témoigne de nouvelles alarmes par rapport à des magistrats dont l'honneur n'est pas compromis ; ce serait méconnaître mon esprit de justice et de bonté que d'insister davantage sur une affaire dont je compte que mon parlement cessera de s'occuper (1).

Cette réponse a été faite en présence du vice-chancelier et de M. de Saint-Florentin. Les autres ministres étant à Paris, on ne doit pas être étonné de sa faiblesse, les 4 sols pour livre sont au parlement, et devant les commissaires. Le parlement a nommé pareillement des commissaires sur la réponse du roi.

Je sors de chez Mantel, qui m'a montré le détail qu'il a reçu hier du commissaire. Il diminue un peu mes inquiétudes sur les choses actuelles ; mais j'en ai pour l'avenir ; les deux ex-exilés crient au feu dans tout Paris. Mantel m'a dit que cela était de la dernière indécence. Il craint qu'ils ne soient autorisés et que véritablement il y ait un espèce de projet de rompre les états, pour les donner ensuite à quelqu'un. En attendant, Mantel pense qu'il est nécessaire que le commissaire prenne les plus grandes précautions, et corresponde ici avec les personnes qui l'appuient et montrent le danger du système actuel, si tant est qu'il existe.

CLXVIII
Rennes, le 25 janvier 1767.
M. de Fontette à M. de La Noue.

Je vous avais promis une lettre particulière le 20, mais je ne vous l'écrivis pas parce que je n'avais rien à vous dire depuis le 17, jour

(1) Voir ce même texte dans le *Recueil des délibérations, arrêtés, remontrances...*, p. 265. — V. ci-après la lettre CLXIX.

qu'a fini le rapport des députés en cour. Les ordres ont été aux chambres pour y délibérer. Les examens et avis de l'église et du tiers étaient formés le 19. Mais ils ont tardé à les énoncer pour laisser à la noblesse le temps de former le sien. Elle n'en a pas fait. Son principal objet et presque toutes ses séances se sont passées en irrésolutions sur l'acte dont les signatures ont continué sans savoir l'usage qu'on en fera. Avant-hier il fut décidé qu'on le regarderait comme non avenu, et qu'on s'en tiendrait à demander le dépôt de l'avis au greffe, et que M. de La Morandais (1) était le seul en députation pour le demander à M. d'Aiguillon. Il y vint effectivement le soir, mais M. d'Aiguillon lui ayant demandé ses pleins pouvoirs, il dit qu'il n'en avait eu que verbablement de son ordre, à quoi M. d'Aiguillon répondit qu'il ne pouvait l'entendre, attendu que M. de La Morandais avait été désavoué de son ordre le lendemain de la grande députation, quoiqu'il eût parlé au nom et en présence de toute la noblesse, qui ne le désavoua pas ce jour-là. M. d'Aiguillon le persifla au mieux, et M. de La Morandais ayant voulu le lendemain rendre compte de sa mission, il fut hué; et on lui dit qu'effectivement on ne l'avait chargé de rien. Enfin hier, après bien des débats dans cet ordre, on décida que six commissaires iraient le soir demander à M. d'Aiguillon le dépôt des avis de la noblesse au greffe. Ils y vinrent effectivement, mais quand ils furent prêts à être reçus, ils ne purent convenir entre eux de l'objet de leur mission et de leurs demandes, et ils s'en retournèrent Vous voyez le peu de tête et de concert de tous ces brouillons; cela finira aujourd'hui, car l'église et le tiers sont résolus de terminer l'affaire du rapport des députés en cour, qui est sur le tapis depuis si longtemps, et de passer à d'autres, que la noblesse n'interrompra et n'embrouillera pas moins. Vous voyez

(1) C'est Guillaume-René du Bouilly de La Morandais, gentilhomme de l'évêché de Saint-Brieuc. Né le 3 juillet 1706, il est mort le 12 nivôse an II... On trouve son nom pour une somme de 300 fr. sur la liste des pensionnés des états (tenue de 1784).

Le 17 février 1767, il fut un des membres de l'ordre de la noblesse choisis pour signer les lettres adressées aux princes du sang, aux ministres et aux barons de Bretagne, au lieu et place du duc de La Trémoille, qui avait refusé de les signer comme président. Le nom n'est pas éteint : il y a encore des du Bouilly du Frétay, de la même famille. (Notes fournies par M. Saulnier, d'après des dossiers de famille. — Cf. Archives d'Ille-et-Vilaine, C. 2711; dossier des actes de la noblesse à la « tenue » de 1766-1767.)

bien encore, à toutes ces variations, que ces gens-là sont battus de l'oiseau, et que leurs chefs ne peuvent que perdre de leur crédit; mais il faut de la patience. M. de La Trémoille continue à se très bien conduire. Il fit dernièrement, faute d'usage des états, un pas de clerc, en déclarant qu'il avait ordre de ne plus signer les actes que son ordre pourrait faire, et cela fit grande rumeur, et crier contre la liberté gênée; mais tout fut apaisé le lendemain par une déclaration en forme et par écrit que fit M. de La Trémoille sur la mauvaise interprétation qu'on avait donnée à ce qu'il avait dit la veille. Il essuie de temps en temps quelques bourrasques, qu'il soutient fort bien. Tinténiac se montre fort bien aussi.

CLXIX

Rennes, le 28 janvier 1767.

M. de Fontette à M. de La Noue.

J'ai lu le contenu de votre lettre du 24 au commissaire. Il savait déjà les bons propos du Kerguézec, et n'en paraît pas fort alarmé; mais il est touché de la réponse du roi du 22. C'est une suite de la décision de pareil jour de décembre. Vous nous devez une de ces pilules chaque mois; elles ne guérissent point le mal breton, il s'en faut bien, et ces gens-là vont tirer grand parti des dispositions où ils voient que l'on est de tout céder.

Il y eut avant-hier grand tapage dans l'ordre tumultueux contre M. de La Trémoille, qui avait nommé deux députés pour aller porter aux autres l'avis de la noblesse au sujet du rapport des députés en cour. On lui contesta que ce fût l'avis de l'ordre, et le droit de nommer des députés; on le força au scrutin où il se trouva contre lui 158 voix contre 102, parce que l'armée amie ne s'était pas préparée au combat, ni n'avait rassemblé ses troupes comme l'ennemie. Vous connaissez la noblesse et le peu d'activité de nos gens de bien. L'âme des conjurés est plus forte, et le fanatisme donne des ailes.

On s'attendait à un beau vacarme hier matin. Il n'y en eut point. Le même avis de la veille fut envoyé aux chambres par les mêmes députés nommés le jour précédent par M. de La Trémoille. Il n'y eut pas une voix contre ; mais ce calme ne durera pas, et il y a tant d'affaires à traiter que les brouillons ne manqueront pas d'occasions de tracasser.

Je vous envoie la copie que vous me demandez.

On dit que La Chalotais a fait imprimer son second mémoire (1) avec additions. Ne serait-ce pas motif plus que suffisant pour l'envoyer aux îles Sainte-Marguerite (2) ?

Il ne tiendra donc qu'à un méchant d'invectiver et de répandre des libelles; et il faut que des gens en place se taisent par respect pour le maître. Cela ne paraît pas juste. Qu'on laisse donc répondre et se battre avec les mêmes armes. On aura beau jeu, et le public sera bientôt désabusé.

Adieu, mon cher La Noue, je vous écrirai quand la matière fournira.

CLXX

Rennes, le 31 janvier 1767.

M. de Fontette à M. de La Noue.

L'Illustre (3) m'a communiqué, mon cher La Noue, le contenu de la lettre que je lui remis hier de votre part. Je n'ai pu voir sans étonnement l'inconséquence des raisonnements politiques que l'on fait dans le pays que vous habitez sur les affaires de Bretagne. Comment peut-on imaginer et veut-on persuader que la conduite de la cour n'influe en rien sur des esprits entièrement gouvernés par les événements, dont leurs violents correspondants ne leur laissent ignorer aucune circonstance, et échauffent ou tempèrent les passions provinciales en proportion des leurs, qui éclatent ou s'amortissent suivant la faiblesse ou la fermeté du gouvernement ? Il vaudrait autant

---

(1) M. de Fontette veut parler sans doute, du troisième mémoire, car les deux premiers ont paru en une seule brochure.
(2) L'île Sainte-Marguerite est une des deux principales du groupe de Lérins. Elle possédait un château fort dont on avait fait une prison d'état.
(3) MM. de Fontette et de La Noue désignent sous ce nom Mme d'Aiguillon mère.

dire que le feu d'une forge ne suit pas les impressions du soufflet, et celui-ci celles de la main du forgeron. Il ne faut pas être grand politique, il ne faut qu'être homme et avoir vécu pendant quelques jours avec des hommes, pour savoir que les affaires de parti et de passion ne se terminent que par des décisions promptes et fortes, et l'axiome de médecine, *sero medicina paratur*, etc., devrait être toujours présent aux chefs d'un gouvernement.

Quant aux conseils qu'on donne au commissaire de ne pas rejeter toujours sur les fautes de votre pays le mal qui arrive en celui-ci, quand même il en dériverait, comme cela est sûrement, je ne puis que les approuver; parce que l'on n'a jamais de pires ennemis que ceux à qui on fait voir bien clairement leurs torts. Mais il est cruel, vous en conviendrez, il est cruel pour l'architecte de voir toujours sa besogne culbutée par les maîtres du logis; ces variations dans un plan arrêté dégoûtent. Voyez l'effet qu'a fait la réponse du 22 du courant (1). Sans remonter au primitif effet de la décision du 22 décembre, qui avait bien commencé à saper l'ouvrage, on peut voir chez vous, comme ici, quelles prises on a donné aux brouillons, qui n'ont pas manqué de s'en prévaloir pour mettre tout en fermentation. C'est les procureurs, c'est les avocats, c'est les étudiants en droit, c'est jusqu'aux perruquiers qu'on a soulevés; car la méchanceté fait flèche de tout bois; et ce qui n'est que ridicule dans l'esprit des gens sensés est exagéré et traité sérieusement par les fanatiques. Et le royaume entier, qui ne voit pas les ressorts, va considérer la machine sous le jour qu'on lui montrera.

Les procureurs en corps allèrent dernièrement faire des représentations au premier président sur l'état fâcheux où les réduisait la disette de juges et de rapporteurs; celui-ci leur répondit aussi faiblement qu'à son ordinaire. Les avocats s'assemblèrent hier et nommèrent douze commissaires pour travailler à un mémoire tendant à faire voir la nécessité de rappeler l'universalité des membres du parlement. Les étudiants en droit avaient délibéré dernièrement

(1) M. de Fontette parle de la réponse que le roi fit le 22 janvier 1767 à un arrêté de remontrances du parlement de Paris, au sujet de l'abolition des poursuites contre La Chalotais et autres (19 janvier 1767). Cette réponse est donnée textuellement par La Noue dans sa lettre du 24 janvier; on la retrouve dans le *Procès instruit extraordinairement*, t. III, p. 225, note. V. ci-dessus la lettre CLXVI.

d'envoyer deux députés d'entre eux à la cour, pour le même objet, et le parlement fut obligé de prendre hier un arrêté pour interdire à ces polissons toute assemblée, tous registres et épées, en conséquence d'anciennes ordonnances. Les perruquiers ont pris aussi une délibération pour présenter requête aux états à ce sujet. Tous les corps de métier y passeront sans doute; et cela sera bientôt regardé comme une affaire d'honneur dont aucun corps ne pourra se dispenser. Toutes intrigues imaginées à l'hôtel de Caradeuc où sont les grandes assemblées du bastion qui s'occupe bien moins des intérêts de la province que de ceux de M. de La Chalotais, ou de ses passions. Le jeune Piré, digne chef du parti, a tous les jours un diner de douze personnes. Voilà un petit tableau qu'on ne voit pas à Paris.

Depuis que les commissaires du roi ont accordé que la noblesse pourrait déposer ses avis au greffe, cet ordre a paru vouloir travailler; et on a mis effectivement, depuis deux jours, quelques affaires sur le tapis; mais il est facile de prévoir que le calme ne durera pas.

CLXXI

Versailles, le 2 février 1767.

M. de La Noue à M. de Fontette.

C'est bien à regret que je suis votre apothicaire des pilules des 22 de chaque mois. Je maudis le sort, les faiblesses et la marche entre deux eaux; mais je n'y puis rien, et plus puissants que moi y sont embarrassés. Comment trouvez-vous l'acte de reconnaissance de notre parlement qui, après avoir obtenu, le 22, ce qu'il n'osait espérer, arrête le 27 « ne pouvoir obtempérer à la prorogation des quatre sols pour livre, qu'on ne lui ait fait connaître les articles de retranchement de dépense auxquels on s'était engagé »? Je n'ai pas vu le mot à mot de cet arrêté; mais on me l'a rendu ainsi et je me suis écrié : Sommes-nous en France ou en Angleterre?

Je ne relève point le haut et bas de votre noblesse, ni le rôle humiliant de M. de La Morandais. Cela fait pitié. Je plains seulement M. de La Trémoille. Il doit être bien excédé des scènes qu'on lui fait ; je suis persuadé qu'il a été désespéré de ce scrutin du 26 ; il a affaire à des gens bien durs et bien plats en même temps.

J'ai reçu avec grand plaisir la copie de la lettre du roi. Tous autres que des Bretons n'y auraient vu que la fermeté du monarque dans ses décisions, et sa bonté, et son estime pour celui qui le représente ; mais la rage voit de travers.

Je n'entends plus parler des catilinaires de Kerguézek et Piré. Je ne sais si on leur en a imposé. On se gardera bien d'envoyer La Chalotais aux îles Sainte-Marguerite ; on a peu de gens qui le soutiennent ; on est convenu que son honneur n'est pas compromis ; on veut des enregistrements bursaux. D'ailleurs, je pense que M. d'Aiguillon ayant paru mépriser par son silence le premier mémoire, le second doit être traité de même. De plus, il est si atroce qu'il choque le bon sens, et je suis persuadé que la honte retombera sur l'auteur.

CLXXII

Paris, le 4 février 1767.

M. de La Noue à M. de Fontette.

J'ai reçu hier, mon cher maréchal, votre lettre du 31, et celle de l'Illustre, du 1er de ce mois. Vous vous accordez l'un et l'autre à dire les choses les plus claires, les plus prouvées. Je suis même persuadé que vous avez bien imaginé prêcher un converti, en me les écrivant ; mais le diable est de les persuader aux autres, ou, pour mieux dire, de les faire convenir qu'ils en sont persuadés ; les sourds et les aveugles volontaires sont pires que ceux par accident. Je vais cependant travailler à guérir cette surdité et cette cécité. Vous relevez avec force (je parle toujours à l'Illustre et à vous) tout ce que je vous disais d'après Benoît, sauf la phrase... « Vous criez sur le même objet, sans égard aux circonstances qui forcent. »... Ces circonstances impulsives ne vous paraîtront qu'apparentes. Croiriez-vous qu'un galant homme éclairé m'a dit hier qu'il n'y avait pas un écu au trésor royal; que M. de Brou (1) y ayant envoyé pour sa pension d'ancien garde des sceaux, il n'a pas été possible même de lui en donner partie...? Vous sentirez que, dans de pareilles circonstances, la tête s'échauffe, qu'il faut des édits et qu'on sacrifierait quatre pays d'états au désir des enregistrements. Vos embarras sont affligeants, mais les nôtres le paraissent davantage, parce que nous nous voyons un tout, dont vous n'êtes que partie. Il est malheureux que M. de Grandbourg soit à la tête de deux plans contradictoires, qu'il voudrait accorder; mais il serait plus malheureux qu'il abandonnât le nôtre pour se donner en entier à celui-ci; car vous seriez saisis ou conduits par des gens ou absolument ineptes ou mal intentionnés.

M. Benoît, que j'ai vu hier, avant d'avoir vos lettres ci-dessus, m'a répété qu'on improuvait le registre particulier à la noblesse; qu'on regardait cette condescendance comme faiblesse, en convenant presque qu'on a donné l'exemple; qu'on voyait dans ce registre particulier le danger que les avis moindres en voix dans tous les corps demandassent un pareil registre, ce qui établirait une discorde ineffaçable.

On me dit hier, et cela se dit dans Paris, qu'il n'était pas étonnant que les procureurs et les avocats se plaignissent de leur désœuvrement, attendu que les membres de votre parlement actuel désertaient les uns après les autres sous divers prétextes; qu'actuellement il n'y en avait que sept qui tinssent le palais. Je suis persuadé du faux de cette assertion (2); mais le commissaire fera bien, je crois, de négocier pour tenir en javelle les trente-cinq magistrats et les accroître jusqu'à completture (sic).

J'ai appris à Versailles que Castellane avait fait parler M. de La Haye à 149... sur les propos que celui-ci tenait; à quoi cet audacieux avait répliqué que cela était faux qu'on n'avait qu'à lui faire

---

(1) Paul-Esprit Feydeau de Brou, conseiller d'état, fut garde des sceaux du 28 septembre 1762 au 4 octobre 1763. (Comte de Lucay, *les Secrétaires d'état depuis leur institution jusqu'à la mort de Louis XV*. Paris, 1881, in-8°, p. 634.)
(2) Les bruits dont parle La Noue étaient faux, et il avait raison de ne pas y ajouter foi. Le jour même où il écrivait cette lettre, seize magistrats siégeaient à la grand'chambre, le premier président, deux autres présidents, et treize conseillers. (Archives de la cour d'appel de Rennes, *Registres secrets*, 4 février 1767.)

confronter l'accusateur, qu'il le confondrait comme imposteur... Je vous ai nommé cet accusateur ; jugez de quel côté est le mensonge et l'effronterie.

Je ne réplique rien à l'assemblée des légistes et des perruquiers ; c'est la honte du siècle !

CLXXIII
Rennes, le 4 février 1767.

M. de Fontette à M. de La Noue.

Je vous avais bien dit que la rage des mémoires et requêtes gagnerait. Les marchands, au nombre de trente, ont signé une adresse aux états pour demander une diminution de capitation, sous le prétexte faux du tort que leur a fait l'éloignement du parlement, et le rappel de l'universalité des membres ; et leur éloge part de là tout naturellement. Ils l'ont remise à l'évêque de Rennes le 1er de ce mois ; on en a demandé lecture aux états ; mais il l'a refusée jusqu'à ce que les affaires qui sont en délibération fussent terminées. Il y a eu chaleur sur ce refus ; mais il a fermé la bouche aux brouillons assez adroitement en leur disant que cette requête tendant à une diminution de capitation, il fallait savoir auparavant si les états consentiraient de payer au roi cette imposition.

Les commissions furent nommées jeudi dernier, et vous sentez bien que les commissaires de l'ordre tumultueux ne sont pas gens bien tranquilles. Les Piré père et Kerguézec sont de la commission des contraventions seulement, le jeune Piré ayant assuré qu'ils seraient de retour à temps. Le mémoire auquel les 12 commissaires travaillent sera rédigé dimanche prochain et partira d'aujourd'hui en huit ; on croit qu'il sera adressé au bâtonnier des avocats de Paris pour être remis à M. le vice-chancelier.

M. d'Aiguillon envoya chercher le syndic des marchands pour lui laver la tête sur ce qu'ayant présenté requête aux états il n'en avait pas remis une auparavant aux commissaires du roi.

Il y a eu hier de grands cris au sujet de l'emprisonnement au Bouffay de Nantes de deux soi-disant gentilshommes, MM. de Châtillon et Simon de Souchay, qui, s'en retournant chez eux, le 7 du passé, assommèrent un postillon de Roudien ; et encore sur ce que plusieurs officiers de la marine avaient été rappelés par M. de Roquefeuille. La noblesse ordonna que son président écrirait à MM. de Choiseul et de Praslin, après qu'il eut été envoyé une députation à l'intendant, pour savoir d'où provenait l'ordre de détention desdits deux membres des états ; à quoi fut répondu que c'était par lettres de cachet envoyées par M. de Choiseul. M. d'Aiguillon a eu la bonté de les faire transférer au château de Nantes ; vous pensez bien qu'on ne lui en a pas grande obligation, et la générosité, comme vous dites, ne fait pas grand effet sur les cœurs bretons.

Les ordres sont aux chambres depuis trois jours pour délibérer sur les demandes du roi. Il y a à chaque séance quelques épisodes dont le détail serait trop long. Beaucoup d'insolence à l'égard de M. de la Trémoille qui continue à se conduire très bien. Le Silguy (1) entretient aussi une grande union dans son ordre ; et celui de l'église n'a de faux frères que les abbés de Pontual (2) et des Fontaines (3).

(1) A la page 3 du procès-verbal de la « tenue » des états de 1766-1767 (Arch. d'Ille-et-Vilaine, C. 2692), on voit figurer, en tête de la liste du tiers, M. de Silguy, sénéchal du présidial de Quimper. Il prit la présidence du tiers, comme seul sénéchal-présidial, en l'absence du sénéchal de Rennes. Jean Hervé de Silguy, fils de Hervé-Gabriel de Silguy, sénéchal du présidial de Quimper, né dans cette ville le 10 mai 1728, avocat au parlement, fut pourvu, par lettres royales du 10 mai 1757, sur la nomination du duc de Penthièvre, de l'office de sénéchal du présidial de Quimper, sur la démission et en remplacement de son père. Il ne conserva pas longtemps ses fonctions ; il les résigna par acte du 16 juin 1768 en faveur de M. de Tréverret, procureur du roi au même siège. Il mourut à Quimper le 28 pluviôse an XII, laissant une nombreuse famille. (Arch. de la cour d'appel de Rennes, *Reg. d'enregistrement*; *Reg. d'état civil* de Quimper.)

(2) Louis-Marie de Pontual, que l'acte de son décès fit naître à Saint-Colombin (dioc. de Nantes), vers 1712, docteur en théologie, d'une famille noble qui a résidé à Saint-Lunaire, à Saint-Malo et à Nantes, était proche parent et probablement frère du chevalier de Pontual, qui a joué un rôle actif à la tenue des états de 1766-1767. Devenu vicaire général de l'évêché de Nantes, il a été nommé en 1755 abbé commendataire de l'abbaye de Beaulieu, au diocèse de Saint-Malo (Augustins de la réforme de Sainte-Geneviève). Il est mort à l'hôtel de Pontual, en Saint-Denis de Nantes, le 25 juin 1789. (*Registres paroissiaux* de Saint-Denis de Nantes ; *Gallia christiana*, XIV, col. 1031-1033.) Dans la *Gallia christiana*, on lit Pontrial, au lieu de Pontual ; c'est une faute d'impression. M. d'Aiguillon pensait que la tête de l'abbé n'était pas bien saine. A la tenue de 1764, il avait déjà appuyé tous les avis les plus violents. (Arch. nat., H. 362, 2 janvier 1767.)

(3) L'abbé des Fontaines aurait été l'ami et le commensal de M. de La Chalotais. Le premier commissaire voyait en lui le plus dangereux des opposants de son ordre parce qu'il avait « de l'esprit, des connaissances » et ne manquait pas

Si les gens en grade du troisième ordre, les officiers et autres bien voulants, avaient plus d'âme, tout irait bien, et la méchanceté serait confondue.

CLXXIV

Paris, le 7 février 1767.

M. de La Noue à M. de Fontette.

On vient de me faire voir une lettre, mon cher maréchal, où est mot à mot la période suivante : M. de Flesselles est piqué de ce que M. de La Noue a mandé au général que tandis que celui-ci inspire la confiance et l'espérance que tout ira bien, l'autre au contraire ne donne que du désespoir et montre toujours du noir; que M. de Flesselles n'a rien écrit de semblable, parce qu'il n'a jamais mandé que le vrai.

J'ai à la vérité mandé à peu près cela à M. d'Aiguillon le 26 janvier ; mais j'étais bien loin d'imaginer qu'il en naîtrait une tracasserie, mon intention n'ayant été en écrivant que d'engager M. d'Aiguillon et M. de Flesselles à s'accorder pour l'uniformité de leur style en cour sur ce qui se passait. Je n'ai point vu les lettres de M. de Flesselles qui ont donné lieu à cela ; mais on me dit à Versailles, lors de la grande chaleur de la noblesse : Toutes les lettres de M. d'Aiguillon donnent de l'espérance et recommandent la patience, mais celles de l'intendant ne laissent pas grand espoir, et il voit noir.

En imaginant qu'il était du bien de la chose d'avertir, je croyais qu'il n'était pas utile de me citer ; c'est une peine gratuite que m'occasionne notre général, et que mon zèle et mon attachement ne me donnaient pas lieu d'attendre. Je vous prie, mon cher maréchal, de lui en parler, et de dire à M. de Flesselles que je n'ai jamais eu l'intention de le désobliger ; c'est le plus loin de ma pensée.

d'éloquence. (Arch. nat., H. 362, 2 janvier.) Il se nommait exactement Le Franc de Fontaines. Il a été le trente-septième et dernier abbé de l'abbaye de Geneston, près de Saint-Philbert de Grandlieu (Augustins réformés). (*Gallia christiana*, XIV, col. 855-858.)

CLXXV

Rennes, le 7 février 1767.

M. de Fontette à M. de La Noue.

Avant-hier la requête des marchands ayant été lue aux états, les ordres se retirèrent aux chambres pour y délibérer. La séance se termina sans rien conclure. Hier l'affaire fut terminée ; on passa à l'avis des deux ordres, qui fut de la rejeter. Celui de la noblesse était de la renvoyer à la commission des demandes ; cet ordre voulut triompher par scrutin, qui fut de 192 voix pour ledit avis contre 7 pour la rejeter ; tous ceux du dernier parti s'étant absentés ou n'ayant pas voté, par faiblesse, et regardant la chose comme tout à fait indifférente, attendu l'avis connu des deux autres ordres ; enregistrement de l'avis de la noblesse dans son greffe, qui sera un bon répertoire, si Dieu lui prête vie, ce que je ne crois pas.

Je ne sais pas comment on peut blâmer la faiblesse dans votre pays ; soyez fermes et vous verrez ce que nous serons, et nous blâmerez, si nous ne le sommes pas. On devrait bien songer que la faiblesse des inférieurs, qui peut toujours être démentie, est sujette à moins d'inconvénients que celle des supérieurs, qui sert toujours d'appui et d'encouragement aux méchants. Mais, comme vous le dites, je prêche un converti ou des convertis, dont l'exemple ou les propos ne font guère de prosélytes. Auri sacra fames, quid non, etc., etc. Laissons cela de peur d'enrager.

La requête des procureurs a été dénoncée au parlement qui ordonna hier que les registres de cette communauté lui seraient apportés, enjoignit à M. Le Prestre d'en informer ; sur quoi, ce matin, conclusions et arrêt presque conforme, qui ordonne que ladite requête sera bâtonnée sur les dits registres, copies supprimées ; que les douze commissaires rédacteurs d'icelle seront semoncés lundi prochain, et interdits pour trois mois. Autre arrêt du même jour condamnant à la prison le greffier de ladite communauté pour avoir fait résistance à la cour qui venait de lui enjoindre d'avoir à remettre la copie authentique présentée à M. d'Amilly, qui l'avait rendue aux dits procureurs. Les conclusions de M. Le Prestre, que j'ai lues, et qui sont bien faites, paraîtront imprimées mardi, et vous en aurez un exemplaire par le courrier de mercredi. Le premier arrêt s'en suivra. Si je puis avoir copie des commissions nommées dernièrement dans les trois ordres, je vous l'enverrai demain. Le nombre des gens raisonnables en est fort court; je les marquerai d'une croix.

Aujourd'hui les états se sont occupés du rapport des députés en cour, dont les articles sont nombreux; il n'y a pas eu d'épisodes intéressants.

Votre catilinaire est un grand fourbe et un grand menteur. Ceux qui font courir le bruit qu'il n'y a ici que sept membres du parlement (1) ne le sont pas moins, car ils sont au moins vingt; c'est presque autant qu'il y en avait dans les temps les plus brillants de la république (2); car vous savez qu'ils ne se piquaient pas d'assiduité.

Adieu, mon cher La Noue, je vous embrasse de tout mon cœur.

CLXXVI

Paris, le 11 février 1767.

M. de La Noue à M. de Fontette.

Il est grand bruit ici d'une scène vive entre M. de Saint-Florentin et M. de Sartine (3), avant-hier, relativement à l'odieux mémoire du pot de tabac. On dit que M. de Saint-Florentin s'est expliqué sur les deux millions donnés pour la police; qu'ils étaient mal employés, si on ne s'en servait pas à découvrir la source de l'impression de ce mémoire, etc.; que le lieutenant de police a répliqué qu'il ne devait compte qu'au roi de l'emploi de cet argent, etc. Je ne sais rien de positif sur tout cela.

(1) Le procès-verbal de l'audience du 7 février 1767 constate la présence à l'audience du premier président, de trois autres présidents et de quatorze conseillers, en tout dix-huit. (*Registres secrets*.)
(2) M. de Fontette entend par là le temps où l'ancien parlement était en fonctions.
(3) M. de Sartine (1729-1801) était alors lieutenant-général de police. Il exerça ces fonctions de 1759 à 1774.

Quelque chose de plus sûr est que, dînant avant-hier chez M. Masson avec quatorze ou quinze très honnêtes gens, et entre autre M. Charpentier, de chez le chevalier d'Arcq (1), on m'interpella hautement pour savoir si notre général ne cherchait pas les moyens de repousser le mémoire du pot de tabac; qu'il était honteux au gouvernement que ce mémoire eût été mis au jour; que la calomnie publique, sans réponse, pouvait faire impression, au moins dans l'esprit des gens peu éclairés... Je répliquai que naissance, grades, dignités, zèle, fidélité, travail et conduite avaient jusqu'à présent engagé le général à voir d'un œil de mépris toutes les horreurs que la cabale avait imaginées et vomies dans le public; que j'ignorais le parti qu'il prendrait vis-à-vis d'une récidive aussi atroce; que la justification par écrit était une arme au-dessous de lui; qu'il lui serait aisé de réduire en poudre la méchanceté de ses ennemis; qu'un particulier très inférieur, qui était attaqué dans ledit mémoire, avait fait une réponse abrégée, qui convaincrait de toute fausseté l'auteur du mémoire, etc.

On fut étonné de n'avoir jamais vu cette réponse; on me la demanda; j'avais en poche cette réponse du sieur Audouard, dont je voulais parler; on me pria de la communiquer; elle fut lue dans le comité, et tous s'accordèrent à dire qu'il fallait la rendre publique, parce qu'en démontrant la fausseté vis-à-vis du sieur Audouard, c'était donner au public une présomption de la même fausseté contre toutes les personnes respectables nommées dans ledit mémoire... Je ne répliquai pas à cette exclamation; mais M. Charpentier, de chez le chevalier d'Arcq, me pria en grâce de lui remettre cette réponse pour la communiquer audit chevalier d'Arcq; ce que j'accordai.

En sortant de là, je vis M. Benoît qui me dit qu'il croyait utile que le général fît apparoir un écrit d'un citoyen honnête homme, indigné du mémoire, et que le zèle obligeât de rendre témoignage

---

(1) Nous pensons qu'il s'agit ici de Philippe-Auguste de Sainte-Foix, chevalier d'Arcq, dont la *Correspondance* de Grimm parla plusieurs fois, en particulier à propos des *Lettres d'Osman* (1753), qui sont une imitation des *Lettres persanes* de Montesquieu. (*Correspondance littéraire, philosophique et critique*..., t. II, pp. 133, 245; t. III, pp. 310 et 516.)

à la vérité (à peu près dans le genre de ma lettre garde-côte et de celle sur les grands chemins), qu'il se croyait obligé à développer, etc.

M. Benoît me pria de demander cela au général... Hier, après midi, je causai longuement de cette idée avec M. Mantel. Il la combattit fortement : 1° en ce qu'on ne balancerait pas de croire le général auteur de l'écrit, et qu'il n'est pas fait pour se cacher ; 2° en ce qu'il pourrait intervenir un arrêt furibond contre l'écrit, qui conserverait à jamais une trace désagréable ; 3° que, dans la position du général, à tous égards, il n'y avait d'autre moyen décent à employer que de demander justice au roi et le supplier, avec les plus vives instances, de faire usage de sa sagesse et de son autorité pour déchirer le voile de la calomnie et ouvrir les yeux du public, etc.

Mon avis n'ajoutera certainement rien au choix à prendre de ces différents partis ; mais je suis fortement pour celui de Mantel ; et que notre général, ayant une fois formé sa demande au roi, n'en démorde qu'autant que le souverain aura fait chose justificative.

Hier soir je vis à l'opéra ce M. Charpentier qui me dit que le chevalier d'Arcq faisait copier la réponse d'Audouard, et voulait que je lui fusse amené le 16 de ce mois, ce qui sera exécuté. Mandez-moi, je vous prie, ce que le général pensera de tout ceci.

Vous avez sans doute le fougueux arrêt du 6 de ce mois contre quatre pauvres prêtres, chanoines de Notre-Dame de Paris et de la collégiale de Saint-Cloud, dont un est mort ; qui n'avaient d'autres crimes que celui d'avoir été dire, en 1762, aux religieuses de Saint-Cloud d'être douces, charitables, de ne pas allumer un incendie qui pourrait brûler d'honnêtes gens. Eh bien! ils sont bannis à perpétuité ; biens confisqués, bénéfices impétrables, et affichés à un poteau, en place de Grève... Tout le monde crie d'autant qu'il n'est cité pour crime que... « perturbateurs du repos public... ». Moi j'ai dit : La Chalotais n'est qu'exilé!

Quelle platitude que le mécontentement des bastionnaires sur le compliment de condoléance ! Quelle sottise que le scrutin des nobles sur la requête des marchands ! Je croyais la méchanceté plus politique et plus adroite ; mais je suis forcé de convenir que vos brouil-

lons sont bêtes et méchants, et que leurs confrères sont bien pusilla-
nimes.

Mantel m'a raconté hier la requête des procureurs, les conclusions de M. Le Prestre, et les arrêts contre les rédacteurs et contre le greffier emprisonné de la communauté. Je ne puis m'empêcher de trouver la requête, toute indécente qu'elle est, écrite avec esprit ; mais M. Le Prestre l'a mise en poudre. Ses conclusions sont bien faites, et l'arrêt est vigoureux. On dit qu'ils se démettront. Mantel dit : Tant mieux, ce sont des sangsues de moins !

CLXXVII

Rennes, le 11 février 1767.

M. de Fontette à M. de La Noue.

Je vous ai mandé, mon cher La Noue, les arrêts rendus contre les procureurs (1) qui vinrent le 9 à l'audience, où leur syndic témoigna (au nom de sa communauté, présente en robes, à l'exception de douze interdits qui n'avaient pas les leurs) le regret d'avoir déplu à la cour. Le discours n'était pas, dit-on, aussi satisfaisant et aussi humilié qu'il aurait dû l'être, mais messieurs s'en contentèrent, et donnèrent un arrêt par lequel, faisant grâce, ils levèrent l'interdiction et supprimèrent la semonce qui était ordonnée. Ils ordonnèrent aus-

(1) Il est ici question de deux arrêts de la cour de Rennes, l'un du 7, l'autre du 9 février sur les réquisitions de Le Prestre de Chateaugiron ; le parlement, à la date du 7 février, ordonna que la délibération des procureurs et la minute de la requête inscrite sur le registre de ladite communauté seraient rayées et biffées par M. Desnos des Fossés, conseiller rapporteur ; que les copies de la requête seraient apportées au greffe et supprimées ; que les douze procureurs commissaires seraient mandés en la cour pour être semoncés par le premier président, et qu'ils seraient interdits pendant trois mois de toutes fonctions ; que le présent arrêt serait imprimé, etc. Avant que l'arrêt fût rendu, le syndic des procureurs mandé à la Chambre et invité par le premier président à représenter le mémoire signé de sa communauté, qu'il lui avait rendu, répondit qu'il l'avait remis à M. Le Bris, greffier de la communauté. Celui-ci refusa de s'en dessaisir sans le consentement de ses confrères. La cour le fit arrêter et conduire en robe dans une des prisons du palais. Le 9 février la cour rendit un nouvel arrêt qui confirmait en partie celui du 6, levait *par grâce* l'interdiction portée contre les douze procureurs, défendait d'imprimer l'arrêt du 7 et ordonnait la mise en liberté du greffier de la communauté. Le même jour, les procureurs arrêtèrent qu'ils se pourvoiraient au conseil du roi en cassation des arrêts du 7 et du 9. (*Témoignages des différents ordres de la province*, pp. 64-72.)

si l'élargissement du greffier de ladite communauté sur la remise qui fut faite à la cour de la copie signée de la requête qui avait été refusée insolemment la veille. Tout paraissait calme; mais lesdits procureurs, échauffés au sortir de l'audience, et peut-être enhardis par la clémence, s'assemblèrent dès le même soir. Il y eut plusieurs avis pour cesser toutes fonctions, et la délibération allait passer ; mais elle fut plus modérée, et ils arrêtèrent de se pourvoir au conseil pour y suivre la cassation des deux arrêts contre eux. Ils nommèrent vingt-quatre commissaires à cet effet.

L'alarme fut chaude chez les gens timides du parlement; beaucoup de messieurs étaient assemblées chez le premier président, pendant que les procureurs délibéraient. Les allées et venues étaient fréquentes du sénat au mont Esquilin ; car cela ressemblait, en infiniment petit, aux dissensions du peuple et du sénat romain. Enfin les procureurs voulurent bien continuer leurs bons offices à leurs clients, et messieurs continueront à juger.

Voilà ce qui s'est passé sur les affaires du parlement. Celles des états ne me fournissent rien à vous dire, car il ne s'en est point fait depuis deux jours ; et je ne sais ce qui se fait aujourd'hui.

L'engourdissement vient de sept dragons de deux régiments différents, qui entrèrent et logèrent avant-hier dans la ville, passant pour se rendre à l'école d'équitation. Aussitôt le grand Piré et sa séquelle s'écrièrent que la liberté était gênée; et, en un instant, le bruit se répandit qu'il y avait cinq mille hommes autour de la ville. Il est vrai que le soir il en entra encore douze, venant de Cambrai ; est hier encore douze autres ; mais je crois que toute l'armée s'est dispersée aujourd'hui. Voyez le bon esprit de ces grands personnages qui en gouvernent de bien petits.

CLXXVIII

Rennes, le 12 février 1767.

M. de Fontette à M. de La Noue.

Je ne sais que vous dire des états. Ils sont toujours sur les demandes du roi. La capitation les tient toujours ; ils ont déjà fait au moins deux des députations usitées sur ce point : la première pour demander la suppression de cette imposition ; la seconde pour en demander la diminution, qui a été accordée, de cent mille livres. Ç'aurait dû être chose finie dès hier ; c'était l'avis du tiers ; mais celui de la noblesse fut d'autoriser la commission des demandes à aller consentir au pied du trône, et de la charger en même temps du recours des états au souverain sur différents objets intéressants à son service, et au bien de la province. Je ne vous dis que le précis de cet avis, qui est bien autrement long et entortillé. L'église ne donna pas son avis, afin de voir si, dans les vingt-quatre heures, il y aurait quelques moyens de conciliation. Demain la séance sera chaude sans doute, à moins que, par retard à délibérer, on ne renvoie encore la décision de cette affaire au lendemain ; je ne pourrai pas vous dire ce qui se sera passé, car rien ne sera décidé avant midi, heure du départ du courrier ; mais vous sentez bien que si les brouillons commencent à chicaner, dès le premier pas, ils ne seront guère plus accommodants par la suite ; et qu'il n'y a guère à douter qu'on ne soit forcé de renouveler la division des deux ordres contre un ; ce qui ne lèvera peut-être pas encore toutes les difficultés.

Hier, après les états, M. de La Morandais demanda à son ordre de rester un moment et de lui prêter audience. Son discours ne fut ni fleuri ni long ; il demanda seulement si on trouverait bon qu'il s'assemblât le soir avec M. de Piré, pour raisonner sur l'affaire, et en rendre compte à l'ordre le lendemain. Les uns levèrent les épaules ; les autres éclatèrent de rire ; mais le plus grand nombre fut pour l'applaudissement.

CLXXIX

Rennes, le 15 février 1767.

M. de Fontette à M. de La Noue.

Il y eut hier, mon cher La Noue, le plus beau feu roulant qu'on eût vu depuis longtemps aux états ; mais avant de vous raconter cette grande affaire, il faut vous dire l'état et la position des armées. Je vous ai mandé ce qui s'était passé le 12, et comme quoi, l'avis des deux ordres étant de consentir la capitation avec les diminution[s] accordées; celui de la noblesse avait été de ne la consentir qu'a[u] pied du trône, et entre les mains du roi, par la voie d'une députatio[n] qui serait chargée en même temps de leurs représentations s[ur] objets intéressant le service de Sa Majesté et le bien de la provinc[e.] Le 13, la noblesse persistant dans son avis, les commissaires d[u] roi entrèrent, et se firent donner copies signées des avis des ordre[s] pour les envoyer au roi ; après quoi M. d'Aiguillon fit défense au[x] états, de la part de Sa Majesté, de s'occuper davantage de la capi[-]tation, et leur ordonna de délibérer dans vingt-quatre heures sur l[es] vingtièmes. La noblesse demanda à M. d'Aiguillon d'aller lui porter u[n] mémoire et une lettre, pour les faire passer au roi ; ce que M. d'A[i-]guillon lui accorda. Elle y vint en corps, à la sortie des état[s,] remit lettre et mémoire que M. d'Aiguillon promit de faire passe[r,] si, après les avoir examinés avec les commissaires du roi, ils voyaie[nt] qu'ils ne contenaient rien qui pût déplaire à Sa Majesté.

Hier, M. l'évêque de Rennes ayant proposé à l'ouverture de [la] séance d'écouter le rapport de M. l'évêque de Vannes, chef de [la] commission des demandes, au sujet des vingtièmes, il fut interromp[u] par M. de La Besneraye(1), qui, juché sur un banc, annonça la mo[rt] de Mlle de La Chalotais, et proposa d'envoyer une députatio[n] à la famille. On eut beau remontrer que ce n'était pas l'usage et que quelques jours auparavant, Mme de La Fruglaye étant mort[e,] il n'avait pas été question d'envoyer complimenter ses parents. L[es] cris du bastion ne permirent aucune représentation. On traita le[s] opposants de persécuteurs ou d'adhérents aux persécuteurs du gran[d] La Chalotais et de sa malheureuse famille; et on insista pour [la] députation. L'avis du tiers fut qu'il n'en serait pas envoyé ; celui d[e] l'église qu'il n'y avait pas lieu à délibérer. La noblesse envoya d[e] son chef six de ses membres. Après cette altercation, qui fut vi[ve] et souvent mêlée de propos offensants, l'évêque de Rennes remit s[ur]

(1) C'est Joseph-Célestin Huchet de La Bédoyère, comte de La Besneraye, ancie[n] lieutenant des vaisseaux du roi, chevalier de Saint-Louis, fils aîné de Joseph-Hy[a-]cinthe Briand Huchet, comte de La Bédoyère, commandant la noblesse de l'évêc[hé] de Rennes. Il avait épousé, par contrat du 30 décembre 1742, Marie-Gabrielle d[e] La Bourdonnaye, dont il a eu des enfants. (Archives d'Ille-et-Vilaine. Généalog[ie] de la famille de La Bourdonnaye, au fonds de Laillé.)

le tapis le rapport de l'évêque de Vannes, qu'on ne voulut pas entendre. Le bastion n'étant pas bien uni sur ce point, M. de La Trémoille prit les voix de son ordre par deux fois, et énonça que la pluralité était pour entendre le rapport. Les plus forcenés crièrent que cela n'était pas vrai, et la scène de ceux-ci fut vive contre le président qui soutint fortement la validité de son énonciation, et parla avec fermeté à ceux qui la niaient. M. l'évêque de Vannes ayant voulu commencer son rapport à plusieurs reprises, il fut interrompu, et dans un des instants d'inaction et de silence, M. de La Morandais annonça scission avec l'ordre de l'église et l'évêque de Rennes en particulier, maudissant quiconque communiquerait avec lui. Celui-ci prit la parole pour témoigner combien il serait touché de l'abandon de ces messieurs; mais les cris de scission ayant recommencé, il leur dit fort vivement : Eh bien, Messieurs, scission soit, mais obéissons au roi, et travaillons à ses affaires; et voyant que le tapage recommençait, il demanda les chambres et y mena son ordre, que le tiers suivit. La noblesse, sentant le vice de sa position, envoya capituler et prier les ordres de rentrer, promettant de travailler si les commissaires du roi voulaient retirer l'ordre de délibérer dans les vingt-quatre heures.

Les choses étaient en cet état, lorsque le procureur syndic, que M. d'Aiguillon avait envoyé chercher, revint et s'assura que MM. les commissaires du roi, sans rien promettre, lui avaient dit d'assurer les états, qu'ils se détermineraient à retirer l'ordre; ainsi qu'on travaillât de bonne foi. L'église et le tiers rentrèrent sous condition que si le rapport de M. de Vannes était interrompu, ils se retireraient encore aux chambres; effectivement, il fut écouté paisiblement, après quoi les états se séparèrent. Le lendemain le combat dura dans toute sa chaleur depuis dix heures jusqu'à trois. Il serait trop long de vous raconter en détail tous les faits d'armes particuliers de cette grande journée, l'acharnement des chefs. Chaque coin de la salle était un champ de bataille où se vidaient les querelles privées, et, par la grâce du tout-puissant, sans effusion de sang. De dix ou douze gentilshommes invités il n'en alla que deux ou trois chez l'évêque ; mais plusieurs autres, même de cet ordre, s'y rendirent; et nous nous trouvâmes quarante-cinq en deux tables; il y eut peu de monde

chez M. de La Trémoille. Je ne sais comment cela se passera aujou[rd']
d'hui. L'église doit se retirer aux chambres, à l'ouverture de [la]
séance, pour délibérer sur les vingtièmes.

Adieu.

CLXXX

Paris, le 16 février 1767.

M. de La Noue à M. de Fontette.

Samedi, avant-hier, mon cher maréchal, après avoir fermé po[ur]
la seconde fois ma lettre, je me rendis à Versailles, où j'appris [de]
M. le duc de Duras que, la veille, le roi lui ayant demandé à s[on]
lever si on parlait toujours de la retraite de M. de L'Averdy, le mo[]
narque avait ajouté : « Ces bruits ne peuvent être répandus qu[e]
par de mauvais génies qui cherchent à brouiller et à renverser m[es]
finances pour pêcher en eau trouble; ils parlent aujourd'hui de M.
L'Averdy, qui est un honnête homme et que j'estime; demain [ils]
parleront de M. de Saint-Florentin, du duc de Choiseul, etc... C[es]
méchants ne mériteraient pas d'être pendus, mais d'être pilés da[ns]
un mortier; je les fais chercher, et si je les découvre, ils éprouv[e]
ront mon indignation. » Ce sont les mêmes mots que nous a dits [le]
duc de Duras ; et que le roi était dans un accès de colère, et se pr[o]
menait avec vivacité pendant cette oraison.

Mantel me dit, une demi-heure après, avoir mandé cela le jo[ur]
même au commissaire, mais très en raccourci. J'ai cru devoir vo[us]
le dire avec détail...

Mantel m'a dit aussi avoir mandé l'audace de notre parlement qu[i,]
par son arrêté du 13, a suspendu l'effet des arrêts du conseil q[ui]
casse celui qu'ils avaient rendu contre le sieur Bellanger, et qui, [or]
donnant qu'on fera des représentations, décide que leur premi[er]
arrêt sera exécutoire. On s'est fort échauffé sur cet événement [au]
conseil des dépêches du 14; à onze heures du matin, on a pris u[n]
parti que Mantel n'a pu me dire, mais que nous saurons aujourd'h[ui.]
Il a ajouté qu'on avait senti au conseil que cette tentative conduis[ait]
à revenir sur tout ce que le roi avait prononcé le 22 décembre s[ur la]
Chalot, etc.

A midi, je vis M. Benoît, qui me chargea d'informer le commissaire qu'il ne lui écrivait pas, parce qu'il n'avait rien de particulier à lui dire ; mais que je pouvais l'assurer qu'on était résolu à lui accorder toute la patience qu'il désirerait sur sa besogne, et qu'on s'attendait qu'il pousserait les choses de son mieux ; que le commissaire pouvait être assuré de l'intention où on était ici de sabrer la requête des procureurs en cassation des deux arrêts de votre parlement, et le mémoire des avocats ; qu'on était bien aise que ces deux pièces vinssent ici pour prouver de quel œil on voyait l'ambassadeur. Au surplus, M. Benoît demande en grâce au commissaire d'éviter absolument de relater dans ses lettres les faiblesses qu'on a eues ici, dont on est honteux.

Savez-vous que la cabale a envoyé chez tout l'univers les billets d'enterrement de Mlle de La Chalotais pour exciter à la pitié sur cette héroïne de l'amour filial ?

Sous l'entortillage de l'avis de la noblesse pour la capitation, on découvre toujours la malignité d'allonger la besogne, même de la rompre ; et l'idée invariable de venir plaider à la cour à chaque hoquet. Si on les en croyait ils établiraient le tapis vert des députations dans l'œil-de-bœuf... Il y a longtemps que je pense et que j'ai dit à Benoit la nécessité de rétablir le règlement de la pluralité des ordres au lieu de l'unanimité ; je vais en parler encore.

M. de Coniac et moi avons été l'un chez l'autre ; depuis je l'ai rencontré par ci par là ; on me dit, il y a quelques jours, qu'il repartait pour la Bretagne ; c'est tout ce que j'en sais.

CLXXXI

Paris, le 18 février 1767.

M. de La Noue à M. de Fontette.

Je dînais hier, mon cher maréchal, chez M. Benoît. Il me dit que, suivant la dépêche de ce jour, qu'il venait de lire, il prévoyait la nécessité de rompre les états d'ici quinze jours ; qu'il devait conférer le soir à 8 heures avec M. de Grandbourg, et que, selon toute apparence, les faits seraient jugés assez graves pour être portés devant M. le duc de Penthièvre (1); qu'en ce cas ce ne serait que dans quelques jours, et qu'en attendant le commissaire pourrait bien ne pas recevoir de dépêche en retour, pour aujourd'hui. Comme il était pressé de sortir, il n'a pu me faire lire la dépêche suivante; c'est vous qui m'avez instruit. Je vais chez Mantel qui, je crois, m'en dira de bonnes.

On vous mande, sans doute, que notre premier président et deux à mortier ont été mandés pour onze heures, hier matin, et qu'on leur a lu un nouvel arrêt du conseil qui casse l'arrêt que le parlement a rendu le 13 de ce mois. Cet arrêt du conseil est imprimé, mais n'a point été crié ni distribué publiquement, je ne sais pourquoi. Je viens d'en envoyer chercher des exemplaires; s'il m'en arrive, vous en aurez un. On me l'a dit bien doux, et néanmoins le parlement est furieux, et veut en avoir raison.

CLXXXII

Rennes, le 18 février 1767.

M. de Fontette à M. de La Noue.

J'en étais resté, ce me semble, dans ma lettre du 15, à la scission avec l'évêque de Rennes. Je ne sais à propos de quoi; car les scènes et les événements se succèdent si rapidement qu'à moins d'entretenir journal, il est bien permis de les confondre. Avant-hier, le 16, le bastion envoya demander à M. d'Aiguillon à quelle heure il voudrait bien recevoir les décemvirs. Vous savez ce que c'est que ces décemvirs chargés de poursuivre toutes les affaires particulières au bastion, qui se qualifie du nom d'ordre de la noblesse. Il les reçut le soir à neuf heures, les commissaires du roi présents. Ils lui demandèrent s'il avait fait passer, ou examiné pour faire passer leur lettre et leur mémoire au roi, et il répondit que la lettre était partie,

(1) Louis-Jean-Marie de Bourbon, duc de Penthièvre (1725-1793), fils du comte de Toulouse, est le dernier descendant des bâtards légitimés de Louis XIV. Dans la correspondance Fontette on le désigne parfois sous le nom de l'Amiral, parce qu'il est amiral de France. Il est gouverneur de Bretagne depuis 1737, et le duc d'Aiguillon le supplée, comme lieutenant-général-commandant de la province. Il avait épousé Marie-Thérèse d'Este, qui mourut en 1754. Il avait deux enfants: le prince de Lamballe et Louise-Marie-Adélaïde, qui épousa Philippe-Égalité.

mais que le mémoire contenant des choses et touchant un article sur lequel le roi avait imposé silence à la noblesse, et défendu à ses commissaires de recevoir aucun recours, lesdits commissaires n'avaient point été de l'avis de l'envoyer.

Sur le refus des commissaires du roi de faire passer le mémoire, il fut proposé à M. de La Trémoille de signer une vingtaine de lettres qu'on tenait toutes prêtes pour les princes du sang, les ministres, les barons, etc., par lesquelles on leur demandait leurs bons offices pour faire parvenir au roi le recours de la noblesse de Bretagne. M. de La Trémoille refusa de les signer. On tira aussitôt un papier préparé contenant un refus avec autorisation aux décemvirs de signer en son lieu et place, ce qu'il refusa encore de faire, promettant de libeller un refus qu'il signerait; mais les brouillons voulaient qu'il signât celui qu'ils avaient dressé, et le pressaient et l'entouraient de façon que les conseillers sages ne pouvaient en approcher. Des gens sensés allèrent demander secours à l'église, qui rentra au théâtre, ainsi que le tiers, ce qui causa une grande rumeur; mais l'évêque de Rennes profita d'un intervalle de silence pour indiquer les états au lendemain, et il sortit avec les deux ordres au milieu desquels M. de La Trémoille s'échappa; il fut suivi de quarante ou cinquante gentilshommes, mais il en resta un bien plus grand nombre, et le bastion frémissant ordonna à M. de Bégasson (1) de nommer sept députés pour aller avec lui sommer M. de La Trémoille de rentrer. Il était déjà chez lui, et il aurait mieux fait de s'y tenir, d'autant plus que M. d'Aiguillon, qui y dînait, était en chemin pour s'y rendre; mais il se laissa aller, et retourna au milieu de ces fana-

(1) Ce peut être Joseph-René de Bégasson, écuyer, seigneur de La Lardaye, page de la grande écurie du roi, fils de François-René de Bégasson, seigneur de La Lardaye, devenu en 1717 lieutenant des maréchaux de France, et de Anne-Marie-Charlotte Grimaudet de La Lande. Il était né le 20 juillet 1732. (La Chesnaye des Bois, t. II, col. 822.) Ni le *Dictionnaire* de La Chesnaye des Bois, ni l'*Armorial* de d'Hozier (2ᵉ partie) ne suivent Joseph-René de Bégasson au-delà de 1738, de sorte que nous ne pouvons dire que ce soit celui-là qui fut compromis dans les affaires de La Chalotais.

Nous croyons plus volontiers que le fameux bastionnaire fut Julien-René de Bégasson, seigneur de La Lardais, fils de Julien-René de Begasson, seigneur de La Lardais, conseiller au parlement de Bretagne, et d'Elisabeth de Langle, né en Saint-Etienne de Rennes, le 12 novembre 1715. Ce dernier est mort à Rennes, à l'âge de quatre-vingt-un ans, le 17 ventôse an V, sous le nom de Bégasson La

tiques à qui il céda. Il signa donc le refus et l'autorisation. De retour chez lui, où était M. d'Aiguillon, on lui fit sentir sa faute, dont le bastion profita pour faire partir sur-le-champ par un courrier toutes lesdites lettres auxquelles ils joignirent une copie du refus et de l'autorisation de M. de La Trémoille. Bien confus et repentant de sa faiblesse, il écrit une lettre au roi, et en même temps fait une protestation qu'il a signée, et qui l'a été dans la soirée par quatre-vingts gentilshommes, qui n'ont eu aucune part à cette levée de boucliers, et qui désapprouvent authentiquement cette demande audacieuse. Il n'y a eu dans la soirée que ces quatre-vingts qui aient pu signer ; mais il s'en trouvera sûrement encore d'autres aujourd'hui, et nous ne doutons pas que, dans quelques jours, ce bastion de gens raisonnables ne soit aussi fort que celui des brouillons. Je ne puis vous dire ce qui se passera aujourd'hui. La fureur sera grande sans doute contre M. de La Trémoille, mais le courrier partira trop tôt pour que j'en sois informé. Vous le serez chez Mantel, et même de l'aventure d'hier avant de recevoir cette lettre ; car je crois que M. d'Aiguillon fit partir hier au soir un courrier particulier (1). Je crois que, sans

Lardais. (*Registres paroissiaux* de Saint-Etienne de Rennes, *Registres de décès* de Rennes, au V.)

(1) Voici comment, du côté du bastion, on a raconté les faits : « Personne ne réclame publiquement contre cette délibération (celle de l'ordre de la noblesse relative à l'envoi de lettres aux princes du sang, ministres, etc., pour les prier de faire passer sous les yeux du roi le mémoire par lequel cet ordre réclame le rétablissement du parlement) publiquement formée. Dans la nuit même, M. le duc d'Aiguillon (*en personne*, dit le journal de la noblesse), pour traverser le succès de cette démarche, rassemble à la hâte, secrètement, et par différentes voies, à l'hôtel du président de la noblesse, jusqu'à quatre-vingt-trois gentilshommes. Dans ce nombre, ceux de sa maison qui, nés Bretons, avaient le droit originaire d'emploi aux états, mais l'exclusion accidentelle par leur emploi, selon les règlements des états ; d'autres peu au fait des affaires, d'autres que l'on trompe et qui l'ont déclaré depuis ; quelques-uns encore de ceux qui pensent à des places vacantes ; quelques-uns de ceux qui avaient été interloqués .. ; quatre-vingt-trois signatures et celles du président de la noblesse sont mises au bas d'un acte de protestation contre les lettres délibérées publiquement dans la salle des états... Cet acte clandestin ne tarde pas à être garanti par les commissaires de S. M. et parvient en cour beaucoup plus vite que les lettres dont il doit détruire le succès : il le détruit en effet. Les princes et les barons déclarèrent depuis aux commissaires, représentant à cet égard la noblesse, qu'il n'y avait rien à répondre aux lettres qui leur étaient parvenues, attendu la protestation faite par l'ordre de la noblesse et son président. (*De l'affaire générale de Bretagne*, 1767, in-12, pp. 82 et 83. Voir aussi le dossier spécial de la noblesse, Archives d'Ille-et-Vilaine, C. 710 et 711.)

séparer les états et frapper de grands coups, la cour peut tirer parti de cette aventure en punissant seulement les chefs. Adieu, etc.

Le parlement va bien. Ils sont actuellement au moins vingt-cinq travailleurs, et les affaires vont mieux que jamais.

CLXXXIII

Rennes, le 20 février 1767.

M. de Fontette à M. de La Noue.

Où en suis-je resté dernièrement, mon cher La Noue? Ma foi, je n'en sais plus rien, car il y a trois jours que je suis dans la mêlée, et jamais François 1er et le grand Condé ne furent si ahuris du bruit du canon et de la mousqueterie après les batailles de Marignan et de Fribourg que je le suis du tapage des états. Reprenons un peu nos sens, et voyons. Ne vous envoyai-je pas dernièrement l'acte de protestation et la lettre au roi de M. de La Trémoille? Il en fut vivement question avant-hier aux états, où l'on fit courir des copies infidèles et insolentes de la protestation, quand les ordres furent retirés aux chambres pour délibérer sur les vingtièmes. M. de La Trémoille fut interpellé par M. le chevalier du Han, officier de la compagnie des Indes, pour rendre compte d'un acte clandestin qu'il avait fait la

---

Le dossier des actes de la noblesse à la tenue de 1768 à Saint-Brieuc (Arch. d'Ille-et-Vilaine, C. 2711) contient une liasse de retractation de membres de cet ordre qui avaient signé la protestation du 17 février 1867. Voici les noms et dates : Pinel du Chesnay, 16 février 1768, * Auffray du Gué-Lambert, 11 mars 1768, * Visdelou du Liscouët, 14 mars 1768, * Trégouet de Carguitté, 15 mars 1768, Du Bois de La Motte, 16 mars 1768, Jean-Marie de Trogoff, 19 mars 1768, * Courson de Liscineu, 18 mars 1768, Joseph Pouences de La Noë, 21 mars 1768. (Les noms précédés d'un astérisque sont ceux de protestataires qui ont protesté dans la même forme et probablement en copiant un modèle.) Jean-Marie de Trogoff déclare dans sa protestation que cette signature n'a « cessé d'empoisonner tous les instants de sa vie ». Joseph Pouencés de La Noë déclare dans la sienne : « Accablé de la plus vive douleur d'avoir eu le malheur de signer la protestation de la nuit du 17 février, je n'ai cessé depuis ce moment de sentir combien j'avais déplu au corps de la noblesse dont j'ay l'honneur d'être le membre ; j'avoue aujourd'hui que l'état d'indigence où m'a réduit mon peu de fortune et le nombre d'enfants dont je suis chargé et le besoin que j'ai de mon dit ordre... J'ai signé cet acte... que je ne connaissais nullement, et que je trouvai pour lors chez M. le président de l'ordre , sans avoir connaissance du dit acte, sans l'avoir lu et même qu'on m'eût dit ce qu'il contenait. » Le duc de Rohan, président de la noblesse, a donné acte de ces protestations qui ont été déposées dans les archives de l'ordre.

veille; et sur ce, M. de La Trémoille répondit qu'il n'avait rien fait qu'il ne crût devoir faire et qu'il ne fît encore. Sur ce, grands emportements dans le bastion : injures à M. de La Trémoille, imprécations contre tous ceux qui avaient signé l'acte, des personnalités sans nombre, menaces à M. de La Trémoille s'il ne disait pas positivement de quoi il était question, s'il ne remettait pas l'acte au cas qu'il l'eût vu, s'il ne venait pas à la tête de l'ordre chez M. d'Aiguillon, pour le déclarer nul et protester de nouveau. M. de La Trémoille, malgré sa jeunesse et, son peu d'expérience, et qui plus est, malgré son peu d'habitude de s'exprimer au milieu d'une troupe de fanatiques, leur fit entendre que la façon dont on s'y prenait n'était pas propre à l'engager à rendre le compte qu'on exigeait, et que l'on obtiendrait encore moins de lui les démarches proposées. Le feu était terrible et ne pouvait être pis, à moins de prendre le président à la gorge. Il fut assez bien soutenu par une partie des quatre-vingts signataires; mais ils n'y étaient pas tous; d'autres, qui étaient présents, n'osaient se déclarer. M. de Vieux-Châtel, votre garde-côte, à qui on avait proposé la veille de signer, et qui avait refusé, monta sur un banc du bastion et dénonça la proposition qu'on lui avait faite; il voulut dire le contenu de l'acte, mais avec son baragouin ordinaire, il n'en put venir à bout.

Enfin le tiers, pour apaiser ce tumulte, envoya son avis sur les vingtièmes; mais on ne voulut pas l'entendre. Pour lors, les commissaires du roi firent dire qu'ils allaient entrer. Cela donna un moment de calme. Les ordres rentrèrent au théâtre, où les avis des trois ordres furent énoncés par les présidents. Ils sont tels que ceux au sujet de la capitation; ils furent remis aux commissaires du roi qui défendirent de s'occuper davantage de cet objet, et ordonnèrent de travailler sur les 2 sous pour livre. Ils firent en même temps lire en leur présence et ordonner d'enregistrer une défense aux ordres de demeurer assemblés dans les chambres, après la levée de la séance du jour. Les états se levèrent et M. de La Trémoille sortit suivi des gens sensés de son ordre, qui nomma MM. de Coëtanscours et de Beaucourt pour venir à la tête des factieux chez M. le duc d'Aiguillon, pour se plaindre de la protestation. Ils y vinrent et M. d'Aiguillon, à qui ils voulurent parler et remettre un écrit leur dit qu'il ne reconnaissait d'ordre que lorsque le président était à la tête ; que si quelques particuliers voulaient lui parler dans son cabinet, ils étaient les maîtres ; ils se retirèrent pour aller chez M. de La Trémoille et le sommer de venir, mais ils firent d'autres réflexions en route et se séparèrent en se donnant le mot pour qu'aucun des invités n'allât dîner chez lui. L'évêque de Rennes, qui est voisin, ayant appris cette scission, mena dîner chez lui tous ses invités ; beaucoup de gentilshommes bien pensants s'y rendirent aussi, et il eut cinquante personnes. Le soir, l'assemblée de M^{me}de La Trémoille fut très nombreuse, même en bastionnaires. Bégasson, qui entrait avec nombre de ceux-ci, dit très haut qu'ils ne venaient pas pour Monsieur, mais pour Mesdames ; ce qui a si fort choqué la mère, à qui on a rendu le propos, qu'elle fit ordonner hier publiquement à son suisse de défendre sa porte au sieur Bégasson.

Hier, à l'ouverture de la séance, M. de La Trémoille voulut, de son plein gré, faire la lecture de la protestation, mais il en fut empêché par le bastion, qui dit qu'il ne devait être question de cela que lorsque les ordres seraient aux chambres. On passa donc à la rédaction de la séance de la veille, sur laquelle il y eut débat de la part de ceux qui, dans l'ordre de la noblesse, n'avaient été de l'avis ; dans laquelle cependant on avait inséré qu'il avait été pris *unanimement*. Quelen, Luker, du Dresnay, du Roscoët et quelques autres, en très petit nombre, protestèrent contre ce mot *unanimement* ; ils furent soutenus par plus de cinquante bien pensants qui tinrent le haut bout toute la matinée ; malheureusement, n'étant pas à la délibération de la veille, ils ne pouvaient être justement reçus à la protestation contre le mot *unanimement* qui n'était légitime que de la part de sept ou huit. Cette altercation fut une diversion assez heureuse qui divisa l'attention au fait principal, et donna lieu aux commissaires du roi d'entrer pour juger la contestation ; elle fut plaidée assez tranquillement devant eux par le chevalier de Guerry d'un côté, Roscoët et du Dresnay de l'autre. Ils jugèrent qu'il fallait effacer le mot *unanimement* ou recevoir et inscrire sur le registre la protestation de ceux qui n'avaient pas été de l'avis. Le premier parti était préférable, mais le deuxième prévalut.

Cette affaire terminée, M. de La Trémoille demanda aux commissaires du roi la permission de faire lecture en leur présence d'un acte qu'il avait signé avec quatre-vingts gentilshommes qui, non plus que lui, n'avaient point à en rougir. Il ajouta que les mauvaises interprétations et les copies insolentes qu'on avait répandues l'avaient déterminé à le lire à son ordre le matin; mais qu'il n'avait pas voulu l'écouter. M. d'Aiguillon lui ayant demandé si cet acte était commun aux états, ou particulier à son ordre, sur ce qu'il répondit qu'il ne regardait que la noblesse, M. d'Aiguillon lui dit que la lecture ne pouvait en être faite en pleins états, mais que si, lorsqu'on serait aux chambres, son ordre ne voulait pas l'écouter, il n'aurait qu'à en envoyer copie certifiée de lui aux commissaires du roi qui en donneraient la publicité par la voie de l'impression.

Le reste de la séance fut employé à entendre le rapport de l'évêque de Vannes sur les deux sous pour livre; et on se sépara. Le bastion renouvela la scission contre M. de La Trémoille, qui eut cependant à dîner cinquante personnes, dont trente de son ordre. Il y eut aussi beaucoup de monde le soir chez les dames; et le bal de M. d'Aiguillon, qui est tous les jeudis, n'en souffrit pas.

J'ai reçu et communiqué votre lettre du 16 du courant. Les espérances de finir ceci à l'amiable sont bien faibles à présent; on convient de la nécessité de quelques coups de force. Il n'en eût fallu qu'un, il y a deux mois, mais le mal est fait. Au reste, je crois que le mieux est d'écouter et de suivre ce que dira le commissaire, qui voit les choses de plus près; s'il ne désespère pas, il proposera des moyens. Adieu, mon cher La Noue, je vous embrasse de tout mon cœur.

CLXXXIV

Paris, le 21 février 1767, 7 heures du matin.

M. de La Noue à M. de Fontette.

M. Benoît, écho de M. de Grandbourg, m'a dit que le tremblement de votre sénat, lorsque les procureurs délibéraient de cesser le service, était une chose ridicule; que la clémence de ce sénat, en remettant les semonces et les interdictions, l'était encore davantage; que ce sénat avait pleine et entière autorité d'en imposer et de punir, et qu'il devait être sûr d'être soutenu ici... Au surplus, vous m'aviez promis la requête de ces procureurs, conclusions et arrêts imprimés ; pourquoi ne m'avez-vous pas envoyé cette collection?

Le fameux comte de Kerguézec est mort avant-hier jeudi, à six heures du soir, d'une goutte remontée. Le mercredi, M. Pomme le menaça d'un danger évident, et dit à l'abbé de Marbeuf(1) de penser à la confession, article sur lequel le comte le reçut fort mal. L'abbé envoya chercher l'évêque de Cahors (2), que le comte ne voulut pas voir. J'ignore si le jour de sa mort il a été plus docile. Si véritablement on rend compte là bas, il aura beaucoup à dire sur l'article des contraventions.

Je dînai avant-hier chez M. Le Long, à qui je lus votre lettre du 15. Il levait les yeux au ciel ; il admirait le commissaire qu'il regarde comme un rocher au milieu des vagues. Il me chargea de lui dire combien il lui était attaché, et à sa femme, et que, ne pouvant faire mieux, il priait sans cesse pour sa gloire.

Je ne puis qu'admirer la sagesse des réponses de M. d'Aiguillon aux brouillons, tant sur le mémoire de recours que sur la diminution des vingtièmes ; mais je vois en même temps que la cabale ne perd pas son objet de vue, et qu'elle emploie tous les pièges et tous les subterfuges pour y parvenir. Je ne mets pas dans cette catégorie l'audace d'écrire aux princes du sang, aux ministres et aux barons... C'est renverser tout ordre ; c'est élever un parti dans l'état ; c'est

---

(1) L'abbé de Marbeuf (Yves-Alexandre) appartenait à une grande et riche famille parlementaire de Rennes. Il était fils de Claude-François-Marie, comte de Marbeuf, conseiller, puis président à mortier au parlement de Bretagne, et d'Anne-Marie de Kérousy. Il était né dans la paroisse Saint-Jean de Rennes, le 17 mai 1734. Nommé évêque d'Autun l'année même de la mort de Kerguézec, il fut sacré le 12 juillet 1767 et transféré à l'archevêché de Lyon en 1788. Il a émigré et est mort à Lubeck en 1797 ou 1798. (*Registres paroissiaux de Saint-Jean de Rennes.* — *Almanach royal* pour 1790. — Notes particulières de M. Saulnier.)

(2) On envoya chercher l'évêque de Cahors, parce que c'était un ancien évêque de Tréguier que Kerguézec avait connu ; on supposait qu'il l'accueillerait volontiers. C'était Joseph-Dominique de Cheylus, né à Avignon de 1717 à 1720, dignitaire de l'église de Bayeux, sacré évêque de Tréguier le 2 avril 1762, transféré à Cahors en 1766 et à Bayeux en 1776. Il est mort en 1797. (*Almanachs royaux* de 1758 et 1770 ; — Pol de Courcy, *Nobiliaire et armorial*, 3ᵉ éd., t. III, p. 482.)

demander des chefs. Je croirais presque qu'ils eussent fait cette levée de boucliers, quand même M. de La Trémoille ne les eût pas, en quelque manière, autorisés par la signature de son refus. Les décemvirs alors étaient perdus de droit; mais ne le seront-ils pas, de fait, d'après l'ordre de M. de Bégasson de nommer sept députés, d'après la protestation du président signée de quatre-vingts gentilshommes, et d'après la lettre du président au roi? Ce serait bien là le moment de renverser les têtes rebelles et mal-voulantes; j'en vais parler sur ce ton ce matin.

Au surplus, je trouve la lettre de M. de La Trémoille au roi bien modérée et bien adoucissante pour les brouillons; mais la simple exposition des faits les condamne et, comme vous dites, on peut tirer un grand parti de la circonstance en punissant les chefs. L'exil d'une demi-douzaine ferait rentrer les autres dans le devoir; mais le fera-t-on?

A Versailles, à midi.

Je viens de causer avec M. de Villeneuve qui est très enchanté sur la frasque des brouillons. Il m'a dit que le comte excusait fort M. de La Trémoille; mais qu'il ne mettait pas grande chaleur contre ses assiégeants... J'ai montré à M. de Villeneuve tout le parti qu'il y avait à tirer de cette circonstance; il ne pense pas qu'on soit assez ferme pour en user. Cependant, le tout sera porté au conseil des dépêches ce soir, où j'espère que Mantel fera voir clair.

Je sors de chez Mme la dauphine, qui est bien mal (1); elle n'a cessé de tousser cette nuit; si cela continue elle n'ira pas loin.

CLXXXV

Versailles, 21 février 1767.

M. de La Noue à M. de Fontette.

Ce soir à 7 heures, mon cher maréchal, j'ai vu l'ami, à huit heures

---

(1) La dauphine est Marie-Joséphe de Saxe, fille d'Auguste III, électeur de Saxe et roi de Pologne. Née en 1731, elle avait épousé le dauphin, le 9 février 1747; elle devint veuve en 1765, exerça un certain empire sur Louis XV, et mourut le

le chevalier de Lastic (1), à 8 h. 1/2 Livry (2), à 9 heures 1/2 Mantel. Aucun de ces quatre n'avait notion de l'arrivée des lettres des brouillons aux princes, ministres, etc.

Leur courrier a dû arriver le 19, à midi, à Paris. Nous imaginons ici, ou que ce courrier s'est cassé le col, ou que les brouillons, voyant une protestation du président et de quatre-vingts nobles, n'auront pas voulu faire partir leur envoi ou qu'ils l'auront envoyé à leur bureau de correspondance à Paris qui, jugeant que c'est un coup de tête, aura suspendu la remise des lettres. Ce bureau est composé de magistrats, d'abbés, de quelques nobles et plusieurs femmes, dont je ferais la liste en cas de besoin.

Le pauvre M. Benoît est à bout de rôle. Sa santé est mauvaise ; son âme est en peine à tous égards ; on lui jette sans cesse le chat aux jambes. Il dit qu'il aurait bien besoin de la bonne tête de l'Illustre, pour rattraper son courage.

CLXXXVI

Rennes, le 22 février 1767.

M. de Fontette à M. de La Noue.

Il est juste, mon cher La Noue, que je vous rassure par le récit de l'espèce de calme qui a succédé aux violentes tempêtes. Avant-hier, 20, au moment que je venais de fermer ma lettre pour vous, à midi, j'allai chez M. d'Aiguillon, où je trouvai une affluence de monde extraordinaire de tous les ordres, et j'y appris que les états

13 mars 1767, à Versailles. Elle est la mère de Louis XVI, Louis XVIII et Charles X.

(1) M. le chevalier Jean de Lastic était premier gentilhomme de la chambre de S. A. S. Mgr le duc de Penthièvre, amiral de France. Comme tel il recevait des états de Bretagne une pension de cinq mille livres. (Arch. nat. H. 465. État de fonds de 1770.) C'était un officier supérieur de la marine royale. Il était fils de Guillaume de Lastic, seigneur de Lescure, et de Marguerite Bonatox de Bellinais. (*Histoire généalogique et chronologique des grands officiers de la couronne*, par le P. Anselme, 9 vol. in-f°, t. IX, 2° partie, par Pol Potier de Courcy. Paris, Didot, 1881, in-4°, p. 141.)

(2) M. de Livry était un des premiers commis du comte de Saint-Florentin. (Arch. nat., H. 465. Bretagne, état de fonds ; — H. 362, lettre de lui, du 9 janvier 1767 ; — H. 439, 12 décembre 1766.)

étaient levés depuis une demi-heure. Étonné de cette nouveauté, et curieux d'apprendre ce qui l'occasionnait, on me dit qu'un quart d'heure après l'ouverture de la séance, et avant la signature du registre de la veille, tous les ordres étant encore assemblés, le feu avait été très vif contre les évêques, et surtout contre M. de La Trémoille, à qui un petit gentilhomme nommé Liziart (1), qui est son vassal, avait dit des injures en face; que M. de La Trémoille lui avait répondu par trois fois qu'il était un impertinent de tenir de pareils propos ; qu'enfin, les têtes s'échauffant au point de ne plus pouvoir espérer rien du travail de la séance, M. l'évêque de Rennes avait pris très sagement le parti de la lever, et de venir se plaindre du scandale à MM. les commissaires du roi, en compagnie des autres présidents et de presque tous les ordres. M. d'Aiguillon ordonna au grand prévôt d'aller chercher le sieur Liziart, qui venait de lui-même reconnaître sa faute, et en demanda excuse. Il alla se jeter à genoux devant M. de La Trémoille et lui demanda la grâce de ne pas le perdre. M. d'Aiguillon se contenta, à la sollicitation de M. de La Trémoille, de l'envoyer aux arrêts, et de mettre à sa porte un cavalier de la maréchaussée; puis, le soir, à la sollicitation de M. de La Trémoille, il consentit à son élargissement.

Les scènes des jours précédents donnant à penser et à craindre aux factieux, ils cherchèrent à se rapprocher pendant la soirée; et ils firent agir auprès des dames de La Trémoille et de M. d'Aiguillon qui crut, ainsi que M. de Flesselles, qu'on pourrait profiter du moment, et en tirer parti pour l'avancement et la durée de la besogne dont la catastrophe avait paru inévitable pendant les trois jours précédents. Ils méditèrent donc d'entrer aux états le lendemain, et d'y porter la déclaration ci-jointe qui a réussi au mieux. Les Guerry, les Piré, et autres, dont les manœuvres et violences précédentes ne pouvaient manquer de leur attirer punition, se portèrent de bonne foi à décider l'adhésion de la noblesse aux avis de l'église et

---

(1) C'est Leziard et non Liziart. Cette famille de gentilshommes assez obscurs se divisait en plusieurs branches, dont trois étaient représentées aux états de 1766-1767, ainsi qu'on le voit par les signatures sur deux pièces du dossier de la noblesse. (Arch. d'Ille-et-Vilaine, C. 2711., Joseph-Charles-Louis Leziard du Dézerseul, Léziard (J.-F.) de Leglée, Leziard de Leziardière.) Il est difficile de savoir auquel des trois fait allusion le passage ci-dessus.

du tiers sur la capitation et les vingtièmes, dont l'acceptation et l'abonnement furent annoncés à midi par une députation aux commissaires du roi.

Le bastion fut divisé dans cette matinée, et le Coëtanscours et d'autres ne voulaient point qu'on acceptât, et disaient hautement qu'il valait mieux laisser casser les états ; mais ce parti fut étouffé par les deux autres, et l'adhésion fut prise presque par acclamation.

Il reste encore deux articles principaux des demandes du roi qui sont les deux sols pour livre, et le secours extraordinaire sur lesquels, et surtout sur le second, il y aura beaucoup à batailler ; mais on s'en tirera peut-être comme des précédents à force de scandale. Et je crois qu'en fulminant contre les six qui ont signé les lettres sans cependant décider de leur sort, en témoignant beaucoup de mécontentement sur l'envoi desdites lettres et mémoires, en répétant souvent qu'on ne doit qu'à la protestation d'une partie de la noblesse la suspension de la punition que méritait l'audace de l'autre partie, on pourra finir ceci tant bien que mal.

J'omets plusieurs détails trop longs, mais je ne dois pas vous laisser ignorer que le bastion travaille depuis deux jours à faire signer une contre-protestation sur laquelle M. de La Trémoille a dit très fermement en pleine assemblée qu'il protestait lui-même, cette protestation étant faite sans délibération. Il se conduit aussi bien qu'il est possible à un homme tout neuf à la Bretagne.

M. d'Aiguillon est un peu changé depuis quelques jours ; il mange peu, et les tiraillements de nerfs sont fréquents. Adieu, je vous embrasse de tout mon cœur.

CLXXXVII

A Paris, le 23 février au matin.

M. de La Noue à M. de Fontette.

Hier, avant le lever, je vis lire en plusieurs comités, dans la galerie, la lettre de M. de La Trémoille, qui a très bien réussi, et fait dire tout le monde que les brouillons sont des fols forcenés. Je dînai avec le maître qui, en se mettant à table, était très échauffé des dépêches du 20 courant, qu'il venait de lire, et en dit publiquement le sommaire, ajoutant que c'était indigne ; qu'il fallait y mettre ordre; qu'on allait punir un noble qui avait insulté M. de La Trémoille, qu'il s'en était peu fallu qu'il n'y eût du sang répandu entre les partisans des lettres et les signataires de la protestation, etc. Je redis cela à l'ami en sortant de table. Il m'ajouta que rien n'était pas réel aux journées du 18 et 19, que la dépêche qui venait de lui être remise était énorme ; que le tout serait porté au conseil ce soir pour aviser aux moyens de remédier, et que, suivant toute apparence, on ferait partir un courrier. Il me remit en même temps deux imprimés de la protestation.

Persuadé que je ne saurais rien hier soir du résultat du conseil d'état, et le maître et l'ami devant revenir à Paris ce matin, je suis revenu hier, et j'ai trouvé votre lettre du 20, et la lettre du 19 à laquelle je répondrai dans peu.

Je commence par vous remercier de la protestation, et des signatures au bas, que je ne montrerai qu'aux vrais amis. Ah bon Dieu! quelles scènes pour M. de la Trémoille que l'impudence de M. le chevalier du Han (1), et les injures de tout le bastion! Quel feu et quelle violence pour le faire parler et agir contre son ouvrage! Vous avez bien raison d'applaudir à la manière dont il s'est tiré de cette

---

(1) Hercule-Claude du Han, comte du Han, fils de Guy-Hercule-Auguste du Han et de Louise-Modeste de La Bourdonnaye, né en Saint-Aubin de Rennes, le 21 juillet 1729. Il était enseigne de vaisseau de la compagnie des Indes, lorsqu'il vint assister aux états de 1766-1767. Il se fit remarquer parmi les plus ardents contre le duc d'Aiguillon. Un mémoire injurieux pour le duc de la Trémoille, qu'il lut en pleine séance, lui valut une sévère réprimande et la perte de son emploi. Il fut entendu comme témoin dans les procédures suivies à Rennes, puis devant la cour des pairs en 1770. Sa déposition, très hostile à l'ancien commandant de la province, roula principalement sur des propos tenus par une dame de Bouteville, au sujet de démarches qui auraient été faites près d'un conseiller, M. du Parc de Keryvon, pour l'amener à compléter l'œuvre de la commission de Saint-Malo, démarches dont cette dame n'avait d'ailleurs aucune connaissance personnelle. — M. du Han a épousé en 1770 Marie-Jeanne de Lesquelen qui, après sa mort, s'est remariée à M. de l'Aage Une de ses sœurs, Rose du Han, son aînée de quatre ans, qui a été témoin dans la même procédure, a déposé des mêmes propos. Restée célibataire, elle est morte dans la prison de Rennes pendant la Révolution (14 pluviôse an II). (*Procédures faites en Bretagne et devant la cour de Paris en 1770*. Paris, 1770, 2 vol. in-12, t. I, pp. 165 et suiv. — *Reg. paroissiaux* de Saint-Aubin et de Saint-Jean de Rennes. — J. de Kersauson, *Histoire généalogique de la maison de Kersauson*, pp. 216 et 217. — *Reg. de décès de Rennes*, an II.)

échauffourée. J'en suis étonné; mais je ne reviens pas du personnage de M. de Vieuxchâtel. C'est un misérable qu'il faut casser, et mépriser comme il le mérite. Je ne puis qu'admirer l'adresse de M. d'Aiguillon, soit dans sa défense de travailler sur les vingtièmes, soit dans l'ordre de vider les chambres, les états levés, soit dans sa tournure d'éluder les harangues des factieux. On ne dira sûrement plus qu'il laisse aller les choses sans fermeté.

Il me semble que son entrée du 19 a été faite bien à propos, que son jugement sur l'unanimité est très prudent, mais qu'il s'est surpassé dans ce qu'il a répondu lorsque M. de La Trémoille a proposé de lire sa protestation. J'imagine qu'on aura senti au conseil d'état la sagesse de cette conduite, et que, quelque désir qu'on ait de prendre un parti violent, on battra l'eau jusqu'à ce que M. d'Aiguillon ait envoyé son avis sur les moyens à employer. Je ne serais pas même étonné que la cour donnât un délai allongé et fixe, pour voir si les choses peuvent se raccommoder. Je crains que non ; les secousses me paraissent trop violentes, pour qu'on puisse revenir au calme.

M. et Mme d'Aiguillon rendent trop de justice à mon respect et à mon intime attachement pour douter des angoisses que j'éprouve sur l'incertitude de l'avenir. Assurez-les, mon cher maréchal, de mon inaltérable dévouement et dites à tous nos amis combien leur courage et leur fidélité ajoutent aux sentiments que je leur ai voués... Je suis furieux que quelqu'un qui porte mon nom se soit mal montré, et ait refusé de signer. C'est sans doute M. de La Noue, qui a épousé Mlle de Langan, et que je vous avais recommandé (1) ? Dites-moi, je vous prie, si c'est lui ? J'ai raison pour.

Mme la dauphine va bien mal; il est question de lui donner les sacrements.

---

(1) Jules-César-Félix, chevalier de La Noue, né dans la paroisse de Quessoy, évêché de Saint-Brieuc, le 8 juin 1720, était fils cadet de Toussaint-Marie, comte de La Noue, seigneur de Bogard, conseiller au parlement de Bretagne, et de Marie-Madelaine de Pressac. Il mourut en Saint-Jean de Rennes, le 3 avril 1782. Il était devenu capitaine aide-major, puis major d'infanterie et chevalier de Saint-Louis. Il avait épousé à Éréac, évêché de Saint-Malo, le 10 février 1763, Rose-Emélie de Langan, fille de Jean-Baptiste de Langan, seigneur de Coatbicors, et de Jeanne-Michelle Larcher du Bois du Loup. Jules-César-Félix de La Noue était parent éloigné (au 10e ou 11e degré) du comte de La Noue-Vieuxpont, le correspondant de M. de Fontette. (O. de Poli, *Précis généalogique*, pp. 64 et 85; — *Registres paroissiaux* de Saint-Jean de Rennes.)

On m'a dit que Kerguézec n'avait pu recevoir les sacrements; s'est seulement confessé tant bien que mal au père de l'oratoire qui confessé Mlle de La Chalotais.

Adieu, mon cher maréchal, je vous renouvelle ma tendre amiti

J'oubliais de vous dire qu'en dînant, vers trois heures, le maît dit : Personne n'a encore entendu parler des lettres des factieux a princes, aux ministres, etc. Il faut que le courrier se soit cassé le c

Autre chose. On est étonné que le commissaire ayant reçu depu trois semaines une autorisation de promettre que le complément parlement sera pris des anciens, il n'ait pas écrit un mot sur l'effic cité de ce moyen ou sur les raisons qui l'ont empêché de l'employe

CLXXXVIII

Rennes, le 24 février 1767.

M. de Fontette à M. de La Noue.

J'ai reçu, mon cher La Noue, votre lettre du 21. Vous avez oubl. d'y insérer mes lettres sur les procureurs. Je dois vous dire, à propo de cela, qu'il vous sera envoyé incessamment plusieurs exemplair de l'arrêt rendu contre eux, sur les conclusions de M. Le Prestre; q y seront jointes; vous les recevrez sous le couvert de M. de Per thièvre et de M. de Saint-Florentin; et vous les distribuerez adroit ment, pour qu'on ne puisse savoir d'où ils viennent.

Voilà donc le fameux Kerguézec hors de ce monde. Je souhai qu'il ne soit pas autant tourmenté dans l'autre qu'il a tracassé dar celui-ci. On peut le regarder, ainsi que son camarade La Chal tais, comme le véritable auteur de tout ceci. Le reste de clique n'est qu'une troupe de soldats voués aux passions ces grands chefs. Leurs lieutenants généraux en Bretagn Coëtanscours et Piré fils, ont été assez malades ces jou derniers : le premier d'une suffocation d'asthme à laquelle il e très sujet, et pour laquelle il fut saigné trois fois en un jour; second d'une fièvre compliquée, suite du scorbut, etc., qui le tra vaillait depuis longtemps. Celui-ci était cependant avant-hier au états. Il y est encore aujourd'hui. L'autre n'y a pas paru depu deux jours; mais il est dignement remplacé par Bégasson, qui ne veut que plaies et bosses, et qui est soutenu par La Besneraye qui, suivant son usage, crie plus intelligiblement qu'il ne parle.

Le bastion est actuellement divisé en deux partis : celui-là, et celui de Guerry et Piré, que la crainte rend plus modérés ; elle les porte quelquefois à des avis raisonnables, tels que ceux auxquels ils engagèrent leur ordre au sujet de la capitation et des vingtièmes, et celui qui se débat depuis deux jours sur les deux sols pour livre, et qui ne finira peut-être pas encore aujourd'hui.

Le grand point sera le secours extraordinaire; c'est pour lors que les deux partis se réuniront vraisemblablement pour obtenir une députation à Versailles, ou du moins pour temporiser jusqu'au 17 mars, jour fixé par le parlement de Paris pour les remontrances sur les affaires de Bretagne. L'effet des remontrances sera leur boussole; car il ne faut pas douter que ces gens-ci n'aient une correspondance suivie avec cette compagnie, dont il serait plus que temps de faire cesser les instances réitérées malgré tant de défenses. On ne veut pas assez concevoir, dans votre pays, combien ce qui s'y passe influe sur ce qui se passe ici; ou, si on le conçoit, on ne veut pas assez en convenir et se corriger.

Je conçois bien, moi, pourquoi le commissaire, dans sa dépêche du 18, a excusé M. de La Trémoille, et pourquoi il n'a pas mis grande chaleur contre les brouillons. Il a eu raison de ne pas inculper le président, qui ne sentait pas assez la conséquence de ce qu'il faisait, et qui, au fond, a grande envie de bien faire; et il a eu ses raisons pareillement pour ne pas échauffer sur l'article des lettres. Il est bon que les signataires, qu'on est toujours à temps de punir, demeurent sous le coup de l'autorité, et que la peur les porte, comme elle fait à présent, à faire finir sur les demandes du roi. Je ne réponds pas que cela réussisse, mais on verra leurs déportements pendant quelques jours. Ils se donnent bien du mouvement pour faire signer des actes qui prouvent leur autorisation à signer lesdites lettres, pour arriver au moyen de faire rappeler l'universalité des membres du parlement. Il est aisé de les réfuter en disant simplement que des commissaires ne sont pas nommés pour décider, mais pour référer; et que le refus seul du président, et celui qu'ils ont fait de laisser vingt-quatre heures pour délibérer, prouvent qu'ils n'étaient point autorisés à les signer et à les faire partir. Au reste, on ignore encore si ces lettres ont été remises; peut-être étaient-elles envoyées à Kerguézec ou Piré le père, qui ont eu tous les deux des affaires plus pressantes à faire.

CLXXXIX

Rennes, le 24 février au soir.

M. de Fontette à M. de La Noue.

L'affaire des deux sols pour livre a été longtemps débattue ce matin. Les avis des deux ordres étaient de consentir purement et simplement. Celui de la noblesse avait deux queues: la première de consentir aux conditions qu'ils avaient mises aux capitation, vingtièmes, etc., d'une députation en cour; la deuxième queue était de demander aux commissaires du roi de donner du temps sur la délibération du secours extraordinaire qui, ayant causé tous les troubles de cette province, méritait réflexion et représentations. Enfin, sur la fin de la séance, les ordres se sont accordés à consentir les deux sols pour livre purement et simplement; et députation a été envoyée aux commissaires du roi pour l'annoncer: après quoi les commissaires de la noblesse, sur leur demande, ont été reçus en une conférence dans laquelle ils ont proposé les deux queues de l'avis de leur ordre. M. le duc d'Aiguillon a répondu à la première qu'il ne pouvait rien proposer à la cour que sur le vœu unanime des trois ordres et après avoir pressenti préalablement les volontés du roi; sur la seconde, qu'il tâcherait d'obtenir le retard demandé pour le secours extraordinaire, mais que ce ne serait qu'autant qu'on s'occuperait toujours des autres affaires du roi et de la province. Comme je ne suis arrivé qu'à la fin de cette conférence, il peut m'en être échappé quelque chose, que le bulletin vous apprendra.

En général, le feu est fort diminué; et c'est ce que vous allez faire qui va décider de ce que nous pouvons espérer ici, où la cabale se guidera: 1° selon ce qu'on montrera de colère contre l'envoi des lettres, sans cependant coup férir quant à présent; — 2° suivant ce qu'on mettra de fermeté sur les remontrances du parlement de Paris.

Au reste, je ne suis inspiré en tout ceci que par mon faible entendement, et mon premier et mon meilleur avis est toujours de s'en remettre entièrement à M. d'Aiguillon, qui voit le fond des choses, et peut en juger plus sainement que qui que ce soit; il est fort bien secondé par l'intendant qui a des vues bonnes et droites.

On ne sait plus s'il y a scission avec les présidents de l'église et de la noblesse. A un ou deux jours près, ils ont eu généralement assez de monde à leurs tables, plus cependant d'un parti que de l'autre, comme vous pensez bien. Il y eut dernièrement, c'est dimanche, un parti pour empêcher les jeunes gens de danser au bal de Mme de La Trémoille. Il alla cependant, au moyen de plusieurs qui se livrèrent de bonne grâce. J'y étais pour en goguenarder. Je nommai cette ligue la conspiration des marmousets, et cela fit bon effet.

Adieu, mon cher La Noue, vous n'en aurez pas davantage de moi, à moins que la matinée de demain ne fournisse matière. M. de Becdelièvre nous quitte après-demain. Je vous embrasse de tout mon cœur.

CXC

Rennes, le 26 février 1767.

M. de Fontette à M. de La Noue.

Je vous envoie copie de la lettre du roi à M. de La Trémoille Elle a fait grande sensation sur les protestants, qu'elle a fortifiés dans l'amour du bien. Elle ne fut publique qu'hier soir, et, ce matin, à mesure qu'ils paraissaient dans l'assemblée, le parti contraire les nommait par dérision les protégés du roi. C'est bien avoir secoué les préjugés les plus respectables; mais y a-t-il quelque chose de sacré pour la passion? Au reste, il faut encore juger assez bien de ces fous pour penser qu'il n'y en a pas un qui, en toute autre circonstance, ne se tienne fort honoré de ce qu'il ridiculise à présent.

Je suis chargé de vous louer la bonne conduite de Kerguénech (1)·
de Servigné et autres gardes-côtes, s'il en est sur la liste des protestants que vous avez.

Le La Noue, qui a non seulement refusé de se joindre à eux, mais qui a signé depuis une contre-protestation, dont j'ignore le sort, mais qui a fort occupé le bastion pendant trois jours, est précisément l'époux de la Langan.

Je lui ai fait assez grise mine depuis, ainsi qu'à bien d'autres aussi mal intentionnés et aussi faibles.

CXCI

Rennes, le 27 février 1767.

M. de Fontette à M. de La Noue.

La levée de boucliers de la noblesse a fort indisposé la cour, qui aurait pris un parti violent si la protestation de quatre-vingt-trois gentilshommes et de M. de La Trémoille ne lui avait pas fait voir qu'il se trouvait encore dans cet ordre des gens raisonnables, ennemis de la cabale. Je vous envoie la réponse du roi à La Trémoille, à ce sujet. En montrant la vérité au roi, M. d'Aiguillon a paré, autant qu'il a pu, les coups contre les brouillons, sur lesquels il n'a été pris encore aucune résolution ; ils ont été furieux de l'acte de protestation. Ceux qui l'ont signé leur ont cependant rendu, à eux et à la province, un grand service, car, sans cet acte, le parti de séparer les états et de les rassembler, après avoir donné une autre forme à un ordre si tumultueux, aurait été pris sans doute, et peut-être M. d'Aiguillon eût-il rendu un bon service à ses successeurs et au roi en

---

(1) M. de Courcy, dans la 3ᵉ édition de son *Nobiliaire et Armorial de Bretagne* (1890, 3 vol. in-4°), tome II, p. 116, consacre un article à une famille dont le nom a subi des variations orthographiques très notables : de Kernec'h, Kergnec'h, Kergrec'h, Kerguénec'h ou Keranec'h. Cette famille, qui était possessionnée, au XVᵉ siècle, dans les paroisses de Plougrescant et Plocguiel (évêché de Tréguier), a été maintenue d'ancienne extraction par la chambre de réformation de la noblesse de Bretagne en 1669. Elle compte parmi ses membres un lieutenant des maréchaux de France à Guingamp en 1775 : c'était peut-être le personnage dont parle M. de Fontette. M. de Kergueneh a comparu aussi à la tenue de 1768 à Saint-Brieuc (tenue extraordinaire) : il est désigné sur la liste de la noblesse (évêché de Tréguier) : (Claude-Hyacinthe-Jean-Marie de Kerganech). (Archives d'Ille-et-Vilaine, c. 2693, f° 8 v°.)

laissant consommer ce changement, qu'il faudra faire tôt ou tard.

Le 20 du courant, pour ôter tout prétexte aux factieux, il entra aux états avec les autres commissaires du roi, et, enjoignant de travailler sans plus long délai sur les demandes du roi, il déclara à l'assemblée que ce ne serait que par cette preuve d'obéissance que Sa Majesté se porterait à recevoir les représentations des états en corps, et non d'un ordre en particulier. Cette déclaration opéra le consentement des deux présidents qui avait été déjà accordé par les deux ordres à l'avis desquels la noblesse adhéra ; mais le calme n'a pas été long ; et l'inaction ou les tracasseries se commencèrent dès le 23 ; et depuis ce jour, les brouillons ont empêché l'activité des délibérations.

Le fin mot de ces manœuvres est qu'ils veulent attendre le succès du secours qu'ils espèrent du parlement de Paris, qui a arrêté pour le 17 mars des remontrances nouvelles sur les affaires de Bretagne. Ce qu'il y a de plus singulier, c'est que ces fameuses lettres et ces mémoires aux princes, etc., partis d'ici, n'ont pas été encore remis. On croit que le bureau de correspondance de Paris les aura retenus en prévoyant le danger ; mais la mauvaise intention de ces gens-ci n'en a pas moins été mise à exécution. Voilà où les choses en sont, et elles ne me paraissent pas prêtes à finir. M. d'Aiguillon continue dans sa modération et dans l'espérance que tout finira avec du temps et de la patience.

CXCII

Du 22 février 1767.

Copie de la lettre du roi à M. le duc de La Trémoille.

Mon cousin..., je me suis fait rendre compte de la lettre que vous m'avez écrite, le 17 de ce mois, et de l'acte du même jour, par lequel vous et un grand nombre de l'ordre de la noblesse à l'assemblée des états de mon pays et duché de Bretagne avez protesté contre les lettres faites le même jour, sous le nom dudit ordre, et qui devaient être envoyées aux princes de mon sang et autres. Je suis véritablement sensible à l'empressement avec lequel vous avez signalé, en cette occasion, votre zèle pour mon service, ainsi que tous ceux qui ont signé ledit acte avec vous ; il est trop digne de bons et fidèles sujets pour ne pas mériter des éloges de ma part, et pour que je ne vous donne pas, et à ces gentilshommes, les assurances les plus certaines de mon estime et de ma bienveillance ; et la présente n'étant à autre fin, je prie Dieu, mon cousin, qu'il vous ait en sa sainte et digne garde.

Écrit à Versailles, le 22 février 1767.

CXCIII

Paris, le 2 mars 1767.

M. de La Noue à M. de Fontette.

Je causai avant-hier matin, bec à bec, avec M. de Castellane, qui me dit que l'état des choses, à Rennes, ne laissait pas grand espoir ; que cependant il me demandait mon avis. Je m'étendis avec détail sur le parti à tirer de la crainte des factieux qui avaient porté ces choses à l'extrême ; qu'il fallait insérer dans toutes les dépêches des phrases qui parussent déceler le projet de punir les auteurs des lettres ; qu'il fallait se prémunir d'avance contre les remontrances qui seraient conçues le 17 de ce mois, et les faire finir par une réponse ferme ; qu'au surplus il fallait consulter en tout point celui qui tenait la queue de la poêle, qui ne pouvait pas s'empêcher de mander l'influence absolue de la conduite d'ici sur la conduite de là-bas.

M. de Castellane convint de tous ces points en détail, et me dit de venir le voir. Je rendis cette conversation à M. Villeneuve, qui fut enchanté des dispositions de M. de Castellane et m'a promis de travailler en conséquence. Hier je dis tout cela à M. Benoît, qui convint que le plan était bon et pouvait couper les deux queues que M. d'Aiguillon a déjà abattues par ses réponses.

CXCIV

Paris, le 4 mars 1767.

M. de La Noue à M. de Fontette.

On m'apporta hier au soir, mon cher maréchal, votre lettre du 1er courant chez M. Benoit ; je la lui fis lire et il me dit que vous ne me mandiez pas la centième partie de ce qui se passait ; qu'en total il paraissait, par les dépêches d'hier, que tout le feu et la conjuration étaient dirigés contre le commissaire ; qu'avant dix jours on serait obligé de rompre les états ; que c'était l'intention de l'amirauté, et que M. le duc de Penthièvre en était si saoul et si fatigué qu'il était absolument déterminé à la rupture, et à donner une forme nouvelle ; qu'au surplus je n'avais qu'à revenir aujourd'hui qu'il m'instruirait plus au long.

Il faut que M. de La Trémoille soit bien mal conseillé, s'il faiblit dans le moment où il vient de se faire une espèce de réputation.

CXCV

Rennes, le 4 mars 1767.

M. de Fontette à M. de La Noue.

Je vous dirai, mon cher La Noue, que M. de La Trémoille, qui n'avait eu jusqu'à ce point qu'une fermeté inspirée, est revenu à son état naturel, et n'est plus qu'un homme faible et sot. Il a signé et signera encore tout ce que le bastion voudra. Vous saurez tout le détail de ce qui s'est passé ces jours-ci par les lettres du commissaire que vous pourrez voir. Tout ce que je puis vous dire, c'est que les quatre-vingt-trois protestants, et nous tous sommes furieux contre ce beau président, qui a si peu d'esprit et de fermeté dans ses résolutions qu'on lui aurait encore fait faire une troisième rétractation, dès le même soir, si l'on eût voulu. Il a signé jusqu'à une plainte contre M. d'Aiguillon sur une rencontre dans le milieu de la rue, un jour que la noblesse, sans l'en avoir prévenu, venait en corps chez lui, qui allait dîner chez l'intendant.

C'est le secours extraordinaire qui est actuellement sur le tapis. L'avis du tiers fut hier de l'accorder, et il est vraisemblable que cette affaire finira de façon ou d'autre demain ou après demain.

Le parti de Guerry, Piré, etc., est d'avis de l'accorder aussi, en demandant, suivant l'avis de la commission, des lettres de non-préjudice sur la levée de deux nouveaux sols pour livre, en sus des droits des fermes générales ; mais le parti de Coëtanscours tient pour ne rien accorder que le mémoire sur le rappel du parlement n'ait été reçu et répondu. Au reste, les commissaires du roi ayant promis que le mémoire serait reçu, on ne peut s'en dispenser un jour, mais ce serait une grande faute que ce fût par une députation.

Si j'avais eu à ma disposition un maître clerc de procureur, je vous aurais envoyé un détail, en trente-six rôles minutés, de ce qui s'est fait depuis trois jours, chez M. de La Trémoille, à l'aide de ses femmes, de l'abbé Foucher, de son intendant, du bastion et de l'évêque de Saint-Brieuc, qui lui ont tourné la tête. Ce dernier (1) prétend qu'il a été plus loin qu'il ne lui avait conseillé. Ce n'est en vérité qu'un petit brigand qui veut jouer un personnage, très désapprouvé par ses confrères dans l'épiscopat; et si, au moyen de ses menaces, le secours extraordinaire passe, il sera comme la mouche du coche, et dira que sans lui il n'y aurait rien eu de fait. Au surplus, il est capable de donner de très mauvaises notions sur tout ceci, et en général sur les affaires de la province, qu'il connaît aussi mal que l'esprit du bastion, par lequel il est sans cesse abusé.

CXCVI

Paris, le 7 mars 1767.

M. de La Noue à M. de Fontette.

Ce que vous me mandez de M. de La Trémoille est par trop plat; je n'aurai pas à me dédire sur son compte; j'en ai parlé modestement même dans ses plus beaux jours. J'aurais cru que la lettre du roi en aurait fait un héros. Vous m'aviez mandé la rencontre dans la rue (2); tout le monde le sait ici, et a dit qu'un premier commissaire du roi devait, comme tout autre, avoir le temps de dîner.

---

(1) L'évêque de Saint-Brieuc était alors Mgr Bareau de Girac. — V. la note qui le concerne, lettre CXCVI ci-après.

(2) Il fait allusion sans doute à un incident qui a fort ému la noblesse. Le 26 février 1767, l'ordre de la noblesse, se rendant chez le duc d'Aiguillon et ayant à sa tête le duc de La Trémoille, son président, avait rencontré dans la rue le commandant qui, paraît-il, aurait manqué de courtoisie à son égard. Une délibération de l'ordre du 27 février chargea des commissaires de témoigner à M. le duc d'Aiguillon sa « sensibilité ». (*Dossier spécial des actes de l'ordre de la noblesse;* Arch. d'Ille-et-Vilaine, C. 2711, pièce n° 15.) Le 28 février, les commissaires ren-

Il me semble qu'à la cour et à la ville on blâme M. d'Aiguillon de ne pas accorder que le mémoire soit apporté en cour par une députation. On dit qu'avec la sûreté qu'il doit avoir que les députés s'en seraient retournés la fourche au cul, il devait leur laisser essuyer cet affront qui leur aurait montré de quel bois on se chauffe. Je vous prie de me mander si M. d'Aiguillon a dans ses instructions ou ordres postérieurs de ne point laisser apporter le mémoire par députation, et comment ce serait une grande faiblesse.

Qui aurait cru que ce petit prélat de ruelle aurait joué un rôle, n'étant encore qu'à l'a. b. c. de la province ! Il est absolument nécessaire de démasquer ces nigauderies ; les femmes du jour en raffolent, et tout le monde lui donne de l'esprit (1).

J'ai reçu cinquante exemplaires de l'affaire des procureurs, et six de la lettre à La Trémoille. J'ai fait remettre ces derniers avec un des procureurs : à l'archevêque (2), à Lenoir (3), à Joly de Fleury (4),

---

dirent ainsi compte de leur mandat : « Nous avons témoigné à M. le duc d'Aiguillon votre juste sensibilité sur la façon sans exemple avec laquelle il avait reçu, le 26 de ce mois, le corps de la noblesse. » Le duc d'Aiguillon se serait borné à répondre à cette plainte que quand les commissaires seraient autorisés et lui remettraient des mémoires signés des demandes de l'ordre, il leur répondrait. (*Dossier spécial...*, même liasse, pièce n° 16.)

(1) Il est ici fait allusion à Mgr Bareau de Girac, évêque de Saint-Brieuc. François Bareau de Girac, fils d'un président du siège présidial d'Angoulême, né dans cette ville le 1er février 1732, fut d'abord vicaire général dans son diocèse d'origine, puis doyen du chapitre. En 1766, il fut nommé évêque de Saint-Brieuc et sacré à Paris le 31 août 1766. Il ne conserva ce siège que trois ans et fut transféré à Rennes le 22 décembre 1769. Chassé par la révolution, il ne put rentrer en France qu'après le Concordat. Il avait donné au pape sa démission du siège de Rennes et refusa toutes fonctions, sauf celles de chanoine de Saint-Denis. Il vécut à Paris et y mourut le 23 novembre 1820. (Guillotin de Corson, *Pouillé de l'archevêché de Rennes*, t. 1, p. 103.)

(2) L'archevêque de Paris était alors Christophe de Beaumont du Repaire (1703-1781). Il avait été successivement chanoine et comte de Lyon, puis évêque de Bayonne (1741), archevêque de Vienne (1745), et archevêque de Paris (1756). Il passait pour un partisan ardent des jésuites.

(3) Il doit être question de Jean-Charles-Pierre Lenoir (1737-1807), qui fut lieutenant-général de la police à partir de 1776, et qui, au moment où M. de La Noue écrivait, était lieutenant criminel au Châtelet.

(4) Nous ne pouvons savoir s'il est bien question de Guillaume-François-Louis Joly de Fleury, né en 1709, et procureur général au parlement de Paris de 1746 à 1775 ; ou bien de Guillaume-François-Omer Joly de Fleury, frère du précédent, né en 1715, et successivement avocat général au grand conseil et au parlement de Paris, enfin président à mortier (1768). — Ces deux magistrats étaient fils de François Joly de Fleury, avocat général à la cour des aides, de 1700 à 1717, et procureur général au parlement de Paris de 1717 à 1746.

Bignon, du Vernez... vingt autres exemplaires des procureurs à Gilbert (1), à Sauvigny (2), Emangard, aux maréchaux de Biron (3) et de Broglie (4), et autres gens à grands cercles; et afin que tout le monde en eût sa part, j'en ai remis vingt-cinq à mon colporteur qui les vendra. Il est tenu au secret, car j'ai le sien sur toutes ces choses défendues. On ignore d'où partent ces imprimés. Mandez-moi si on approuve ma distribution.

Le parent à moi, qui s'est mal conduit, m'a écrit une grande justification à laquelle je ne réponds point directement; mais je mande à la religieuse, sa sœur, ce que j'en pense, sans me compromettre.

CXCVII

Rennes, le 7 mars 1767.

M. de Fontette à M. de La Noue.

Je ne vous écrivis pas vendredi, mon cher La Noue, parce que je n'avais rien d'intéressant à vous dire. L'affaire du secours extraordinaire étant toujours sur le tapis, vous avez vu l'avis du tiers porté le 3; celui de l'église fut hier de consentir purement et simplement;

---

(1) Nous pensons qu'il est question ici de Pierre-Paul-Gilbert des Voisins, né le 13 mars 1748 et greffier en chef du parlement de Paris, devenu plus tard président à mortier au même parlement. (*La Chenaye des Bois*, t. IX, p. 257.)

(2) Il est sans doute question de Bertier de Sauvigny (Louis-Bénigne-François), né en 1742, et assassiné à Paris, le 22 juillet 1789, en même temps que son beau-père Foulon. Il était maître des requêtes et devait bientôt devenir intendant de la généralité de Paris.

(3) Le maréchal de Biron (Louis-Antoine de Gontaut, comte, puis duc de Biron), était fils de Charles-Armand de Gontaut, lui aussi maréchal de France, et mort en 1756). Le personnage dont parle M. de La Noue était né le 2 février 1701; il mourut le 29 octobre 1788. Colonel du régiment royal Roussillon-infanterie, le 22 juillet 1729, maréchal de camp en 1735, lieutenant général et chevalier des ordres en 1744, colonel et inspecteur du régiment des gardes françaises le 26 mai 1745, maréchal de France le 24 février 1757, gouverneur du Languedoc en 1775. Il n'a pas eu d'enfants de son mariage avec Pauline-Françoise de La Rochefoucauld-Roye. Son hôtel, situé près de la barrière de la rue de Varennes, à Paris, est aujourd'hui occupé par les dames du Sacré-Cœur. (*Calendrier des princes et de la noblesse française pour l'année 1765*. Paris, 1765, in-12, p. 144. — De Chastellux, pp. 302 et 303. — *Etat militaire de la France pour l'année 1776*, p. 79. — *Almanach généalogique, chronologique et historique pour l'année MDCCLI*, par M. l'abbé ***. Amsterdam, petit in-12, pp. 108 et 109.)

(4) Le maréchal de Broglie (Victor-François, duc de Broglie) était né le 19 octobre 1718, et mourut à Munster en 1804. C'est le vainqueur de Sondershausen (1758) et de Bergen (1759).

grands débats dans la noblesse; apparence de guerre entre les deux partis du bastion; mais tout cela était jeu joué, et ils se sont réunis aujourd'hui à ne consentir cette imposition qu'au pied du trône, par députation, etc.

Il eût peut-être été facile de rapprocher les avis de l'église et du tiers ; et il y aurait eu délibération dont les commissaires du roi auraient pu prendre connaissance comme ci-devant ; mais il leur a paru préférable sans doute de rester sur les trois avis; et effectivement on reviendra quand on voudra à les faire réduire à deux en remettant la matière sur le tapis, et la cour aura le temps de délibérer sur le plus expédient dans ces circonstances. On a donc pris le parti d'ordonner aux états de passer à l'adjudication des fermes ; mais le bastion n'a pas voulu permettre la lecture de l'écrit à ce sujet qui avait été remis au procureur syndic, et a dit qu'il ne souffrirait pas qu'on travaillât sur quoi que ce fût jusqu'à ce qu'on eût donné parole de recevoir à la cour la députation chargée de leurs représentations. L'église et le tiers ont été pressés de se joindre avec les brouillons pour concourir, ainsi qu'ils leur avaient promis, à la confection d'un mémoire sur le rappel du parlement, etc.

Mme d'Aiguillon a, depuis trois jours, une migraine assez forte, et une petite ébullition ; elle n'a reçu que les gens du petit cabinet, et ne recommencera à recevoir que lundi ; elle a pris aujourd'hui un bain qui lui a fait du bien.

Je vous embrasse de tout mon cœur.

CXCVIII

Rennes, le 8 mars 1767.

M. de Fontette à M. de La Noue.

La séance d'hier, mon cher La Noue, fut, de la part de la noblesse, un avis définitif par lequel elle suppliait le roi de permettre qu'une députation solennelle portât au pied du trône la représentation de la province, laquelle députation consentira entre les mains de Sa Majesté la somme de sept cent mille écus pour le secours extraordinaire.

MM. les commissaires du roi avaient donné au procureur-syndic une déclaration par laquelle ils disaient que l'intention du roi était qu'on entendît le rapport de la commission des baux pour procéder à l'adjudication, mais cette déclaration ne fut pas lue à l'assemblée, la noblesse n'ayant pas voulu l'entendre. Aujourd'hui les commissaires du roi sont entrés pour faire enregistrer une autre déclaration par laquelle ils enjoignent à la noblesse de déclarer dans le plus court délai si elle consent purement et simplement, ou si elle ne consent pas le secours extraordinaire. La séance a fini sans que la noblesse ait pris de délibération sur la déclaration des commissaires du roi.

Les deux ordres ont été fermes, et ont répondu qu'ils ne s'étaient engagés à rien que lorsque toutes les demandes du roi auraient été consenties. Et voilà où les choses en sont.

Je suis chargé de vous demander si le couple breton qui logeait dans votre hôtel y est encore, comment vous vivez ensemble.

Je suis encore chargé de vous demander la liste du conciliabule breton, tant mâle que femelle, et les lieux les plus fréquents de l'assemblée.

Il n'y a ni vérité ni vraisemblance dans l'histoire faite sur M. de Saint-Brieuc, qui s'est plus occupé des intrigues du bastion que de celles des ruelles, quoi qu'il fût plus propre à celles-ci, qu'il connait, qu'aux autres dans lesquelles il s'est furieusement blousé. Il serait un peu revenu de donner croyance aux belles paroles de ces factieux qui l'ont attrapé, et l'attraperont s'il s'y joue.

Son entremise n'a fait faire que des sottises à M. de La Trémoille, mais je crains bien plus les fausses notions qu'il aura pu donner à Grandbourg que la besogne dans laquelle il était trop neuf pour pouvoir en discourir pertinemment.

CXCIX

Rennes, le 10 mars 1767.

M. de Fontette à M. de La Noue.

On a beau blâmer à la cour et à la ville M. d'Aiguillon sur ce qu'il s'oppose à ce que le mémoire soit apporté au roi par une députation solennelle, il ne peut faire ce qui lui est précisément défendu ; et nous voyons mieux que ceux qui en parlent : 1° qu'en souffrant cette demande, ce serait ouvrir la porte à chaque instant à de pareilles demandes; 2° que qui consent à une députation de cette nature ne la reçoit pas vraisemblablement dans l'intention de la renvoyer, comme vous dites, « la fourche au cul » ; et, en tout, nous connaissons trop bien le bois dont vous vous chauffez pour imaginer que la brûlure en fit grand effet. C'est celle de l'esprit de vin dont on se défait en se secouant.

Au reste, si on veut qu'il permette tout, même le retour de l'universalité du parlement, on n'a qu'à le dire.

Aujourd'hui on a fait lecture à la chambre de la noblesse des lettres des princes qui arrivèrent hier. Il n'y a que M. de Conti (1) et M. le comte de La Marche (2) qui n'aient pas fait réponse. Je vous envoie copie de celles des autres, au nombre de six, qui sont toutes pareilles. Vous verrez ce qu'on en doit conclure.

J'ai d'abord pensé que mieux eût valu se taire que de ne dire que cela, et ensuite j'ai été assuré que le meilleur parti eût été celui du silence. Les brouillons, qui ont tardé vingt-quatre heures à faire part de ces lettres, en ont tiré et en tireront encore parti. M. Le Gualès (3) en a conclu assez naturellement, dans le discours qu'il a fait à ce sujet : 1° que la démarche qu'ils avaient faite, en écrivant aux princes, n'était pas si déplacée, puisqu'ils leur répondaient ; 2° que les réponses eussent été favorables sans la protestation des quatre-vingt-trois ;

(1) Louis-François de Bourbon, prince de Conti, prince du sang, pair de France, fils de Louis-Armand de Bourbon, prince de Conti, et de Louise-Elisabeth de Bourbon-Condé. Né le 13 août 1717, décédé en 1776; lieutenant-général, gouverneur du Poitou. Marié à Louise-Diane d'Orléans (morte en 1736), il en eut un fils, le comte de La Marche. (*Calendrier des princes et de la noblesse pour 1765*, p. xi.)
(2) Louis-François-Joseph de Bourbon, comte de la Marche, pair de France, fils du prince de Conti, et de Louise-Diane d'Orléans. Né le 1er septembre 1734, décédé en 1814; lieutenant général, colonel d'un régiment de son nom. Marié le 27 février 1759 à sa cousine germaine Marie-Fortunée d'Est. Il fut le dernier prince de Conti. (*Calendrier des princes et de la noblesse pour 1765*, p. xi.)
(3) Louis-Auguste Le Gualès (ou Le Goualès), d'une ancienne famille noble de l'évêché de Tréguier, qui a compté plusieurs branches, dont l'une existe encore. Aucun renseignement ne nous permet de savoir à laquelle de ces branches appartenait le gentilhomme qui fit parler de lui à la session des états de 1766-1767. On trouve sa signature au pied d'un des documents émanés de la noblesse. (Arch. d'Ille-et-Vilaine, C. 2711, n° 7. — Pol de Courcy, *Nobiliaire et armorial de Bretagne*, 3ᵉ éd., 1890, in-4°, t. I, pp. 485 et 486.)

3º qu'il fallait écrire de nouveau, tant pour faire voir aux princes qu'on les trompait, si on leur donnait les protestants et leur président pour le corps de la noblesse, que pour leur envoyer la contre-protestation signée de deux cent soixante gentilshommes et plus, qu'on avait fait venir de toutes parts, la semaine dernière. Ce soir, les dix commissaires doivent s'assembler chez M. de Coëtanscours pour aviser aux moyens de suivre et rédiger les propositions qui ont tenu toute la séance. Les deux autres ordres s'étaient retirés du théâtre sous quelque prétexte, pour laisser le champ libre à la noblesse qui ne s'est occupée que de cela. Ce n'était pas le moment de les presser sur le secours extraordinaire ; et il paraît que les commissaires du roi eux-mêmes ont senti la nécessité de laisser rasseoir les têtes tournées par les réponses des princes dont vous voyez l'effet. Serait-il possible qu'on autorisât ou qu'on souffrît une correspondance de cette nature ?

Consultez les bulletins sur ce qui s'est passé pendant les séances dernières. Celle d'aujourd'hui a été de la plus grande indécence. Quand l'évêque de Rennes a énoncé un avis de son ordre sur une matière en délibération, le bastion a fait le chien et le chat ; et, à la sortie de la salle, après les états levés, La Besneraye a annoncé à la tribune, pour demain, la deuxième représentation des *Fourberies de Scapin*. Il y a cent autres anecdotes de ce genre, que vous ne verrez pas dans les bulletins, et qui caractérisent l'esprit de l'assemblée. L'église est outrée ; le tiers est ferme.

CC

Paris, le 11 mars 1767.

M. de La Noue à M. de Fontette.

M. Benoît m'a dit d'assurer que l'opiniâtreté, le feu, la cabale, quelques suites qu'ils pussent avoir, ne feraient rien changer à la ferme résolution où on est de ne point admettre le fameux mémoire par une députation des nobles, et encore moins de changer la composition actuelle de votre parlement ; sauf toutefois ce qu'on lui a mandé pouvoir faire, au cas que votre parlement complet se trouvât trop peu nombreux pour fournir au service, mais qu'il faudrait de fortes sollicitations pour obtenir cette addition.

M. Benoît à lu la lettre à M. de La Trémoille, et m'a assuré qu'elle était modérée en comparaison de celle du comte (1). En ce cas, votre président des nobles doit être bien propre, car il est bien savonné ; et il le méritait bien. Dieu veuille que cela le ramène à la bonne voie !

Mon attachement ne pouvant, ni ne devant rien cacher au commissaire, je crois devoir lui dire qu'il court dans le ministère et le conseil qu'il ne voit pas assez que les difficultés des brouillons portent bien plus sur lui que sur le désir de justifier totalement La Chalotais, et de rappeler le parlement entier. On y ajoute que le commissaire s'abuse à cet égard.

Je crois vraisemblable que ce raisonnement est le fruit des mémoires secrets qui arrivent de chez vous ici, où on ne manque pas d'y dire que le roi aurait satisfaction sur tout, si son premier commissaire était autre. Je pense qu'il ne serait pas mal que le commissaire insinuât qu'il voit depuis longtemps qu'on le couche en joue, etc.

Il y a deux mois que le couple breton a quitté notre hôtel. La femelle avait des hauteurs, des fantaisies ; elle voulait qu'on ôtât nos chaises de dessous la porte ; elle a traité notre hôte comme un va-nu-pieds ; il le lui a bien rendu et la scène a été violente ; elle a voulu sortir tout de suite, etc.

Quant au conciliabule je n'ai rien de positif ; mais Mmes de Bégasson, de La Roche, de Poulpry (2), etc., étant ici, et se voyant de société, je crois qu'il y a assemblée chaque jour de courrier.

(1) C'est sans doute du comte de Saint-Florentin que parle M. de La Noue.
(2) Mme de Bégasson, dont il est ici question, devait être la femme du fameux bastionnaire. Mme de La Roche était sans doute Mme de La Roche-St-André, née de Charette de La Desnerie, qui mourut à Nantes en 1772. Quant à Mme de Poulpry ce dut être la femme du marquis de Poulpry, coaccusé de La Chalotais. C'était une Castanier d'Auriac, veuve du président de Palarin, qui l'avait épousée en secondes noces (1757). Le marquis de Poulpry, mestre de camp de cavalerie en 1761, devint plus tard lieutenant-général des armées du roi. Il était fils de François-Gabriel-Joseph, marquis de Poulpry, comte de Kéravel, maréchal de camp, et de Marie-Madeleine de Matharel. Il mourut en 1769. (La Chesnaye des Bois, *Dictionnaire de la noblesse*, t. XVI, col. 259 ; — de Courcy, *Nobiliaire de Bretagne*.)

Je crois que la réunion des deux partis du bastion pour l'unanimité d'arriver au pied du trône et arrêter l'adjudication des devoirs sera portée au conseil des dépêches, indiqué vendredi 13. L'église et le tiers se sont conduits avec bien de la fermeté ; il faut qu'elle ait fait impression aux nobles, puisque les commissaires du roi ont envoyé une déclaration pour que cet ordre refusât formellement ou acceptât.

CCI

Rennes, le 12 mars 1767.

M. de Fontette à M. de La Noue.

J'ai mandé à votre père, dans ma lettre du 19, une partie des frasques des brouillons, et à vous les suites qu'elles avaient eues. Je ne sais si j'ajoutai que M. de La Trémoille, cédant aux instances de quelques négociateurs plus zélés qu'éclairés qui s'étaient entremis pour concilier les deux partis de l'ordre de la noblesse et tirer de leur accord des avantages pour le service du roi et de la province, s'était laissé porter bien au delà des conseils qu'on lui avait donnés, et avait, par une faiblesse impardonnable, presque abandonné les quatre-vingt-trois hommes qui l'avaient aidé à réparer une première sottise. Il en a fait une seconde très prononcée, en écrivant au roi une seconde lettre qui n'a pas eu une réponse si favorable que la première. Sa Majesté lui a fait écrire par M. le contrôleur général et par M. de Saint-Florentin des lettres qu'il reçut hier, et qui lui témoignent le plus grand mécontentement de sa conduite, ainsi que de celle des factieux de l'ordre de la noblesse dont il avait voulu pallier, en second lieu, les mauvais déportements.

Deux jours auparavant, ceux-ci avaient reçu de tous les princes, à l'exception de M. le prince de Conti, les réponses dont copie est ci-jointe. Elles sont toutes pareilles, ces réponses. Tout inintelligible qu'elles sont, elles ont fait le plus mauvais effet. Les brouillons en ont argué que leur démarche, en écrivant aux princes, n'était pas coupable, puisqu'on leur répondait ; et que les réponses eussent été favorables, si la protestation des quatre-vingt-trois n'était venue à la traverse : mauvaise conclusion, assurément, puisqu'il est plus naturel de penser que les réponses des princes eussent été des reproches ou des leçons, et que la protestation n'étant que sur la forme, qui était séditieuse, elle ne touchait point au fond qui a paru raisonnable à tout l'ordre, et même à tous les états dans lesquels il n'y avait pas eu deux voix, lorsqu'il avait été question de s'engager à redemander l'universalité du parlement, pour laquelle ils avaient débuté par faire des instances dès les premiers jours de la tenue de l'assemblée ; et les commissaires du roi s'étaient même engagés, par leur déclaration enregistrée au greffe des états, le 21 février, de faire passer au roi le mémoire des trois ordres à ce sujet, aussitôt que les demandes du roi auraient été consenties. Ainsi il n'y avait nul doute que d'un côté l'ordre de l'église et celui du tiers ne concourussent à former ledit mémoire, et de l'autre que le roi le reçût ; mais la paix qui aurait pu être rétablie par ces assurances n'était pas le but des brouillons, dont l'animosité particulière contre M. d'Aiguillon est le seul guide. Le retour du parlement, dont ils s'embarrassent peu, n'est que le prétexte dont cinq ou six personnes se servent pour entraîner la pluralité. Ils savent que M. d'Aiguillon lutte seul depuis longtemps pour empêcher qu'on ne sépare les états, et qu'on ne donne à un ordre tumultueux une nouvelle constitution, parce qu'il en rejaillirait sur son administration un blâme éternel dans cette province, qu'il veut éviter et qu'ils cherchent à éterniser, malgré le préjudice qui en résulterait pour leur ordre. Voilà tout le fin de ce qui se passe ici ; et l'audace croît en proportion de la modération de M. d'Aiguillon, qui espère toujours qu'en temporisant il finira la besogne, sans coups d'autorité. Effectivement rien ne prouve mieux combien il en est ennemi que la patience à laquelle il exhorte sans cesse et la cour et les deux autres ordres, qui sont journellement insultés par des propos et par des libelles, et son calme devant le déchaînement et la licence des écrits anonymes qui se répandent ici.

Je ne crains pas de dire que si les premiers et principaux auteurs de ces pièces infâmes avaient été punis comme ils le méritaient, la fabrique n'existerait plus, et que les fabricateurs se garderaient bien d'en répandre.

Je reviens à la suite des états. Ce n'est, comme vous aurez vu, qu'après la plus grande opposition de la part des brouillons, et par la fermeté des deux autres ordres, que les demandes du roi, qui sont le don gratuit, la capitation, les vingtièmes et les deux sols pour livre d'iceux faites dès le 5 janvier, ont passé. La première de ces demandes était les deux nouveaux sols pour livre connus dans cette province sous le nom de secours extraordinaire, objet de 700.000 livres seulement, attendu l'abonnement très favorable à la province. C'est sur cette dernière demande, consentie depuis plusieurs jours par deux des ordres, que celui de la noblesse batailla depuis quinze jours, s'obstinant à n'adhérer à l'avis des autres qu'autant que le consentement de cette imposition sera porté au pied du trône par une députation solennelle, c'est-à-dire les présidents des ordres à la tête; laquelle députation sera chargée de leur représentation. C'est ainsi que quelques factieux entendent faire la loi à la cour, à ses commissaires en Bretagne, et à deux ordres raisonnables, qui sentent l'inutilité et le pernicieux de cette fastueuse démarche qui, si elle était accordée, dût-elle même ne pas réussir, servirait à jamais d'exemple et d'autorisation à pareilles demandes.

Les commissaires du roi entrèrent hier aux états pour ordonner aux autres de faire et leur remettre des mémoires où seraient déduits les motifs des différents avis des ordres, tant sur la forme que sur le fond du dernier secours extraordinaire. Ils défendirent en même temps aux états de s'occuper davantage de cette matière, et enjoignirent de procéder incessamment à l'adjudication des fermes de la province, objet de plus de sept millions pour les deux années auxquelles le délai porte grand préjudice, et un déficit notable dans la caisse du trésorier. Aujourd'hui les brouillons ont empêché qu'on n'entrât en matière, et paraissent résolus à ne pas aller plus avant sur les affaires de la province, et autres, dont on n'a pas fait une seule, depuis le 29 déc., jour de l'ouverture. Je ne vous dis que le gros de ce qui se passe. Le détail journalier, s'il n'était pas long et trop long, vous ferait voir le comble de la malhonnêteté, de la mauvaise foi et de l'indécence.

L'église et le tiers, généralement, et sans exception, gémissent alternativement, ainsi que les gens sensés de la noblesse, qui n'en sont pas malheureusement la plus grande partie; mais c'est assez parler des états.

CCII

Rennes, le 12 mars 1767.

M. de Fontette à M. de La Noue.

Hier, mon cher La Noue, je vis les copies des lettres que MM. de L'Averdy et de Saint-Florentin écrivaient par ordre du roi à M. de La Trémoille, à propos de son espèce de rétractation ou de sa faiblesse pour les brouillons. Elles sont fortes, et telles qu'il les fallait dans le moment pour abattre l'audace du bastion et relever le courage abattu des quatre-vingt-trois. Les réponses des princes, tout inintelligibles qu'elles étaient, avaient produit cet effet que les factieux s'enorgueillissaient, et comptaient suivre cette correspondance, et que les bien intentionnés se regardaient comme inculpés d'avoir empêché, par leur protestation, que le recours de l'ordre n'eût quelque succès sur le fond d'une affaire, c'est-à-dire du retour du parlement, auquel il ne leur paraissait pas honnête de s'opposer.

La protestation n'ayant jamais été que contre la forme qui leur paraissait et qui était effectivement séditieuse, les copies, qui arrivèrent avant midi, furent données à lire à plusieurs d'entre eux, et les désapprobations de la conduite de M. de La Trémoille passèrent bientôt dans l'assemblée, quoiqu'il n'eût encore fait part à personne du contenu des originaux qui l'attristaient beaucoup.

Le propos de M. de La Besneraye est qu'à la levée de la séance, et en suivant l'évêque de Rennes, il avait crié à des femmes qui étaient dans la tribune qu'il les invitait le lendemain à une seconde représentation des *Fourberies de Scapin*.

Ce même jour, l'évêque, voulant énoncer l'avis de son ordre, et le lisant effectivement, le bastion empêcha, par des cris de chien et de chat, qu'il ne fût entendu. Si la métamorphose eût été complète, tout en irait mieux. Le reste de la séance fut employé à la rédaction du procès-verbal de l'entrée des commissaires du roi. La noblesse voulait rester après la séance levée, malgré la défense; mais M. de La Trémoille eut la force de s'en aller, et il fut accueilli de quelques propos. On cria que si c'était là le fruit de la réconciliation, elle ne durerait guère, etc., etc.

On saura peut-être aujourd'hui le résultat de la conférence des dix commissaires indiquée le 10 chez M. de Coëtanscours à l'occasion des réponses des princes. Il est vraisemblable que celles des ministres à M. de La Trémoille, qui seront publiques aujourd'hui, pourraient changer quelque chose au système; mais celui de méchanceté que ces gens-là se sont fait ne variera jamais que sur la forme, car on peut être assuré qu'ils sont très résolus à faire du pis qu'ils pourront.

Plusieurs bastionnaires se plaignirent, après dîner, du froid accueil que leur faisait M. de La Trémoille, qui eut tout le jour l'air déconfit. Il alla se promener presque seul, et les dames ne reçurent pas le soir, ce qui remplit honnêtement la maison de Mme d'Aiguillon, qui fut ouverte le soir, pour la première fois depuis mercredi dernier. Sa santé est meilleure; le mal de tête et l'ébullition ont beaucoup diminué.

Je serais fâché de faire tort à l'évêque de Saint-Brieuc dans l'esprit de qui que ce soit. Je vous ai mandé ce que je croyais voir, et je ne crois pas m'être trompé. Je vous l'ai mandé pour le bien de la chose, de mon propre mouvement, et sans inspiration, je vous jure; et je pense qu'il ne nierait pas lui-même qu'il a été complètement la dupe du bastion. Il en paraît fort touché à présent, et encore plus du bruit infâme et sans fondement qui a couru sur lui à Paris (1).

Je crois, et quelques autres soupçonnent que cette fausseté a été fabriquée par C. de B..., qui l'a écrit à son ami L. B..., à Dinan. Ce qu'on sait de plus positif sur cela, c'est que les lettres de Dinan en auraient parlé à la fin du mois passé.

Il court ici un écrit abominable et fort plat en forme de *Dialogues des morts*, où le cardinal de Richelieu et M. d'Aiguillon sont maltraités. Voilà ce que c'est que de ne pas punir sévèrement les auteurs de libelles. On en verra bien d'autres.

(1) Le bruit courut que très galant il aurait serré de près une dame de Rennes qui, saisissant une épée, l'en aurait frappé.

CCIII

Paris, le 14 mars 1767, 7 heures du matin.

M. de La Noue à M. de Fontette.

Ma lettre du 11 courant était à peine à la poste, mon cher maréchal, que je reçus votre paquet des six exemplaires de *l'Examen du parlement*. J'allais chez le maréchal de Biron, qui me fit grand accueil et me conduisit dans son cabinet, pour causer Bretagne ; il me dit mille biens du commissaire, qui ne méritait pas d'être sacrifié, comme il l'était ; qu'il l'avait toujours estimé et regardé comme un grand serviteur du roi. Il entra ensuite en détail sur la position actuelle à tous égards, et conclut par dire qu'il ne reconnaissait plus le royaume de France. En total, il parla d'assez bon sens, mais avec peu de saillie et de connaissance. Je lui donnai un exemplaire de l'*Examen* qu'il lut avec satisfaction, en ajoutant qu'il n'y avait rien à répondre à cela. Il tira de sa poche la *lettre des procureurs*, et me demanda si je connaissais cela ? Il m'en parut enchanté à titre d'autorité et de subordination... J'allai dîner de là chez d'Espagnac, aux Invalides, où l'abbé-conseiller, son frère, me parla du mémoire de la noblesse. Je répliquai que je pouvais lui faire lire quelque chose de cela, et lui remis un *Examen*. Les quatre autres ont été pour M. l'archevêque, Bignon, prévôt des marchands, et du Verney.

Avant-hier soir je reçus votre lettre du 8, que Cotonnay m'envoya, y joint la misérable chanson, et le paquet pour Dijon, qui est parti d'hier... Hier matin Cotonnay vint chez moi, et me remit quarante-neuf *Arrests des procureurs*, vingt-huit *Lettres de La Trémoille* et dix-neuf *Examens*. J'emporte tout cela à Versailles, où je vais ce matin, et cela reviendra ici, par distribution, dans le genre que vous me fixez.

Malgré l'exactitude de votre correspondance, vous jugez bien que j'ai eu mille questions à faire à Cotonnay ; il n'a pas épargné sa poitrine ; j'ai dit, comme le malheureux Lally : Quelle Babylone !... Je crois que Piré fils va bien en débiter à son arrivée ici ; il a sûrement plus d'un objet à son voyage.

Si vous saviez combien le nom d'Aiguillon émoustille tous les esprits et pique la curiosité, vous ne me demanderiez pas de vous écrire sous son couvert. Je suis persuadé qu'il ne part pas une lettre à son adresse qui ne soit ouverte, et encore mieux quand elles sont écrites par moi.

Je suis si connu pour lui être attaché que je n'entends parler nulle part de Bretagne qu'on n'ajoute (si c'est en bien) : Demandez à M. de La Noue, qui sait cela mieux que personne ; si c'est en mal : Il ne fut pas dire cela devant M. de La Noue, cela le fâcherait. — Plus de cent personnes de toutes les religions m'ont dit : M. d'Aiguillon a en vous un bon ami. — Jugez, d'après cela, la prudence que je dois observer à la poste, et la discrétion pour la distribution des imprimés ; mais la petite poste et mon colporteur sont deux grands moyens.

Franchement je crois qu'on est bien résolu de repousser le projet de députation et la demande du retour universel. Suivant ce que vous me répliquez, vous ne m'avez pas bien entendu. Ce ne sont point les ministres et les gens de l'administration, même les autres, qui sont éclairés, qui blâment le commissaire sur ce qu'il s'oppose à la députation ; ce sont les ignorants, oiseux, et mal voulant de la cour et de la ville, tant mâles que femelles. Ils ne voient pas que ce serait une planche pour toutes les questions contentieuses, et qu'il y aurait manœuvres et cabales par les députés ; mais le ministère, l'administration, etc., voient très bien ces inconvénients et en tirent leur fermeté actuelle. Le chevalier d'honneur de l'autorité du roi ne doit donc pas discontinuer sa fermeté, puisqu'il n'est blâmé que desdits ignorants, etc., qui voulaient seulement savoir si sa résistance au fameux mémoire venait de lui ou de ses instructions.

Que la lettre des princes est pitoyable ! C'est le premier d'entre eux qui a donné l'exemple ; car vous savez sans doute que, l'ayant faite, il la montra au roi, sans accord ou intervention du ministre. Le roi dit : Oui. Les autres princes l'auront su et auront demandé le modèle. Les trois inductions qu'en a tirées Gualès sont assez simples ; j'en ajoute une quatrième : c'est que les princes trouvent les cabaleurs suffisamment châtiés par la protestation des quatre-vingt-trois. Tu l'as battu, il te l'a rendu... Hors de cour... Oh! la belle administration! Mais quel orage cela prépare par le nombre rappelé des contre-protestants et par le travail qu'ils vont faire! Je n'ai jamais vu plus clairement la rupture des états que dans cette circonstance. Le ministère va dire que c'est une hydre, dont il faut abattre toutes les têtes à la fois. Il verra comme impossibilité de définition le succès du commissaire vis-à-vis les têtes échauffées. Il montrera des craintes sur la correspondance des princes, etc... Je vais savoir cela à Versailles, où je les prévois encore plus déterminés s'ils sont instruits des cris de chiens et de chats pendant la séance, et de l'annonce casse-vitres de La Besneraye. Je ne suis point surpris que l'église soit outrée, et qu'elle soit la première à donner les mains à la rupture. Peut-être vois-je en noir, mais ceci est un furieux moment.

CCIV

Versailles, le 16 mars 1767.

M. de La Noue à M. de Fontette.

Arrivant à Marly avant-hier, mon cher maréchal, je trouvai toutes les portes fermées; on était si ébaubi et dégarni que le seul service avait permission d'entrer; je revins ici où tous les ministres se rendirent le soir, de Paris, pour s'aller établir à Marly. La cour y sera douze ou quinze jours; demain le roi recevra les révérences et ou prendra le deuil. Le corps de la dauphine sera neuf jours en parade, où chapelle ardente; le dixième, tout partira pour Fontainebleau, et de là à Sens.

J'appris avant-hier que les ministres savaient les chiens, les chats et les *Fourberies de Scapin*; qu'ils comptaient en faire grand bruit au conseil du lendemain, et montrer combien une besogne croquée sans eux était sujette à inconvénients; qu'ils comptaient proposer un parti violent. Heureusement, les dépêches du 13, arrivées hier, ont adouci les résolutions. On a été content de l'unanimité pour l'accord des fouages, du rapport fait par la commission des baux, malgré les hurlements des enragés, de la semonce à La Besneraye, et en général du bulletin du 13. On convient que M. d'Aiguillon a des ressources inattendues dans les circonstances les plus désespérantes. On loue l'adresse du président ecclésiastique qui s'est conduit à merveille. Vous jugerez de la satisfaction que j'ai eue en lisant cette dépêche. M. d'Aiguillon voudra bien en être persuadé. Il était nécessaire que je la visse pour être instruit, car vous ne m'avez point écrit le 13, ni personne; à moins qu'un laquais, que j'avais envoyé à Paris chercher mes lettres hier, n'en soit reparti avant la distribution des lettres de Bretagne.

Je dis, en lisant ce bulletin, que le conseil ne serait pas si méchant qu'on se l'était proposé. Effectivement, il a calmé les inconvénients produits par les réponses des princes. L'amiral, qui avait approuvé sans grande attention celle du premier prince, a baissé l'oreille et a dit qu'il fallait répondre à la seconde lettre des factieux, de manière qu'ils n'y revinssent pas. — Quelqu'un a dit qu'il valait mieux jeter au feu sans ouvrir cette nouvelle lettre des factieux ; ce qui a été approuvé. Une chose assez singulière c'est que le premier prince, en prenant l'attache sur sa réponse, a dit que Penthièvre l'avait déjà écrite. A la vérification, cela s'est trouvé faux.

J'ai vu hier deux grandes lettres de justification de La Trémoille à Castellane et à Grandbourg. Il n'attaque point le commissaire, duquel il dit seulement que, fâché de la visite dans la rue et de la plainte, il ne l'a voulu ni conseiller ni aider, ce qui lui a fait faire des fautes. Il ajoute assez platement qu'il ne sait comment réparer, à moins qu'on ne lui dise en quoi et comment. C'est bien là le cas de dire : Colin n'a pas voyagé.

CCV

Rennes, le 17 mars 1767.

M. de Fontette à M. de La Noue.

Il faut qu'on croie M. d'Aiguillon bien aveugle, pour ne pas s'apercevoir qu'on désire encore plus son expulsion que le rappel du parlement et de La Chalotais. Il sait, il voit, il a dit, et on ne peut ignorer que toutes les machinations des brouillons, tant de la noblesse que du parlement, l'ont principalement pour but depuis la paix. — Ce système naquit du mécontentement de Kerguézec aux états de Saint-Brieuc. En 1758, il ne cacha pas à quelques-uns de ses amis qu'il fallait ménager M. d'Aiguillon pendant que la guerre durerait, parce qu'il était en état de défendre la province mieux qu'un autre ; mais qu'il serait indispensable de se réunir, et de tout employer pour le faire sortir de sa place, soit en l'accusant, soit en le dégoûtant, aussitôt que la paix serait faite. Ayant été interrogé par ces mêmes personnes des raisons qu'il pouvait avoir de penser ainsi, il n'en donna pas d'autres, disant que M. d'Aiguillon était trop au fait des affaires de la province, et qu'il ne leur convenait pas d'avoir un commandant si instruit. Il a ainsi plusieurs fois couvert de cette mauvaise politique l'animosité particulière qu'il avait contre M. d'Aiguillon. Ce forcené républicain, toujours résidant à Rennes, toujours assidu aux tenues d'états, eut bientôt pratiqué les La Chalotais et La Gascherie, de zélés partisans de son système. Je ne vous nommerai pas ceux qu'il eut dans le corps de la noblesse. Vous les connaissez aussi bien que moi. Les premières remontrances du parlement, en février 1764, furent le premier coup de tocsin ; l'enregistrement des vingtièmes, en juin 1764, fut le second ; la suite de la trame est trop connue de vous pour que je vous la rappelle. M. d'Aiguillon ne peut pas plus se cacher que dissimuler à la cour, ni à qui que ce soit, que sa perte n'ait été et ne soit le principal motif de tout ce qui se passe ici depuis trois années. Cela est tout aussi évident qu'il l'est que tout commandant qui voudra faire son devoir en ce pays, y maintenir l'autorité du roi et le bon ordre, et faire le bien général et particulier, essuyera les mêmes contrariétés qui finiront toujours par des horreurs, quelque modération et ménagement qu'il mette dans l'administration. Et plût à Dieu peut-être qu'il eût moins craint les coups d'autorité, qu'il a toujours évités, et moins employé de douceur qui se fait entendre dans les cœurs justes et bienfaisants ! Vous savez aussi bien que moi que ce n'est pas dans le corps de la noblesse bretonne qu'il faut chercher ces derniers. Pour répondre à ce que vous me dites que M. d'Aiguillon ne ferait pas mal d'insinuer qu'il voit depuis longtemps qu'on le couche en joue, je vous dirai qu'il n'est plus question d'insinuer une chose qu'on a dite hautement, et qui est notoire au roi et à ses ministres; mais supposons que M. d'Aiguillon fût retiré ou se retirât de Bretagne: qu'en résultera-t-il ? Le but que se sont proposé les brouillons : une paix momentanée, mais l'avilissement réel de tous les commandants à venir, et, par conséquent, de l'autorité royale; le despotisme de cet ordre impérieux et tumultueux à jamais établi sur les deux autres; l'arrogance la plus décidée d'où dériveraient la résistance formelle dans toutes les occasions aux volontés les plus justes du souverain, et le malheur inévitable du peuple qui serait foulé par cent tyrans.

Voilà comme s'établit l'anarchie. Voilà comme la fronde faisait la guerre à son roi, en disant qu'elle ne voulait que chasser le Mazarin. Encore avec cette différence qu'il pouvait y avoir dans la conduite de celui-ci des prétextes plausibles de plaintes et de haine, qui ne se trouvent pas assurément dans celle de M. d'Aiguillon. Pour être convaincu de cette différence, il n'y a qu'à voir ce que ses ennemis, qui ont bien fouillé dans l'intérieur de son administration, ont objecté contre lui pendant l'affaire du parlement; il n'y a qu'à voir dans cette tenue et la précédente la façon de penser des deux ordres prouvée par leur conduite, et celle d'une partie de cet ordre si déchainé. C'est en vain qu'on dira que tous ceux qui ne se comportent pas comme les brouillons sont des gens vendus à la faveur et à l'intérêt. Quelles récompenses espéraient les évêques de Vannes, Saint-Malo, Dol (1), Saint-Brieuc, et espèrent encore le premier de ces prélats et celui de Saint-Pol (2) et Quimper (3) ? Ils ne de-

---

(1) Urbain-René de Hercé, fils de Jean-Baptiste de Hercé et de Françoise Tanquerel; né à Mayenne le 6 février 1726, il venait de s'installer dans son diocèse. De vicaire général à Nantes, il avait été nommé évêque de Dol en remplacement de M⁰ʳ Doudel, décédé le 11 février 1767; il fut sacré le 5 juillet de la même année. Chassé de son siège par la Révolution, il passa en Angleterre et s'embarqua pour rentrer en France avec les troupes de l'expédition de Quiberon : il fut fait prisonnier avec son frère, vicaire général de Dol, et fusillé à Vannes, le 3 juillet 1795. (Guillotin de Corson. *Pouillé historique*, I, p.436.)

(2) Joseph-François d'Andigné, ancien vicaire général de Rouen, nommé évêque de Saint-Pol de Léon, sacré à Paris le 21 août 1763; il fut transféré à Châlon-sur-Saône en 1772 et se démit de ce nouveau siège en 1781. (*Gallia christiana*, t. XIV, col. 986; *Almanach royal pour 1790*.) La famille d'Andigné avait des branches en Bretagne et en Anjou; je ne sais à laquelle appartenait l'évêque de Saint-Pol.

(3) Auguste-François-Annibal de Farcy de Cuillé, fils d'un conseiller au parle-

mandent rien à la cour, et n'en veulent rien. Que peuvent espérer tant d'abbés qui sont trop contents des abbayes dont ils jouissent, qu'ils savent bien être leur *nec plus ultra*; tant de chanoines pris *ad turnum* dans leurs chapitres; tant de maires ou de députés de villes qui n'ont ni ambition ni espoir de récompense, et qui sont si intéressés au bien du peuple, dont ils font partie; tant d'agrégés de ces deux ordres qui, quoiqu'ils n'aient pas voix délibérative dans l'assemblée, en ont cependant une pour approuver ou désapprouver ce qui se passe journellement sous leurs yeux? Pesez ces autorités contre celles des factieux, dont les trois quarts et demi sont des aveugles conduits par la passion et la méchanceté de quelques méchants. Je me crois moins tenu par la reconnaissance que par la vérité à rendre justice à M. d'Aiguillon; si je parlais à d'autres qu'à vous, je jurerais par l'honneur et par ce qu'il y a de plus sacré que je n'entends point faire son éloge ni son apologie; mais que je juge et parle de sa conduite en honnête homme et comme en jugera et parlera tout honnête homme qui ne l'aura pas plus perdu de vue que moi depuis douze ans.

Nous verrons quelle réponse sera faite aux nouvelles lettres aux princes. Voilà une jolie correspondance établie. J'espère que, pour cette fois, il n'y aura pas de louche dans la réponse, s'il s'en fait.

Les bulletins vous apprendront plus en détail comme quoi les commissaires du roi furent obligés d'entrer le 15 pour faire signer le registre du jour précédent, et semoncer honnêtement, mais fortement, le bastion sur son opiniâtreté à ne pas délibérer sur l'affaire des fermes. La séance fut vive et ferme; elle finit par un ordre à la commission des baux d'en apporter sur-le-champ les conditions aux commissaires du roi, qui la renvoyèrent à aujourd'hui pour la signature qui n'a été faite par le président que par ordre du roi, et par les

---

ment de Bretagne, frère d'un conseiller, oncle d'un président à mortier au même siège. Né au château de Cuillé, paroisse du même nom (Anjou), le 3 juin 1706, docteur en Sorbonne, membre, puis trésorier du chapitre de Tréguier, nommé évêque de Quimper en 1739, il fut sacré le 8 novembre 1739, et prit possession le 15 décembre suivant; il était à ce titre qualifié de comte de Cornouailles. Il est signalé comme très spirituel, vif, actif, très zélé pour l'orthodoxie, très hostile aux jansénistes: il mourut à Lorient le 28 juin 1772. Comme lui et sa famille prirent parti contre La Chalotais et autres, il fut vilipendé par ses adversaires. (Paul de Farcy, *Généalogie de la famille de Farcy*, pp. 434-445.)

quatre commissaires de cet ordre qui sont : Coëtpeur (1), Barberé (2), La Roche Saint-André (3) et La Bouetardaye (4) qui ont signé par ordre du roi, et sans l'approbation de leur ordre. La prébannie des dernières fermes a été faite ce soir. Les brouillons ne se sont occupés, pendant toute la séance de la matinée, qu'à détourner de l'objet des fermes, en mettant sur le tapis la proposition d'une députation à Versailles à l'occasion de la mort de Mme la dauphine. La proposition a été rejetée, et n'a pas été mise en délibération par les deux autres ordres, qui ont bien senti où tendait ce délai, et n'ont pas vu la nécessité de cette démarche, ni de sa dépense dans ce moment-ci.

On m'a annoncé que les brouillons avaient annoncé la plus forte fraude aux adjudicataires des fermes, qui les précéderaient autrement que de leur aveu, et qu'ils venaient de faire signifier ce soir aux compagnies qui se présentent pour le bail leur opposition, protestation etc., etc. M. de La Trémoille se repent fort, à ce qu'il paraît, de sa faiblesse passée, et il se conduit aussi bien que son peu d'expérience dans les affaires peut le lui permettre ; il n'a fait cependant jusqu'à présent, auprès de M. d'Aiguillon, aucune des avances convenables.

Adieu, mon cher La Noue.

(1) Il s'agit de Jean-François-Félix de La Noë, seigneur du Plessis de Coëtpeur, né le 10 août 1712, pensionné de 300 fr. par les états à la tenue de 1784. (Arch. d'Ille-et-Vilaine, fonds des états.)

(2) Louis-Joseph de Barberé, d'une famille de maîtres des comptes de la chambre de Nantes, éteinte et fondue dans celle de Kaerbout. On le retrouve aux états réunis à Saint-Brieuc pour la session ordinaire de 1768-1769. Son nom est porté sur deux listes de pension : sur l'une pour 100 livres et sur l'autre pour 300 livres, comme étant l'un des vingt plus anciens gentilshommes ayant pris part aux travaux de cette « tenua ». (Arch. d'Ille-et-Vilaine, C. 2694, f°s 289, 394 et 397. — Pol de Courcy, *Nobiliaire et armorial*, t. I, p. 39.)

(3) Louis de La Roche Saint-André était d'une famille originaire de Nantes. Il a signé divers actes de la noblesse. (Arch. d'Ille-et-Vilaine, C. 2711.)

(4) Marie-Antoine-Bénigne de Bédée, comte de La Boüetardaye, baron de Plancoët, fils de Ange-Annibal de Bédée, seigneur de La Boüetardaye, et de Bénigne-Jeanne-Marie de Ravenel du Boisteilleul, né à Bourseul, près de Dinan, le 5 avril 1727, est décédée dans cette dernière ville le 24 juillet 1807. Il était frère de Mme Moreau, qui a joué un rôle dans le procès du poison, et de Mme de Châteaubriand, mère du grand écrivain. Ce dernier parle de son oncle au tome I de ses *Mémoires d'outre-tombe*. De son mariage contracté en 1756 avec Marie-Angélique-Fortunée-Cécile-Renée Ginguené, il a eu des filles et un seul fils, qui fut un des derniers conseillers reçus au parlement de Bretagne, et n'eut lui-même qu'une fille. Le nom de Bédée de La Boüetardaye est éteint depuis 1851. (*Registres paroissiaux* de Bourseul et de Saint-Germain de Rennes. — *Etat civil* de Dinan. — Arch. de la cour d'appel de Rennes ; *Reg. secrets*, 18 mai 1786.)

CCVI

Rennes, le 7 mars 1767.

Note de M. de La Noue.

Il me revient un propos de M. Bastard, qui vaut la peine de vous être mandé... Il parlait des mémoires successifs que M. de La Chalotais a donnés au public, dont l'atrocité faisait horreur :— Mais en mettant de côté les invectives et le style, je trouve que son plan de défense est assez adroit. M. de La Chalotais ne peut pas ignorer que M. de Saint-Florentin, qu'il attaque aussi indignement, ne soit totalement innocent des neuf lettres patentes qui ont retourné son affaire de tous les sens. Il est démontré évidemment qu'elles sont l'ouvrage de M. le contrôleur général. Pourquoi n'a-t-il pas dit un mot de celui-ci dans ses mémoires, et veut-il trouver dans l'autre des crimes inouïs? C'est que, pour s'assurer des partisans et des soutiens dans les jansénistes, il a annoncé hautement que toutes ses souffrances étaient un complot de récrimination des jésuites, et que, s'il eût mis M. le contrôleur général de moitié dans les persécutions qu'il prétend venir des soi-disants, on lui eût ri au nez.

CCVII

Rennes, le 19 mars 1767.

M. de Fontette à M. de La Noue.

L'unanimité pour l'accord des fouages n'est pas due aux meilleures dispositions du bastion, mais plutôt à son aveuglement. Ce consentement, ainsi que celui aux fouages extraordinaires, et, qui plus est, aux devoirs, impôts et billots, articles bien plus importants, puisque d'eux dépendait la réussite maintenant assurée de la besogne de l'adjudication des fermes ; ce consentement, dis-je, de la levée des devoirs, etc., fut adroitement escamoté par M. d'Aiguillon qui fit agir très indirectement des gens non soupçonnés par les brouillons ; sans se compromettre ils l'ont très bien servi, ce fut un grand coup, et quand le bastion se ravisa, le lendemain, il fut inutilement furieux. J'espère qu'ils ne feront plus que de vains efforts ; ils retarderont les affaires, mais elles finiront, si on veut persister dans le système de fermeté auquel on paraît déterminé.

Nous avions bien jugé d'ici que le premier des princes avait été porté à ce qu'il a fait par des alentours vendus à la cabale, et que, comme vous dites, il ferait très bien d'éloigner de sa personne.

Si vous découvrez quels sont ces alentours et quel a été le résultat de sa conversation avec Grandbourg, vous nous ferez plaisir de nous en informer. Il était bien faux que l'amiral eût été le premier à répondre, comme on l'a asssuré. Je puis certifier qu'il ne s'y est déterminé qu'avec beaucoup de peine, et seulement pour faire comme les moutons.

M. de La Trémoille paraît avoir bonne envie de réparer le passé quoiqu'il n'ait fait encore, ni lui ni les siens, aucune démarche directe vis-à-vis M. d'Aiguillon. On dit que c'est la mère qui le retient; elle est toujours fort mal conseillée; elle dit qu'elle s'en ira à la fin du mois. J'en doute, mais je suis bien assuré qu'il eût mieux valu qu'elle ne vînt pas.

Le parlement va bien, quoi qu'on en dise. Il expédie beaucoup de criminel, et tout le civil qui se présente. Le bas palais paraît calmé et, en général, la fermentation des marchands et autres corps, qu'on avait excités, a beaucoup diminué. Plusieurs bastionnaires disaient hier, en plein théâtre, qu'ils voyaient bien qu'ils s'étaient mal embarqués, mais qu'il n'y avait plus moyen de reculer. Ils paraissaient toujours compter sur les secours de Paris et retardent tout pour attendre le résultat des efforts du parlement en faveur des membres exilés ; si la réponse aux remontrances est telle que nous l'espérons ils perdront courage. La députation proposée à l'occasion de la mort de Mme la dauphine sert de prétexte pour ne rien faire depuis deux jours. Les commissaires ont consenti qu'il leur en fût envoyé une à ce sujet de la part des états auxquels ils feront sans doute sentir l'inutilité de celle à Versailles ; mais ce n'est pas le compte des factieux qui ont encore empêché ce matin la signature du registre de la séance d'hier. S'ils en font autant demain il faudra que les commissaires du roi entrent pour cela. On ne tirera rien d'eux qu'à la pointe de l'épée. La seconde bannie des fermes s'est faite ce soir, et après demain la troisième se fera. Je pense que l'adjudication suivra de près et, suivant la tournure des affaires, nous pourrions bien finir à Pâques.

CCVIII

Paris, 21 mars 1767.

M. de La Noue à M. de Fontette.

J'aurai peine à vous dire la satisfaction que j'ai eue en lisant votre lettre sur le *genuit* des troubles de Bretagne ; elle m'a donné ce genre de plaisir qu'on goûte à voir développer des vérités dont on est persuadé. Votre lettre sera vue par quelques personnes tant du ministère qu'autres ; mais, par l'attachement intime et l'amitié inaltérable que j'ai vouée au commissaire, je le supplie d'en permettre la distribution manuscrite. Elle ferait un effet singulier particulièrement sur les maréchaux de France, officiers généraux, gens de cour et militaires qui sont dans le cas de commandement, grand ou petit. Il est très sûr que les machinations redoublées de vos factieux, et la patience du commissaire leur ont bien ôté des partisans. La moitié du public n'a qu'un cri pour que M. d'Aiguillon lui mette des armes en main ; votre narration vive, simple et vraie, ferait un effet étonnant. Je lui demande en grâce que, sous ses yeux, vous y mettiez la dernière main.

Je lui promets que qui que ce soit ne sera pas plus compromis dans la distribution que dans celle que j'ai faite des feuilles imprimées que j'ai reçues.

Obtenez-moi cette satisfaction de M. d'Aiguillon, en lui observant que, quelque supérieur qu'il soit en vues et en judiciaire, les avis d'un véritable ami, qui est sur les lieux, sont quelquefois bons à suivre. Je vis avec tous les gens du conseil privé ; presque tous sont pour lui ; il n'y a pas jusqu'à M. d'Aisne (1) qui, il y a trois jours, dînant

---

(1) Peut-être est-il question ici de M. d'Aisne, maître des requêtes au bureau des affaires de chancellerie et librairie du Conseil d'Etat. (*Almanach royal de 1766*.)

chez le maréchal de Biron, où j'étais, ne déclamât contre la méchanceté de La Chalotais et de ses partisans. Il convint l'avoir beaucoup connu, mais avoir toujours senti que c'était une tête chaude, sans cesse au delà du but, qui, pour replâtrer ses sottises, faisait des fautes énormes. M. de Bastard présent reprit les choses en sous-œuvre, et parla avec une force et une vérité singulières. Le maréchal, et toute l'assemblée de trente-cinq personnes applaudissait et disait son mot... Je vous cite cet exemple pour cent autres, que je vois ; il est temps de frapper et de ramener le public.

CCIX

Rennes, le 21 mars 1767.

M. de Fontette à M. de La Noue.

M. d'Aiguillon se porte à merveille et paraît fort content, soit des lettres et du ton de la cour, soit du train que prennent les choses, dont il espère voir la fin sans esclandre. J'entendis dire que le roi avait été très mécontent de la récidive des lettres aux princes, et qu'il avait dû se charger de répondre lui-même aux écrivains. Je voudrais fort que ce fût par forme de lettres de cachet à dix ou douze d'entre eux, pour les envoyer sur les frontières et dans des forts, et non dans l'intérieur du royaume, et dans de bonnes villes ; mais cette punition sera meilleure à la fin des états qu'à présent.

CCX

Copie de la lettre de M. le Prince de Conti à la noblesse de Bretagne (1).

A Paris, le 21 mars 1767.

Messieurs,

Je n'avais point encore fait réponse à votre première lettre, lorsque j'ai reçu la seconde, que vous m'avez écrite. J'ai eu l'honneur

(1) Cette lettre se trouve aussi textuellement aux archives d'Ille-et-Vilaine, C, 1780. Le 27 mars 1767, le président de l'ordre de la noblesse en donna lecture. Il lut

d'en rendre compte au roi, en lui remettant les différentes pièces que vous m'avez adressées. Sa Majesté, qui m'a paru prévenue peu favorablement, je ne dois pas vous le dissimuler, sur votre persévérance dans vos résolutions, m'a répondu que, pour le bien de la province de Bretagne, vous deviez avoir une entière soumission à ses volontés, et une confiance parfaite en sa personne. C'est donc tout ce qu'il m'est possible de vous répondre à cet égard, en vous assurant de la considération avec laquelle je suis véritablement,

Messieurs,

Votre très affectionné à vous servir,

L. f. DE BOURBON.

Au dos est écrit.
A MM. de la noblesse de Bretagne, à Rennes.

CCXI

Paris, le 24 mars 1767.

M. de La Noue à M. de Fontette.

Je ne parle pas beaucoup de mon retour en Bretagne, cela est vrai ; mais comment y penser avant la fin des états, ne voulant rentrer dans cette province que pour y faire des revues. J'ai des affaires essentielles chez ma mère, près de Saint-Quentin, où toute ma famille est rassemblée. J'aurais pu m'y rendre depuis le départ de M. d'Aiguillon. Mais j'ai cru devoir tenir pied à boule ici de crainte qu'en mon absence il ne se fût passé quelque chose d'intéressant dont il n'eût pas été averti. Je réserve donc à aller chez ma mère aussitôt que je verrai les états prêts à finir. Je serai obligé d'y passer un mois ou six semaines.

Autre raison. Les deux commissaires de la garde-côtes n'ont pas encore fait leur remplacement et ne pourront le faire qu'après les états, c'est-à-dire en mai ; cette besogne préliminaire à mes revues dure deux mois à peu près, ce qui ira jusqu'au temps de la récolte, qu'il faudra laisser faire. Tout cela me conduit au mois de septembre,

aussi une lettre analogue du duc de Rohan, et les nobles décidèrent que toutes les lettres reçues dans ces circonstances seraient déposées chez un notaire de Rennes. (Arch. d'Ille-et-Vilaine, C. 711, liasse n° 36.)

où je commencerai mes revues. L'ordonnance fixe ces revues en avril et en mai, ou en septembre et octobre; je suis en règle en prenant un de ces deux termes.

CCXII

Paris, le 24 mars 1767, au soir.

M. de La Noue à M. de Fontette.

M. Benoît ni moi n'avons pu découvrir la bonne âme qui avait jeté M. le duc d'Orléans dans l'erreur sur la lettre de M. le duc de Penthièvre... Nous croyons que l'individu ne lui est pas attaché commensalement, ce qui nous renvoie à l'aiguille dans la botte de foin...

Donnez donc deux coups d'épaule à l'hôtel de La Trémoille, l'un pour nous renvoyer la mère, l'autre pour amener le fils à la totale conciliation avec le commissaire; cela ramènerait peut-être la santé de ce noble président.

Vous me faites un croquis bien satisfaisant du parlement, du bas palais, des corps excités, etc., etc. Il serait bien utile de ramener le bastion (au moins en partie) à ce calme. Vous verrez, par ma lettre de ce jour au commissaire, que rien n'est décidé pour notre parlement, qui tire en longueur. Je pense que ses remontrances seront mal reçues; la bonne couleur de votre besogne nous donnera de la fermeté ici.

J'attends vos fermes adjugées, et je vous charge de veiller à la continuation de l'activité. Ce n'est pas le moment de laisser partir les évêques. Ces factieux ne demanderaient pas mieux que de prolonger la Quasimodo à la Pentecôte.

Je n'ai point entendu dire que le roi voulût se charger de répondre aux lettres itératives adressées aux princes; ce ne serait pas mon avis qu'il le fît par une douzaine de lettres de cachet. C'est une punition usée, dont les punis se glorifient; le mieux serait de faire un règlement nouveau pour les états, c'est-à-dire pour l'ordre de la noblesse; car il n'y a point à toucher à ceux de l'église et du tiers. Mon idée serait de six députés nobles pour l'évêché de Rennes; autant pour celui de Nantes; quatre pour chacun des sept autres diocèses, et les neuf barons, où des gentilshommes considérés pour les représenter; ce qui ferait en tout quarante-neuf votants qui auraient le droit de choisir les gens de la commission intermédiaire, soit d'entre eux, soit d'autres, au même nombre qu'elle est actuellement composée, ainsi que les bureaux des diocèses. Ces députés seraient élus dans une assemblée de la noblesse au 1er octobre des années impaires, dans la ville épiscopale, et en présence de l'évêque diocésain, et des commissaires des diocèses, etc. Nous avons traité plus d'une fois ce projet en gros avec M. Benoit, qui a son plan tout dressé à cet égard. Il faudrait le faire exécuter par un principal commissaire qui ne ferait que cette tenue. Si on avait la fermeté d'exécuter ce projet, la mutine Bretagne prendrait la teinte de la Bourgogne et du Languedoc.

Mettez mon hommage aux pieds de l'Illustre, et ma joie sur son rétablissement.

Si le général de Broc est obligé de s'établir à Rennes, ce sera malgré lui; mais il y a longtemps qu'il se repose, et je comprends que M d'Aiguillon aura besoin de Veretz et d'Aiguillon (1) après les dix-huit mois qu'il vient de passer dans les horreurs. Il lui reste le parlement à compléter, après les états; mais ce sera sa dernière besogne... Finissez donc celle de votre estomac, mon cher maréchal; je souffre de vous savoir dans cet état, parce que je vous suis attaché de la plus tendre amitié.

CCXIII

Rennes, le 24 mars 1767.

M. de Fontette à M. de La Noue.

Nous avons vu, mon cher La Noue, l'enregistrement de la déclaration pour la prorogation des six sols pour livre; mais nous n'entendons plus parler des remontrances sur les affaires de Bretagne.

---

(1) Aiguillon est une ville de l'Agénois. Le cardinal de Richelieu l'a érigée en duché en faveur de sa nièce Madeleine de Vignerot, et, dès lors, jusqu'en 1789, Aiguillon est resté dans la même famille.

J'imagine que le parlement de Paris ne le prend pas bien vivement. En tout cas, nous comptons sur quelque fermeté; en agir autrement serait tout perdre.

J'entends dire effectivement que Mme la duchesse de La Trémoille, la mère, doit partir incessamment; mais je la crois aussi irrésolue sur cet article que sur tous les autres de cette tenue.

M. d'Aiguillon consent que vous donniez des copies manuscrites de ma lettre du 17; mais j'exige que vous en corrigiez les fautes de style, inséparables de la précipitation avec laquelle j'écris. Il y a même quelques réticences ou omissions que vous y ajouteriez, et dont je joins ici les suppléments que vous trouverez et placerez à votre guise; m'en remettant entièrement à vous pour l'édition, dont j'exige seulement, pour mon salaire d'auteur, un exemplaire. Vous en distribuerez dans Paris tant que bon vous semblera, sans dire d'où ils partent.

Supplément à la lettre du 17 mars.

Apres ces mots : « C'est en vain qu'on dira que tous ceux qui ne se comportent pas comme les brouillons sont des gens vendus à la faveur et à l'intérêt. » Changez la phrase et mettez celle-ci : « Dans l'ordre de l'Église, quelle récompense espéraient les évêques de Saint-Malo, Dol et Saint-Brieuc, qui étaient aux derniers états, et qu'espèrent encore à ceux-ci, les évêques de Quimper, Vannes, Saint-Pol-de-Léon, Tréguier (1)? Ils ne demandent rien à la cour, et n'en veulent rien. Que peuvent espérer tant d'abbés, etc... » Le reste comme dans l'original jusqu'aux mots : « dans les chapitres, » après lesquels vous ajouterez : « Dans l'ordre de la noblesse, à quelles faveurs peuvent prétendre les comtes du Loch (2), du

---

(1) L'évêque de Tréguier était Jean-Marc de Royère, né le 27 octobre 1727 au château de Budesol, en Périgord; il fut d'abord archidiacre d'Arras. Il fut sacré évêque le 26 avril 1767. En 1770, il fut transféré à Castres, où il exerçait encore son ministère en 1790. (*Gallia christiana*, XIV, col. 1136 ; *Almanach royal pour 1790.*)

(2) Joseph Renaud de Saulx (ou Le Saulx), comte du Loch, d'une famille anoblie en 1467 dans l'évêché de Léon et fixée ensuite dans celui de Quimper, était marié depuis 1740 à Jeanne-Madeleine-Marie de La Bourdonnaye de Liré, qui lui a survécu et est décédée à Rennes en l'an II. (Pol de Courcy, *Nobiliaire et armorial de Bretagne*, 3ᵉ édition, 1890, in-4º, t. III, p. 116. — *Projet de généalogie de la maison de La Bourdonnaye* (Archives d'Ille-et-Vilaine), in-fº mss. du fonds de Laillé, non coté. — *État civil* de Rennes.)

Dresnay (1), du Bois de La Motte (2), de Rays, de Langle, et tant d'autres gentilshommes respectables, qui sont retirés du service, et n'ont pour la plupart point d'enfants? Dans l'ordre du tiers, quels intérêts peuvent avoir tant de maires ou de députés des villes, si ce n'est ceux du peuple dont ils sont les représentants, tant d'agrégés qui, quoiqu'ils n'aient pas voix délibérative dans l'assemblée où ils assistent, en ont cependant une pour l'approbation ou l'improbation de ce qui se passe journellement sous leurs yeux?

Pesez ces autorités, etc., etc.

Hier les commissaires du roi entrèrent deux fois dans la matinée: la première pour faire signer le registre de la veille, et enregistrer la décision du roi au sujet du secours extraordinaire, par laquelle, regardant la délibération de l'église du... comme consommée, S. M. ordonne à l'ordre de la noblesse de délibérer sans délai sur le consentement ou le refus de cette imposition; la deuxième fois pour la seconde enchère des fermes, dont la première avait été faite la veille. A toutes les deux entrées des commissaires du roi, concernant les fermes, le bastion défendit aux députés de la noblesse d'aller au-devant d'eux; et ils n'y allèrent pas effectivement, quoique l'ordre leur en fût donné par le président des états; cette défense fut par acclamations, et non par M. de La Trémoille, qui

---

(1) Quel est celui dont on parle ? Est-ce Joseph-Michel-René, marquis du Dresnay, né en 1707, mort en 1788, qui fut dans sa jeunesse mousquetaire du roi, et devint chevalier de Saint-Louis, colonel de la garde-côtes du pays de Léon, inspecteur général des haras dudit pays? Est-ce son fils Louis-Ambroise-René, comte du Dresnay, né de son premier mariage avec M¹¹ᵉ de Cornulier, qui fut aide de camp du prince de Condé dans la campagne de 1761-1762, devint colonel en 1777, émigra, fut nommé par les princes maréchal de camp du régiment de son nom, prit part à l'expédition de Quiberon et y fut tué en 1795 ? La famille du Dresnay, fort ancienne dans l'évêché de Tréguier, n'est pas éteinte : le marquis actuel du Dresnay est le petit-fils de celui qui est mort à Quiberon. (J. de Kersauson, *Histoire généalogique de la maison de Kersauson*. Nantes, 1886, in-4°, p. 132 (à l'occasion d'une alliance en 1849 entre le comte de Kersauson de Vieux-Châtel et M¹¹ᵉ du Dresnay, arrière petite-fille de Joseph-Michel-René, issue d'un fils du second lit.)

(2) Le comte du Bois de La Motte était probablement le fils d'Emmanuel-Augustin de Cahideuc, comte du Bois de La Motte, vice amiral et grand'croix de saint Louis, et de Jeanne-Françoise d'Andigné de La Chasse. La famille de Cahideuc, dont un membre s'est croisé en 1248 et qui a donné deux conseillers au parlement de Bretagne, est éteinte. (Pol de Courcy, *Nobiliaire et armorial de Bretagne*, édition citée, t. I, p. 193. — Archives de la cour d'appel, *Registres secrets*, 1576 et 1660; *Registres paroissiaux* de Toussaints de Rennes (acte de sépulture du 8 mars 1762).

refusa de l'énoncer ; notez qu'ils y allèrent sans difficulté à la première entrée d'hier.

M. d'Aiguillon a ordonné à M. le chevalier du Han de se rendre sur le champ chez lui pour lui apporter un mémoire contre M. de La Trémoille dont, à la séance du matin, il avait lu, en pleins états, une partie, ayant été interrompu dans la lecture du reste par l'évêque de Vannes, et les murmures de l'église et du tiers, qui ont traité ce mémoire de libelle injurieux. M. du Han l'a apporté aux commissaires du roi, qui le lui ont fait signer, après l'avoir lu. On prétend, et cela est assez vraisemblable, que celui qu'il a remis n'est pas le même que celui dont il avait assez avancé la lecture.

CCXIV

Paris, le 27 mars 1767.

M. de La Noue à M. de Fontette.

Suivant ma marche périodique, mon cher maréchal, je commence cette lettre à Paris, pour la finir demain à Versailles. Je n'ai vu avant-hier que des gens qui boivent, mangent, et regardent par la fenêtre. Hier je vis des gens à nouvelles, mais qui n'en savaient point. Entre autres Mme d'Aiguillon douairière qui ne sait pas pourquoi on a pris tant d'alarmes sur son rhume, qui n'est pas plus malin que tous ceux qu'on lui a vus. Elle eut chez elle toute la chute d'une tragédie qui venait de choir ; c'est *les Scythes* de Voltaire, qui sont tombés à plat.

Cette défense aux députés de la noblesse d'aller au-devant des commissaires du roi entrant, est une grossièreté de crocheteur, qui décèle la rage contre l'adjudication des fermes ; je désire bien que, forcés dans cette partie, ils ne récriminent pas sur le secours extraordinaire.

L'aveu du commissaire sur la publicité de votre lettre du 17 me fait le plus grand plaisir. Je vous remercie des additions et corrections.

CCXV

Rennes, le 27 mars 1767.

M. de Fontette à M. de La Noue.

Les fermes furent adjugées avant-hier à la compagnie de Bourgeois et de Kerlivio à sept millions cent trente-cinq mille livres, non compris le sol pour livre du secours extraordinaire qui les augmentera d'un vingtième, quand on le lèvera; c'est-à-dire qu'elles ont été poussées à un million ou onze cent mille livres au delà du bail passé, malgré tout ce qu'a pu faire le bastion pour dégoûter les compagnies qui se présentaient. La députation de la noblesse ne se trouva pas plus à l'entrée des commissaires du roi pour la troisième enchère que pour les deux autres. Hier, tout le bastion protesta qu'il ne travaillerait sur rien, et n'accorderait pas une des demandes ordinaires, comme casernements, milices, etc. Je ne sais qui sera président de la noblesse aujourd'hui; M. de la Trémoille prend médecine et ne sortira pas encore demain.

Il y a une grande affaire entre notre Kerguénech et le petit Tromelin, ci-devant cornette dans Marbeuf, à l'occasion d'une lettre supposée par ce dernier écrite par le premier. Les commissaires du roi ont pris connaissance de cette fausseté. Cette lettre est prouvée être un libelle fait par le petit Tromelin et attribué par lui à Kerguénech, qui est un fort honnête homme. Le bastion a pris vivement le parti de Tromelin.

Adieu, mon cher La Noue...

CCXVI

A Messieurs les commissaires représentant l'ordre de la noblesse de la province de Bretagne, à Rennes.

Paris, le 27 mars 1767.

Messieurs, j'ai reçu votre lettre et les pièces qui y étaient jointes. J'en ai rendu compte au roi. Je crois que le meilleur parti que vous ayez à prendre, est celui d'une entière soumission aux volontés de Sa Majesté et d'attendre tout des bontés d'un aussi bon maître. Je suis véritablement, Messieurs, votre très affectionné à vous servir.

Nota.—Ce projet de lettre a été communiqué au roi, à Choisy, le 26 mars 1767. Sa Majesté l'a approuvé et a ordonné à M. le duc d'Orléans de dire aux autres princes du sang qu'ils pouvaient faire leurs lettres en conséquence de ce projet, sans exiger cependant qu'elles fussent, mots pour mots, la même chose; mais d'en conserver l'esprit et le fond.

CCXVII

Rennes, le 29 mars 1767.

M. de Fontette à M. de La Noue.

Je me contenterai, mon cher maréchal, de vous instruire à peu près de ce qui s'est passé depuis ma dernière du 27. Ce jour-là, et hier, M. de La Trémoille ayant été malade, c'est M. de La Besneraye qui a été choisi pour président de la noblesse. On l'avait incité à faire passer hier le cautionnement des huit millions ; mais la proposition ne prit pas. Le bastion voulut continuer le rapport de la commission intermédiaire qui était commencé ; on travailla un peu à cette séance, qui finit par deux députations aux commissaires du roi de la part des états. La première pour apporter la délibération par laquelle ils prient le roi de leur permettre de nommer leur greffier, et lui demandent de donner son agrément aux mêmes qui l'avaient à la dernière tenue ; la deuxième pour demander le retrait des deux arrêts du conseil enregistrés au greffe des états en 1764. La noblesse députa ensuite particulièrement pour demander réponse à son mémoire justificatif des derniers états.

Dites-moi donc ce que c'est que cette réponse de M. le prince de Conti, dont je vous envoie copie. Elle fait ici le plus mauvais effet, et les brouillons triomphent en l'interprétant favorablement. Ils durent s'assembler hier chez Coëtanscours pour répliquer sur cette réponse. Cela fait en vérité une ridicule correspondance. Il est temps que cela finisse; et je crois que le projet de M. d'Aiguillon est de clôturer aux environs de Pâques. Il a fait presser M. de Broc de se rendre ici pour le dimanche de la Passion. Je ne lui avais mandé qu'aux Rameaux. Je ne puis rien vous dire sur votre retour en Bretagne.

Vous savez que Mme de Botherel, sœur de Mme de Coetcouvran, a épousé son laquais à Jersey, d'où elle est revenue. Sa famille l'a fait chercher, pour la faire enfermer sur lettre de cachet, que M. d'Aiguillon demandera(1). Le petit La Nouc(2), de la cavalerie, et Talhouet de Boisorhand (3) sont ici à la suite de cette affaire, et sont bien jeunes pour cela.

(1) Marie-Gabrielle de Geslin, fille de François, seigneur de Coetcouvran, et de Claire-Marine de Talhouet, née en la paroisse d'Yvignac (Côtes-du-Nord), le 22 mai 1718, épousa dans cette paroisse, le 2 mars 1750, Sébastien-Louis Boterel de Quintin, chef de nom et armes, capitaine au régiment de dragons de l'Hôpital. chevalier de Saint-Louis ; ce dernier mourut à Rennes (paroisse Saint-Etienne), le 27 octobre 1766, et la laissa veuve avec deux enfants mineurs, dont elle fut nommée tutrice. Prise de passion pour un domestique, Joseph Cancoet, elle partit peu après avec lui pour Jersey où, le 26 janvier 1767, un ministre protestant leur donna la bénédiction nuptiale. De retour à Rennes avec son second mari, elle fit des démarches pour faire valider sa nouvelle union, alors ignorée de sa famille. Celle-ci s'en émut et sollicita une lettre de cachet, en vertu de laquelle, au cours de l'année 1767, leur parente, qui avait vendu son mobilier et tenté de passer à l'étranger, fut arrêtée et enfermée au couvent de Montbareil à Guingamp. La prisonnière, voyant au bout de quelque temps qu'on ne lui rendait pas la liberté, fit des scènes si furieuses que les religieuses refusèrent de la garder plus longtemps. La famille obtint du roi, le 7 septembre 1771, l'ordre de la transférer du couvent de Guingamp en la maison de Saint-Meen, près Rennes. Elle y fut amenée en janvier 1772. Nous ne savons ce qu'elle est devenue depuis cette époque. (*Reg. paroissiaux* d'Yvignac et Saint-Etienne de Rennes; Arch. d'Ille-et-Vilaine, C. 198, Correspondance officielle relative à Mme Boterel de Quintin.) La lettre du feuillet 32 indique que Mme Boterel est sœur de Mme de Goescouvran (Coetcouvran). C'est Françoise-Marcelle Geslin, demoiselle de Coetcouvran, sœur aînée de Mme de Boterel (veuve de Joseph-Sylvain-Toussaint de La Noue-Bogard, conseiller au parlement, mort en 1763), décédée au château de Coetcouvran en Yvignac, le 29 janvier 1776, à l'âge de 60 ans. (*Reg. paroissiaux* d'Yvignac.)

(2) Guillaume-François-Marie de La Noüe, comte de La Noüe-Bogard, fils de Joseph-Sylvain-Toussaint-Marie, comte de Bogard, conseiller au parlement, et de Françoise-Marcelle Geslin (celle-ci sœur de Mme de Boterel), né à Yvignac le 11 mars 1747. D'abord page de la grande écurie du roi, puis officier au régiment de cavalerie Royal-Lorraine; il est devenu plus tard lieutenant des maréchaux de France à Moncontour, et enfin conseiller au parlement de Bretagne (le 13 juin 1780). Il est mort émigré, à Jersey, le 16 janvier 1795. Il était donc le propre neveu de Mme de Boterel, et il n'avait que vingt ans lorsqu'il sollicitait une lettre de cachet contre sa tante. (O. de Poli, *Reg. secrets*; *Reg. paroissiaux*.)

(3) Joseph-Marie-François-Louis de Talhoüet, marquis de Talhoüet, comte de Boisorhand, etc., fils de Jean-Joseph, comte de Talhoüt-Boisorhand et de Françoise Le Mézec, né et baptisé à Quelneuc (Morbihan), le 19 février 1742, mort à Rennes le 7 fructidor an XII. Il est devenu, en 1771, conseiller, et le 24 avril 1776 président à mortier au parlement de Bretagne; puis en 1790 président de la cour

Adieu, mon cher La Noue, je n'ai pas le temps de vous en dire davantage. Je vous embrasse.

CCXVIII

Paris, le 30 mars 1767.

M. de La Noue à M. de Fontette.

La première nouvelle que j'appris, mon cher maréchal, arrivant avant-hier à Versailles, c'est que l'Illustre mandait qu'on lui tînt prêt un ajustement de grand deuil.

Dans la journée et celle d'hier, quarante personnes m'abordèrent pour me dire qu'il était décidé qu'aussitôt l'adjudication des fermes on ordonnerait la clôture des états, et que le secours extraordinaire serait levé sur arrêt du conseil, et lettres patentes qu'on ferait enregistrer dans votre sénat. Tout cela annonce une fin prochaine, dont vous ne me parlez point. M. Benoît, Villeneuve et Grandbourg ne m'en ont rien dit non plus. J'aurais regardé tout cela comme vague, sans le deuil ordonné.

Je dînai hier avec M. de Grandbourg, qui nous annonça publiquement l'adjudication des fermes, en faisant beaucoup valoir les neuf cent et tant de mille livres de plus qu'aux deux années précédentes. Comme M. Benoît m'avait dit cette nouvelle en entrant au travail chez M. de Grandbourg, un quart d'heure avant le dîner, j'appris à ce dernier que l'adjudicataire était M. de Kerlivio, ci-devant député en cour. Il en dit du bien, et parut très aise que les adjudicataires fussent de la province... Il me dit au café qu'il ne pouvait pas me parler, parce qu'il allait préparer sa besogne pour le conseil d'état, et que ce matin il allait à sa terre jusqu'au mercredi 1ᵉʳ avril... Je retournai à 7 heures du soir chez M. Benoît, qui travaillait encore avec Villeneuve, étant persuadé que ces travaux serrés de toute part sont pour le commissaire.

supérieure provisoire à Rennes, maire de Rennes, etc. Il était cousin germain de Mᵐᵉ de Boterel, le comte de Talhoüet, son père, étant frère de Claire-Marine de Talhoüet, dame de Geslin, mère de la malheureuse femme dont il réclamait l'incarcération. (*Généalogie de la maison de Talhoüet*. Paris, 1869, in-4°, pp. 103, 109, 114 et suiv. — *Registres du parlement; Registres paroissiaux.*)

A mon arrivée j'ai trouvé votre lettre du 27 et celle du chevalier de Balleroy de même date, qui annoncent les fermes adjugées, malgré les menées et astuces du bastion vis-à-vis des compagnies d'enchérisseurs. On m'avait dit à Versailles l'augmentation conditionnelle d'un vingtième. J'ai trouvé que M. de Grandbourg se découvrait un peu à cet égard ; car les fermes ne s'en seraient pas augmentées de neuf cent et tant de mille livres, comme il l'a annoncé, s'il n'y comprenait ce qui résultera du projet de lever le secours extraordinaire par voie d'enregistrement... Sans doute aussi que les casernements, grands chemins, milices, etc., seront levés par arrêts du conseil? On parle rétablissement de l'ordre pour la pluralité... J'ai parlé de l'impolitesse notoire aux commissaires du roi, au-devant de qui la noblesse n'a pas envoyé aux trois enchères ; on m'a dit que de tout temps les états avaient la prétention de ne pas devoir la députation de politesse, dans cette circonstance. Mandez-moi si cela est vrai.

Le chevalier me rend fortement l'excès de déraison de vos bastionnaires et la conduite admirable du général et de l'évêque de Rennes. Il prévoit la clôture dans la semaine de la Passion. Comment, dans quinze jours, je reverrais le général et l'Illustre ! Le chevalier me flatte trop pour le croire. Faites-lui mille amitiés de ma part.

Il n'est question à la cour que du chevalier du Han, qu'on regarde comme un fol. On crie aussi contre les officiers de la marine, qui se conduisent mal ; et il doit en être porté plainte à M. de Lastic qui, par parenthèse, n'est point venu avant-hier pour accueillir deux cents personnes qui l'attendaient chaque jour.

Je ne suis point étonné que l'ex-cornette ait écrit des horreurs et les ait mises sur le compte d'un autre. Il est capable de toute audace et de toute fausseté. J'ai pris la liberté d'avertir le commissaire deux fois que l'ex-cornette était un sacripan capable de tout, et que son canton n'avait qu'un cri pour qu'il fût expatrié. Il mériterait bien d'être envoyé en embassade à la tour de Cordouan... Voudrez-vous bien marquer à M. de Kerguenech la part que je prends à cette désagréable scène, et combien je désire qu'il en ait justice. Je ne suis point étonné que le bastion ait pris parti contre Kerguenech ; cela va de droit.

On doit lire demain les remontrances sur la Bretagne; mais les fermes adjugées et la fin prochaine ne feront-elles pas allonger les œuvres de notre sénat?

Adieu, mon cher maréchal.

CCXIX

Rennes, le 31 mars 1767.

M. de Fontette à M. de La Noue.

Je n'ai pas eu besoin, mon cher La Noue, de tourner autour du pot pour obtenir de M. d'Aiguillon ce que vous désirez au sujet de votre retour en Bretagne. Il m'a chargé de vous dire qu'il vous laissait liberté entière sur le temps de vos revues, et qu'elles seraient aussi bonnes en septembre que plus tôt. Vous voilà par conséquent fort au large pour vos affaires à Paris et pour vos courses en Picardie.

Il y a eu ces jours-ci une assemblée du corps des avocats pour prendre délibération sur le silence de M. le vice-chancelier à leur second mémoire. Vingt-trois des plus impétueux ont été d'avis de fermer, dès à présent, leurs cabinets; mais il a été décidé, à la pluralité, que ce ne serait que huit ou quinze jours après la clôture des états.

Les procureurs doivent aussi, dit-on, s'assembler incessamment pour aviser aux moyens de suivre l'arrêt en cassation de celui du parlement dont ils se tiennent offensés.

Tous ces feux qui se réveillent ne sont, à ce qu'il semble, ni bien vifs, ni fort à craindre, et il y a lieu de croire que le calme pourra se rétablir solidement quand les esprits ne seront plus échauffés par la présence et les propos de tous les brouillons de l'ordre de la noblesse, dont la lettre de M. le prince de Conti ranime encore les espérances. Voici la copie de celles qu'ils vont recevoir ou qu'ils ont reçues des autres princes; ils n'en ont pas encore parlé. Toute cette correspondance ne vaut, en réalité, rien; elle les autorise du moins à penser que leur démarche, en écrivant, n'a pas été aussi audacieuse qu'on le leur a dit et qu'elle l'est effectivement. Je suis persuadé qu'ils ne manqueront pas de répliquer.

On travaille depuis trois séances au rapport de la commission intermédiaire qui a été interrompu ce matin par la noblesse ; elle demandait lecture aux états d'un mémoire de Chapelier (1) contre les deux sols pour livre, ou le droit prétendu par le roi de les lever sur les traites, etc., sans le consentement des états. On dit ce mémoire bien fait. L'église et le tiers n'ont pas voulu en permettre la lecture avant que celle de la commission intermédiaire fût finie. La noblesse a prétendu qu'étant question dans le rapport de ces deux sous pour livre, il était indispensable d'écouter préalablement ce que Chapelier a dit à ce sujet; cela serait peut-être raisonnable s'il n'était à craindre que, dans les circonstances présentes, ce ne fût une occasion aux têtes échauffées de demander une délibération préalable qui ne pourrait manquer d'apporter de nouveaux délais, qu'on aura peut-être bien de la peine à éviter.

Les gens de Mme de La Trémoille, la mère, partirent hier, et elle partira elle-même vendredi. On ne m'a rien dit au sujet du prochain

(1) Guy-Charles Le Chapelier, fils de Charles Le Chapelier, sieur du Plessis, avocat au parlement, et de Perrine Tanoueux, avocat au parlement, et substitut des procureurs généraux syndics des états, est né en Saint-Germain de Rennes, le 23 avril 1711 ; il est décédé en Saint Sauveur de la même ville, le 3 janvier 1789; l'acte de sépulture mentionne qu'il était doyen et ancien bâtonnier des avocats, conseil des états, administrateur des hôpitaux et du collège de Rennes, et qu'il avait le titre d'écuyer. De son mariage avec Madeleine-Olive Chambon est né Isaac-René Guy Le Chapelier, membre de l'assemblée constituante qu'il a présidée, condamné à mort par le tribunal révolutionnaire de Paris, et exécuté le 3 floréal an II, laissant un fils, dernier mâle du nom, décédé en 1848. Un des ancêtres du substitut des procureurs généraux et syndics de 1767, Sébastien Le Chapelier, sieur de Launay, a rempli les mêmes fonctions dans la première moitié du XVIIe siècle, et a été, pendant cinquante ans, conseiller des états, qui, à la tenue de 1643, ont demandé pour lui des lettres d'anoblissement ou de confirmation de noblesse; cette demande, non accueillie à cette époque, a été renouvelée pour ses enfants à la tenue de 1671. Cent ans plus tard, Guy-Charles Le Chapelier a été enfin anobli (1769). (*Reg. paroissiaux* de Rennes;—Notes particulières de M. Saulnier.) Guy-Charles Le Chapelier avait rédigé un mémoire sur la levée des deux sols pour livre en sus des droits des fermes générales, et ce par ordre et sous les yeux de la commission des demandes. Une délibération spéciale de l'ordre de la noblesse du 19 mai 1767 chargea un de ses membres, M. de Kermadec, de demander communication de ce mémoire à M. Le Chapelier. Une délibération du même ordre du 20 mai constate que ce mémoire a été lu à sa séance de ce jour par son auteur et ordonne que mention en sera faite sur son registre spécial, chargeant M. Le Chapelier de le faire imprimer au nom de la noblesse. (Archives d'Ille-et-Vilaine, Registre spécial de la noblesse, C. 2710, f° 24 r°.) Le Chapelier était donc en bonne intelligence avec la noblesse.

projet de réforme dans la constitution actuelle de l'ordre de la noblesse. On aura le temps d'y penser, sans doute d'ici aux états prochains...

CCXX

Paris, le 1er avril 1767.

M. de La Noue à M. de Fontette.

Oh! le beau président que M. de La Besneraye. Il est bien digne des gens qui l'ont choisi. Les *Fourberies de Scapin* devaient le faire enfermer; on le met sur le fauteuil! Il n'est qu'heur et malheur... Qu'est ce que c'est que le cautionnement des huit millions qu'on voulait l'inciter à faire passer? Je ne crois pas qu'on laisse faire un greffier à vos brouillons, ni qu'on leur retire les deux arrêts du conseil de 1764; ce sont de jolis gens pour obtenir des grâces... Et la réponse au mémoire justificatif des nobles! Ils l'ont dictée par leur conduite à la présente tenue.

Si le roi ne parle pas mieux que M. le prince de Conti le fait parler, dans sa réponse aux brouillons, nous sommes tous bien à plaindre. Il est pitoyable que les factieux apprennent par un prince les volontés du roi et que le monarque les invite pour le bien de la province à se prêter amiablement à des objets qu'il devrait ordonner. Je sens toutes les interprétations qu'on peut donner à la confiance parfaite en sa personne... Les ministres doivent être bien furieux de cette phrase et, comme vous dites, cette correspondance est bien ridicule. Je pense que le commissaire ne perdra pas un moment pour amener la clôture. Les grands objets de finance sont remplis, il faut faire bon marché du reste et finir. Dieu veuille que ce soit pour Pâques! J'imagine que les dépêches de Versailles, d'avant-hier, s'expriment d'après cette opinion.

Ci-joint un exemplaire de votre lettre du 17. Je n'ai presque rien changé au style. D'ailleurs une lettre ne doit pas être écrite régulièrement, sans quoi elle n'en aurait que le titre. Tout ce qui est de vous est approuvé; mais le commencement, qui est de moi, c'est-à-dire les dix premières lignes, aura-t-il le même sort de la part du commissaire? J'ai cru ne pouvoir me dispenser de dire un mot sur son silence vis-à-vis des mémoires imprimés.

Vous m'apprenez l'infamie de Mme de Boterel. Si j'étais en Bretagne je me joindrais à sa famille pour la faire enfermer; cette misérable, qui est veuve d'un fol de grande naissance et qui en a deux enfants, a-t-elle pu faire une action aussi basse! Je suis fâché que le petit La Noue et Talhouet-Boishorand le jeune soient à la tête de la demande de la lettre de cachet; mais je supplie M. le duc d'Aiguillon de s'attacher moins à la forme qu'au fond.

CCXXI

Rennes, le 4 avril 1767.

M. de Fontette à M. de La Noue.

La séance d'hier ne me fournit rien à vous dire que des personnalités sans fin sur Quelen et autres des quatre-vingt-trois, contre lesquels les bastionnaires exhalent leur fiel, quand ils ne voient rien de plus méchant à faire. Les envoyer f.f., comme cela arrive souvent, ne remédie à rien; ils s'y sont habitués et les huées n'en vont pas moins leur train; cette séance, pendant laquelle M. de La Trémoille objectait de demi-heure en demi-heure l'ordre de délibérer en oui ou en non sur le secours extraordinaire, dura jusqu'à dix heures du soir, que l'on convint de se retirer sans qu'il parût qu'elle eût discontinué; chacun s'est rendu à son poste aujourd'hui, dès les 8 heures du matin, en se donnant parole de ne rien entreprendre pendant la nuit; il n'y eut pas moyen même de fixer l'objet d'un scrutin. Le président voulait, comme le portait l'ordre, que ce fût sur le consentement ou le refus; mais le bastion, dont M. de Bégasson était l'orateur et de Coëtanscours le grand moteur, ne se départit jamais de délibérer et scrutiner sur le consentement au pied du trône, ou à Rennes; ce que M. de La Trémoille ne voulut jamais permettre. Toujours même entêtement. Ce que voyant les commissaires du roi, ils ont envoyé par le procureur général syndic ordre aux ordres de rentrer au théâtre, et défense de s'occuper davantage du secours extraordinaire. Le temps fixé par le roi pour la délibération étant fini,

injonction en même temps de travailler aux autres affaires que le bastion n'a pas voulu entendre que préalablement lecture n'eût été faite du mémoire sur les deux sous pour livre, fait par Chapelier, dont je vous ai parlé dans mon avant-dernière lettre, je crois. Voilà où les choses en sont, c'est-à-dire, si Dieu n'y met la main, plus reculées que jamais, car l'audace et la mutinerie sont poussées à l'extrême. Tout ce commerce avec les princes, qui a été souffert, a gangrené le mal; et il n'y a petit bastionnaire qui ne pense que les ministres et les commissaires du roi, étant d'accord pour tromper le roi, on ne parviendra à obtenir le rappel du parlement et l'éloignement de M. d'Aiguillon que par une députation solennelle, et celle-ci que par une négation absolue du travail.

Comment pouvez-vous vous en rapporter à un ajustement de grand deuil ordonné, et à ce que vous disent quarante désœuvrés pour juger de la fin de tout ceci? N'avez-vous pas de meilleurs guides dans nos lettres, et dans le courant de la besogne, dont vous êtes instruit journellement par les directeurs et leurs commis?

Je crois qu'on s'est trompé en vous disant que de tout temps les états avaient eu la prétention de ne pas devoir la députation de politesse (on aurait pu dire de devoir), lorsque les commissaires du roi entrent pour l'adjudication des fermes. 1° Elle serait plutôt due en cette occasion qu'en toute autre, puisque c'est pour le bien et l'intérêt de la province qu'ils entrent; 2° elle n'a pas été refusée cette année par les états, deux des ordres ayant envoyé leurs députés, mais seulement par la noblesse. Il n'y a qu'un cas où les états n'envoient pas de députation, c'est lorsque M. d'Aiguillon entre comme particulier pour demander aux états leurs suffrages pour les députés en cour, etc., etc.

Il n'a pas été plus fait aux états depuis l'ordre des commissaires du roi envoyés, que les jours précédents. Le registre des dernières séances n'a pas même été signé.

. Mme de La Trémoille la mère est partie ce matin, et a laissé ici l'abbé Foucher, son directeur, grand janséniste, qui lui sera très utile pour la correspondance, car je ne puis me dispenser de croire qu'elle est très bastionnaire, et pour M. de La Chalotais, dont tous les amis ont été les siens de préférence pendant son séjour.

Il faut que je vous régale d'une chanson qui fut faite hier ; ce fut la plus douce occupation du bastion pendant la séance d'hier. La voici :

> Chanson faite aux états de Bretagne le 3 avril 1767, sur l'air du *Bas en haut*.
>
> Ni oui ni non,
> C'est aujourd'hui notre devise,
> Ni oui ni non,
> Nous sommes des marchands de plomb !
> Ah ! que la Cour sera surprise
> Qu'un Breton comme un Normand dise :
> Ni oui ni non.

Ne trouvez-vous pas ce passe-temps assez joli quand on délibère sur un ordre du roi. Ils firent encore des vers infâmes contre l'évêque de Rennes, que je joindrai ici, et qui ne seront que pour vous :

> La Despotisme sur le front,
> Desnos anime sa cabale,
> Et verse, ainsi qu'il boit l'affront,
> Le sang du peuple, qu'il avale.
> Pourquoi tant s'étonner des honteux artifices
> De l'évêque manceau, qui préside en ce lieu ?
> Cet ennemi du bien, ce monstre plein de vices,
> Pour perdre les Bretons nierait qu'il est un Dieu.

CCXXII

5 avril.

M. de Fontette à M. de La Noue.

Suivant ce que je compris hier au soir on n'attend que des ordres pour bourrer ces gens-ci ; on s'attend bien au consentement au pied du trône, mais on tirera parti du zèle et de l'indignation des deux autres ordres, et on pourra terminer ceci tant bien que mal. — L'évêque de Vannes reprocha hier en public à plusieurs du bastion leur esprit de mutinerie, que le désir du retour du parlement n'était pas leur plus pressant motif, et qu'ils souffraient parmi eux des faussaires et des facteurs de libelles. M. d'Aiguillon y ajouta qu'on ne désobéissait pas au roi impunément et que l'audace trouverait sa punition. C'est les premières menaces que je lui entende proférer. Dieu veuille qu'elles soient suivies d'effet !

CCXXIII

Paris, le 6 avril 1767.

M. de La Noue à M. de Fontette.

J'imagine que la délibération des avocats sur le silence du vice-chancelier et leur résolution de fermer boutique, l'assemblée projetée des procureurs, pour obtenir cassation des arrêts contre eux, et le mémoire de Chapelier contre les seconds deux sols tomberont à plat ou s'exhausseront suivant la réussite de la lettre du roi à ses commissaires.

Je vous remercie de la copie du projet de réplique approuvé et ordonné pour les princes. Vous avez raison de dire que cette correspondance est ridicule; moi je la dis indécente et destructive de l'autorité unique et exclusive du roi et de ses ministres. On a eu en vue d'y couper court, dans la lettre aux commissaires, en interdisant toute autre voie que la leur pour les recours, doléances, etc.

On disait publiquement hier matin, dans l'OEil-de-Bœuf, le prochain retour des deux duchesses de La Trémoille. Si elles sont parties le 3, elles doivent être arrivées d'hier. M. de La Trémoille a écrit sur son absence du fauteuil de présidence une lettre de détail de son état, dans laquelle il ne manquait que le mot c.......... Grandbourg et Benoit en ont ri.

Si vos affaires se prolongent au delà de Pâques, le général de Broc aura bien le temps de dire : Ah ! les vilaines gens ! Je recevrai avec plaisir le mémoire du chevalier du Han, tel qu'il est.

CCXXIV

Paris, le 8 avril 1767.

M. de La Noue à M. de Fontette.

Quel désordre dans votre journée du 3 ! Je suis persuadé que Quelen écume de rage, et contre la chose, et contre les mots. L'inaction et l'incertitude des objets du scrutin obligeaient nécessairement les commissaires du roi à faire la défense de s'occuper du secours extraordinaire. Voilà donc la lecture du mémoire Chapelier qui a gagné le dessus?... Vous avez raison de dire que les lettres des princes ont fait bien du mal. Je ferai usage de votre observation sur la députation au devant des commissaires du roi, quand ils entrèrent pour les fermes.

J'étais hier à deux heures, chez M. Benoit que j'attendais de Versailles; il arriva, et on lui remit, de la part de M. de Grandbourg, les dépêches qui venaient d'arriver. Il n'eut pas le temps de me les lire; mais il me lut une petite note, qui leur servait de chemise, dans laquelle M. de Grandbourg observait de la main de son secrétaire l'audace à son comble, rien d'accordé, invectives sanglantes aux évêques, compromission. Il est temps que cela finisse, et M. Benoit m'ajouta: « Eh bien, il faut donc en venir aux grands remèdes. Je n'y vois de mal que celui d'être obligé de travailler trois mois de plus sur cette province qui n'a pas voulu travailler elle-même, et de faire tout lever. »

J'allai dîner avec M. Masson. Il me dit que, du règne du feu roi, il y avait eu à peu près pareille chaleur en Bretagne; qu'on y envoya vingt escadrons de cavalerie, auxquels on obligea de payer les places de fourrage à trente sols. Je lui observai que, par l'ordonnance, le roi nourrissait les chevaux. « Eh bien, me répliqua-t-il, j'enverrais toujours les vingt escadrons, et mettrais quatre, six, huit, dix cavaliers en garnison chez les nobles factieux, jusqu'à nouvel ordre, qui seraient nourris. Cela ferait plus d'effet que l'exil et les emprisonnements. » Il ajouta qu'il était de droit dans le royaume que toute résistance et rébellion au roi était punie par garnison. Je ne sais s'il n'y aurait pas parti à tirer de cette idée.

Je ressens un très grand plaisir de l'approbation à notre tirade. Je dis notre, comme la servante du curé disait: Nos messes.

Quelqu'un est venu me voir hier matin; je la lui ai lue, disant l'avoir reçue hier par la poste. Il l'a trouvée admirable, et m'a dit d'un air capable qu'il n'y avait que le conseiller Saint-Luc [1] qui eût pu

---

[1] Gilles-René Conen, comte de Saint-Luc, était fils de Toussaint Conen, seigneur de Saint-Luc, et de Jeanne-Marie Péau, né en Saint-Pierre, près Saint-

faire cette pièce. Vous aviez raison d'en désirer pour Rennes. Il en part sept par ce courrier aux adresses : Amilly, Le Prestre, Flesselles, évêque de Rennes, La Trémoille, Silguy et La Bourdonnaye (2).

Georges de Rennes, le 28 septembre 1721 ; il fut reçu conseiller au parlement de Bretagne le 21 août 1744 ; en 1771, lors de la reconstitution de ce corps judiciaire par Maupeou, il fut nommé président à mortier. Condamné à mort comme conspirateur par le tribunal révolutionnaire de Paris, le 1ᵉʳ thermidor an II, il fut exécuté le même jour avec sa femme et sa fille. (*Dictionnaire des individus envoyés à la mort judiciairement... pendant la Révolution*, par L. Prudhomme. Paris, an V, 2 vol. in-8°, t. I.) Il avait épousé Marie-Françoise du Bot, fille d'un capitaine de vaisseau, qui a péri avec lui pendant la Révolution, à l'âge de 63 ans. Leur famille subsiste. (*Registres secrets du parlement ; Registres paroissiaux* de Rennes.) Voici comment fut jugé M. de Saint-Luc par le *Commentaire de la liste de NN. SS. du parlement de Bretagne* (p. 14) : « Non démissionnaire, livré de « tout temps aux jésuites, leurs affiliés et congréganistes, odieux à l'ancienne « compagnie dont il avait plus d'une fois révélé les secrets. Ses déclarations, ses « bassesses auprès du duc d'Aiguillon ont procuré à son frère, chanoine « de la cathédrale de Rennes, l'abbaye de Langonnet, sur laquelle il est obligé « de payer une pension de 600 livres au prêtre Boursoul, fanatique affilié « qui avait donné une consultation théologique contre le parti des démissions. » L'abbé Boursoul doit être celui dont l'abbé Carron a raconté la vie et qui est décédé à Rennes, en 1774, en odeur de sainteté : Joseph Boursoul, gardien de l'Hôtel-Dieu, a été frappé de mort subite dans la chaire même de Saint-Sauveur pendant qu'il prêchait sur le bonheur des justes dans le ciel. Il est probable qu'il avait vu avec douleur les jésuites chassés de la Bretagne, et qu'on le considérait dans le parti des parlementaires, comme un ennemi de La Chalotais. (L'abbé Carron, *Modèles du clergé ou vies édifiantes de MM. Frétat de Sarra, Boursoul...* Paris, 1823, 2ᵉ édition, 2 vol. in-12, t. I.)

(2) MM. d'Amilly et Le Prestre étaient commissaires du roi aux états ; l'évêque de Rennes, M. de La Trémoille et M. Silguy étaient les présidents des trois ordres. M. de La Bourdonnaye était procureur général syndic des états. Il y avait deux procureurs généraux syndics ; l'autre était M. de Robien. Jacques-Anne de La Bourdonnaye, seigneur du Boishullin, appartenait à une branche aujourd'hui éteinte de la famille très nombreuse de La Bourdonnaye. Il est né à Sixt, près Redon, en avril 1717, du mariage de Guillaume-Anne de La Bourdonnaye, seigneur du Boishullin, et de Françoise-Simonne des Raouls de La Chevannerie. Le 22 octobre 1754, il fut nommé par les états procureur général syndic en remplacement du président Charles-Elisabeth Botherel, seigneur de Bédée. Il conserva cette fonction de confiance jusqu'en 1786. A la suite de 1786, il démissionna et fut remplacé par René-Jean de Botherel, le dernier des procureurs généraux syndics. M. de La Bourdonnaye est mort à Rennes à l'âge de 87 ans, le 7 prairial an XII (27 mai 1804). C'était un homme instruit. Il avait une belle bibliothèque ; il a laissé plusieurs volumes manuscrits sur les états de Bretagne. Il s'occupait aussi d'arboriculture. Arthur Young l'avait visité à sa terre de Lauvergnac, en Guérande, où il admira une remarquable collection d'arbres exotiques. Le seul de ses fils qui se soit marié, Anne-François-Augustin de La Bourdonnaye, vicomte du Boishullin, mort en 1793 général de division, a laissé un seul fils qui ne s'est pas marié. (*Généalogie manuscrite* de la famille de La Bourdonnaye. — Notes fournies par Mᵐᵉ du Châtellier, arrière-petite-fille du procureur général syndic. — *Dictionnaire de l'administration de Bretagne*, mss., t. II, f° 269. (Archives d'Ille-et-Vilaine.) — *Etat civil de Rennes*.)

Cela va produire une publicité qui permettra la multiplicité des copies dans toutes les villes de la province. J'en distribue cinquante dans Paris aux princes, maréchaux de France, chefs et procureurs généraux des cours et justices, intendants des finances, conseillers d'État, etc.

CCXXV

Rennes, le 8 avril 1767.

M. de Fontette à M. de La Noue.

Il n'est pas plus question actuellement du secours extraordinaire que s'il n'y en avait pas eu dans le monde. Le bastion entend seulement se justifier sur ce qu'il a délibéré qu'il ne pouvait délibérer. Il voulait même obliger les deux ordres à inscrire son avis à ce sujet sur le registre des états, ce qu'ayant refusé, les commissaires furent obligés d'entrer dimanche 5 pour la signature dudit registre ; le bastion insista de nouveau, mais M. d'Aiguillon répondit qu'il avait trop d'attachement pour la noblesse pour souffrir que, cet avis fût inscrit. Ils voulurent répliquer, mais il leur dit que cette affaire ne regardant qu'un ordre, il ne pouvait les entendre au théâtre ; que ce serait pour le lendemain, après le service de Mme la dauphine.

Je ne puis mieux vous informer de la séance du lendemain lundi 6, qu'en vous envoyant le détail ci joint qui est non seulement un tableau vivant de cette séance, mais un (sic) esquisse parfait de presque toutes celles de la présente tenue. Vous pouvez en faire part à vos amis de la cour et de la ville qui n'ont peut-être pas des idées justes sur la majesté, l'honnêteté et la décence de cette auguste cohue. Il est bon surtout que les ministres aient sans cesse une peinture naïve et véritable sous les yeux.

Ce jour, 6, la noblesse ne prit aucun parti, et les états ne firent rien. Hier, 7, la rédaction du registre ne put se faire. Le chevalier de Pontual mit des entraves à tout ; il était soutenu par la cohue ; ce fut une répétition de la scène de la veille. Enfin, l'église et le tiers sortirent outrés, et jurant qu'ils commenceraient toutes les séances par se retirer aux chambres, en laissant copie des rapports des affaires qui seraient mis ou qu'ils mettraient sur le tapis, qu'ils feraient les états malgré les brouillons. Enfin, jamais il n'y a eu colère pareille à celle de ces deux ordres : leurs murmures dominaient les cris du bastion. A deux heures on remit les états au lendemain, et on ne resta pas sur le théâtre. Le bastion retint seulement un instant M. de La Trémoille pour lui faire énoncer un avis qui inculpait les deux ordres sur leur retraite du théâtre. Il n'en voulut rien faire, et vint, comme il avait été convenu entre eux le matin, chez M. d'Aiguillon, à la tête de la noblesse, pour y être fait, par M. de Gualès, lecture d'un grand mémoire tendant à disculper l'ordre sur la non-délibération sur le secours extraordinaire. C'est un ramassis de tout ce que les parlements ont dit dans leurs remontrances sur la volonté légale qui contraint l'obéissance dans les cas où elle offenserait les lois, etc. M. d'Aiguillon, assisté des commissaires du roi, répondit que si la noblesse persistait à vouloir faire inscrire sur les registres cet avis, il ne s'y opposerait pas, après leur avoir toutefois représenté qu'il déplairait au roi, que c'était à eux à y faire consentir les deux autres ordres ; que si ceux-ci n'y consentaient pas, comme il y avait lieu de le présumer, il recevrait ledit mémoire ou avis pour le faire passer au roi, mais qu'il se croirait obligé de les prévenir, encore qu'il déplairait à Sa Majesté. De Bégasson voulut faire faire lecture de l'avis inculpant les deux ordres ; il le remit entre les mains de La Trémoille qui refusa de le prendre. Il lui demanda s'il n'était pas vrai que c'était l'avis de la noblesse. Il répondit qu'il n'avait rien à dire. Mais M. d'Aiguillon imposa silence à M. de Bégasson en lui disant qu'il convenait peu d'interpeller M. de La Trémoille devant les commissaires du roi. La noblesse sortit après la réponse de M. d'Aiguillon. M. de La Trémoille s'était conduit avec force et honnêteté dans toute cette séance.

CCXXVI

Rennes, le 10 avril 1767.

M. de Fontette à M. de La Noue.

Le parti de fermeté pris par les deux ordres de ne rentrer au théâtre que pour clôturer les séances, et de faire les affaires dans les chambres malgré le troisième ordre, sans s'embarrasser de la rédaction du registre qui était une occasion continuelle d'injures, chicanes et retards, ce parti, dis-je, a réussi à merveille; mercredi, la noblesse voulait mettre tout à feu et à sang, pour obliger, disait-elle, les deux ordres à rentrer dans leur devoir. Cela se borna cependant à une négociation auprès des commissaires du roi qui ne promirent leurs bons offices qu'autant qu'on leur donnerait un écrit signé du président, par lequel l'ordre s'engagerait à écouter sans interruption, et à délibérer sur les commissions intermédiaires dont est celle des contrôles. Le rapport fait hier à l'ordre, il s'offensa de la demande d'un écrit, disant que sa parole suffisait. Députation après dîner; on tint bon sur l'écrit, et je crois qu'il se radoucira aujourd'hui. L'évêque indiqua hier les états à 8 heures; la noblesse se récria sur la nouveauté, mais on ne s'amusa pas à disputer, et effectivement les états ont commencé aujourd'hui une heure plus tôt qu'à l'ordinaire. Nous verrons si la paix s'y rétablira, et si l'envie de travailler est bien sincère de la part des brouillons. J'en doute. Adieu, mon cher La Noue, je vous embrasse.

CCXXVII

Rennes, le 11 avril 1767.

M. de Fontette à M. de La Noue.

J'ai reçu, mon cher La Noue, votre lettre du 8. Il paraît, par les apostilles envoyées à Benoît, que Grandbourg est très furieux, comme il doit l'être, sur ce qui s'est passé au sujet de la non-délibération sur le secours extraordinaire; cependant ses lettres venues hier sont très modérées, et c'est bien fait de temporiser, parce que vous savez qu'en ce pays on vient à bout de bien des choses en gagnant du temps. C'est le système du commissaire qui doit être principalement écouté, parce qu'il voit tout de plus près que lui ne peut voir là-bas; et, quand il espère encore, il ne faut pas désespérer; il faut laisser sa prudence et sa bonne conduite pourvoir au journalier, et s'en remettre à sa prévoyance dans les cas qui pourraient ne se décider que par quelques coups de force, dont il n'est ennemi, et que peut-être il ne propose pas quelquefois, parce qu'il craint qu'on ne les soutienne pas, et qu'on ne le rende responsable des événements.

Le système de Masson pouvait être bon dans le temps dont il parle, mais il ne vaudrait rien maintenant. Ce serait un scandale par tout le royaume ; et c'est pour le coup qu'on crierait au despotisme. La force du gouvernement, les prospérités, l'éclat des victoires du feu roi y avaient accoutumé les provinces qui payaient volontiers les frais des guerres heureuses, et dépensaient encore en *Te Deum*, et feux de joie. Au reste je dois relever un article de votre réponse à Masson sur lequel vous vous êtes trompé. Il est bien vrai, comme vous lui avez dit, que la nourriture des chevaux est au compte du roi, mais dans les pays d'élection seulement. Dans ceux d'états, le roi paye 5 ou 6 s. par ration, et le surplus est aux frais de la province, à qui il en coûte 6 ou 7 de plus, quelquefois 10 et 12, suivant le prix des fourrages.

La façon dont vous vous y êtes pris pour divulguer la tirade n'a pas plu. L'adresser, comme vous l'avez fait, aux princes, magnats et principaux magistrats, décèle trop sa source. En lâcher quelques copies à vos principaux amis eût mieux valu ; elles se seraient suffisamment multipliées ; on a été mécontent surtout de celles que vous avez envoyées ici. Je suis chargé de vous en gronder ; on les a retirées ; elles pouvaient faire mauvais effet dans les circonstances où nous nous trouvons ; cela est bon à lire à quelques amis, qui le disent aux leurs ; et s'il en échappe quelques copies, le mal n'est pas grand. Mais rien de ce qui sent l'anonyme ne doit être employé. Avec tout cela, on voit que c'est un beau zèle, dont, au fond, on ne peut vous savoir mauvais gré ; mais on est fâché de la forme.

CCXXVIII

Paris, le 13 avril 1767.

M. de La Noue à M. de Fontette.

Je vis hier M. le maréchal de Biron, mon cher maréchal, avec qui je causai longuement de l'affaire de MM. de Kerguenech et Tromelin. Il me dit que le cas était très grave pour ce dernier et que, pouvant provoquer un combat entre les deux gentilshommes, il était absolument de la compétence du tribunal; qu'il fallait que M. de Kerguenech portât sa plainte aux maréchaux de France, pour le 27 du mois, jour indiqué pour le premier tribunal; que les maréchaux étaient en usage constant, lorsque les cas s'étaient passés en province, de renvoyer la plainte au commandant général pour avoir son avis sur la vérité des faits, et sur le personnel de l'accusé et de l'accusant; qu'il n'était pas douteux que l'affaire ne fût renvoyée à M. d'Aiguillon, et statué sur ce qu'il dirait... Il me renvoya à M. Goudot pour le surplus; celui-ci me dit qu'il croyait cette affaire très compétente du tribunal, qu'il fallait que M. de Kerguenech dressât sa plainte en cette forme : « A nos seigneurs les maréchaux de France supplie humblement N... de Kerguenech, etc... qu'il plaise à Vos Grandeurs prendre connaissance des faits ci-après. » Ce fait sera narré le plus simplement et le plus brièvement possible; et on conclura par demander à nos seigneurs qu'il leur plaise rendre jugement qui rétablisse l'honneur et la réputation du suppliant, et oblige le sieur Tromelin à une réparation authentique préalablement à toute punition que nos seigneurs croiraient devoir imposer au sieur Tromelin. Il faudra joindre les pièces à cette plainte.

M. Goudot m'a ajouté que M. d'Aiguillon ferait en partie le jugement; mais qu'il prévoyait que la punition serait au moins de dix ans de prison; qu'au surplus il irait avec moi chez M. de Cotte, maître des requêtes, pour consulter sur la forme et le fond de l'affaire qui ne serait évidentée que lorsque M. de Cotte l'aurait bien dans la tête, et encouragerait à la suivre, en laissant prévoir l'issue.

Il faudra m'envoyer la plainte à laquelle tiendront les pièces ci-jointes, le tout à l'adresse de M. Goudot, à qui je ferai tenir le paquet que vous enverrez par M. de Saint-Florentin. Plus tôt je pourrai avoir le tout, le mieux sera.

CCXXIX

Paris, le 17 avril 1767.

M. de La Noue à M. de Fontette.

Votre tirade a, on ne peut mieux, réussi. Tout le monde en a la copie sur sa cheminée. On m'a dit qu'on l'avait vue imprimée; on m'en cherche un exemplaire. On l'appelle la *Lettre apologétique de M. d'Aiguillon;* elle a été apportée par cinq ou six personnes à Mme d'Aiguillon, douairière, qui, avant hier, me fit l'honneur de m'en croire l'auteur. Huit ou dix personnes m'en ont dit autant ; je m'en suis défendu avec plus de bonne foi que les auteurs à qui on attribue un ouvrage qui a réussi. J'ai nié formellement qu'elle fût de moi ; j'ai dit qu'on me l'avait adressée sous enveloppe, excepté à Mme d'Aiguillon, à qui je n'ai pas caché que c'était un cri de votre cœur; elle n'en parlera pas ; elle s'est un peu fâchée de ce que je ne lui en avais pas adressé une, non plus qu'au maréchal de Richelieu. J'ai répliqué, que je n'avais pas trouvé de nécessité de prêcher des convertis.

Hier un abbé, qui sans doute l'avait entrevue, en cita des lambeaux arrangés à sa façon, notamment cet endroit où vous dites : « Voilà comme la Fronde faisait la guerre, » etc. Il cita : « Voilà comme le parlement faisait, » etc... Je lui dis qu'il y avait donc plusieurs versions ; que le parlement n'était pas dans la mienne... Au surplus on ne parle que de M. de Kerguézec, qu'on regarde comme l'auteur des malheurs. Mme d'Aiguillon a encore été fâchée de ce qu'à propos de ce que les ennemis de son fils ont bien fouillé dans son administration, etc., nous n'ayons pas cité au moins l'imputation à lui faite pour les grands chemins et la juridiction (*sic*) authentique qu'il en a retirée ; que cette accusation, démontrée porter à faux, aurait fait présomption pour toutes les autres, qu'on n'aurait pas citées. Au surplus il en est sorti soixante exemplaires de mon secrétariat; c'en est assez pour pulluler.

L'histoire des jésuites d'Espagne fait grand bruit. Le dimanche des Rameaux, on disait publiquement à Versailles qu'ils étaient expulsés de ce royaume. Cela est tombé jusqu'à avant-hier, que la poste de Bordeaux apporta la relation des quatre jésuites arrêtés à Saint-Sébastien, et ramenés à Madrid. Mme d'Aiguillon vous aura envoyé cette relation.

CCXXX

Saint-Malo, le 19 avril 1767.

M. de Fontette à M. de La Noue.

En partant de Rennes, le 15 à trois heures du matin, ne vous écrivis-je pas un petit mot pour vous donner avis de mon départ précipité? Si je ne l'ai pas fait, du moins ai-je prié le chevalier de Balleroy de vous en prévenir et de vous donner les nouvelles jusqu'à mon retour, qui sera mardi prochain, 21. Ma course dans cette ville-ci avait un prétexte et un objet. Le premier était la réception de MM. de La Trémoille, Silguy, Tinteniac, et Joviac, qui devaient y venir le même jour, et qui ne s'en sont retournés que vendredi soir; le second a été la saisie d'une édition des trois mémoires ou libelles de M. de La Chalotais qui s'imprimait ici, et qui était aux deux tiers de l'ouvrage environ. La nuit du 16 au 17, l'affaire fut faite. Huit cents exemplaires sont partis pour Rennes avec Lasnier et Morin, exempts de la maréchaussée, qui arrivèrent cette même nuit. L'imprimeur est dans les prisons du château.

J'avais ordre de vous répondre sur votre lettre du 11 que le complément du parlement dépendrait du ton qu'on prendrait avec celui de Paris; qu'on avait déjà huit bons sujets prêts pour accroître le nombre actuel, et que le restant se trouverait, mais qu'on ne pouvait rien finir qu'après la clôture des états.

On m'a bien assuré que Coniac n'avait point été sollicité pour le voyage de Veretz, qu'il l'avait bien plutôt désiré, pour s'aboucher et se faire connaître de M. Benoît.

Je suis chargé de vous demander comment on pourrait faire payer très promptement à M. Foucher fils (1), conseiller au parlement de

---

(1) Denis-Louis Foucher de Carheil, fils de Louis-François Foucher, seigneur de La Feslière, conseiller au parlement de Bretagne, ancien avocat au conseil d'état et privé du roi, et de Sainte Charaud, dame de Carheil, baptisé en Saint-Sulpice de Paris, le 18 février 1729. Marié en Saint-Sauveur de Rennes à Sainte-Reine-Guillemette de Pellenec, décédée en la même paroisse le 13 juin 1768. Il est mort, lui-même, quelques mois après, le 24 novembre 1768 (Saint-Germain de Rennes). Il avait été reçu au parlement le 23 août 1754, et faisait partie de la

Rennes, une gratification de quinze cents livres net que M. de L'Averdy mande par sa lettre du 30 du passé à M. d'Aiguillon lui avoir été accordée. M. d'Aiguillon voudrait que vous en retirassiez tout de suite l'ordonnance que vous m'enverriez avec une note sur les formalités à faire pour en être promptement payé ; il ne voudrait pas que cela s'ébruitât, ni que le payement fût retardé. Vous pourriez en dire un mot à M. le contrôleur général ou à son commis en cette partie. Adieu, mon cher La Noue...

CCXXXI

Paris, le 22 avril 1767.

M. de La Noue à M. de Fontette.

J'ai passé les jours d'avant-hier et hier à Versailles, et dîné les deux jours avec M. de Grandbourg. Cela s'appelle de la grande faveur ; il ne m'a jamais fait tant d'amitiés, et n'a eu l'air si riant. C'est la révolution jésuitique d'Espagne qui occasionne cela. Vous jugez qu'on en a parlé avec détail dans les deux dîners. Il me dit trois fois avant-hier : J'aurais voulu voir la mine de l'évêque de Rennes, lorsqu'il a appris cette nouvelle ; elle devait être pareille à celle de M. de La Vauguyon, lorsque le roi lui a raconté la révolution avec détail, et une espèce de malice. Je sais que l'évêque de Rennes devait demander le rétablissement des Jésuites, si les états avaient été paisibles.

J'ai répliqué que je connaissais les intentions droites de l'évêque de Rennes ; qu'il était dans la bonne foi sur le compte des soi-di-

---

chambre des enquêtes. (*État civil de Saint-Sauveur et de Saint-Germain de Rennes.* — Arch. de la cour d'appel de Rennes. *Registres secrets*) Voici la note diffamatoire que lui consacre le *Commentaire de la liste imprimée de NN. SS. du Parlement* (p. 15) : « Avait signé l'acte de démission du 17 février 1766, homme fort « borné, très ignorant, très dur ; adultère public, contrebandier à sa terre de Carheil, « près Guérande ; convaincu plusieurs fois de larcin au jeu et notamment chez le duc « de La Trémoille pendant la dernière tenue des états, où il fut pris sur le fait et « obligé de rendre ce dont il s'était emparé ; délateur de la compagnie, aux gages « du duc d'Aiguillon qui lui a fait avoir récemment une gratification de mille « écus. » Nous croyons que le comte Foucher de Carheil, membre de l'institut, ambassadeur à Vienne, décédé, il y a peu de temps, est le descendant direct du conseiller breton.

sants ; que si on lui faisait voir qu'ils eussent tort, il se rendrait ; qu'il me paraissait contre toute vraisemblance qu'il eût le dessein de redemander les jésuites aux états ; qu'au surplus son opinion (s'il en avait une à cet égard) s'accordait parfaitement avec le zèle, l'attachement et la fidélité qu'il avait pour le roi ; qu'il en avait donné les plus grandes preuves, dans la tenue actuelle. On est convenu de ce dernier article.

Le chevalier de Saint-Louis, parent et demeurant chez M. de Grandbourg, m'avait dit avant-hier matin, à propos des représentations résolues par notre sénat, que, la Bretagne n'étant pas du ressort de Paris, notre parlement ne doit s'en mêler en aucune manière, et qu'on ferait bien de lui défendre... J'ai regardé cela comme une annonce de ce que pense M. de Grandbourg. Effectivement, l'après-dîner il répéta les mêmes choses et avec plus de force à un conseiller de notre sénat. Je conclus de là que la réponse du 10 ne sera pas faible.

Je vis hier chez M. Benoît les expéditions du samedi saint. On mande qu'on a saisi, à Saint-Malo neuf cents exemplaires du mémoire Chalot. C'est sans doute un des motifs de votre voyage ? M. Benoît, à qui j'ai dit l'impression faite à Saint-Omer, et la correction par M. d'Ostalis, officier en résidence dans cette ville, n'a pas voulu se charger d'en parler à M. de Castellane, disant qu'il n'était pas fait pour être dénonciateur, que M. de Castellane devait avoir ses gens à cet effet. Moi, craignant l'indiscrétion, je ne le dirai pas non plus. Cependant il serait utile que M. d'Ostalis fût mandé et questionné pour connaître l'imprimeur, et la source du manuscrit.

Il faut avouer que vos factieux étaient bien pressés de renouveler la chaleur. Ils auraient dû au moins passer le samedi saint avec patience, puisqu'il se trouvait entre deux jours de vacance. Le renfort arrivé de Lamballe ne promet pas d'aménité. M. Benoît prétend, d'après les dépêches du jour de Pâques, que le commissaire est encore la dupe des factieux, dont l'écrit et les promesses n'ont été qu'un artifice ; que la scission des deux ordres dans leurs chambres était une position dont il ne fallait pas s'écarter, comme la seule qui pût forcer les brouillons ; que le commissaire ne devait pas balancer à la remettre sur pied ; que d'ailleurs il a en main, en instructions, et en ordres, de quoi aller en avant ; que s'il lui faut encore quelques véhicules, il donne ses idées, parce qu'on aime ici la besogne au moins préparée ; qu'on est prêt à faire ce qu'il indiquera, sans qu'il paraisse l'avoir insinué, d'autant que les ordres qu'il a, et qui passent ses propositions précédentes, ont été dressés sans le consulter qu'enfin il est temps qu'il mette fin, parce que le temps s'échappe en espoirs et en temporisations ; que la proposition d'une nouvelle adjudication des fermes est d'une insolence à battre ; qu'au surplus lui (Benoît) est très embarrassé quel conseil donner ; mais que le commissaire peut toujours se dispenser de se disculper personnellement parce qu'on connait son zèle, ses travaux, son courage, et qu'en général ou a la confiance qu'il fait tout pour le mieux.

Je conclus de tout cela que la cour barguigne pour se charger de l'événement ; et que le commissaire le craint. Ces incertitudes e ces hésitations peuvent mener loin et accroitre d'autant l'audace des factieux.

Songez donc que le tribunal se tient le 27 de ce mois, et qu'il n'y a pas de temps à perdre pour l'affaire Kerguenech...

CCXXXII

Rennes, le 22 avril 1767.

M. de Fontette à M. de La Noue.

Hier, à mon arrivée (de Saint-Malo), j'appris qu'il y avait eu l matin grand tapage à la chambre de l'église, au sujet de la nomination des commissaires de l'évêché de Vannes ; ceux de Nantes avaient passé sans difficulté, c'est-à-dire les anciens confirmés. l'article de Vannes, l'abbé Marin (1) s'éleva comme plus ancien des abbés, et demanda le scrutin.

(1) Louis-Alexandre Marin de Kerbringal, fils de Jean-Baptiste-François Marin commissaire de la marine, originaire de Saint-Roch de Paris, et de Marie-Anne Simon, dame de Kerbringal, est probablement né à Brest ou aux environs de Brest dans les premières années du xviiie siècle. Entré dans les ordres, il est devenu chanoine de Quimper, puis il fut créé, en septembre 1731, abbé de l'abbaye bénédictine de Notre-Dame de Lantenac (diocèse de Saint-Brieuc). Il fut le 24e avant-dernier chef de cette communauté, et conserva la crosse abbatiale 55 ans il est mort en 1786. Par sa sœur, Marguerite-Jeanne Marin, mariée à Saint-Malo

L'abbé de Pontual s'éleva, de son côté, contre la proposition de scrutin, et s'emporta vivement en disant qu'il voyait bien que c'était une machination pour l'exclure de la commission et qu'il était averti depuis plusieurs jours que M. d'Aiguillon ne voulait pas qu'il en fût. L'évêque de Rennes prit la parole et lui dit que ses propos étaient très déplacés; qu'il pouvait affirmer, lui, ainsi que tout son ordre, que M. d'Aiguillon n'avait part ni directement, ni indirectement à ce qui se passait, mais que puisqu'il l'obligeait de parler, il lui dirait que sa conduite indécente avait scandalisé son ordre, depuis le commencement de la tenue ; qu'il avait été chargé plusieurs fois de le lui dire, et que ce n'était que par ménagement qu'il ne l'avait pas fait. Tout l'ordre alors appuya le discours de l'évêque. L'abbé se répandit en invectives surtout contre l'évêque de Saint-Brieuc, qui voulut lui adresser la parole; il lui répondit que s'il devait quelques égards à son caractère, il n'en devait aucun à sa personne, et que lui abbé les méritait bien plus de lui. On alla donc au scrutin, et l'abbé n'eut qu'une voix. On croit que c'est celle de l'abbé de Laubrière, car l'abbé des Fontaines, qui avait, dans les premiers moments, un peu soutenu l'abbé de Pontual, s'était retiré en marquant son mécontentement des propos qu'il tenait.

Après le scrutin, l'abbé de Pontual fut plus furieux, et menaça tout l'ordre. Enfin pendant plus d'une heure la chambre de l'église ressembla à celle de la noblesse, dans les jours orageux.

Pendant ce temps on lisait dans celle-ci le mémoire des griefs de la noblesse sur la lettre du roi, du 1ᵉʳ avril, à ses commissaires. M. de La Trémoille eut la bonté de signer ledit mémoire, qui fut apporté et lu à 6 heures du soir aux commissaires du roi, qui demandèrent à plusieurs reprises si l'intention de l'ordre était qu'on l'envoyât au roi. Les députés répondirent que oui. On le dit volumineux et rempli de propositions hasardées sur la volonté légale et particulière du roi. Vous en aurez connaissance sans doute dans peu. Au reste toutes ces chicanes n'avancent pas la besogne. Il va y en avoir d'autres sur le mémoire de Chapelier que l'église et le tiers

---

30 avril 1726 à Hervé-Gabriel de Silguy, il était l'oncle de Jean-Hervé de Silguy, président du tiers aux états de 1766-67.(*Etat civil de Brest et Saint-Malo.— Gallia christiana*, XIV, col. 1107-1109.)

ne voudront peut-être pas adopter ; chaque nouvelle demande exigera un ordre du roi ; dissension entre les ordres pour énoncer les délibérations ; entrées des commissaires du roi ; enfin les cartes s'embrouillent plus que jamais ; et jamais le 10 mai ne verra finir ceci, à moins qu'on ne sépare. Si on ne prend pas ce parti, il faut donc une réponse si ferme au parlement de Paris qu'elle ne laisse plus aucune espérance à ces gens-ci. Au reste, M. d'Aiguillon dira sans doute sous peu son dernier mot.

CCXXXIII

Rennes, le 23 avril 1767.

M. de Fontette à M. de La Noue.

Je commence, mon cher La Noue, ma lettre d'aujourd'hui par vous informer de ce qui se passa hier aux états. L'affaire de l'abbé de Pontual tint toute la séance ; ce fougueux abbé porta plainte à la noblesse contre son ordre, et l'église, qui ne pouvait ni ne devait assister à cette scène, ni reconnaître un autre ordre pour juge de ce qui s'était passé dans sa chambre contre un de ses membres, se retira. Le tiers se retira aussi, s'agissant d'une affaire dans laquelle il ne pouvait entrer. La noblesse assura l'abbé de Pontual de sa protection, et délibéra de faire un mémoire justificatif pour lui. Pendant ce temps l'évêque de Quimper étant venu porter, au nom de son ordre, plainte aux commissaires du roi contre l'abbé, ceux-ci demandèrent l'exposé des faits, qui leur fut donné signé de l'ordre.

L'aventure des jésuites d'Espagne est terrible ; elle va donner une grande et dernière secousse à l'ordre.

Voilà de belles et grandes affaires pour le parlement de Paris. Aussi n'a-t-il pas pris de vacances. Il est renvoyé un peu loin pour la Bretagne. J'aimerais autant qu'on lui eût dit le dernier mot un peu ferme à ce sujet. Ces gens-ci n'emploieraient pas toutes sortes de voies, même les plus malhonnêtes, comme ils le font pour retarder tout, dans l'espérance que le parlement de Paris les secondera par les plus puissants efforts, ainsi que les correspondances de Paris les enflamment ; car Begasson ne cachait pas hier qu'ils avaient eu d'excellentes nouvelles, et que tout ce qu'ils avaient fait jusqu'à présent n'était rien auprès de ce qu'ils avaient encore intention de faire.

Il y eut, dans la noblesse, grand feu sur la distribution des pensions. On va demander à M. le duc de Penthièvre compte de l'emploi des fonds dont il fait, disent-ils, part aux étrangers ou à des gens riches.

Projet de protestation contre la liberté que prennent les deux ordres de quitter le théâtre lorsqu'ils sont insultés ou contrariés sans cesse par la noblesse; sur ce que le président de l'église s'avise de fixer l'heure de l'ouverture et de la clôture des séances.

Aujourd'hui la rédaction du registre d'hier a tenu jusqu'à une heure. Alors l'abbé de Pontual est venu chez M. d'Aiguillon, et lui a demandé, en public, communication du mémoire de son ordre remis hier aux commissaires du roi, contre lui; M. d'Aiguillon lui a répondu que c'était un dépôt, dont il ne pouvait lui faire part que de l'aveu de son ordre. Après cette réponse, il lui a demandé compte des propos qu'il avait tenus contre lui à son ordre. L'abbé de Pontual s'est défendu en écolier, en niant, puis en avouant, et mentant presque continuellement. Il a été pleinement bourré et confondu. Il était venu avec lui quatre bastionnaires qui se sont trouvés là comme par hasard.

De retour à l'assemblée il a prié qu'on ne discontinuât pas les affaires pour la sienne; il se contentait, pour le présent, qu'on reconnût qu'il n'avait agi que pour le service du roi et les intérêts de la province, et qu'il avait souvent réussi à concilier les ordres et à procurer la paix. Cette proposition a excité les moqueries et les rires de l'église et du tiers; mais le bastion a pris la chose sérieusement, et a demandé la lecture du mémoire justificatif dudit abbé. Les deux ordres ont dit qu'il paraissait plus important de s'occuper des affaires générales que de celles d'un particulier qui n'intéressaient pas l'assemblée. L'évêque de Quimper, qui présidait parce que celui de Rennes est incommodé, a demandé la même chose à plusieurs reprises. La noblesse s'y est toujours opposée; ce que voyant, les deux ordres se sont retirés en déclarant que c'était pour délibérer sur toutes les demandes du roi; et, arrivés aux chambres, ils ont pris une délibération pour ne rentrer que lorsque lesdites demandes seraient délibérées, et les états ont levé chambres tenantes. Je pense que pour cette fois toutes négociations et médiations seraient inutiles, et même dangereuses pour faire abandonner ce parti avec lequel on ne finira peut-être pas tout, mais sans lequel on ne terminerait sûrement rien. Avec cela il n'y a guère d'apparence que nous puissions en être quittes pour le 1er mai, comme vous le voudriez.

Il faut suivre autant que cela se pourra l'édition de Saint-Omer ; celle de Saint-Malo n'a pas réussi, comme je vous l'ai mandé, et l'intendant fera un beau feu des huits cents exemplaires que je lui ai envoyés.

Nous avons de nouvelles productions du bastion sur la protestation des quatre-vingt-trois, mais cela est volumineux.

Adieu, mon cher La Noue...

CCXXXIV

Paris, le 25 avril 1767.

M. de La Noue à M. de Fontette.

Le tapage du 21 dans la chambre de l'église est bien digne de la violence et peut-être de tous les vices de l'abbé de Pontual. J'ai bien applaudi à la fermeté avec laquelle l'évêque de Rennes l'a tancé. Je ne suis pas inquiet de l'indemnité qu'il a prise sur l'évêque de Saint-Brieuc. Je connais les expressions sans frein dudit abbé de Pontual ; elles sont de son caractère.

Je ne suis pas fâché du mémoire des nobles contre la lettre du roi à ses commissaires. Cet écrit de la cour avait été fait sans, pour ainsi dire, l'aveu du commissaire, et d'après les décisions du conseil, d'où je me persuade que toute la partie ministérielle va être irritée dudit mémoire...

CCXXXV

Rennes, le 25 avril 1767.

M. de Fontette à M. de La Noue.

Je n'eus pas hier de vos nouvelles, mon cher La Noue, et j'en fus surpris. Cela ne m'empêchera pas de vous en donner des nôtres. Je vous ai mandé la retraite des deux ordres aux chambres avec protestation de n'en sortir qu'après avoir délibéré sur toutes les demandes du roi. La noblesse envoya aux deux ordres des députés porteurs d'un avis dont la première partie était une apologie de l'abbé de Pontual, et la deuxième des instances pour rentrer au théâtre, et y continuer les délibérations sur les commissions. Sur la première partie les commissaires répondirent qu'il n'y avait lieu à délibérer ; sur la seconde, qu'étant aux chambres sur des objets énoncés lors de la retraite, ils ne pouvaient en sortir que lorsqu'ils seraient délibérés. Même réponse à trois messages. Lors de la rentrée des ordres pour la clôture de la séance, l'abbé de Pontual saisit ce moment pour protester devant les ordres sur ce que son ordre avait fait et pouvait faire contre lui. La noblesse y applaudit. Elle chargea M. de Coaslin (1), qui la présidait de demander à la conférence de MM. les commissaires du roi d'employer leurs bons offices pour la rentrée

(1) Charles-Georges-René du Cambout, marquis de Coislin, comte de Carheil, fils de Pierre-Armand du Cambout, marquis de Coislin, et de Renée-Angélique de Talhouet de Kéravéon, né en 1728, appartenait à la branche cadette de cette famille. La branche aînée, celle des ducs et pairs de Coislin, s'est éteinte en 1732 par le décès de son dernier représentant mâle, mort évêque de Metz. Les cadets, seigneurs de Becay, ont racheté la terre de Coislin, sur laquelle ils ont assis le titre de marquis. M. de Coislin, qui assistait à la tenue des états de 1766-67, a été successivement capitaine de dragons au régiment de la reine, colonel aux grenadiers de France (15 juin 1750), colonel au régiment de Brie (1751), brigadier des armées du roi (1762). Nous ignorons ce qu'il est devenu depuis 1767. Il avait épousé, le 8 avril 1750, Marie-Anne-Louise-Adélaïde de Mailly-Nesle, dont il a eu des enfants qui ne lui ont pas survécu. Son frère cadet, Pierre, chevalier du Cambout, a hérité de ses titres et possessions et a eu un fils, le marquis de Coislin, mort en 1837, pair de France, sous la Restauration, père lui-même d'un autre marquis de Coislin, décédé en 1873, sans enfants mâles. (La Chesnaye du Bois, t. IV, col. 615 et suiv. — *Documents généalogiques de la maison de Charette*, p.101. — *Registres d'état civil* de Plessé (arrondissement de Saint-Nazaire).

des ordres. M. d'Aiguillon lui répondit que les promesses faites avant Pâques avaient été violées ; il ne pouvait servir de médiateur qu'autant que la noblesse remettrait aux commissaires, dans le plus court délai, un tableau de travail, dans lequel les jours marqués pour chaque objet, ainsi que celui de la clôture, seraient fixés invariablement.

Ce matin M. de Coaslin a fait son rapport de la réponse des commissaires du roi, mais on n'a pas voulu y acquiescer; et la séance a été employée en irrésolutions. M. de Bégasson est monté sur le banc pour dire en propres termes qu'il fallait convenir que la position de l'ordre était d'autant plus fâcheuse qu'il s'y était mis par sa faute, qu'il n'y voyait d'autre remède que celui de recourir à la générosité naturelle de M. d'Aiguillon qui se ferait gloire d'être le restaurateur de la province. La proposition n'a pas eu de suite; chacun a proposé un expédient, et Le Gualès a été chargé de rédiger un mémoire pour être porté demain aux commissaires du roi. Un député du tiers est venu apporter l'avis de son ordre sur les demandes du roi ; on n'a pas voulu l'écouter, et on l'a empêché de le déposer au greffe. Celui de l'église suivra sans doute demain. La position présente me paraît favorable pour terminer les affaires et avancer la clôture ; il faut s'y tenir ; et les deux ordres paraissent très fermes dans cette résolution. M. d'Aiguillon ne l'est pas moins ; et la proposition faite hier à M. de Coaslin n'y déroge point ; ce n'est qu'une ouverture honnête, qui ne retarderait rien, quand elle aurait des suites. La médiation employée avant Pâques, pour la rentrée des ordres, donne beau jeu au refus d'une seconde. Les reproches du manque de parole n'ont pas été épargnés ; et leur juste fondement autorise qu'on exige de la noblesse qu'elle se prescrive un cercle étroit et invariable. Son refus prouvera de plus en plus les mauvaises dispositions de cet ordre. L'acceptation, quand elle aurait lieu, ce que je ne crois pas, ne présente aucun inconvénient. Le bastion paraît pour le coup fort démonté. Voilà où les choses en sont. L'évêque de Quimper a présidé ces trois jours derniers ; celui de Rennes a eu des attaques de coliques ; il fut saigné hier au soir, et il se porte mieux aujourd'hui. M. de La Trémoille a pris médecine aujourd'hui, et je crois qu'il reprendra son poste demain ou après-demain

Il ne faut pas oublier un lazzi de la noblesse qui, voyant hier des dames dans le cloître des cordeliers, les fit entrer sur le théâtre, et asseoir sur les fauteuils et bancs des évêques, avec des propos analogues à cette pantalonnade; c'étaient Mmes de Bruc (1), Perrien 2), Kératry (3), etc.

(1) Anne-Sylvie-Claire du Breil de Pontbriand, fille de Louis-Claude du Breil, comte de Pontbriand, vicomte du Parga et de Kérivan, etc., et de Françoise-Gabrielle d'Espinay, née au château du Pontbriand en Pleurtuit, le 3 juin 1723. Elle fut mariée en Saint-Étienne de Rennes, le 14 avril 1748, à Louis-Jean-Baptiste Benoit-Claude, comte de Bruc, seigneur de Broons, fils d'un conseiller au parlement de Bretagne, dont elle ne laissa que deux filles. Son mari, qui lui survécut, fut président de l'ordre de la noblesse aux états de 1764. Elle mourut à Yvignac et fut inhumée dans l'église de cette paroisse le 3 août 1773. (*Histoire généalogique de la maison du Breil*. Rennes, 1889, in-4°, p. 215. — *Registres paroissiaux* de Rennes et d'Yvignac.)

(2) Bonne-Josèphe de Kerboudel de La Courpéan, fille de René-Joseph de Kerboudel, seigneur de La Courpéan, et de Louise-Appoline de Bégasson de La Lardais, avait épousé Charles-Bonaventure, comte de Perrien, seigneur de Launouan Keringant, etc. Le comte de Perrien est mort à la maison d'arrêt d'Hennebont, le 2 juin 1793 : un fils né de son mariage avec Mlle de La Courpéan (en Saint-Aubin de Rennes, le 13 mars 1764) est devenu sous lieutenant aux gardes françaises en 1789. Sa postérité n'est pas éteinte. (*Histoire chronologique des grands officiers de la couronne*. par le P. Anselme, continuée par M. Pol de Courcy. Paris, Didot, 9 vol. in-4°, t IX, p. 870.)

(3) Catherine-Marie Guillemette du Hamel de La Bothelière, fille de René-Charles du Hamel, seigneur de La Bothelière, et de Anne-Louise de Lescu de Beauvais, née en Saint-Jean de Béré, près Chateaubriand vers 1730. Elle a épousé en Saint-Germain de Rennes, le 19 octobre 1751, Jean-François, comte de Kératry, gentilhomme originaire de l'évêché de Quimper, né à Plouaréde, 1715 à 1720. Le comte de Kératry n'a pas dû être un des membres les moins ardents de l'ordre de la noblesse dans la lutte contre le duc d'Aiguillon ; il était célèbre en Bretagne par son affaire avec le marquis de Sabran, qu'il avait tué en duel à une réunion des états, où ce dernier accompagnait la duchesse d'Estrées. Il a été président de la noblesse à la tenue de 1776 à Rennes (élu le 4 novembre), en l'absence du marquis de Sérent. M. de Kératry était chef de nom et d'armes de sa maison lorsqu'il est décédé en Saint-Mathieu de Quimper, le 7 février 1779; sa femme lui a survécu trente-six ans; elle est morte à Rennes le 1er mars 1815. De leur mariage sont nés plusieurs enfants :

1° Jean-François-Marie, comte de Kératry, fils aîné, qui prit une part active aux troubles de Bretagne en 1788, et périt sur l'échafaud pendant la Révolution;

2° Auguste-Hilarion, chevalier puis comte de Kératry, député sous la Restauration, nommé pair de France en 1837, qui s'était fait un nom dans l'opposition libérale, père du comte de Kératry actuel, ancien préfet de police;

3° Anne-Louise-Aimée, chanoinesse du chapitre de l'Argentière en 1788, puis mariée et mère de famille, morte en 1848. Une *Lettre de Mme la comtesse Louise de Kératry au maréchal de Stainville* (Rennes, 3 octobre 1783, imprimé de 3 pages) a été publiée à l'occasion des troubles de Rennes; on y relève très vigoureusement la conduite du maréchal, notamment à l'égard du comte de Kératry. (*État civil de Rennes et de Quimper.— Lettre de la comtesse de Kératry au maréchal de Stainville*, dans laquelle, en note, est raconté le duel du comte de Kératry avec le marquis de Sabran ; notes particulières de M. Saulnier.)

Vous ai-je dit qu'il y avait une pièce de cent soixante vers, ou soi-disant tels, contre les Quatre-vingt-trois (1). Ils y sont tous nommés et caractérisés, à la façon de l'auteur, qui est détestable. Il y a encore une autre pièce intitulée *le Diable et la Protestation* (2), qui ne vaut guère mieux ; je vous les enverrai, si on a le temps de les copier.

M. d'Aiguillon reçut hier une lettre de M. de Choiseul qui lui dit que le roi, mécontent des mauvais déportements de M. de Saint-Gilles aux états, a nommé à sa compagnie ; plusieurs exemples de cette nature seraient d'un bon effet.

Le petit Tromelin a peur de quelque incident et il a écrit une grande lettre à Joivac pour réclamer son intercession auprès du duc d'Aiguillon.

CCXXXVI

Paris, le 27 avril 1767.

M. de La Noue à M. de Fontette.

Je me doutais, sans avoir osé vous le dire, que ce passionné abbé de Pontual mettrait le feu partout. La conduite qu'il a tenue à Paris, il y a trois ans avec sa nièce, le carillon qu'il a fait avec le pauvre La Boucxière, m'avaient appris à connaître ce dangereux caractère. Il a animé la noblesse factieuse ; mais je trouve bien déplacé et bien inconséquent à cette noblesse d'avoir délibéré, de dresser un mémoire justificatif pour un fait qui ne la regarde en rien. C'est le comble de l'ivresse et de l'insolence que cette intervention. L'église est en règle dans sa plainte aux commissaires du roi. Mais quelle audace a cet abbé de venir demander à M. d'Aiguillon communication de la plainte de son ordre, et des propos que M. d'Aiguillon lui-même pouvait avoir tenus. Il ne sera point humilié de sa mauvaise défense; pas plus d'avoir été bourré et confondu ; c'est un effréné, à qui il ne reste plus de honte, et à qui tous les affronts opèrent la

---

(1) Il est probable qu'il s'agit ici d'une pièce de 150 et non de 160 vers, que l'on retrouve annexée à la correspondance Fontette. Nous la publions à titre de curiosité.

(2) Nous publions aussi cette satire.

rage. Cet état est trop analogue aux factieux pour qu'ils ne soutiennent pas sa défense.

Je suis enchanté qu'ils aient refusé à l'église et au tiers de délibérer sur les deux commissions et affaires du roi, puisque cela a occasionné une nouvelle scission que M. Benoit et moi désirions vivement. La délibération des deux ordres sensés, de ne rentrer qu'après avoir délibéré sur tous les objets, me paraît admirable ; mais, pour Dieu ! que M. d'Aiguillon ne cherche pas à les rapatrier. Il ne peut rien envoyer de plus agréable à la cour que les avis unanimes et successifs de ces deux ordres sur tout ce qu'on demande, et en laissant la noblesse en arrière. Il est vrai que cela ne fera pas délibération et consentement ; mais quel odieux cela rejette sur les factieux et quel droit cela donne au souverain de faire lever, en citant les deux ordres.

Si les nobles portent l'audace jusqu'à interpeller M. de Penthièvre sur la distribution des pensions, je ne serais point étonné qu'il pliât; il n'aime point les embarras, et sacrifiera tout pour qu'on le laisse en repos.

Après ce qu'on leur a passé dans cette tenue, je ne serais point étonné que ces nobles prissent une délibération pour que les deux autres ordres et, généralement, tous les individus de l'univers fussent forcés d'entendre avec docilité leurs injures et invectives ; je dirais presque que le roi et les ministres ont fait la planche...

CCXXXVII

Rennes, le 1ᵉʳ mai 1767.

M. de Fontette à M. de La Noue.

Comme je n'entre dans le monde qu'après le départ du courrier, je ne puis jamais vous dire ce qui se passe dans la matinée du jour que je vous écris. Je sus mercredi, après ma lettre partie, que l'évêque de Vannes, qui présidait mercredi dernier et a encore présidé hier, était aux prises avec le bastion, dont tous les gros colliers se relayaient pour l'attaquer. La dispute était plus modérée qu'on ne le voit communément dans cette assemblée. On écoutait, on répondait.

Le prélat parlait comme un ange, menant ses adversaires comme de petits garçons, et les confondant, au dire même du bastion. Il démasqua leur mauvaise foi avec une énergie et une légèreté dont lui seul est capable; mais les bastionnaires mis à *quia*, et tout le bastion mis au néant parurent, mais ne furent pas plus dociles. Il sembla avoir le désir de travailler; mais son but n'était que de retarder les opérations des deux ordres et de gagner du temps.

Hier jeudi, les ordres vinrent aux chambres pour travailler sur la commission des contrôles. La noblesse demanda une conférence avec l'évêque de Vannes qui passa dans leur chambre et parla avec autant de force et de précision que la veille; mais sans plus de succès. Le bastion décida seulement de s'occuper de procurer au roi le cautionnement des six millions et nomma des commissaires à cet effet. On vit bien que ce n'était encore qu'un leurre pour gagner du temps, passer plusieurs jours sur ce premier article des demandes du roi et mettre successivement sur le tapis chacune des dix-sept autres. Le tiers, avant la fin de la séance, envoya son avis sur la commission des contrôles; l'église sommera aujourd'hui la noblesse, puis apportera le sien, et énoncera d'autres sujets de délibérations; c'est la marche ordinaire, et celle qu'ils vont suivre jusqu'au bout. Je crois que tout pourra être délibéré par les deux ordres dans le courant de la semaine prochaine. Les avis seront déposés au greffe, et les commissaires du roi feront faire l'enregistrement de tout ce qui n'exigera pas le concours unanime des trois ordres. Un arrêt du conseil, tel que celui qui fut retiré le jour de l'ouverture des états de 1764, pourra suppléer au reste.

CCXXXVIII

Rennes, le 1er mai 1767.

M. de Fontette à M. de La Noue.

Vous savez, mon cher La Noue, qu'il est question depuis longtemps d'un règlement pour les états. M. d'Aiguillon y travaille depuis quatre mois et a fait passer à la cour tous les articles qui ont été discutés. Aujourd'hui, se voyant opposer de nouvelles difficultés sur beaucoup de points qu'il croyait décidés, et sachant d'ailleurs quelques propos de Grandbourg à ce sujet, qui le portent à croire qu'on cherche à jeter sur lui l'événement et à le rendre responsable des cris qu'un changement public, avant la fin de la présente tenue, pourrait faire jeter aux Bretons et au parlement de Paris, il prend le parti de répondre aujourd'hui, sur les objections de la cour, que le temps est trop avancé pour penser à y répondre, que cela exige des discussions, des recherches et des mémoires qui ne pourraient jamais être finis avant la clôture ; que son avis est donc qu'on retarde l'enregistrement dudit règlement jusqu'à la prochaine tenue, parce qu'on aura dix-huit mois devant soi pour en peser les articles. Je vous demande de parler sur cela à l'ami Benoît, afin de l'engager à appuyer les raisons spécieuses de retardement qu'il donne dans sa dépêche de ce jour. C'est une affaire très importante pour lui et sur laquelle il vous demande toute diligence auprès de Benoît et à celui-ci ses bons offices pour donner la tournure qu'il désire à l'affaire en général et aux réponses qui vont lui être faites à ce sujet.

Je n'ai pas le temps de vous en dire plus long dans ce moment. Je ne veux cependant pas vous laisser ignorer une goguenardise de l'évêque de Vannes, dans la séance de mercredi. Le gros Coëtanscours lui ayant dit : « Mais, Monseigneur, les états se faisaient il y a deux cents ans. » L'évêque lui répondit d'un grand sang-froid : « Cela est vrai, Monsieur, mais les hommes qui y sont aujourd'hui n'y étaient pas. » Et il continua sa période interrompue par le bastionnaire.

Adieu, je vous embrasse.

CCXXXIX

Paris, le 4 mai 1767.

M. de La Noue à M. de Fontette.

Je vis, en arrivant à Versailles, le comte qui me fit des politesses sur ma goutte, et rien de plus. Je montai chez Villeneuve, qui s'étendit sur la bonne position actuelle, me disant que le roi ne serait traité ni de despote, ni de destructeur de privilèges, en donnant des arrêts de son conseil à l'appui des avis des deux ordres, que moyennant cela tout l'odieux de la rébellion retombait sur la noblesse ; qu'il y avait bien d'autres choses sur le tapis qui avaient été envoyées par un courrier, mais qu'il avait bouche close jusqu'au retour dudit courrier.

Ensuite chez M. Benoît qui me dit aussi la défense expresse qu'il avait de dire les objets de la dépêche du courrier, jusqu'à son retour ; mais qu'il était touché de ce qu'après ce qu'il avait dit au commissaire et ce que je lui avais mandé de sa part, de conduire sa besogne sans parler des faits de la cour, et de ceux du parlement de Paris, il en traitait encore dans sa dernière lettre, en mettant le feu sous le ventre, pour la réponse à faire le 10 de ce mois ; que cela lui arrachait les cheveux, en ce qu'on ne voyait dans ce système qu'une récrimination qui faisait le plus mauvais effet ; qu'il priait le commissaire d'observer pour la direction de ses marches que lui Benoît partirait d'ici le 1er juillet pour aller en Touraine ; que son voyage serait d'un mois, aller, venir, et séjour, et se rendrait à Compiègne ; que, comme ils auraient des affaires à traiter ensemble, il lui demandait d'être ici dans les premiers jours de juin.

J'ai dîné chez M. de Grandbourg. Politesses marquées à l'ordinaire. Je lui ai parlé du propos de l'évêque de Rennes de quitter la chambre si on parlait du rappel des soi-disants, etc. Il m'a répliqué : A la façon dont vous m'expliquez la chose, je le crois de préférence à tout ce qui m'a été dit.

M. de Vaudeuil était du dîner. J'en avais grande idée sur ce que Mme d'Aiguillon la mère m'avait dit qu'elle l'avait trouvé plein d'esprit, en soupant avec lui chez M. le prince de Conti. Eh bien ! je vous assure actuellement que ce n'est qu'un fat qui n'a nulle idée du droit public et d'administration ; il a seulement une mémoire heureuse. Pour le mieux connaître, je lui tendis le piège de la flatterie, que je regarde comme la pierre de touche des gens de bons sens. Il s'y présenta de bonne grâce par son égoïsme et sa volubilité. Je lui lâchai quelques mots bien choisis sur sa célébrité, sur ce qu'il était grand juge, sur ce qu'il avait tout vu et tout lu (notez que cela fut dit à l'écart de M. de Grandbourg). Mon Vaudeuil goba cet encens, se gonfla, s'épanouit sur ses jugements dans les affaires délicates, lesquels n'avaient pas été suivis par la pluralité, dont il se plaignait ; sur les finances de l'état qu'il dit savoir par cœur… ; sur les jésuites qu'il écrasa…

Il nous dit à propos de cela une anecdote singulière. L'abbé Chauvelin(1) lui dit il y a quatre mois, avec un air soucieux, qu'il était au désespoir d'avoir fait chasser les jésuites, parce que cela avait amené, par récrimination, la perte de son ami La Chalotais, le plus honnête homme du monde; qu'il ne voulait plus revenir au palais; qu'effectivement l'abbé n'y était revenu que pour l'affaire des Jésuites d'Espagne, et pour dénoncer la contexture de la conspiration contenue en une lettre de M. d'Ossun, portant que le jeudi saint, pendant les stations, on devait chasser et même assassiner la maison royale d'Espagne, etc. Il dit de plus qu'on allait travailler aux pièces de ceux qui étaient à Paris et dans le ressort, sans avoir fait le serment.

Jugez, mon cher maréchal, de l'idée que je dois avoir de ce perroquet qui dit sans jugement, et sans savoir ceux qui le jugent.

Après dîner, je retournai chez M. Benoît, qui me dit qu'il était temps que le commissaire finît cette tenue, et quittât la Bretagne pour lui, et pour lui Benoît; qu'il venait de passer deux heures à apaiser M. de Castellane sur la dépêche reçue ce jour; que M. de Castellane était furieux des raisons et des oppositions du commissaire à ce que le conseil avait décidé; qu'il avait trouvé M. de Grandbourg beaucoup plus doux à cet égard qu'il ne s'y était attendu; qu'il voyait depuis longtemps, et aujourd'hui notamment, que M. de Castellane n'aimait pas le commissaire, et peut-être pas d'avantage l'Illustre.

Je conviens que c'eût été une belle clôture que celle qui aurait suivi l'inscription du nouveau règlement, l'exécution des ordres contre du Han, Vavincourt(2), l'abbé de Pontual, et autres objets que

---

(1) Henri-Philippe Chauvelin, fils de Bernard Chauvelin, seigneur de Beauséjour, conseiller d'état, et de Catherine Martin, était né le 18 avril 1714. Il devint abbé de Moustier-Ramey, diocèse de Troyes, en 1734, conseiller au parlement de Paris en 1738. Il mourut le 14 janvier 1770. (*Histoire généalogique* du P. Anselme, 2ᵉ partie, par Pol Potier de Courcy, t. IX, p. 454.)

(2) C'est Dieudonné-Gérard-Marie-Roger, seigneur de Vavincourt et de La Gahardière, enseigne des vaisseaux du roi, attaché au port de Brest. Sa famille était ori-

j'ignore ; mais toute la France se fût soulevée contre le commissaire ; on eût dit que c'était le dernier coup d'animosité, le couronnement de sa tyrannie, de son despotisme, etc., etc. Adieu, mon cher maréchal.

CCXL

Paris, le 6 mai 1767.

M. de La Noue à M. de Fontette.

Voici, mon cher maréchal, la copie du billet que je reçus de M. Benoît le 4, à trois heures de l'après-midi : « Il ne sera plus question du projet de règlement pendant cette assemblée ; c'est une chose très fâcheuse au fond. »

Cette phrase m'a donné à penser. J'en vis l'auteur hier matin, ici ; il n'a pas voulu s'ouvrir, et m'a toujours répondu : C'est chose faite ; mais c'est un grand coup de manqué. L'amiral ne pouvait pas moins contre l'abbé de Pontual, d'après un mémoire de plainte adressé par son ordre. Quant au Vavincourt et au chevalier du Han, il fallait donner une suite conséquente à leur punition, et ne pas les laisser votants, à l'assemblée, dans le temps qu'ils sont privés de leurs emplois au service. Quant au règlement c'était le moment ou jamais.

Ce peu de paroles m'a été dit d'un air de regret et de mortification qui prouve que, quoi qu'on ait servi le commissaire dans son goût, ça été contre l'opinion personnelle de Benoît, qui m'a défendu expressément d'en rien écrire ; mais je vais servir les deux en parlant, avec la sûreté cependant de n'être pas compromis.

Le rôle de l'évêque de Vannes ressemble à celui d'un docteur qui soutient sa sorbonnique envers et contre tous ceux qui se pré-

ginaire de Picardie ; la branche qui est venue se fixer en Bretagne a fait reconnaître sa noblesse par arrêts du parlement de Rennes, en 1740 et 1768 ; elle appartenait au ressort de Guérande. Roger de Vavincourt a épousé à Rennes (par. Saint-Aubin), le 24 décembre 1763, Marie-Gabrielle-Marc de La Chénardais, fille d'un avocat au parlement, et en a eu plusieurs enfants. Nous ignorons ce qu'est devenu M. de Vavincourt ; sa femme est décédée veuve à Rennes, le 13 mai 1812. (Pol de Courcy, *Nobiliaire et armorial*, t. III, p. 58. — Archives de la mairie de Rennes, État civil.)

sentent. Ce qui m'étonne, c'est qu'avec son expérience du bastion il ait pu voir dans les espèces d'acquiescement des pourparlers autre chose que la fausseté raffinée de gagner le 10 mai. Jusques à quand, grand Dieu! des hommes éclairés seront-ils dupes des coquins que j'ai connus à fond, au bout de trois ans de séjour parmi eux? Le commissaire lui-même est à la tête des trompés. Je dois croire son aveuglement volontaire, pour des causes particulières à lui; mais ce système a encouragé l'audace. J'en reviens à l'évêque de Vannes à qui sa condescendance et la foi en ses arguments ont dû donner de la mortification. J'ose bien croire, après cette nouvelle expérience, que les deux ordres resteront dans leurs positions, quoi qu'on leur dise, et délibéreront de manière à ne rien laisser en arrière. L'autorité bien fondée fera le reste.

Ce que vous me dites de l'évêque de Rennes et de celui de Quimper me fâche sans m'étonner. Quand les évêques bretons auraient la grâce d'état d'une tête aussi dure que celle de leurs diocésains, je les défierais de tenir contre quatre cents brouillons qui clabaudent, qui déraisonnent et qui injurient; il y a de quoi devenir fol...

CCXLI

Rennes, le 10 mai 1767.

M. de Fontette à M. de La Noue.

On a été fort content, mon cher La Noue, du procédé de M. Benoît sur l'affaire du règlement(1). On en sent comme lui la nécessité; mais il y en avait une plus pressante, quoique personnelle, qui était d'empêcher que le blâme de cette innovation ne retombât dans le moment présent sur un homme à qui le public injuste et peu instruit attribue déjà celui de tout ce qui se passe en cette province depuis trois ans, et à qui les reproches de despotisme et de destruction des privilèges et droits les plus sacrés et les plus anciens ne sont pas épargnés. On n'eût pas craint de faire exécuter, dès à présent, un règlement qu'il faudra bien faire un jour, et auquel on ne discon-

(1) Le nouveau règlement pour les états a été signé par Louis XV, le jour même où cette lettre fut écrite.

vient pas qu'on travaille depuis six mois, si l'amiral et ses matelots avaient voulu s'en déclarer hautement les auteurs et les appuis invariables; mais ce qu'on a vu dans ces derniers temps, les objections, les doutes, les assurances équivoques, les réflexions timides, et les propos rendus sans doute avec plus de faiblesse qu'ils n'ont été tenus, ont effrayé. On s'est vu responsable seul, et peut-être inculpé de l'événement. On a désiré de le retarder, quoiqu'on ait bien senti que, pour le bien de la chose, c'était ici le moment de franchir un pas qui sera peut-être plus difficile par la suite. On a bien vu qu'on se préparait une besogne plus épineuse pour l'avenir, et qu'un enregistrement fait à la fin de cette tenue laissait, par dix-huit mois de réflexions, moins d'inconvénients qu'il n'y en aura au commencement de la tenue prochaine; mais on a senti en même temps que tant d'événements coup sur coup auraient augmenté la fermentation, et échauffé de plus en plus les esprits que le temps pourra rasseoir.

Les raisons de l'opposition aux punitions projetées partent encore des mêmes principes; et on a pensé que, touchant à la fin de l'ouvrage, il ne fallait pas le retarder par de nouveaux cris auxquels l'ordre à M. de Vavincourt de retourner à son département, et sa casse (sic) même, ainsi que celle du chevalier du Han, ne peuvent donner lieu, comme leur éloignement à dix lieues de Rennes, puisque le roi est bien le maître de renvoyer de son service les officiers qui lui déplaisent, au lieu que le simple éloignement du lieu de l'assemblée paraît en gêner la liberté. Même raison pour l'abbé.

CCXLII

Rennes, le 11 mai 1767.

M. de Fontette à M. de La Noue.

M. d'Aiguillon est entré aujourd'hui aux états pour proposer et recommander les députés en cour et aux comptes (1). Les premiers sont

---

(1) Le procès-verbal de la séance du lundi 11 mai ne mentionne pas la présence du duc d'Aiguillon (Arch. d'Ille-et-Vilaine, C. 2692, f° 188). D'après le procès-verbal, c'est M. de La Bourdonnaye, l'un des procureurs généraux syndics, qui a

l'évêque de Léon, MM. de La Trémoille et Silguy ; les seconds l'abbé de Marque (1), Quelen (2) et Boisjoly (3). Quand il a été question de délibérer, le chevalier de Pontual s'est écrié que l'ordre de la noblesse n'avait ni registre, ni président, et le bastion a fait chorus. Les deux ordres se sont retirés aux chambres, tant pour délibérer sur cet objet que sur celui du secours extraordinaire, dont le roi, à l'instance des deux ordres, a accordé l'abonnement, à condition qu'il serait en même temps accédé à l'art. 88 des baux. Le tiers a apporté sa délibération sur les deux, et demain ce sera affaire faite. Comme toutes celles des états seront finies également, les commissaires du roi feront demain annoncer la clôture de l'assemblée pour le 23, accorderont de la part du roi huitaine à la noblesse pour accéder aux délibérations des autres ordres. Elle tombera au jeudi 21. Ce jour-là et le suivant seront employés aux signatures, députations, commissions usitées, et samedi tout sera dit. Il y a toute apparence que le bastion persistera dans son obstination et ne nommera seulement pas ses commissaires des commissions intermédiaires ; mais on y pourvoira en ordonnant de la part du roi, sous peine de désobéissance, aux anciens de continuer. Les dix commissaires du bastion s'assemblent tous les soirs chez Coëtanscours pour trouver les moyens de faire signer et passer les fameuses lettres. Ils paraissent décidés à adresser celle pour le roi à M. de Saint-Florentin ; mais ils en

déclaré s'être chargé, de la part des commissaires du roi, de faire aux états lecture de deux lettres que la noblesse a refusé d'entendre : le clergé et le tiers ayant en vain demandé d'entendre M. de La Bourdonnaye, ils se sont retirés dans leurs chambres tant pour prendre connaissance desdites lettres que pour en délibérer et nommer les députés en cour et à la chambre de comptes. Un quart d'heure après, le tiers a envoyé son avis aux deux autres ordres : la noblesse a refusé de le recevoir.

(1) L'abbé de Marques était chanoine de Vannes. Son vrai nom était Grégoire de Marquez. Il était docteur de Sorbonne. Il est mort doyen des chanoines de Vannes, le 3 janvier 1785, en Saint-Pierre de Vannes, à l'âge de soixante-dix-huit ans. Son acte de sépulture mentionne qu'il a été commissaire des états. (*État civil* de Vannes, paroisse de Saint-Pierre.)

(2) M. de Quelen, capitaine de vaisseau, était un des quatre-vingt-trois protestataires du mois de février précédent.

(3) Armand-Anne Tual, sieur du Boisjoly, fils de M⁰ Pierre Tual, notaire et procureur de diverses juridictions, et d'Anne-Marie Evain, né et baptisé en Saint-Dolay (Morbihan), le 27 décembre 1720, était au moment de son mariage à la Roche-Bernard, le 17 janvier 1752, avocat au parlement, sénéchal de la baronnie de la Roche-Bernard, maire en exercice de cette ville. (*Inventaire des archives communales du Morbihan*, II, pp. 230, 233 et 239.)

enverront copie aux princes, etc. Hier il y eut grande dispute pour les signer. Bégasson s'en excusait en disant qu'il n'aurait jamais été d'avis du recours au souverain, et qu'il ne soutenait ce parti depuis trois ans que par complaisance; mais qu'il avait toujours senti qu'il avait bien des inconvénients et des dangers.

Ce propos qui intimidait beaucoup des autres commissaires fut relevé par Coëtanscours, qui les ranima en disant qu'il serait le premier à signer, et qu'un bon patriote devait tout hasarder. Malgré cela les lettres n'étaient pas signées hier au soir, et il paraît qu'il y avait peu d'accord et de bonne volonté dans une partie des dix commissaires. Il y en avait quelques-uns qui disaient hier à Quelen et autres des Quatre-vingt-trois qu'ils étaient bien las d'être là-dedans, qu'ils ne savaient pourquoi on les avait nommés, qu'il leur en coûtait déjà cent dix louis en frais, etc.

M. de La Trémoille se conduit toujours bien. Sa fermeté démonte fort le bastion.

L'évêque de Rennes est mieux aujourd'hui; les bains lui font du bien, mais son état de faiblesse et les retours de coliques n'annoncent pas une guérison parfaite.

CCXLIII

Rennes, le 12 mai 1767.

M. de Fontette à M. de La Noue.

Le chevalier de Balleroy, mon cher La Noue, m'a chargé de vous remercier de la patente de son protégé que vous lui avez envoyée dernièrement. Je l'ai assuré que la meilleure façon de vous en témoigner sa reconnaissance était de vous instruire de tout ce qui se passerait d'intéressant en mon absence; et il me l'a promis. Je lui ai donné pour adjudant l'ami Joviac, qui n'a guères d'autres affaires que son jeu, qui ne le traite pas trop bien.

Les commissaires du roi sont rentrés à une heure et demie aux états[1]; et M. d'Aiguillon a dit qu'étant informé de l'opposition faite

(1) Les détails donnés par M. de Fontette sont parfaitement d'accord avec le procès-verbal de la séance du 12 mai. Le procès-verbal ne reproduit pas toutefois

hier par la noblesse à la lecture d'un ordre du roi, et pour ne pas mettre la noblesse dans le cas de manquer encore au respect qu'elle doit à ce qui émane de Sa Majesté, eux, ses commissaires, avaient jugé à propos de venir eux-mêmes, faire faire la lecture à l'assem-

les paroles de M. Coëtanscours. (*Reg. des délibérations*, f°° 188 v° et suiv.) Voici l'ordre du roi, f° 189 v° :

De par le roy,

Très chers et bien aimés, les difficultés multipliées et tous les incidents que quelques membres de l'ordre de la noblesse ont fait naître depuis l'ouverture de l'assemblée des états de notre province de Bretagne, ayant sans cesse arrêté l'activité des délibérations de ladite assemblée sur les objets dont elle devait s'occuper, et notre intention n'étant pas de souffrir qu'elle soit arbitrairement prorogée par le retardement affecté de l'expédition des affaires pour lesquelles nous l'avons convoquée, nous nous sommes déterminés à en fixer irrévocablement la durée jusqu'au 23 de ce mois de may prochain, et en conséquence vous mandons et ordonnons de déclarer de notre part auxdits états que notre volonté est que ladite assemblée soit séparée ledit jour, 23 may prochain, sans qu'elle puisse être continuée pour quelque cause que ce puisse être... Vous mandons en outre de déclarer auxdits états que nous pourvoyerons de notre autorité à tous les objets, lesquels audit jour n'auront pas été terminés par les états : si n'y faites faute, car tel est notre bon plaisir. Donné à Versailles, le 25 avril 1767.

(Signé) *Louis*, et plus bas *Phélippeaux*.

Ledit ordre est adressé au duc d'Aiguillon et autres commissaires du roi aux états de Bretagne. La noblesse a délibéré spécialement sur cet ordre du roi et nommé des commissaires pour examiner ledit ordre : le rapport de la commission passe en revue les divers points. D'abord elle nie que *quelques* membres de la noblesse aient arrêté l'activité des délibérations par les difficultés et incidents qu'ils auraient fait naître; que « l'expression *quelques membres* ferait présumer qu'on
« est parvenu à persuader au roy que quelques membres de l'ordre de la noblesse
« sont les auteurs des difficultés qui ont pu survenir et ont affecté de retarder par
« là l'expédition des affaires; que cecy est une surprise véritable faite à la religion
« de S. M., ne se pouvant pas faire que quelques membres arrêtent le cours des af-
« faires ». Tout membre a le droit de proposer des avis; il est convoqué pour cela ; si ses avis sont rejetés, ils sont censés non avenus; « s'ils sont adoptés, on peut
« encore moins dire qu'ils sont des difficultés et des incidents de *quelques membres*
« d'un ordre, car alors ce ne sont plus les avis d'un membre. C'est l'ouvrage du
« corps entier. » Il n'en est pas moins vrai que si à tout instant quelques membres bruyants et bavards font des motions plus ou moins raisonnables, motions qu'il faut examiner et discuter, sauf à les rejeter, on emploie à ces discussions oiseuses le temps qu'on eût mieux employé aux affaires sérieuses. La noblesse ajoute que les difficultés et incidents se sont réduits à des réquisitions faites par elle pour faire parvenir ses justes représentations au roi ; elle a, dit-elle, toujours eu à combattre les autres ordres unis ; elle a fait effort pour les ramener aux règles. En troisième lieu, la noblesse réclame contre la date du 23 mai fixée pour la clôture et contre la déclaration du roi disant qu'il pourvoira de son autorité aux objets non terminés : « Une pareille disposition est une suite de la surprise faite à
« la religion du roi, elle tend à inculper de plus en plus l'ordre de la noblesse
« puisqu'il est certain que quand il pourrait s'occuper légalement des affaires du
« roi et de la province, il ne luy serait pas possible de les terminer dans un aussi
« court délai, l'ordre du roy n'ayant même été connu que le 12 de ce mois;

blée de deux pièces, que je joindrai à la présente, s'il m'est possible : la première est une déclaration des commissaires du roi en exécution de la seconde, qui est un ordre pour faire la clôture de l'assemblée au 23 courant.

Le greffier a lu ces deux pièces ; après quoi, comme les commissaires du roi se levaient pour se retirer, M. de Coëtanscours a élevé la voix très fortement pour dire : Mais, Monsieur le Duc, finir nos affaires en huit jours, cela est impossible. Vous voudrez bien en écrire au roi. M. d'Aiguillon a répondu que rien n'était impossible quand il s'agissait d'obéir à son maître. Et M. de Coëtanscours ayant ajouté que le terme était trop court, M. d'Aiguillon a répliqué que celui de cinq mois, pendant lesquels la noblesse n'avait rien voulu faire était trop long. Après quoi il y a eu des conciliabules, des murmures, peu de feu cependant : et l'évêque de Quimper a levé la séance en annonçant que les deux ordres se tiendraient demain dans leurs chambres pour donner le temps à la noblesse de faire ses affaires.

J'ai oublié de vous dire qu'avant-hier quelqu'un ayant voulu, chez Chapelier, remontrer à des principaux bastionnaires qu'ils ruinaient les affaires de la province par leur obstination, ils répondirent : Qu'importe ; pourvu que nous dégotions ce b... là (M. d'Aiguillon). Cela est clair.

« Cet ordre tend encore à l'anéantissement total et définitif des libertés et franchises de la province tant de fois reconnues et renouvelées, en ce qu'il fixe à un certain jour la fin d'une assemblée qui ne doit être déterminée que par le nombre et la décision des affaires ; si les tenues ne doivent pas être arbitrairement prorogées, elles ne doivent pas être arbitrairement limitées. » « Enfin cet ordre du 25 avril porte défenses à chacun des ordres des états et à tous membres d'aucuns des ordres de s'assembler après leur séparation... Cette disposition est sans exemple et accablante pour les membres des états sous quelque point de vue qu'on l'envisage ; elle peut en effet être regardée ou comme une précaution contre des assemblées ou comme un moyen d'accuser par la suite quiconque aurait eu le malheur de déplaire en des cas particuliers.

« L'ordre de la noblesse délibérant sur le rapport de la commission nommée le 15 de ce mois pour l'examen de l'ordre du roy du 25 du mois dernier notifié le 12 du présent aux états par messieurs les commissaires du roy, a arrêté que le corps de la noblesse, son président à la tête, ira ce jour chez messieurs les commissaires du roy pour lui demander le retrait dudit ordre, par les motifs portés dans le rapport ci-dessus. »

(Signé) *Le duc de La Trémoille, pour dépôt.*

Cette délibération, datée du 18 mai se trouve dans le dossier spécial des actes de la noblesse. (Arch. d'Ille-et-Vilaine, C. 2711, n° 62.)

CCXLIV

Rennes, le 12 mai 1767.

M. de Fontette à M. de La Noue.

(Addition à la lettre précédente.)

Autre noirceur du comte de Brun (1).

Il a élevé la voix ce matin au théâtre pour dire à la noblesse : Que pensez-vous, Messieurs, du procédé de M. l'évêque de Rennes qui, ayant un canonicat vacant à sa nomination, dans sa cathédrale, vient, au lieu d'y nommer un gentilhomme, de le donner à un ex-jésuite nommé l'abbé de La Croix (2)? Il s'est étendu sur « l'indécence de cette nomination dans un temps où les jésuites, etc. » Notez que la nomination n'est pas faite ; mais qu'effectivement l'évêque projette de la faire en faveur d'un abbé de La Croix, mais autre que celui qui a été jésuite.

Anecdote bonne à joindre à celles que je vous ai déjà données sur les bruits qui avaient couru, sur l'intention que l'on supposait à l'évêque de proposer le rappel des jésuites.

CCXLV

Paris, le 13 mai 1767.

M. de La Noue à M. de Fontette.

M. Mantel m'a fait voir hier quatre requêtes au roi consultées par des avocats soussignés : 1° pour les sieurs de La Chalotais et de Caradeuc ; 2° pour les sieurs de La Gascherie et de La Colinière ; 3° pour le sieur de Montreuil ; 4° pour le sieur de Kersalaün, qui toutes tendent à demander nouvelles instructions sur le jugement du conseil du 22 décembre dernier. Les quatre pièces sont imprimées

---

(1) N'est-il pas question plutôt du comte de Bruc?
(2) Jean-Anne de La Croix, prêtre du diocèse de Rennes, et licencié en théologie, qui n'avait jamais appartenu à la compagnie de Jésus, fut pourvu à cette époque d'une prébende de chanoine dont il prit possession le 13 juin 1767 et qu'il possédait encore en 1790. (*Pouillé de l'archevêché de Rennes*, par l'abbé Guillotin de Corson, 1880-1886, 6 vol. in-8°, t. I, p. 227.)

chez Simon, imprimeur du parlement. J'ai envoyé un grison les chercher. Simon a dit qu'il ne pouvait ni en vendre ni en donner, qu'elles étaient imprimées pour et aux dépens des familles des complaignants et qu'il fallait s'y adresser pour en avoir; mais j'imagine que vous en aurez à Rennes.

Les réflexions que vous faites sur le projet de règlement et sur le refus des punitions particulières deviennent péremptoires par la circonstance seulement ; en tout autre temps, elles ne m'auraient paru à moi-même que spécieuses, par la règle qu'en obéissant à son devoir on ne doit rien craindre.

Les têtes sont montées depuis quatre jours avec une fureur incroyable pour courir sus aux jésuites et fauteurs. Il ne tient à rien que le mot de ralliement, Jésuite, ne remplace celui de Huguenot du 24 août 1572.

CCXLVI

Rennes, le 13 mai 1767.

M. de Fontette à M. de La Noue.

J'allais monter en chaise, mon cher La Noue, pour me rendre à Saint-Malo, au moment que j'ai reçu une lettre de M. de Clugny (1), qui m'apprend que M. du Muy (2) ne sera à Lamballe que le 18 ou le 19. Je retarde donc mon départ jusqu'au vendredi 15.

L'arrêt contre les jésuites est fulminant. Il m'a paru fort injuste.

---

(1) M. de Clugny, fils d'un conseiller au parlement de Dijon, jouissait de la réputation d'un grand travailleur et d'un homme instruit, quand il fut appelé au contrôle général. Il était alors intendant à Bordeaux, où son administration devenait épineuse, en présence d'un parlement cauteleux et entreprenant. Rien chez lui ne pouvait faire prévoir de profondes connaissances financières. Il signala son passage au ministère par l'établissement de la loterie. Il demeura six mois contrôleur général, et mourut.

(2) Louis-Nicolas-Victor de Félix, seigneur de Muy, né à Aix en Provence, le 24 septembre 1711, homme de guerre très distingué, fut promu dès 1748 au grade de lieutenant général et chevalier du Saint-Esprit (cordon bleu), le 1ᵉʳ janvier 1763 ; il est devenu ministre de la guerre le 1ᵉʳ juin 1774, et maréchal de France en mars 1775. Il est mort à Paris, le 10 octobre 1775. (Voir sur le maréchal de Muy les articles de M. Emmanuel de Broglie dans le Correspondant des 25 mai et 10 juin 1880 : Un soldat chrétien à la cour de Louis XV.

Leur affaire devait être terminée en France par les arrêts précédents. Sera-t-il cassé ou modéré ? J'en doute fort.

M. d'Aiguillon, que je viens de quitter, entrera ce matin aux états avec les commissaires du roi, pour y porter un arrêt du conseil ou ordre en parchemin sur le scrutin forcé, reçu par le doyen de la noblesse contre lequel on s'exprime en termes très forts. Il ordonne que les commissaires dudit ordre rendront compte, étant interpellés, des démarches qu'ils ont faites, en conséquence de leur élection, et que copie en serait remise aux deux ordres pour répondre aux inculpations qui pourraient s'y trouver.

CCXLVII

Rennes, le 13 mai 1767.

M. de Fontette à M. de La Noue.

Je commence aujourd'hui, mon cher La Noue, la lettre que je ne finirai que demain, pour vous dire ce qui s'est passé à l'entrée des commissaires du roi (1). La séance a duré depuis une heure jusqu'à deux heures et demie. M. d'Aiguillon a débuté par faire lire l'arrrêt du conseil du 10 courant, dont vous pourrez demander

(1) Le récit de Fontette est confirmé par le procès-verbal officiel de la séance du mercredi 13 mai. Il contient le texte d'un arrêt du conseil du roi du 10 mai 1767, cassant et annulant une délibération de l'ordre de la noblesse du 7 du même mois. Cette délibération ne se trouve ni dans les documents ni dans les registres spéciaux de cet ordre. (Arch. d'Ille-et-Villaine, C. 2710 et 2711.) L'arrêt du conseil indique qu'un des membres de l'ordre de la noblesse aurait présenté un projet de délibération tendant à inculper les ordres de l'église et du tiers-état au sujet de leur conduite et de leur mauvaise volonté à l'égard de celui de la noblesse : six gentilshommes étaient nommés et chargés de faire parvenir au pied du trône par tous moyens la prétendue obligation de cesser tout travail jusqu'au rétablissement de l'ordre dans l'assemblée, et d'écrire au roi, aux princes de son sang, aux ministres, barons et autres toutes lettres, placets, mémoires relatifs à cette affaire. Ce projet aurait été adopté, malgré de vives réclamations, et le duc de La Trémoille, président de l'ordre, ayant refusé de s'y associer, même en recueillant les voix, on serait allé chercher le doyen de la noblesse qui aurait recueilli les votes, presque tous favorables à ce projet, beaucoup de gentilshommes n'ayant pas voulu prendre part au scrutin.

L'arrêt considère que cette délibération est contraire au respect dû au roi, à ses commissaires près des états, à la discipline et à la circonspection que les ordres doivent observer entre eux, au bon ordre et aux formes usitées dans lesdits états ; qu'elle renferme les inculpations les plus injustes contre les deux autres ordres dont la conduite constamment régulière est parfaitement connue du roi.

communication, ainsi que de l'ordre du roi, en date du 25 du passé, adressé à ses commissaires, dont je vous parlai hier, et qui fixe la clôture de l'assemblée au 23 mai, sans plus long délai. La lecture faite de l'arrêt du conseil, M. le duc d'Aiguillon a ordonné le dépôt au greffe et la transcription sur le registre à la séance de ce jour. Puis il a ordonné à M. de La Trémoille, de la part du roi, de leur représenter la délibération de la noblesse, en date du 7 du courant. M. de La Trémoille a répondu qu'il ne l'avait pas, ne s'étant pas mêlé de cette affaire. M. d'Aiguillon a pour lors interpellé M. le chevalier de Pontual ou autres commissaires de la noblesse de lui remettre cette délibération.

M. de Bégasson a pris la parole et a dit que la délibération prise ledit jour, ainsi que le scrutin, n'ayant point été signés, n'avaient eu aucune exécution, mais que l'ordre de la noblesse avait pris une délibération le 9, signée de cent vingt-quatre membres, en vertu de laquelle dix membres d'entre elle avaient signé des lettres adressées au roi, aux princes, etc. M. d'Aiguillon a ordonné que cette délibération fût représentée. Plusieurs ont dit qu'elle était déposée chez un notaire. Sommés de le nommer, a été répondu par les uns que c'était chez Berthelot, par les autres que c'était chez Richelot; finalement, par M. de Bégasson, que c'était chez ce dernier, qui a été mandé, et lui a été ordonné, de la part du roi, de l'apporter aux commissaires du roi.

Interpellés de dire ce que contenait ladite délibération, répondu par M. de Guerry qu'elle contenait le vœu de l'ordre de la noblesse pour autoriser les dix commissaires à signer, etc., ainsi que l'avait dit M. de Bégasson. Interrompu par M. d'Aiguillon, qui a défendu de se servir des termes d'ordre de la noblesse devant les commissaires du roi qui ne reconnaissaient ledit ordre que lorsque son président était ou opérait à la tête.

Interpellés de présenter lesdites lettres; répondu par plusieurs qu'on ne les avait pas.

Interpellé M. le chevalier de Pontual d'en représenter les minutes, a répondu qu'il ne les avait pas; et plusieurs en même temps ont dit qu'elles avaient été déposées chez des notaires. MM. de Bégasson et de Guerry ont dit alternativement qu'on ne pouvait cacher la vérité. Pour lors le chevalier de Pontual a dit qu'il était vrai qu'il devait les déposer chez les notaires, mais qu'il ne l'avait pu, ayant été malade la veille; et les a tirées de sa poche, et les a remises à M. d'Aiguillon, qui l'a sommé de dire si lesdites lettres avaient été envoyées; a répondu que oui.

Interpellé, après les avoir parcourues, quelles étaient les pièces qui y avaient été jointes, et le tableau des délibérations de la noblesse qu'on supplie Sa Majesté de vouloir bien recevoir, a été affirmé par ces messieurs qu'il n'avait été joint auxdites lettres que la délibération du 9, prise par la noblesse, dont copie a été envoyée, et que le tableau des délibérations, dont il est parlé, ne l'a point été; qu'on demandait seulement dans la lettre du roi la permission de le lui envoyer; et qu'on a adressé la lettre au roi, à M. de Saint-Florentin, sur le refus que les commissaires du roi avaient fait de la faire passer. De tout ce que dessus, ou à peu près, a été dressé sur les lieux procès-verbal, qui a été signé par les présidents des ordres, et les trois gentilshommes qui ont répondu. Joignez plusieurs petits interlocutoires de gentilshommes tels que MM. de La Moussaye (1), Penguily (2) et Le Vicomte (3), auxquels M. le duc d'Aiguillon a imposé silence.

Le bastion a montré le cul d'un bout à l'autre de la séance. Tous

(1) François-Louis-Jacques-Philippe, comte de La Moussaye de Carcouet, fils d'Anne-François-Célestin de La Moussaye de Carcouet, et d'Anne-Claire-Eléonore de Talhouet de Bouamour, né en Saint-Étienne de Rennes, le 1er mai 1736; il est décédé le 16 juin 1785. Sa femme, Hélène du Bouilly, morte le 16 janvier 1787, était fille de Guillaume-René du Bouilly, seigneur de La Morandais, qui lui aussi a joué un rôle actif dans les rangs de la noblesse à la tenue de 1766-1767. Le dernier de leurs descendants mâles, M. Alexandre Amaury, marquis de La Moussaye, est mort sans postérité à Lamballe, le 27 décembre 1884; avec lui s'est éteinte la branche des Carcouet. (*Registres paroissiaux* de Saint-Étienne de Rennes. — Notes particulières de M. Saulnier.)

(2) Mathurin-François Le Bel, seigneur de Penguily, d'une ancienne famille noble qu'on trouve établie dans les évêchés de Rennes, Dol et Saint-Malo; il avait une habitation à Lamballe et possédait à peu de distance un château dans la paroisse de Saint-Glen, château avec chapelle, qui est aujourd'hui le centre d'une commune portant le nom de Penguily. (Ogée, édit. Marteville, t. II, p, 265. — *Registres paroissiaux* de Saint-Sauveur de Rennes. — Notes particulières de M. Saulnier.)

(3) Joseph-Agnès Le Vicomte, écuyer, seigneur de La Houssaye, fils de Joseph-Jean-Baptiste Le Vicomte, seigneur de La Houssaye, et de Thérèse Morfouace, né à Redon (paroisse Notre-Dame), le 20 octobre 1732, a été capitaine au régiment de Lorraine-infanterie (il ne l'était plus en janvier 1767); il est mort à Rennes le 23 novembre 1814, veuf de trois femmes et époux d'une quatrième. De son second mariage, il a eu au moins quinze enfants. (*Registres paroissiaux*. — Etat civil de Rennes.)

les faits ont été déguisés, malgré les protestations qu'ont faites MM. de Bégasson et de Guerry de vouloir dire la vérité, on s'est coupé sans cesse; on a menti, on a hésité. Le chevalier de Pontual faisait le sourd, et il avait l'air d'arlequin, muet par crainte. Il n'est pas vrai qu'il ait été pris une nouvelle délibération le 9. Celle qui a été signée par cent vingt-quatre gentilshommes a commencé à l'être le 8, en conséquence du scrutin du 7, où ils ne se trouvaient que quatre-vingt-neuf. Il y a donc trente-cinq gentilshommes de ceux qui l'ont signée qui n'étaient point présents à la séance où la proposition fut faite, et ne pouvaient ni devaient par conséquent la signer. Cet acte a été daté et achevé de signer le 9, chez M. de Coëtanscours, et il est illégal d'un bout à l'autre.

CCXLVIII

Rennes, le 14 mai 1767.

M. de Fontette à M. de La Noue.

Soyez bien assuré que l'assemblée sera clôturée le 23, et qu'on ne prendra rien sur soi. Je suis chargé de vous répondre sur ce que vous me dites que le commissaire a joué gros jeu en ne mettant pas à exécution les ordres apportés par le courrier extraordinaire; que s'il avait eu à faire à un Richelieu ou à un Louvois, il n'en eût pas usé ainsi, parce qu'il eût été assuré d'être soutenu; que d'ailleurs, pour ce qui concernait l'abbé, il ne s'était rendu qu'aux sollicitations de l'église, pour qui c'eût été un affront, et dont le mémoire ne lui avait été remis qu'à charge qu'il n'entraînerait aucune mésaventure, cet ordre ne voulant pas indisposer de plus en plus contre lui la noblesse; qu'en ce qui regarde le Vavincourt et le chevalier du Han, il savait qu'on avait pris le parti de les renvoyer à leur département, ou de les destituer de leurs emplois, punition plus naturelle et plus forte que celle de les éloigner de dix lieues du lieu de l'assemblée.

CCXLIX

Rennes, le 14 mai, au soir, 1767.

M. de Fontette à M. de La Noue.

Écoutez, j'ai de grandes choses à vous dire. La séance d'aujourd'hui est bien autre que celle d'hier. Elle a commencé par une inaction d'une heure; mais, quand les matadors du bastion ont été rassemblés, on a fait effort jusqu'à midi contre M. de La Trémoille, pour le forcer de nommer des commissaires pour examiner l'arrêt du conseil d'hier, et une députation aux commissaires du roi. Il a répondu constamment qu'il ne pouvait se mêler d'une affaire qui avait été entamée contre sa volonté, et à laquelle il n'avait pris aucune part. Les uns lui disaient qu'il aurait mieux valu qu'il restât chez lui; d'autres qu'il eût la fièvre chaude; et autres pareilles douceurs. Dans ce moment on est venu annoncer que les commissaires du roi allaient entrer; et les ordres sont rentrés au théâtre. A midi et demi, M. d'Aiguillon a dit que, n'ayant pas satisfait suffisamment hier aux ordres du roi, et voyant une contradiction manifeste entre la réponse de M. de Bégasson et la délibération du 9, dont le notaire Richelot lui avait remis une copie, en ce que M. de Bégasson avait dit que les lettres du roi n'avaient été faites et signées qu'en conséquence de ladite délibération du 9, et que, d'un autre côté, il voyait qu'elles avaient été lues à l'assemblée dès le 8. Il interpellait M. de Bégasson d'expliquer et de répondre à cette contradiction. Ledit M. de Bégasson a parlé un moment assez confusément, puis il a été interrompu par plusieurs membres de l'ordre, dont les uns disaient qu'il ne serait pas avoué dans ce qu'il allait dire, les autres qu'il fallait donner temps jusqu'au soir ou au surlendemain, et la pluralité que c'était une inquisition inusitée, que c'était un affront qu'on faisait à la noblesse. M. de La Moussaye, entre autres, a élevé la voix pour dire qu'on avait préparé cette humiliation, que la noblesse devait être appelée devant les commissaires du roi, et non en présence de deux autres ordres qui jouiraient de ce déboire. M. d'Aiguillon a répondu que tels étaient ses ordres, de prendre ces informations en pleine assemblée, et que ce n'était point faire un affront à l'ordre que de demander, en pleins états, un éclaircissement à un particulier sur un fait qu'il avait avancé en public la veille. Le murmure confus, qui tenait beaucoup du tapage, a continué; M. le duc d'Aiguillon a imposé silence, et M. Le Vicomte, le boiteux, officier ci-devant dans Lorraine, à ce que je crois, a élevé la voix pour dire insolemment que si le roi était là il permettrait à la noblesse de parler; qu'il lui parlerait lui-même. M. d'Aiguillon a voulu d'abord faire inscrire par le greffier le dire de M. Le Vicomte dans le procès-verbal, mais ensuite il a continué d'interpeller M. de Bégasson, qui a demandé d'aller minuter au greffe la réponse qui a été qu'il était vrai qu'il avait lu les lettres le 8; mais que c'était lui qui les avait faites de son chef, sur la connaissance qu'il avait eue par le scrutin et la délibération du 7 que c'était le vœu de son ordre, mais que véritablement elles n'avaient été adoptées par ledit ordre qu'en conséquence de la délibération du 9.

M. d'Aiguillon a interpellé Le Vicomte, le boiteux, de rendre compte de ce qui avait été fait par sa commission des griefs, dont il est membre, avec cinq autres, et de dire s'il ne s'y était fait aucun mémoire, placet, etc., qui eût été envoyé, ou qu'on eût le projet d'envoyer, et M. Le Vicomte a répondu qu'il n'était pas l'ancien en ladite commission, dont il ne voulait pas révéler le secret; que c'était à l'ordre à le lui ordonner. Plusieurs voix se sont encore élevées pour dire à peu près les mêmes choses que sur la première affaire ; et le tapage a été plus vif. M. de Saint-Gilles Perronnay, capitaine au régiment du roi, gendre de M. de La Lande Magon (1), a dit qu'il était de ladite commission, mais qu'il fallait une délibération de l'ordre, pour qu'ils pussent dire ce qui s'y était passé, et que l'ordre ne pouvait délibérer devant des commissaires du roi.

(1) Jean-Baptiste-Polycarpe, marquis de Saint-Gilles, seigneur de Perronnay (en la paroisse de Romillé, à quelques lieues de Rennes), marié à Charlotte-Julie Magon de La Lande, fille de Nicolas-Auguste Magon, sieur de La Lande et du Plessis-Bertrand, contrôleur en la chancellerie de Bretagne, puis trésorier général des états de la province, et de Charlotte-Françoise Locquet. M. Magon de La Lande habitait Paris, paroisse Saint-Eustache, et c'est probablement dans cette paroisse que s'est marié M. de Saint-Gilles sur lequel nous n'avons pas de renseignement plus précis. La famille Magon occupait une grande situation à Saint-Malo. Magon de La Giclais. *Généalogie de la famille Magon*. Lille, 1883, in-8, pp. 51 et 52.

D'autres ont dit qu'il fallait donner les demandes par écrit, et du temps pour y répondre. On s'échauffait beaucoup. Pour lors M. d'Aiguillon a remis au greffier un cahier, dont il a ordonné la lecture (1). Il portait pour titre : Au Roi. La lecture des deux ou trois premières lignes a étonné les bastionnaires qui se sont entre-regardés. M. Le Vicomte surtout a paru fort démonté, en reconnaissant le commencement d'un mémoire de griefs contre les deux ordres et les commissaires du roi, qui a été fait, par un avocat sans doute, dans ladite commission des griefs, dont un des membres, M. de Kergrée-Bernard s'est avancé, pour assurer que ce mémoire n'était point sorti de la commission. Quelques voix se sont élevées pour dire que c'était un ouvrage clandestin. On en a poursuivi la lecture, qui a duré près d'une heure. Cet ouvrage reprend tout ce qui s'est passé depuis l'ouverture de l'assemblée et tend à disculper la noblesse sur son inaction. Il taxe vivement les deux ordres d'avoir été les moteurs de la désunion, et les auteurs des retards, les commissaires du roi d'avoir déguisé la vérité au roi, cherché à tromper la noblesse, d'avoir attiré à cet ordre des ordres réitérés de Sa Majesté,

(1) Voici comment le bastion raconte cette scène et ses suites : « M. le duc « d'Aiguillon avait apporté et fait lire un des projets prétendus du travail de « cette commission (celle des griefs de l'ordre de la noblesse) qu'il s'était pro- « curé, on ne sait par quelle voie. Il lui ordonne de déclarer par écrit si elle a « rédigé ce projet de mémoire, et si elle entend l'avouer ou le désavouer. Le « président de la noblesse représente pour son ordre la dureté d'une voie aussi « extraordinaire. Deux membres de la noblesse, dont un est lié particulièrement « à la commission dont le travail non encore fini est soumis à des recherches si « indécentes et illégales, représentent au principal commissaire qu'il est absolu- « ment inusité qu'on fasse dans l'assemblée des états des interrogatoires, tels qu'il « a fait aujourd'hui, et tels qu'il les a faits la veille; qu'ils ne voient point que « l'arrêt du conseil du 10 mai l'y autorise ; qu'ils ne croient pas cependant qu'on « puisse le faire sans un ordre spécial du roi; qu'ils ne lui demandent que la no- « tification des ordres de S. M., en vertu desquels il use contre la noblesse d'une « voie si extraordinaire.
« M. le duc d'Aiguillon n'a laissé ignorer ni les impressions vives que lui fit « cette représentation modérée, ni le nom des deux membres de la noblesse qui la « lui firent. Du 14 au 20, l'intervalle est d'un courrier. Dans la nuit du 20 au 21, « M. le comte de La Moussaye et M. le chevalier Le Vicomte sont enlevés et « conduits au château de Pierre-Encise... Pour ne considérer que l'intérêt général, « si on peut le séparer d'un tel événement, c'était, à peine deux jours avant la clô- « ture des états, porter atteinte aux lois qui, du moins, pendant le cours de l'as- « semblée, mettent à couvert la liberté de tous ses membres. La noblesse fut le « seul ordre à réclamer publiquement contre cette atteinte commune à toute l'as- « semblée. » (*De l'affaire générale de Bretagne*, in-12, p. 101.)

dont ils avaient senti eux-mêmes l'inutilité et le vice, puisqu'ils les avaient retirés. Il accuse personnellement l'évêque de Rennes, le président de la noblesse et les Quatre-vingt-trois en général. Les faits y sont tronqués, les allégations fausses pour la plupart, les démarches de complaisance des commissaires du roi et des deux ordres méchamment interprétées ; la situation de la province indignement exagérée ; et celle du parlement actuel malhonnêtement déduite. Vous pourrez vous en procurer la lecture, car il en partira demain des copies pour les ministres ; il conclut par demander le rappel de l'universalité du parlement, comme le seul moyen de faire cesser les maux.

M. d'Aiguillon a ordonné aux commissaires de la commission des griefs choisis par la noblesse, dont M. d'Orvault est le doyen (1), de remettre demain, à onze heures, aux commissaires du roi, un écrit par lequel ils avoueraient ou désavoueraient, au nom de l'ordre, le présent mémoire. Après cette découverte qui déconcerte fort, le bastion étonné que ce mémoire soit parvenu à M. d'Aiguillon, le chevalier de Guerry lui a représenté la situation de la noblesse, qui se trouvait sans registre et sans organe ; et sur cela on est entré en matière. Guerry a soutenu que si les deux autres avaient voulu se prêter à la rédaction du registre, et à une conciliation, la noblesse ne serait pas dans la position où elle se trouve, et que, depuis trois semaines, les affaires iraient leur train. Après qu'il a eu parlé, l'évêque de Saint-Brieuc s'est levé au nom de son ordre, et a repris non seulement tout ce qu'a dit M. de Guerry, mais l'affaire dans son

---

(1) Armand de Bourigan du Pé, marquis d'Orvault (dans le pays nantais), page du roi en 1718, est décédé en Saint-Laurent de Nantes, le 28 septembre 1787. De son mariage avec Marie-Charlotte de Boscals de Réals, il a eu plusieurs enfants, parmi lesquels un fils qui assistait avec son père à cette tenue des états : Armand-Charles-Marie de Bourigan du Pé, comte d'Orvault, né en Notre-Dame de Nantes vers 1739 ; il était capitaine au régiment Colonel-général lorsqu'il épousa à Saint-Malo, le 30 mai 1769, Jeanne-Séraphine-Reine-Anne Baude de Saint-Père. Cette famille est éteinte, le titre de marquis d'Orvault était porté en dernier lieu par un arrière-petit-fils d'Armand de Bourigan du Pé, qui a acquis, sous le nom de Maubreuil, une notoriété plus bruyante qu'honorable. Marie-Armand de Guerry de Maubreuil, petit-fils de Félicité-Marie-Michelle de Bourigan du Pé d'Orvault, est mort à Asnières, à 85 ans, le 17 juin 1868. La *Revue des grands procès contemporains* 1883 (1re année) a donné (pp. 327 et suiv.) de curieux détails sur le dernier marquis d'Orvault. (*Registres paroissiaux* de Saint-Laurent de Nantes et de Saint-Malo. — Notes particulières de M. Saulnier.)

principe, pour prouver par les faits que la rédaction ni la conciliation n'avaient jamais été refusées, que les deux ordres avaient nommé des commissaires pour la première, la noblesse non; et que celle-ci n'avait jamais voulu accepter les trois conditions qu'ils avaient mis à la conciliation, conditions qui n'arrêtaient point le cours des affaires pour lesquelles les ordres s'étaient retirés aux chambres, sur ce que la noblesse avait manqué aux engagements qu'ils avaient pris devant les commissaires du roi de ne point interrompre le travail. Guerry a répondu; l'évêque de Saint-Brieuc a répliqué.

L'affaire de l'abbé de Pontual s'est trouvée liée aux principes de la dernière retraite des ordres aux chambres. L'abbé de Pontual a péroré un moment pour prouver qu'il n'était pas la cause du mal, mais il n'a pas dit la raison la plus vraie, qui est que si la noblesse n'eût pas trouvé cette mauvaise anicroche pour manquer à sa parole, et arrêter le travail, elle en eût bientôt trouvé ou fait naître une autre.

Propositions ensuite de la part de M. de Guerry, au nom de son ordre, tendante à la conciliation, dont la première était que toute les affaires consommées par les deux ordres, aux chambres, à commencer des demandes du roi, seraient remises en délibération. C'était dire, en bons termes, que sans trois mois de délai les états ne pouvaient être terminés. Coëtanscours a enchéri sur Guerry, car il a dit : Monsieur le duc, ces MM. vous trompent, car, si on ne recommence pas l'adjudication des baux, nous ne finirons rien. Cette proposition n'a pas été bien reçue par le bastion même.

Aux propositions de Guerry, l'évêque de Saint-Brieuc a répliqué que son ordre consentirait toujours à se prêter à toute conciliation lorsque les moyens qu'on proposerait ne tendraient pas, comme ceux de M. de Guerry, a donner aux deux ordres des torts qu'ils n'avaient pas. On avait, dans le courant de la dispute, discuté à fond la légalité ou l'illégalité de la retraite des ordres aux chambres, et l'évêque de Saint-Brieuc avait très bien prouvé qu'elle était légale. Il a parlé très méthodiquement, avec force et clarté. Guerry s'est toujours expliqué honnêtement, mais avec des réticences sur les faits essentiels et décisifs, et une adresse visible qu'on n'emploie pas quand le tort ou le droit dépendent du simple exposé des faits qu'il a, le plus souvent dénaturés. La dispute a duré une heure, et a été rarement interrompue si ce n'est par les commissaires du roi. M. d'Aiguillon a dit que la noblesse avait un moyen d'ôter les fâcheuses impressions qu'elle a données au roi sur sa conduite, en finissant toutes les affaires, comme elle le pouvait, dans les six jours qui lui restaient, que ses avis pouvaient être journellement joints à ceux des autres ordres, et que les délibérations seraient énoncées à mesure. L'église et le tiers ont consenti à la proposition. C'est là qu'a été placé le propos de M. de Coëtanscours. Les commissaires du roi sont sortis à ma grande satisfaction.

CCL

Paris, le 16 mai 1767.

M. de La Noue à M. de Fontette.

Le cri est universel contre l'arrêt qui bannit les jésuites. Ceux même qui ne sont d'aucun parti, ou qui ne croient pas en Dieu, disent hautement que les jésuites vivant sous la sûreté de l'édit de novembre 1764, enregistré le 1er décembre suivant, et sous les arrêts et règlements prescrits, ne pouvaient être attaqués de nouveau, sans une dérogation manifeste au droit public et à la législation; que si quelques-uns des individus de ce corps dissous ne se sont pas conformés auxdits édits et règlements, on pouvait les rechercher en particulier, pour leur espèce de délit respectif; mais que sévir indéfiniment contre la totalité n'est pas soutenable.

Aussi le séjour de Marly se passe-t-il en conférences de ministres, archevêques, évêques, conseillers d'état, etc. D'où il sortira, dit-on, une déclaration qu'on attend avec d'autant plus d'impatience qu'on est bien curieux d'en voir la tournure.

Vous me dites trop de choses sur le courant de la besogne pour que j'entre en détail; cependant je ne puis m'empêcher de crier *Tolle* contre l'insolence de ceux qui ont répandu chez Chapelier le projet de dégoter le petit B... (1). Mais les sacrifices qu'ils font pour

(1) Il s'agit du duc d'Aiguillon.

cela des intérêts de la province sont une scélératesse qui mériterait punition. — Voilà donc, tant bien que mal, les grands et les petits députés nommés; le secours extraordinaire accepté par les deux ordres et les commissaires intermédiaires nobles, ainsi que des contrôles, qui seront continués ; plus, toutes affaires délibérées par les deux ordres, et clôture annoncée pour le 23 ! Vous m'avez fait grand plaisir de m'envoyer copie de l'ordre du 25 avril aux commissaires du roi; je le trouve très bien rédigé. Je comprends qu'en serrant la botte de si près au bastion il doit se démembrer.

Bégasson a fait un personnage bien plat, de haut en bas, dans cette tenue; j'aimerais mieux celui de Coëtanscours, quelque punissable qu'il soit; au moins a-t-il un caractère. M. de La Trémoille se réhabilite et j'en suis bien aise. J'ai battu des mains sur le dialogue d'entre M. d'Aiguillon et Coëtanscours ; il m'a semblé le voir, avec sa tête penchée, disputant sur la huitaine de grâce, sans considération, sans égards et sans docilité, comme un bœuf qui va devant lui. Mais qu'aura-t-il dit, et ses neuf collègues, de l'ordre en parchemin qui rend les décemvirs responsables en leur purs et privés noms du scrutin illégal et des démarches précédentes qu'ils ont faites? Je crois qu'il en est qui ont bien peur, et il y a de quoi. Envoyez-moi bien vite copie de cet ordre et de ses suites ainsi que de la lettre d'accompagnement.

Adieu, mon cher maréchal, je vous embrasse de tout mon cœur.

CCLI

Saint-Malo, le 17 mai 1767.

M. de Fontette à M. de La Noue.

J'ai reçu, mon cher La Noue, votre lettre du 13, avant mon départ de Rennes, vendredi 15. Le *Tableau des assemblées* des jésuites (1) qui y était joint est une ancienne pièce à laquelle on a complètement répondu ; il y a plus de quatre ou cinq mois, chacun des y nommés a affirmé par serment n'avoir eu aucune part aux faits exposés ni

(1) Nous reproduisons in-extenso ce document parmi les pièces qui suivent cette correspondance.

connaissance qu'il y eût à toute cette pièce un seul mot de vrai. On a cru apparemment qu'elle ferait un grand effet en répandant des copies imprimées en ce moment-ci dans tout Paris. C'est l'usage des La Chalotais et de leurs partisans. Ceux qu'ils nomment leurs ennemis auraient beau jeu s'ils voulaient ou qu'ils crussent pouvoir honnêtement se battre avec les mêmes armes.

CCLII

Rennes, le 22 mai 1767.

A M. de La Noue (non signée).

On ne peut, mon cher comte, vous donner trop de louanges, votre dernier courrier a fait merveille. L'arrêt du conseil est fait de main de maître; la décision sur les requêtes des exilés a produit le plus grand effet; et l'enlèvement de MM. Le Vicomte et de La Moussaye en a imposé à l'assemblée. Le premier promettait une scène de sa façon pour hier, et eût été assez fol pour tenir parole; il avait assuré que ce qu'on avait vu à la dernière entrée n'était rien en comparaison de ce qui se passerait. La noblesse a fait hier une députation sur l'enlèvement des deux membres (1). M. d'Aiguillon leur a répondu qu'il avait exécuté les ordres du roi; il est entré aux états à onze heures et demie, y a fait lire toutes les rédactions et délibérations enregistrées, les arrêts du conseil et ordres. La noblesse a d'abord voulu demander quelques changements à la rédaction; comme on ne se concertait point, elle est convenue qu'elle ne dirait rien, ce qui pouvait y avoir de plus heureux, pour la longueur qu'aurait entraînée cette discussion.

(1) Une note, p. 102 de la brochure *De l'Affaire générale*, parle ainsi de cet enlèvement : « Quant au refus de l'église et du tiers de concourir à une réclamation
« sur cette atteinte, ce refus n'étonnait pas aux états de 1766, mais l'on fut étonné du
« moins de la dureté d'un procédé : la noblesse délibérait seule le 21 sur les dé-
« marches à faire pour réclamer ses membres, les deux autres ordres ne pouvaient
« l'ignorer. Ils affectèrent de la faire sommer, pour la forme, jusqu'à trois fois
« d'envoyer ses avis sur les objets courants de délibération. Quant à M. le duc
« d'Aiguillon, sa réponse à la noblesse qui faisait en corps une démarche vers
« lui sur ce coup d'autorité fut : J'ai fait mon devoir, c'est à vous de faire le vôtre.
« Un gentilhomme répondit : Notre devoir est de suivre les usages et les règlements
« des états. »

La séance a été de la plus grande décence pendant tout le temps que les commissaires du roi y ont été. Il n'y a eu que quelques beuglements de M. de Coëtanscours, à la fin, auxquels il n'y avait rien à répondre. Les commissaires des trois ordres se sont trouvés le soir aux différentes commissions. M. d'Aiguillon est excédé de fatigue ; Mme d'Aiguillon se porte très bien. L'un et l'autre vous disent mille choses. Je vous embrasse, mon cher La Noue, de tout mon cœur.

CCLIII

Paris, le 23 mai 1767.

M. de La Noue à M. de Fontette.

La respectable Illustre m'a écrit dans l'amertume de son cœur sur la mort de sa tante. Je ne vous charge point de mes hommages pour elle, persuadée qu'elle ne sera plus à Rennes quand vous recevrez celle-ci. C'est aujourd'hui la clôture ; je pense qu'elle partira demain sans se faire prier ; mais M. d'Aiguillon, quelles sont ses marches ? Quand quitte-t-il ces lieux empoisonnés qu'il habite depuis cinq mois ? M. de Broc sera-t-il chargé de compléter le parlement ? Ou surseoit-on à cette opération jusqu'à ce que les esprits soient un peu rassis, et que le roi ait prononcé ses décisions relativement à la dernière tenue, c'est-à-dire celle encore actuelle ? Le général de Broc finira-t-il son séjour à Rennes ? Et vous, mon cher maréchal, où irez-vous, en l'absence de M. d'Aiguillon ? Ayez la patience de répondre à toutes ces questions.

J'avais bien vu, il y a quatre ou cinq mois, une liste des prétendues assemblées jésuitiques, entre les mains de M. de Grandbourg ; mais celle imprimée, dont je vous ai envoyé copie, m'a paru plus étendue et plus calomnieuse par son préambule.

Tâchez de vous procurer à Rennes la lecture des imprimés des exilés. Je les ai tous par le hasard d'un avocat étourdi qui, me voyant dans une maison janséniste, m'a cru chalotiste ; il m'envoya le lendemain les cinq pièces : la requête au roi du 8 avril dernier au nom des six exilés ; on y a joint (séparément cependant) leur requête du 12 novembre, qui ne vit pas le jour par le prononcé du roi du 22 du même mois; plus un exposé des faits relatifs aux deux Chalot... en date du 13 avril dernier ; plus une requête au roi de Begasson La Lardais; plus requête au roi de M. de Montreuil, qui est d'autant mieux écrite qu'il défend une mauvaise cause... Tout cela est volumineux et d'ailleurs rejeté au conseil des dépêches du 17... A propos d'écrit avez-vous lu la ridicule et dégoûtante dénonciation de l'abbé Chauvelin au parlement pour les jésuites d'Espagne? Elle fait la fable de Paris.

CCLIV

Saint-Malo, le 25 mai 1767.

M. de Fontette à M. de La Noue.

Je suis ici depuis le 15 courant, mon cher ami, j'y suis venu pour recevoir M. le chevalier du Muy, lieutenant général, et cordon bleu, qui a fait la tournée des côtes de cette province, et va faire celle de Normandie, pour son plaisir et son instruction. Je l'ai promené dans tout mon département, tant par mer que par terre, bien régalé, et je le quitterai demain à quatre ou cinq lieues d'ici, allant au Mont-Saint-Michel.

Les états finirent enfin avant-hier, non sans bruit (1). La noblesse a persisté dans sa séditieuse inaction, et ne s'est occupée jusqu'à la fin qu'à troubler et insulter les deux autres ordres, qui ont fait tout le travail des états, qui a été validé à la pluralité de deux ordres contre un par des arrêts du conseil, qui étaient indispensables pour mettre les intérêts du peuple et de l'administration de la province en sûreté.

Deux gentilhommes qui avaient manqué très insolemment aux commissaires du roi, en pleine assemblée, ont été conduits à Pierre-Encise. Ils ont été à la vérité les plus coupables en propos; mais il

(1) La brochure *De l'Affaire générale*, raconte ainsi la clôture des états (p.106) : « Enfin, le 23, après avoir fait nommer un greffier des états par l'église et le « tiers, et avoir fait signer les registres, le duc d'Aiguillon finit par faire lire un « *Nouveau règlement pour les assemblées des états*, et dans le plus morne silence, « l'assemblée est séparée. »

y en a bien d'autres, dont la conduite n'a pas été moins reprochable, et qui mériteraient des châtiments plus sévères. Je ne sais ce qui aura été ordonné à leur sujet. M. d'Aiguillon a fait tout son possible pour éviter le scandale, et il a résisté tant qu'il a pu, tant aux punitions particulières qu'au changement que va occasionner dans la constitution de l'ordre de la noblesse un règlement enregistré le jour de la clôture. Il fixe le nombre de ceux qui pourront assister dorénavant aux tenues à trois conditions réunies : noblesse d'extraction, terre à clocher, et capitation au-dessus de trente livres. Il s'en trouvera encore près de quatre cents (1).

(1) Archives d'Ille-et-Vilaine, C. 2092. — *Registre des délibérations* du samedi 23 mai, f° 198 v°. « MM. les commissaires du roy ayant fait scavoir qu'ils allaient
« entrer dans l'assemblée, la députation ordinaire est allée les recevoir au bas du
« théâtre..., lesquels étant entrés et ayant pris leurs places, M. le duc d'Aiguillon
« a demandé si les registres des états étaient arrêtés et signés. M. le président de
« l'église ayant répondu qu'ils ne l'étaient pas encore, M. le duc d'Aiguillon en a
« ordonné la lecture, après laquelle il a ordonné au greffier de les porter à MM. les
« présidents des ordres pour les signer, ce qui a été fait en sa présence. M. le duc
« d'Aiguillon a ensuite fait donner lecture de l'ordre du roy du 10 may dont il a
« ordonné l'enregistrement qui a été fait en sa présence ainsi qu'il suit :

« De par le roy,
« Très chers et bien aimés, nous vous adressons un règlement que nous avons
« jugé devoir faire dresser en notre conseil pour établir l'ordre et la discipline que
« nous voulons qui soient observés dans l'assemblée des états de notre pays et
« duché de Bretagne, nous vous mandons, ordonnons de vous transporter à ladite
« assemblée et d'y faire lire et enregistrer en votre présence le règlement ensemble
« le présent ordre, et de tenir exactement la main à leur exécution, enjoignons à
« chacun des présidents des ordres, sous peine de désobéissance, désigner le re-
« gistre où seront inscrits lesdits ordre et règlement, leur faisons très expresses
« défenses, sous les mêmes peines, d'insérer avant ni après leur signature aucune
« protestation, car tel est notre plaisir. Donné à Versailles, le 10 may 1767, signé
« *Louis*, et plus bas *Phelipeaux*.

« Et pour suscription : A notre très cher et bien aimé cousin le duc d'Aiguillon
« et autres, nos commissaires en l'assemblée des états de Bretagne. »

. . . .

« *Règlement ordonné par le roy pour les assemblées des états de son pays
et duché de Bretagne.*

« Le roy s'étant fait rendre compte du mémoire présenté à S. M. par l'ordre de
« la noblesse durant la dernière assemblée des états de son pays et duché de Bre-
« tagne, de celui qui a pareillement été présenté à S. M. dans le même temps en
« réponse audit mémoire par les ordres de l'église et du tiers-état et des procès-
« verbaux alors dressés par des notaires et déposés au greffe du parlement de Bre-
« tagne, à la requête dudit ordre de la noblesse, et S. M. étant informée qu'il a
« régné dans toutes les séances de la présente assemblée une confusion qui a re-
« tardé et même empêché l'expédition des affaires pour lesquelles lesdits états
« avaient été convoqués, et qui a souvent forcé les commissaires de S. M. d'entrer

Je compte retourner à Rennes après-demain, si M. d'Aiguillon y passe quelques jours; sinon je ne bougerai pas d'ici en juin et juillet; et je me mettrai en chemin au commencement d'août, pour aller à Bagnères. Ecrivez-moi ici en droiture.

« dans l'assemblée pour y remettre l'ordre et faire exécuter les propres règlements
« des états, S. M. a jugé d'une nécessité indispensable de remédier promptement
« et efficacement à des abus et à des contestations aussi préjudiciables à son ser-
« vice qu'aux intérêts de la province; elle a vu dans lesdits mémoires que les ordres
« desdits états en avaient eux-mêmes senti les inconvénients et le danger, et
« qu'ils avaient cru devoir recourir, de leur propre mouvement, à l'autorité de S. M.
« et réclamer son secours afin de rétablir l'ordre et la règle qui doivent être obser-
« vés dans lesdites assemblées, et pour en bannir des formes vicieuses qui por-
« teraient à la fin une atteinte irréparable aux droits, franchises et libertés dont
« la province jouit et dont S. M. entend qu'elle continue de jouir pleinement et
« sans réserve... »
Suit le règlement (f°⁸ 199 v° à 229 v°).
Fait et arrêté à Versailles, le 10 mai.

F° 229 v°. « Après la lecture et l'enregistrement dudit règlement, M. le duc d'Ai-
« guillon a fait ce discours pour la clôture des états, et M. de Robien, procureur
« général syndic, y ayant répondu par un autre discours, l'assemblée s'est aussitôt
« séparée. »
Le règlement est en seize chapitres divisés chacun en un certain nombre d'articles. Celui qui concerne la noblesse contenait des innovations que cet ordre a considérées comme destructives de ses droits. Voici une de ces innovations:
F° 205 v°, ch. IV, article 3.
« Veut et entend S. M. qu'à l'avenir aucuns gentilshommes ne soient admis dans
« l'ordre de la noblesse aux assemblées des états, s'ils ne sont descendants de ceux
« qui y avaient entrée et voix délibérative lors de l'union de la Bretagne à la cou-
« ronne au mois d'août 1532, ou si leurs ascendants n'ont été maintenus nobles
« d'ancienne extraction par les commissaires de la réformation faite en exécution
« des lettres patentes du 20 janvier 1668, et en outre s'ils ne sont imposés à trente
« livres de capitation au moins dans le rôle de la noblesse, et s'ils ne possèdent
« de biens fonds dans la province. »
Une autre innovation à noter pour l'ordre de la noblesse, c'est le classement et le vote par évêché.
Chaque gentilhomme est tenu de s'inscrire au cahier de l'évêché dans lequel il est domicilié, de prendre aux séances et d'y conserver jusqu'à la fin la place qu'il a prise au commencement de la tenue, ceux de chaque évêché se plaçant « sépa-
« rément et à la file les uns des autres, dans l'ordre ordinaire de la liste des inscrip-
« tions, savoir: Rennes, Nantes, Vannes, Quimper, Léon, Tréguier, Saint-Brieuc,
« Saint-Malo et Dol, sans que cet ordre puisse donner ni supposer aucune pré-
« séance des uns sur les autres ». (Ch. IV, art. 8 et 9, f° 206, v°.)
« L'avis prépondérant dans cinq des neuf évêchés formera l'avis de l'ordre de la
« noblesse, et le président dudit ordre sera tenu de l'énoncer comme l'avis de son
« ordre, sans qu'il puisse y être formé d'opposition. » Toutefois cet avis n'est défi-
nitif que si, au moment de l'énonciation ou immédiatement après, cinq évêchés réclament, par la bouche de leurs chefs de liste, contre l'avis énoncé, auquel cas les voix sont recueillies de nouveau, et l'avis qui aura la pluralité sera énoncé sans retour. (Ch. IV, art. 12, f° 207, r°.) L'article 13 prévoit le cas de partage. Chaque évêché aura un premier, un second et un troisième chef, qui seront les trois

CCLV

Versailles, le 25 mai 1767.

M. de La Noue à M. de Fontette.

J'arrivai hier matin ici, mon cher maréchal, où j'appris de M. Benoît, qui se porte très doucement, les expéditions fermes de la cour sur les séances des 13, 14 et 15 de ce mois : 1° les ordres de conduire à Pierre-Encise les sieurs Le Vicomte et La Moussaye ; 2° l'arrêt du conseil du 18 ou 19 de ce mois, rappelant sommairement ce qui s'est passé de la part de la noblesse, depuis les demandes du roi, et improuvant et cassant toutes les délibérations faites et déposées clandestinement. Je sautai de joie à la lecture et relecture de cette pièce qui a été rédigée par les mains de l'amitié... Après le rapport au conseil du 18 à deux heures, M. de Grandbourg écrivit ses idées à M. Benoît et lui manda de se concerter pour la rédaction avec M. de Castellane et Villeneuve, qui revinrent à Versailles. Je ne sais si c'est le même 18 ou 19 ; que Benoît et Villeneuve ont travaillé cinq heures de suite à cette pièce, dont j'ai vu l'effet hier après midi, par la dépêche de M. d'Aiguillon du 22, et la lettre du chevalier à moi, de même date, qui a été renvoyée de Paris... Quelle journée que celle du 21 ! Enlèvement de deux insolents... accable-

---

plus anciens d'inscription dans l'évêché, et les uns au défaut des autres seront à la tête de la noblesse de leur évêché, chargés de recueillir les suffrages exprimés (art. 10). L'art. 15 (f° 207, v°) règle le mode de remplacement des barons, présidents-nés de l'ordre de la noblesse, absents ou empêchés, et décide que dans ce cas « la pré-« sidence appartiendra alternativement aux chefs nommés pour chaque évêché, dans « l'ordre d'ancienneté de leurs inscriptions aux états sans autre concours ni élec-« tion ». Cette disposition enlevait à la noblesse le moyen de faire une manifestation hostile en donnant la présidence à celui des siens qui avait fait l'opposition la plus active et la plus bruyante.

L'art. 16 (f° 207, v°) dispose qu'en cas de défaut de barons à l'ouverture des états les gentilshommes réunis par évêchés proclameront les chefs de chaque évêché, lesquels recueilleront les suffrages de leurs collègues et énonceront leur avis après avoir compté les votes. Le président de l'ordre sera celui qui aura en sa faveur la pluralité des évêchés. On procédera de même pour l'élection aux places auxquelles les états ont droit de nommer.

Enfin l'art. 18° et dernier de ce chapitre déclare que l'ordre de la noblesse sera réputé complet, encore qu'il ne se trouve à l'assemblée aucun des gentilshommes de quelqu'un des évêchés, quoique dûment convoqués.

ment des factieux… rédactions passées… délibérations des deux ordres signées du président de la noblesse… arrêt du conseil et ordres enregistrés… Jamais on n'en a tant fait pour un jour. C'est un coup de théâtre; c'est un prodige dont M. Benoît et moi faisons le plus sincère compliment au commissaire; nous lui aurions encore fait de meilleur cœur si sa santé n'était pas chiffonnée.

M. Benoît regarde toute l'affaire heureusement finie par cette séance du 21, en ce que tout est registré et signé du président, sans réclamation de l'ordre, et en ce qu'il croit que, d'après l'accablement des factieux, il n'y aura pas eu de chaleur à la clôture, et à la lecture et enregistrement du règlement; pour lequel il m'a dit qu'on était revenu à la clause des nobles de 1532 sur les nouvelles observations du commissaire que les seigneurs de clocher ne produiraient pas plus de cinquante gentilshommes.

Il m'a ajouté qu'il y avait une liste sur les bureaux de Grandbourg, Castellane, et qu'on avait la parole du chevalier de Lastic que tous factieux au service seraient cassés; que tous ceux qui jouissaient de traitements, pensions du roi ou de la province en seraient privés, et enfin que tous nobles ne jouissant pas de ces avantages, et qui ne seraient de 1532 seraient exclus des états pour l'avenir.

De plus qu'il n'y avait pas d'apparence que notre sénat voulût encore entreprendre la grande affaire des finances, dont la première majeure sera : Ou qu'il faut aider le roi en se prêtant à tous édits nouveaux, ou qu'il est de nécessité de faire banqueroute, malgré le retranchement très réel de vingt millions sur les dépenses, et malgré l'augmentation très réelle de huit millions sur le nouveau bail des fermes générales… Ajoutez à cela le rejet des requêtes des exilés, et vous conviendrez que notre sénat tirera de l'aile sur tout ce qui est Bretagne, et le laissera mourir de vieillesse.

M. Benoît me demanda hier si le commissaire ne me parlait point du complément de votre sénat ? Je répliquai qu'il n'en avait pas été question depuis trois mois; que le feu des factieux ne permettait de former aucun projet à cet égard, sans craindre qu'il ne manquât; que le silence de la cour sur cet objet paraissait d'accord avec mon opinion; que je ne tenais cependant que de moi; mais que la journée du 21 pouvait changer les dispositions de la cour, du commissaire et de ceux sur qui il comptait pour ce complément, etc. Il me releva sur ce que le désir de ce complément n'avait jamais cessé d'exister ; qu'on n'avait jamais rien écrit de contraire à ce qui avait été résolu et convenu sur ce point dans les instructions et le commencement de la tenue ; qu'il y avait lieu de croire que le commissaire allait recevoir de nouveaux ordres pour cette opération et sa stabilité à Rennes jusqu'à ce que cela fût achevé ou à peu près... J'ai cité, sur cela, la capacité, l'activité, l'intelligence du général de Broc; en cas que la santé du commissaire ou la malvoulance des brouillons fût un obstacle à cette dernière opération... C'est donc au commissaire à s'expliquer.

A midi.

J'ai été à onze heures chez M. de Livry. Au moment de monter à son bureau, le courrier arrivait de Rennes, avec la dépêche de la clôture. Il est parti tout de suite pour Paris, où sont le comte et le maître; mais le courrier m'a dit qu'il était dans la salle de la clôture; qu'il n'y avait pas eu grande dispute ; qu'on avait lu et écrit un grand papier; qu'on avait fini par claquer des mains bien fort et que M. de La Trémoille était parti tout de suite; que lui, courrier, était parti à minuit. Je crois, d'après ces propos vagues, entendre que le commissaire est content et vous aussi, mon cher maréchal. Marquez-lui ma sensibilité et ma joie sur la fin de sa campagne.

CCLVI

Paris, le 27 mai 1767.

M. de La Noue à M. de Fontette.

Je jette les hauts cris, mon cher maréchal. Comment est-il possible qu'il ne se soit pas trouvé quelque bonne âme dans Rennes, pour me mander les journées des 22 et 23 de ce mois? Personne n'a pu imaginer que j'étais sur le gril? Le courrier de la clôture a quitté Rennes à minuit le 23; la poste est partie le 24, et ces deux moyens ont été nuls pour moi. Je n'ai reçu hier nouvelles de qui que ce soit, hors votre lettre du 21, mais elle était de Saint-Malo.

Revenant de Ruel à Versailles, avant-hier, après midi, j'eus communication des bulletins des 22 et 23 apportés par le courrier. J'ai su en même temps que M. de Grandbourg avait eu connaissance de ces deux journées avant l'arrivée du courrier par un officier en uniforme blanc, que j'ai soupçonné être un des aides de camp de M. de La Trémoille. J'ai appris avec grand plaisir la nomination de Cargouët (1) au greffe. Je vous prie de lui en marquer ma joie; et qu'il suppose que je lui ai écrit mon compliment; mon amitié pour lui est au-dessus de la forme. C'est bien une affaire prise en l'air que cette nomination, et sûrement un des plus mortifiants échecs que les factieux pussent recevoir. Assurez aussi Mme de Cargouet de ma sensibilité à cet égard.

M. Benoît me dit en même temps qu'on allait casser bien vite la protestation de Coëtanscours et des quatre-vingts gentilshommes, afin qu'il ne restât pas pièce existante d'opposition dont le roi n'eût ôté l'efficacité. Je me récriai très fort sur l'opiniàtreté de ce républicain qui, nombre de fois pendant la tenue, a arrêté toute besogne, et rompu toute conciliation. On m'a adouci en m'assurant qu'il y

---

(1) Il y avait lieu de remplacer M. de Monti, greffier des états, décédé. Les états avaient fait demander aux commissaires du roi une liste de sujets agréables au souverain, entre lesquels ils pourraient choisir leur greffier. Les commissaires du roi, par acte du 21 mai 1767, adressé à l'un des procureurs généraux syndics, désignèrent MM. de Cargouet, de La Roche-Brandaisière et d'Andigné-Beauregard, dont les noms furent proclamés à la séance de ce jour. (Archives d'Ille-et-Vilaine, C. 2692, f° 196, v°.) L'élection fut faite à la séance de clôture. Voici la mention du procès-verbal du samedi 23 mai : « Les états, après avoir délibéré « aux chambres et par scrutin, ont nommé et nomment M. Le Denays de Car-« gouet pour leur greffier aux charges et conditions arrêtées pour ladite place de « greffier par les précédents règlements, et a en conséquence prêté le serment « en pareil cas requis et accoutumé. » (Archives d'Ille-et-Vilaine, C. 2692, f° 197 r°.) La noblesse ne prit pas part à cette élection. Louis-Félix Le Denays, seigneur de Cargouet, fils de Jean-Baptiste Le Denays, seigneur de Quémadeuc, et de Claudine de Révol, originaire du pays de Lamballe, était né vers 1719. Il fut d'abord capitaine au régiment de Montmorin; il devint chevalier de Saint-Louis, gentilhomme de la chambre de Monsieur, lieutenant des maréchaux de France; il est décédé en Saint-Germain de Rennes, le 6 juillet 1779. Élu greffier des états le 23 mai 1767, il a été remplacé à la tenue de Saint-Brieuc, le 20 février 1769, par M. Gilles-François de La Bintinaye, qui a rempli cette fonction jusqu'à la Révolution. Sa femme, Louise-Angélique Jollivet, née en Saint-Léonard d'Alençon, vers 1717, était fille de Jérôme Jollivet, intéressé dans les fermes du roi, et de Marie-Anne Dumaine; elle a survécu à son mari et est décédée à Rennes le 14 nivôse an IV. Elle était sœur de Pierre Jollivet, greffier en chef du présidial de Rennes, et belle-sœur de Jean-Marie Le Clavier de La Pajotière, qui a été greffier en chef du parlement. (Notes particulières de M. Saulnier. — *Registres paroissiaux* de Saint-Germain et de Toussaint de Rennes.)

avait un parti pris pour lui, et qui lui fera sentir ce que c'est qu'une résistance, une séduction de quatre-vingts nobles dans l'instant où tout se rendait aux volontés du roi.

J'ai eu autant de joie que vous du règlement. Les 1532 élaguent furieusement les nobles ; mais ceux qui se prouveront de ce temps vont bien faire le gros dos ; les autres nobles ne seront pas plus que les chevaliers chez les Romains.

Adieu, mon cher maréchal...

CCLVII

Rennes, le 29 mai 1767.

M. de Fontette à M. de La Noue.

M. d'Aiguillon me remit hier au soir, à mon arrivée, mon cher La Noue, votre lettre du 25 courant. Je l'ai trouvé fort content d'être débarrassé des fatigues et de la cohue des états. Il est un peu changé cependant ; les dernières séances ont été terribles et étouffantes par leurs longueurs.

Il arriva hier matin un courrier dont les dépêches n'ont pas transpiré. J'ai appris en gros qu'elles ne contenaient rien de bien intéressant: des ordres pour sortir et s'éloigner de Rennes aux commissaires que le bastion a nommés pour s'opposer à tout entre les deux tenues, etc., etc. Je m'attendais à quelque chose de plus fort ; et je ne sais pourquoi M. d'Aiguillon, à qui je l'ai dit, n'a pas envoyé un tableau de punitions. Je vois avec peine un Guerry jouir de 4.200 l. de bienfaits du roi, un Bégasson, un Vauferier(1), et pareille engeance rester dans une province qu'ils ont voulu bouleverser.

(1) Les Vauférier étaient établis depuis plusieurs siècles dans la paroisse de Saint-Maugan (évêché de Saint-Malo, aujourd'hui arrondissement de Montfort, (Ille-et-Vilaine). Celui qui a été signalé à la tenue de 1766-67 était l'un des fils de François du Vauférier, seigneur dudit lieu, et de Françoise-Jeanne de La Souallaye, mariés en la paroisse Saint-Jean de Rennes, en 1728. A la tenue de 1764, ils étaient trois : François-Cyr, né et baptisé à Béganne, le 20 mai 1730 ; Jean-Baptiste-André, né et baptisé au même lieu, le 3 octobre 1731, et René-Pierre, sur qui nous n'avons pas de renseignements. Nous ne savons quel est celui de ces trois frères dont l'hostilité bruyante a été remarquée. (*Registres paroissiaux* de Saint-Jean de Rennes. — *Dictionnaire de Bretagne*, édit. Ogée-Marteville, t. II,

Je lis actuellement un mémoire de quatre-vingt-quatre pages, fait par les deux ordres; il est clair et développe bien la conduite de la noblesse; on ne l'imprimera qu'au cas qu'il paraisse quelque pièce du bastion.

J'aurai samedi celui des quatre-vingt-trois imprimé. Il vous en sera envoyé plusieurs exemplaires sous le couvert de M. de Saint-Florentin et de M. le contrôleur général. On dit ce mémoire très modéré; mais il y en a un plus fort qu'on ne rendra public qu'au cas que le bastion parle.

Nous avons l'arrêt du conseil du 17 courant qui déboute les Caradeuc, etc. Nous avons aussi leurs requêtes, consultations, etc.

M. d'Aiguillon ne compte partir qu'à la fin de la semaine prochaine, et il emploiera bien ces huit jours. L'intendant travaille fortement aux liquidations des offices du parlement, qui doivent précéder le complément qui pourra être retardé par l'enregistrement du nouveau règlement des états, auquel les rentrants ne voudront peut-être pas prendre part. On dit que cette opération pourra tenir un mois, parce qu'il faut une déclaration du roi, un examen des remontrances qu'on ne pourra se dispenser de faire sur la totalité ou sur quelques articles. Cette marche est lente. Au reste, on paraît assuré de plusieurs anciens membres et de quelques nouveaux pourvus d'offices. L'intendant suivra le complément sur ses propres errements et sur ceux de M. d'Aiguillon. On n'imprimera le règlement qu'après l'enregistrement.

Coëtanscours a eu ordre de sortir de Rennes (1). Il n'aurait fait

---

p. 837. — *Inventaire des archives communales du Morbihan*, II, p. 115. — Arch. d'Ille-et-Vilaine, C. 2691. — *Liste des gentilshommes présents à la tenue de 1764.*)

(1) L'attitude de ce gentilhomme à la dernière séance de cette session et la fin de sa vie font l'objet d'une note de la brochure *De l'Affaire générale de Bretagne*, p. 107. « On entendit un moment la voix de M. de Coëtanscours. Quoique malade pen-
« dant le cours de 1766, il se fit porter assidûment aux séances. Ce respectable
« gentilhomme ne put contenir sa sensibilité à l'instant de la clôture. Quelques-
« uns de ses voisins lui conseillèrent le silence en présence du duc d'Aiguillon...
« Je n'ai que deux jours à vivre, répondit-il assez haut pour le faire entendre ;
« de ces deux jours, j'use de l'un pour pleurer sur ma patrie; je lui cède
« l'autre... Le lendemain de la clôture des états, le duc d'Aiguillon lui fait donner
« un ordre de quitter Rennes. On représenta en vain l'état de sa santé. La réponse
« fut qu'ayant eu assez de force pour assister régulièrement à la tenue, pour noti-
« fier lui-même au trésorier des états la protestation du 23, il n'était pas moins en

qu'y brouillonner. Il y reste peu de ces beaux messieurs; la plupart sont partis sans prendre congé de M. d'Aiguillon. Aucun n'a été chez M. de La Trémoille, qui est parti outré contre eux.

M. de Broc ira dans peu à Nantes. Son humeur diabolique s'est jetée au visage. Elle n'y paraît guère encore, mais assez pour faire craindre une plus forte éruption. Il va reprendre les bains et le lait ; il compte aussi aller à Bagnères. Pour moi, j'irai sûrement, car il est inconcevable ce que mon estomac m'a fait souffrir depuis 15 jours.

CCLVIII

Rennes, le 30 mai 1767.

M. de Fontette à M. de La Noue.

Vous ai-je dit, dans ma dernière lettre, que j'avais lu le mémoire de l'église et du tiers, rédigé par l'abbé de Saint-Aubin (1), avec l'aide des matériaux que lui ont fournis Tifauge (2), du Portail (3) et Boisjoly députés du tiers? L'ouvrage est bien fait et concluant. Je voudrais fort qu'il fût imprimé ; mais les deux ordres n'en ont prié le roi qu'au cas que le mémoire des griefs du bastion fût rendu public. Je n'ai pas encore lu celui des quatre-vingt-trois, qui ne sera fini d'imprimer que ce soir. Vous en aurez plusieurs exemplaires sous le couvert des ministres, par le courrier de demain. C'est La Guère qui s'est chargé de vous les envoyer.

« état de partir pour sa terre. M. de Coëtanscours se fit transporter de Rennes. Il « est mort depuis à sa terre, près Landerneau, au mois de juillet ou d'août. » Il est mort à son château de Kerjean en Saint-Vougay, près Morlaix, le 4 septembre 1767.

(1) Charles-François de Vendômois de Saint-Aubin, prêtre de Paris, scholastique et vicaire général de Rennes, abbé de Saint-Aubin-du-Bois, prit possession, le 24 avril 1765, de l'abbaye de Saint-Meen, sécularisée depuis 1658, mais ayant conservé une mense abbatiale dont le titulaire jouissait en commende avec le titre d'abbé. Il s'en démit en 1771, alla habiter Paris et devint abbé de Fémy. (Guillotin de Corson, *Pouillé historique de l'archevêché de Rennes*, 1881, t. II, pp. 128 et 136.)

(2) L'orthographe de ce nom serait plutôt Tifauche ou Tifoche. C'était un avocat, maire en exercice, et député de Guérande.

(3) Du Portail, ou du Portal, était maire et député de Tréguier.

Je lis actuellement le petit livre, autrement, le *Sottisier* du bastion, qu'ils ont déposé chez un notaire, par qui M. d'Aiguillon s'en est fait donner une expéd.tion. Ce que j'en ai vu jusqu'à présent me paraît le comble de la fausseté et de la méchanceté. C'est un journal de ce qui s'est passé, avec une tournure et des réflexions insultan-tes pour M. d'Aiguillon, l'évêque de Rennes, les deux ordres, etc. Chaque page est signée des douze commissaires de la noblesse chargés de la rédaction : d'Orvaux, La Moricière (1), La Motte-Vauvert (2), Dulou-Desgrées (3), Kergrée-Bernard (4), etc. Il y a des dépôts de cette pièce faits chez plusieurs notaires de la province. M. d'Aiguillon se contente de dire qu'il faut sévir contre elle et contre les auteurs.

Ce petit imprimé dont vous m'avez envoyé copie manuscrite, intitulé : *Liste des assemblées*, etc., qui a été répandu dans Paris, l'a été également ici, et sans doute par la famille des La Chalotais; elle cite dans son dernier mémoire au roi le certificat qu'ont donné à ce sujet les officiers de police de Rennes. On a dénoncé à notre parle-

(1) Christophe Juchault de La Moricière (évêché de Nantes) fut l'aïeul ou le grand-oncle du général de ce nom. (Archives d'Ille-et-Vilaine. Liste des états de 1768.) C. 2693. — Notes particulières de M. Saulnier.)

(2) D'une très ancienne famille noble, qui existe encore en Bretagne et qui était possessionnée dans la paroisse de Plorec et dans la trêve de Lescoüet, appartenant avant 1790 à l'évêché de Saint-Malo ; elle est issue de la grande maison de Broons, dont elle a gardé le nom. Ses membres actuels s'appellent de La Motte de Broons et de Vauvert. Nous n'avons pu nous procurer de renseignements plus précis sur le commissaire de 1767. (*Nobiliaire et armorial de Bretagne*, 3ᵉ édition, t. II, p. 307.)

(3) C'est probablement Jacques-Bertrand-Colomban, comte des Grées, seigneur du Lou, chef de nom et armes, fils aîné de Bertrand-Marie, comte des Grées du Lou, et de Julienne Le Mailliaud, né le 19 octobre 1724, et nous pensons que c'est le même qui aux états tenus à Morlaix en 1772 fut élu président de la noblesse. On le retrouve porté sur la liste de 1784 pour une pension de 200 livres. Il a épousé en Toussaints de Rennes, le 21 mai 1767, Marie-Sainte du Hallay, petite-fille d'une Sévigné. Le nom n'est pas éteint en Bretagne, mais nous ignorons si les membres actuels de cette famille descendent de celui-ci ou d'une autre branche. (*Inventaire des archives communales du Morbihan*, t. 1, p. 228. — *Nobiliaire et armorial de Bretagne*, 3ᵉ édition, t. I, p. 479. — *Registres paroissiaux de Toussaints de Rennes*. — Notes particulières de M. Saulnier. — Archives d'Ille-et-Vilaine. Fonds des états, tenue de 1784.)

(4) Jacques-Anne-Bernard de Kergrée, né le 11 avril 1714, d'une famille noble ancienne de l'évêché de Tréguier; il vivait encore en 1784, et était à cette époque inscrit pour 200 livres sur la liste des pensions des états. (*Nobiliaire et armorial de Bretagne*, 3ᵉ édition, t. I, p. 72. — Archives d'Ille-et-Vilaine, fonds des états, tenue de 1784.)

ment cette belle pièce là, et les officiers de police vont être menés vivement à l'occasion du certificat, dont on leur fera articuler le fondement. Comme Le Prestre est nommé dans cette pièce, le réquisitoire n'a pu être fait que par un substitut (1), et plusieurs juges nommés pareillement seront obligés de se récuser; il n'y en a que dix des présents, qui pourront en connaître.

J'ai lu les mémoires des exilés (2); et, quand je ne les connaîtrais

(1) Voici comment la *Lettre d'un gentilhomme breton à un noble Espagnol*, p. 25, narre cette circonstance : « Par sa retraite (celle de l'avocat général Le Prestre), « le parquet demeurant sans avocats généraux et procureurs généraux, le doyen « des substituts devait naturellement suppléer leurs fonctions ; mais c'est un homme « intraitable ; il exerce depuis vingt-cinq ans avec une intégrité que rien n'a jamais « pu ébranler. Il eut ordre secrètement de s'abstenir, et le sieur Gault fut choisi pour « le remplacer. Celui-ci sçait s'y prêter ; il ira comme la cabale voudra le mener. »
Un erratum à cette édition, placé en tête de la *Deuxième lettre d'un gentilhomme breton à une noble Espagnol*, corrige ces indications, p. 25, ligne 32 : « Après les mots : doyen des substituts, ajoutez M. Jousselin de La Haye. *Nota*. « Il n'eut point d'ordre secret de s'abstenir, mais son inflexible probité le fit « écarter et on s'adressa à M. Gault. M. Jousselin s'est depuis défait de sa charge « qui l'exposait sans cesse à lutter contre l'iniquité et à souffrir mille abus qu'il ne « pouvait empêcher. »
Pierre-Michel Gault, sieur de La Galmandière, fils de Jacques Gault de La Galmandière, avocat au parlement, substitut du procureur général, et de Julienne du Maine, né en Saint-Germain de Rennes, le 19 août 1723, est décédé à Rennes, le 10 juin 1807; il a été comme son père avocat au parlement (assermenté le 2 août 1746), et substitut du procureur général (reçu en cette fonction le 5 mars 1749); il a obtenu vers 1770 l'emploi de receveur général des fermes du roi à Tours, qu'il a dû occuper jusqu'à la Révolution. De son mariage avec Marie-Prudence du Bois du Hautbreil, il a eu de nombreux enfants : aucun de ses fils n'a laissé de postérité mâle. Pierre-Michel Gault est le quatrième aïeul maternel de M. Norbert Saulnier, avocat à la cour d'appel de Rennes. (*Registres paroissiaux* de Saint-Germain et Saint-Sauveur de Rennes; *Papiers de famille*.)
Dans la *Deuxième lettre d'un gentilhomme breton à une noble Espagnol* qui raconte avec le plus vive partialité l'affaire du procès, le substitut Gault est fort maltraité; on l'appelle « l'infâme Gault » (p. 36).

(2) Voici quelques indications bibliographiques sur ces mémoires :
1° *Requête au roy tendant au renvoi des magistrats co-accusés devant le parlement de Bordeaux*, suivie d'une consultation de sept avocats délibérée à Paris le 8 avril 1767. Paris, 1767, in-4° de 11 pages;
2° *Exposé justificatif pour le sieur Louis-René de Caradeuc de La Chalotais... et le sieur Anne-Jacques-Raoul de Caradeuc*, suivi d'une consultation des mêmes avocats, délibérée à Paris le 2 mai 1767. Paris, 1767, in-4° de 73 pages;
3° *Requête au roi de Julien-René de Bégasson, seigneur de La Lardais*, tendant au renvoi devant les juges, suivie d'une consultation de quatre avocats, délibérée à Paris le 7 mai 1767. Paris, 1767, in-4° de 18 pages;
4° *Mémoire au roi pour Louis-Jacques Picquet de Montreuil*, suivi d'une consultation de huit avocats, délibérée à Paris le 13 avril 1767. Paris, 1767, in-4° de 22 pages;
5° *Mémoire au roi pour Jean-François-Euzénou de Kersalaün*, suivi d'une con-

pas, je dirais que ce sont des brouillons qui se justifient mal sur les intentions et les démarches dans tout le cours de l'affaire. M. de La Chalotais surtout ne se justifie aucunement sur les accusations principales. Il ment en dix occasions, au vu et su de toute la province. Au reste l'arrêt du conseil du 17, qui les déboute des fins de leurs requêtes (1), fait tomber les bruits que leurs partisans faisaient courir ici de leur renvoi prochain à Bordeaux.

Notre parlement vient d'écrire au roi une lettre fort mesurée pour demander le retour de l'universalité des membres; il ne pouvait guère s'en dispenser; mais tous, tant qu'ils sont, seraient bien fâchés qu'on leur accordât leur demande (2).

Il s'agit de compléter cette compagnie, comme vous dites; mais il faut le temps pour tout. Je vous ai dit dans ma dernière lettre ce qui pourrait retarder la rentrée de plusieurs.

M. d'Aiguillon n'a pas encore décidé le jour de son départ; mais j'imagine que ce sera tout à la fin de la semaine prochaine. L'intendant doit passer tout le mois prochain à Rennes, et une partie du

---

sultation de sept avocats, délibérée à Paris le 2 mai 1767. Paris, 1767, in-4° de 16 pages;

6° *Mémoire au roi pour Louis-François Charette de La Colinière*, s. l. n. d., in-4° de 16 pages;

7° *Mémoire pour Louis Charette de La Gascherie*, s. l. n. d., in-4° de 68 pages.

(1) Cet arrêt se trouve à la page 234 du *Procès instruit extraordinairement*, t. III, édition de 1770.

(2) *Lettre du parlement de Bretagne au roi.*

« Rennes, 29 mai 1767.

« Sire,

« Vous êtes le meilleur, le plus chéri des rois; vos bontés, votre clémence, votre
« amour paternel pour vos sujets vous ont consacré à juste titre le nom de bien-
« aimé.

« Votre Majesté nous a témoigné qu'elle était satisfaite de nos services. Elle
« nous a assurés de sa bienveillance, de sa protection; que de motifs de confiance
« que nous obtiendrons le rappel si désiré de nos confrères.

« Daignez, Sire, nous vous en supplions, jeter un œil favorable sur votre pro-
« vince de Bretagne; elle vous a toujours été fidèle; elle est dans la douleur la
« plus amère d'avoir perdu des juges éclairés; elle demande avec les plus vives ins-
« tances leur retour aux fonctions de la magistrature. Laissez-vous toucher, Sire,
« rendez à votre parlement de vertueux magistrats si chers à nos cœurs, si néces-
« saires à vos peuples. Nous sommes garants de leur fidélité, de leur amour pour
« votre personne sacrée. S'ils ont eu le malheur de vous déplaire, oubliez, pardonnez,
« Sire; c'est le propre de votre cœur vraiment royal et bienfaisant. Que Votre
« Majesté daigne répondre à nos vives, très soumises; très humbles et très respec-
« tueuses sollicitations; nos vœux seront exaucés et pleins d'amour et de recon-
« naissance pour le meilleur de tous les maîtres; nous vous rendrons, Sire, d'éter-

prochain en voyages dans la province. Il ira ensuite à Paris par Nantes et Veretz, où le chevalier de Balleroy croque le marmot, à l'ordinaire de l'abbé de Gore, en attendant M. d'Aiguillon, dont il apprendra demain le retard. J'imagine qu'il ira à Malicorne.

Adieu, mon cher La Noue, nous allons dîner demain au Hautbois. M. d'Aiguillon prend tous les jours un bain ; il est fort gai, il fait un brelan tous les après-dînés.

Mes respects à Mme la duchesse.

Je vous embrasse.

CCLIX

Rennes, le 2 juin 1767.

M. de Fontette à M. de La Noue.

On voit bien, mon cher La Noue, que je ne vous suis plus bon à rien, car vous ne m'écrivez plus ; voilà comme sont les gens de Paris. Pour moi, qui ai un cœur de province, je continuerai à vous donner de nos nouvelles tant que je verrai quelque chose de tant soit peu intéressant à vous dire.

Je vous envoie, par ce courrier, sous le couvert de M. le comte de Saint-Florentin, l'arrêt du conseil du 18 mai (1), que je vous ai promis. Je vous envoie aussi la requête ou plainte de Kerguenech pour les maréchaux de France, avec toutes les pièces au soutien ;

« nelles actions de grâce, et tous réunis, nous redoublerons de zèle pour votre ser-
« vice, le maintien de votre autorité et le bonheur de vos peuples.
« Nous sommes, avec le respect et la soumission la plus profonde,
    « De Votre Majesté,
  « Sire,
        « Les très humbles, très obéissants, très fidèles et très
        « soumis sujets,
        « Les gens tenant votre parlement de Bretagne.
            « (Signé) L.-C. PICQUET. »
(Arch. de la cour d'appel de Rennes, *Reg. littéraire*, f° 162, v°.)

(1) Il nous semble probable qu'il y a ici erreur de date, et que M. de Fontette veut parler de l'arrêt du conseil du 7 mai, qui, d'après le *Procès instruit extraordinairement* (édition de 1770, t. III, p. 236) aurait été imprimé à Rennes, chez Vatar, d'après les soins du duc d'Aiguillon. Le pamphlétaire affirme que l'arrêt aurait été répandu immédiatement à Rennes, alors qu'à Paris l'imprimé officiel n'aurait été mis en circulation qu'au mois d'août suivant.

mais, avant que de la remettre au tribunal, il faut pressentir quel effet elle peut avoir. Parlez-en à M. le maréchal de Biron, au secrétaire général M. Gondot (1) ; et ne la lâchez pas que vous ne soyez assuré qu'il interviendra jugement proportionné à l'infamie qui a été faite à Kerguenech par ce mauvais sujet qui s'attendait si bien à une punition très forte, qu'il est parti à la sourdine quelques jours avant la fin de la tenue. Il y avait quelque temps qu'il changeait chaque jour de domicile.

Vous savez qu'il était venu, après la fin des états, des lettres de cachet pour défendre à dix ou douze gentilshommes de s'approcher de Rennes de plus près de dix lieues, et de la cour plus près de vingt. M. d'Aiguillon s'était contenté de faire dire à Coëtanscours, de sortir de Rennes. Il avait demandé asile à M. de Liré, dans sa terre de Claïe (2) où il avait mené avec lui Le Gualès et le chevalier du Han. Les autres lettres étaient demeurées sans exécution, parce que M. d'Aiguillon les avait jugées inutiles, attendu que la plus grande partie de ces gens-là était sortie de la ville; mais hier les lettres furent renvoyées, et le comte de Bruc, le plus méchant et le plus faux de tous (3), est parti ce matin. C'est bien fait d'éloigner d'ici tous ces factieux qui n'auraient fait que brouillonner. Tous les commissaires de la commission intermédiaire, qui avaient eu ordre de continuer

---

(1) On voit dans l'*Almanach royal de 1768*, p. 101, que M. Gondot était secrétaire général de MM. les maréchaux de France, commissaire ordinaire des guerres et habitait au petit hôtel de Biron, rue de Varennes.

(2) Alexandre-Fidèle de La Bourdonnaye, seigneur de Liré et de Claye, fils cadet de François-Marie de La Bourdonnaye, marquis de Liré, et de Madeleine Nicolas, dame de Claye, né en Saint-Sauveur de Rennes, le 15 octobre 1734, est mort à Londres, le 11 octobre 1802. Il avait émigré. Il fut conseiller au parlement de Bretagne, où il entra le 7 décembre 1756. Les fils de M. de Liré sont morts sans postérité, le dernier en 1831. La terre de Claye, située dans la paroisse de Claye, canton de Romillé (Ille-et-Vilaine), a passé, par alliance des Le Vayer aux Nicolas, et de ceux-ci à la famille de La Bourdonnaye. Elle appartient actuellement à M. le comte de Palys, ancien président de la Société archéologique d'Ille-et-Vilaine. (*Registres paroissiaux* de Saint-Sauveur de Rennes. — Archives de la cour d'appel, *Registres secrets*. — Notes particulières de M. Saulnier.)

(3) Louis-Jean-Baptiste-Benoît-Claude de Bruc, comte de Bruc, fils de Jean-Baptiste Joseph de Bruc, seigneur dudit lieu, conseiller au parlement de Bretagne, et d'Anne-Thérèse Le Prestre de Lézonnet, né et baptisé en Saint-Germain de Rennes, le 10 juillet 1719. Nous ignorons la date de sa mort. Il a épousé en Saint-Etienne de Rennes, en 1738, Mlle du Breil de Pontbriand, dont il a eu des enfants. (*Registres paroissiaux* de Saint-Germain et de Saint-Etienne de Rennes.)

leurs fonctions s'y sont rendus exactement, jusqu'à Piré le fils ; et le service ne souffrira pas.

La déclaration du roi sur le nouveau règlement arriva hier, et fut lue aux chambres ; elle sera examinée par les commissaires qui en feront leur rapport aux chambres assemblées, après la Trinité. Il y aura convocation des membres épars. Il pourra y avoir des remontrances ; mais il y a apparence que l'enregistrement ne tardera pas.

L'ordre des avocats s'assembla hier et renvoya toute délibération à un mois. La séance fut tranquille.

Les procureurs s'assemblèrent aussi pour attendre le rapport de leurs députés chargés de suivre la cassation au conseil de l'arrêt du parlement contre eux ; ce rapport était en substance que le rapporteur leur avait dit qu'il ne pourrait s'occuper de sitôt de leur affaire, et que l'avis de leur avocat au conseil avait été d'attendre à un temps plus favorable, sur quoi les procureurs ordonnèrent le payement des frais de voyage ; et qu'il serait donné deux barriques de vin en présent à chacun des deux députés, gratification très digne des procureurs. Les affaires vont très bien au parlement qui mène vivement le criminel. Il y eut hier deux voleurs pendus ; et un roué aujourd'hui, pour viol d'une fille à qui il a donné la v.....

Nous nous portons tous assez bien. M. d'Aiguillon a discontinué ses bains depuis deux ou trois jours. Il fait tous les jours sa partie de breland. M. l'évêque de Rennes va de mieux en mieux. Point de congé pour M. d'Aiguillon par le courrier d'hier. M. de Saint-Florentin lui insinue qu'il serait nécessaire qu'il différât son départ ; mais il espère que ce qu'il a écrit et ce que dira Mme la duchesse feront sentir que, soit l'enregistrement de la déclaration sur le règlement, soit le complément du parlement, ne sont pas besogne prête, et que d'ailleurs l'intendant suivra ces deux objets tout aussi bien que lui.

On ne saurait d'ailleurs ce que voudrait dire ce retard d'un retour annoncé ; cela aurait l'air d'une disgrâce. Au reste, il prend cette petite contrariété en patience. Mais il ne faut pas qu'elle dure, et nous espérons que demain il aura liberté entière.

Nous eûmes hier douze dames et plus de quarante hommes à souper. C'est bien tout ce qu'on peut tirer de Rennes dans ce moment ci, et cela vaut mieux que la cohue des états. Aussi est-on plus gai ; et on se couche à onze heures. C'est actuellement que Mme la duchesse serait bien bonne ici. Et plût à Dieu ! mais elle ne peut pas être partout. Elle est bien aussi utile à M. d'Aiguillon à Paris qu'ici ; et, par cela seul, je suis consolé de l'y savoir.

Comment vont les édits ? On disait par le dernier courrier que le vent du bureau n'était pas pour eux. Dieu nous garde, et bien d'autres, d'un lit de justice.

Bien des hommages et respects à mesdames les duchesses. Je n'ai plus rien à vous dire, et partant je finis.

CCLX

Paris, le 3 juin 1767.

M. de La Noue à M. de Fontette.

Il me semble être à Rennes, quand vous y êtes, mon cher maréchal ; vous rendez si bien ce qui s'y passe, et dans un si grand détail ! Je n'ai point repliqué avant-hier à votre lettre du 29 mai, parce que je n'avais de nouveau que l'arrivée de l'Illustre, et d'ailleurs cet avant-hier matin j'allais à Versailles.

Vous avez su que le multiplicité d'essieux cassés n'a fait arriver l'Illustre que le dimanche, deux heures après midi, 31 mai. Je ne pus lui parler le soir, mais avant-hier matin, avant d'aller à Versailles, je lui fis lire votre lettre. Elle me conta ses doléances sur ce qu'on voulait prolonger le séjour de M. d'Aiguillon en Bretagne, et sur le retard du parti à prendre pour les punitions des chefs factieux. Arrivé à Versailles je parlai de l'un et l'autre à M. Benoît, qui me parut très ferme sur la nécessité du général à Rennes, au moins pour quinze jours, c'est à-dire jusqu'à l'enregistrement du règlement de 1532, disant de plus que la mission n'était pas achevée, puisque le parlement n'était pas à peu près complet ; qu'il fallait ajouter cette dernière victoire, avant d'être couronné ; que c'était le vœu de toute l'administration ; que d'ailleurs le chapitre des punitions projetées était mal séant à décider, M. d'Aiguillon ici, et qu'il était plus convenable qu'il le reçût en Bretagne, comme purement ouvrage du conseil; qu'il n'avait pas connaissance qu'on eût varié dans le projet d'ôter emplois et pensions aux factieux, d'exiler les autres à vingt lieues de Rennes, hors province, et d'en exclure un grand nombre des états pour leur vie, quand ils seraient de 1532.

Je revins le soir rapporter tout cela à l'Illustre, qui me dit avoir été à midi, de ce jour, chez M. de Saint-Florentin à qui elle avait fait expédier devant elle et envoyer le congé. Je crains que son activité en cela ne cause de la peine à M. d'Aiguillon. Les autres ministres ne voulaient ce congé qu'au bout de quinze jours; ils en feront des reproches à M. de Saint-Florentin qui boudera de l'avoir envoyé; et ils bouderont peut-être M. d'Aiguillon de l'avoir obtenu.

Avant-hier matin j'appris la réponse du roi, du 31 mai, au parlement, sur les représentations du 10; elle est contournée. Cependant j'en serais assez content, sans le mot de *bonté*... Vous l'avez sûrement.

J'espère que notre général, que j'attends le 8 ou le 9 de ce mois, me fera lire le mémoire des quatre-vingt-quatre pages fait par les deux ordres, et qui ne serait imprimé qu'en cas d'attaque du bastion... *Item* le mémoire des quatre-vingt-trois protestants modérés; *Item* l'autre mémoire plus fort des mêmes quatre-vingt-trois en cas d'attaque...; suivant ce que m'a dit M. Benoit, ces deux derniers mémoires ne paraîtront pas imprimés, les ministres ne le voulant pas.

On sent ici la nécessité de l'enregistrement du règlement au parlement, préalablement au complément, pour lequel je souhaite que l'intendant ait assez de forces et de moyens, en l'absence de M. d'Aiguillon...

C'est bien peu de chose que Coëtanscours hors de Rennes; l'administration est furieuse contre lui, et malgré la pitié que l'Illustre m'a laissé voir pour lui, je crois qu'il lui arrivera pis.

A plus juste titre encore devraient être punis les douze auteurs du *Sottisier* déposé chez plusieurs notaires, mais il me semble que la cour ne voudrait point que tout cela vît le jour. Je ne sais quel parti elle prendra contre les auteurs. Je reconnais M. d'Aiguillon au mépris qu'il fait de ce *Sottisier;* mais, s'il parait, il faudra bien en demander justice.

Je suis bien aise que le parlement sévisse contre la liste des assemblées et le certificat de la police cité par La Chalotais. Il était trop fort que cela fût sans réponse.

Pourquoi donc ne m'envoyez-vous pas copie de la lettre du parlement au roi pour demander le retour total des anciens membres ? Ils auraient la face bien allongée, si on faisait droit sur cette lettre.

Mes respects à Mme de Flesselles ; mes amitiés à son mari qui, j'espère, ne m'oubliera pas dans ses liquidations de charges. Je lui demande cependant un peu de répit sur la charge de La Noue, mort conseiller avant les troubles, parce que je fais ce que je peux pour engager son fils à la prendre, ce dont j'écrirai à M. de Flesselles dans peu (1).

CCLXI

Rennes, le 3 juin 1767.

M. de Fontette à M. de La Noue.

M. d'Aiguillon a reçu son congé et compte, dit-on, partir lundi au plus tard, passant par Laval et Veretz. Nous avons aussi la réponse du 31 mai au parlement de Paris. Elle n'est point objurgatoire, mais elle est suffisamment ferme, attendu les circonstances. Je n'ai point reçu de lettres de vous par ce courrier; peut-être en aurai-je par l'intendance.

CCLXII

Rennes, le 5 juin 1767.

M. de Fontette à M. de La Noue.

Je dois me dédire d'un fait que j'ai avancé. Les lettres de cachet n'ont point été données aux douze gentilshommes pour s'éloigner

---

(1) Il s'agit de la charge de Joseph-Sylvain-Toussaint-Marie de La Noue, seigneur de Bogard, conseiller au parlement depuis le 23 novembre 1746, décédé au château de Coetcouvran, paroisse d'Yvignac (Côtes-du-Nord), le 22 janvier 1765, dans sa 45e année. Son fils, dont parle M. de Fontette, était Guillaume-François-Marie de La Noue, né au château de Coetcouvran, le 11 mars 1747. Il n'entra pas dans les vues qu'on lui suggérait, car il n'entra au parlement que le 18 juin 1780, après avoir été lieutenant des maréchaux de France. Il émigra et mourut à Jersey le 16 janvier 1795. La branche de La Noue-Bogard, dont il était chef de nom et armes, s'est éteinte avec son fils Maurice, mort sans alliance en 1804. (Notes particulières de M. Saulnier. — *Précis généalogique de la maison de La Noue*, pp. 85 et 86. — *Registres paroissiaux* d'Yvignac.)

de Rennes de dix lieues, et ne pas approcher de la cour de plus près que de vingt lieues. M. d'Aiguillon, toujours indulgent, et souvent dupé, a fait agréer ses raisons pour ne les pas lâcher; on a donné seulement ces ordres au comte de Bruc et à d'Orvaux, qui n'avaient pas obéi à ceux qu'on leur avait donnés de la part du roi de venir signer l'état de fonds. Le comte de Bruc, qui est le plus méchant et le plus vil des hommes, eut la platitude de s'excuser à M. d'Aiguillon qui lui faisait des reproches sur sa désobéissance, en lui disant qu'il était allé dîner.

Le parlement s'occupa hier et s'occupa encore aujourd'hui du nouveau règlement. Il y aura convocation des membres les plus à portée pour le lendemain de la Trinité. On fera aux chambres assemblées le rapport des articles sur lesquels on croira faire des remontrances ou demander des modifications. Plusieurs rechignent sur la réformation de 1668, à laquelle ils ne se sont pas présentés et n'auraient vraisemblablement pas passé parce que eux, ni leurs auteurs, n'étaient pas dans le parlement. Le départ de M. d'Aiguillon est toujours fixé à lundi ou mardi prochain.

On travaille à gagner des sujets pour le complément. Le jeune de Langle(1) prend sûrement une charge; c'est chose finie. Il paraît que le président de Becdelièvre (2) hésite encore, sur la parole

---

(1) Louis-Guy de Langle, seigneur de Coetuhan, fils de Claude-Marie de Langle, seigneur de Coetuhan, président à mortier au parlement de Bretagne, et de Bonne-Thérèse Gardin du Boishamon, est né en Saint-Sauveur de Rennes, le 12 février 1735. D'après les pamphlets chalotistes, son père et sa mère étaient livrés aux jésuites; la présidente de Langle notamment avait l'honneur d'une mention spéciale sur la liste des prétendus ennemis de La Chalotais. (V. le *Tableau des assemblées illicites* et les brochures contemporaines.)

Le jeune de Langle fut pourvu, le 5 août 1767, d'un office de conseiller au parlement, vacant aux parties casuelles, qu'il paya 40.000 livres; sa réception eut lieu le 22 du même mois. (*Reg. d'enregistrement*, t. XLI, f° 41, v°.) Le 18 mai 1768, il fut pourvu de la charge de président à mortier en remplacement de son père décédé, et accepta de faire partie, au même titre, du parlement institué par Maupeou, en 1771. Il mourut à Rennes le 6 février 1813, sans s'être marié. Le *Commentaire de la liste imprimée de NN. SS. du parlement*, p. 16, signale sa réception sans réflexion. *Registres paroissiaux* de Saint-Sauveur de Rennes. — Notes particulières de M. Saulnier. — Archives de la Cour d'appel de Rennes. *Registres secrets*.

(2) Hilarion-Anne-François-Philippe de Becdelièvre, fils du marquis Hilarion-François, premier président de la chambre des comptes, et de Marie-Anne Danviray de Machouville, sa seconde femme, né et baptisé en Saint-Vincent de Nantes, le 6 février 1743, est mort dans cette ville le 7 mai 1792. Il a été pourvu le 5 août 1767 de l'office de conseiller vacant par le décès de M. de Rosily, et reçu le 22

qu'il a donnée d'en faire prendre une à son fils. Les deux Dupont (1) ont dû arriver hier au soir ; ils biaisent encore, et, si on peut les gagner, ce sera un grand coup, car ce sont de bons juges dont l'exemple entraînera bien d'autres. C'est une affaire intéressante à finir que ce complément ; et l'intendant la suivra bien ; il compte passer ici tout ce mois, et une partie de l'autre. Sa femme et lui viendront me voir à Saint-Malo. Ils iront à Lorient, Nantes, et de là passer quelques jours à Véretz, en se rendant à Paris. Nous allons, M. de Broc et moi, passer le reste de la semaine avec eux, au Hautbois, après le départ de M. d'Aiguillon.

du même mois. Voici ce que le *Commentaire de la liste imprimée de NN. SS. du parlement* dit de lui (p. 16) : « Livré aux jésuites, dévoué au duc d'Aiguillon, « très borné, et d'une ignorance profonde. » Son père ayant résigné ses fonctions en sa faveur, il a été reçu premier président de la chambre des comptes de Nantes, le 12 février 1772. De son mariage, célébré à Nantes (paroisse Saint-Denis), le 12 juillet 1773, avec Marie-Émilie-Louise-Victoire de Coutance, il a eu six enfants. (*État civil* de Nantes. — Arch. de la Cour d'appel de Rennes. *Reg. d'enregistrement*, XLI, f° 41, v°, et *Registres secrets*.)

(1) Louis-François-Marguerite du Pont, seigneur des Loges (d'une famille originaire d'Anjou. qui a fourni neuf membres au parlement de Bretagne, fils de René-Louis du Pont, seigneur de La Morinière et des Loges, conseiller au parlement, et d'Anne-Françoise Bouin de Rains. Né en Toussaints de Rennes, le 4 février 1706, y décédé le 4 mai 1771. Il a été reçu conseiller au parlement le 27 mai 1729. Voici comment son attitude est appréciée par le *Commentaire de la liste de NN. SS. du parlement* (p. 11) : « Avait signé l'acte des démissions ; rentra le 17 août 1767, « en conséquence d'un ordre du roi pareil à celui qu'avait reçu M. de La Marche, « mais s'est comporté fort différemment. Il a fait le service à la chambre des vaca-« tions s'est ensuite retiré à sa terre disant qu'il ne reviendrait au palais que lors-« que la compagnie serait autrement composée. » De son mariage avec Louise-Thérèse-Marguerite Lasnier (décédée à sa terre des Loges, paroisse de la Mézière, près Rennes, à 77 ans, le 17 mai 1792), il a eu plusieurs enfants, dont un fils aîné qui suit.

Luc-Anne du Pont, seigneur des Loges, fils du précédent, né en Toussaint de Rennes, le 31 octobre 1738, décédé à Rennes, le 10 février 1807. Il a été reçu conseiller au parlement le 22 novembre 1759. Le *Commentaire de la liste de NN. SS. du parlement* ne le nomme pas, parce qu'il n'est pas rentré après avoir donné sa démission. Son fils aîné, Pierre-Louis du Pont des Loges, est devenu conseiller au parlement en 1784, et en 1816 premier président de la cour royale de Rennes, jusqu'en 1830. L'un de ses enfants, Paul du Pont des Loges, évêque de Metz, est mort dans cette ville en 1886 ; on a donné son nom à l'une des rues de Rennes. La famille est éteinte. (*Registres paroissiaux* de Toussaints de Rennes et de La Mézière. — Archives de la cour d'appel de Rennes, *Reg. secrets*. — Notes particulières de M. Saulnier.)

CCLXIII

Paris, le 6 juin 1767.

M. de La Noue à M. de Fontette.

Je ne m'accoutume point aux modifications de M. d'Aiguillon sur les ordres de la cour. Pourquoi n'a-t-il pas envoyé tout de suite les douze lettres de cachet? Un mulet comme Coëtanscours, un coquin fieffé, comme le comte de Bruc, etc., méritent-ils qu'on les ménage? Ce dernier est un misérable qui fait le mal pour le mal. Il a une haine implacable contre M. d'Aiguillon. Je lui fis rentrer les paroles dans le ventre à son sujet, un jour à table devant quinze personnes.

On craignait ici que les six nobles de la commission intermédiaire ne fissent refus de continuer.

Sans doute que la déclaration sur le nouveau règlement sera imprimée lorsqu'elle aura été discutée aux chambres et remontrée.

Tout s'adoucit. Les avocats sont tranquilles, les procureurs attendent un temps plus favorable; le parlement pend et roue. Vous jugez bien que je ne cacherai pas tout cela à la cour et à la capitale

CCLXIV

Rennes, le 6 juin 1767.

M. de Fontette à M. de La Noue.

J'ai lu les requêtes et mémoires La Chalotais, etc., qui ne sont que des tissus de mensonges. Ils sont bien maladroits de les avoir rendus publics, car, sur leur exposé même, on les juge de grands brouillons tout au moins. M. de Kersalaün commence son mémoire, et M. de Montreuil finit le sien par m'accuser de barbarie (1). Ils sont sans

---

(1) M. de Kersalaün, pp. 2 et 3 de son *Mémoire au roi* (1767, Paris, in-4°), s'étend largement sur sa détention à Saint-Malo; il ne nomme pas M. de Fontette, mais il dépeint, dans les termes les plus forts, le cachot dans lequel il a été détenu trois mois, avant d'obtenir une chambre.

M. Picquet de Montreuil, à la fin de son *Mémoire au roi* (Paris, 1767, in-4°, p. 20), s'exprime ainsi : « Transféré à Rennes... au couvent des Cordeliers pour « assister le lendemain dans ma maison... à la levée des scellés et au scrupuleux

contredit ceux, de tous, pour qui j'ai eu le plus d'attentions; et je n'aurais qu'à rendre leurs lettres publiques, dont j'ai les originaux, et mes réponses, dont j'ai les copies, pour les convaincre de fausseté et de méchanceté. Ce ne sont pas vraisemblablement les derniers traits qui partiront de la plume de ces oiseux et fourbes écrivains, qui séduiront toujours à leur gré le public, tant qu'on n'aura pas la liberté de leur répondre.

Le bastion, encouragé par leur exemple et par l'impunité, a, dit-on, mis sous presse son volumineux *Sottisier*. Et vous dites, après cela, que la cour n'est pas dans l'intention de laisser imprimer le mémoire des deux ordres ! Je crois cependant qu'elle en autorisera la publication ; sans quoi il n'y a plus qu'à tendre le dos.

M. d'Aiguillon part sûrement lundi 8, et sera le 13 à Paris, où il sera plus utile qu'ici. A quoi aurait-il servi à Rennes? L'enregistrement du règlement n'est pas chose prête, surtout avec un premier président comme celui-ci. Dans ces circonstances je pense que le complément du parlement serait même plus nuisible qu'avantageux. Il faut laisser mûrir l'un et l'autre ; et si l'on y parvient à la fin de l'année la besogne n'aura pas été mauvaise. M. d'Aiguillon a offert de revenir en novembre. C'est bien assez tôt.

Je tiens toujours pour la punition des factieux ; il ne paraît pas y incliner, mais il aura plus à souffrir que qui que ce soit de son indulgence. Un Guerry avec quatre milles livres de bienfaits du roi ; un chevalier de Rosnyvinen lieutenant-colonel de son régiment (1) ! Il serait joli de laisser à ces gens-là leur état. Un Saint-Gilles, capitaine au régiment du roi, un d'Orvaux, un de Bruc, etc., qui ont

« examen de mes papiers..., je suis conduit avec escorte à la citadelle de Saint-
« Malo, où l'on me renferme dans la prison la plus noire et où j'éprouve, de la part
« de l'officier envoyé pour y commander, des traitements que ne se permettent
« point ceux qui, sous les yeux de Votre Majesté, veillent à la garde des plus sé-
« vères prisons. »

(1) Anonyme de Rosnyvinen, chevalier de Rosnyvinen, fils de Joachim-Amaury-Gaston de Rosnyvinen, corvette de chevau-légers de la garde du roi, et de Louise-Bertine des Fosses, né en Toussaints de Rennes, le 15, y ondoyé le 16 septembre 1724 (il n'a jamais été nommé), est décédé célibataire à Rennes, le 3 avril 1810. Le chevalier de Rosnyviren a été nommé brigadier de cavalerie en 1768, et maréchal de camp en 1780. (*Reg.* par de Toussaints de Rennes. — *Reg. des décès de Rennes pour 1810.* — *Histoire généalogique des grands officiers de la couronne*, par le P. Anselme, nouvelle édition, par Pol de Courcy, t. IX, p. 866.)

signé le *Sottisier* ! Un Bégasson, faux comme un jeton, un chevalier de Pontual, un fanatique, demeureraient dans leur province qu'ils ont voulu bouleverser ! Enfin entre nous ce serait mal fait de ne pas les punir; mais il ne faut pas échauffer les têtes sur ce point; cela sera discuté à l'arrivée de M. d'Aiguillon.

CCLXV

Paris, le 10 juin 1767.

M. de La Noue à M. de Fontette.

Actuellement que vous êtes en liberté à Saint-Malo, je puis vous confier que vous nous avez renvoyé l'Illustre bien animée et bien échauffée contre M. de Grandbourg; cela s'est étendu sur moi, comme si j'en devais répondre, et il est à venir qu'elle m'ait dit un mot sans courroux. En général, elle ne cache pas assez son émotion. Je lui ai cependant fait deux arguments sans réplique; l'un est que, quand on a contre soi, tant à tort qu'à travers, les trois quarts du royaume, il faut savoir au moins dissimuler les faibles de ceux qui paraissent être à nous ; qu'en se plaignant ouvertement de M. de Grandbourg, il ne resterait plus rien dans ce pays-ci au commissaire, parce que Castellane devait être compté pour rien ; que de plus on perdait toute la ressource de M. Benoît, si on irritait ouvertement M. de Grandbourg, etc.

Le second argument est que, quand même M. de Grandbourg serait faux jusqu'à la friponnerie (ce qui n'existe sûrement pas), ce serait une fausse route que de lui arracher le masque, parce qu'il serait alors fondé à faire tout le mal possible pour jouir de sa réputation perdue. Ces raisonnements sans réplique n'ont servi qu'à m'envoyer paître. Si le commissaire, que vous m'annoncez pour le 13, est aussi animé, et s'il ne m'écoute pas, je suis persuadé qu'il cassera ses œufs.

Je vous remercie de la lettre de M. de Saint-Florentin à votre sénat(1), mais j'aurais voulu avoir la lettre du sénat au roi. Je com-

(1) Nous croyons devoir reproduire ici cette lettre in-extenso.
« Marly, 1er juin 1767.
« J'ai mis, Messieurs, sous les yeux du roi, votre lettre du 29 du mois dernier.
« Sa Majesté n'a pas désapprouvé l'intérêt que vous prenez à ceux qui ont été

prends qu'avant que M. d'Amilly se soit mouché et ait goguenardé sur les affaires courantes, il se passera du temps. Votre sénat ira lentement sur le règlement; ils rechigneront sur ce qui leur devient personnel dans la réunion de 1532, et la réformation de 1668; mais tôt ou tard ils enregistreront; et ce sera le moment de travailler au complément.

Sur le vu des requêtes des exilés tous les gens sensés ont dit : Ils peuvent avoir raison ; mais ce sont des gens bien dangereux dans un état. — Si vous aviez un biais pour montrer leur fausseté par rapport à vous, ce serait un grand bien; mais, comme vous n'êtes pas nommé, vous ferez aussi bien de vous en taire, malgré leurs lettres.

Vous avez bien raison de voir de la duperie dans l'indulgence de de M. d'Aiguillon pour les lettres de cachet d'éloignement. Il a toujours le faible de vouloir être bon; le temps en est passé; il ne faut plus qu'être juste. Le refus de d'Orvault et du comte de Bruc pour l'état de fonds aurait mérité une autre punition; mais j'espère qu'elle aura lieu avec celle des Guerry, chevalier de Rosnyvinen, Saint-Gilles du régiment du roi, Bégasson, chevalier de Pontual, etc. Je réserve cette litanie pour la rappeler à l'arrivée du duc d'Aiguillon.

CCLXVI

Au Hautbois, le 16 juin 1767.

M. de Fontette à M. de La Noue.

Je reçus, mon cher La Noue, votre lettre du 6, au moment que M. le duc d'Aiguillon venait de monter en chaise pour nous quit-

« autrefois vos confrères; mais elle croit ne devoir pas vous laisser ignorer que les
« nouvelles démarches que vous pourriez faire en leur faveur lui seraient très désa-
« gréables, attendu la ferme résolution où Elle est et où Elle a déjà déclaré plu-
« sieurs fois être de maintenir avec la plus grande exactitude les dispositions
« de son édit du mois de novembre 1765. Elle n'entend point réunir l'universalité
« des anciens membres de son parlement de Bretagne, et rien n'est capable de faire
« changer sa détermination à cet égard. Telle est la réponse que Sa Majesté m'a
« ordonné de vous faire de sa part, en vous assurant de la véritable satisfaction
« qu'Elle ressent de votre zèle et de vos services.

« Je suis toujours parfaitement, Messieurs, votre très humble et très obéissant
« serviteur.
                                            « (Signé) *St-Florentin.* »
(Arch. de la cour d'appel de Rennes, *Reg. littéraire*, f° 162, r° et v°.)

ter. Il était bien content de partir, et je ne l'étais pas moins de le voir aller à la cour, où je suis bien assuré que, dans ce moment-ci, il sera plus utile qu'ici ; il y modérera l'impatience qu'on témoigne pour l'enregistrement du règlement, et pour le complément du parlement ; il y fera sentir que la première opération exige un examen, et peut trouver des oppositions dans quelques points auprès d'une compagnie dont partie des membres y est intéressée par ses descendants, et dont la totalité l'est par la crainte du blâme public auquel elle n'est déjà que trop exposée, et qu'elle doit ou croit diminuer par des remontrances ou la demande de quelques modifications, ou peut-être de lettres de jussion. Il y démontrera ce qui me paraît prévu, et ce que j'avais prévu, et vous avais dit dans une de mes lettres précédentes, que le succès de la seconde opinion dépendait nécessairement de la première, à laquelle plusieurs, bien intentionnés pour rentrer dans le parlement, ne voudraient pas prendre part. Tel a été le sentiment de M. du Pont (1), et tel sera celui de quelques autres ; il faut donc prendre patience sur l'un et l'autre objet, et personne ne peut mieux que M. d'Aiguillon faire entendre à la cour qu'on ne peut que gagner en temporisant, et de quelle nécessité il est de ménager la faiblesse de ces gens-ci. Au reste, je ne doute pas que l'affaire de l'enregistrement ne soit terminée avant le 15 du prochain ; elle sera accélérée d'un côté par l'intendant et de l'autre par M. d'Aiguillon. Quant au complément, s'il est fini à la Saint-Martin, temps de la rentrée, c'est tout ce que nous pouvons espérer et désirer de mieux ; il faut une chambre des vacations, et ne pas dégoûter ces gens-ci par une prorogation de parlement.

(1) Il y avait trois conseillers de ce nom. S'agit-il ici d'un *du Pont* non démissionnaire ? Cela est probable. Il serait par suite question de Claude-François du Pont, seigneur d'Eschuilly, qui a été reçu au parlement de Bretagne comme conseiller, le 1er décembre 1744, et qui a fait partie de la compagnie organisée par Maupeou en 1771. Après la rentrée du parlement en 1774, il a cédé son office à ses collègues qui ont accepté son offre par délibération du 16 mars 1776, au prix de 22.000 livres. D'après un renseignement manuscrit, il serait décédé le 19 janvier 1789, à l'âge de 75 ans. Voici ce que dit de lui le *Commentaire de la liste de NN. SS. du parlement* (p. 8) : « N'a fait aucun service depuis dix ans ; n'eut « aucune part à l'acte des démissions ; a refusé de rentrer depuis au palais. « M. d'Aiguillon voulut que son nom fût employé dans la nouvelle liste. » (Archives de la cour d'appel de Rennes, *Reg. secrets, Registres d'enregistrement*, 1777.)

CCLXVII

Rennes, le 16 juin 1767.

M. de Fontette à M. de La Noue.

On dit qu'il y a encore un nouveau mémoire de M. de La Chalotais. Cet homme écrira tant qu'il aura des pouces. Cela ne m'étonne pas, et je n'y vois d'autre remède que celui de M. de Maupertuis pour obliger ses chats à marcher droit ; mais ce qui m'étonne, c'est que le gouvernement souffre l'impression, et la distribution des mensonges et libelles.

Il paraît un nouveau recueil de tout ce qui s'est passé en Bretagne, brochure assez volumineuse, autre moindre, contenant diverses pièces de cette dernière tenue, avec des notes injurieuses pour M. d'Aiguillon et pour M. Le Prêtre (1).

Adieu, mon cher La Noue, je vous embrasse.

CCLXVIII

Paris, le 17 juin 1767.

M. de La Noue à M. de Fontette.

Je vous crois bien impatient de savoir l'arrivée et la réception de M. d'Aiguillon ; personne ne la sait mieux que moi, car je ne l'ai quitté, depuis son retour, le 13 au soir, qu'à la porte du cabinet du roi. Nous fûmes le 14 à Versailles après midi ; il vit le roi à six heures, qui le reçut avec des marques singulières d'amitié, et qui le poussa dans une embrasure pour causer avec lui, lui prendre les mains, lui dire qu'il s'était conduit comme un ange, etc. Il avait vu avant MM. de Saint-Florentin et de L'Averdy, qui l'avaient accueilli à merveille. Le soir, au grand couvert, le roi l'appela à cinquante reprises différentes, rit beaucoup avec lui, et lui parla souvent à l'oreille. J'eus ma part de la fête, car le roi lui dit de moi, à quatre ou cinq

(1) L'un de ces pamphlets doit être celui qui a paru sous ce titre : *De l'affaire générale de Bretagne*, avec une épigraphe empruntée à Tacite.

reprises, les choses les plus honnêtes sur mon zèle pour son service, sur ce que j'étais bon à tout, sur ce qu'il connaissait mes œuvres, etc. Il y avait trois cents personnes à ce grand couvert, au moyen de quoi la bonne réception a été répandue tout de suite; elle a continué au lever du 15. Nous sommes revenus le soir à Paris, après avoir conféré avec les Benoît, les Mantel, et tous les amis qui sont charmés de la réception. Vous jugez bien que, dans les transitions nous avons causé, et encore hier matin, et encore hier, tête à tête, à l'opéra. Il retourne à Versailles cette après-midi, et moi demain.

Il a bien goûté vos raisonnements sur la nécessité de faire marcher l'enregistrement du règlement avant le travail du complément du parlement. Il en avait prévenu ministres et amis; quelques-uns de ces derniers ne voulaient pas se rendre, disant qu'il n'y avait pas un instant à perdre pour le complément, parce que d'ici on écrivait là-bas pour rompre toute rentrée ou entrée de ceux qui avaient de la bonne volonté de prendre des charges; mais il a fait, et fera voir aujourd'hui la nécessité de ne pas user de précipitation, qui ferait manquer la besogne. Il est sûr que ceux qui voulaient presser le complément avaient une sorte de raison dans les manœuvres mensongères, fausses et atroces, qu'on fait ici pour éviter qu'il ne se fasse un parlement là-bas. Notre magistrature sent le coup que cela lui portera. L'intérêt, l'animosité, la honte d'avoir le dessous sont de grands mobiles. Eh! que ne doit-on pas attendre de gens qui ont gagné les domestiques ou autres fripons de chez l'archevêque pour forcer son cabinet et ses portefeuilles afin d'avoir des pièces contre lui ? Ils ont enlevé les unes, copié les autres, etc. C'est de l'archevêque même que je tiens ce fait. Mais, autre fait qui les caractérise : Un notaire de Troyes, avec deux témoins a fait un faux acte ; le présidial de Troyes a condamné le notaire à cinq ans de galères et les deux témoins à cinq cents livres d'amende, et blâmes. Appel au parlement; le procureur général a relevé à minima, et a conclu aux galères perpétuelles pour le notaire, et les deux témoins à chacun trois ans. L'avis allait passer en Tournelle, lorsqu'un de Messieurs a fait observer qu'il n'y avait dans cette affaire que des comparaisons d'écritures, vérifications d'experts, etc... ; que c'était

31

se dédire tout platement de ce qu'on avait allégué pour M. de La Chalotais, etc. Les juges sont revenus à cette observation, le notaire et les témoins innocentés, et l'accusateur condamné à trente mille livres de dommages-intérêts. Après cela, pauvre chrétien, fiez-vous aux gens de bien.

On a fort goûté aussi votre idée sur une chambre des vacations, pour ne pas rebuter par une prorogation votre sénat breton.

L'affaire de Kerguenech est en beau train; elle a dû être rapportée au tribunal avant-hier; le maréchal de Biron l'a trouvée atroce, mais n'a pas voulu l'expliquer comme juge; mais M. Gondot m'a dit qu'on ne pouvait guère se dispenser de dix ans de prison pour le tour d'adresse de l'écrivain. Le maréchal de Biron a pris la chose en son nom, comme si Kerguenech lui avait écrit directement; ainsi personne n'est compromis...

CCLXIX

Saint-Malo, le 20 juin 1767.

M. de Fontette à M. de La Noue.

M. d'Aiguillon m'écrivait bien la bonne réception qui lui a été faite à Versailles. J'ai eu soin de la publier ici; chacun y ajoutera foi, selon les dispositions de son cœur. Il y a ici, comme dans le reste de la province, des uns et des autres, mais il n'y a guère que sept ou huit personnes, dont une seule famille qui aient osé lever le masque. Je vis à peu près assez paisiblement avec le reste, en disant la vérité aux gens raisonnables, et en goguenardant les incrédules qui ne sont pas absolument fanatiques.

J'ignore toujours absolument ce qui s'est passé au parlement de Rennes d'après l'examen du règlement; M. de Flesselles me dira où cela en est. Je crois qu'il se fait bien des pratiques sourdes pour en arrêter l'enregistrement.

CCLXX

Paris, le 29 juin 1767.

M. de La Noue à M. de Fontette.

J'ai passé ma journée d'hier à Versailles, mon cher maréchal; M. d'Aiguillon y était de retour de la veille. Son voyage de Pontchartrain n'a pas été heureux; il y a essuyé un accès de fièvre de vingt-quatre heures assez violent; sa mâchoire s'est enflée; je la trouvais encore assez grosse hier. L'après-midi il était mieux et a travaillé avec M. Benoît. Il a été reçu au mieux de M. de Choiseul qui a fait avec ouverture et satisfaction tout ce qu'il lui a demandé. Je lui avais remis une note sur l'inconduite du sieur de Vieuchâtel aux états, qui (si vous vous en ressouvenez) avait dénoncé la protestation; M. d'Aiguillon avait conclu à ce que le ministre demandât la démission de cet officier, mais M. de Choiseul a enchéri, en envoyant une lettre de casse (sic), jugeant le cas assez grave pour cet exemple. M. d'Aiguillon a voulu revenir à sa première demande, mais inutilement.

Adieu, mon cher maréchal, je pars dans quatre jours pour Saint-Quentin, où j'espère que vous m'écrirez tant de Saint-Malo et de Rennes que de Véretz...

CCLXXI

A Véretz, le 28 juillet 1767.

M. de Fontette à M. de La Noue.

Maintenant que je suis bien reposé, mon cher La Noue, je viens vous tenir la parole que je vous ai donnée. Nous arrivâmes ici, Mme de Flesselles et moi, le 23. Nous y trouvâmes La Guère, le chevalier Redmond, le chevalier de Ballcroy; ce dernier avait précédé M. le duc d'Aiguillon de trois jours, parce qu'il y avait eu retard dans le départ de Paris. M. de Voyer (1) y a passé un jour en allant aux Ormes. M. de Creuilles, M. et Mme de La Cour de Boué (2) arri-

(1) C'est Marc-René, marquis de Voyer, fils de Marc-Pierre, comte d'Argenson, secrétaire d'état de la guerre. Il était né en 1722 et mourut en 1782. Maréchal de camp depuis 1752, il devint commandant en Saintonge, Poitou et Aunis. (*Dictionnaire de la noblesse.*)

(2) Jacques-Célestin-Jean-François-Marie du Merdy de Catuélan, comte de La Cour de Bouée, était frère du marquis de Catuélan, qui était alors président aux enquêtes du parlement de Bretagne, et qui devint en 1777 premier président de cette compagnie. Leur père avait été lui-même président aux enquêtes. Mme de La Cour de Bouée était une de Cornulier (Rose-Anne). Elle était fille de Toussaint de Cornulier, seigneur de Boismaqueau, président à mortier au parlement de Bretagne.

vèrent un jour après nous et y restèrent tout le voyage. M. de Chabrillan l'oncle (1) sera ici dans les premiers jours du mois. On dit que M. et Mme de Menou (2) et l'abbé de Mossay (3) viendront incessamment. Je crois que voilà à peu près tous les étrangers que nous aurons. Les Tourangeaux viennent journellement à foison. L'archevêque (4), son frère, l'évêque de Chartres (5) étaient hier ici. L'intendant et sa femme y étaient avant-hier (6). M. et Mme d'Aiguillon vont les voir aujourd'hui en allant voir Mme la princesse de Conti (7), qui est depuis huit jours à Beaumont. Des chasses, des

(*Reg. paroissiaux* de Saint-Jean de Rennes, actes de baptême du 12 novembre 1746 et de mariage du 26 novembre 1765. — *Généalogie de la maison de Cornulier*. Orléans, 1889, in-8°, p. 133.) La Cour de Bouée était une terre seigneuriale située dans la paroisse de Bouée, près de Savenay. (Du Bois de La Patellière, *Notes historiques sur quelques paroisses du diocèse de Nantes*, 2ᵉ série. Nantes, 1891, in-8°, p. 65.)

(1) Mlle d'Aiguillon était entrée l'année précédente dans la maison de Moreton de Chabrillan. Son mari avait plusieurs oncles occupant des emplois dans l'armée : l'indication donnée par M. de Fontette est trop vague pour qu'il soit possible de l'individualiser.

(2) Il y avait en 1767 plusieurs branches de la famille de Menou qui, originaire du Perche, puis transplantée en Touraine, s'était répandue dans sept provinces limitrophes. Nous supposons, hypothèse vraisemblable, que les visiteurs du château de Véretz étaient Esmond de Menou, seigneur du Mée et de Pellevoisin, capitaine au régiment des grenadiers de France et chevalier de Saint-Louis, et sa femme, Louise-Anne de Menou de Cuissy, d'une autre branche, fille de feu Louis-Joseph de Menou, seigneur de Cuissy, baron de Pontchâteau, en Bretagne, maréchal de camp. (*Dictionnaire de la noblesse*.)

(3) Ce nom nous est absolument inconnu.

(4) L'archevêque de Tours était alors Henri-Marie Bernardin de Rosset de Ceilhes de Fleury; né dans le diocèse de Narbonne, le 26 août 1708, il fut sacré archevêque de Tours le 20 juin 1751. (*Almanachs royaux* pour 1766 et 1768.) Il est mort en 1774.

(5) L'évêque de Chartres était Pierre-Augustin Bernardin de Rosset de Rocozel de Fleury; né au château de Pérignan, diocèse de Narbonne, le 3 mai 1717; il fut sacré évêque de Chartres, le 16 octobre 1746, Il mourut vers 1780. (*Almanachs royaux* pour 1766 et 1768. — *France ecclésiastique* pour 1782.)

(6) L'intendant, dont il est question ici, était Gaspard-César-Charles Lescalopier, fils d'un conseiller au parlement de Paris, devenu ensuite intendant de Champagne. Doyen des maîtres des requêtes du quartier d'octobre, en fonctions depuis 1733, il fut nommé intendant à Montauban en 1740, et à Tours en 1756. Sa femme, Anne Le Clerc de Lesseville, était d'une famille originairement normande; elle était fille d'un ancien intendant de Tours. et sœur d'un président aux enquêtes du parlement de Paris. (*Almanach royal* pour 1768; La Chesnaye des Bois, *Dictionnaire de la noblesse*, t. XI, col. 891 et 892, et t. V, col. 830 et 831.)

(7) Louise-Elisabeth de Bourbon-Condé, fille de Louis de Bourbon-Condé, lieutenant général et gouverneur de Bourgogne, et de Louise-Françoise de Bourbon (dite mademoiselle de Nantes, fille légitimée de Louis XIV). Née à Versailles, le 22 novembre 1693, y mariée le 9 juillet 1713 à Louis-Armand de Bourbon, prince de

promenades, des concerts, des whist, des berlans, voilà tout le détail de Véretz, d'où je compte partir avant le 15 d'août pour passer un jour aux Ormes, trois ou quatre à Bordeaux, où vous pouvez m'écrire sous le couvert de Fargès, l'intendant. Si vous voyez par la date de celle-ci, et par le jour de son arrivée à Saint-Quentin, que je ne puisse plus recevoir votre réponse ici, je serai sûrement le 1er septembre à Bagnères de Bigorre. Il n'est pas décidé que le général de Broc y vienne ; il est actuellement chez lui, et sa femme est malade. L'évêque de Nantes se trouve à merveille des eaux de Bagnères ; il est actuellement à celles de Luchon et reviendra le 1er septembre à Bagnères ; Candide ne s'en trouve pas si bien.

M. de Flesselles n'a pu avoir son congé ; on ne le lui promet que pour la fin du mois prochain ; il a beaucoup d'affaires à Rennes, dont vous savez les nouvelles horreurs, dont je vous parlerai tout à l'heure. Il a de plus l'enregistrement du règlement sur lequel, après secondes lettres de jussion, le parlement a écrit une lettre au roi. Je crois que c'est chose finie à présent sur troisièmes lettres de jussion, car ils étaient dix contre huit pour l'enregistrement le 15 ou le 16 du courant ; et ce ne fut que la faiblesse du premier président, sur le tapage du président de Montbourcher, qui fit incliner pour la lettre au roi.

Le complément du parlement occupe encore l'intendant. Le petit Becdelièvre et le jeune de Langle vont être enfin pour vous, et ce n'est pas sans peine que leurs parents s'y sont déterminés. Le Champeau, on ne le croirait pas, a abjuré le bastion, et sollicite vivement une charge de conseiller (1). Les deux Dupont,

---

Conti, né en 1695, décédé le 4 mai 1727. La princesse de Conti est décédée en Saint-Sulpice de Paris, le 27 mai 1775. (*Hist. généalogique de la maison de France*, par le P. Anselme, 3e éd. 1726, in-f°, t. 1, pp. 342 et 349. — *Almanach royal* pour 1768. — Chastellux, *Notes prises...*, p. 86.)

(1) Jean-Baptiste-René de Champeaux, seigneur de Trégouet et du Helfau, d'une famille établie dans la paroisse de Béganne (Morbihan). Fils de René de Champeaux, seigneur de Trégouet, chevalier de Saint-Louis, et de Julienne-Marguerite Le Mézec, né le 14 janvier 1740, il est mort à Béganne, et a été inhumé dans son enfeu seigneurial, le 23 décembre 1780. Il a été pourvu, le 12 août 1767, d'un office de conseiller au parlement ; vacant aux parties casuelles, qu'il a payé 40.000 livres, et sa réception a eu lieu le 22 du même mois. On le retrouve sur la liste du parlement institué par Maupeou en 1771. Marié en Saint-Sulpice de Paris, dans les premiers mois de 1773, à Marie-Anne-Charlotte Stuart, il ne paraît pas en avoir eu

Virel (1), et La Marche (2) ont promis de reprendre les leurs, après l'enregistrement du règlement. S'ils tiennent parole, leur exemple donnera un bon branle, et il y a lieu d'espérer qu'avant la Saint-Martinon approchera du complet.

d'enfants. *État civil* de Béganne. — Arch. de la cour d'appel de Rennes, *Reg. d'enregistrement*, XLI, p. 42, 1º). — Le *Commentaire de la liste imprimée* (p. 10) parle de lui en ces termes : « Il s'était déjà présenté en 1764; il avait été refusé du « parlement. Il s'est montré dans tous les temps très dévoué aux jésuites dont il « fut congréganiste. Il parut citoyen au commencement des derniers états, et finit « par trahir son ordre, ayant au surplus l'esprit borné et le jugement faux. » La *Deuxième lettre d'un gentilhomme breton à un noble espagnol* raconte sur M. de Champeaux une histoire invraisemblable; la voici (p. 127) : « Le sieur de Cham-« peaux avait voulu jadis acheter une charge de conseiller; l'ancien parlement « refusa de le recevoir. Ce refus seul était une raison décisive pour engager le « *bailliage* à se fortifier d'un pareil sujet; il l'admit avec joye et se félicitait de le « posséder. lorsque, au milieu d'une délibération, ce conseiller se leva et tint à « peu près le discours suivant : « Vous êtes tous des misérables qui vous couvrez « d'opprobres et vous repaissez d'iniquités. Chaque pas que vous faites est « marqué par de nouvelles horreurs, surtout dans la procédure que vous instruisez « au sujet d'un complot trop réel d'empoisonner M. de La Chalotais. Tout le monde « connaît vos manœuvres odieuses et les pratiques sourdes que vous employez pour « étouffer la vérité; mais elle perce de toutes parts malgré vos efforts. Je me « retire pour ne point participer à la consommation de cet abominable projet, et « pour n'être plus complice de vos forfaits. » A ce discours très suivi, il ajouta « des propos peu sensés qui firent apercevoir le dérangement de sa tête, mais per-« sonne n'a douté que la cause de ce dérangement n'ait été le chagrin qui le dé-« vorait de participer aux injustices notoires de son corps et à l'exécration pu-« blique qu'il a si bien méritée. Il sortit aussitôt du palais, monta à cheval et « fit dix-sept lieues, sans relais et sans s'arrêter. Peu de jours après, son père, qu'il « était allé rejoindre, envoya sa démission à M. le premier président. » Les injures dont M. de Champeaux aurait accablé le « bailliage d'Aiguillon », n'empêchèrent pas qu'en 1771 il fut porté sur la liste du parlement nouveau, institué à Rennes par M. Maupeou.

(1) Augustin du Fresne, seigneur de Virel, fils de François du Fresne, seigneur de Virel et de La Gaudelinaye, et de Hélène-Françoise de Thierry, a été reçu conseiller au parlement de Bretagne, le 13 août 1746; il est mort le 8 août 1785. Il a eu de nombreux enfants de sa femme Henriette-Louise de Coulombe, fille d'un ancien capitaine de vaisseaux, qui lui a survécu, et n'est morte à Rennes que le 9 messidor an XI. Nous ne savons s'il y a encore des représentants mâles de ce nom. (Archives de la cour d'appel ; *Reg. secrets*. — Notes particulières de M. Saulnier.) Le *Commentaire de la liste de NN. SS. du parlement* (p. 12) dit de lui : « Avait signé l'acte des démissions, a rentré au mois d'août dernier (1767). Pareil « ordre à celui qui fut notifié à M. de La Marche; il s'est comporté comme ce ma-« gistrat, a déclaré qu'il ne rentrerait jamais pendant que le tribunal existerait en « l'état où il est. Il est retourné au lieu de son exil. »

(2) Charles-Elisabeth de Grimaudet, seigneur de la Marche (d'une famille qui a eu sept de ses membres au parlement de Bretagne, et dont une branche, celle de La Rochebouet, était encore récemment représentée), fils de Jean-Marie Grimaudet, seigneur de Gazon, conseiller au parlement, et de Marguerite-Yvonne Drouet de Thorigny, né en Notre-Dame de Vitré, le 18 novembre 1711, est décédé doyen de la cour, sans alliance, en Toussaints de Rennes, le 30

Venons aux horreurs de Rennes. Vous avez sur les dépositions de la dame Moreau (1) et du procureur Canon (2), son galant, qui accusaient l'abbé Clémenceau (3), ex-jésuite, d'avoir donné au sieur des Fourneaux, lieutenant dans Autichamp, une bourse d'or et une fiole pour empoisonner M. de La Chalotais. Ces dépositions étaient appuyées de celle du sieur Moreau fils, volontaire dans Autichamp,

juillet 1787. (*Reg. par.* de Toussaints de Rennes et de Notre Dame de Vitré). Le *Commentaire de la liste* (p. 9) s'exprime ainsi sur lui : « Avait signé l'acte « des démissions, demeura à son exil jusqu'au 17 août 1767 : forcé de se rendre à « Rennes par une lettre de cachet qui lui enjoignait de rentrer au palais, sous peine « de désobéissance, il satisfit à cet ordre du roy et protesta hautement qu'il n'en- « tendait être compris au nombre des rentrés..., et ne se présentait que par sou- « mission aux volontés du roy, mais ne voyant pas dans le tribunal actuel les qua- « lités nécessaires pour former ou représenter le parlement, il retourna à Château- « briand, lieu de son exil, bien résolu de ne pas revenir à Rennes. »

(1) Julie-Angélique-Hyacinthe de Bédée de La Boüetardaye, fille d'Ange-Annibal de Bédée, seigneur de la Boüetardaye, et de Benigue-Jeanne-Marie de Havenel, née vers 1726, a épousé en la paroisse de Bourseul, le 14 avril 1744, Jean-François Moreau, procureur au parlement et échevin de Rennes. M. Moreau a cessé, dix ans après, de postuler devant la cour et a démissionné le 8 septembre 1754, en faveur de Jean Level, qui fut pourvu le 31 décembre suivant. (Arch. de la cour d'appel de Rennes, *Reg. d'enregistrement*, XXXIX, f° 158, r°.) On peut s'étonner de ce mariage, qui était une véritable mésalliance, rachetée probablement par des avantages pécuniaires considérables. Le frère aîné de Mme Moreau est ce Bédée de La Boüetardaye, dont Chateaubriand a parlé dans ses *Mémoires d'outre-tombe*. Une de ses sœurs, Appoline-Jeanne-Suzanne de Bédée, a épousé à Bourseul, le 3 juillet 1753, René-Auguste de Chateaubriand, et a été la mère de l'illustre écrivain. (*Registres paroissiaux* de Bourseul.) Chateaubriand paraît avoir peu connu sa tante Moreau et son cousin Annibal Moreau, celui qui fut compromis avec sa mère dans le procès du poison. Leur rencontre s'est faite à Paris en 1786, à l'Hôtel de l'Europe, rue du Mail, au lendemain de l'arrivée du jeune chevalier : « Ma porte « s'ouvre, écrit-il au tome Ier de ses *Mémoires* (Paris, 1860, 6 vol. in-8°), entrent « mon frère et un de mes cousins, fils d'une sœur de ma mère, qui avait fait un « assez mauvais mariage... Mon cousin Moreau était un grand et gros homme « tout barbouillé de tabac, mangeant comme un ogre, parlant beaucoup, toujours « trottant, soufflant, étouffant, la bouche entr'ouverte, la langue à moitié tirée, con- « naissant toute la terre, vivant dans les tripots, les antichambres et les salons » (p. 188). Tel pouvait être en effet l'ancien soldat du régiment d'Autichamp, qui avait dû garder des habitudes de caserne et d'estaminet. Nous ne savons ce que le « gros cousin » est devenu ; à un autre voyage, en 1787, Chateaubriand ne le retrouva plus à Paris (p. 213).

(2) Jean-Canon, né le 17 avril 1729, a été pourvu d'un office de procureur postulant au parlement de Bretagne, par lettres du 27 mai 1754. (Arch. de la cour d'appel de Rennes, *Reg. d'enregistrement*, XXXIX, f° 136 v°.) Sa femme, Cécile Kerscavain, était la sœur de Mme Richard de la Bourdelière. (*V. ce nom.*) Dans un mémoire de Jean-François Moreau, on voit que Jean Canon a été longtemps son clerc ; ce qui explique les relations d'intimité qui pouvaient exister entre lui et la dame Moreau.

(3) Jean-René Clémenceau, prêtre, directeur de l'hôpital de Saint-Méen, de Rennes, se disait en février 1768 âgé de 55 ans.

qui disait l'avoir entendu dire, ainsi que bien d'autres, au sieur des Fourneaux ; et qu'il avait ajouté que M. d'Aiguillon était son ennemi parce qu'il n'avait pas voulu exécuter ses intentions contre les prisonniers qui se tireraient d'affaires malgré lui. Sur ce, le sieur des Fourneaux a été appelé en déposition, par laquelle toute cette trame se trouve éclaircie. On voit qu'il n'a jamais vu, ni gardé M. de La Chalotais, mais seulement Bouquerel, dont la folie et les violences troublèrent la tête du sieur des Fourneaux déjà fêlée par quatorze coups de sabre, et qui, au rapport de M. Pinon (1), son lieutenant colonel, et de tous les officiers de ce régiment, a été réellement fou, en son quartier de Blain (2), pendant le printemps dernier. Le sieur des Fourneaux en convient lui-même, comme aussi qu'il avait dit dans l'automne dernier à ladite Moreau (chez qui il allait souvent parce que M. Pinon y logeait), que l'abbé Clémenceau, supérieur de l'hôpital de Saint-Méen où Bouquerel fut mis, en arrivant de la Bastille à Rennes, avait voulu lui remettre une bourse d'or, une malle, et quelques papiers appartenant audit Bouquerel déposés entre les mains du dit Clémenceau par l'exempt de la prévôté chargé de la conduire de Paris à Rennes. Le sieur des Fourneaux refusa de s'en charger, et ils furent déposés au greffe. Le sieur des Fourneaux dépose encore avoir dit à la dame Moreau que, craignant que les adhérents dudit Bouquerel ne voulussent attenter à sa vie, il ne sortirait plus qu'avec des pistolets, et qu'il la priait de lui donner une fiole de lait pour se mettre à l'abri du poison. De tous ces propos, dont on n'a dit mot pendant un an, on a formé le plan infâme d'accusation suggéré à la dame Moreau et au procureur Canon, dont les dépositions ont fait un tapage étonnant, à Rennes

(1) Louis-Vincent de Pinon, ou chevalier Pinon, mousquetaire en 1740, cornette dans la colonelle-générale-cavalerie en 1743, et capitaine au régiment de dragons (aujourd'hui Autichamp 1766), blessé à Embeck en 1757, décoré de l'ordre de Saint-Louis en 1758, lieutenant-colonel dès 1763. (*Table historique de l'état militaire de France depuis 1758 jusqu'à présent*. Paris, 1766, in-12, p. 215. — La Chesnaye des Bois, t. XV, col. 883.) D'après le *Dictionnaire de la noblesse*, la famille de Pinon, originaire du Berry, s'est partagée en plusieurs branches dont l'une, celle des vicomtes de Quincy, a marqué au parlement de Paris (t. XV, col. 882 et 883).

2) Blain se trouve dans le département de la Loire-Inférieure, arrondissement de Saint-Nazaire, à sept lieues de Nantes.

et à Paris, dans les premiers moments ; et on soupçonne avec beaucoup de fondement les sieurs Guerry frères d'avoir été les moteurs secrets de toute cette cabale. Mais la trame était trop mal ourdie pour n'être pas promptement découverte. L'affaire se sait, et l'on a entendu bien des gens, qui, quoique soufflés en partie, ne font que déceler de plus en plus la noirceur de cette scélératesse.

Tout ce qu'on voit de plus clair dans les projets de la cabale est qu'elle cherche à impliquer tant de gens dans cette affaire, et de gens tenant au parlement, qu'il ne s'y trouve plus assez de juges pour en connaître, et qu'on soit obligé de l'évoquer à un autre parlement, où, de proche en proche, l'ancienne affaire des prisonniers serait rappelée ; mais le projet échouera et l'on compte, sans lettres de disjonction, séparer, sur des réquisitoires des gens du roi, les trois affaires englobées mal à propos en une seule : 1° celle des monitoires ; 2° celle des informations au sujet des prétendus propos tenus par un ex-jésuite chez le curé de Saint-Jacques de La Lande et dénoncés par un coquin d'huissier à qui ledit curé, qu'il disait présent, soutint qu'il n'en avait aucune connaissance ; 3° celle des dépositions de la dame Moreau et du procureur Canon, qui est si imprudent qu'il va disant partout : « Victrix causa diis placuit, sed victa Canoni. » Il ajoute aussi insolemment qu'il peut encore en dire bien d'autres, avant que d'être puni, parce qu'il est ami ou parent des trois plus grands coquins de Rennes, qui sont : Coniac, Bourdelière (1)

(1) Charles-Antoine Richard, sieur de La Bourdelière, fils de Charles Richard, sieur de La Bourdelière, professeur et doyen des facultés de droits de Rennes, e de Marie-Josèphe Belloudeau, né en Saint-Denys de Nantes, le 14 octobre 1729. Pourvu du double titre de docteur en droit et d'avocat au parlement, il fut agréé par les facultés en qualité de secrétaire greffier, le 6 juillet 1749 ; son état de minorité et sa situation de fils du doyen ne lui permit pas d'exercer effectivement cette fonction ; il n'en devint titulaire que cinq ans après, et prêta serment le 27 mai 1754. Il mourut en Saint-Germain de Rennes, le 10 juin 1785. (*Registres paroissiaux* de Saint-Germain de Rennes, 1764 et 1785. — Chenon, *les Anciennes facultés des droits de Rennes.* Rennes, 1890, in-8°, pp. 31-33.)

Le concours que Richard de La Bourdelière a prêté au duc d'Aiguillon lui a valu les haines les plus vives du parti contraire ; les pamphlets du temps ne lui ont pas ménagé les invectives. Ainsi, à l'occasion d'un examen de droit passé par un futur conseiller au parlement, Le Vicomte de La Villevolette, on dit que « l'ami Bour-
« delière lui choisit des examinateurs faciles et complaisants.. », et l'on ajoute en
« note : « Greffier des facultés de droit qu'on appelle « l'ami », parce qu'il y a
« longtemps qu'il est connu pour le complaisant de M. de Coniac, sénéchal de
« Rennes, de façon même qu'il était passé en usage à la poissonnerie d'appeler

et Doré (1). Il est effectivement beau-frère du second et brouillé depuis longtemps avec lui.

M. d'Aiguillon rit avec raison de toutes ces horreurs qui, à la fin, feront dans les affaires de Bretagne le même effet que faisaient les convulsions dans celles du jansénisme, et discréditeront le parti; elles éclaireront du moins les gens sensés sur l'esprit de M. de La Chalotais et de ses adhérents. Ceux-ci se rassemblent journellement à l'hôtel de La Chalotais, à Rennes, et Mlle de La Mancelière, sa belle-sœur, y tient table ouverte à toute la canaille. Il y a des jours où l'on y a vu entrer vingt et jusqu'à trente personnes de tout état et de tout sexe, pour y godailler. La Boîte à Perrette (2) fournit sans doute à tout. En voilà bien assez long sur tout cela.

C'est le vicomte de Barrin qui commande en Bretagne; il réside à Lorient.

CCLXXII

Saint-Quentin en Picardie, le 3 août 1767.

M. de La Noue à M. de Fontette.

Grand merci, mon cher maréchal, de votre lettre du 28 du mois passé, qui m'est parvenue le 1er de celui-ci. C'est pour vous dire qu'il n'y a que cinq jours de Véretz à Saint-Quentin. Conservez la santé de vos respectables châtelains tant qu'ils seront à Véretz, à la séparation vous vous chargerez de surveiller le mari, et moi, la femme. Parlez-leur quelquefois de mon attachement; faites-les rire et me mandez quelle est votre victime, quand je n'y suis pas. Vous avez de quoi choisir, La Guère, Balleroy, Redmond, M. de Crémilles (3), La Cour de Boué, Chabrillan, M. de Menou, etc., j'en

« certains poissons des Bourdelières ». (*Réponse instructive à l'extrait de la lettre de Rennes du 18 mai 1768*, sans lieu ni date d'impression, in-12 de 68 pages, p. 28.)

(1) Doré est un procureur du roi de police à Rennes, qui a été très attaqué dans les pamphlets chalotistes pour s'être opposé aux manifestations de certains corps d'état ayant pour objet le rappel de l'« universalité » du parlement.

(2) On sait qu'on appelait de ce nom la caisse secrète du parti janséniste.

(3) M. de Crémille était un lieutenant-général, gouverneur d'Aire, grand'croix de Saint-Louis. Il a dirigé le ministère de la guerre, sans avoir le titre de secrétaire d'état. (*Annuaire militaire*, liste des ministres de la guerre.)

excepte M. de Flesselles, persuadé que vous avez fait vos conventions en routes. Assurez toute ces honnêtes gens de mes sentiments ; je voudrais bien partager avec eux les promenades, les jeux, les concerts, mais je suis ici, au milieu des miens, occupé d'affaires et d'amitié... J'irai le 14 à Compiègne, et à Paris le 21. Si j'ai quelque chose à vous mander dans vos transitions (*sic*), je vous l'adresserai par l'intendant de Bordeaux ; prévenez-le...

J'attends avec impatience, quoiqu'avec sûreté, l'enregistrement du règlement au sénat breton. Le complément mettra la perfection à la besogne. Les récipiendaires que vous me nommez me font plaisir ainsi que les rentrants; mais je ne connais ni de nom ni d'effet ce M. de Champeau, qui vous fait chanter les louanges de Dieu, comme sainte Monique faisait à la conversion de saint Augustin.

Je ne savais point les horreurs de la dame Moreau, du procureur Canon et de l'intervention des Fourneaux. Cette abomination, détruite par la déposition des Fourneaux, ne sera-t-elle pas jugée et punie par le parlement ? Ces ressources scélérates prouvent de plus en plus la manière d'être des La Chalotais et de leurs partisans ; elles sont bien capables de détacher les honnêtes gens qu'ils ont surpris, et M. d'Aiguillon a bien raison d'en rire de pitié et d'indignation. Mlle de La Mancelière prouve bien que quand on a mis le pied dans le désordre, on finit par la crapule. Quelle image que celle de la vie qu'elle mène !

CCLXXIII

A Véretz, le 10 août 1767.

M. de Fontette à M. de La Noue.

M. Mesnard est ici depuis deux jours et partira dans peu pour sa terre. Vous sentez bien que le général et lui en avaient beaucoup à dire, quoi qu'il n'y eût pas longtemps qu'ils se fussent quittés; mais, dans ces conjonctures, chaque jour fournit matière ; ils en ont aujourd'hui une fort ample à réflexions sur les ordres que la cour est déterminée à envoyer à quinze ou seize démis du parlement, pour reprendre leurs charges, sous peine de désobéissance. Ce n'était, et ce n'est pas encore l'avis de M. d'Aiguillon, qui sent de quel danger il est de compromettre ainsi l'autorité du roi, car il paraît qu'on n'a aucune certitude de l'obéissance de ceux à qui les ordres seront adressés, et si, considérant que c'est un dernier effort d'autorité, ils se donnent, comme cela pourrait être, le mot pour refuser, dans l'espérance du rappel de l'universalité, ira-t-on faire une Saint-Barthélemy de gens dont on a accepté les démissions, et liquidé les offices? Il paraît que la cour ne s'est portée à cette résolution qu'à l'instigation de MM. Le Prestre et de Flesselles, qui ont de bonnes vues et pensent qu'elle réussirait. Mais M. d'Aiguillon pense de son côté qu'il eût mieux valu temporiser, et entraîner petit à petit des sujets. Il y en avait déjà quelques-uns, comme les deux du Pont, Virel et Marche, qui avaient promis de rentrer après l'enregistrement du règlement. Leur exemple en aurait attiré quelques autres, et, peu à peu, le complément se fût achevé, au lieu que s'il manque dans ce moment, il sera impossible d'y revenir. Les criailleries du parlement de Paris, que la cour voulait faire cesser, n'en deviendront que plus fortes et plus fondées, ainsi que celles des bastionnaires de la province, et généralement du public. Nous sommes donc, mon cher La Noue, dans la crise. M. de Flesselles, contre lequel je n'ai cessé d'argumenter depuis que je suis ici, convient du danger; mais il ne pourra s'empêcher d'obéir aux ordres de la cour, à laquelle il a envoyé, ainsi qu'à M. d'Aiguillon, une liste de rentrants qu'il propose. Il ajoute que, si cela ne réussit pas, il n'a plus qu'à se noyer; mais à quoi cela remédierait-il? Vous allez être plus à portée que nous de savoir, et de nous dire ce qui se passera à ce sujet.

CCLXXIV

A Véretz, le 14 août 1767.

M. de Fontette à M. de La Noue.

Nous reçûmes hier des nouvelles de Rennes ; d'un côté l'intendant dit que les procédures commencées vont fort lentement, parce que le premier président baguenaude, à son ordinaire, et laisse recevoir toutes les dépositions, quelque étrangères qu'elles soient aux affaires entamées, et cela se trouve vérifié par le rapport de bien d'autres. D'un autre côté le premier président écrit qu'on pousse les procédures aussi vivement qu'il est possible, et que la cour prononcera bientôt, sinon définitivement, du moins de façon à effrayer les délateurs et faux témoins. Il ne parle pas de moins que de pendaison.

M. de Flesselles paraît avoir senti les conséquences de lâcher légèrement les ordres qu'il attend pour le complément, et il compte surseoir à ceux auxquels il ne serait pas assuré qu'il serait obéi ; nous verrons ce qui résultera de cette marche, dont la prudence pourra faire le succès.

Quand comptez-vous aller en Bretagne ? J'y serai de retour, selon toute apparence, avant que vous n'en sortiez. Mon congé expire le 28 octobre ; et je serai à Nantes pour ce temps. M. d'Aiguillon a promis d'être de retour à Rennes, pour la Saint-Martin, si l'on y a besoin de lui. Adieu, mon cher La Noue.

CCLXXV

Paris, le 29 août 1767.

M. de La Noue à M. de Fontette.

Ne soyez point surpris de mon ignorance sur les horreurs de Rennes. Votre correspondance exacte et détaillée m'avait fait cesser toutes les autres. D'ailleurs, en quittant M. d'Aiguillon à Paris, le 4 juillet, j'ai cru tout fini, et n'ai pensé, en Picardie, qu'à jouir du contentement du général sur la bonne définition des états, et à m'occuper des affaires de ma famille. Votre lettre du 28 juillet m'a donné les premières notions de la trame mal ourdie du procureur Canon et de la dame. Je comptais prendre sur la suite toute les instructions possibles à mon arrivée à Compiègne ; mais M. de Castellane a eu non seulement le bec serré, mais du froid, du mécontentement provenant des désagréments que j'ai su qu'il avait eus de cette maudite affaire... Son confident, Villeneuve, jurant, blasphémant, m'a montré une impatience violente, sans cependant ouvrir la bouche... Le sieur de Grandbourg, en fureur, m'a dit que les affaires étaient actuellement conduites à Rennes par un nombre de faquins, qui procédaient de manière à vouloir ramener la reprise de l'affaire générale ; qu'il ne pouvait y penser de sang-froid, qu'il me priait de lui écrire sur tous objets quand je serais en Bretagne, excepté sur celui-là. Le sieur Mantel n'est pas entré en plus grand détail, mais, gémissant sur l'éloignement du commissaire, et prétendant que l'affaire pouvait devenir dangereuse.

Plus instruit par la lecture de vos deux dernières lettres, j'ai voulu revenir à la charge, vis-à-vis de ces quatre personnes ; mais j'ai été également repoussé. Heureusement qu'arrivé ici j'ai vu, le 22 matin, Mme d'Aiguillon mère qui, étonnée de mon ignorance, m'a appris que l'information était close, qu'on allait juger... De plus elle me montra les lettres patentes pour la rentrée des sieurs Grimaudet, du Pont père, Virel et Montluc fils (1). Sa fugue à l'Isle-Adam m'a laissé dans l'ignorance de la suite. Je serai plus informé demain par le retour de l'Illustre ici, et par celui du sieur Benoît, que je compte retrouver à Versailles. Je saurai si les ordres à ceux qu'on veut faire rentrer ont été efficaces ; il aurait été bien dangereux à M. de Flesselles de les demander s'il n'avait pas été d'accord avec ceux à qui on devait les adresser. Je ne sais si les quatre que m'a dit Mme d'Aiguillon sont rentrés de cette manière. Je suis véritablement inquiet de cette opération, malgré l'espèce de sécurité de M. de Flesselles. Si j'apprends à Versailles du nouveau, que vous ne puissiez savoir, je vous le manderai.

(1) Charles-Sévère-Louis de La Bourdonnaye, marquis de Montluc, fils de Louis-Charles-Marie de La Bourdonnaye, marquis de Montluc, président des enquêtes au parlement de Bretagne, et de Renée-Thérèse de Boiséon, est né en la paroisse Saint-Pierre, près Saint-Georges de Rennes, le 18 novembre 1737. Il fut reçu conseiller au parlement le 7 mai 1761, et vendit son office au prix de 27,000 livres, le 18 novembre 1776. Il émigra et mourut à Londres le 13 octobre 1798. Marié en 1764 à Mlle Renée-Julie Berthou de Kerverzio, il a laissé plusieurs enfants, dont deux fils : le descendant d'un de ceux-ci, M. le comte de La Bourdonnaye de Montluc, âgé de quatre-vingt-huit ans, est aujourd'hui le dernier représentant mâle de sa branche ; à défaut d'enfants ; il a adopté un de ses neveux, M. de La Monneraye. M. de Montluc fils avait, comme son père, signé, le 22 mai 1765, l'acte des démissions (*Archives nationales*, K 712, n° 54) ; sur l'ordre qu'il a reçu du roi, il est rentré au palais et s'est retiré ensuite. Le *Commentaire de la liste imprimée...* (p. 10) se borne, en ce qui le touche, à une simple constatation : « Avait signé « l'acte de démissions et s'est comporté comme MM. de La Marche de Grimaudet « et du Fresne de Virel. »

(*Registres paroissiaux* de Saint-Pierre, près Saint-Georges de Rennes. — Arch. de la cour d'appel, *Registres secrets*. — Archives d'Ille-et-Vilaine, fonds de Laillé. papiers de famille.)

CCLXXVI

A Baguères, le 15 sept. 1767.

M. de Fontette à M. de La Noue.

M. de Flesselles m'a écrit de Nantes, du 3, qu'il retournait à Rennes, où il espérait trouver son congé. Sa fournée des quatre rentrants n'a réussi pour le fond ni pour la forme, à Rennes, à Paris, à la cour, ni ici. Nous lui prêchions, depuis un mois, que ses ordres sous peine de désobéissance ne réussiraient pas. Il en avait demandé douze; il n'en a par bonheur employé que quatre. Vous aurez su que le La Marche n'a obéi qu'en protestant contre la violence en assurant en plein parlement qu'il n'y remettrait plus le pied ; deux autres ont cherché des prétextes d'absence ; le seul du Pont père est rentré de bonne foi, parce qu'il avait précédemment donné sa parole par écrit. Mieux eût valu sans doute laisser finir l'affaire du complément au temps et aux négociations, comme c'était le sentiment de M. d'Aiguillon, qui a toujours insisté auprès de la cour pour qu'on ne pressât rien. Avec cela, il est actuellement obligé de se justifier auprès du conseil qui l'accuse de s'être opposé au complément. Vous sentez bien qu'il n'est pas embarrassé pour répondre ce qu'il avait écrit précédemment sur cet objet ; et l'événement parle suffisamment en faveur de son système.

Vous serez étonné sans doute de ces inconséquences ministérielles ; mais en voici une plus forte que vous ignorez peut-être. Il est certain, et très certain qu'on négocie actuellement avec M. de La Chalotais pour qu'il engage son parti à se conduire plus modérément, dans l'affaire des jésuites et dans celle des dépositions Moreau et Canon. Cela ne fait-il pas compassion ? La demande des procédures et l'obstination à former une chambre des vacations pendant qu'on aurait pu prolonger le parlement qui aurait fini cette affaire ne sont que des pièces d'allonge pour laisser cours aux négociations qu'on fait à Saintes. Il y a encore quelque chose de plus fort ; c'est qu'il y a bien des membres du conseil qui inclinent au rappel de l'universalité du parlement. Nous verrons ce que tout cela deviendra ; mais M. d'Aiguillon fera bien d'abréger son séjour à Bagnères, et à Aiguillon, et de se rendre à la cour le plus tôt qu'il pourra. Je crois cependant qu'il ne partira d'ici que le 26 ou le 27, et qu'il ne sera pas à Paris avant le 15 du prochain.

Les eaux et les bains lui donnent du chiffonnage, et je le trouve un peu jaune de teint et d'humeur. Pour moi, je ne souffre pas de douleurs vives comme celles que j'avais presque tous les jours avant que d'être à Barbotan et ici.

Je compte partir d'ici dans les premiers jours d'octobre pour aller à Pau et à Bayonne. Je ferai au retour une petite station à la campagne du bon archevêque d'Auch (1); et je me rendrai de là à Bordeaux, passant par Aiguillon, où je resterai quelques jours, si M. d'Aiguillon y est encore.

Je resterai aussi quelques jours à Bordeaux, je reviendrai en Bretagne par Rochefort, la Rochelle et Nantes, où je serai à la fin d'octobre; M. d'Aiguillon compte être à Rennes le 12 novembre et, j'y serai aussi pour ce temps.

CCLXXVII

Nantes, le 29 sept. 1767.

M. de La Noue à M. de Fontette.

J'ai quitté Paris le 6 de ce mois, et suis demeuré à Versailles jusqu'au 11, que je suis parti pour Rennes. J'y ai passé les 14 et 15 ; ici les 17 et 18. Je vais à Paimbeuf, aujourd'hui et demain, faire la revue de la capitainerie de Pornic.

Mes cinq jours de Versailles ne m'ont appris autre chose que la nécessité absolue (au dire de Lamy) que M. d'Aiguillon passe par Paris, avant de se rendre en Bretagne en fin de novembre. Il prétend qu'il y a bien des mots et des paroles à dire sur le règlement et

---

(1) Jean-François de Montillet de Grenaud, né au château de Champdore en Bugey, le 14 mars 1702, d'abord évêque d'Oléron en Béarn, sacré le 2 octobre 1735, transféré à l'archevêché d'Auch en 1742; il doit être décédé vers la fin de 1775. C'était un très important diocèse comprenant trois cent soixante-douze cures, et produisant un revenu évalué officiellement à 126.000 livres. (*Almanachs royaux* pour 1766 et 1768.)

le complément du parlement avant que notre général aille en Bretagne... Mais ira-t-il à Rennes, si on renvoie à notre sénat ces horreurs de dépositions, après qu'elles auront été examinées par le conseil ?

J'avais vu partir le congé de M. de Flesselles. Je le rencontrai, et sa femme, et la dite Charlemagne à Alençon ; nous dînâmes ensemble. Par ce qu'il m'a dit, et par ce que j'ai appris à Rennes, son plan pour le complément du parlement n'a que médiocrement réussi ; il faudra réattaquer cet ouvrage au mois de novembre.

J'ai vu à Rennes les dépositions principales. C'est un tissu de bêtises dont la lecture seule, sans contradictoire, devrait envoyer les déposants à la potence. Aussi la réfutation que j'ai lue est-elle bien faite ; la critique avait beau jeu. Mais comment peut-on laisser à Rennes un coquin de Bellangerais (1) qui met le feu partout, et qui, en bonne justice, mériterait d'être envoyé aux îles Malouines.

Les amis et gens attachés à notre général prétendent qu'il y a complot dans la noblesse de ne point produire aux états prochains, d'après les termes du règlement, et de venir se présenter tous, sans distinction. Quoi qu'il en soit, je trouverais utile d'établir quelques mois à l'avance une commission pour juger et trier les nobles ; cela

(1) Le coaccusé de La Chalotais était certainement l'un des fils de François-Claude Robert de La Bellangerais, seigneur de Bourbarré, d'abord connétable major de la ville de Rennes, puis devenu en 1716 grand prévôt de la maréchaussée de Bretagne, mort en Saint-Étienne de Rennes le 7 août 1724, marié en 1697 à Guyonne Jamoays (Saint-Aubin de Rennes). De ce mariage sont nés deux fils : Guy-Anne-Marie (Saint-Jean de Rennes, 27 décembre 1706) et Guillaume-Louis-Toussaint (Saint-Jean de Rennes, 1er novembre 1712) ; c'est l'un d'eux qui a été impliqué dans le procès criminel, mais aucun document ne nous permet de le désigner avec précision.

Les Robert de La Bellangerais avaient été déboutés de leurs prétentions à la noblesse par la chambre de réformation en 1671 ; l'acquisition d'une charge de secrétaire du roi leur conféra une entrée régulière dans la classe privilégiée. Il y avait un lien de proche parenté entre M. de La Bellangerais et M. de Montreuil ; il est indiqué dans un document des Archives nationales (K 712, *Procès criminel instruit contre...*) que ce dernier était le neveu de l'autre. En effet, Guy Picquet, seigneur de La Motte, son père, avait épousé en Saint-Étienne de Rennes, le 10 février 1716, Hélène-Julienne-Rose Robert de La Bellangerais, fille ainée du grand prévôt, sœur du futur coaccusé de 1765. Une autre sœur de celui-ci s'est alliée à la famille Picquet en devenant la femme de Louis-Alexandre Picquet, seigneur de Mélesse, qui succéda à la charge de grand prévôt dont furent pourvus ensuite son fils et son petit-fils. (*Registres paroissiaux* de Saint-Étienne, Saint-Aubin et Saint-Jean de Rennes. — P. de Courcy, *Nobiliaire et armorial de Bretagne*, 3e édition, t. III, p. 44.)

pourrait être très long, si cela se faisait en dedans de l'ouverture des états.

On est dans la ferme persuasion, à Rennes, que l'absence ou la présence de notre général à la cour sont indifférentes, parce que Mme d'Aiguillon, qui est la favorite de la reine, est appelée chez sa maîtresse, dans les moments les plus particuliers, et que là le roi vient causer avec Mme d'Aiguillon qui le guide sur toutes les affaires de l'état, particulièrement de la Bretagne.

CCLXXVIII

A Nantes, le 28 octobre 1767.

M. de Fontette à M. de La Noue.

Je me rendrai à Rennes, lorsque je serai assuré de l'arrivée de notre général; car vous ne me croyez pas tenté sans doute de l'y précéder. Je vais passer mon temps au Hallay (1), à Fromenteau et à la Seilleraye. J'imagine que nous serons tous réunis à la Saint-Martin, et qu'après quelques jours je me rendrai à Saint-Malo, où vous pourriez me voir les 27 ou 28 novembre. Comme je pourrai recevoir de vos nouvelles et vous écrire d'ici à ce temps, nous conviendrons de nos faits; et j'irai vous recevoir dans mon gouvernement, où je vous attendrai à Rennes, si le général est bien curieux de me garder auprès de lui.

Savez-vous qu'il passe pour constant qu'il a demandé vivement le régiment du roi? M. de Poyanne l'a donné pour sûr à un homme qui me l'a dit dans ma route. Je n'y vois d'autre avantage pour lui que celui de donner une nouvelle marque d'attachement au Maître. D'autres assurent que ce régiment sera donné au comte du Châtelet ou à M. de Boufflers.

Je ne suis plus au fait de ce qui se passe à Rennes; mais j'imagine que l'affaire des dépositions Moreau va être reprise vivement.

(1) Terre et seigneurie sise en la paroisse de Saint-Fiacre, à trois lieues de Nantes, dans la partie du comté nantais qui touche à la Vendée. Nous ignorons si la famille du Trehand, à qui elle appartenait en 1737, la possédait encore trente ans après. (Ernest de Cornulier, *Essai sur le dictionnaire des terres et des seigneuries comprises dans l'ancien comté nantais*. Paris-Nantes, 1857, in-8°, p. 153.)

Quant au complément du parlement, dans lequel l'intendant a échoué, notre général n'en paraît aucunement inquiet, et il espère que le temps atténuera tout, et qu'il n'est pas fort important que ce soit *hic et nunc*. Au reste le désir que M. et Mme de Flesselles ont de quitter la province est fort décidé (1). Pour moi, qui les aime, j'espère que M. d'Aiguillon leur remettra la tête ; car Lyon, qu'ils sollicitent, n'est pas de la considération de Rennes ; et ce serait vraiment devenir d'évêque meunier. On dit que ce sera M. d'Agay (2) que nous aurons, et que Baglion passera à Auch. Au reste, je crois qu'il n'y a encore rien de fait sur tout cela ; mais il faudra bien que tout cela se décide à la Saint-Martin.

Je crois que le principal motif de l'appel de notre général à la cour est pour décider sur le parti qu'on prendra touchant le règlement, et si on jugera à l'avance de ceux qui auront droit d'y entrer, ce qui vaudrait beaucoup mieux...

CCLXXIX

Rennes, le 15 janvier 1768.

M. de La Noue à M. de Fontette.

Vous avez encore le temps, mon cher maréchal, de recevoir ces quatre mots avant de monter en chaise pour nous venir voir. Je mériterai la part que j'aurai à votre visite, en vous attendant demain soir ; nous causerons, et même dimanche matin, ne comptant aller coucher qu'à Vitré.

---

(1) M. de Flesselles a, en effet, été nommé intendant à Lyon ; en prenant cette situation jugée inférieure, il acquérait une tranquillité dont il ne pouvait jouir en Bretagne.

(2) Marie-François-Bruno d'Agay, qui a été nommé en 1767 intendant de Bretagne à la place de Flesselles envoyé à Lyon. M. d'Agay, ancien avocat général au parlement de Besançon, fils d'un président de cette cour, n'eut pas l'heur de plaire aux chalotistes. En répondant à la lettre de félicitations du corps de ville de Rennes, il le complimenta de la *protection* dont l'*honorait* son prédécesseur. Il n'en fallut pas plus pour faire dire que c'était M. *d'Agay-Sot* qui était intendant de Bretagne ; on répandit aussi le bruit que son père et lui avaient montré en Franche-Comté un dévouement servile aux jésuites et contribué pour leur part aux vexations dont certains magistrats de cette province auraient souffert. « On dit en Bretagne qu'on y avait assez de jésuites sans leur envoyer encore celui-là. » (Note à la suite du *Commentaire de la liste imprimée de NN. SS. du parlement*, p. 17.)

Notre général va bien, quoiqu'il tousse un peu. Le courrier de Paris n'est point arrivé; mais, à défaut de nouvelles intéressantes, je crois devoir vous amuser d'un déjeuner de dames, que j'ai eu chez moi. Ne vous attendez pas que ce soit comme votre joli souper des six dames de Saint-Malo; je ne vole pas si haut, et m'en tiens à mes voisines, les poissonnières. Vous connaissez le ton gaillard de ces femmes. Logé dans leur quartier, je les passe en revue quatre ou cinq fois par jour. Quelques-unes me dirent, il y a huit jours, qu'en bon voisin je devrais faire connaissance avec elles, et leur payer le brandevin(1). Je leur dis que c'était trop peu et que je voulais leur donner à déjeuner; ce qui a été joyeusement accepté. Elles ne l'ont pas laissé oublier les quatre ou cinq jours suivants. Enfin, mardi dernier, je leur donnai ce déjeuner, que j'avais arrangé la veille, avec les mères, dont je comptais avoir une douzaine. J'avais un quartier de veau à la broche tout chaud, douze bouteilles de vin et deux pains de six livres. Vous jugez comme je riais du préparatoire de ce festin. J'en amusai M. d'Aiguillon, qui approuva très fort ma politesse pour mes voisines, et joignit à mon quartier de veau un pâté monstrueux. A dix heures précises mes aimables convives sont arrivées à grand bruit, et grande joie. Je les ai fait placer; j'ai servi; j'ai tenu propos analogues. Mais, au lieu de douze, j'en ai eu dix-neuf, parce que, comme dit Marotte dans *les Caquets*, une commère amène l'autre. Mon pain, mon vin, mon veau, mon pâté étaient disparus à onze heures; et, dans la grande gaieté, on a chanté et tenu des propos tels que vous, qui êtes un dératé, vous auriez encore eu à vous instruire. On a bu dix fois à la santé de M. d'Aiguillon et de ses amis; et, à chaque fois, on disait: « L'âze foute(2) ceux qui ne l'aiment pas! » Ces femmes m'ont dit qu'elles lui devaient le pain qu'elles et leurs enfants mangeaient; que ses séjours ici avaient remplacé, pour le courant du négoce, l'absence de ces beaux pères du peuple, qui les avaient abandonnées; que parmi le peuple de Rennes on lui donnait des bénédictions; que tout

---

(1) D'après le *Dictionnaire de Trévoux* (édition de 1743, in-f°, t. I, col. 1430), le mot « brandevin » viendrait du flamand « brandewyn », et signifierait eau-de-vie (vin brûlé).

(2) C'est là une locution populaire. Les poissonnières vouent aux caresses de « *l'âne* » ceux qui n'aiment pas le duc d'Aiguillon.

le monde l'aimait; qu'on voyait bien à la politesse des seigneurs de l'hôtel que nous hantions un brave seigneur, etc.

Adieu, mon cher maréchal.

CCLXXX

A Paris, le 16 janvier 1768.

Le chevalier de Pinon au chevalier de Fontette.

La poste est au moment de partir, Monsieur; aussi je me presse de vous instruire de l'arrivée de M. des Fourneaux, si vous ne la savez déjà; car il doit être à Rennes, du 15 au 16. Je vous prie de vouloir bien lui envoyer ou remettre la lettre ci-jointe. Celle qu'il m'écrit paraît sensée; mais je connais trop les écarts fréquents de son imagination pour ne pas vous le recommander.

Je suis avec respect, Monsieur...

CCLXXXI

Rennes, le 17 de l'an 1768

M. de La Noue à M. de Fontette.

Le chevalier vous envoie la plate et méprisable *Liste du parlement de Rennes* (1); c'est l'ouvrage de quelques porteurs de chaise. Nos magistrats ont été assez sages ce matin pour arrêter que cela ne valait pas la peine d'être relevé ; quand je dis arrêter, c'est de bouche, et sans faire de registre. Ils étaient vingt-cinq au parlement ce matin.

A la description que vous me faites de vos fêtes et cadeaux, vos dames ne sont pas aussi malades que celles de Rennes... Notre général rouvrit ses soupers à paniers ; MM^{mes} de Lambilly mère, de

(1) Il nous paraît bien probable que la *Liste du parlement de Rennes* n'est pas autre chose que le *Commentaire de la liste imprimée de nos seigneurs du parlement*, dont nous avons déjà souvent parlé. C'était l'œuvre de chalotistes violents et haineux. Outre le texte imprimé qui a paru à cette époque, des copies de ce pamphlet ont couru en manuscrit; il y en a une aux archives de la cour d'appel de Rennes.

Saint-Luc, sa sœur (1) et Mme de Bédéc (2) furent les seules femmes ; Mme de La Cour de Boué toujours très enrhumée ; la présidente de Cucé (3), très souffrante, avait toute sa famille au chevet de son lit ; mais ce soir nous aurons La Bois de La Motte sa cousine (4), etc.

(1) Laurence-Thérèse Magon de La Balue, fille de Luc Magon, seigneur de La Balue, maître en la chambre des comptes de Paris, et de Hélène-Pélagie Porée de La Touche, née à Saint-Malo à la fin de 1711 ou au commencement de 1712, décédée en Saint-Germain de Rennes à l'âge de 69 ans, le 12 avril 1780. Elle se maria à Saint-Malo le 12 janvier 1734 à Pierre Laurent, marquis de Lambilly, fils d'un conseiller au parlement compromis dans le complot de 1717-1720, et d'une demoiselle Magon de La Lande ; elle en devint veuve le 1er mai 1742. Elle a eu plusieurs enfants. (*Reg. paroissiaux* de Saint-Germain de Rennes ; id. de Saint-Malo. Magon de La Giclais, *Généalogie de la famille Magon*. Lille, 1883, in-8°, p. 56.) D'après ce livre, Mme de Lambilly n'aurait eu qu'une sœur, Mme Eon, dont le mari n'ajoutait pas à son nom patronymique celui de Saint-Luc. Il ne peut être question que de la femme du conseiller Couen de Saint-Luc. Ce serait donc Marie-Françoise du Bot, fille de Charles-Jacques du Bot, capitaine de vaisseau, et de Charlotte-Elisabeth Barrin, exécutée à Paris le 1er thermidor an II, avec son mari et sa fille aînée, à l'âge de 63 ans.

(2) Il ne faut pas confondre cette famille avec la famille de Bédée, à laquelle appartenaient la mère de Châteaubriand et Mme Moreau, connue par le procès du poison. Bonne-Marie-Thérèse de Botherel de Bédée, fille aînée de Charles-Elisabeth de Botherel, seigneur de Bédée, président au parlement et procureur général syndic des états, et de Marie-Thérèse-Raoul de La Guibourgère, née en Saint-Eustache de Paris le 25 décembre 1766, est morte en Saint-Etienne de Rennes le 11 décembre 1787. Le 16 août 1740, à Bédée, près Rennes, elle a épousé Hyacinthe-François Visdelou, seigneur de La Goublaye et du Colombier, décédé à Hénon (évêché de Saint-Brieuc), le 29 juin 1774. Comme elle était *dame* de Bédée, on lui donnait habituellement son titre seigneurial. Son fils aîné, Charles-François-Hyacinthe-Claude Visdelou, marié avant 1769 à Bonne-Louise-Auguste du Han, prenait le titre de marquis de Bédée. (Papiers de famille. — *Registres paroissiaux* de Saint-Etienne de Rennes et de Hénon.)

(3) Thérèse-Pauline Le Prestre de Châteaugiron, fille de Jacques-René Le Prestre, marquis de Châteaugiron, conseiller au parlement, et de Jeanne-Louise de Robien, était née en Saint-Germain de Rennes le 20 mars 1721. Elle fut la seconde femme de Renaud Gabriel du Boisgelin, marquis de Cucé, président à mortier au parlement de Bretagne, qu'elle avait épousé en 1745, et à qui elle paraît n'avoir donné qu'une fille, morte en bas âge. Elle était la sœur de l'avocat général Le Prestre de Châteaugiron si maltraité par les chalotistes. (*Registres paroissiaux* de Saint-Germain de Rennes.)

(4) Jeanne-Madeleine-Eugénie du Boisgelin, fille de Renaud Gabriel du Boisgelin, marquis de Cucé, président au parlement, et de sa première femme Marie-Jeanne-Ursule du Boisbaudry. Mariée en Saint-Jean de Rennes, le 1er février 1757, à Charles-François-Emmanuel de Cahideuc, marquis du Bois de La Motte, fils du marquis de La Boisde La Motte, vice-amiral du Ponant, grand-croix de saint Louis. Mme du Bois de La Motte est née en Saint-Jean de Rennes, le 9 septembre 1736 : nous ignorons la date de sa mort. Son mari est décédé en 1766. La présidente de Cucé, seconde femme de son père, était donc sa belle-mère. (*Registres paroissiaux* de Saint-Jean de Rennes.)

CCLXXXII

Notes de Fontette.

Le 22 janvier 1768.

Sur l'objet de savoir si on ferait réassigner de nouveaux témoins, commençant par l'instruction du *Tableau et des Assemblées* des ex-jésuites, il a passé, à la pluralité des neuf voix utiles contre sept que le sieur chevalier de La Saulais (1), indiqué par le sieur d'Erval (2), serait entendu.

Pour ce qui concerne la Garnier (3), a été décidé qu'elle ne se-

---

(1) L'arrêt du 22 janvier 1768, tel qu'il est imprimé dans la *Procédure de Bretagne*, porte seulement qu'Etienne-Rose de La Saulays sera entendu. (*Procédure de Bretagne*, I, p. 149.) Étienne-Rose de La Souallaye, capitaine d'infanterie, chevalier de Saint-Louis, fils cadet de Cyr-René de La Souallaye, seigneur dudit lieu de Cavaro, de La Villequelo, etc., et de Jeanne-Rose Le Clavier, né en Saint-Jean de Rennes, le 6 juin 1716. Il est mort en Saint-Sauveur de Rennes le 10 octobre 1774. Par son mariage avec Gillonne-Jeanne Pellenec, fille d'un secrétaire du roi, il était devenu le beau-frère du conseiller au parlement Foucher fils, dont la femme était la sœur de la sienne. D'autre part, sa sœur, Françoise-Jeanne, avait épousé, en 1728, François de Vauférier, de sorte qu'il était l'oncle maternel de ce Vauférier qui a joué un rôle actif dans l'ordre de la noblesse à la tenue de 1766-67. (*Registres paroissiaux* de Saint-Jean et de Saint-Sauveur de Rennes.) La déposition de ce témoin a été reçue le 23 janvier 1768 : elle reproduit surtout des déclarations qui lui auraient été faites par la femme Garnier. (*Procédure de Bretagne*, I, p. 150.)

(2) François-Pierre de Derval avait été entendu comme témoin le 11 août 1767 ; sa déposition portait que « le sieur de La Souallaye, gentilhomme habitant cette ville..., avait bonne et personnelle connaissance de quelques-unes de ces assemblées et qu'une dame Garnier avait parlé devant lui de faits graves qui la concernaient ». (*Procédure de Bretagne*, t. I, p. 102.) François-Pierre de Derval (d'une famille originaire de l'évêché de Saint-Malo, qui a fourni plusieurs magistrats au parlement), seigneur dudit lieu et de La Noë Brondineuf, fils de Marc-François de Derval, seigneur de La Noë Brondineuf, et de Marguerite Ecolasse, est né en Saint-Aubin de Rennes, le 19 décembre 1691. Il est décédé en Saint-Martin de la même ville le 24 avril 1777, sans qu'aucun des enfants nés de deux mariages lui aient, croyons-nous, survécu. (*Registres paroissiaux* de Saint-Aubin et de Saint-Martin de Rennes.)

(3) Le texte de l'arrêt imprimé dans la *Procédure de Bretagne* est muet sur ce point. La dame Garnier avait été entendue comme témoin sur des faits se rapportant aux prétendues assemblées illicites. Voir cette déposition peu importante, reçue le 19 juin 1767, dans le tome 1 de la *Procédure de Bretagne*, p. 35.) M. de Derval signala non seulement la connaissance qu'un sieur de la Saullaye (Souallaye) avait de ces assemblées, mais encore un récit fait par une dame Garnier de démarches faites près d'elle par le major Audouard, qui l'avait mandée à l'hôtel de ville pour la pousser à déposer contre les procureurs généraux et autres magistrats détenus

rait point entendue, jugeant que ce qu'elle pourrait dire serait étranger aux deux objets de l'affaire actuelle, qui sont les dites assemblées, et l'affaire Canon. Ainsi décidé pour tous les autres témoins qui ne regardent que les dites assemblées. Suspension de travail jusqu'à mardi, 26, attendu que demain samedi le sieur de La Saulais sera assigné pour être entendu, ce qui tiendra le rapporteur une partie de l'après-dîné, et que lundi est fête de palais.

Lecture a été faite par M. de La Bourbansais (1) de deux mé-

la menaçant de la ruiner si elle s'y refusait, lui promettant au contraire des avantages notables si elle s'y prêtait. Le sieur de La Souallaye fut seul entendu et fit connaître que les propos tenus par la dame Garnier incriminaient, outre le major Audouard, le duc d'Aiguillon lui-même qu'on désignait sous un nom allégorique une puissance : Comme le procès ne portait que sur deux points précis, les assemblées illicites et la prétendue conspiration pour empoisonner le procureur général de La Chalotais, la cour n'avait pas à s'occuper des faits racontés par la dame Garnier ; c'est pour cela qu'elle n'appela pas ce témoin à faire une seconde déposition. En revanche, cette femme se dédommagea du silence qu'on lui imposait en 1768 lors du procès suivi à Rennes, puis à la Cour des Pairs, contre le duc d'Aiguillon en 1770. A deux reprises, elle revint sur ses déclarations relatives aux menées jésuites et narra tout au long ce que MM. de Derval et de La Souallaye avaient sommairement fait connaître. D'après elle, après avoir été mandée à l'hôtel de ville, chez le major Audouard, elle aurait été appelée à l'hôtel de Blossac, chez le duc d'Aiguillon, où elle aurait été l'objet des mêmes sollicitations et vivement incitée à déposer contre les magistrats détenus par une personne qui ne serait autre que M. de Fontette.

Ces deux propositions sont reproduites dans l'ouvrage intitulé : *Procédure faite en Bretagne et devant la Cour des pairs en 1770, avec des observations*, dans lequel l'auteur du recueil attaque violemment la dame Garnier, l'accusant nettement de mensonge et de calomnie. (*V.* au t. 1 de l'édition in-12, pp. 8 et suiv.).

Jeanne du Breil Le Breton était d'une famille très estimée de la bourgeoisie rennaise (dont le nom, par suite d'une interversion très fréquente sous l'ancien régime, comprenait un nom terrien *du Breil* placé avant le nom patronymique primitif *Le Breton* : *Du Breil le Breton* au lieu de *Le Breton du Breil*). Elle était fille de Jacques du Breil Le Breton, avocat et procureur au parlement, et, en outre, plus tard, procureur du roi de police, capitaine dans la milice bourgeoise, échevin de la communauté de Rennes, et de Julienne-Françoise Deschamps; elle était née en Saint-Sauveur de Rennes, le 11 juillet 1712. Elle épousa Pierre-François-Marie Garnier, fils d'un imprimeur et libraire de cette ville, imprimeur et libraire lui même, qui était syndic de sa corporation lorsqu'il est mort en Saint-Germain de Rennes le 5 octobre 1780 à l'âge de 65 ans. La dame Garnier était morte avant son mari; nous ne savons pas à quelle époque (entre 1770 et 1780).

(1) Jacques-François-René Huart, seigneur de La Bourbansaye, fils de Jacques-Gervais Huart, seigneur de La Bourbansaye, et d'Anne-Françoise Le Chevalier, né en Saint-Étienne de Rennes le 15 novembre 1704, décédé célibataire en Saint-Germain de la même ville le 4 juillet 1780. Il a été reçu conseiller au parlement le 18 juillet 1727. Depuis 1601, six membres de cette famille avaient déjà fait partie de la compagnie. (*Reg. par.* de Saint-Étienne et Saint-Germain de Rennes

moires sur l'instruction de l'affaire envoyés à M. le premier président par M .Le Noir. Ils ont été approuvés et trouvés très instructifs pour la compagnie.

CCLXXXIII

23 janv. 1768.

Copie du billet du sieur Valais, imprimeur à Saint-Malo, reçu par le sieur Duchesne, le 23 janvier 1768, et envoyé le même jour à M. le duc d'Aiguillon, à Nantes.

(De la main de M. de Fontette.)

Je n'ai que le temps de vous dire qu'il y a ici un auteur qui a un ouvrage à imprimer sur les affaires présentes, qui intéressent principalement M. d'Aiguillon et différents membres du parlement qui lui sont attachés. Le roi y est intéressé aussi; les noms y sont par anagrammes comme: Roy (Yor). Il m'est venu trouver tout à l'heure en bottes. J'irai lui parler demain matin. Il est à dresser la copie au net, dit-il, et, sur mon refus, il passera en Angleterre, pour le faire faire à Londres. Il se dit en relations avec d'Alembert, Diderot, Rousseau, Voltaire.

CCLXXXIV

Rennes, le 24 janvier 1768.

M. de Fontette à M. de La Noue.

Il fallait, mon cher La Noue, que vous fussiez bien amoureux de la présidente ; la veille de votre départ, vous ne pouviez la quitter ; et, après vous avoir attendu en vain dans sa cour, où j'avais conduit Mme Le Prestre (1), je m'en allai de guerre lasse, sans avoir le

---

Archives de la Cour d'appel, *Registres secrets*) ; le *Commentaire de la liste de NN. SS. du parlement* (p. 7) le ménage : « Agé de soixante-dix ans, n'a pas signé l'acte de démission, ne rapporte pas depuis dix ans. » Il n'a pas fait partie du parlement de 1771.

(1) Jeanne-Charlotte Floyd (d'une famille originaire de la Grande-Bretagne et naturalisée en France en 1633), fille de Guillaume-François-Jean-Gabriel Floyd de Tréguibé et de Marie-Marguerite Hamon de Kernisan, née à Guingamp le

plaisir de vous embrasser avant votre départ. J'ai su cependant par vos dames du quartier que vous n'étiez parti qu'à huit heures. On les trouva toutes dolentes de la perte qu'elles venaient de faire : « C'est un ami solide que ce cher comte, » disait l'une.—« Il répandait sa bénédiction sur notre poisson, » disait l'autre. — Enfin toutes convenaient que le bon maquereau allait être rare, et qu'elles n'auraient plus que des raies puantes. Mais tout ce deuil ne fut rien en comparaison de celui du quartier général. Je ne vous parle pas du mien ; ma douleur fut ineffable, et le mieux que je puisse faire est de couvrir mon front du pan de ma robe, comme feu Agamemnon. Ah! vous me manquez bien véritablement, mon cher La Noue ; je vous le dis très sérieusement, et je donne de bon cœur au diable vos affaires, qui ne valent pas mieux que lui, puisqu'elles m'ôtent le plaisir que j'aurais eu de vous avoir ici, où nous aurions fait vie de garçon, douce et bonne. Je ne sais quelle sera la mienne. Isolé, perdu dans ce vaste édifice, sans ressources dans cette ennuyeuse cité. Consolez-moi du moins par quelques lettres et nouvelles, à vos moments perdus.

Notre général parti d'ici mercredi a vu l'évêque à neuf heures et demie, par un vent affreux. Ils arrivèrent en bonne santé à Nantes, à neuf heures, le jeudi(1). Ils dînèrent à l'évêché et soupèrent; vendredi tout le jour à Fromanteau ; dîner chez le maire Libaut (2), et souper

---

29 juillet 1737 ; elle vivait encore en 1788. Elle a épousé le 22 septembre 1761 Auguste-Félicité Le Prestre; de Chateaugiron, avocat général au parlement. (V. la notice sur Le Prestre ; Papiers de la famille Floyd de Tréguibé, dont plusieurs membres habitent l'arrondissement de Guingamp. — Notes particulières de M. Saulnier.)

(1) Le voyage du duc d'Aiguillon à Nantes est commenté par la *Lettre d'un gentilhomme breton à un Espagnol* (2e édit. 1768, in-12, 110 p.) ;—p. 83 : « Le duc, obligé de sortir de la Bretagne pour céder la place à M. le président Ogier..., était parti de Rennes le 20 janvier pour aller passer quelques jours pour Nantes. Ce voyage n'était pas sans dessein : Tous nos ex-jésuites de la Province l'y avaient précédé ; ils furent en conférences presque continuelles avec leur digne chef pendant trois jours. Après avoir pris les mesures nécessaires pour s'assurer de l'heureux sort du procès, il fallait encore pourvoir à ce que les états, dont il semble que le but ne peut être que découvrir la source de nos maux et de pacifier nos troubles, fussent absolument sans succès » ; — p. 85 : « Je reviens à Nantes où j'ai laissé le duc. Il y concerta pendant trois jours avec les jésuites toutes les manœuvres qui pourraient être nécessaires. Ces pères se chargèrent de l'exécution moyennant le secours de leurs affiliés et le duc vola à la cour pour soutenir les opérations par son crédit, ses calomnies et ses manèges »

(2) François Libault, écuyer, sieur de Beaulieu, secrétaire du roi, nommé maire

Becdelièvre ; sans doute aujourd'hui dîner Luker, souper Rosily (1); demain départ, et sûrement le 30 à Paris.

Le général vous dira toutes les nouvelles, dont ses correspondants de Rennes ne le laisseront pas manquer. Il n'y en a d'autres depuis son départ que la continuation de l'affaire des assemblées jésuitiques, pour laquelle nos vingt juges s'assemblent très ponctuellement tous les soirs, depuis trois heures jusque à sept. La lecture des procédures sur cet objet fut terminée avant-hier. Quelques membres voulaient qu'on entendît plusieurs témoins indiqués par les précédents. Enfin il passa, à la pluralité des voix, qu'il n'y aurait que l'archevêque de la Saulaye(2), indiqué par M. Derval qui serait entendu. Il a dû l'être hier, et il prit toute la force du rapporteur. Aujourd'hui et demain fêtes de palais. Dame justice est lente; mais elle le sera bien plus quand l'affaire Canon sera sur le tapis.

CCLXXXV

Versailles, le 25 janvier 1768.

M. de La Noue à M. de Fontette.

Je n'ai pas promis de vous écrire à mon arrivée, cher maréchal; mais l'amitié tient sans promettre.

Brancard cassé à Vitré, roue brisée à Pré-en-Pail, et vingt-quatre

---

de Nantes par lettres royales du 14 mai 1766, installé le 9 juin suivant; continué dans ses fonctions par lettres du 11 mai 1768 et réinstallé le 30. Fils de Nicolas Libault, sieur de Beaulieu, avocat au parlement de Bretagne, et de Marie Rozée, d'une famille qui avait fourni plusieurs officiers municipaux à la ville de Nantes de 1671 à 1674, il est né en Saint-Nicolas de cette ville le 19 août 1714 et y est mort le 23 février 1784. De son mariage avec Anne Portier de Lantimo, célébré le 20 mai 1750, il a eu plusieurs enfants et sa postérité subsiste. A. Perthuis et S. de La Nicollière Teijeiro, *le Livre doré de l'hôtel de ville de Nantes*. Nantes, 1873, 2 vol. in-8°, t. Ier, pp. 421 et 422.

(1) François-Julien, marquis de Rosily, marié, en Saint-Vincent de Nantes, le 3 mars 1765 à Anne-Françoise de Becdelièvre, fille du premier président de la chambre des comptes. Cette famille originaire de la Basse-Bretagne s'est éteinte en 1834 : un de ses membres a été nommé chef d'escadre en 1764. (*Registres paroissiaux de Saint-Vincent de Nantes ;* — Pol de Courcy, *Nobiliaire et Armorial de Bretagne*, t. III, p. 69).

(2) Il s'agit évidemment de la déclaration à recevoir de Etienne Rose de la Souallaye, improprement nommé Saulais ?

Que veut dire l'*Archevêque?* est-ce une plaisanterie? Il y aurait là une allusion que je ne saisis pas.

heures à l'intendance d'Alençon, m'ont fait arriver ici le 22, à midi. Je me décrottai et fus dîner avec notre honnête duchesse, et sa fille Chabrillan, toutes deux en bonne santé... L'après-midi je vis le comte avec qui longue conversation... Grandbourg était pressé d'affaires, et me remit au surlendemain... Je causai et soupai avec l'ami Benoît. J'ai appris de tout cela que la pétulance de Grandbourg, pour l'arrivée du commissaire, était dissipée, et qu'il avait fini par approuver le retour au 30 de ce mois, et les premières conférences au 1er février ; la susdite pétulance avait été soufflée par le petit évêque, qui désirait quelques jours d'avance pour aller arranger ses casseroles (1). Les gens qui ont la main à la pâte m'ont assuré que le dit petit évêque se montrait serviteur très zélé du commissaire, qu'il disait hautement que le ministre danois (2) et lui ne pourraient rien faire de bien, si le commissaire ne présidait aux instructions. Ils l'ont signifié aux ministres qui en sont convenus, et, en conséquence, il y aura pause jusqu'à leur arrivée.

On m'a dit de plus que le ministre danois allait très droit ; qu'il ne voyait bastionnaires et protestants que pour concilier ; qu'au surplus les préliminaires d'instructions arrêtés étaient : 1° qu'il ne serait absolument rien proposé à St-Brieuc autre que le règlement, et défense expresse d'écouter tout autre article, si les gens de St-Brieuc en proposaient ; 2° qu'ils portaient ordre de ne pas répondre autre chose à tous les cas prévus, que les réponses dictées mot à mot ; et, en cas qu'il y ait quelque « Qui va là »? auquel on n'ait pas réponse, de dire qu'on n'a pas de pouvoir, et qu'on va rendre compte... ; que le ministre danois ne pourra rien prendre sur lui, et ne sera qu'un porte-voix ; qu'on décidera sur l'exposé, et toujours d'accord avec l'éclairé commissaire, dont les avis seront prépondérants.

Vous conviendrez que si on ne s'écarte pas de ce plan, qui me paraît sûr, il n'y a pas de risques à courir.

Le 23 j'ai été chercher un habit à Paris, et suis revenu ici le soir. Hier, sans monter encore aux appartements, j'ai vu presque tous

---

(1) C'est une allusion à l'évêque de Saint-Brieuc.
(2) *Le Ministre Danois* n'est autre que le président Ogier, principal commissaire du roi aux états de Saint-Brieuc en 1768, le président Ogier était en 1766 ambassadeur du roi de France en Danemark. (*Almanach royal pour 1766*, p. 132.)

mes amis, et distribué ou fait tenir soixante exemplaires du colloque des quatre interlocuteurs (1); ce petit ouvrage est fort applaudi pour sa sagesse, sa clarté, sa vérité. Je dînai chez Grandbourg ; grande politesse, grande gaieté, joie marquée de l'arrivée du commissaire le 30, mais sans aucune impatience.

CCLXXXVI

Rennes, le 25 janv. 1768.

M. de Quéhillac (2) à M. de Fontette.

Voilà, Monsieur, le tableau sincère de la journée d'aujourd'hui. Je saisirai le premier moment que j'aurai pour avoir l'honneur de vous voir. J'y manquai hier que nous avions congé, parce qu'il me vint du monde pour affaire.

J'ai l'honneur d'être avec bien du respect,

Monsieur...

CCLXXXVII

Le 26 janvier 1768.

Notes de Fontette.

Sur la lecture de la déposition du sieur de La Saulaye qui porte en substance que la Garnier lui a dit que le sieur Audouard l'avait en-

---

(1) Ce colloque n'est autre que les *Entretiens sur l'assemblée des états de Bretagne de 1766* (s. l. ni d., 78 pages in-12) où dialoguent quatre personnages : le comte de..., l'abbé de..., le chevalier de..., le maire de la ville de... Cet écrit anonyme avait pour but de démontrer la nécessité et la sagesse du nouveau règlement des états ; il a été condamné à Paris comme outrageant pour la noblesse, et à Rennes comme contraire aux règlement de la librairie.

(2) Armand-Paul Fourché, seigneur de Quéhillac, fils de Pierre-Marie Fourché, seigneur de Quéhillac, et de Geneviève Ménand, était né à Quéhillac en Bouvron, près de Blain, le 20 mars 1714, fut reçu conseiller au parlement de Bretagne, le 13 juin 1749. Il accepta d'être président des enquêtes dans la compagnie réorganisée en 1771, mais aussitôt le retour de l'ancien parlement, en 1774, il vendit sa charge. Nous ignorons la date de sa mort. Le *Commentaire de la liste de NN. SS. du parlement*, p. 15, ne le ménage pas : « Avait signé l'acte des démissions ; il rentra le « 16 janvier 1766. Homme sans mœurs, perdu de dettes. Le duc d'Aiguillon lui a « procuré une pension de six cents livres sur la tête de sa fille ; incapable de faire « le rapport d'aucune affaire. »

voyé chercher et lui avait fait des propositions pour déposer contre M. de La Chalotais, et, sur son refus, lui avait fait des menaces, ce qui confirmait la déposition du sieur Derval et sur ce que le sieur de La Saulais a ajouté qu'il tient de la dite Garnier qu'une puissance, logée près Saint-Sauveur, l'avait envoyé chercher, et lui avait fait les mêmes propositions, et l'avait congédiée sur son refus (1), la chose mise en délibération pour savoir si on décréterait la dame Garnier, pour suivre la subornation prétendue de témoins, huit de Messieurs d'avis de décret contre la dame Garnier, et dix réduits à huit voix utiles, pour passer outre au jugement. Le rapport du procès a été commencé, et a été délibéré sur le premier chef, concernant l'auteur, distributeur et imprimeur du *Tableau*, que faute de preuves il n'y avait pas lieu à prononcer ; et le rapporteur a continué son rapport, et rassemblé les témoins sur trois lieux d'assemblée, savoir : l'hôtel La Chasse (2), l'hôtel de Langle (3) et l'hôpital Saint-Méen (4). Il ne reste plus pour demain mercredi 27, à trois heures, qu'à rassembler ce qui s'est passé au quatrième lieu, savoir Lorette (5),

(1) Cette déposition recueillie le 23 janvier 1768 est exactement résumée par Fontette. (V. cette déposition *Procédure de Bretagne*, t. 1er, p. 150.)

(2) L'hôtel de La Chasse, appartenant à la famille d'Andigné de La Chasse, était situé à Rennes, rue aux Foulons. D'après des témoins, des réunions se seraient tenues au premier étage de cet hôtel, qui aurait été loué à des jésuites. (*Procédure de Bretagne*, t. 1er, pp. 35, 46, 48.)

(3) L'hôtel de Langle, qui était celui de Mme la présidente de Langle de Coëtuhan, situé rue de la Monnaie à Rennes, signalé par plusieurs témoins comme lieu d'assemblées de jésuites. (*Procédure de Bretagne*, t. 1er, pp. 32, 36, 50.)

(4) L'hôpital Saint-Méen sur la route de Paris, qui est encore occupé comme asile d'aliénés, avait pour directeur l'abbé Clémenceau ; des témoins déclarent avoir vu des jésuites se diriger plusieurs fois de ce côté.(*Procédure de Bretagne*, I, pp. 28, 32, 33, 34.)

(5) Lorette est le nom d'un jardin de plaisance qui était une dépendance de l'hôtel des gentilshommes fondé par l'abbé de Kergu, à Rennes, vers 1748. Cet hôtel, devenu la caserne de Kergus (on devrait écrire *Kergu*), n'avait pas de jardins où les jeunes gentilshommes bretons admis à y faire leur éducation pussent s'ébattre. L'abbé de Kergu acheta hors les murs, mais à peu de distance, une métairie qu'il transforma en un vaste jardin avec bosquets et charmilles et y éleva en 1750 une chapelle sous le vocable de Notre-Dame de Lorette, d'où le nom de Lorette donné au jardin lui-même. L'abbé de Kergu fut signalé comme un grand ami des jésuites et son jardin de Lorette comme un lieu d'assemblées. Plusieurs témoins ont déposé dans ce sens. (*Procédure de Bretagne*, t. 1, pp. 24, 29, 38, 40.) Cela n'a pas empêché l'abbé de Kergu de rester directeur de l'Hôtel des Gentilshommes jusqu'à son décès : il est mort en 1783 à l'âge de 69 ans, et il a été inhumé dans la chapelle du jardin de Lorette. Guillotin de Corson (l'abbé), *l'Abbé*

ce qui conne lieu d'espérer que l'on sera en état demain de juger l'affaire des assemblées.

Le bruit court, et il y a quelques indices, que MM. les magistrats ci-devant détenus à Saint-Malo vont se rendre partie civile sur les dépositions qui disent qu'ils ont été insultés tant par les propos de M. l'évêque de Rennes, que sur ceux des ex-jésuites qui comptent au présent procès.

CCLXXXVIII

A Paris, le 26 janvier 1768.

M. de Pinon à M. de Fontette.

Je suis fort aise, Monsieur, du conseil que l'on a donné à M. des Fourneaux ; il développera certainement très bien toute l'iniquité de la déposition de Me Canon. Je suis très fâché qu'elle traîne autant en longueur. Le parlement ne doit pas tarder à recevoir la déposition de M. de Gournay faite à Nancy (1), et ne trouvera pas matière à allonger la procédure. Suivant ce qu'il me mande, j'écris aujourd'hui à M. des Fourneaux, et, comme il ne m'a pas envoyé son adresse, permettez que je mette ma lettre avec celle que j'ai l'honneur de vous écrire. Je lui recommande de voir très peu de personnes, de ne parler à qui que ce soit de son affaire, excepté à ses

---

de Kergu, sa famille, sa fortune, ses œuvres. 1892, in-8° de 42 pp. (Extrait de la *Revue de Bretagne, de Vendée et d'Anjou*.) Il n'y est pas question du rôle attribué à cet ecclésiastique par les pamphlets chalotistes.

(1) Jean-Jacques-Louis-Emmanuel, comte de Gournay-Duc, âgé de 30 ans, capitaine au régiment d'Autichamp, alors en garnison à Commercy, fut entendu à Nancy le 2 janvier 1768, en vertu d'une commission rogatoire décernée par arrêt du parlement de Bretagne du 11 décembre 1767. La cour souveraine de Lorraine et Barrois, par arrêt du 28 décembre 1767, avait commis pour recevoir cette déposition un conseiller en cette cour, Léopold Henri Protin, seigneur de Valmont. Les déclarations de M. de Gournay furent plutôt négatives. Cet officier affirma toutefois que, dans le cours de la maladie que des Fourneaux fit à Blain en avril 1767, il l'entendit souvent plaindre le sort de MM. de La Chalotais et de Caradeuc ; il assura n'avoir aucune connaissance « que le sieur des Fourneaux ait été tenté par « présents ou autrement de se prêter à l'empoisonnement de M. de La Chalotais ; « qu'il ne lui a jamais ouï dire à lui-même, mais qu'il a ouï dire dans le public, « sans pouvoir se souvenir à qui nommément, que le dit des Fourneaux l'avait effec-« tivement dit. » (Cette déposition et les pièces qui s'y rapportent. *Procédure de Bretagne*, t. 1, pp. 143-147.)

conseils, et de ne pas se fier à toutes les démonstrations d'amitié.

Je vous suis infiniment obligé de la bonté que vous voulez bien avoir de m'informer du progrès et du jugement. La cause de M. des Fourneaux est très bonne ; on la développera bien mieux que je ne suis capable de le faire, mais on ne peut y mettre plus d'intérêt et personnel, et comme chef de corps. Je vous dirai en passant qu'à une affaire où il a reçu quatorze coups de sabres sur la tête, et où j'étais resté sur le champ de bataille pour mort, il voulait absolument y revenir avec quelques dragons et officiers pour me retirer du milieu des ennemis, sans considérer son état, et le danger. Ce sont là des détails inffaçables du cœur de tout homme qui pense.

Permettez, Monsieur...

CCLXXXIX

Le 27 janvier 1768.

Notes de Fontette.

Tout le rapport du *Tableau* et des prétendues assemblées jésuites a été fini. Les conclusions du substitut tendant à décret contre plusieurs personnes, l'avis du rapporteur a été qu'il ne trouvait aucune preuve d'assemblées illicites, et partant qu'il n'y avait lieu à prononcer ; lequel avis a passé de dix voix réduites à neuf utiles contre cinq (1).

Demain, à trois heures, on commencera l'affaire du poison ; et

(1) Un certain nombre de témoins avaient été entendus. Leurs dépositions signalaient bien quelques visites d'ex-jésuites à Mme la présidente de Langle ou chez l'abbé de Kergu, au jardin de Lorette, ou des visites de quelques dames à des ex-jésuites, ou des allées et venues de ceux-ci du côté de l'hôpital Saint-Méen ; mais étaient-ce des assemblées illicites ? D'après la *Procédure de Bretagne*, quelques conseillers, et à leur tête le président de Montbourcher, furent d'avis de suivre l'affaire. Ce dernier aurait même lu aux chambres assemblées un avis écrit développant les motifs de son opinion. La majorité pensa autrement et on résolut de ne plus s'occuper que de l'affaire du poison. Le substitut Gault en exposa l'état, d'après les déclarations déjà entendues, et requit un supplément d'informations. (V. son réquisitoire du 27 janvier 1768 dans la *Procédure de Bretagne*, t. 1, pp. 154-160.) Le pamphlétaire qui annote la *Procédure de Bretagne* parle ainsi de ce magistrat, p. 53 : « Le substitut Gault marche à grands pas dans la route que « lui tracent des coupables puissants. S'il paraît suivre la procédure, c'est pour « perdre les témoins et pour blanchir les jésuites, le sieur Clémenceau et le duc « d'Aiguillon. »

pendant qu'il en sera question, l'arrêté de ce jour chiffré par le premier président et le rapporteur sur le registre demeurera secret, jusques à l'arrêt définitif.

CCXC

Rennes, le 28 janvier 1768.

M. de Quehillac à M. de Fontette.

Voilà, Monsieur, le tableau des séances d'hier et d'aujourd'hui. Vous y verrez que nous touchons au jugement définitif. Je désire être en état d'avoir l'honneur de vous le porter dimanche chez vous. J'ai celui d'être avec respect...

CCXCI

Rennes, le 28 janvier 1768.

M. de Fontette à M. de La Noue.

M. d'Aiguillon va être bien content de l'arrêt d'hier, qui passa à l'avis du rapporteur, qui fut qu'il n'y avait aucune preuve d'assemblées clandestines, et partant qu'il n'y avait lieu à prononcer.

On entame aujourd'hui l'affaire Cauon. J'espère qu'elle ira, et que Messieurs la finiront pareillement, de guerre lasse. Je vous renvoie sur tout cela à ce que j'en écris à notre général.

J'ai dîné aujourd'hui avec l'évêque qui a ramené celui de Dol. Vous ne m'aviez chargé de compliments que pour un. J'en ai fait de très bien tournés de votre part à tous les deux. Demandez à notre général et au chevalier de Balleroy comment ils se trouvent de la course à Nantes. L'évêque leur a gagné au piquet, et à M. de Becdelièvre, quarante louis ; vous avez échappé au massacre, mais il vous la garde bonne.

Je suis établi ici comme si j'y étais depuis deux mois. J'ai même eu l'effronterie de donner une poularde à cinq ou six personnes, par deux ou trois fois. J'ai passé autant de soirées chez la présidente de Cucé, qui est ma seule ressource.

Je me suis acquitté de votre commission auprès d'elle ; mais je ferai avec ménagement celle pour Mme Le Prestre, que j'ai déjà prévenue, sans vous nommer, sur une passion dont la déclaration lui plairait. Elle a souri ; et je pense que cela veut dire que vous pouver hasarder une lettre. Je suis merveilleux, comme vous savez, pour ces messages. Vous devez, si vous n'êtes pas ingrat, vous souvenir que c'est moi qui ai formé vos premiers nœuds avec Candide. Ah ! je ne m'étonne pas si vous ne voulûtes pas descendre avec nous, la veille de votre départ. Vous aviez peur de faire l'enfant, en faisant vos adieux à M^{mo} Le Prestre, qui montrait des inquiétudes, et se retournait sans cesse en descendant l'escalier.

Adieu, mon cher La Noue.

CCXCII

Le 29 janvier 1768.

Notes de Fontette.

« Tout le rapport fini de la procédure en l'état où elle est, M. le rapporteur à fait donner lecture par M. de La Bourbansaye des conclusions du substitut qui tendaient à faire assigner, pour être ouï le sieur Landin (1), procureur au parlement, le sieur Bonvalet, gendro de Choquade, et la dame de Lisle, de Blain, et en outre à décréter d'ajournement personnel le sieur Moreau père, et finissaient par s'en remettre à la prudence de la cour sur les subornations prétendues du sieur Hévin et de la dame Garnier. Messieurs délibérant ont été d'avis d'ordonner avant faire droit que les dits Landin et Bonvalet fussent entendus par le rapporteur et la dame de Lisle par le sieur Coco, sénéchal de Blain (2), et tardé de faire droit sur le restant des conclusions jusques après l'audition de ces deux témoins, ce qui retardera l'entrée de MM. sur cette affaire jusqu'à mercredi 3.

(1) M. de Fontette orthographie mal ; le procureur n'est ni Laudin ni Landin, mais Lodin. La famille de ce personnage existe encore. Les dépositions reçues sont celles de Lodin, de Bonvalet et de la dame de Lisle. (*Procédure de Bretagne*, I, 162-164.) Lodin et Chambon de Bonvalet déposent de propos tenus par Mme Moreau au sujet des prétendues tentatives faites sur Ferrand des Fourneaux pour le déterminer à empoisonner M. de La Chalotais.

(2) L'arrêt imprimé dans la procédure de Bretagne désigne le sénéchal de Blain sans le nommer, mais cet officier s'appelait Cocault et non Coco.

CCXCIII

Le 29 janvier 1868.

M. de Scott à M. de Fontette.

Nous, lieutenant du roi au gouvernement de Saint-Malo, certifions que le sieur Alexandre, gardien du fort de la cité, nous a remis ce jour, environ les 8 heures du soir, un prisonnier qui dit se nommer Boctey des Landes, arrêté par ordre de Monsieur de Fontette, à Saint-Malo, le 29 janvier 1768. — Scott.

CCXCIV

Fromenteau, 2 février 1768.

M. de Barrin à M. de Fontette.

Je vous remercie, M. le maréchal, du souvenir qui vous a fait penser à me mander le jugement du procès des assemblées. Sans vous nous l'ignorerions encore ici; et je suis bien aise de le savoir. J'aurais désiré, et vous aussi, je crois, qu'il n'y ait pas eu deux avis dans l'assemblée des juges qui ont prononcé l'arrêt; car du combat qu'il y a eu entre eux résulteront les propos ordinaires que les partisans des jésuites dominent dans le parlement. La vérité n'a pas pu être connue; le plus intéressant n'est pas fait; et c'est à la seconde branche du procès que je vous attends, avec votre air de grandeur, qui va sûrement très bien, et qui n'empêche pas qu'on ne vous soupçonne de chercher à faire tomber les gens de bonne foi dans quelques pièges, prenez-y garde. Ce n'est pas ordinairement là l'effet que produit l'air de dignité. Si cette seconde affaire se termine dans le goût de la première, et de façon que le public puisse soupçonner qu'on a poussé les choses aussi loin qu'elles peuvent aller, gare la plaisanterie du bailliage d'Aiguillon. Il faut, je crois, comme vous dites, qu'il y ait quelques décrets, dût-on me demander pourquoi je n'ai pas écrit le nom du médecin dans l'ordre de le laisser entrer. Je vous suis bien obligé de vouloir m'éviter le délit d'ajournement; il est certain que j'aime mieux qu'on s'en tienne à m'entendre.

CCXCV

Le 3 février 1768.

M. Le Prestre de Châteaugiron à M. de Fontette.

Comme je me défie, Monsieur, de la poste d'ici, et des observations du directeur, je vous envoie cette lettre incluse pour vous prier de la mettre dans votre paquet.

J'ai reçu hier votre avis, dont j'ai fait l'usage requis. Vous connaissez, Monsieur, mon inviolable attachement...

CCXCVI

Le 3 fév. 1738.

Notes de Fontette.

On s'est assemblé à trois heures; lecture a été faite des dépositions ordonnées le 29 du passé.

Le sieur Laudin (1) dit qu'étant au palais le 2 juin 1767, il entendit dire à plusieurs personnes que le sieur Canon avait dû dire qu'il avait appris de la dame Moreau et de son fils des faits très graves, concernant M. de La Chalotais, et que ces faits seront déposés; ce qui a fait impression sur Messieurs, attendu que ledit Canon dit ne tenir les faits appris de la dame Moreau que du jour de la Fête-Dieu, 16 juin de la même année, d'où il est apparent que c'était chose arrangée entre eux précédemment. Le sieur Landin a déposé de plus que quelques jours après la déposition de la dame Moreau, ils se trouvèrent dans la rue, elle et lui, et qu'elle lui dit qu'elle venait d'apprendre que le sieur des Fourneaux avait dû dire à Blain qu'il avait été tenté pour empoisonner un des détenus.

Le sieur Bonvalet entendu dépose que la dame Moreau est venue chez lui et lui a dit que son fils lui avait rapporté de Blain que le

(1) C'est toujours Lodin qu'il faut lire.

sieur des Fourneaux avait dit qu'on lui avait offert des présents pour empoisonner M. de La Chalotais.

La dame de Lisle. Sa déposition est connue.

Sur ce, lecture prise des conclusions du substitut qui trouvant le sieur Clémenceau « véhémentement suspect » (2) d'avoir offert de l'argent pour empoisonner M. de La Chalotais conclut à décret de soit ouï, et se réfère sur le reste à ses précédentes conclusions. La cour a décrété de soit ouï le sieur Moreau père, et le sieur abbé Clémenceau qui seront entendus vendredi et samedi ; et, par le même arrêt, a ordonné que le sieur des Fourneaux serait réinterrogé.

Ces différents interrogatoires feront que Messieurs ne pourront rentrer que lundi ou mardi pour cette affaire, dont on estime que la durée peut être de dix ou douze jours, s'il n'y a pas quelque nouvel incident.

Au reste tous les juges, sans exception, ont été révoltés des termes et motifs des conclusions sur l'abbé Clémenceau, qui, étant une pièce restante au procès, laisse une flétrissure contre le dit ecclésiastique.

CCXCVII

Le 3 fév., à 8 heures.

M. Le Prestre de Châteaugiron à M. de Fontette.

Je reçois, Monsieur, votre paquet. Je n'ai pas vu les conclusions dont vous me parlez ; je n'en sais pas plus que vous, mais j'en sais seulement autant, et je ne suis pas moins indigné du « véhémente ment » ; et, au surplus, l'arrêt lavera tout.

CCXCVIII

Versailles, le 3 fév. matin.

M. de La Noue à M. de Fontette.

Je suis ici depuis dimanche matin, 31 janvier, mon cher maréchal. J'ai vraisemblablement une lettre de vous à Paris, où je retourne

---

(1) Ces mots « véhémentement suspect » ne se retrouvent pas dans les réquisitoires imprimés de Gault, tels qu'ils sont reproduits dans la *Procédure de Bretagne*, mais la minute de la main de M. de Fontette, et surtout la lettre de M. Le Prestre de Chateaugiron, du 3 février, ne permettent pas de douter qu'ils aient été écrits dans les conclusions dont il est ici question.

dans le moment. Je vous écrivis il y a aujourd'hui huit jours, c'est à dire le 25. Le 26 à Paris, et les quatre jours suivants.

Notre général arrive en très bonne santé le 30, à 6 heures du soir. J'eus la discrétion de lui laisser dans cette soirée sa famille. Le 31 au soir il vint ici, et courut chez le roi, qui le reçut avec la plus grande bonté, et tout ainsi comme avant-hier et hier. Vous jugez bien qu'on le consulte pour les instructions du président Ogier, du prélat de St-Brieuc (1). Il est en conférence du matin au soir. Ces chefs des états briochiens lui serrent le bouton, parce qu'ils voudraient partir, pour arranger leurs marmites; ils auront dans peu la liberté de courir les champs. Au surplus notre général est très content des résolutions mâles et vigoureuses où il a trouvé ce pays-ci, relativement à la Bretagne en général, et au parlement en particulier. Les membres du conseil d'état disent à qui veut l'entendre que l'affaire de Pau et celle de Rennes sont deux faits uniques pour réprimer l'insolence des parlements; et qu'il vaudrait mieux que le roi perdît la Bretagne (parce qu'il la reprendrait avec des troupes) que de rétablir votre ancien sénat; ce qui mettrait le comble à l'abattement de son autorité. D'ailleurs, le souverain est invariable sur cet objet; au moyen de quoi vous pouvez ôter jusqu'à l'espoir à ceux qui se flattaient encore.

J'ai été vivement touché de vos lamentations sur mon départ, et sur ce que vous me dites des douceurs que nous aurions trouvées à

---

(1) Jean-François Ogier, seigneur d'Hénonville, Berville, Ivry-le-Temple, etc., fils de Pierre-François Ogier, secrétaire du roi, grand audiencier de France, et de Marie-Thérèse Berger, est né le 18 décembre 1703. Conseiller commissaire au parlement de Paris en 1722, président de la 2ᵉ chambre des requêtes au même parlement en 1727, honoraire en 1745, surintendant des affaires de madame la dauphine en 1744, ambassadeur de France et plénipotentiaire extraordinaire près de Christian VII, roi de Danemark (1753-1766), conseiller d'état et commissaire extraordinaire en Bretagne en 1768 (et non 1769 comme le dit à tort la notice qui ajoute : « il pacifia cette province avec une « douceur et une habileté dignes de la grande réputation qu'il s'était acquise. ») Il fut exilé aux îles Sainte-Marguerite en 1771, puis nommé en 1772 lieutenant général de la capitainerie des chasses de la Varenne du Louvre. Il fut commissaire extraordinaire pour le rétablissement des parlements de Bordeaux et de Toulouse. Il est mort à Paris avant d'avoir terminé sa mission, le 23 février 1775. De son mariage célébré en 1737 avec Marie-Guyonne Cavelier, fille d'un président à la chambre des comptes de Normandie, décédée à Paris en 1790, il n'a eu qu'une fille morte en 1753. (*Annuaire de la noblesse*, 1883, in-12, pp. 260 et 261. Cf. La Chesnaye des Bois, t. XV, col. 120 et 121.)

vivre ensemble. S'il ne vous avait fallu qu'un cœur droit, une âme sensible, et une amitié décidée, vous les auriez trouvés ; mais, mon cher maréchal, j'ai des protecteurs à ménager, une famille pauvre et nombreuse à soutenir, le grade de brigadier à solliciter ; ces objets sont urgents, mais ne m'empêcheront pas de vous écrire souvent, d'après le général et d'après moi. On ne fouettera pas un chat, à ma connaissance, sur le pavé de Paris, que je ne vous le mande.

J'ai trouvé le roi plus beau et plus frais que jamais. Sa femme est, tout au contraire, dans un état affreux ; elle est maigre, pâle, décharnée, sans force ; les deux dernières nuits ont été détestables. Malgré cela elle reçoit tout le monde, avant et après la messe, qui se dit (comme bien pensez) dans son appartement. On continue de jouer chez elle tous les jours à 7 heures ; elle va dans son fauteuil, voulant passer un quart d'heure à ce jeu ; mais, à travers ce courage, on voit qu'elle s'éteindra comme une chandelle d'un moment à l'autre. Mme d'Aiguillon ne l'avait pas quittée ; mais le 26 du mois passé, le petit d'Agénois et la petite fille (1) furent attaqués d'une maladie qu'on crut sérieuse ; fièvre, boutons, vomissements firent revenir la mère à Paris. Le tout s'est bien passé ; le garçon est convalescent, la petite bientôt.

Vous avez des Fourneaux à Rennes, où se tient-il ? Comment vit-il ? L'affaire Canon est-elle commencée ?

CCCXCIX

Rennes, le 3 février 1768.

M. de Fontette à M. de La Noue.

Je ne viens pas, mon cher La Noue, vous dire des nouvelles, mais bien plutôt vous en demander. Vous saurez par M. d'Aiguillon tout ce qui se passera ici d'intéressant. Je lui écris des lettres qui

---

(1) Armand Désiré Vignerod du Plessis, seul fils du duc d'Aiguillon, né en Saint-Sulpice de Paris, le 31 octobre 1761, décédé à Hambourg le 4 mai 1800, a épousé Jeanne-Victoire-Henriette de Navailles, dont il a eu un fils, Armand-Emmanuel-Louis, né en Saint-Sulpice de Paris, le 11 octobre 1788.
Agathe-Rosalie Vignerod du Plessis, sœur du précédent, née en Saint-Sulpice de Paris, y est décédée le 14 mai 1770. (De Chastellux. pp. 619 et 620.)

sont des volumes ; il a bien d'autres correspondances sans doute. Ainsi l'histoire de Rennes est pour lui dans le plus grand jour ; celle du parlement sur l'affaire du poison n'est pas si claire pour moi. Il y a des brigues diaboliques pour la traîner, et pour faire rendre quelque arrêt baroque ; mais il faut bien que tout finisse ; les états de 64 et 66 ont bien fini. Mais je m'aperçois que je m'enfourne mal à propos dans la politique, et c'était le plus loin de ma pensée lorsque j'ai commencé à vous écrire.

M. le président Ogier esquive le passage à Rennes. Mandez-moi si c'est une insulte qu'il compte me faire parcequ'en ce cas je m'en irais à Saint-Malo, à son retour. Je suis, comme vous savez, un peu chatouilleux sur le cérémonial, et, par ma foi, notre consistance à nous autres grands seigneurs tient beaucoup à l'étiquette, et ne gît que là le plus souvent. J'espère que les Rohan, d'Agay ne manqueront pas à ce qu'ils me doivent (1), et je me le ferai bien rendre, car mon projet est d'aller passer toute cette quinzaine sur le grand chemin, dans le belvédère de l'hôpital Saint-Méen, et là je les défie de ne pas me rendre le salut que je leur donnerai.

CCC

Le 4 février 1768.

M. de Quéhillac à M. de Fontette

Voilà, Monsieur, le tableau de la dernière séance. Je crois que dans les premiers jours de la semaine prochaine nous approcherons de la fin de cette affaire.

CCCI

Le 8 février 1768.

Notes de Fontette.

M. Gault, substitut, à l'heure de midi, est venu chez M. de Fontette lui dire qu'y ayant apparence qu'il sera lancé ce soir par Messieurs

---

(1) Fontette remplaçait le duc d'Aiguillon et il avait la prétention d'avoir droit à des visites d'étiquette du principal commissaire des états, du président de la noblesse, de l'intendant. Ces prétentions étaient-elles fondées ? Aujourd'hui on admet en principe que si les fonctions se délèguent, les honneurs ne se délèguent pas et ne sont pas dus à un intérimaire.

des decrets de prise de corps contre les sieurs Moreau et Canon, il croirait à propos d'envoyer dès à présent, chez chacun d'eux, un cavalier de maréchaussée déguisé, qui ne le perdit pas de vue, et d'en envoyer deux autres au palais aussi déguisés, à 4 heures, avec ordre de faire tout ce qui leur sera prescrit par mon dit sieur Gault.

Le sieur Moreau près Saint-Sauveur.
Le sieur Canon, rue d'Estrées.

CCCII

Lorient, le 8 févier 1768.

M. de Barrin à M. de Fontette.

J'attends, comme vous me l'avez fait espérer, la nouvelle du jugement de l'affaire du poison, et j'espère l'apprendre mercredi ou vendredi.

CCCIII

Rennes, le 9 février 1768.

M. de Fontette à M. de La Noue.

M. le président Ogier vient de passer allant à Saint-Malo. Il n'a fait que changer de chevaux ; et je ne l'ai vu qu'un instant, au milieu de la foule des gentilshommes, procureurs et corps de ville qui l'environnaient.

CCCIV

Du 9 février 1768.

Notes de Fontette.

Ouverture faite des conclusions qui tendaient à décréter de prise de corps les sieurs Canon et Moreau père, et d'ajournement personnel la dame Moreau et son fils, et par lesquels le substitut requérait qu'il lui fût décerné acte d'une plainte en calomnie contre les susdits, ce qui fondait le motif dudit décret, la cour délibérant a décrété de prise de corps le dit sieur Canon, et d'ajournement personnel la dame Moreau et son fils; et, à l'égard de Moreau père, la cour n'a pas jugé être dans le cas de prononcer à son égard, quant à présent, et sur ce qui a résulté des interrogatoires du sieur abbé Clémenceau, la cour a ordonné qu'il déposerait au greffe d'icelle toutes les pièces qu'il a présentées à M. le rapporteur pour justifier tous les dires de son interrogatoire et sa conduite.

Les arrêts de décret vont emporter nécessairement des délais considérables, au cas que les accusés ne se présentent pas, et veuillent profiter des dits délais (1).

CCCV

A Rennes, le 9 février 1768.

M. de Quéhillac à M. de Fontette.

Voilà, Monsieur, un arrêt interlocutoire dans l'affaire criminelle qui décrète de prise de corps Canon, et qui sera définitif s'il n'est pas pris, c'est-à-dire qui se réduira à une effigie; car il y a apparence que faute de plus grandes preuves contre la dame Moreau et son fils, il ne leur sera infligé qu'une peine médiocre. Ainsi voilà la grande affaire presque jugée.

J'ai l'honneur...

CCCVI

A Paris, le 9 février 1768.

Le Chevalier de Pinon à M. de Fontette.

J'ai l'honneur, Monsieur, de vous prévenir que la tête de M. des Fourneaux s'en va. Prenez-y garde, et faites-y veiller de près. J'ai

---

(1) La lettre de Fontette contient un exposé fidèle des actes. Par arrêt du 9 février 1768, la cour, faisant droit sur les conclusions du procureur général du roi, lui décerna acte de sa plainte en calomnie contre Jean Canon, la dame Moreau et son fils, ordonna l'arrestation de Canon pour être procédé contre lui ainsi que de droit, et l'ajournement à comparaître personnellement de la dame Moreau et d'Annibal Moreau; enjoignit à l'abbé Clémenceau de déposer au greffe de la cour diverses pièces concernant Bouquerel. (*Procédure de Bretagne*, I, p. 184.) Fontette dit que les arrêts de décrets vont emporter des délais considérables si les accusés ne se présentent pas. (*Voir* à ce sujet le titre X de l'ordonnance criminelle d'août 1670 : Des décrets, de leur exécution, etc. (*Nouveau commentaire sur l'ordonnance criminelle du mois d'août 1670*, par M*** (Pothier). (Paris, 1756, in-12, pp. 182 et suiv.) L'arrêt qui ordonnait l'arrestation de Canon ne fut pas exécuté, celui-ci ayant pu se soustraire au décret de prise de corps.

peur que ceci ne dure trop longtemps pour ce qu'il est capable d'en porter. Si vous n'y employez en même temps tout le ménagement possible, il n'y aura plus personne à la maison, ni peut-être à Rennes. Soyez persuadé que je ne vous donne pas l'alerte mal à propos. J'ose vous prier de vouloir bien me mander le jugement et copie de l'arrêt de la cour. Je lui ai écrit aujourd'hui afin d'arrêter ses idées, et ses vaines craintes; et ma lettre peut être lue sans crainte de tout le monde.

CCCVII

Paris, le 10 février 1768.

M. de La Noue à M. de Fontette.

Vous me renvoyez au général, pour ce qui se passe à Rennes, et vous prétendez que je dois être instruit, parce que vous lui mandez tout; mais, mon cher maréchal, est-ce que vous ne connaissez plus ce pays-ci? Le général sera à Versailles quand je serai à Paris; il est au Marais, quand je suis au Roule. On l'attrape un moment le matin; mais il a du monde. Mme d'Aiguillon étant fixe à Versailles, il n'y a point ici de ces issues de dîner où on se déboutonne. Je conclus de tout cela que, sans m'écrire avec détail ce qui se passe, comme vous faites à lui, vous me mandiez au moins en gros les événements bretons; car, quand je n'ai qu'un instant à le voir, il me dit toujours : « Vous savez cela; vous savez cela; » dont je ne sais pas un mot.

Les adieux de vos partants, Ogier, Girac et d'Agay, se sont bien passés. On croit être sûr des deux derniers; mais le premier est boutonné, et a paru se livrer ici à la cabale; il va passer quelques jours chez votre amie, Mme Magon, de Saint-Malo. On dit que les dames de Noyant et de La Mancellière y seront (1); c'est une entrée bien flat-

(1) Ce sont la nièce par alliance et la belle-sœur de La Chalotais. Anne d'Aydie (probablement d'Aydie de Ribérac), femme de Louis-René de Ranconnet, comte de Noyant, ce dernier fils ainé de Antoine-René de Ranconnet, comte de Noyant, et de Jacquette Gilonne Rahier de La Mancellière, sœur de Mme de La Chalotais (mariée le même jour que celle-ci à Saint-Pierre en Saint-Georges de Rennes, le 28 janvier 1726. Le comte de Noyant, lieutenant des maréchaux de France en Périgord, qui portait les mêmes prénoms que son oncle, M. de La Chalotais, était sans doute son filleul. Il habitait alternativement la terre d'Escoire en Périgord et celle

teuse pour les bons sujets du roi... Il y a eu ici quelque mécontentement : le président s'est plaint qu'à Rennes il avait été fait chez M. d'Aiguillon une plaisanterie d'Ogier, valet de pique. On en est venu aux éclaircissements; et le fait est, comme vous savez, que les dames, un soir, chez le général, tiraient à la grande patience si les états de Saint-Brieuc seraient heureux ou malheureux, et qu'elles mirent le valet de pique roi du sort, parce qu'il s'appelle Ogier; elles firent des ris sur cela, que M. d'Aiguillon les pria de discontinuer, ainsi que le jeu... Eh bien ! cette misère a fait grand fracas ; et, quoique raccommodée, laisse un germe. D'ailleurs toute la cabale ici crie : Hosanna au président ! Et les royalistes crient : Tolle ! Je suis convaincu qu'ils ont tort tous deux ; mais cela échauffe.

Le croirez-vous, cher maréchal, le parlement n'a rien dit du libelle grossier, la *Liste des officiers du parlement de Rennes*, qui court Paris, et samedi, 6 de ce mois, M. Noüalle, conseiller de la 2ᵉ, dénonça les *Entretiens sur les Etats* de 1766 (1). Cette brochure fut remise aux gens du roi pour requérir; hier mardi elle fut supprimée comme injurieuse à la noblesse de Bretagne, et tendant à perpétuer les troubles de cette province. L'arrêt sera imprimé aujourd'hui; mais ne paraît pas encore... Que dites-vous de cela ?

Sur ce que me dit hier matin notre général sur la procédure empoisonnée, elle me paraît en bon état. La déposition du mari Moreau m'a paru simple et nette. Je n'ose presque pas me flatter que vous ayez arrêt avant l'ouverture de Saint-Brieuc.

J'oubliais de vous dire que le duc de Rohan a refusé le salut à M. d'Aiguillon, et sa femme à notre duchesse (2), sans qu'ils sachent l'un et l'autre d'où provient cette bouderie.

---

de la Mancellière (paroisse de Baguer-Pican),' près Dol, en Bretagne. Une de ses filles, Marie, a épousé Jean-Joseph Euzénou, comte de Kersalaün, fils d'un des magistrats prisonniers de 1766 et une autre, Egidie Louise, a été mariée à Joseph de Beaupoil, comte de Saint-Aulaire. Louis-Clair de Beaupoil, comte de Saint-Aulaire, membre de l'Académie Française, mort en 1854, est né chez son grand-père maternel, au château de La Mancellière, le 9 avril 1778. (*Registres paroissiaux* de Baguer-Pican. Notes particulières de M. Saulnier.)

(1) Cette brochure est celle dont il a été question dans une lettre de M. de La Noue du 25 janvier 1768 (v. *suprà*).

(2) Nous n'avons pas trouvé dans les pamphlets du temps d'allusion à cet incident. Le duc de Rohan se rendait-il solidaire de l'attitude hostile de la noblesse bretonne (dont il était le président à la tenue extraordinaire de 1768) à l'égard du

Rendez mes hommages à l'évêque et à celui de Dol, s'ils sont encore à Rennes, plus à la présidente de Cucé, en lui observant qu'il me revient la boîte d'or de Mlle d'Argentré. Baisez pour moi la main de la bonne des bonnes (Mme Le Prestre). Je l'aime parce qu'elle aime son mari, ses enfants, ses honnêtes parents, et qu'elle est aimée de tout le monde.

Adieu, cher maréchal, je vous embrasse de tout mon cœur.

commandant de la province? ou bien, malgré la parenté qui unissait la duchesse de Rohan à la duchesse d'Aiguillon mère, y avait-il déjà une situation tendue entre ces deux familles ? La duchesse de Rohan, née de Crussol, était de la branche aînée, celle des ducs d'Uzès ; la duchesse d'Aiguillon mère, appartenait à une branche cadette, celle des Crussol-Florensac. (*Calendrier des princes et de la noblesse de France* pour 1765, pp. 93, 94 et 95). Louis-Marie-Bretagne-Dominique de Chabot, duc de Rohan, prince et baron de Léon, l'un des barons de Bretagne, pair de France, brigadier d'infanterie (en 1743), fils aîné de Louis-Bretagne-Alain de Chabot, duc de Rohan, et de Françoise de Roquelaure. Né le 17 janvier 1710, à Paris, il mourut à Nice le 28 novembre 1791 ; il avait émigré. Il s'est marié deux fois : sa première femme, Charlotte-Rosalie de Châtillon, est morte à Paris (Saint-Sulpice), le 6 avril 1753, à 34 ans. Il a épousé en deuxièmes noces, le 23 mai 1758, Emilie de Crussol, sœur du duc d'Uzès, fille de Charles-Emmanuel de Crussol, duc d'Uzès, pair de France, et d'Emilie de La Rochefoucauld, née le 16 octobre 1732. Le duc de Rohan étant décédé sans enfants mâles, son cousin germain, Louis-Antoine-Auguste, comte de Rohan-Chabot (1733-1807), a pris le titre de duc de Rohan, qu'il a transmis à ses descendants, dont la postérité existe encore. (*Calendrier des princes de la noblesse française* pour 1765, p. 56. — *Almanach généalogique, chronologique et historique pour l'année MDCCLI*, par l'abbé ***. Amsterdam. in-12, pp. 78 et 79. — *Notes prises à l'état civil de Paris*, par M. de Chastellux, 1875, in-8°, pp. 129, 130 et 162. — *La Chesnaye des Bois*, t. IV, col. 993.) L'ordre de la noblesse crut devoir se féliciter de l'attitude de son président ; aussi le 24 mars 1768, sous la présidence de M. de Bégasson de La Lardais, élu par acclamation, prit-elle la délibération suivante : « L'ordre de la noblesse, animé des plus vifs sen-
« timents de reconnaissance envers M. le duc de Rohan, son président, pour les
« services essentiels qu'il en a reçus et pour les preuves éclatantes de son attache-
« ment aux intérêts de la province, a arrêté qu'il lui en sera publiquement fait de
« sincères et unanimes remerciments en le priant d'être persuadé de l'éternelle
« reconnaissance que l'ordre en conservera, et pour en perpétuer le souvenir, ledit
« ordre a unanimement ordonné que l'acte en sera consigné sur le registre particu-
« lier de la noblesse, et que le mémoire présenté au roy par les hauts barons de
« la province pour la défense des droits de leurs baronnies sera, avec la présente
« délibération, déposé au greffe des états de Bretagne. » (Signé) BÉGASSON DE LA LARDAIS. Archives d'Ille-et-Vilaine. C. 2710, f° 28 v° (*Registre particulier de l'ordre de la noblesse.*) — Les pièces originales sont conservées dans la liasse spéciale de cet ordre. (Id., C. 2711.)

CCCVIII

Ce 13 février 1768.

M. le chevalier de Pinon à M. de Fontette.

M. des Fourneaux est arrivé hier au soir, Monsieur, avec la tête complètement détraquée. Je suis parvenu cependant à lui faire entendre raison et à le tranquilliser. Il est convenu qu'il avait fait une sottise, et il est prêt à la réparer, en repartant dès demain s'il le faut. Je lui ai dit que j'attendrais que M. le premier président le redemandât, qu'il pouvait se reposer. En attendant j'ai instruit M. le duc d'Aiguillon et M. le comte de Saint-Florentin de cette incartade ; et, suivant les ordres qu'ils me donneront, je ferai partir ou rester M. des Fourneaux. J'avais prévenu dès longtemps que la tête et les réflexions d'un fol ne sont soumises à aucun calcul. Ainsi je ne suis pas étonné de cet incident.

J'ai l'honneur...

CCCIX

M. Raudin à M. de Fontette (sans date).

Je ne suis pas de votre avis, mon cher général ; faire charger le paquet à la poste serait annoncer ce qu'il contient. Il y aura l'enveloppe qu'on ne peut ouvrir sans rompre les cachets. Demandez à M. de Saint-Florentin de me faire marquer le jour qu'il le recevra, et de faire vérifier l'écriture de la suscription, que je lui observe être de la même que celle de la lettre. Je ferai remettre ce paquet à M. de Lesquen(1), par Granet, avec d'autres, pour Paris, au moment

---

(1) Ange de Lesquen, seigneur du Plessis au Provost, Beaulieu, etc. (de la branche de La Ménardais), directeur des postes et des tabacs en Bretagne, habitait à Rennes un hôtel, rue du Four-du-Chapitre. Fils cadet de François de Lesquen, seigneur de La Ménardais et de Claude-Yvonne Le Bouétoux, né en Saint-Lormel, près Dinan, le 9 juin 1706, il est mort le 28 décembre 1784, à Rennes, pendant une tenue des états, et fut inhumé le 30 aux Cordeliers. Il n'avait qu'une fille ; sa direction des postes passa à son neveu, François-Constance-Claude de Lesquen, qui fut destitué en 1792. (Papiers de famille. Notes fournies par M. de Lesquen, conseiller à la cour d'appel de Rennes.)

où l'on fera la malle, où il les fera mettre devant lui. Cela ne paraîtra point extraordinaire, car j'en use presque toujours de même à chaque courrier de Paris. D'ailleurs le contrôleur de la poste, à ce qu'on m'a dit, est un homme sûr ; le directeur s'en méfie : il est toujours présent aux envois.

Billet.

Réflexion faite, mon cher général, j'ai fait charger le paquet à la poste par le contrôleur, à qui je l'ai fait remettre.

CCCX

Lorient, le 15 février 1768.

M. de Barrin à M. de Fontette.

Je vous remercie, mon cher maréchal, des détails que vous me donnez dans votre lettre du 10. Je dois vous en savoir d'autant plus de gré que vous étiez fatigué de beaucoup d'écriture... L'escapade de M. des Fourneaux, à laquelle il est sûr que sa tête ne l'a pas porté seule, est un incident fâcheux, et qui ne fera que retarder ce qui devrait être fini. Je trouve que vous auriez très mal fait de le contrarier à un certain point. Cette tête dérangée aurait pu faire encore quelque équipée, qui aurait donné lieu au moins à des propos, et peut-être à quelque chose de pis. Qui aurait pu prévoir tout ce qui a résulté d'avoir choisi pour la garde des prisonniers un homme qui n'était pas fou alors, mais qui l'est devenu ? Il y a bien des ménagements à garder avec les fous, surtout avec un pauvre diable comme M. des Fourneaux.

Cet homme, réduit à lui-même, pouvait bien ne point aller à Paris, et se rendre tout simplement à son régiment. Je suis très fâché de son évasion.

Nous ne tarderons pas à savoir si les réponses de M. Ogier aux procureurs ne sont que d'honnêteté, ou s'il était effectivement disposé à les servir à leur gré. La grande et intéressante besogne des états va bientôt s'entamer.

CCCXI

Rennes, le 16 février 1768.

M. de Fontette à M. de La Noue.

Vous parlez fort à votre aise, mon cher La Noue, de l'exactitude de la correspondance. Bon si j'en avais le temps! Vous savez que personne ne se livre plus que moi, quand cela est possible. C'est votre faute, si vous ne rencontrez pas votre général ; d'ailleurs d'Abrieu, qui ne court pas tant, attrape toujours quelque chose de ses correspondants.

Il n'y a rien de bien intéressant quant à présent; le parlement est en vacances jusques au 23 du courant, et les grands chemins sont plus peuplés que les villes.

Vous savez où en est l'affaire du prétendu poison, qui sera terminée vraisemblablement par un arrêt définitif, lorsque les délais indispensables des décrets seront écoulés.

Le passage du commissaire du roi a fait grand tapage ici; il a accueilli tout le monde, jusques aux procureurs, et promis ses bons offices à quiconque en a voulu (1). C'est sans doute les premiers mots de son rôle. J'ai peur que la mémoire ne lui manque, dans les derniers actes, et qu'il n'y soit peut-être autant sifflé qu'il a été applaudi; car l'enthousiasme du début a été général. C'est le libérateur, c'est le sauveur de la patrie; et il me semble, par tout ce que j'ai entendu raconter, qu'il ne disait pas non.

M. et Mme de Rohan ont passé ici très lestement, à dix heures de ce matin. Il ne reste plus ici que quelques traîneurs, ou ceux que la cabale y a laissés, pour la correspondance.

---

(1) La première *Lettre d'un gentilhomme breton à un noble Espagnol*, p. 88, confirme ce passage de la lettre de Fontette. On y voit que toutes les compagnies et tous les corps de la province lui ont envoyé des députations (la chambre des comptes de Nantes, les quatre présidiaux, les bailliages royaux, la chambre de commerce, les divers ordres des avocats, les corps des procureurs, des huissiers, les différents corps de négociants et de marchands) ; — p. 88 : « Si ce commissaire « ne s'est pas cru autorisé à les recevoir, il a accueilli chaque membre en particu- « lier; il s'est chargé de leurs mémoires et a promis avec bonté de les appuyer « de tous ses bons offices. »

C'est de vous que me vient, sans doute, sous le contre-seing de M. le duc de Penthièvre, l'arrêt du parlement de Paris, du 9, contre les *Entretiens*. Cette brochure a été aussi dénoncée à celui-ci par votre ami, le comte de Robien. qui s'y est cru, m'a-t-il dit, obligé en conscience. Sa requête n'a été donnée que la veille de la levée du parlement, qui l'a assez mal accueillie. Nous verrons ce qu'il en jugera à la rentrée.

Adieu, mon cher La Noue.

CCCXII

A Paris, le 17 février 1768.

M. de Pinon à M. de Fontette.

J'ose vous prier, Monsieur, de vouloir bien faire donner au sieur Champenois, ancien fourrier au régiment d'Autichamp, la lettre ci-jointe, et la somme de 88 liv. 4 sols, pour qu'il acquitte les différentes dettes que M. des Fourneaux a laissées à Rennes, et qu'il rassemble les effets qu'il y a laissés, afin de les renvoyer.

J'aurai l'honneur de vous faire remettre cette somme par la voie qui vous conviendra le mieux, lorsque vous voudrez bien me l'indiquer.

M. des Fourneaux est arrivé ici avec la tête entièrement pétée ; et il ne m'a pas été possible de la ramener par aucun conseil, ni par aucun raisonnement. Je ne suis pas mieux que vous et M. le premier président dans ses papiers, et il me l'a si bien dit, en m'assurant de son respect, que, sans un état aussi affligeant pour l'humanité, j'aurais été tenté d'en rire.

Il part demain pour Joigny, où sa famille, que j'ai prévenue, en prendra soin. Il pourrait d'autant moins rester à Paris qu'il y a des compatriotes de ses parents et amis, gens de plume et de pratique, qui auraient pu le faire jaser, et répéter ses extravagances, que le parlement de Paris eût peut-être été bien aise de saisir, d'autant qu'ils se proposent d'insérer M. des Fourneaux dans de nouvelles remontrances sur les affaires de Bretagne, qui sont sur le tapis.

J'ai l'honneur...

CCCXIII

Paris, le 20 février 1768.

M. de La Noue à M. de Fontette.

Il y a dix jours que je ne vous ai écrit, cher maréchal, et j'en suis honteux pour mon cœur. Les nouvelles ont été stériles. Mon frère, le chevalier (1), capitaine aux grenadiers de France, est arrivé. Je l'ai montré et présenté partout ; j'en veux faire un lieutenant-colonel ; le temps a coulé dans les courses et les visites... Voilà à peu près le pourquoi de mon silence. Mais vous, cher maréchal, comment n'ai-je pas de vos nouvelles? J'imagine qu'il y a une lettre de vous dans le secrétariat de M. de Saint-Florentin, et qu'elle sera encore sept jours à m'arriver. Je ne peux pas tenir à cela... Foin du couvert des ministres pour une correspondance intime ! L'usage n'en est bon que pour le courant de la garde-côte. Écrivez-moi directement, rue de Verneuil, faubourg Saint-Germain, sans mettre chez qui. Je suis suffisamment connu, en ajoutant au nom : Inspecteur des milices gardes-côtes.

Je vous ai dit, le 10, les heureuses dispositions d'union où étaient notre général et le président, premier commissaire. Tout le monde dit que cela ne durera pas, et que les sentiments du président ne sont nullement ceux de notre général. On pourrait l'inférer des propos qu'il a tenus aux gentilshommes, procureurs et corps de ville de Rennes ; mais j'attends l'œuvre pour juger l'ouvrier. Nous ne comptons pas avoir nouvelles de Saint-Brieuc avant mardi, 23 par la poste.

Notre général est allé dès hier asseoir ses tabernacles à la cour, à tout événement ; et n'en démarrera guère jusqu'à la fin de l'as-

---

(1) Le chevalier René-Joseph de La Noue-Vieuxpont, devenu comte de Vair après la mort de son frère, né à La Roche-Clermaut le 7 septembre 1734, était en 1768 capitaine et chevalier de Saint-Louis ; il est devenu colonel le 4 août 1771, brigadier d'infanterie le 5 décembre 1781, maréchal de camp le 9 mars 1788, lieutenant-général le 6 février 1792. Employé dans les armées de la République, il a été mandé à la barre de la Convention, renvoyé de l'accusation, arrêté et détenu en 1793 et 1794, puis autorisé le 25 novembre 1794 à prendre sa retraite. (O. de Poli, pp. 78, 214 et 215.)

semblée de Saint-Brieuc. Quelque projet de fermeté qu'on ait dans ce pays-ci, un peu d'aide ne fera pas de mal. Je vous dirai tout ce que je saurai, même des dépêches briochines, qui pourraient bien ne vous pas venir. Je vais demain à Versailles.

Vous avez bien raison de dire qu'une fermeté continuée fera cesser les troubles. Je crois qu'elle aura lieu à la cour ; mais cette partialité marquée de notre parlement soutiendra le feu. Avez-vous vu rien de plus passionné que l'arrêt qui supprime la brochure des *Entretiens*? Pendant que notre sénat garde le silence sur les libelles infâmes qui inondent le public, tels que les mémoires La Chalotais, le *Journal*, et, en dernier lieu, la *Liste* de vos magistrats. On ne peut pas se démasquer plus complètement. Vous devez avoir reçu un exemplaire de cet arrêt; je vous l'ai fait passer le 12 de ce mois.

Vous aurez vu, par ma lettre du 10, que je n'attrappe qu'à bâtons rompus le courant de vos procédures de Rennes. Encore une fois dites-m'en le gros. Le sieur des Fourneaux est arrivé ici avec une assez bonne tête, qu'il alla montrer au chevalier Pinon; mais l'air de Paris lui a fait une telle révolution que le lendemain il a écrit au chevalier Pinon que dans la nuit il avait vu son grand'père Philippe-le-Bel, qui avait voulu l'empoisonner, etc. Tout son billet de bon jour était du même genre.

Mais dites-moi donc ce que c'est que cette méchanceté du procureur syndic qui dénonce les *Entretiens* au parlement de Rennes, contre l'avis de ses proches? Cela n'est pas croyable. Je pense que la présidente de Cucé, Mesdames Le Prestre et de Lambilly (1) sont bonnes à entendre sur cette levée de boucliers. Assurez-les de mon véritable et respectueux attachement; mettez-y le mot tendre pour la bonne des bonnes.

(1) Françoise-Thérèse-Jacquette de La Forêt-d'Armaillé, fille de René-Gabriel de La Forêt, comte d'Armaillé, conseiller au parlement, et de Louise-Perrine-Françoise Huart de La Bourbansais, née en Saint-Jean de Rennes le 2 décembre 1732, décédée le 26 juillet 1815, mariée en Saint-Sauveur de Rennes le 1er mai 1753 à Pierre-Laurent-Marie, marquis de Lambilly, dont elle est devenue veuve en 1785, et dont elle a eu treize ou quatorze enfants. Le nom de Lambilly est encore représenté par des descendants mâles de cette dame. Mme de Lambilly était avec Mme de Cucé et Le Prestre de l'intimité du duc d'Aiguillon et de sa famille. Son frère, le comte d'Armaillé, conseiller au parlement, n'avait pas signé l'acte des démissions et siégeait au bailliage d'Aiguillon. (*Registres paroissiaux* de Saint-Jean et Saint-Sauveur de Rennes.)

CCCXIV

Rennes, le 25 février 1768.

M. de Fontette à M. de La Noue.

Je crois comme vous, mon cher La Noue, que les dispositions du commissaire ne sont pas merveilleuses pour notre général; et les gens à qui il parait donner grande confiance, à Saint-Brieuc, ne les rendront pas meilleures; mais on est bien au-dessus de cela quand la bonne conduite détruit toutes les fausses impressions qu'on pourrait donner.

Vous savez mieux, et plus tôt que nous, tout ce qui se passe à cette assemblée, qui est, dit-on, plus décente qu'on n'en a vu de mémoire d'homme. Cette affectation de modération ne prouve rien que la nécessité de la rendre réelle et permanente par la fixation durable d'un règlement, dont la frayeur opère déjà si bien. Leur but est encore d'obtenir de le faire eux-mêmes; mais je n'imagine pas qu'ils puissent prouver, encore moins persuader au conseil que le roi n'en a pas le droit, et je crois que ce serait tout perdre que de leur donner gain de cause sur ce point. Il paraît cependant que leur unique objet est d'y parvenir, et je vois que l'église et le tiers y concourent. Ce dernier ordre est presque entièrement composé cette année de gens amis de la cabale. On n'a même nommé de la commission de l'examen que ceux de cet ordre qui étaient dévoués au parti, à l'exception du député de Guingamp, qui s'est bien conduit aux derniers états.

Vous avez su l'expulsion de Coniac. Tout le monde assure à Saint-Brieuc et ici qu'il sera abandonné, et qu'il a été joué par qui devait le soutenir. Nous saurons demain ce qui aura été décidé à ce sujet. Le courrier qui portait à Saint-Brieuc les réponses sur cette affaire passa ici hier matin. Les remontrances du parlement de Paris ont-elles été reçues? On dit qu'il y est question du poison. Je ne serais pas fâché que cette compagnie eût donné dans cette absurde atrocité. Les mémoires de Clémenceau et des Fourneaux qui paraîtront incessamment détromperont suffisamment le public, j'entends ceux qui voudront juger sainement des choses ; car il y a des gens qu'on ne détrompe jamais. Nous verrons, selon toute apparence, un arrêt définitif dans la quinzaine. Les délais des décrets étaient inévitables.

Le parlement a ordonné la suppression de la brochure des *Entretiens* comme contraire aux règlements de la librairie, sur la remontrance de l'avocat général, et non sur la requête du procureur syndic, qui est restée en dépôt au greffe, ainsi que les conclusions de M. Le Prestre, tendantes à débouter M. de Robien comme n'ayant pas qualité.

Est-il vrai que notre général est établi à Versailles pour tout le temps des états ? C'est ce qu'il peut faire de mieux. Il sera d'un grand secours aux ministres, et veillera à tout de près. Je lui écris beaucoup, souvent même des inutilités ; mais j'aime mieux en trop dire que d'omettre quelque chose. Il me répond rarement, et je n'en suis pas étonné ; il a bien d'autres choses plus importantes à faire.

Portez tous mes respects et hommages à l'hôtel d'Aiguillon, etc...

CCCXV

Le 27 février 1768.

M. Le Prestre de Châteaugiron à M. de Fontette.

J'ai fait ce matin ma remontrance, Monsieur ; ce soir le parlement assemblé pour lire l'ouvrage a décrété de prise de corps le sieur Boctey (1). On est convenu de le mettre dans la maison de force de la rue Hüe (2), gardé par la maréchaussée. Il est donc ques-

(1) M. Boctey des Mayeux était un gentilhomme normand, âgé de trente-cinq ans. C'était un pamphlétaire. Il avait écrit *le Royaume des femmes ou voyage d'un inconnu dans la province de Bretagne*. Il fut arrêté à Saint-Malo. (*Troisième lettre d'un gentilhomme breton*, pp. 5 et suiv. Arch. Nat. O¹464. Saint-Florentin à d'Amilly, les 20 février et 26 mars 1768.)

(1) On donnait avant 1792 les noms de rue Hue et de faubourg de la rue Hue aux voies qui depuis cette époque portent ceux de rue de Paris et rue du faubourg de Paris. Dans les titres du xv⁰ siècle, il est déjà question de la rue Hüe qu'on écrivait Hux. La route nationale de Rennes à Paris emprunte ce parcours dans la traversée de la commune de Rennes. (Lucien Decombe, *les Rues de Rennes*. Rennes, 1892, petit in-8⁰ carré, p. 87.)

tion maintenant de trouver des cavaliers sûrs qui ne quitteront point cette maison pendant tout le temps que nous lui instruirons son procès. Il sera d'autant plus intéressant d'empêcher que rien ne parvienne à l'accusé, que beaucoup de monde sera empressé de séduire et de corrompre les gardes. La belle Flore, à qui l'ouvrage est adressé, et dont les charmes sont si bien dépeints, est mademoiselle Even, fille du bâtonnier député à la tête des avocats. Vous jugez comme la cabale agira. Ainsi tâchez, mon cher général, de nous faire avoir des gardes sûrs et fidèles.

Voulez-vous bien en raisonner avec le major, afin que nous puissions voir où chercher ces phénix : quatre ou six cavaliers chargés uniquement de cette garde et qui n'en rendront compte qu'à vous et à moi. Je suis d'avis aussi que l'exempt Morice vienne aussi ici pour commander ce détachement, pour présider aux visites, etc.

Ne pouvant pas charger M. le major de ce détail, il voudra bien seulement donner les ordres pour la sûreté de la chambre, pour le logement de ces cavaliers ; et je suis d'avis que le prisonnier ait toujours une chaine, pour rendre son évasion moins facile ; une de celles que Gourhot, serrurier, fait pour la prison pourrait être portée là à attendre le prisonnier. Il ne faut pas s'endormir sur cet homme ; et craignons qu'on ne lui donne des avis, et qu'il ne s'échappe. Pour qu'on ne fût point averti ici du jour de l'arrivée, au lieu d'envoyer des cavaliers de Rennes le chercher, j'enverrais l'ordre à deux cavaliers de la brigade de Dinan d'aller le prendre à Saint-Malo et de l'emmener ici. La poste de lundi peut porter votre ordre à Saint-Malo, et le mien à Dinan. Le mercredi matin les cavaliers peuvent être à l'ouverture des portes, à Saint-Malo, venir coucher à Hédé avec le prisonnier, et, jeudi matin, être avant midi ici. Un cavalier d'ici recevrait l'ordre, le matin, d'aller au pont Saint-Martin pour servir de garde au prisonnier ; mais il faut être sûr que les cavaliers mandés de Vannes ou d'ailleurs pour venir se joindre à ceux d'ici, que l'on choisira comme les plus incorruptibles, seront arrivés pour ce jour ; par exemple l'exempt qui est à Lorient peut-il être arrivé ? Il faut combiner l'arrivée de la poste, si elle arrive mardi au soir, ou mercredi matin, à Lorient ; l'exempt partant sur-le-champ ne peut être ici que vendredi, alors il faudrait que l'on n'allât prendre le prisonnier que jeudi ; il faudrait faire donner un ordre de prendre un cheval pour le prisonnier ; ces frais seraient payés en vertu d'un exécutoire de M. le premier président.

J'ai l'honneur d'être....

CCCXVI

Rennes, samedi au soir 27, à 7 heures.

Billet de M. d'Amilly à M. de Fontette.

M. d'Amilly sort du palais. Le sieur Boctey est décrété de prise de corps ; on a proposé à MM. les juges de mettre ce particulier dans la prison de la rue Hüe et on dit qu'il serait gardé par les cavaliers de la maréchaussée ; on a accepté la proposition ; l'arrêt sera signé demain.

M. d'Amilly a l'honneur d'assurer M. de Fontette de ses respects et de lui souhaiter le bonsoir.

CCCXVII

Sans date.

M. de Quehillac à M. de Fontette.

Boctey n'est condamné qu'à une prison perpétuelle, sans amende honorable, ce qui est ridicule, après avoir offensé la divinité, son souverain, et ceux chargés de l'exécution de ses ordres. Nous sortons ; si ce n'avait été peur de troubler votre dîner, j'eusse été vous l'annoncer ; je partirai ce soir. Si vous voulez bien me faire la même grâce qu'à mon dernier voyage, c'est-à-dire me mander si des Fourneaux arrive, je vous en serai très obligé.

J'ai l'honneur...

CCCXVIII

A Paris, le 27 février 1768.

M. de Pinon à M. de Fontette.

J'espère, Monsieur, que l'on engagera M. des Fourneaux à signer la procuration dont vous m'avez envoyé le modèle. J'ai écrit à un ancien capitaine, qui est à Joigny, pour l'y déterminer. Mais je ne vous réponds de rien, d'autant qu'il se méfie de moi, comme de vous, comme de tout le monde. Cela ne m'affecte pas comme le jugement de cette vilaine affaire, dont je ne désire pas moins la publicité que tous les gens qui pensent. Je remettrai à M. d'Abrieu de l'argent que vous aurez eu la bonté d'avancer pour M. des Fourneaux.

Je crains qu'il n'y ait encore quelque accroc de la part des Moreau.

CCCXIX

Versailles, le 29 février 1768.

M. de la Noue à M. de Fontette.

Je suis un peu plus au courant de vos nouvelles de Rennes. Le général me le dit, depuis la rentrée de votre sénat. Je lus hier les dépositions de la Moreau, de son fils, et le mémoire justificatif des Fourneaux. Cette femme me parait punissable pour avoir mis de la méchanceté et de la calomnie dans les propos énigmatiques de des Fourneaux, qu'elle pouvait juger fol; il faudra aussi punir Canon, son écho.

Cargoüet est arrivé ici avant-hier avec sa femme. Vous savez qu'on devait demander sa destitution aux états actuels, et que M. Ogier et le prélat de Saint-Brieuc ont négocié qu'on le laisserait en repos s'il ne paraissait pas à Saint-Brieuc. Sur quoi on a cru devoir le mander ici, et il a été bien reçu.

M. Étienne, directeur des fermes à Rennes, m'a mandé la saisie faite aux biens et au corps de M. de Chateaubriand et sa conduite en prison; mais personne que vous ne m'a jusqu'à présent mandé l'équipée de sa femme et de la compagnie garde-côte (1). J'ignore encore en quoi elle consiste.

(1) Il s'agit de Jean-Gilles-Joseph de Châteaubriand (de la branche de La Guérande, dont est sortie celle de Combourg), 2ᵉ fils de Siméon-Alexis de Châteaubriand, seigneur de La Guérande, et de Jacquemine-Thérèse Goujon de Thaumatz, né au château de la Guérande, paroisse de Hénan-Bihen, le 12 avril 1737, mort à Saint-Lormel le 2 octobre 1818. Il fut détenu au fort de La Latte (en Plévenon) en 1768. Nous ignorons quelle fut l'équipée de sa femme, de même que nous n'avons

Flesselles vous a-t-il mandé qu'il était comme exilé à Cernay, près Franconville, aux environs de Pontoise, terre appartenant à son beau-frère, de Blair? On dit, pour raison, qu'il a tenu, qu'il tient, et qu'il pourrait tenir des propos sur les états actuels, et que ceux qui sont en tête ont demandé qu'il fût éloigné... Cela me paraît destitué de vraisemblance ; mais je ne sais que cela.

Venons au Briochins... Coniac est désapprouvé hautement de sa retraite. On croit que la tête lui a tourné... L'accord si tendre des trois ordres ne paraît point aussi miraculeux ici que le disent les Ogier et les Girac. On dit qu'il était tout simple que la noblesse fût douce, puisque l'église et le tiers faisaient ce qu'elle voulait. Il est sûr que leur délibération unanime enchaîne les deux ordres raisonnables aux caprices de l'ordre fougueux, et que la commission des six membres de chaque ordre chargée d'examiner et improuver chaque article du règlement, est un moyen de le détruire par les sophismes de l'analyse. Il n'y a de ressources que dans l'arrangement qu'ils ont pris que la commission ferait trois cahiers de sa critique, lesquels portés aux trois présidents des ordres, on irait aux chambres pour examiner cette critique à laquelle on joindrait des observations marginales ; et que chaque cahier ainsi marqué et barbouillé serait envoyé au roi pour décider ; permis néanmoins à un ordre de demander communication à un autre des dites observations marginales ; quel diable de marche que tout cela, mon cher maréchal ? S'il en résulte le retrait du règlement, l'assemblée de septembre prochain sera bien bonne à tenir.

Adieu mon ami, ne m'oubliez pas auprès de la présidente de Cucé, que j'aime véritablement, et de Mme Le Prestre, que j'aime tendrement. N'en plaisantez point ; vous connaîtriez ce genre de sentiment, si vous n'étiez pas un chenapan qui ne croit à la vertu que

---

pas de détails sur les causes qui ont motivé son arrestation. Il s'est marié deux fois : c'est de sa première femme dont il est question, Eulalie-Marie-Reine de La Goublaye, qu'il avait épousée à Plébouille le 13 octobre 1763. Sa seconde femme, qu'il a épousée en 1794, Reine-Marguerite de Lesquen, lui a survécu ; elle est décédée à Plancoët le 27 janvier 1815, à 92 ans (et non en 1818 comme l'a écrit par erreur M. de Courcy). On n'indique pas qu'il ait eu des enfants de l'un et de l'autre mariage. (*Histoire généalogique* du P. Anselme, continuée par M. Pol de Courcy, t. IX, 2e partie, p. 910. — *État civil* de Saint-Lormel et de Plancoët.)

par bénéfice d'inventaire... Je vous aime et vous embrasse malgré vos défauts. Adieu.

J'oubliais d'ajouter que Flesselles va revenir; car on ne lui refusera pas de fermer les yeux à son père, qui est à l'agonie.

CCCXX

Rennes, le 3 mars 1768.

M. de Fontette à M. de La Noue.

Vous apprenez de source ce qui se passe à Saint-Brieuc, et vous en jugez bien. Nous voyons les choses telles qu'elles sont, et telles que la fin prouvera qu'on devait généralement les voir. Je ne suis pas plus que vous la dupe du calme présent, et d'une union due à la condescendance d'un ordre, et à la timidité d'un autre effrayé par les menaces du troisième, contre lequel il ne trouve plus d'appui. Je n'entends pas plus que vous la marche du travail actuel, mais j'en vois plus clairement l'objet dans l'ordre qui l'a adoptée que dans la personne qui l'a proposée; elle aura vraisemblablement développé ses vues à qui il appartient d'en juger. Je vois encore très positivement que tout se dirige pour prouver qu'il n'y a jamais eu de troubles en Bretagne, et que les tracasseries intérieures des états ont été fomentées, et que, si on retire la cause, l'effet tombera de lui-même, sans qu'il soit besoin d'un règlement; c'est-à-dire, en bon français que si le roi veut bien se départir de son autorité sur les Bretons, ils deviendront les plus doux des hommes. Voilà en deux mots ce que vont dire ces états-ci à la pluralité de deux ordres contre un; tout ce beau système sera appuyé par des gens qui ne connaissent pas l'intérieur de cette province, et se laissent aller à l'amour-propre flatté par des louanges outrées, où l'esprit antérieur de parti ne permet pas de voir les vrais intérêts du roi et de la Bretagne, dans ce moment-ci. Je parle net sur tout ceci parce que je ne crois pas qu'un bon et ancien serviteur du roi, et un honnête homme, doive cacher son sentiment à son ami; et je ne craindrais pas de le dire publiquement, si je pensais qu'il pût être utile au service du roi.

La conduite de Coniac me paraît encore plus extraordinaire actuellement que lâche dans le premier jour de la tenue ; il est toujours à Saint-Brieuc. Il voulait se mettre à la tête de la députation du présidial, dont il a sûrement signé le mémoire. A propos de ces députations, on les refuse, il est vrai, mais elles ne laissent pas pour cela d'arriver journellement à Saint-Brieuc. On reçoit les députés en détail, et leurs mémoires indirectement. Le bâtonnier des avocats, en rendant compte à son ordre de sa mission, a dit positivement qu'on n'avait voulu ni de la députation, ni du mémoire, mais que, comme nécessité porte conseil, ils s'étaient rassemblés pour aviser aux moyens de faire passer celui-ci au premier commissaire, qu'ils les avaient trouvés, et qu'ils priaient l'ordre de les dispenser de leur en faire part; ce qui a été accordé. Ce sont ses propres paroles que je vous rends. On comprend du reste l'esprit de toutes ces manœuvres, et qu'un mot très ferme et très public en eût imposé à tous les ligueurs. Les gens les plus sensés et les plus clairvoyants de Saint-Brieuc prétendent que la besogne ne sera pas finie de six semaines.

CCCXXI

Rennes, le 4 mars 1768.

M. de Fontette à M. de La Noue.

Je vous envoie, mon cher La Noue, trois exemplaires de la requête de du Parc-Poulain en faveur de l'abbé Clémenceau (1) ; il n'y

(1) On trouve dans la *Deuxième lettre d'un gentilhomme breton à un noble Espagnol*, pp. 181 et suivantes, ce qui suit : « On prétend à Rennes que si cet ex-
« jésuite (l'abbé Clémenceau) a fait voir par ses pour suites contre les *Moreaux*
« qu'il était animé de cet esprit vindicatif qui fait le caractère de la société, il ne
« montre pas moins de reconnaissance envers ceux qui lui ont rendu service. Il a
« fait, dit-on, tirer le portrait en grand de M° *Duparc-Poulain*, cet avocat qui
« l'a défendu avec tant de zèle, depuis qu'il a été obligé de céder au *sieur des*
« *Fourneaux* M° *Anneix* qu'il avait d'abord chargé de sa cause. Ce jurisconsulte
« est représenté en robe avec sa croix de Saint-Michel par dessus. Il tient d'une
« main ses commentaires sur la coutume de Bretagne, et de l'autre sa première
« requête pour Clémenceau, ouverte à une page que remplit une seule phrase. Il

a de bon dans cet écrit que le nom de l'auteur qui est connu comme grand ami de M. de La Chalotais, et qui n'aurait vraisemblablement pas pris le parti de son empoisonneur. Envoyez un exemplaire, par la petite poste, à M. le chevalier Pinon, lieutenant-colonel d'Autichamp dragons, rue Gerard-Boquet, près Saint-Paul. Je vous embrasse de tout mon cœur.

CCCXXII

Rennes, le 13 mars 1768.

M. de Fontette à M. de La Noue,

Je ne puis, mon cher La Noue, que vous dire de vieilles nouvelles. Vous recevrez deux courriers extraordinaires par semaine ; ils vous auront déjà appris que la commission nommée pour l'examen du règlement a fini tout son travail, et que les états termineront bientôt leurs représentations. On dit que mardi prochain les derniers cahiers partiront.

Vous savez que la prolongation de la tenue demandée par M. Ogier a été refusée ; mais j'espère qu'elle sera enfin accordée de quelques

« fixe les yeux sur ses ouvrages avec un air de complaisance, et de sa bouche sort
« ce quatrain, en lettres d'or :
    « On dit mes ouvrages mauvais ;
    « Oui, quelques sages les rejettent.
    « Mais plus de cent sots les achètent,
    « C'est pour ceux-ci que je les fais.
« Et au bas du tableau on lit cet autre quatrain :
    « Efflanqué, long et plat, son style est son image.
    « Détestable copiste, insipide orateur,
    « A l'auteur, on connaît l'ouvrage,
    « A l'ouvrage, on connaît l'auteur.
« Ce prétendu tableau n'est sans doute que l'imagination de quelque mauvais plaisant : pour moi, je l'avoue, je ne sais point rire sur des sujets aussi graves.
« ... C'est en pleine connaissance de cause que M⁰ *Duparc-Poulain* et Mᵉ *An-*
« *neix* ont prêté leur ministère non seulement pour défendre des hommes cou-
« pables des crimes les plus noirs et les plus nuisibles à la société, mais pour
« faire tomber les peines qu'ils méritaient sur d'honnêtes citoyens dont ils savaient
« très bien que tout le crime était d'avoir donné les premiers indices ; que c'est
« sérieusement qu'ils ont employé dans leurs écrits les principes les plus faux, le
« mensonge, les paralogismes, la supercherie pour traduire en criminels des inno-
« cents qu'ils connaissaient pour tels, pour les persécuter, les ruiner et les désho-
« norer, pour servir la malignité et la vengeance d'une cabale qui a détruit le
« parlement, qui a voulu faire périr six de ses membres les plus illustres et se
« défaire de l'un d'eux par le poison... »

jours, et qu'elle sera employée utilement à l'enregistrement d'une déclaration ou lettres patentes, interprétations du règlement dans les articles où les représentations des états auront paru justes. Tous les gens sensés pensent que cet enregistrement, avant la fin de cette tenue, est indispensable. L'insolente proposition avancée à l'instigation de la noblesse contre le droit législatif du roi en Bretagne mérite qu'on ne laisse pas invétérer une opinion qui ne tend qu'au bouleversement de la constitution monarchique, et à établir un gouvernement républicain dans un coin du royaume, dont il gagnerait incessamment le centre. Il faut donc prouver plus tôt que plus tard que le roi a le droit de donner des règlements aux corps politiques de son état et que s'il a la bonté de laisser faire quelquefois ces règlements sous son bon plaisir, il ne s'est pas pour cela ôté la faculté et le pouvoir de les donner lui-même lorsqu'il en a senti la nécessité ; et enfin qu'en ne touchant point aux privilèges constants et reconnus des états, il est le maitre d'en ordonner la police, de la faire exécuter. Tout ceci, si l'on n'y remédiait promptement, conduirait à une entière anarchie. Le despotisme de la noblesse, et ses vues se sont mieux manifestées dans la présente tenue que dans toute autre, et il ne faut pas être la dupe de la concorde qui a paru y régner. On ne la doit qu'aux cajoleries et lâches complaisances qu'on a eues pour les brouillons, et à la faiblesse ou à l'extrême tolérance des deux autres ordres. Je n'entrerai dans aucuns détails sur ces deux points ; vous en avez beaucoup appris sans doute.

On lut, dit-on, dernièrement un mémoire sous le titre de remontrances, dans la chambre de la noblesse (1). On dit cet écrit rempli d'accusations contre M. le duc d'Aiguillon, et que la moindre est celle de concussion ; on y insulte le parlement actuel en général, et, en particulier, plusieurs nouveaux récipiendaires ; mais comme les accusateurs sont tenus à prouver ce qu'ils avancent, c'est là où je les attends, et à quoi il est nécessaire que la cour les oblige, si ce mémoire est mis sous ses yeux. On dit que plus de quarante gentilshommes, qui

---

(1) Le registre particulier de la noblesse n'en fait pas mention. A la liasse des pièces originales (Archives d'Ille-et-Vilaine, C. 2711), il n'y a qu'un mémoire au roi des barons de Bretagne, signé : *pour dépôt, le duc de Rohan ;* dans lequel il n'est question que du règlement nouveau des états et des attributions des présidents de la noblesse.

avaient eu vent de la lecture de cet écrit, s'étaient retirés de Saint-Brieuc, dès la veille, de peur d'être obligés de les signer.

Le procès du poison fut repris hier ; mais il ira lentement, jusqu'à ce que M. des Fourneaux, qu'on attend incessamment, soit arrivé.

Notre auteur normand (1) a subi vingt-cinq heures d'interrogatoires. Ils seront lus demain aux chambres assemblées. La cabale se donne beaucoup de mouvements pour lui ; il suffit d'avoir écrit contre le gouvernement pour trouver ici plus de protection que de blâme.

Adieu, mon cher La Noue.

CCCXXIII

Rennes, le 17 mars 1768.

M. de La Noue à M. de Fontette.

Je vous dirai que le courrier des ministres porta dimanche dernier, 13 de ce mois, à Saint-Brieuc des paquets qui allongèrent un peu le nez du bastion. C'étaient les deux chapitres du règlement réformés par le roi, en son conseil, conformément aux représentations des états, en plusieurs articles, mais non pas dans ceux qui touchent à l'ordre, et à la bonne police des assemblées futures ; ceux-là sont demeurés intacts. Le roi a ordonné la transcription sur les registres des états, et permet néanmoins de faire de nouvelles représentations auxquelles il aura égard, si elles sont fondées. Il y eut d'abord du mécontentement, de la chaleur, mais la séance du 15 fut plus tranquille, quoique les brouillons sentissent vivement qu'ils étaient pris dans leurs propres filets. Ils disent hautement qu'ils ont été joués par M. Ogier, que ce n'est pas là ce qu'il leur avait fait espérer ; et, je le crois ; comme encore que ce n'était pas sur quoi il comptait lui-même. Mais avec cela c'est le seul bon parti ; et je défie qu'en raisonnant bien on y trouve à redire. Qui est-ce qui peut dire que le roi n'est pas le maître de donner des règlements de police aux corps politiques de son royaume, quand la nécessité est bien prouvée, comme ici ? quand les privilèges et franchises de ces

(1) Il s'agit toujours de Boctey des Landes.

corps ne sont aucunement attaqués ni lésés, comme dans le cas présent? quand il a la bonté de recevoir et d'adopter les représentations de ces corps en plusieurs articles ? De vingt-neuf articles que ces deux chapitres contiennent, il n'y en a que six où les représentations des états n'aient pas prévalu ; encore le roi veut-il bien en détailler les motifs dans un mémoire signé de lui.

Ce premier envoi nous donne à connaître ce que seront les autres. La marche est fort bonne. Les états ont envoyé successivement leurs représentions ; la cour enverra de même ses décisions, et tout sera conclu le jour des Rameaux, terme fixé invariablement pour la clôture de l'assemblée.

Mon amour-propre est flatté d'avoir deviné ce plan ; je me l'étais fait en moi-même ; je l'avais dit ici depuis plus de quinze jours ; je l'avais écrit. Il ne faut pas être bien spirituel, il ne faut qu'être sensé pour l'avoir imaginé ; il ne laisse pas le plus petit fondement au reproche de despotisme, dont la droiture et la bonté paternelle du roi s'éloigneront toujours.

Ce plan amènera infailliblement la conclusion de cette importante affaire ; et la tranquillité, la décence, la brièveté des états futurs, la sûreté des particuliers, et je puis dire celle des chefs continuellement insultés par une cohue arrogante et indisciplinable. Je ne doute pas cependant que l'esprit de cabale, dont nous avons vu les funestes effets dans les deux dernières tenues et qui ne s'est qu'en apparence modéré dans celle-ci, ne porte encore le trouble dans les premières assemblées ; mais ses efforts seront réprimés par la loi même.

J'explique l'apparence de modération, dont je viens de vous parler. Il n'y a eu dans l'assemblée présente ni chaleur, ni hurlements ; on a fait taire quelques emportés. Le calme était recommandé et concerté à l'avance par lettres circulaires envoyées dans les évêchés aux plus affidés et aux plus importants du parti, et par des conciliabules tenus dans différents châteaux. On s'était fait un point capital de démontrer que la noblesse était tranquille, et savait l'être, quand on la menait doucement quand on se contentait de la persuader par de bonnes raisons. On affectait de répandre, dès les premiers jours, qu'il y avait homme et homme pour présider ou pour tenir les états. Enfin, on était raisonnable par système.

Mais les libelles se distribuaient dans la salle, par ceux mêmes qui montraient extérieurement le plus de modération. On échauffait sourdement et publiquement les esprits par des propos et des mémoires ; on attaquait les droits les plus sacrés et les plus reconnus de la royauté ; on déchirait les absents ; on insultait sans ménagement les présents, qui n'étaient pas du sentiment de ces modérés fanatiques. On imaginait des vices et des concussions dans l'administration précédente. Voilà la vérité sur le calme qui a régné jusqu'à ce jour !. Il faut ajouter à ce que je viens de dire, sur ce qui s'est passé à Saint-Brieuc, qu'on avait soulevé à l'avance tous les corps de la province, qu'on a excité ceux qui étaient les plus froids ou les plus lents. Les grands chemins ont été couverts de députations ; on les a fait recevoir le mieux qu'on a pu. Si on refusait leurs mémoires, les gentilshommes se chargeaient de les faire accepter. Les gentilshommes fêtaient les députés. Voilà l'esprit de calme qu'on avait apporté et qu'on a montré à la tenue.

Pendant ce temps on tenait ici un bureau de correspondance chargé d'échauffer les esprits déjà trop enclins à l'insubordination. On se révoltait contre l'autorité du parlement que la noblesse elle-même refusait de reconnaître ; à Saint-Brieuc on refusait de signer les états de capitation de cette compagnie, et de recevoir les gentilshommes dont elle venait de reconnaître la noblesse, par ses arrêts ; on flétrissait les magistrats par des libelles qui exaltaient les vertus et la conduite du calomniateur Canon, procureur du parlement, décrété de prise de corps, par arrêt. Je ne vous dis pas ce que vous avez su plus en détail ; mais je rassemble tout ce que nous voyons depuis deux mois.

Le procès du poison finira avant Pâques si les incidents ne continuent pas à se multiplier. La Moreau en fit naître hier un qui pourra être long. Elle devait comparaître devant le rapporteur, pour être affrontée à Clémenceau, à son mari, et à son fils. Elle a répondu aux huissiers qu'elle s'était laissé tomber dans son escalier, et qu'elle ne pouvait marcher ; il faudra des formalités pour constater la nécessité d'aller chez elle (1).

(1) La dame Moreau a néanmoins comparu devant le commissaire, à la chambre du conseil, le 17 mars 1768, non pas pour être confrontée avec l'abbé Clémenceau, mais pour être récolée sur ses interrogatoires subis le 23 février précédent, dont

L'affaire de l'auteur normand se suit. Elle est entre les mains de M. de La Bretèche qui l'épluchera bien (1). Il trouvera des protecteurs; sa femme, qui est ici, en a déjà plus que n'en aurait celle d'un honnête malheureux.

Adieu, mon cher La Noue.

CCCXXIV

Du 21 mars 1768.

M. d'Amilly à M. de Fontette.

(Classée parmi lettres de Raudin.)

M. d'Amilly vient de recevoir une lettre de M. des Fourneaux, écrite du 16, par laquelle il lui marque qu'il ne peut pas se rendre à Rennes ; que l'état de sa fortune s'y oppose ; qu'il lui faut un ordre du ministre ; ou qu'il soit cité en justice ; que pourtant, dans la bourse de ses amis ou de ses parents, il trouvera une ressource pour le voyage. Ainsi, suivant toutes les apparences, voilà l'affaire allongée pour ce temps-ci, et remise après Pâques.

M. d'Amilly assure M. de Fontette de ses respects.

---

on lui a donné lecture, et dans lesquels elle a déclaré persister. (*Procédure de Bretagne*, t. I, p. 208.)

(1) L'affaire Boctey est entre les mains de Joseph-Avoye de La Bourdonnaye, seigneur de La Bretesche, fils de François de La Bourdonnaye, seigneur de Liré, conseiller, puis président au parlement de Bretagne, et de Jeanne-Marie-Rose-Françoise de Boisleve de Chamballant, né le 3 avril 1701, décédé en Saint-Clément de Nantes le 12 janvier 1781. — Ce personnage a été reçu conseiller au parlement le 6 avril 1729. Il est devenu premier président du grand conseil le 12 novembre 1775, et peu d'années après premier président honoraire. Le *Commentaire de la liste* le dévore à belles dents (p. 11) : « Agé de soixante-dix ans, non démis, livré
« aux jésuites, a épousé en 3ᵉˢ noces Mˡˡᵉ Tranchant, nièce de la présidente de
« Langle Coetuhan, connu par son fanatisme jésuitique, ne rapporte plus depuis
« six ans. » C'est de son troisième mariage qu'est sortie la branche de La Bourdonnaye, à laquelle appartient M. le vicomte de La Bourdonnaye, député de Maine-et-Loire. Il n'a pas eu d'enfants de ses deux premières femmes. (Archives de la cour d'appel ; *Reg. secrets.* — *Registres paroissiaux* de Saint-Clément de Nantes. Papiers de famille.)

CCCXXV

Le 22 mars 1768.

M. de Quehillac à M. de Fontette.

Vous avez sans doute su, Monsieur, que nous avons ce matin condamné au feu un libelle intitulé *De l'affaire de Bretagne*, qui est un chef-d'œuvre de méchanceté et de calomnie contre M. le commandant, les états, et contre presque tout le monde. Il s'est trouvé, comme à l'ordinaire, des complaisants qui n'étaient d'avis que de la simple suppression, mais cet avis n'a pas fait fortune, et a même été critiqué.

Je suis venu débrider un chat, parce que le sieur des Fourneaux ne veut pas partir, dit-on, qu'on ne lui assure le payement des frais de son voyage; j'en suis pour ceux du mien, qui m'affectent moins que le renouvellement de la goutte qu'il m'a causé et qui me forcera de rester ici pendant les vacances. Sitôt que je pourrai mettre mes souliers, je saisirai ce moment pour avoir l'honneur de vous aller voir...

CCCXXVI

Rennes, le 23 mars 1768.

M. de Fontette à M. de La Noue.

Je vous envoie, mon cher La Noue, l'arrêt contre le libelle *De l'affaire générale de Bretagne*.

Je doute fort que les états puissent être finis pour le jour des Rameaux; il faudra bien une huitaine de congé aux évêques.

Il n'y a pas d'apparence que l'affaire du poison finisse avant Pâques. Cet écervelé de des Fourneaux se tient chez lui.

Adieu, mon cher La Noue.

CCCXXVII

Rennes, le 29 mars 1768.

M. de Fontette à M. de La Noue.

Je vous suis obligé, mon cher La Noue, d'avoir envoyé copie à mon frère de ma lettre du 17. Sur les affaires de Bretagne le public ne peut prendre que de faux préjugés, parce qu'on ne prend pas la peine de l'instruire, comme il faudrait. Pourquoi le bon parti n'a-t-il pas des écrivains, comme le mauvais, dont on permet et autorise tous les libelles? Il y aurait plus de ridicule à jeter sur la conduite des brouillons, en ne disant que des vérités, qu'ils ne peuvent en donner à celle des honnêtes gens, bons serviteurs du roi, par leurs calomnies. Ils sont si accoutumés à tenir le haut bout de la presse qu'ils crient au feu quand il en échappe par hasard quelque brochure véridique et modérée, comme celle des *Entretiens*. Elle a excité la fureur du parlement de Paris, qui n'a rien dit sur les deux infâmes libelles que nous venons de brûler, et qui se vendent publiquement dans les salles du palais. Faites-vous juger, comme vous disiez dernièrement, par ces messieurs. Quelle a été la réponse du roi sur leurs remontrances concernant les affaires de Bretagne? Il me semble que nous aurions dû en avoir déjà des nouvelles. Quelle sera aussi la réponse à la conclusion des représentations de la noblesse? Si on veut toujours dissimuler les infamies, qui est-ce qui pourra servir le roi?

Vous avez su la plate et contournée réponse de M. Ogier aux députations réitérées de la noblesse au sujet des dernières représentations (1). Il ne manquerait plus que donner une image aux auteurs

---

(1) A l'occasion de la discussion du nouveau règlement des états, l'ordre de la noblesse avait adressé au roi des représentations au sujet de certaines dispositions qui lui semblaient attentatoires à ses droits. N'ayant pas reçu de réponse, il arrêta, le 24 mars 1768, de députer vers les commissaires du roi la commission nommée pour l'examen du règlement pour savoir si la réponse de S. M. était arrivée : M. Ogier répondit n'avoir pas reçu de réponse. L'ordre entier de la noblesse, ayant à sa tête son président, se rendit alors auprès du premier commissaire pour le prier d'employer ses bons offices auprès de Sa Majesté. Voici la réponse que M. Ogier fit enfin a M. de Rohan; c'est à elle que fait allusion M. de Fontette :

« Monsieur, nous voyons avec douleur qu'après la réponse que nous avons faite
« depuis peu de moments à MM. les députés de l'ordre de la noblesse, l'ordre luy-même
« vous ayant, Monsieur, à sa tête se porte vers nous pour exiger de nous une démarche
« que nous venons de luy représenter comme dangereuse et nuisible à ses intérêts.
« Si, par malheur, des représentations, que l'ordre de la noblesse a crues justes
« et fondées, ont déplu au roy, nous ne pouvons que prier l'ordre de penser combien
« une nouvelle démarche, telle que celle de ce moment-cy, augmenterait encore
« l'indisposition de S. M. dans un temps où l'ordre entier de la noblesse, comblé,
« depuis l'ouverture de ces états, des marques de sa bienveillance royale, sans cesse
« associé ainsi que les autres ordres à une législation aussi étendue et aussi impor-
« tante pour les états et pour la province entière et enfin attendant une décision

à M. Ogier et à M. le duc de Rohan, dont la femme pleura dernièrement devant les bastionnaires, en parlant du peu de succès de leurs démarches communes contre M. d'Aiguillon. L'église et la meilleure partie du tiers avaient projeté de donner un démenti formel aux dites représentations ; mais on les a retenus jusqu'à ce moment par des considérations politiques sur l'aigreur que cette démarche mettrait dans l'assemblée qu'on voulait laisser finir tranquillement. Je ne sais cependant si ces deux ordres ne finiront pas par là ; et ils doivent cette justice à la vérité autant qu'à M. d'Aiguillon.

On prétend que les états finiront demain ; Dieu le veuille, et que ce soit de la bonne façon.

Votre Liscouet (1) n'est pas le seul qui ait fait abjuration ; M. du Bois de La Motte (2) en a fait autant par faiblesse, à la sollicitation de son bête parent, Ploüer (3).

Je crois le mémoire de La Moreau fait ici par deux ou trois avocats ; mais du Parc-Poulain s'est chargé d'y répondre. Il est piqué au jeu, et son mémoire sera imprimé dans peu. Clémenceau prétend qu'il prouve la calomnie invinciblement ; cette affaire finira sûrement,

« aussi intéressante que celle qui luy est annoncée, ne paraît avoir d'autre parti
« à prendre que celui du silence.
« Il faut donc vous l'avouer, Monsieur, ce serait de notre part manquer à l'ordre
« de la noblesse que d'obtempérer à sa demande et de plus, s'il nous faut opter
« entre l'inconvénient de contredire l'ordre par notre refus et le malheur de déplaire
« au roy par une complaisance contraire aux sentiments dont il peut être affecté, nous
« ne pouvons pas hésiter et nous prions l'ordre de la noblesse de regarder, comme
« une marque réelle de l'intérêt que nous prenons à son sort, le refus formel que
« nous sommes obligés de luy faire, et celui de nos bons offices en ce moment, qui
« au lieu de luy être utiles, ne pourraient que lui être préjudiciables.
« Mais, Monsieur, le compte que nous devons au roy de notre conduite ne nous
« permettra pas de laisser ignorer à S. M. les démarches que l'ordre vient de faire et
« leur objet, non plus que nos refus et leurs motifs. »
L'ordre de la noblesse arrêta que les réponses des commissaires du roi et ses deux délibérations du même jour seront déposées au greffe des états et enregistrées sur son registre particulier. (Arch. d'Ille-et-Vilaine, C. 2710, *Registre particulier de l'ordre de la noblesse*. f°s 28 et 29.) — Les pièces originales sont conservées dans la liasse spéciale de l'ordre. (Id. C. 2711.)

(1) Visdelou du Liscouet a signé le 14 mars 1768 une lettre de rétractation de la protestation du 17 février 1767. (V. le dossier des actes spéciaux de la noblesse. Arch. d'Ille-et-Vilaine, C. 2711.)

(2) Du Bois de La Motte a signé, le 16 mars 1768, une lettre de rétractation de la protestation du 17 février 1767. (Arch. d'Ille-et-Vilaine, C. 2711.)

(3) Jean-Charles-Pierre-Louis de La Haye, comte de Ploüer, seigneur de Paramé Saint-Ideuc, etc. (Notes particulières de M. Saulnier.)

après Quasimodo, s'il plait à des Fourneaux de venir. Il faut bien qu'il vienne, de gré ou de force.

Que dites-vous de La Bouëtardais (1), frère de La Moreau, qui voulait que Keranroy (2), frère de M. de La Chalotais, connût de l'affaire, et s'y intéressât, parce qu'on ne l'avait entreprise que pour

(1) Marie-Antoine-Bénigne de Bédée, comte de la Bouëtardaye, frère de la dame Moreau, né dans la paroisse de Bourseul près Dinan, le 5 septembre 1727, marié en Saint-Germain de Rennes, le 23 novembre 1756, à Marie-Angélique-Fortunée-Cécile-Renée Ginguené ; il habitait le château de Monchoix qu'il s'était fait bâtir dans la paroisse de Pluduno. Il est mort à Dinan le 24 juillet 1807, ayant eu plusieurs enfants, dont un fils, Marie-Joseph-Annibal, qui fut reçu conseiller au parlement de Bretagne en 1786. Celui-ci est mort jeune, laissant une fille, Mme du Boishamon, décédée au château de Monchoix en 1813. (*Etat civil* de Bourseul, Dinan, Saint-Germain de Rennes, Pluduno). Chateaubriand parle au t. I... des *Mémoires d'Outre-Tombe* de son oncle La Bouëtardaye. (Paris, 1860, 6 vol. in-8°) et nous fait assister à une soirée de famille ; — p. 20: « Souvent mon oncle de
« Bédée, avec son fils et ses trois filles, venait assister au souper de l'aïeule (sa
« mère) : celle-ci faisait mille récits du vieux temps : mon oncle à son tour racontait
« la bataille de Fontenoy à laquelle il s'était trouvé et couronnait ses vanteries par
« des histoires un peu franches qui faisaient pâmer de rire les honnêtes demoiselles
« (des voisines de Mme de Bédée). » Ailleurs il met en scène les habitants du château de Monchoix ; — p. 34 : « Le château du comte de Bédée était situé à une
« lieue de Plancoët dans une position élevée et riante. Tout y respirait la joie :
« l'hilarité de mon oncle était inépuisable. Il avait trois filles et un fils qui partageaient son épanouissement de cœur. Monchoix était rempli de cousins du voisinage: on faisait de la musique, on dansait, on chassait, on était en liesse du matin
« au soir. Ma tante, Mme de Bédée, qui voyait mon oncle manger gaiement son fonds
« et son revenu, se fâchait assez justement, mais on ne l'écoutait pas, et sa mauvaise humeur augmentait la bonne humeur de la famille. » Châteaubriant retrouve à Rennes aux états de 1789 son oncle de Bédée « qu'on appelait *Bédée l'artichaut*
« à cause de sa grosseur, par opposition à un autre Bédée, long et effilé, qu'on
« nommait *Bédée l'asperge* » (p. 280).

(2) Félix-Sixte-Marie de Caradeuc, seigneur de Kéranroy (nom sous lequel il était habituellement désigné), frère du procureur général, est né en la paroisse de Saint-Pierre en Saint-Georges de Rennes le 13 mai 1713. Il n'a été « nommé » qu'à l'occasion de son mariage ; il était resté anonyme et c'est sous le nom d'Anonyme de Caradeuc qu'il a été reçu conseiller au parlement de Bretagne, le 1er décembre 1734. Le supplément des cérémonies du baptême lui a été administré dans sa paroisse natale le 31 janvier 1743 : le 14 février suivant il a épousé, en Saint-Sauveur de Dinan, Renée de Fontlebon, dame de Chef du Bois, dont il ne paraît pas avoir eu d'enfants. Il est mort en Saint-Jean de Rennes, le 9 décembre 1786. — Ce qui le signale à l'attention, c'est qu'il a été, en toutes circonstances, l'adversaire de son frère. Aussi le *Commentaire de la liste imprimée de MM. SS. du parlement*, p. 12; n'est pas bienveillant pour lui : « Non démis ; homme inconséquent et léger, cynique, raillant perpétuellement ses confrères sur leur ineptie. » La *Deuxième lettre d'un gentilhomme breton à un noble Espagnol* le désigne ainsi (p. 128) ; « Cet homme si indigne du nom qu'il porte et qui fait la honte de sa famille. » (*Registres paroissiaux* de Saint-Pierre en Saint-Georges de Saint-Jean de Rennes, et de Saint-Sauveur de Dinan. — Archives de la cour d'appel de Rennes, *Registres secrets*.)

rendre service à son frère? J'ai mandé cette bonne anecdote à M. d'Aiguillon.

On juge actuellement l'auteur normand. Je vous en dirai des nouvelles avant de fermer ma lettre, qui ne partira que demain. Je doute que cela aille à la corde.

Adieu, mon cher La Noue...

A 4 heures.

Les avis ont été partagés sur l'auteur normand : les uns voulaient amende honorable, et prison perpétuelle, les autres cette dernière peine seulement; cela a passé au plus doux; ils étaient treize contre treize. Il en est quitte à bon marché. La séance n'a fini qu'à deux heures. On est indigné, et moi plus que personne, de la faiblesse du jugement.

CCCXXVIII

11 avril 1768.

M. d'Amilly à M. de Fontette.

M. de Fontette a-t-il eu aujourd'hui quelque nouvelle de l'arrivée de M. des Fourneaux? Il y a plusieurs juges absents, auxquels il faudrait écrire.

M. d'Amilly assure M. de Fontette de son respect.

CCCXXIX

12 avril 1768.

M. Le Prestre à M. de Fontette.

Vous savez sans doute, cher maréchal, que la dame Moreau a présenté ce matin requête à la cour pour dénoncer la lettre d'un M. à M. (1); elle en demande la flétrissure par l'exécuteur de haute justice; le substitut va y conclure cet après-midi.

(1) Au cours du procès, en 1768, pendant les vacances de Pâques, un imprimé intitulé : *Lettre de M. à M.*, in-12 de 24 pages, daté du 24 juillet 1767, fut répandu à Rennes : il présentait les faits sous un jour défavorable aux accusés Canon, Moreau et Moreau fils, essayant de venger le duc d'Aiguillon, l'abbé Clémenceau et les jésuites des imputations produites contre eux. D'après la *Procédure de Bretagne*, II, p. 25, qui en parle en termes violents, on l'attribua au conseiller Couen de

On a arrêté ce matin de charger M. le premier président d'écrire au ministre que la cour ne croit pas pouvoir se dispenser d'employer dans la liste MM. de La Marche, de Virel, de Montluc, dont l'état de magistrats est assuré par des lettres patentes, ce que le roi est supplié de ne pas trouver mauvais.

Cet arrêté que M. le premier président enverra demain attirera sans doute des lettres patentes, et, en attendant la réponse, on a sursis la composition de la liste. Rendez-nous donc M. des F... (des Fourneaux?) que l'on attend avec impatience et humeur; son retardement fait crier.

Adieu, cher maréchal...

CCCXXX

Paris, le 13 avril 1768.

Extrait d'une lettre de M. d'Aiguillon.

M. des Fourneaux est arrivé ici avant-hier, et en repart demain pour se rendre à Rennes, dimanche au soir. M. Pinon, qu'il a vu, prétend que sa tête est en fort bon état.

Au Palais, le 13 avril 1768.

(*Billet de l'écriture de M. d'Amilly*).

Saint-Luc parce qu'on en vit plusieurs exemplaires sur son bureau et que le style en était mauvais. La dame Moreau et son fils jugèrent de leur intérêt de dénoncer cet imprimé au parlement ; ils le firent par une requête du 12 avril 1768, demandant
« qu'il fût lacéré et brûlé au pied du grand escalier par l'exécuteur de la haute justice
« comme injurieux et diffamatoire pour les supplians et être (par le procureur général,
« fait toutes les poursuites nécessaires contre les auteurs, imprimeurs et distribu-
« teurs dudit libelle .. » Ils prétendirent que « l'écrivain obscur » qui l'avait
« composé avec fureur et malignité » datait sa lettre de Rennes, « afin que les
« étrangers le supposent plus instruit, » et remontait jusqu'au 24 juillet 1767, « pour
« éviter de parler des récolemens et des confrontations des témoins ». Un arrêt du
13 avril joignit la requête à l'état du procès « pour eu jugeant, y avoir tel égard
« que de raison ». L'arrêt définitif du 5 mai suivant statua ainsi : « et sans qu'il
« soit besoin de s'arrêter à la requête du 12 avril, faisant droit sur les conclusions
« du procureur général du roi, ordonne que l'imprimé ayant pour titre : *Lettre de*
« *M... à M...* demeurera supprimé au greffe de la cour comme contraire aux lois de
« la librairie et de la police. » (*Procédure de Bretagne*, 11, pp. 25, 26, 27 et 57.)

CCCXXXI

17 avril 1768.

M. d'Amilly à M. de Fontette.

M. de Fontette a-t-il quelques nouvelles de M. des Fourneaux ? Sait-il s'il est arrivé ? M. Clémenceau mande qu'il a passé ce matin en chaise de poste, de fort bonne heure. Il désirerait bien que ce fût lui.

M. d'Amilly a l'honneur d'assurer M. de Fontette de tout son respect.

CCCXXXII

18 avril.

Vous savez à présent, Monsieur, que M. des Fourneaux est arrivé hier, à 8 heures du soir.

C'est de la part de M. d'Amilly.

Au Palais, lundi matin, 17 avril 1768.

CCCXXXIII

M. Audouard à M. d'Agay (*Copie de la main de M. de Fontette*)

Monsieur,

Je suis très fâché que les propositions que j'ai eu l'honneur de vous faire par ma lettre du ... au sujet de ma destitution de la place de subdélégué ne vous aient pas convenu. Elles partaient plutôt du désir que j'avais de rendre cette révocation honnête aux yeux de tous les subdélégués que de celui de conserver une place qui, pendant vingt-cinq ans, m'a donné plus de peines que d'avantages. Je n'insisterai plus sur cette grâce qui me deviendrait désormais inutile par la publicité qui a été donnée au peu de cas que vous faites de mes services passés et à venir; et je n'attendrai plus, Monsieur, pour exécuter vos derniers ordres sur la remise des papiers de la subdélégation, qui consistent en fort peu de chose, que la commission que vous voudrez bien donner à quelqu'un honoré de votre confiance pour les retirer de chez moi ; vous croyant, Monsieur, encore trop juste pour exiger que je m'expose à un affront pareil à celui que je reçus chez vous vendredi, 23 du courant, dans votre hôtel, dont je fus chassé par votre suisse qui m'a arrêté dès l'entrée de la cour, en me disant qu'il ne lui était plus permis de me donner les entrées.

CCCXXXIV

M. Raudin à M. de Fontette (*sans date*).

Voilà, mon cher général, ce que me marque M. d'Agay, par sa lettre que je reçois de Paris, datée du 20.

— « J'écris aujourd'hui à M. Audouard que je le révoque de la subdélégation. C'est un sujet qui ne convient nullement à mon administration. Je lui mande de remettre dans mes bureaux les affaires dont il peut être chargé. »

C'est pour vous seul ce que je vous mande. J'ignore absolument d'où peut venir cette disgrâce, et quel en peut être le motif. Mandez-moi si vous en savez quelque chose de M. le duc d'Aiguillon. Je n'ai aucune autre nouvelle de Paris ; en savez-vous ? Faites m'en part.

Je vous souhaite bien le bonjour, mon cher général.

CCCXXXV

Rennes, le 19 avril 1768.

M. de Fontette à M. de La Noue.

Il semble que vous ayez peur de vous ouvrir à moi, et vous tombez pour ainsi dire dans le découragement. Pour moi je pense bien autrement que beaucoup de gens sur tout ceci ; et je dis que ce moment de crise ne peut que nous être favorable, et vous verrez si j'ai deviné juste. Au reste j'espère que je serai bientôt à portée de vous dire tous mes sentiments. Le premier de tous est qu'on ne doit rien craindre en bien faisant, en aimant, en servant bien le roi, et en se sacrifiant pour lui. Quand cela ne réussit pas, on s'en console pour soi ; et on ne gémit que sur le mal qui peut en résulter pour l'état, qu'on ne sert pas moins bien au premier jour ; voilà comme on meurt honnête homme, et non en se dégoûtant par les revers, et en abandonnant les affaires publiques, dans lesquelles il y a toujours des déboires inévitables.

Je compte partir d'ici aussitôt que l'affaire des Fourneaux sera finie, si j'ai le congé de six semaines que j'ai demandé. Cet officier arriva avant-hier ; il donnera demain son mémoire, dont je vous adresserai un exemplaire, sous le couvert de M. de Saint-Florentin. On ne peut refuser trois jours de délai pour répondre, et samedi et lundi prochain sont fêtes. Partant l'affaire ne commencera véritablement que mardi 26, et tiendra toute la semaine sans doute, si la cabale ne nous fournit pas quelques nouveaux incidents, comme elle y paraît disposée. J'espère que vous serez encore à Paris à mon arrivée.

L'évêque de Saint-Brieuc a passé ici la journée d'hier ; il est parti ce matin pour Paris où il a été appelé. Je ne crois pas qu'il soit plus de bonne foi chez vous que pendant la tenue des états qui, à bien considérer, ne mérite pas grands éloges. Les honnêtes gens n'en sont pas contents, et le bastion lui-même ne paraît guère l'être d'avantage. Il n'y a gagné qu'un point, qui est d'obtenir par toutes ruses et menées d'empêcher le démenti que deux ordres avaient projeté de donner à leurs injurieuses et atroces imputations contre M. d'Aiguillon. Ce point a bien satisfait les forcenés ; mais ceux qui le sont un peu moins le deviendront bien plus sur d'autres objets relatifs aux affaires générales.

Adieu, mon cher La Noue...

CCCXXXVI

A Redon, ce 20 avril 1768.

M. de Quehillac à M. de Fontette.

J'ai encore, Monsieur, le corps tout perdu de venin ; mais je me détermine à partir lundi, comme vous me faites l'honneur de me le marquer, pour entrer mardi au palais. Si, comme je l'espère, on veut bien me souffrir aux palais avec des Anylles (1), malgré les propos qu'en pourront tenir les bastionnaires, dont je me suis toujours moqué ; car ma jambe droite continue à me refuser le service. Je vous prie donc, Monsieur, de donner des ordres pour me faire trouver lundi, à dix heures du matin, trois chevaux de chaise et un bidet à Loheac, six lieues de Rennes, moitié chemin de Redon, chez le sieur Poignanant, aubergiste; et je serai sûrement à Rennes à six heures.

Si vous avez mandé à M. le duc d'Aiguillon mon refus d'avoir voulu partir, faites-moi le plaisir de lui mander que je me rendrai pour le jugement de l'affaire. Je craindrais qu'il n'en fût indisposé contre moi.

CCCXXXVII

Rennes, le 24 avril 1768.

Billet de M. d'Amilly à M. de Fontette.

M. d'Amilly vient de recevoir la lettre ; s'il voit M. des Fourneaux il lui dira qu'il n'a moyen de l'empêcher de partir, mais que si son procès commence mardi, comme il y a toute apparence, il pourra bien finir plus tôt que samedi. Ainsi il faudrait que M. des Fourneaux fût au plus tard ici jeudi ; il ne faut pas qu'on attende après lui ; peut-être aussi l'affaire peut-elle durer plus longtemps, mais il faut prendre la plus sûre précaution.

CCCXXXVIII

A Rennes, ce 24 avril 1768.

M. de Quehillac à M. de Fontette.

Je viens d'arriver, Monsieur, passablement bien, et en état d'aller au palais demain, mais avec des Anylles ; ma jambe étant toujours dans le même état de neutralité, qui m'empêche de vous aller faire la révérence...

(1) Anylles, ou plutôt Anilles, s'emploie encore en Bretagne, et signifie béquilles.

CCCXXXIX

Le 29 avril 1764.

M. Le Prestre de Châteaugion à M. de Fontette.

On vint, mon cher maréchal, hier au soir me prévenir, pour vous le dire, que le client mal timbré (1) prenait de la défiance encore, et que, si cela durait encore quelques jours, on retomberait dans le même état; on lui fait tenir des propos qui, s'ils étaient vrais, et ils peuvent l'être, donneraient avantage à la cabale. Il faudrait que vous représentassiez à M. le premier président que les délais que l'on pourrait accorder peuvent être du plus grand danger, parce que les charmes de la dame font impression sur le monsieur (2), et qu'il serait même bon qu'ils ne vinssent pas au palais le même jour, pour être interrogés; car, s'ils s'envisageaient, il pourrait y avoir une scène que l'on craint. Ainsi représentez ces conséquences; on pourrait interroger l'un le soir, et les autres le lendemain matin; de cette manière non affectée, et qui pourrait être concertée seulement entre M. le premier président et le rapporteur, tout serait prévenu.

Je vous envoie, cher maréchal, une lettre pour M. le duc, et celle que j'en reçois; elle est désespérante, et, s'il abandonne les choses comme il le dit, tout est perdu. Je lui écris sur ce ton.

CCCXL

Léon, le 2 mai 1768.

M. du Dresnay à M. de Fontette.

J'ai reçu, Monsieur, un paquet par la poste, dont je ne doute pas que je vous aie l'obligation. Recevez-en, s'il vous plaît, mes très humbles remerciements. Vous me rendriez un service essentiel si vous vouliez bien avoir la bonté de me tirer de l'inquiétude où

---

(1) Le client mal timbré est le lieutenant des Fourneaux.
(2) La dame dont parle M. le Prêtre est ou Mme Moreau, ou Mme de Lisle, de Blain.

toutes les nouvelles, qui pleuvent de toutes parts dans notre ville, jettent ici tous les honnêtes gens.

Vous connaissez, Monsieur, tout mon zèle pour le service du roi, et pour le bien, et conséquemment tout mon attachement pour le duc d'Aiguillon. Je ne peux soutenir l'incertitude où je suis sur ce qui le regarde ; je vous demande en grâce de me dire où en sont les choses, et s'il y a quelques fondements dans ce qu'on débite partout ici pour certain que M. le duc d'Aiguillon pense à abandonner la province. Je connais trop son âme pour pouvoir me le persuader. C'est toujours l'amour du bien qui le décide, et il ne peut pas manquer de sentir mieux que personne que plus nous nous comportons mal, et semblons obstinés à nous perdre, plus le bien du service du roi, et le nôtre propre, nous le rend nécessaire. Oserais-je vous prier, quand vous lui écrirez, de vouloir bien me rappeler dans son souvenir. On dit ici que l'affaire de Canon est entamée depuis mardi. Si cela est, elle est peut-être enfin jugée à présent. Dieu veuille qu'elle le soit comme elle doit l'être.

Nous n'avons rien ici de nouveau ; s'il s'y passait quelque chose d'intéressant, soyez sûr que je vous en rendrais compte sur-le-champ.

Je ne sais si la promotion d'officiers généraux aura fait vaquer quelque place de colonel aux grenadiers de France ; et, quand cela serait, je ne sais si, dans la circonstance présente, il aura été possible à M. le duc d'Aiguillon de s'occuper de mon fils (1) ; mais

(1) Le signataire de la lettre est : Joseph-Michel-René du Dresnay, comte du Dresnay, fils aîné de Joseph-Marie du Dresnay et de Marie-Gabrielle-Thérèse Le Jar de Clesmeur, né en 1707, mort en 1788 ; mousquetaire dans sa jeunesse et chevalier de Saint-Louis, il est devenu colonel de la garde côte du pays de Léon, inspecteur général des haras de ce pays, gouverneur et commandant, pour le roi, de Saint-Pol et Roscoff. Son fils dont il entretient M. de Fontette est : Louis-Ambroise-René, marquis du Dresnay, unique enfant de son premier mariage avec Elizabeth-Françoise de Cornulier, né en 1741, mort à Londres en 1798. Il a été aide de camp du prince de Condé en 1761 et 1762 et n'a été breveté colonel qu'en 1777. Nommé maréchal de camp pendant l'émigration, il eut le commandement du régiment de son nom qui fit partie de l'expédition de Quiberon et y essuya un véritable désastre. De son mariage avec Marie-Joseph du Coetlosquet, il a eu plusieurs enfants dont la postérité n'est pas éteinte. Un de ses fils, Julien-Jean-François, chevalier du Dresnay, sous-lieutenant dans son régiment, a été tué à Quiberon, le 16 juillet 1795, à l'âge de 22 ans. Eugène de la Gournerie, *les Débris de Quiberon*. Nantes, 1875, in-8°, p. 128. — *Généalogie de la maison de Kersauson*, p. 132. — *Supplément à la généalogie de la maison de Cornulier*. Nantes, 1860, in-8°, p. 149.

pourvu que ce qui le touche lui-même aille bien, tout autre événement nous affectera fort peu.

J'ai l'honneur d'être, etc.

CCCXLI

Rennes, le 3 mai 1768.

M. de Fontette à M. de La Noue.

Vous voyez tout mon chagrin sur l'oubli qu'on a fait de vous dans la promotion. Je ne suis pas moins sensible au traitement pareil fait au chevalier. J'espère toujours que, cette promotion n'étant pas publique, vos amis et les siens pourront faire réparer le mal ; et je le souhaite bien sincèrement. Cette disgrâce n'est pas encore sue dans cette ville, où on la ferait bien sonner. On y publie seulement que vous, Lasnier et Kerlivio êtes réformés de la garde-côte ; on y destitue tous ceux qui ont montré le plus d'attachement à M. d'Aiguillon ; et je ne suis pas épargné, comme vous pensez bien.

J'ai fait usage de votre « tirade », sans vous nommer ; mais il serait plus facile de ressusciter les morts que de donner du courage à des poltrons qui se croient abandonnés, ou peu s'en faut, par leur plus ferme défenseur. Je ne vous dirai rien de plus là-dessus ; nous en raisonnerons bien mieux dans peu. J'ai reçu mon congé, et je compte partir dans les premiers jours de la semaine prochaine pour Paris, où je logerai à l'hôtel de Hollande, rue Saint-André-des-Arts

Le rapport du procès éternel finira ou sera bien avancé aujourd'hui. J'espère qu'il sera jugé au plus tard jeudi, s'il ne survient quelque nouvel incident. Je ne compte pas à beaucoup près sur un arrêt de fermeté. La cabale effraye, et on ne veut pas sentir qu'elle devient plus insolente, quand on paraît la redouter.

Adieu, mon cher La Noue...

CCCXLII

Ce 4 mai 1768.

M. de Quehillac à M. de Fontette.

Faites-moi, je vous en supplie, le même plaisir que la dernière fois, de mettre mes deux lettres dans votre paquet, pour les mêmes raisons de sûreté. Il y a une cabale du diable de la part du président de Cuillé et de MM. de La Villebouquais, parents de la Moreau (1). Nous ne sommes que onze par rapport à MM. Foucher, qui ne font qu'une voix (2), contre neuf. Ils font les démons pour démonter l'affaire, et faire rejeter la procédure qui est bonne. La guerre est ouverte, et nous allons souvent jusqu'à la brusquerie. Ils auront beau faire; ils ne réussiront pas, à moins que quelqu'un de notre parti ne vienne à manquer; parce qu'un seul de moins ferait passer *in mitiorem*, et leur donnerait la victoire. Mais il faut espérer que les prières de M. l'abbé Clémenceau et des deux abbés, nos confrères, qu'ils soient jésuites ou non, conserveront nos santés. Je crois déjà l'avoir éprouvé; car vendredi j'eus une espèce d'apoplexie, et je suis aujourd'hui sur le seul pied qui me reste, me portant très bien d'ailleurs, et en état de discerner le vrai du faux. Tout le mal, c'est que nous n'avançons pas, et que ces Messieurs cherchent en tout à retarder le jugement. Cependant, s'il ne finit pas samedi, je jurerais que ce sera pour lundi. Il y a apparence que le dernier jour on passera une partie de la nuit au palais, car on ne finira pas sans bruit, à ce que je crois, et sans chaleur, et il le faudra cependant faire sans désemparer; crainte de la gazette du palais, qui pourrait être préjudiciable.

Je vous prie, Monsieur, de ne vous donner pas la peine de me chercher; nous sommes presque toujours au palais.

---

(1) Nous ne savons pas comment Mme Moreau était parente de MM. de Cuillé et de La Villebouquais.
(2) Louis-François Foucher et Denis-Louis Foucher de Carheil, son fils, faisant partie de la même compagnie, la voix des deux ne comptait que pour une s'ils étaient du même avis.

CCCXLIII

Rennes, le 6 mai 1768.

M. de Fontette à M. de La Noue.

Je n'ai, mon cher La Noue, que le temps de vous envoyer un précis de l'arrêt qui fut rendu hier après une séance de douze heures (1). Le jugement est faible contre les calomniateurs, mais suffisamment justificatif pour les innocents. Cinq des vingt-un juges, passablement gagnés ou intimidés par la cabale, voulaient l'adoucir; beaucoup plus voulaient qu'il fût plus vigoureux (2).

Je partirai sûrement demain, à neuf heures du matin, et je serai lundi tout au moins à Versailles, où je coucherai peut-être, si M. et Mme d'Aiguillon y sont.

Adieu, mon cher La Noue, je vous embrasse.

(1) Le texte de l'arrêt se trouve dans la *Procédure de Bretagne*, II, pp. 54, 55 et 56, ainsi que le réquisitoire du 29 avril de Gault et ses conclusions, p. 52. Le même arrêt est imprimé à la fin de la *Deuxième lettre d'un gentilhomme breton à un noble Espagnol*, pp. 200 et suiv., avec des notes dans lesquelles cette œuvre juridique est l'objet des appréciations les plus violentes. On n'épargne aux juges aucune qualification injurieuse non plus qu'à leur décision : prévarication abominable, indignité, aveuglement incompréhensible, supercherie qui ne serait pas tolérable dans une pièce d'écriture du plus misérable procureur, iniquité révoltante, etc. « Le dispositif de l'arrêt était tout dressé par M. de Fontette, selon les uns, qui « s'est même plaint de ce qu'on ne l'avait pas suivi ponctuellement; par M. le duc, « selon d'autres, qui l'avait fait passer par ce servile ministre de ses volontés. » (*Deuxième lettre d'un gentilhomme breton à un noble Espagnol*, p. 155.)

(2) L'auteur de la *Deuxième lettre d'un gentilhomme breton à un noble Espagnol* rend compte, en ces termes, de l'effet produit, d'après lui, par cet arrêt : « Le bruit de cet énorme arrêt se répandit dans toute notre ville avec la rapidité « d'un éclair et il y jeta une consternation si générale et si profonde qu'on eût dit « que c'étaient tous les citoyens qui venaient d'être condamnés à l'opprobre et au « supplice. Tous, depuis les plus petits jusqu'aux plus grands, s'empressèrent « d'aller témoigner à la famille Moreau la part sincère qu'ils prenaient à l'injustice « qu'ils venaient d'éprouver et lui offrir leur bourse pour se pourvoir contre un « jugement si atroce... On nommait tout haut ceux qui s'étaient vendus à une ini- « quité si révoltante et les noms ne se prononçaient qu'avec exécration » (pp. 164 et 165). Le pamphlet prétend que la minorité du parlement représenta à la majorité l'effet produit par l'arrêt sur le public et l'exhorta à le modifier : « Rien ne fut « capable de les toucher : Que dirait le duc d'Aiguillon? il attend notre arrêt « comme la seule pièce qui puisse le blanchir et confondre ses ennemis. Cette « réflexion répondit à tout » (p. 165).

CCCXLIV

De Lyon, le 6 juin 1768.

M. de Flesselles à M. de La Noue.

Ah! mon cher comte, quel charmant pays! Tout y rit, tout y chante. On ne connait point ici de bastion et la mauvaise foi; et les gens en place y voient encore le prince respecté. Les deux illustres Bretons qui y ont séjourné n'ont point altéré la douceur des mœurs qui y règnent, et ils n'y ont laissé d'autre réputation que d'y être caractérisés de vantards et de menteurs (1). Ils n'en ont pas moins été, à leur retour, honorés de la couronne civique.

Au surplus je suis fâché de votre goutte; les souffrances ne vous vont pas, et il ne vous faut que la joie. J'en aurai une véritable à apprendre le retour de votre santé. Donnez-m'en souvent des nouvelles, ainsi que de celles de notre général, à qui j'ai voué, pour toute ma vie, un respect et un attachement sans bornes, et ce envers et contre tous.

Le sénat breton vient de donner un bon coup de tête à la cour métropolitaine, qui donnera sûrement une ruade à la première occasion. J'attendais avec impatience le résultat de la journée du 14; je crois qu'il n'y aura ni tués ni blessés, et que cela finira comme l'expédition de Corse. Je désire bien vivement posséder le maréchal-général (2), qui m'a promis plusieurs jours; je vois tous les jours des membres de cette expédition, qui ont tous leur épée de Catalogne.

Je désire fort apprendre la marche de notre général. Compte-t-il

(1) Nous ne voyons dans cette contrée que MM. de Charette de La Gascherie et de La Colinière exilés à Autun, où ils étaient encore au mois de juillet 1768.
(2) C'est Fontette que Flesselles qualifie de maréchal général. On préparait alors l'expédition qui avait pour objet la conquête de la Corse; cette île avait été cédée à la France par la république de Gênes, le 15 mai 1768; l'armée d'opération devait être commandée par le marquis de Chauvelin, qui débarqua en Corse le 29 août suivant et revint en France en décembre, quatre mois après, ayant essuyé plusieurs échecs. La nomination de Fontette est annoncée en ces termes par la *Deuxième lettre d'un gentilhomme breton à un noble Espagnol*. Après avoir mentionné le départ de Rennes de M. de Fontette, qui allait porter au duc d'Aiguillon l'arrêt du 5 mai 1768, le pamphlétaire ajoute : « Il en fut récompensé par sa nomination à la place de maréchal général des logis de l'armée qu'on envoyait en Corse » (p. 165).

aller bientôt en Bretagne, et quelque chose le débrouille-t-il? (*sic*). Voilà un point qui m'intéresse essentiellement.

Mille tendres compliments à M. Ogier, à mon successeur, et mille embrassades, le tout sans oublier l'évêque de Saint-Brieuc.

Adieu, Monsieur, ne jurez pas après notre voiture, elle est en vérité belle et bonne; et ce qu'il y a de plus certain est le tendre et respectueux attachement que je vous ai voué.

CCCXLV

A Lyon, le 1er juillet 1768.

M. de Flesselles à M. de La Noue.

Je viens de faire beaucoup de courses légères, mon cher comte, et j'ai été presque toujours en l'air, sans cependant découcher de la ville. Je m'y plais de plus en plus, et je me crois réellement en paradis, surtout par comparaison avec certaine province que bien vous connaissez.

Je vous rends mille grâces des détails que vous avez bien voulu me transmettre. Ils m'ont fait un plaisir infini; et je me suis donné certain air important pour assurer toutes mes nouvelles, qui n'étaient point celles de tout le monde.

On débite ici le fameux mémoire imprimé de la noblesse; mais ce que je suis beaucoup plus curieux de voir, est celui dont j'ai entendu parler, qui émane de notre général, ou bien qui est fait sous ses ordres et inspection. Il faut absolument que vous me le procuriez, et ce tout incessamment; vous vous doutez bien de tout le désir que j'ai de le voir; ainsi il faut que vous me donniez cette marque d'amitié.

Tout ce qui se passe pour ramener le commandant à retourner en Bretagne est des plus plaisants. On aura beau le caresser; je crois qu'on ne le fera pas convenir que les états de Saint-Brieuc aient tourné à l'avantage du roi et de la province. On me mande que l'évêque est allé prendre les eaux. Il aurait mieux fait de s'en tenir à en faire de toute claire, et de ne pas chercher à la troubler, pour ensuite vouloir y pêcher. Enfin, tout pour le mieux. Peut-être le verrons-nous notre patriarche, si la querelle avec la cour de Rome subsiste; je ne lui demanderai sûrement pas d'indulgence, parce que je n'en aurai point pour lui, et, au total, il distribuera des reliques tant qu'il voudra. Mais je n'y aurai pas de foi.

Comment va mon confrère et successeur(1)? A-t-il un peu repris vis-à-vis de notre général? C'est un grand sot s'il ne fait pas ce qu'il doit pour posséder ses bontés.

J'ignore quand le maréchal Fontette nous arrivera. J'aurai bien du plaisir à le tenir en charte privée.

Adieu, mon cher comte, aimez-moi toujours, et soyez persuadé des tendres et respectueux sentiments que je vous ai voués pour la vie.

CCCXLVI

A Lyon, le 21 août 1768.

M. de Flesselles à M. de La Noue.

Le général Fontette, que j'ai gardé ici pendant huit jours, mon cher comte, m'a fait part des reproches que vous me faites sur ma négligence à vous répondre. Mais vous m'aviez mandé que vous interrompiez toute correspondance, pour le temps où vous alliez en Picardie; et j'attendais le moment de votre retour à Paris, pour vous y demander de vos nouvelles, m'y rappeler à votre amitié, et vous prier de me faire part du courant.

J'ai une longue épître du commandant, qui m'instruit de la situation; elle doit prendre une dernière forme pendant le voyage de Compiègne, et j'attends avec impatience le dénouement du grand œuvre, auquel je ne cesse de m'intéresser bien vivement.

Le maréchal a été enchanté de notre ville; il s'y est fort amusé. J'ai fait de mon mieux pour le tenir en gaieté. M. Chauvelin(2) l'a

(1) M. de Flesselles parle ici de M. d'Agay, nommé à sa place à Rennes.
(2) Claude-François, marquis de Chauvelin, fils de Bernard de Chauvelin, conseiller d'état, et de Catherine Martin, né en Saint-Sulpice de Paris, le 1er mars 1716, est mort à Versailles en 1774. Il était en 1765 lieutenant général des armées du roi, grand-croix de Saint-Louis, ambassadeur de France près le roi de Sardaigne, ex-envoyé près la république de Gênes, inscrit comme noble sur le livre d'or de cette république, maître de la garde-robe du roi. De son mariage contracté

emmené avec tout l'état major. Il doit être arrivé en Corse d'aujourd'hui en huit.

Malgré le détail insolent de la *Gazette de France* sur nos avantages en Corse, nous venons d'apprendre que deux corsaires de Paoli se sont emparés de deux tartanes (1), l'une chargé de mulets et l'autre de vivres. Il faut convenir que cela est bien humiliant. Quant à l'expédition en elle-même, je ne vous en dis rien. Nos ministres sont trop sages pour compromettre aussi légèrement l'honneur de la nation. Espérons, mais craignons.

Adieu, mon cher comte; assurez-moi promptement que vous ne me boudez pas; aimez-moi toujours, et soyez convaincu de l'attachement sincère et respectueux que je vous ai voué pour la vie.

le 5 avril 1758 avec Anne-Thérèse Mazade d'Argeville, fille d'un conseiller au parlement de Paris, est né, en Saint-Sulpice de Paris, le 29 novembre 1766, le marquis Bernard-François de Chauvelin, qui a joué un rôle notable dans l'opposition libérale sous la Restauration. (*Calendrier des princes et de la noblesse pour 1765*. Paris, 1765, in-12, p. 66. M. de Chastellux. Paris, 1875, in-8°, p. 165.)

(1) C'étaient de petits bâtiments à deux mâts et portant une voile triangulaire, en usage sur la Méditerranée.

PIÈCES ANNEXES

(Dans les Manuscrits Fontette, elles font suite à la Correspondance)

Premier billet anonyme à M. le comte de Saint-Florentin.

Tu es If autant que les douze Ifs, magistrats qui ont échappé à la déroute générale. Rapporte cela à Louis pour qu'il commence donc nos affaires, et puis écris en son nom, mais sans son sçû, belle épitre aux douze Ifs magistrats.

Second billet anonyme à M. le Comte de Saint Florentin.

Dis à ton maître que malgré lui nous chasserons les douze Ifs et toi aussi.

11 fév. 1764.
Extrait d'une lettre de M. de La Chalotais.

Votre petit despote, M. d'Aiguillon, est donc bien fâché des remontrances de votre parlement. Tant mieux. Tout le monde en est bien aise, car il est fort haï, et peu aimé à Versailles. Il n'y a que faire de craindre les lettres de cachet. Il n'a pas été ici depuis que les affaires des commandants sont sur le tapis. Toulouse a fait révoquer M. le duc de Fitz-James, Grenoble M. Dumesnil, et M. d'Harcourt est révoqué de peur à Rouen.

Votre despote prend mal son temps. Les parlements ont le haut du pavé à Paris. Vos remontrances sont au miel et au sucre contre lui auprès de celles des autres parlements. M. de Fitzjames n'a jamais pu entamer M. de Bonrepos qui a été on ne peut plus ferme. Ayez les propos les plus honnêtes et les actions les plus fermes; requérez les règles, et ne craignez rien.

14 déc. 1764.

Extrait d'une lettre de M. de La Chalotais.

Nous avons appris la parade de M. d'Aiguillon, qui pleure quand il veut (au sujet d'une lettre que le roi a écrite aux états). Il s'agit de savoir quel parti la noblesse prendra. Mandez-nous donc la mort de l'évêque de Rennes que l'on dit bien mal.

On dit le greffier de La Gascherie à la Bastille. Cela fait pitié et hausser les épaules ; tout le monde en rit ; quelle misère ! Pour moi on est assez embarrassé ; on est presque forcé de convenir qu'on me calomnie; tout cela n'a pas le sens commun ; mais le roi est obsédé par des gens qui le trompent.

J'ai promis vos bons offices, mais ne vous compromettez. Tout pour le roi, et rien pour M. d'Aiguillon, qui j'espère est perdu ici, si nous réussissons au parlement, et si les états tiennent bon.

20 janv. 1765.

Extrait d'une lettre de M. de La Chalotais.

Vous savez, suivant ce que vous me mandez, les préparatifs des funérailles du parlement et des états, que les ministres voudraient faire ; mais le roi plus honnête homme qu'eux ne veut pas ce mal. Il veut la paix, et il mérite qu'on la fasse. Pour les ministres et M. d'Aiguillon, ils méritent la haine publique et particulière. Le L'Averdy a, je crois, de très bonnes intentions. Je vois très clair que tout ceci culbutera avant peu ; il n'est pas possible que cela dure.

27 janvier 1765.

Extrait d'une lettre de M. de La Chalotais.

Que le parlement se soutienne avec fermeté, tout ira bien ; qu'il se moque des avis de l'intendant, et qu'il n'ait aucune attention aux intentions des ministres quand elles seront contraires aux lois.

M. de Saint-Florentin est plus furieux que jamais contre le parlement. Il me dit hier, et M. le vice-chancelier, les plus pitoyables raisons du monde. Ils sont fort en colère du renvoi des lettres patentes. Vous n'avez que faire d'écrire ici, si ce n'est à M. le vice-chancelier, et à M. de Saint-Florentin qui ne valent pas mieux l'un que l'autre.

Je vis hier M. le vice-chancelier à qui je dis tout ce qui me tenait au cœur. Il ne savait que répondre, et il en avait honte. Il était embarrassé comme un enfant.

Il y a de l'humeur et on aigrit le roi. M. de Saint-Florentin veut à toute force venger le duc d'Aiguillon. Tout est en fermentation à la cour ; on intrigue, on cabale, cela doit être dans tous les lieux où il y a des Richelieux. Le roi a trouvé très mauvais les bruits sur M. de Choiseul.

Je travaille à un plan de finance. Si nous le remettons aux parlements ils n'en feront peut-être pas grand cas. Si vous voulez que je vous dise, je ne les crois pas capables d'en juger.

Tout pour le roi qui au fond a très bon cœur ; rien pour M. le duc d'Aiguillon qui l'a très mauvais, et très fourbe. Je les ai peu vus (les ministres), étant très mécontent d'avoir été indignement abandonné par M. de Choiseul et de Maupeou, qui ne devait pas le faire. M. de L'Averdy m'a paru le plus raisonnable, et avoir meilleure intention. A l'égard de M. de Saint-Florentin, le népotisme lui a tourné la tête, et il n'entend pas raison ; Dieu le conduise ! C'est un quiproquo des ministres, ou plutôt une méchanceté de M. le duc d'Aiguillon. C'est un fou qui se perd dans l'esprit du public et de la nation.

M. et Mme de Poulpry viennent dîner avec moi à mon cabaret, et avec nos confrères. Le contrôleur est à Paris pour subjuguer le parlement, et il le fait (1).

(1) Les lettres d'où sont extraits les passages cités ont été au nombre de sept saisies dans le cabinet de M. de Caradeuc, à qui elles étaient écrites par M. de La Chalotais, son père. Ces sept lettres sont reproduites dans le tome I, pp. 204-215 du *Procès instruit extraordinairement*. Le fragment (11 février 1764) est extrait de la 2ᵉ. Le 1ᵉʳ § est aussi le 1ᵉʳ § de la lettre ; le 2ᵉ § est emprunté à plusieurs autres §§ de la lettre. Le fragment 14 décembre 1764 est extrait de la 4ᵉ et de la 6ᵉ ; le 1ᵉʳ § est emprunté à la 4ᵉ ; le 2ᵉ § ne se trouve pas dans les lettres telles qu'elles sont reproduites dans le *Procès*. Le greffier de La Gascherie est un sieur Rolland, greffier de la juridiction de La Gascherie, qui fut enlevé et conduit au château de la Bastille. (V. note au bas de la p. 334. *Procès*, t. I.) Le 3ᵉ § a été pris dans la 6ᵉ ; le texte n'est pas exactement le même. « J'ai promis vos bons offices, mais je ne voudrais « pas que vous vous compromissiez et je crois bien que vous ne l'aurez pas fait. « Tout pour le roi et rien pour M. d'Aiguillon qui, j'espère, est perdu icy. Si nous « réussissons au parlement et si les états finissent bien, on ne donnera pas de lettre « de cachet et M. d'Aiguillon est sûrement embarrassé. » (T. I, p. 214.) Le fragment

Extrait d'une lettre de M. de La Chalotais.

8 février 1765.

Qui est-ce qui peut dire que les trois commissaires ne sont pas révoqués ? Ce qu'il y a de sûr c'est qu'ils ne retourneront pas à leur parlement. Celui de Grenoble veut absolument que Dumesnil se défasse de sa lieutenance générale, et vraisemblablement cela sera ; voilà donc des arrêtés du 23 mars, et vous verrez qu'on se plaint des remontrances de Bretagne. Il faut, je crois, attendre ce qu'ils feront ici. Jeudi M. le prince de Conty me fit prier d'aller chez lui vendredi ; pour n'y pas aller je prétextai un rhume.

Le Diable et la Protestation.

Cy gît la fille d'un Baron,
Ou du moins soi-disant telle,
Fille qui coûta de façon
Cinq à six heures de chandelle.
Aussitôt faite, on la nomma ;
Desnos vint et la baptisa ;
Après la cérémonie
Arriva grosse compagnie,
Gens pour la plupart endormis,
Mandés, payés ou pressentis ;
Chacun, sans demander lecture,
Mit comme il put sa signature,
Et sans savoir si ce poupon
Était-il légitime ou non ;
Mais, ô prodige ! dès l'aurore,
Les chanoines dormaient encore,
Déjà parée, et faite au tour,
Cette fille, pleine de grâce,
Au son du fifre et du tambour,
Se promène de place en place ;

Quand on la vit, on s'écria :
Que veut cette Iroquoise-là ?
Bien loin d'être déconcertée,
Notre nouvelle baptisée
Va prendre séance aux états,
Parmi nos seigneurs les prélats,
Tous seigneurs de sa connaissance.
A son aspect on fait silence,
Et par trois fois on dit : Paix là.
Lors prenant un air de tristesse,
Et s'adressant à la Noblesse,
Voici comment elle s'énonça :
Je suis fille de la discorde
Qu'on nomme protestation,
Avorton digne de la corde
Et de votre exécration.
La nuit dernière, à la chandelle,
Des gens sans cœur et sans cervelle,
Au nombre de quatre-vingt-trois,
M'ont tous signée en tapinois.

20 janvier 1765 est emprunté à la 7ᵉ, 2ᵉ §. La reproduction est conforme au texte donné dans le *Procès* (t. 1, p. 215) : jusqu'à : Il veut la paix et mérite qu'on la fasse, le texte imprimé ajoute : pour lui à quelque prix que ce soit. Plus loin, à ces mots : Le Laverdy a, je crois de bonnes intentions, il ajoute : mais il ne sait pas de quoi il s'est chargé : les autres ne passent pas pour en avoir de bonnes. Le reste est conforme.

Je meurs de douleur et de honte.
Messieurs, ayez pitié de moi ;
Ecrivez promptement au roi
Que l'on me remette à la fonte.
Quand elle eut cessé de parler
On voulut la questionner ;
Mais le diable était à la porte,
Qui vous la prend, et puis l'emporte,
Malgré les lugubres accents
Du baron et des protestants.
Telle est en peu de mots l'histoire
De dame protestation.
Passez, passez, passants, sans oraison,
Elle n'est pas en purgatoire.

Mars 1767

Air de
Tous les capucins du monde (1)

Messieurs, oubliez ma sottise,
J'en fais l'aveu avec franchise.
Je n'eus jamais l'intention
Qui pût diviser la noblesse,
Et je conviens que d'Aiguillon
M'a fait faire cette bassesse.

Mais dans la place que j'occupe,
Je veux cesser d'être dupe,
Et quitter les quatre-vingt-trois
Qui sont vendus aux commissaires.
Je vous proteste, sur ma foi,
Renoncer à tous leurs mystères.

Vers Chalotistes.

Un phantôme de parlement,
Un commandant despotique,
Un scélérat d'intendant,
Un coureur de femmes publiques ;
Quatre-vingt membres gangrenés,
Deux évêques v......
Une inquisition à l'instar de l'Espagne,
Les bons citoyens exilés :
Voilà au naturel l'état de la Bretagne.

Rondeau.

Parmi les Ifs, dans un gros caractère,
Fade Conen(2), je vois ton nom tracé ;

---

(1) Bien que cette pièce de vers ne désigne personne, on peut la regarder comme placée ironiquement, dans la bouche de M. de La Trémoille.
(2) Il s'agit ici de Conen de Saint-Luc, conseiller.

Auprès de toy, serait très bien ton frère (1),
Sombre docteur, qu'aux autres on préfère,
Pour tous les cas ou Beuve (2) n'a parlé ;
Certes alors serait récompensé
L'abbé Conen, d'être si bien placé,
Et retiendrait Geffroy (3), sans nous déplaire,
  Parmy les Ifs.

Du petit Duc (4) qu'il soit favorisé,
Du petit juif (5) il sera bien privé ;
Lors on verra leur amy Bourdelière (6)
Lever la tête en cheminant derrière
L'abbé Conen, dignement encensé,
  Parmy les Ifs.

Epitaphe.

Passant cy gist un corps qui dès demain peut-être
De Lazare à tes yeux va peindre l'heureux sort ;
C'est un juste qu'on pleure, et tu verras un maître
Aussi bon que puissant ressusciter le mort (7).

Réponse.

Lazare au tombeau fut porté,
Par l'effort de la maladie ;
Point n'eût été ressuscité
S'il se fût arraché la vie.

Parodie sur la lettre de M. de Saint-Florentin à M. d'Amilly.

Sur l'air : ROBIN TURLURE

De votre feu parlement,
Et de sa déconfiture,

---

(1) Il s'agit ici de l'abbé Conen de Saint-Luc, frère du conseiller.
(2) Jacques de Sainte-Beuve, casuiste célèbre, docteur de Sorbonne (1613-1677). Un magistrat du tribunal de la Seine, M. de Sainte-Beuve, a publié en 1863, une étude in-8º sur ce théologien, que le critique du même nom a apprécié dans l'appendice du t. IV de *Port-Royal* (1867, in-12, 3ᵉ éd., p. 563).
(3) Geffroy de Villeblanche.
(4) Le duc d'Aiguillon.
(5) Le copiste a marqué dans une note qu'il était question là de M. de Coniac. Pourquoi *petit Juif* ?
(6) Richard de La Bourdelière.
(7) Allusion à l'ancien parlement.

Le roy, s'occupe à présent, Turlure,
Sans se presser je vous jure, Robin Turlure.

Avec satisfaction,
Le roy, dans cette aventure,
Voit douze robins bretons, Turlure,
Garder la magistrature, Robin Turlure.

Observateurs du serment,
Qu'on fait en judicature,
Ces héros du parlement, Turlure
Refusent leur signature, Robin Turlure.

Aussi le roy m'a chargé,
Et c'est la vérité pure,
D'expliquer sa volonté, Turlure
Par cette même escriture, Robin Turlure.

Vous direz aux non démis,
Comme une chose très sûre,
Qu'ils sont du roy les amis, Turlure
C'est lui qui les en assure, Robin Turlure.

Pour promettre plus que moins
A ces chères créatures,
Le prince étendra ses soins, Turlure,
Jusque sur leur géniture, Robin Turlure.

Vous protesterez aussi
Que, dans cette conjoncture,
La cour sera leur appui, Turlure,
Même en cas de forfaiture, Robin Turlure.

Envoyez-moi promptement
Une épître sans rature,
Ecrite lisiblement, Turlure.
La prince en prendra lecture, Robin Turlure.

Liste (1).

Un trait du subtil d'Aiguillon
Pour éterniser sa mémoire
S'appelle protestation.

(1) C'est la liste des protestataires ; sur beaucoup des noms qu'elle contient, nous avons déjà donné ci-dessus diverses notices.

Chacun en sait assez l'histoire.
Pour connaître les protestants,
Leurs qualités et leurs talents,
Messieurs, je vous offre ma liste
Qui sort d'un fidèle copiste :
La Trémoille, sot baron,
Mal conduit de toute façon ;
Du Saulx du Loch, vieux radoteur,
Imbécile, ennuyeux rêveur ;
Barrin, maréchal plein de zèle,
Signateur d'acte à la chandelle,
Chevalier Barrin, dit Geolier
De la prison des Cordeliers ;
Luker (1), colonel important,
Connu pour bourgeois en naissant ;
Mauclerc, sieur de La Musanchère,
Cocu du premier commissaire ;
Quelen (2), capitaine éclatant,
Par la faveur du commandant ;
Lacour de Boüé, dit-on, cornard
Du petit évêque égrillard (3) ;
Pantin (4), autrement dit La Guère,
Homme commode et nécessaire ;
De Langle de Coëtuhan, le fils
De la papesse du pays (5) ;
Du Breil de Rays (6), plat courtisan,
Cherchant à faire du pédant ;
De Langle, autrement Charlemagne,
Douteux gentilhomme de Bretagne ;
Cargouët, le pétulant greffier,
Servant le Duc à tout métier ;
Hubert de La Massüe (7), le sot,
Jouant le rôle de dévot ;
Saint-André de La Brandaizière,

(1) Il y avait deux Lucker au diocèse de Nantes : Nicolas Lucker et le marquis Édouard-Jean Lucker. Lequel était colonel ?
(2) Jean-Claude-Louis de Quelen (évêché de Tréguier).
(3) Le petit évêque égrillard doit être l'évêque de Rennes (Desnos), à qui les pamphlets chalotistes prêtaient des mœurs légères.
(4) Pantin de La Guère.
(5) La présidente de Langle.
(6) Charles-Mathurin du Breil, comte de Rays (évêché de Tréguier).
(7) Guy-Joseph-Alexandre-Hubert de La Massue (évêché de Rennes).

Dit Ramponneau à faire ;
De Langle, inspecteur des haras,
Heureux d'avoir voix aux états ;
De Trèves, dit-on, Irlandais,
Mais toujours renégat parfait ;
De La Touche, homme de mérite,
Sans qu'il change trop de conduite ;
Des Chapelles (1), fils d'anoblis,
Connu pour un des favoris ;
Berthou (2), faisant le raffiné,
Voulant au greffe être nommé ;
De Chateaucroc, vrai imbécile,
Réputé serviteur vile ;
Cécillon, greffier postulant,
N'ayant ni esprit, ni talent ;
Boschier de Coetpeur, connu
Homme sans vice et sans vertu ;
Dibart, niant son imposture,
N'osant soutenir la gageure ;
Villeneuve-Geslin (3), estafier,
Servant le Duc comme officier ;
Bedouaré, du même état,
Voulant aussi faire le fat ;
Kermartin (4), valet invalide,
Allant, venant, comme on le guide ;
Villevolet (5), répudié,
Quoique du duc cocufié ;
Bois de La Motte,
N'ayant osé se rétracter ;
Peccadeuc, propre à l'imposture,
Tenant encore à la roture ;
Du Dresnay (6), chef d'un bataillon
Des fameux bigrenaux bretons ;

(1) Armand-Eléonore Bréal, seigneur de Chapelles, capitaine de dragons au régiment du dauphin, chevalier de Saint-Louis, descendant d'une famille de Rennes, annoblie vers 1630 par l'achat d'une charge de secrétaire du roi.
(2) Il y avait plusieurs branches de la famille de Berthou. Nous ne savons pas à laquelle appartient le personnage cité ici.
(3) René-Claude Geslin de La Villeneuve, commandant du bataillon de Dinan (évêché de Saint-Brieuc).
(4) François Henry, seigneur de Kermartin (évêque de Saint-Brieuc).
(5) Jean-Baptiste Le Vicomte de La Villevolette.
(6) Joseph-Michel-René, comte du Dresnay, colonel de la garde-côte du pays de Léon, inspecteur général des haras (év. de Léon).

Du Liscouet (1), espion gagé ;
Marchand de Quintin renommé ;
Kerguenec conducteur utile
De plusieurs protestants dociles ;
De Servigné (2), le bien traité,
Puisqu'il n'est pas interloqué ;
De Courville, dessinateur,
Ayant besoin de la faveur ;
Dulvage, triste, vigoureux,
.... fort à propos...
Des Landes, officier subalterne,
Gentilhomme à la moderne ;
Du Trevoux (3), soy disant major,
Sans capacité ni ressort ;
Launay (4), autrement dit Jean,
Dont la noblesse est au néant ;
Du Déchaux de La Roche noire,
Mandé, payé, chose notoire ;
Guillard du Guet (5), interloqué,
Pour ses services conservé ;
Extor, célèbre garde-côte,
Par conséquent bon patriote ;
Plusquellec, dupé comme un sot,
Racroché, étant au tripot ;
De Saint-Gilles le bien trompé,
Authentiquement rétracté ;
Triac, milicien sans...
Connu par toutes ses bassesses ;
Guichard, officier réformé,
Cherchant à se mettre en pied ;
Chatton du Raillis, le vaillant,
Aussi peu brave que galant ;
Pinel (6), faisant ses exercices,
Pour mieux briller dans les milices ;
Du Pargat, nouveau serviteur,
Faisant le métier de coureur ;

(1) Videlou de Liscoet, qui s'est rétracté en 1768.
(2) Louis-Rose-François Le Gac de Lansalut, seigneur de Servigné, ancien capitaine (év. de Traguier).
(3) Louis du Trevou (év. de Saint-Brieuc).
(4) Jean-Baptiste-Julien de Launay de La Vairie (év. de Rennes).
(5) Félix-Charles Guibart (év. de Saint-Malo).
(6) Joseph-Gabriel-Pierre Pinel du Chesnay (év. de Saint-Brieuc) s'est rétracté en 1768.

Tregouet (1), seigneur de Carquité,
Postillon allant bien à pied ;
Tranchant, trompé par les allures,
A rétracté sa signature.
Du Roscouet, avocat menteur,
N'ayant jamais connu l'honneur ;
De Boisby (2), sans extraction,
Fait pour l'interlocution ;
Deux Silguy (3), dont un de marine,
Nobles de nouvelle cuisine ;
De Lissineuc (4), déshonoré,
Et des garde-côtes chassé ;
Deux La Houssaye vrayment surpris,
S'étant publiquement dédits ;
Guelambert (5), chétif de noblesse,
Sans esprit ni délicatesse ;
De Kerbellec, garde du corps,
Voulant arriver à bon port ;
Laudanet, petit aigrefin,
Désirant faire son chemin ;
Kerouhan (6), recevant salaire
Pour la besogne qu'il sait faire ;
Du Vauboissel, ancien commis,
Toujours maltotier avili ;
Cheffontaine, autre maltotier,
Ayant son emploi à Tréguier ;
Kerverné, réduit à la besace,
Payé pour tenir une place ;
Deux Poüences (7), aussi besaciers,

(1) François-Marie de Trégouet de Carguitté (év. de Saint-Malo) s'est rétracté en 1768.

(2) Picot de Boisby, probablement François-René, qui devient conseiller en 1771, frère de Picot de Peccaduc, membre du parlement. Leur noblesse, quoique ancienne, n'a été reconnue qu'en 1701.

(3) L'un est Hervé-Gabriel de Silguy, président du tiers-état ; l'autre, son frère, Toussaint-François-Marie de Silguy, qui a été capitaine de vaisseau, et chevalier de Saint-Louis, décédé à Quimper le 6 novembre 1817, à 87 ans. Cette famille a été maintenue en 1669 comme étant d'ancienne extraction.

(4) Jean-François Courson de Liscineuc (év. de Saint-Brieuc). Il s'est rétracté en 1768.

(5) Louis-René Auffray, seigneur du Guélambert (év. de Saint-Brieuc), maintenu par arrêt du Conseil en 1698. Il s'est rétracté en 1768.

(6) C'est sans doute Ignace-Hyacinthe-Mahé de Kerouan, capitaine au régiment de Piémont.

(7) François-Louis-Pierre Poüence des Prises (év. de Saint-Brieuc) ; Joseph-Julien Poüence des Prises. L'un d'eux s'est rétracté en 1768 ; c'est le second, Joseph.

Faisant tout pour un sol marqué ;
Millon des Salles (1), malotru,
Dont le payement est pourvu ;
Trois Trogoff (2), recevant des gages,
Pour bien remplir leurs personnages ;
Le Nevou (3), aussi appointé,
Servant quand il faut scrutiner ;
La Choue, officier de dragons,
Modèle des ingrats Bretons ;
Deux Carcaradec (4), bien conduits
Par le petit prélat Farcy ;
Le Corgne (5), cocu volontaire,
Et le Louchard du Boisbaudry (6),
Général des cocus d'icy.
Je suis au bout, il faut me taire.

Facit indignatio versum.

Sur l'air des : *Coquins du monde.*

Pour M. de Guer père (7).

Avorton d'une bonne race,
Toy qu'on crut digne de la place
Que tu tiens chez les magistrats,
Sur le point de quitter ton âme,
Fallait-il, pour quelques ducats,
Te damner à mourir infâme ?

(1) Guy-Mathurin Millon des Salles (év. de Saint-Brieuc).
(2) L'un d'eux, Jean-Marie de Trogoff, s'est rétracté en 1768.
(3) Il s'agit de membres de la famille Le Nepvou : Julien-Yves-Marie-Anne Le Nepvou de Carfort, garde du roi (év. de Saint-Brieuc) ; ou Joseph-Olivier Le Nepvou, chevalier de Crénau, lieutenant au régiment de Provence.
(4) C'est Rogon de Caradec. Le petit prélat Farcy et l'évêque de Quimper, dont il a été question ci-dessus.
(5) Louis-Bonaventure-Jacques Le Corgne de Launay (év. de Saint-Brieuc).
(6) Il n'est pas probable qu'il s'agisse du comte du Boisbaudry de Langan, qui a été conseiller au parlement. Il est à supposer que le *louchard* dont il est parlé est un membre d'une branche cadette de cette famille : Joseph-Jean-Baptiste-Hippolyte du Boisbaudry, originaire de Roz-sur-Couesnon, marié 2 fois, décédé à l'hôpital Saint-Antoine, à Pontorson, le 12 septembre 1781, à 76 ans.
(7) La chanson doit être du commencement de 1766, car M. de Marnière de Guer père est mort fort âgé, le 5 avril 1766.

Pour M. Desnos des Fossés.

Digne cousin d'un méchant prêtre (1),
Comme lui mercenaire et traître.
Oracle des sots du palais,
Malgré ton masque de sagesse,
Tu ne m'en imposas jamais
Je t'ay vu toujours un Jean Fesse.

Pour M. de Caradeuc de Keranroy.

Insecte de littérature,
Excrement de magistrature,
Qui pourrait ne te pas honnir ?
Ton moindre vice est la folie ;
Tour à tour on t'a vu trahir
Ton Dieu, ton frère, et ta patrie.

Pour M. Duparc Kerivon (2).

Si Duparc est sur la liste,
Un moine ou quelque royaliste
Ont préoccupé ses esprits.
Pardonnez à ce pauvre diable :
Il s'est presque toujours mépris ;
Il est plus beste que coupable.

Pour M. Conen de Saint-Luc (3),

Tête dévouée aux Jésuites,
Comme eux digne d'être proscrite,
On ne peut douter aujourd'hui,
Conen, que ta défunte mère
N'ayt cocufié son mary,
Avec quelque révérend père.

---

(1) L'évêque de Rennes (note du copiste).
(2) René du Parc, seigneur de Keryvon, conseiller au parlement, fut reçu dans sa charge le 11 décembre 1730.
(3) V. ci-dessus la notice qui lui est consacrée.

Pour MM. de Guer(1) et de Langle fils (2).

Citoyens, magistrats aimables,
Le public toujours équitable
Publie, en vous préconisant,
Que Coniac, et Bourdellière,
Et Cargouët, leur digne pendant,
Devraient être fils de vos pères.

Pour MM. de Rosily (3), La Bretaiche et Le Borgne de Coëtivy (4).

Si, par un désordre sinistre,
Il arrive que les ministres
Fassent un nouveau Parlement,
Rosily, Bretaiche et Le Borgne
Seront de dignes présidents,
S'il ne leur faut que des Jean lorgnes.

Pour aux bons et braves conseillers.

A vous les bons amis du prince,
Vous les soutiens de la Province,
Organes de la vérité,
Les ministres vous martirisent,
Mais les Bretons, pleins d'équité,
Vous aiment et vous canonisent.

Tableau des assemblées secrètes et fréquentes des Jésuites et leurs affiliés à Rennes.

NOTA. — La pièce cy-jointe est imprimée et distribuée dans toutes les maisons de Paris, les 12 et 13 mai 1767.

Il n'est point de citoyen instruit qui doute que la disgrâce et les malheurs de MM. de Caradeuc de La Chalotais et de Caradeuc, Picquet de Montreuil.

---

(1) René-Jean de Marnière, marquis de Guer, fils de M. de Guer père, ci-dessus. Conseiller au parlement 12 mai 1761, président à mortier, 7 août 1775, né en Saint-Sauveur de Rennes, le 19 juin 1739, décédé à Rennes, le 17 fructidor an XII; sa postérité existe encore.
(2) V. ci-dessus la notice qui lui est consacrée.
(3) Mathurin-Olivier-Etienne de Rosily, seigneur de Méros, né le 26 décembre 1699, mort en 1766, il a été 14 ans lieutenant au régiment de Saillans, puis reçu conseiller au parlement le 20 août 1732. (*Dictionn. de la noblesse.*)
(4) Olivier-Gabriel Le Borgne, seigneur de Coëtivy, reçu conseiller au parlement le 7 juin 1737, mort près de Brest le 24 octobre 1767. Ses deux fils, Yves-Alain-Joseph Le Borgne de Coetivy et Charles-Guy-Joseph Le Borgne de Boisriou, ont tous deux été reçus conseillers au parlement en 1768.

Charette de la Gascherie, Euzencu de Kersalaün, et Charette de La Colinière soient le fruit de complots secrets tramés par les ennemis implacables et connus de ces vertueux magistrats; mais ce n'est qu'une présomption vraisemblable, tant qu'elle n'est pas accompagnée de preuves littérales. Le tableau que nous présentons au public est trop détaillé, pour ne pas faire preuve, et convaincre de la réalité de la conjuration. On jugera sur le caractère et l'intérêt des conjurés, sur l'esprit de vengeance qui les anime, sur la connaissance de ce qu'ils peuvent et savent faire, de ce qu'ils se permettent à eux et aux autres, de quoi peuvent être coupables les magistrats qu'ils poursuivent et calomnient, quel est le principe des traitements que ces magistrats essuyent, quelle est la cause des dangers qui les menacent.

C'est principalement depuis les démissions que les conjurés tiennent fréquemment leurs assemblées clandestines. Là ont été faites les informations secrètes contre les magistrats détenus, et surtout contre MM. les procureurs généraux; là sont médités et préparés les prétendus chefs d'accusation sur l'abus du pouvoir, etc., sont cherchés et sollicités les témoins, sont dénoncés les parents, les amis, les conseils des accusés; là sont choisis les espions, et distribués ensuite dans tous les coins de la province, etc.

LIEUX D'ASSEMBLÉES :

Au Petit-Séminaire.
A l'Hôtel des pauvres gentilshommes.
Chez les filles du Bon-Pasteur.
Chez les Calvairiennes dites de Cucé.
Chez les filles de Saint-Thomas.
A l'hôpital de Saint-Yves.
A l'hôpital de Saint-Méen.
Chez les frères ignorantins.
A l'Hôtel de Langle.

Chez Madame de Rozili.
Chez Madame Feré, rue du Griffon.
Chez la demoiselle du Chalmel, veuve d'un clerc du greffe de la Tournelle, rue Saint-Germain.
Chez la tapissière Crépine.
Chez une femme du peuple nommée Duclos, près l'église paroissiale de Toussaints.

NOMS DE CEUX QUI FORMENT ORDINAIREMENT CES ASSEMBLÉES :
PRÊTRES SÉCULIERS :

MM.
Desnos, évêque de Rennes.
Conen de Saint-Luc, prêtre, abbé de Langonet.
De Saint-Aubin, grand vicaire, abbé de Saint-Méen.

MM.
L'abbé de Kergu, fondateur et supérieur de la maison des pauvres gentilshommes.
Boursoul, prêtre.
Loysel, prêtre, chapelain du Calvaire.
Clémenceau, prêtre, ex-jésuite, gardien de l'hôpital de Saint-Méen.

OFFICIERS DU PARLEMENT RENTRÉS AU PALAIS :

MM.
Farcy de Cuillé, président.
De Brillhac, conseiller, congréganiste des jésuites.
Blanchard du Bois de la Muce.
Conen de Saint-Luc, congréganiste des jésuites.

MM.
Avril de Trevenegat.
Geffroy de La Ville-Blanche.
Le Prestre de Châteaugiron, avocat-général.
De Coniac, sénéchal de Rennes.

AUTRES LAÏCS :

MM.
De Cargouet, chevalier de St-Louis.
De Brilhac, commandeur de Malte, congréganiste.
Richard de La Bourdelière, greffier des facultés de Droit.
Cormier, procureur du roi du présidial.

MM.
Desnos, procureur au Parlement.
Le Minihy, l'aîné, procureur au Parlement.
Doré, procureur au Parlement.
Audouard, major et subdélégué.
Duchesne, exempt de maréchaussée

CI-DEVANT JÉSUITES :

MM.
Frey de Nœufville, provincial, résidant à Saint-Méen.
Dupays, recteur du collège de Rennes, pensionnaire de Madame de Rozily.
De Kerminy.
Duchet, de Bourges.
Bellegarde, de Rennes.
Petit, procureur du collège de Rennes, pensionnaire du sieur Pariet, caissier des fermes.
Forestier, d'Auray.
La Croix.
Corbin, fils d'un teinturier de Rennes.
Les Champion frères, fils d'un bouquetier de Rennes.
Moison, neveu de la demoiselle Chalmel.
Les frères Villeneuve, de Rennes.

MM.
Careil.
Gramus.
Valet, fils d'un apothicaire de Rennes.
Sonnet, fils d'un procureur de Rennes.
Le Gué, de Rennes.
Fleuriot.
Le Moine des Bruères.
De Lourmel, fils d'un procureur de Rennes.
Aufray, de Normandie.
Oustin.
Guérin.
La Rivière-Cherel, de Rennes.
Corbin.
Mat.
La Motte.
L'amour de Langegu.

FEMMES :

Mesdames,
La présidente douairière de Francheville.
La présidente de Langle de Coëtuhan.
De Rozily.
De Langle Fleuriot.
Coneu de Saint-Luc, mère et bru.

Mesdames,
Feré, mère et fille.
Bonin de La Villebouquais, sœur du conseiller.
Tily.
Desnos, femme du procureur.

DES OFFICIERS ET SECRÉTAIRES DU DUC D'AIGUILLON

M. de La Chalotais à M. Gault, substitut du Procureur général

Je ne sçay point Monsieur quelles ont été les raisons de mon fils le chevalier pour vous faire la réponse que vous me mandés, il faut qu'elles soient considerables, car s'il est vray je les luy demanderai, ne pouvant les prevoir de loin, si ce n'est une procedure singuliere et aussi singulierement instruite dont j'ay entendu parler, pour etouffer des crimes medités contre moy plutot que pour les punir je n'en suis pas instruit encore fort exactement et vous sçavés que je n'en suis pas accoutumé a condamner personne sans l'entendre, je suis bien veritablement Monsieur votre tres humble et tres obeissant serviteur La Chalotais

a Saintes le 22 9bre 1765

Evidemment La Chalotais était plus informé qu'il ne voulait le paraître. Il prend ici la contenance d'un homme qui vit dans une sorte de désert, ignorant ce qui se passe au loin. Il est impossible pourtant qu'il n'y ait pas eu échange incessant de correspondances entre Saintes et Rennes. Le procureur général reste dans son rôle et dans l'esprit de ses *Mémoires*. Il ne croit pas à la réalité de la tentative d'empoisonnement dont il parle ; il joue une comédie dans l'intérêt de sa cause et de son parti.(Voir ci-dessus pp. 141 et 142.)

TABLE DES MATIÈRES

I.

Les idées reçues sur MM. de La Chalotais et d'Aiguillon. — La correspondance Fontette.

II.

M. de La Chalotais : son caractère ; son tempérament. — Son rôle comme homme public. — Sa captivité à Saint-Malo et à Rennes. — Ses juges, dans le bailliage d'Aiguillon.

III.

Le duc d'Aiguillon : son rôle dans le procès La Chalotais. — Ses rapports avec les ministres, durant le procès et durant la « tenue » d'états de 1766-1767. — Ses rapports avec la noblesse bretonne.

IV.

Le parti La Chalotais : son rôle dans la presse ; son rôle dans les états de 1766-1767. — Son action sur la clientèle de l'ancien parlement. — Ses attaches à Paris. — Le procès des assemblées illicites et le procès Clémenceau — Conclusion.

TABLE

DE LA CORRESPONDANCE

Auteur de la lettre	DATE	DESTINATAIRE	Pages
Amilly (M. d')...	Rennes, 27 février 1768....	M. de Fontette.	535
	— 21 mars —	—	545
	— 11 avril —	—	550
	— 17 — —	—	552
	— 24 — —	—	555
Audouard........	....	M. d'Agay.	552
Barrin (M. de.)...	Rennes, 31 mars 1766.......	M. de Fontette.	149
	— 18 avril —	—	152
	Nantes, 27 — —	—	156
	Fromenteau, 8 mai —	—	161
	Rennes, 14 — —	—	164
	— 14 — —	—	165
	— 30 juillet —	—	178
	— 1ᵉʳ août —	—	179
	— 4 — —	—	181
	— 13 — —	—	192
	— 13 — —	—	193
	— 25 — —	—	205
	— 3 sept. —	—	215
	— 8 — —	—	225
	— 15 — —	—	232
	— 17 — —	—	233
	— 19 — —	—	234
	— 22 — —	—	236
	— 24 — —	—	237
	— 26 — —	—	243
	— 28 — —	—	244
	— 29 — —	—	245
	— 1ᵉʳ oct. —	—	246
	— 2 — —	—	247
	— 3 — —	—	248
	— 3 — —	—	249
	— 6 — —	—	252
	— 8 — —	—	255
	— 10 — —	—	257
	— 13 — —	—	257
	— 15 — —	—	258

CORRESPONDANCE

Auteur de la lettre	DATE			DESTINATAIRE	Pages
Barrin (M. de)...	Rennes,	17 oct.	1766....	M. de Fontette.........	261
	—	20 —	—	—	263
	—	22 —	—	—	266
	—	24 —	—	—	268
	—	27 —	—	—	270
	—	29 —	—	—	272
	—	31 —	—	—	273
	—	3 nov.	—	—	274
	—	5 —	—	—	275
	—	7 —	—	—	277
	—	10 —	—	—	278
	—	12 —	—	—	281
	—	14 —	—	—	283
	—	17 —	—	—	286
	—	19 —	—	—	286
	—	21 —	—	—	287
	—	24 —	—	—	288
	—	26 —	—	—	290
	—	28 —	—	—	293
	—	1er déc.	—	—	296
	—	3 —	—	—	298
	—	17 —	—	—	300
	Fromenteau, 2 fév. 1768....			—	515
	Lorient, 8	—	—	—	524
	—	15 —	—	—	527
Caradeuc (Mme de)	Rennes,	10 mars	1766....	M. de Fontette.........	144
	—	10 —	—	—	147
	—	12 —	—	—	147
	—	14 —	—	—	147
	—	25 avril	—	—	154
	—	30 —	—	—	160
	—	12 mai	—	—	162
	—	16 —	—	—	165
	—	24 —	—	—	167
	—	30 —	—	—	168
	—	2 juillet	—	—	174
	—	4 sept.	—	—	218
	—	5 —	—	—	221
	—	22 —	—	—	237
	—	3 oct.	—	—	250
	—	23 —	—	—	266
	—	10 nov.	—	—	280
	—	14 —	—	—	284
Charette (Mlle de).	Rennes,	3 oct.	1766....	M. de Fontette.........	251
	—	8 —	—	—	254
	—	8 —	—	—	256
	—	10 —	—	—	256
	—	24 —	—	—	267
	—	26 —	—	—	269
Conti (prince de)..	Paris, 21 mars 1767			MM. de la noblesse de Bretagne............	388

Auteur de la lettre	DATE	DESTINATAIRE	Pages
Dresnay (M. du).	Léon, 2 mai 1768	M. de Fontette.........	556
Flesselles (de)....	Lyon, 6 juin 1768	M. de La Noue........	561
	— 1ᵉʳ juillet 1768	—	562
	— 21 août —	....	563
Fontette (M. de).	St-Malo, 26 avril 1766.....	Mᵐᵉ de Caradeuc.......	155
	— 26 — —	M. de La Noue........	158
	— 13 mai —	Mᵐᵉ de Caradeuc.......	163
	— 23 — —	......	167
	— 5 juin —	M. le chevalier de La Chalotais............	169
	— 5 — —	Mᵐᵉ de la Gascherie...	170
	— 5 — —	Mᵐᵉ Souchay de Montreuil...............	172
	— 29 juillet —	M. le chevalier de la Chalotais..	177
	— 20 août —	M. de la Noue........	210
	— 4 sept. —	Mᵐᵉ de Caradeuc.......	219
	— 7 — —	—	222
	— 6 — —	Mᵐᵉ de Charette de la Colinière..........	224
	— 3 oct. —	Mᵐᵉ de Caradeuc.......	250
	— 7 — —	Mˡˡᵉ de Charette.......	253
	— 14 — —	Mᵐᵉ de Charette de la Colinière	258
	— 20 — —	—	263
	— 26 — —	Mᵐᵉ de Caradeuc......	269
	— 26 — —	Mˡˡᵉ de Charette.......	269
	— 11 nov. —	Mᵐᵉ de Caradeuc.......	281
	— 16 — —	—	284
	— 16 — —	Mᵐᵉ de la Gascherie....	285
	— 28 — —	M. de la Noue........	292
	— 28 déc. —	—	303
	Rennes, 2 janv. 1767....	—	305
	— 6 — —	—	305
	— 7 — —	—	309
	— 11 — —	—	311
	— 17 — —	—	315
	— 25 — —	—	320
	— 28 — —	—	322
	— 31 — —	—	323
	— 4 fév. —	—	328
	— 7 — —	—	331
	— 11 — —	—	335
	— 12 — —	—	336
	— 15 — —	—	337
	— 18 — —	—	342
	— 20 — —	—	345
	— 22 — —	—	351
	— 24 — —	—	356
	— 24 — —	—	358
	— 26 — —	—	359
	— 27 — —	—	360
	— 4 mars —	—	363

CORRESPONDANCE

Auteur de la lettre	DATE			DESTINATAIRE	Pages
Fontette (M. de).	Rennes,	7 mars	1767....	M. de la Noue........	366
	—	8 —	—	—	367
	—	10 —	—	—	368
	—	12 —	—	—	372
	—	12 —	—	—	375
	—	17 —	—	—	381
	—	19 —	—	—	385
	—	21 —	—	—	388
	—	24 —	—	—	391
	—	27 —	—	—	395
	—	29 —	—	—	396
	—	31 —	—	—	400
	—	4 avril	—	—	403
	—	5 —	—	—	405
	—	8 —	—	—	409
	—	10 —	—	—	410
	—	11 —	—	—	411
	St-Malo,	19 —	—	—	415
	Rennes,	22 —	—	....	418
	—	23 —	—	—	420
	—	25 —	—	—	423
	—	1ᵉʳ mai	—	—	427
	—	—	—	—	428
	—	10 —	—	—	433
	—	11 —	—	—	434
	—	12 —	—	—	436
	—	12 —	—	—	439
	—	13 —	—	—	440
	—	13 —	—	—	441
	—	14 —	—	—	444
	—	14 —	—	—	445
	St-Malo,	17 —	—	—	451
	Rennes,	22 —	—	—	452
	St-Malo,	25 —	—	—	454
	Rennes,	29 —	—	—	461
	—	30 —	—	—	463
	—	2 juin	—	—	467
	—	3 —	—	—	472
	—	5 —	—	—	472
	—	6 —	—	—	475
	Le Hautbois,	16 —	—	—	478
	Rennes,	16 —	—	—	480
	St-Malo,	20 —	—	—	482
	Véretz,	28 juillet	—	—	483
	—	10 août	—	—	491
	—	14 —	—	—	492
	Bagnères,	15 sept.	—	—	495
	Nantes,	28 oct.	—	—	498
	Rennes,	24 janv.	1768....	—	505
	—	28 —	—	—	513
	—	3 fév.	—	—	519
	—	9 —	—	—	521
	—	16 —	—	—	528
	—	25 —	—	—	532
	—	3 mars	—	—	538
	—	4 —	—	—	539
	—	13 —	—	—	540

CORRESPONDANCE

Auteur de la lettre	DATE	DESTINATAIRE	Pages
Fontette (M. de).	Rennes, 23 mars 1768....	M. de la Noue........	546
	— 29 — —	—	546
	— 19 avril —	—	553
	— 3 mai —	—	558
	— 6 — —	—	560
Jacquelot (Mme de Charette de)....	Nantes, 1er avril 1766....	M. de Fontette........	151
Kersalaün père (M. de)............	Quimper, 29 nov. 1766....	M. de Fontette........	295
La Colinière (M. de)	Nantes, 17 avril 1766....	M. de Fontette........	152
La Colinière (Mme de Charette de).	Nantes, sans date........	M. de Fontette........	150
	Rennes, 12 mai 1766....	—	163
	Nantes, 3 sept. —	—	217
	— 10 oct. —	—	256
	— 16 — —	—	260
	— 19 — —	—	262
	— 27 nov. —	—	292
La Chalotais (M. le chevalier de)...	Rennes, 4 juin 1766....	M. de Fontette........	169
	— fin juill. (?)	—	177
La Gascherie (Mme de)............	Rennes, 14 mars 1766...	M. de Fontette........	148
	— 4 avril —	—	151
	— 27 — —	—	157
	— 26 mai —	—	167
	— 4 juin —	—	170
	— 11 — —	—	174
	— 24 sept. —	—	239
	— 26 nov. —	—	291
La Noue (M. de)..	Rennes, 28 juill. 1766....	M. de Fontette........	175
	— 1er août —	—	180
	— 4 — —	—	182
	— 6 — —	—	185
	— 8 — —	—	188
	— 11 — —	—	190
	— 13 — —	—	194
	— 15 — —	—	195
	— 18 — —	—	197
	— 20 — —	—	199
	— 22 — —	—	203
	— 25 — —	—	207
	— 27 — —	—	208
	— 29 — —	—	209
	— 1er sept. —	—	213
	— 3 — —	—	215
	— 5 — —	—	220
	— 8 — —	—	225
	— 19 — —	—	235
	Véretz, 25 — —	—	239
	— 3 oct. —	—	250

CORRESPONDANCE

Auteur de la lettre	DATE	DESTINATAIRE	Pages
La Noue (M. de)..	Paris, 23 déc. 1766....	M. de Fontette........	301
	Versailles, 3 janv. 1767....	—	305
	Paris, 7 — —	—	309
	Versailles, 12 — —	—	314
	Paris, 14 — —	—	315
	— 21 — —	—	317
	— 21 — —	—	317
	— 24 — —	—	318
	Versailles, 2 fév. —	—	325
	Paris, 4 — —	—	326
	— 7 — —	—	330
	— 11 — —	—	332
	— 16 — —	—	340
	— 18 — —	—	341
	— 21 — —	—	348
	Versailles, 21 — —	—	350
	Paris, 23 — —	—	353
	— 2 mars —	—	362
	— 4 — —	—	362
	— 7 — —	—	364
	— 11 — —	—	370
	— 14 — —	—	377
	Versailles, 16 — —	—	379
	Paris, 21 — —	—	387
	— 24 — —	—	389
	— 24 — —	—	390
	— 27 — —	—	394
	— 30 — —	—	398
	— 17 avril —	—	402
	— 6 — —	—	406
	— 8 — —	—	406
	— 13 — —	—	412
	— 17 — —	—	413
	— 22 — —	—	416
	— 25 — —	—	422
	— 27 — —	—	426
	— 4 mai —	—	429
	— 6 — —	—	432
	— 13 — —	—	439
	— 16 — —	—	450
	— 23 — —	—	453
	Versailles, 25 — —	—	457
	Paris, 27 — —	—	459
	— 3 juin —	—	470
	— 6 — —	—	475
	— 10 — —	—	477
	— 17 — —	—	480
	— 29 — —	—	482
	St-Quentin en Picardie 3 août —	—	490
	Paris, 29 — —	—	493
	Nantes, 29 sept. —	—	496
	Rennes, 15 janv. 1768....	—	499
	— 17 — —	—	501
	Versailles, 25 — —	—	507
	— 3 févr. —	—	517
	Paris, 10 — —	—	523

Auteur de la lettre	DATE	DESTINATAIRE	Pages
La Noue (M. de).	Paris, 20 fév. 1768... Versailles, 29 — — .... Rennes, 17 mars —	M. de Fontette....... — —	530 536 542
La Roche-Marigny (Mme de).......	Fougères, 12 juillet 1766 ... Marigny près Fougères... 16 sept. — .... — 12 déc. —	M. de Fontette....... — —	174 233 299
Le Prestre de Châteaugiron (M.)..	Rennes, 3 févr. 1768.... — 3 — — .... — 27 — — .... — 12 avril — .... — 29 — —	M. de Fontette....... — — — —	516 517 533 550 556
Pinon (le chevalier de)...........	Paris, 16 janv. 1768.... — 26 — — .... — 9 fév. — .... — 13 — — .... — 17 — — .... — 27 — —	M. de Fontette....... — — — — —	501 511 522 526 529 535
Quehillac (M. de).	Rennes, 25 janv. 1768.... — 28 — — .... — 4 fév. — .... — 9 — — .... — sans date — — 22 mars — .... Redon, 20 avril — .... Rennes, 24 — — .... — 4 mai — ...	M. de Fontette....... — — — — — — — —	509 513 520 522 535 546 554 555 559
Raudin (M.)......	Rennes, 26 mai 1766.... — sans date — sans date	M. de Fontette....... — —	168 526 553
Reynes (Mme Antoine de).......	Versailles, 6 juin 1766....	M. de Fontette.......	173
Roi (le).........	Versailles, 22 févr. 1767....	M. le duc de la Trémoille	361
Scott (M. de).....	St-Malo, 29 janv. 1768....	M. de Fontette.......	515
St-Florentin (M. de)............	Versailles, 6 sept. 1766....	M. de Flesselles.......	223

Auteur de la lettre	DATE		DESTINATAIRE	Pages
St-Florentin (M. de)............	Paris,	27 sept. 1766....	M. de Barrin..........	244
	Marly,	1er juin 1767....,	Le Sénat de Bretagne..	477
Souchay de Montreuil (Mme)....	Rennes,	26 mars 1766....	M. de Fontette........	149
	—	4 juin —	—	171
	Paris,	15 déc. —	—	300
Valais (le sieur)..	St-Malo, 23 janv. 1768....		le sieur Duchesne......	505

DIVERS

— Copie de la réponse du roi du 22 janvier (de la main de La Noue). p. 320
— Note de M. de la Noue. — Rennes, le 7 mars 1767.................. p. 385
— A Messieurs les commissaires représentant l'ordre de la noblesse de la province de Bretagne, à Rennes.— Paris, le 27 mars 1767. p. 395
— Minutes Fontette. — le 22 janvier 1768......................... p. 503
— — le 26 — — .... p. 509
— — le 27 — — .... p. 512
— — le 29 — — .... p. 514
— — le 3 février — .... p. 516
— — le 8 — — .... p. 520
— — le 9 — — .... p. 521
— Extrait d'une lettre de M. d'Aiguillon.— Paris, le 13 avril 1768.... p. 551
— Un billet de la part de M. d'Amilly à M. de Fontette, le 18 avril 1768 p. 552
— Billet anonyme à M. le comte de Saint-Florentin................. p. 565
— Autre... p. 565
— Extrait d'une lettre de M. de la Chalotais, — 11 février 1764....... p. 565
— Autre.— 14 déc. 1764.. p. 566
— Autre.— 20 janv. 1765...................................... Ibid.
— Autre. — 27 janv. .... Ibid.
— Autre. — 8 fév... Ibid.
— Le diable et la protestation, pièce satirique.................... p. 568
— Autre... p. 569
— Vers chalotistes... p. 569
— Rondeau.. Ibid.
— Epitaphe... p. 570
— Réponse.. Ibid.
— Parodie sur la lettre de M. de Saint-Florentin à M. d'Amilly...... Ibid.
— Liste des protestataires, pièce satirique......................... p. 571
— Couplets satiriques.. p. 576
— Tableau des assemblées secrètes et fréquentes des Jésuites et leurs affiliés à Rennes.. p. 578
— M. de la Chalotais à M. Gault, substitut du Procureur général (fac-similé)... p. 582

INDEX DES NOMS PROPRES (1)

Abrieu (d'), 152, 186, 188, 204, 206, 207, 274, 275, 302, 528, 536.
Agay (Marie-François Bruno d'), 499, 520, 523, 552, 553, 563 n.
Agénois (d'), 519.
Aguesseau (d'), 164, 165.
Aiguillon, 391, 496.
Aiguillon mère (Mme d'), 323 n, 394, 414, 430.
Aiguillon (Mme d'), 84 n, 209 n, 240, 251, 297, 301, 302, 355, 367, 376, 453, 467, 469, 470, 494, 498, 519, 524, 560.
Aiguillon (Mlle d'), 209 n, 214, 240, 484 n.
Aire, 490 n.
Aisne (d'), 387.
Aix, 297 n.
Albret, 297 n.
Alembert (d'), 14 n, 19 n, 21, 22 n, 505.
Alençon, 460 n, 497.
Alexandre, 515.
Alsace, 144 n.
Amilly (d') Voir La Briffe d'Amilly (de).
Ancenis, 241 n, 289.
Andigné (d'), 383 n.
Andigné-Beauregard (d'), 460 n.
Andigné de la Chasse (famille d'), 510 n.
Andigné de la Chasse (Jeanne d'), 393.
Andouillé, 190 n.
Anetz, 152 n.
Angleterre, 207, 325.
Anneix, 539.
Arbouville (d'), v. Chambon.
Arcq (chevalier d'), 333, 334.
Argenson (d'), v Voyer.
Argentré (Mlle d'), 525.
Argeville (d'), v. Mazade.
Armaillé (d'), 211, 531.
Astuard de Murs (Louise d'), 216 n.

Auch (archevêque d'), 496.
Auch, 499.
Audouard, 100, 168 n, 185, 188, 253, 259, 264, 302, 333, 334, 504, 509, 552, 553 580.
Auffray du Gué-Lambert, 344 n, 575.
Aufray, 580.
Augeard, 71 n.
Auguste III, 350 n.
Autichamp (Rég^t d'), 289, 487 n, 488 n, 511 n, 529, 540.
Autun, 349 n.
Auvergne, 149 n.
Auvril (voir Trévenégat), 282.
Auxois, 1.
Avignon, 349 n.
Aydie (d'). V. Noyant.

Bagner Picau, 523 n.
Bagliou, 499.
Bagnères, 78, 456, 463, 485, 496.
Bahuno de Kérolain (Catherine du), 201 n.
Baillon, 205, 207, 227, 241 n.
Bain, 186 n, 241 n.
Bain (marquis de la Marzelière et), voir la Marzelière.
Balleroy (de), 65, 157, 162, 188, 197, 203, 207, 209, 216 n, 221 n, 226, 235, 241, 251, 261, 264, 286, 302, 399, 415, 436, 467, 483, 490, 513.
Barberé (de), 384.
Barbotan, 496.
Bareau de Girac, 364, 365 n.
Barillon, 161 n.
Barrin (Charlotte-Elisabeth), 502 n.
Bastard (de), 385, 388.
Bastille, 127, 128 n, 298, 488, 566.

(1) On n'a pas cru devoir faire figurer dans le relevé qui suit les noms de MM. d'Aiguillon, de Barrin, de Fontette, de la Chalotais et de la Noue.
Voir soit à la Table des matières, soit à la Table de la correspondance, et, en particulier, pouvons-nous ajouter, dans le corps du volume : pour M. d'Aiguillon, pp. 3, 4, 6, 144 n ; pour M. de Barrin, pp. 14, 65, 147 n ; pour M. de Fontette, pp. 1 n, 2 n, 7, 8, 9, 12, 13 ; pour M. de la Chalotais, pp. 1, 3, 5, 11 sqq. 145 n, 146, pour M. de la Noue, pp. 8, 9, 152 n.

Baude de Saint-Père (Jeanne), 448 n.
Bayeux, 349 n.
Bayonne, 365 n, 496.
Beaucourt (de), 346.
Beaudouin, 18.
Beaulieu, 329 n, 526 n.
Beaumont, 484.
Beaumont du Repaire (Christophe de), 365 n.
Beaupoil, Comte de St-Aulaire (Louis-Clair de), 523 n.
Beaupoil, Comte de St-Aulaire (Joseph de), 523 n.
Beauveau (Louise-Henriette de), 191 n.
Becay (de), 423 n.
Becdelièvre (président. Hilarion-Aune de), 303, 359, 473, 507, 513.
Becdelièvre (marquis de), 314 n, 473 n.
Becdelièvre (Anne-Françoise de), 507 n.
Bédée, 502 n, 549 n.
Bédée de la Bouëtardaye 135, 139, 306, 384, 549.
Bédée de la Bouëtardaye (Ange-Annibal de) 487 n.
Bédée de la Bouëtardaye (Marie-Joseph-Annibal de), 549 n.
Bédée (Mme de), 549 n.
Bédée (Appoline-Jeanne-Suzanne de), 487 n.
Bédée de la Bouëtardaye (Julie-Angélique de), 487 n.
Bedouaré, 573.
Béganne, 485 n.
Bégassou (de), 26 n, 86, 103, 108, 109, 110. 113 n, 343, 347, 350, 357, 403, 410, 420, 424, 436, 442, 444, 445, 446, 451, 454, 461, 463 n, 477, 478, 521 n.
Bégasson (Mme de), 117 n, 371.
Bégasson de la Lardais (Louise-Appoline de), 425 n.
Bellanger, 340.
Bellegarde, 580.
Belle-Isle, 60, 62, 63, 199, 203, 206, 207, 215.
Belle-Isle (maréchal de), 241 n.
Belloudeau (Marie-Josèphe , 489 n.
Benoit, 326, 327, 333, 334, 341, 348, 362, 370, 371, 390, 391, 398, 406, 407, 411, 413, 417, 418, 427, 429, 430, 431, 432, 433, 457, 458, 460, 470, 471, 477, 481, 483, 494, 508.
Bergen, 366 n.
Berger (Marie-Thérèse), 518 n.
Berrie, 188.
Berry (de), 224, 254, 260.
Berthelot, 18, 442.
Berthou, 573.
Berthou de Kerverzio (Renée-Julie).494 n.
Bertin (de), 311 n.
Besnard (Thomasse), 183 n.
Bicêtre, 128 n.

Bienassis (de) v. Visdelou.
Biggar, 113 n.
Bignon, 366, 377.
Biron (de), 91, 366, 377, 388, 412, 468, 482.
Blain, 129, 130, 138 n, 289, 488, 509 n, 511 n, 514, 516, 556 n.
Blair (de), 537.
Blanchard, 211 n.
Blanchard du Bois de la Musse, 77 n, 580.
Blossac (comte de) v. La Bourdonnaye.
Blossac (hôtel de), 289, 504.
Boberil de Cherville (du), 265 n.
Boctey des Mayeux, 533, 535.
Boctey des Landes, 515, 542.
Bogard (La Noüe, seigneur de) 355.
Boisleve (de) v. Chambellan.
Boisbaudry (du), 200, 203, 210.
Boisbaudry (Joseph-Jean-Baptiste-Hippolyte du), 576.
Boisbaudry (Marie-Jeanne-Ursule du), 502 n.
Boisby (Picot de), 185 n, 573.
Boiséon (Marie-Anne-Charlotte de), 300 n.
Boiséon (Renée-Thérèse de), 154 n, 494 n.
Boisgelin, marquis de Cucé (Renaud-Gabriel du), 502 n.
Boisgelin (Jeanne-Madeleine-Eugénie du), 502 n.
Boishamou, 306 n.
Boishamou (Thérèse-Gardin du), 473 n.
Boishamou (Mme de), 549 n.
Boisullin v. La Bourdonnaye.
Boisjoly (Tual du), 435 n, 463.
Boispéant (du), 148 n.
Boisriou, v. Le Borgne.
Boisrouvray (de), 186 n.
Boissard (Mme de), 145 n.
Boistourné. 186.
Bonafox de Bellinais (Marguerite), 351 n.
Bonin, 182 n, 282 n.
Bonin de la Villebouquais (dame), 581.
Bonnet 253, 288.
Bonneval (dame de), 229 n.
Bon Pasteur (Sœurs du) 194, 579.
Bonrepos (de) 565.
Bontemps (Marie-Charlotte-Louise-Perrette) 240 n.
Bonvalet (Chambon de), 514.
Borde, 227, 244 n.
Bordeaux, 96 n, 440; parlement de — 202, 465 n, 284, 286, 318, 466, 491, 485.
Borel d'Hauterive, 144 n.
Boscals de Réals (Charlotte de), 448 n.
Boschet (château du), 154 n, 208 n.
Boschier de Coetpeur, 573.
Bossard (l'abbé), 51 n.
Bot (Charles-Jacques du), 502 n.

INDEX

Bot (Marie-Françoise du), 407 n, 502.
Botherel (René-Jean de), 408 n.
Botherel de Bédée (Charles-Elisabeth), 408 n, 502 n.
Botherel de Bédée (Bonne-Marie-Thérèse de), 502.
Boterel de Quintin (Sébastien), 397 n.
Boterel (Mme de), 397, 403.
Boudeseulle, 225, 238.
Bouffay, 328.
Boufflers (de), 498.
Bouilly (du), v. La Morandais.
Bouilly (Hélène du) 443 n.
Bouin de Rains (Anne-Françoise), 474 n.
Bouquerel, 127, 128, 129, 130, 136, 175, 179, 180, 185, 189, 200, 266, 488, 522 n.
Bourblanc (du), 300.
Bourbon (Louis-Armand de), 369 n.
Bourbon-Condé (Louise de), 369 n.
Bourbon (Louise-Adélaïde de), 154 n.
Bourg des Comptes, 154 n.
Bourg d'Iré (château de), 146 n.
Bourgeois, 395.
Bourseul, 306 n, 384 n, 487 n, 549 n.
Boursoul, 407 n, 579.
Boussineau, 148 n, 151 n, 241 n.
Bouteville (Mme de), 98, 354 n.
Bréal de Chapelles, 573.
Brehand de Plélo (de), 240.
Bréhant (Marquis de), 45 n.
Breil, Comte de Pontbriand, vicomte du Parga et de Kérivan, etc. (Louis-Claude du), 425 n.
Breil de Pontbriand (Anne-Sylvie-Claire du), 425 n, 468 n.
Breil le Breton (Jacques du), 503 n.
Breil le Breton, (Jeanne du), 503 n.
Breil de Rays (du) v. Rays.
Bretagne (évènements de), 5, 57, 105, sqq., 323, 357, 361, 387, 391, 529, 538, 547; parlement de — 52, 130, 206, 233, 308, 415, 466 n, 511 n.; états de — 53, 114 n, 211 n, 336 sqq., 405, 437 ; clôture des états de — 454; intendance de — 168 n.
Bretenières (de) voir Raufer.
Brézal (dame de), 306 n.
Briaud (Madeleine-Thérèse), 190 n.
Brie (Rég^t de), 423 n.
Brilhac (de), 161 n, 265 n, 282 n, 283, 580.
Brilhac (Marie-Anne-Geneviève de), 241 n.
Brillac (de), 580.
Brissot de Warville, 21.
Broc (de), 212, 240, 391, 397, 406, 453, 459, 463, 474, 485.
Broglie (de), 366.
Broons, 228 n, 425 n, 464 n, v. La Motte.
Brottier, 319.
Brou (Feydeau de), 327.

Brüc (de), 86, 113 n, 425 n, 439, 468, 473, 475, 476, 478.
Bruc (Mme de), 425.
Bruz, 154 n.
Budesol (château de), 304 n.
Burroy, 199.

Cahideuc (de), 393 n, 502 n.
Cahors (évêque de), 349.
Cailleau (Jacquemine-Constance), 183 n.
Caligula, 64.
Calonne (de), 12, 26, 59 n, 183, 226, 227, 232, 233, 235, 253, 260, 264.
Calvairiennes dites de Cucé, 579.
Cambout, Marquis de Coislin, Comte de Carheil (Charles du), 420, 424.
Cambout, Marquis de Coislin (Pierre-Armand du), 423 n.
Cambout (Pierre, chevalier du), 423 n.
Cambrai, 111, 336.
Cambrésis (régiment de), 150 n.
Campzillon (de), 151 n.
Cancoet, 397 n.
Canon, 78, 131, 132, 134, 135, 139, 140, 487, 488, 489, 491, 493, 495, 504, 507, 511, 513, 516, 519, 521, 522, 536, 550, 557.
Cap Français, 299 n.
Carcaradec (Rogon de), 576.
Caradeuc (Anne-Jacques-Raoul de), 17, 18, 144 n, 145 n, 146 n, 155, 167, 169, 174 (hôtel de), 187, 192, 218, 219, 220, 222, 223, 225 n, 237, 245, 247, 248, 250, 266, 267, 268, 269, 270, 271, 274, 280, 281, 282 n, 284, 285, 288, 289, 308, 439, 462, 465 n, 511 n, 567 n, 578.
Caradeuc (Anne-Nicolas de), 145 n.
Caradeuc (Anonyme, Puis Félix-Sixte-Marie de), 549 n. V. Keranroy.
Caradeuc (Félix-Sixte-Marie de), 145 n. V. Keranroy et Anonyme de Caradeuc.
Caradeuc (François-Nicolas-Gabriel de), 145 n.
Caradeuc (Gabriel-Jean-Raoul de), dit le Chevalier de la Chalotais, 145 n. V. la Chalotais (chevalier de).
Caradeuc (Jacques de), 145 n.
Caradeuc (Louis-René de), dit M. de la Chalotais, 145 n. V. note en tête de l'Index.
Caradeuc (Jacquette de), 145 n.
Caradeuc (Pierre de), 145 n.
Caradeuc (Raoul de), 145 n.
Caradeuc (Mlle de), 145 n.
Caradeuc (Mme de), 28 n, 29, 30, 31, 32, 38, 39, 42, 144 n, sqq, 162, sqq, 174, 199. 203, 207, 211 n, 218, 219, 221, 222, 223, 247, 243, 244, 247, 249, 250, 255, 264, 265, 266, 269, 270,

271, 272, 274, 276, 277, 280, 281, 284.
Caradeuc (Sophie de), 307 n.
Careil, 580.
Carfort. V. Le Nepvou.
Cargouet de Quémadeuc (Jean-Baptiste le Denays de), 460 n, 572, 578, 580.
Cargouet de Quémadeuc (Louis-Félix le Denays de), 64 n, 460.
Cargouet (Mme du), 460.
Carheil, 415 n.
Carquefou, 314.
Carron (abbé), 407 n.
Castanier d'Auriac (Dlle), 371 n.
Castellane, 327, 362, 380, 417, 431, 457, 458, 477, 493.
Causse, 235.
Cavelier (Marie-Guyonne), 518 n.
Cécillon, 573.
Cernay, 537.
Chabot (Louis-Bretagne-Alain de), 524 n.
Chabot (Louis-Marie-Bretagne-Dominique de), 524 n.
Chabrillan (de), 65, 214, 216, 221, 226, 232, 241, 251, 484, 490, (508).
Chalmazel (de), v. Talaru.
Chalmel (Dlle du), 579.
Châlon-sur-Saône, 383 n.
Chalot, 183, 186, 189, 190, 194, 195, 202, 205, 208, 210, 221, 228, 417.
Chamballan (de), 198, 200, 202.
Chamballant (Jeanne-Marie-Rose de Boislesve de), 545 n.
Chambon (Madeleine-Olive), 401 n.
Chambon d'Arbouville (Louise-Marie), 306 n.
Champagne, 215.
Champagne-la-Suze (Anne-Marie de), 191 n.
Champdore en Bugey, 496 n.
Champeaux (seigneur de Trégoüet et du Helfau), 485, 491.
Champenois, 529.
Champion frères, 580.
Champion de Cicé (Agathe-Julienne), 211 n.
Chauteloup, 242.
Chautenay, 211 n.
Chantilly, 214.
Chantilly (de), 240.
Charaud, dame de Carheil (Sainte), 415 n.
Charentilly (de), 265 n.
Charenton, 128, 179.
Charette (Renée), 174 n.
Charette (Mlle de), 32, 34, 251, 253, 254, 256, 267, 269.
Charette de La Colinière (Jean-François), 150 n.
Charette baron de La Colinière (Louis-François), 150 n. V. de la Colinière.
Charette de La Desnerie (Louise-Renée). Voir La Desnerie.

Charette de La Gascherie (Louis), 148 n, 251 n. Voir de La Gascherie.
Charette de La Gascherie (Reine-Jeanne-Elisabeth), 251 n.
Charette de La Gascherie (Louise-Victoire), 251 n.
Charette de La Gascherie (Cécile), 151 n. V. Mme de Jacquelot.
Charette de La Gascherie (d^{lle} Lucie-Félicité-Elisabeth), ou Charette de La Colinière (Mme), 150 n. Voir Mme de La Colinière.
Charlemagne, 497.
Charles X, 350 n.
Charpentier, 333, 334.
Chateaubriand, 486 n.
Chateaubriand (vicomte de), 487, 549 n.
Chateaubriand (Mme de), 306 n, 384 n.
Chateaubriand (Marie-Anne de), 174 n.
Chateaubriand (René-Auguste de), 487 n.
Chateaubriand de la Guéraude (Jean-Gilles-Joseph), 536.
Chateaubriand de la Guéraude (Siméon Alexis du), 536 n.
Chateaucroc (de), 573.
Chateaugiron (de), V. Le Prestre.
Chateauloger (de), 148 n.
Chateautro (de), 148 n.
Châtelet (comte du), 242, 251, 498.
Châtellier (Mme du), 408 n.
Chatillon, 328.
Chatillon (Charlotte-Rosalie de), 524 n.
Chatton du Raillis, 574.
Chaulnes (de), 307.
Chauvelin (marquis de), 7, 561 n, 563.
Chauvelin (l'abbé Henri-Philippe, 431, 454.
Chauvelin de Beauséjour (Bernard), 431 n, 563 n.
Chauvelin (marquis Bernard-François de), 563 n.
Chef du bois (dame de), 549 n.
Cheffontaine, 575.
Chevalier (Marie-Marguerite), 153 n.
Cheylus (de), 349 n.
Chinon, 153 n.
Choiseul (duc de), 66, 67, 68, 70, 75, 86, 141 n, 191, 242, 280, 329, 340, 426, 483, 567.
Choiseul-Praslin (de), 62, 191 n.
Choisy, 396.
Christian VII, 518 n.
Civray, 208 n.
Clairon (Mlle), 192.
Claye (Madeleine-Nicolas, dame de) 468 n.
Clémenceau, 124, 127, 128, 129, 130, 131, 135, 138, 141, 175 n, 179, 487, 488, 510 n, 512, 517, 522, 532, 539, 544, 548, 550, 552, 559, 579.
Clermont, 208 n.
Clesmeur V. Jar.

INDEX

Cleux (de), 153 n. 191 n.
Cludon, 191, 194.
Cluguy (de), 440.
Coataudon (de), 159 n.
Coatbicors, 355 n.
Coblentz, 313 n.
Cocault, 514.
Coëtanscours (de), 86, 103, 109, 113 n, 306, 346, 353, 356, 363, 370, 376, 396, 403, 429, 435, 436, 437, 444, 449, 450, 451, 453, 460, 462, 468, 471, 475.
Coetcouvran (château de), 472 n.
Coetcouvran (François de), 397 n.
Coetcouvran (Mme de), 397.
Coëtlosquet (Marie-Joseph du), 557 n.
Coetmeu (de), 144 n.
Coetmen (Marie de), 146 n. Voir Caradeuc (Mme de).
Coëtpeur (du Plessis de) 384. V. La Noë.
Coetsal (de). V. Robien.
Coislin (marquis de). V. Cambout.
Cologne (électeur de), 153 n.
Combourg (de), 536.
Commercy, 511 n.
Compiègne, 192, 194, 207, 214, 228, 430, 491, 493.
Concarneau, 295 n.
Condé, 345.
Condé (prince de), 393 n, 557 n.
Conen de Saint-Luc, 282, 407, 502 n, 550 n, 569, 577, 579.
Conen de Saint-Luc (abbé), 570, 580.
Conen (Toussaint), 407 n.
Conen de Saint Luc (dames), 581.
Coniac (de), 85, 241, 251, 257, 259, 282 n, 283, 301, 341, 415, 489, 532, 537, 539, 578, 580.
Conti (prince de), 81, 153, 369, 372, 388, 396, 400, 402, 430, 568.
Conti (princesse de), 484.
Corbin, 581.
Corbin fils, 580.
Cordeliers (prison des), à Rennes, 11, 15, 28, 42, 128, 129, 182, 200, 202, 228, 252, 265, 268, 274, 475 n, 520 n, 572.
Cordouan (tour de), 399.
Cormier, 580.
Cornulier seigneur de Boismaqueau (Toussaint de), 184, 186, 187, 483 n.
Cornulier (Rose-Anne de), 483 n.
Cornulier (Elisabeth - Françoise de), 393 n, 557 n.
Corse, 7, 9, 561, 564.
Cosquer en Combrit, 295. V. Kersalaün.
Cotonay, 274, 377.
Cotte (de), 413.
Couescouvran, 228, 235.
Coulombe (Henriette de), 486 n.
Courson de Liscineuc, 344 n, 575.
Courville (de), 574.

Coutance (Marie de), 473 n.
Crémilles (de), 490.
Crénau. V. Le Nepvou.
Crépine (dame), 579.
Crussol (de), 524 n.
Crussol (Anne-Charlotte de), 240.
Crussol (Emilie de), 524 n.
Crussol (Louis de), 240 n.
Crussol, duc d'Uzès (Charles-Emmanuel de), 524 n.
Crussol-Florensac (de), 524 n.
Cucé (présidente de), 502, 513, 525, 531, 537.
Cuillé (de), 54, 135, 201, 203, 210, 282, 283, 382 n, 559, 580.

Danviray de Machonville (Marie-Anne), 473 n.
Dauphine (Mme la), 294, 350, 355, 379, 384, 386, 409.
Dauphin (le), 67 n.
Dautrèpe, 175 n, 190, 194, 202.
Déchaux de la Rochenoire (du), 574.
Derval (Marc-François de), 503 n.
Derval (François-Pierre, de), 503, 507, 509.
Deschamps (Julienne-Françoise), 503 n.
Desnos des Fossés, 335 n, 577.
Desnos, 282 n, 313, 405, 568, 572, 579.
Desnos, procureur au Parlement, 380.
Desnos (dame), 581.
Dézerseul (Léziard du). V. Léziart.
Diderot, 21, 22 n, 505.
Dibart, 573.
Dijon (famille de Fontette à), 1 n, 7, (papiers de Fontette à), 2 n, 8.
Dinan, 306 n, 376, 384 n, 527, 534, 549 n.
Dinard, 306 n.
Dol (évêque de), 304, 382, 392, 456, 513, 525.
Domloup, 306 n.
Dondel (Mgr), 304 n, 383 n.
Donnet, 271.
Doré, 490, 580.
Douai, 26, 183 n.
Dresnay (Joseph-Michel-René du), 114 n, 347, 393, 556, 557 n, 573.
Dresnay (Joseph-Marie du), 557 n.
Dresnay (Julien-Jean-François, chevalier du), 557 n.
Dresnay, Louis-Ambroise-René, marquis du), 557 n.
Dresnay (Mlle du), 393 n.
Drouet de Thorigny (Marguerite), 486 n.
Druart (Marie), 200.
Duchesne, 505.
Duchesne, 580.
Duchet de Bourges (580).
Duclos, 14 n.
Duclos (dame), 579.

Dulvage, 574.
Dumaine (Marie-Anne), 460 n.
Dumesnil, 565, 568.
Dupaty, 21.
Dupays, 580.
Dupleix 198, n.
Duras (duc de), 340.
Dusson, 277.

Ecolasse (Marguerite), 503 n.
Emangard, 366.
Embeck, 488 n.
Encyclopédie (l'), 20, 21.
Eon (Mme), 502 n.
Eon du Vieux-Châtel (Hélène), 212 n.
Eréac, 355 n.
Ernée, 313.
Escoire en Périgord, 523 n.
Escotais (des), 240 n. V. Chantilly.
Espagnac (d'), 377.
Espinay (Françoise-Gabrielle d'), 425 n.
Esquilin (mont), 336.
Est (Marie Fortunée d'), 369 n. Voir La Marche (comtesse de).
Este (Marie-Thérèse d'), 342 n.
Estrées (duchesse d'), 425 n.
Estrées (rue d'), 521.
Etasse, 310 n.
Etienne, 536.
Euzénou, seigneur de Kersalaün et du Cosquer, 295. V. Kersalaün.
Evaint (Anne-Marie), 435 n.
Eveillard, 282 n.
Even, 276 n., 310.
Even (Mlle), 534.
Extor, 574.

Falloux, 146 n.
Farcy (Mgr de), 201 n, 576.
Farcy de Cuillé (de), 201 n. Voir Cuillé, 282 n.
Fargès, 485.
Fémy, 463 n.
Feré (Mme), 579.
Feré (dames), 581.
Ferrières, 161 n.
Fevret, 1 n.
Filles Saint Thomas, 579.
Fitz-James (duc de), 565.
Flessellas (l'intendant de), 15, 16, 29 n, 38, 40 n, 43, 53 n, 55, 61, 65, 70, 71, 72, 73 n, 79 n, 80 n, 84 n, 87 n, 88 n, 104 n, 105 n, 109, 109 n, 110 n, 111 n, 113 n, 124, 125 n, 131 n, 133 n, 153, 153 n, 165, 169, 173, 176, 177, 181, 187, 188, 189, 190, 191, 195, 196, 197, 200, 203, 205, 207, 211, 220, 224, 225, 227, 232, 233, 234, 235, 237, 243, 245, 246, 247, 253, 255, 257, 258, 259, 261, 262, 266, 268, 273, 275, 276, 279, 280, 282, 286, 287, 291, 293, 296, 298, 299, 301, 302, 311 n, 330, 352,
408, 472, 482, 485, 490, 492, 493, 494, 495, 497, 499, 537, 538, 561, 562.
Flesselles (Mme de), 71, 153, 181, 189, 208, 217, 230, 302, 472, 483, 499.
Fleuriot, 580.
Florensac (marquis de), 240 n.
Floyd de Tréguibé (Guillaume), 503 n.
Floyd de Tréguibé (Jeanne-Charlotte), 503 n.
Fontainebleau, 379.
Fontaines (abbé des), 90, 329, 419.
Fontenoy, 549 n.
Fontlebon (Renée de), 549 n.
Forestier d'Auray, 580.
Fosses (Louise-Bertine des), 476.
Foucher (l'abbé), 364, 404.
Foucher de Carheil (Denis-Louis-François), 282, 415, 559, 503 n.
Foucher de la Feslière (Louis-François), 282, 415 n, 559.
Fougères, 175 n.
Fouquet de la Bouchefolière, 298 n.
Fourneaux (des), 129, 130, 131, 135, 136, 137, 141, 175 n, 487, 488, 491, 504, 511, 512, 514 n, 516, 517, 519, 522, 526, 527, 529, 531, 532, 535, 536, 542, 545, 546, 549, 550, 551, 552, 554, 555, 556.
Fournier de La Chapelle, 299 n.
Fournier de Varennes (Mme), 299 n.
Francheville (de), 113 n.
Francheville (présidente de), 298, 581.
François Ier, 345.
Franconville, 537.
Frères Ignorantins, 579.
Fresne de Virel (Augustin du), 486, 492, 494, 531.
Fresne de Virel et de la Gaudelinaye (François du). 486 n.
Frétay (du). V. Bouilly.
Frey de Nœufville, 580.
Fribourg, 343.
Fromenteau, 62, 157, 161, 206, 286, 498, 506.
Fronde (la), 414.
Frot Garnier des Aulnays, 310 n.

Gage (M. et Mme du), 153, 191.
Garnier (dame), 503, 509, 510, 514.
Garnier (Pierre), 503 n.
Gault de La Galmandière, 70 n. 87 n, 125, 133, 134, 142, 465, 512, 517, 520, 521, 560.
Gazon. V. Grimaudet.
Geffelot, 174 n, 175 n.
Geffroy, 282 n.
Geneston, 329 n.
Gennes (de), 198.
Gentil (Bonne Suzanne), 298. V. Francheville.
Georgel (l'abbé), 14 n, 67 n.
Gerard-Boquet, 540.

INDEX

Geslin, 228 n.
Geslin (Françoise-Marcelle), 397 n.
Geslin (Marie-Gabrielle de), 397 n.
Gilbert des Voisins, 366.
Gillet, 260, 263.
Ginguené (Marie), 384 n, 549 n.
Girac, 523, 537.
Godau, 1.
Godefroy (Jean). V. La Trémoille.
Goislard, 175 n., 189.
Gondot, 468, 482.
Gore (abbé de), 467.
Goret (Jeanne Marie), 298 n.
Goualez (de), 113 n.
Goudot, 413.
Goujon de Thaumatz (Jacquemine-Thérèse), 536 n.
Gourhot, 534.
Gourio. Voir Lannoster.
Gournay-Duc (Jean-Jacques-Louis de), 511.
Goury, 310 n.
Goyon de Vaudurant (de), 144 n.
Gramus, 580.
Grandbourg (de), 327, 342, 348, 368, 380, 386, 398, 399, 406, 407, 411, 415, 417, 429, 430, 431, 453, 457, 458, 460, 477, 493, 508, 509.
Granet, 526.
Grées du Lou (des), 113 n, 464.
Grenedan (du Plessis de), 153 n.
Grenoble (députation de), 176; — parlement de, 206, 208, 565, 568.
Griffon (rue du), 579.
Grimaudet de La Marche (de), 126, 131, 282 n, 486, 492, 494, 495, 551.
Grimaudet, seigneur de Gazon (Jean-Marie), 486 n.
Grimaudet de La Lande (Anne-Marie-Charlotte), 343 n.
Grimm, 21 n, 22 n.
Guastalla, 7.
Guégon, 182 n.
Guélambert. V. Auffray.
Guer père (de Marnière de), 576.
Guer fils (René-Jean de Marnière, marquis de), 576.
Guérande, 408 n, 415 n, 431 n, 463 n.
Guérin (Catherine), 174 n.
Guérin, 580.
Guerry (de), 86, 88, 110, 113 n, 131, 306, 347, 352, 357, 363, 442, 444, 448, 449, 461, 476, 478, 489.
Guerry (Mme de), 98.
Guibert, 179, 180.
Guichard, 574.
Guigues de Moreton. V. Chabrillan.
Guihart, 574.
Guingamp, 397 n, 505 n, 532.
Guinguené, 123 n.
Guy de Bruc (Françoise-Thérèse), 211 n.
Guyllin, 150 n.

Halgouet (Mme du), 98.
Hallay (le), 498.
Hallay (Marie-Sainte du), 464 n.
Hambourg, 519 n.
Hamel de la Bothelière (René-Charles du), 425 n.
Hamel de la Bothelière (d^{lle} Catherine du), 425 n.
Hamon de Kernisan (Marie-Marguerite), 505 n.
Han (du), 110, 113 n, 209, 343, 354, 394, 399, 406, 431, 432, 434, 444, 468.
Han (Mme du), 208 n.
Han (Rose du), 354 n.
Harcourt (d'), 565.
Harouys (de), 314 n.
Harville des Ursins (Isabelle-Louise-Jouvenel de), 240 n.
Hautbois (le), 243, 467, 474.
Hautbreil (Marie du Bois du), 465 n.
Haute Goulaine, 211 n.
Hayes (des), 298 n.
Hénan Bihen, 536 n.
Hennebont, 425 n.
Hénon, 502 n.
Hénonville, Berville, Ivry le Temple. V. Ogier.
Hercé (de), 382 n.
Hérin, 514.
Hornes (Marie de), 297 n.
Hortensius, 64.
Hovius, 102.
Huart, 282 n.
Huart de la Bourbansaye (Jacques-François), v. le précédent, 504 n, 514.
Huart de la Bourbansaye (Jacques-Gervais), 504 n.
Huart de la Bourbansais (Louise-Perrine-Françoise), 211 n, 531 n.
Huchet de la Bédoyère, 338 n. V. La Besnerraye.
Hudson-Lowe, 28.
Hue (rue), 533, 535.
Huguenots, 95.
Huguet, 307 n.

Ifs (les), 211, 565, 569.
Indes (compagnie des), 208, 345, 354 n.
Isle de France, 173.

Jacquelot (de), 186 n.
Jacquelot (Mme de), 151.
Jamoays (Guyonne), 497 n.
Jar de Clesmeur (Marie-Gabrielle-Thérèse de), 537.
Jarente d'Andréa (Marie-Thérèse de), 242 n.
Jarente de la Bruyère (de), 242 n.
Jarente de Sénas d'Orgeval (de), 242 n.
Jersey, 397, 472 n.

Jésuites, 14 n, 67 n, 97, 414, 416, 420, 431, 440, 450, 454, 493, 499 n.
Joigny, 137, 529, 536.
Jollivet (Jérôme), 460 n.
Jollivet (Pierre), 460 n.
Jollivet (D^{lle} Louise), 460 n.
Joly de Fleury (Omer), 176.
Joly de Fleury, 365.
Jouneaux, 282 n
Jousselin de la Haye, 310 n, 327, 465 n.
Jousselin, 26 n.
Joviac, 241, 415, 426, 436.
Juigné (de) (famille), 2 n 5 n (fonds de Juigné à Dijon), 2 n.
Juigué (M. de), 303.

Kaerbout, 384 n.
Keramanach. V. Bourblanc.
Keranroy (de), 26 n, 56, 123 n, 145 n, 549, 577.
Kératry (Jean-François, comte de), 425 n.
Kératry (Mme de), 425.
Kératry (Jean-François-Marie de), 425 n.
Kératry (Anne-Louise-Aimée de), 425 n.
Kératry (Auguste-Hilarion de), 425 n.
Kéravel, 371 n.
Kerbellec (de), 575.
Kerboudel de la Courpéan (René-Joseph), 425 n.
Kerboudel de la Courpéan (D^{lle} Bonne-Josèphe de), 425 n.
Kerbringal. Voir Marin, et Simon.
Kergrée-Bernard (de), 447, 464.
Kergrist (de). Voir La Chaponier, 113 n.
Kergoenech, 360, 395, 399, 412, 413, 418, 467, 468, 482, 574.
Kerguézec (de), 25, 26 n, 85, 103, 115, 208, 212, 259, 265, 303, 319, 321, 326, 328, 349, 356, 358, 381, 414.
Kerguézec (Mme de), 208 n.
Kergus (abbé de), 182 n, 510, 512, 579.
Kergus (caserne de), 510 n.
Keringant, 425 n.
Kerjean (de). 306 n. V. Coëtanscours.
Kerlivio, 395, 398, 558.
Kermadec (de), 401 n.
Kermartin, 573.
Kermel, 300 n. V. Bourblanc.
Kerminy (de), 580.
Keroers (de), 166 n.
Kérolain, v. Bahuno.
Keroullas (de), 35, 282 n.
Kérousy (Anne Marie de), 349 n.
Kersalaün (de), 8, 13, 35, 40, 288, 295, 296, 298, 439, 465 n, 475, 579.
Kersalaün (Mme de), 35, 295.
Kersalaün (Euzénou, comte de), 523 n.
Kersauson (de), 306 n.
Kersauson de Vieux-Châtel, 393 n.
Kerscavain (Cécile), 487 n.

Kerverné, 575.
Kerverzio. V. Berthou.
Kirbourg, 297 n.

L'Aage (de), 354 n.
L'Argentière (Chanoinesse de), 425 n.
La Bellangeraye (Hélène de), 149 n, 497 n.
La Bellangerais (de), 131, 497.
La Besneraye (de), 103, 110, 113 n, 338, 357, 370, 375, 379, 396, 402.
La Bigottière de Perchambault (de), 182 n.
La Bintinaye (Gilles-François de), 460 n.
La Borderie (de), 201 n.
La Bouchefolière. V. Fouquet.
La Bouetardaye. V. Bédée.
La Bouexière, 426.
La Bourbansaye (de), V. Huart.
La Bourdelière (Charles-Antoine-Richard de), 489, 570, 578, 580.
La Bourdelière (Charles-Richard de), 489 n.
La Bourdelière (Mme Richard de), 487.
La Bourdonnais (de), 198.
La Bourdonnaye (Anne-François-Augustin de), 408 n.
La Bourdonnaye (Annette de), 310 n.
La Bourdonnaye (Guillaume-Anne de), 408 n.
La Bourdonnaye (Louise-Modeste de), 354 n.
La Bourdonnaye (Marie-Flore, de) 154 n, V. Mme de la Gervaisais.
La Bourdonnaye (Marie-Gabrielle de), 338 n.
La Bourdonnaye (Paul-Esprit-Marie de), 289 n.
La Bourdonnaye (vicomte de), 545 n.
La Bourdonnaye de Boishullin (Jacques-Anne), 408, 434 n.
La Bourdonnaye de la Bretesche (Joseph-Avoye), 545.
La Bourdonnaye, marquis de Liré (François-Marie), 468 n. V. Liré.
La Bourdonnaye, Seigneur de Liré, (François de), 545 n.
La Bourdonnaye de Liré (Jeanne de), 392 n.
La Bourdonnaye, marquis de Montluc (Charles-Sévère-Louis de), 494.
La Bourdonnaye, marquis de Montluc (Louis-Charles-Marie de), 494 n, 154, n.
La Bourdonnaye de Montluc (comte de), 494 n.
La Brandaisière (seigneur de), 174 n, 572.
La Bretesche, 578. V. La Bourdonnaye.
La Briffe d'Amilly (de), 42, 43, 44, 54, 61, 70, 73, 133, 137 n, 138, 161, 164, 165, 175, 184, 185, 187, 190,

196 n, 197, 198, 200, 202, 203, 204, 217, 227, 279, 282, 310, 331, 408, 478, 533 n, 535, 545, 550, 551, 552, 555, 570.
La Chalotais (Mme de), 523 n.
La Chalotais (chevalier de), 48, 145 n, 169, 177, 197, 199, 236, 238, 262, 299.
La Chalotais (Mlle de), 37, 48, 104, 215, 237, 238, 242, 252, 338, 341, 356. V. *table de la correspondance.*
La Chapelle (Mlle de), 251 n.
La Chapelle-de-Mesle (de), 281, 284, 285
La chasse (hôtel de), 510.
La Châtre (de), 240.
La Chénardais (Marie-Gabrielle-Marc de), 431 n.
Le Chénardaye (de), 310 n.
La Chevannerie. V. des Raouls.
La Choue, 576.
La Colinière (Charette de), 8, 13, 33, 34, 150 n, 152, 174 n, 175, 269, 272, 289, 439, 465 n, 561 n, 579.
La Colinière (Mme de Charette de), 28 n, 33, 34, 150, 217, 224, 256, 258, 260, 262, 263, 292. V. *table de la correspondance.*
La Cour (de), 157.
La Cour de Boué (de), 483, 490, 572.
La Cour de Boué (Mme), 502.
La Courpeau (de) 113 n. V. Kerboudel.
La Croix (abbé de), 439.
La Croix (de), 310 n.
La Croix, 580.
La Desuerie (Louise-Renée-Charette de), 174 n, 371.
La Ferronaye (de), 303.
La Forest d'Armaillé (René-Gabriel de), 211 n, 531 n.
La Forest d'Armaillé (Gabriel-Charles-Anne-François de), fils du précédent, 211 n.
La Fresnais (de), 148 n.
La Fresnaye (d^{lle} de), 145 n.
La Fruglaye (de), 85, 166 n, 307, 311, 315.
La Fruglaye (Mme de), 39, 42, 145 n, 166, 199, 203, 207, 270, 271, 338.
La Gahardière. V. Vavincourt.
La Galissonnière (de) 150 n, 157 n.
La Gascherie (Charette de), 8, 13, 25, 26 n, 33, 34, 148 n, 150 n, 152, 157, 168, 170, 174, 175, 224, 233, 239, 254, 269, 272, 285, 289, 291, 292, 299, 381, 439, 465 n, 561 n, 566, 567, 578.
La Gascherie (Mme de), 32 n, 33, 148 n, 150, 167, 170, 174, 239, 254, 263, 269, 285, 291.
La Gaudelinaye. V. du Fresne.
La Gervaisais (Nicolas, marquis de), 154 n.

La Gervaisais (Mme de), 154.
La Goublaye (Eulalie-Marie-Reine de), 536 n.
La Guère (Philippe-Auguste-Pantin, comte de), 241, 251, 302, 303, 463, 483, 490, 572.
La Guibourgère (Marie-Thérèse-Raoul de) 502 n.
La Haye (de). V. Jousselin.
La Haye (Jean-Charles Pierre-Louis de) 548 n.
La Lande (curé de Saint-Jacques de), 489.
La Lande. V. Grimaudet de la Lande.
La Lardais (Bégasson de), 343, 524 n. etc. V. Bégasson.
La Latte (fort de), 536 n.
Lally, 43, 186, 377.
La Mancellière, 523 n.
La Mancellière (Mlle de), 132, 144, 211 n, (de la Manselière), 490, 491.
La Mancellière (Jacquette-Gilonne-Rahier de), 523.
La Marche (comte de), 369.
La Manche (abbé de), 241.
La Marche (comtesse de), 153 n.
La Marzelière (de), 154 n.
La Massue (de), 572.
Lamballe (prince de), 194, 342 n.
Lamballe, 144 n, 417, 440, 443, 460 n.
Lambilly (Pierre-Laurent, marquis de), 502 n.
Lambilly (Pierre-Laurent-Marie, marquis de), 531 n.
Lambilly (Françoise-Thérèse-Jacquette, de la Forest-d'Armaillé, marquise de), 531.
Lambilly mère (Laurence-Thérèse Magon de la Balue, marquise de), 502.
La Ménardais (de), 526 n. V. Lesquen.
La Mézière, 474 n.
La Monneraye (M. de), 494 n.
La Morandais (de), 107, 321, 325, 337, 339.
La Morandais (du Bouilly de), 443 n.
La Moricière (Juchault de), 464.
La Motte, 201 n.
La Motte, 581.
La Motte (du Bois de), 114 n, 344 n, 393, 548, 573.
La Motte (Mme du Bois de), 502.
La Motte (de), 149 n, 151 n, 172.
La Motte de Broons et de Vauvert, 464 n.
La Motte-Vauvert, 464.
La Moussaye de Carcouet (François), 85, 443, 445, 447 n, 452, 456.
La Moussaye (Amaury, marquis de), 443 n.
La Moussaye de Carcouet (Anne de), 443 n.
La Moussaye (Marie de), 149 n.

La Musanchère (Mauclerc de), 240, 303, 572.
La Musse (marquis du Bois de), 211.
Lamy, 496.
Landerneau, 462 n.
Langan (seigneur de). V. Boisbaudry.
Langan (Jean-Baptiste de), 355 n.
Langan (Mlle), 355, 360.
Langegu, 580.
Langle (présidente de), 114 n., 191, 193, 473, 572, 581.
Langle (de), 573.
Langle (présidente de), 126, 473 n, 510 n, 545 n, 572.
Langle, seigneur de Coetuhan (Louis Guy de), 473, 485, 572, 578.
Langle (hôtel de), 510, 579.
Langle de Beaumanoir (de). 191 n.
Langle Fleuriot (Mme de), 581.
Langonnet (abbaye de), 407 n.
Languedoc (Régent de), 157 n.
Lannoster (dame Gourio de), 201 n.
Lannouan, 425 n.
La Noë (de), 384 n.
La Noë Brondineuf, 503 n.
La Noüe (Jules-César-Félix, chevalier de), 355 n, 360.
La Noüe, comte de La Noüe Bogard (Guillaume de), 397, 403, 472.
La Noüe Bogard (Joseph-Sylvain-Toussaint), 397 n, 472.
La Noüe Vieux-Pont (chevalier René-Joseph de), 152 n.
La Pajotière (Jean-Marie Le Clavier de), 460 n.
La Pajotière (Mme de), 98.
La Pierre (Marie de), 295 n.
La Prégenterie (Fabrony de), 186.
Larcher du Bois du Loup (Jeanne-Michelle), 355 n.
La Rivière Cherel, 581 n.
La Robinais (chateau de), 241 n.
La Roche (Jean de), 174 n.
La Roche Bernard, 435 n.
La Rochebouet, 486 n.
La Roche-Brandaisière (de), 460 n.
La Roche-Clermaut, 153 n., 530 n.
La Rochefoucauld-Roye (Pauline de), 366 n.
La Rochefoucauld (Emilie de), 524 n.
La Roche-Macé (dame de), 241 n.
La Roche de Marigny (Mme de), 117, 174, 175 n., 233, 299.
La Roche-Saint-André (Jean de), 174 n.
La Roche-Saint-André (Louis de), 384.
La Roche Saint-André (Mme de), 371 n.
La Roche-Saint-André (Jeanne-Françoise de), 174 n.
La Rose, 31.
La Rue (de), 28 n, 34, 228, 235, 266, 267, 269, 272.
La Seillerais (de), 314.

La Seilleraye, 498.
Lasnier, 302, 415, 558.
Lasnier (Louise), 474 n.
La Souallaye (Étienne-Rose de), 503, 507, 509, 510.
La Souallaye (Cyr-René de), 503 n.
La Souallaye (Françoise-Jeanne de), 461 n.
Lastic (seigneur de Lescure), 351, 399, 458.
La Touche (de), 573.
La Tour d'Auvergne Bouillon (Marie de), 297 n.
La Tour Maubourg (maréchal de), 243 n.
La Trémoille (de), 107, 109, 112 n, 114, 297, 304, 317, 318, 321, 322, 323, 326, 329, 339, 340, 343, 344, 345, 346, 347, 348, 350, 352, 353, 354, 355, 357, 359, 360, 363, 364, 365, 368, 371, 372, 375, 376, 377, 380, 384, 386, 393, 394, 395, 396, 403. 406, 408, 410, 415, 419, 424, 435, 436, 441 n. 442, 445, 451, 459, 460, 463, 569 n, 572.
La Trémoille (Mme de), 108, 297, 304, 347, 352 359, 392, 401, 404, 406.
La Trémoille, jeune (duchesse de), 297 n. 406.
La Tullaye, 303.
Laubrière (l'abbé de), 90, 419.
Launay (de), 190.
Launay de La Vairie (de), 574.
Lauvergnac, 408 n.
Laval, 472.
Laval-Montmorency (Louise de), 240 n.
La Vareune du Louvre, 518 n.
La Vauguyon (de), 416.
L'Averdy (de), 18, 20, 32 n, 53 n, 58, 64 n, 65 n, 68, 69, 70 n, 79 n, 80 n, 81, 87 n, 101 n, 113 n, 216, 340, 375, 416, 480, 566, 567.
La Villebouquais (de), 14, 46, 47, 48, 135, 182, 183, 188, 189, 197, 200, 202, 204, 238, 559.
La Vrillière (Joseph du Bois, sieur de), 187, 189, 310 n.
Le Bel de Penguily, 443 n.
Le Borgne de Coetivy, 578.
Le Borgne de Coetivy (Yves-Alain-Joseph), 578 n.
Le Borgne de Boisriou (Charles-Guy), 578 n.
Le Bouëtoux (Claude-Yvonne), 526 n.
Le Bris, 335.
Le Cardinal de Kernier (Adélaïde), 300 n.
Le Carlier, 153 n.
Le Chapelier de Launay (Sébastien), 401 n.
Le Chapelier du Plessis (Charles), 401.
Le Chapelier du Plessis (Guy-Charles), 401, 404, 406, 407, 419, 438, 450.

Le Chapelier du Plessis (Isaac-René-Guy), 401 n.
Le Chapelier de Villejean, 310 n.
Le Chaponier de Kergrist, 113 n.
Le Chevalier (Anne-Françoise), 504 n.
Le Clavier (Jeanne-Rose), 503 n.
Le Clerc de Lesseville (Anne), 484 n.
Le Corgne de Launay, 576.
Le Croisic, 206.
Le Fèvre, 200 n.
Le Gualès, 369 n, 378, 410, 424, 468.
Le Gué, 580.
Le Lagadec (Anne-Corentine), 295 n.
Le Long, 349
Le Lude, 235.
Le Mailliaud (Julienne), 464 n.
Le Mans, 313 n.
Le Meilleur, 148 n, 306 n.
Le Mézec (Françoise), 397 n.
Le Mézec (Julienne), 485 n.
Le Minihy, 580.
Le Moine des Bruères, 580.
Le Nepvou, chevalier de Crénau (Joseph), 576.
Le Nepvou de Carfort (Julien-Yves), 576.
Le Noir, 56 n, 59 n, 127, 173 n, 505.
Lenoir, 365 n.
Le Nôtre, 314 n.
Léon, 157 n, 557 (évêque de), 435, 456.
Le Pelletier de Beaupré, 13 n, 18 n.
Le Prestre de Chateaugiron, 8, 88 n, 102 n, 118 n, 123, 125, 135 n, 137 n, 138 n, 141 n, 291, 331, 332, 335, 356, 408, 465, 480, 492, 502 n, 516, 517, 533, 556, 580.
Le Prestre de Chateaugiron (Mme), 503, 514, 525, 531, 337.
Le Prestre de Chateaugiron (Jacques-René), 502 n.
Le Prestre de Chateaugiron (Thérèse-Pauline), 502 n.
Le Prestre de Chateaugiron (Adélaïde), 265 n.
Le Prestre de Lezonnet (Anne-Thérèse), 468 n.
Le Roux de Coëtando (Anne), 300 n.
Le Roy, 203 n.
Le Roy de l'Orgerie, 310 n.
Lescalopier, 484 n.
Lescouët, 464 n.
Lescu de Beauvais (Anne-Louise de), 425 n.
Lescure (de). V. Lastic.
L'Espinay (seigneur de), 174 n.
Lesquelin (Marie-Jeanne de), 354 n.
Lesquen de La Ménardais (Ange de), 526.
Lesquen de la Ménardais (François de), 526 n
Lesquen (François-Constance - Claude), 526 n.

Lesquen (Reine Marguerite de), 536 n.
Le Vayer, 99 n, 191, 468 n.
Level (Jean), 487 n.
Le Vicomte, seigneur de La Houssaye, 85, 113 n, 443, 446, 447, 452, 456.
Le Vicomte de la Villevolette, 489 n, 573.
Levis (duc de), 91 n.
Leziart, 108, 352.
L'Hospital (de), 21, 243 n.
Liébault de Beaulieu (Nicolas), 506 n.
Liébault de Beaulieu (François), 506.
Linguet 63 n, 64, 130 n.
Liré (Alexandre-Fidèle de La Bourdonnaye, seigneur de), 468.
Lisle (dame de), 138 n, 514, 517, 556 n.
L'Isle Adam, 494.
Livry (de), 350, 459.
Lobineau, 307.
Loch (du) v. de Saulx.
Locke, 21.
Locquet (Charlotte), 446 n.
Lodin, 514, 516.
Loheac, 555.
Lorette, 510, 512 n.
Lorient, 62, 203, 209, 382 n, 474, 490, 534.
Lorraine (Rég^t de), 446.
Louis XV, 81, 182, 312 n, 350 n, 432, 437, 455, 565.
Louis XVI, 143 n, 350 n.
Louis XVIII, 350 n.
Lourmel (de). 580.
Louvois, 83, 444.
Louvre, 227, 228.
Loysel, 579.
Lubeck, 349 n.
Luçon, 240 n.
Luker, 347, 507, 572.
Lyon (archevêché de), 349 n, 365 n, (expert de), 205 sqq.

Madrid, 414.
Magon (Mme), 523.
Magon de La Balue (Luc), 502 n.
Magon de La Lande (Nicolas), 446 n.
Magon de La Lande (D^lle Charlotte-Julie), 446 n.
Magon de La Lande (D^lle), 502 n.
Maignanne (seigneur de La), 190 n.
Maillé Carman (Louise-Gabrielle de), 153 n.
Mailly-Nesle (Marie-Anne-Louise-Adélaïde de), 423 n.
Maine (Julienne du), 465 n.
Malesherbes, 173 n.
Malestroit, 289.
Malouines, 497.
Manègre, 302.
Maneyre, 203.
Mantel, 312, 317, 320, 334, 335, 340,

342, 344, 350, 351, 439, 481, 494.
Marais, 523.
Marbeuf (abbé de), 349.
Marbeuf (comte de), 349 n.
Marbeuf (hôtel de), 146 n.
Marbeuf (rég*t*), 395.
Marie-Thérèse, 104, 307.
Marignan, 345.
Marigné. Voir Marigny.
Marigny, 174 n., 175, 233.
Marin (Jean-Baptiste), 418 n.
Marin (Marguerite-Jeanne), 418 n.
Marin de Kerbringal (abbé Louis), 418.
Marly, 379, 450, 477 n.
Marmousets, 120, 310, 359.
Marnière de Guer (Angélique-Perrine de), 200 n.
Marques (abbé de), exactement Grégoire de Marquez, 435 n.
Martin (Catherine), 431 n.
Masson, 333, 407, 412.
Mat. 581.
Matharel (Marie-Madeleine de), 371 n.
Matignon (de Gouyon de), Marie-Elisabeth, 157 n.
Maubreuil (de Guerry de), 448 n.
Mauclerc (famille), 304 n.
Maupeou, 71 n, 159 (parlement), 185 n. etc., 310 n, 407 n, 479, 485 n, 567.
Maupertuis (de), 480.
Mayenne, 383 n.
Mazade d'Argeville (Anne-Thérèse), 563 n.
Mazarin, 115, 382.
Mémoires de La Chalotais (les quatre), 94 n.
Ménand (Geneviève), 509 n.
Menou, seigneur du Méc et de Pellevoisin (de), 484, 490.
Menou de Cuissy (Louise-Anne de), 484 n.
Menou (Louis-Joseph de), 484 n.
Merdy de Catuélan (du), 483 n. V. de La Cour de Boué.
Méros. V. Rosily.
Mésangé, 241 n.
Mesnard de Cornichard, 216, 242, 491.
Metz. 260, 299.
Meudon, 240 n.
Millon des Salles, 576.
Minorque, 241 n.
Mirabeau (de), 56, 265.
Miroménil (de), 70.
Moison, 580.
Monchoix (château de), 549 n.
Moncontour, 397.
Montaudoin (Marie-Rosalie de), 190 n.
Montazet (de Mulvin, comte de), 243.
Montbareil (couvent de), 397 n.
Montbourcher (de), 50, 50 n., 61, 125, 190, 197, 217, 282, 283, 485, 512 n.

Montbourcher (M*lle* de), 146 n.
Montesquieu, 333 n.
Montholon (de), 299 n.
Monti (de), 460 n.
Montillet de Grenaud (Jean-François de), 496 n.
Montluc (président de), 154, 551.
Montmorin (rég*t* de), 460 n.
Montreuil (de), 8, 13, 40, 149 n, 171, 173, 289, 300, 439, 454, 465 n, 475, 497 n, 579.
Montreuil (M*me* Souchay de), 28 n, 34, 149, 171, 172, 300.
Moreau (déposition), 78, 493, 498.
Moreau (Jean-François), 487 n, 514, 517, 521, 522, 524, 550 n.
Moreau (dame), 131, 135, 138 n, 384 n, 487, 488, 489, 491, 493, 514, 516, 522, 536, 539, 544, 549, 550, 556 n, 559, 560.
Moreau (Annibal), 130, 131, 134, 139, 487, 521, 522, 536, 539, 550, 560.
Morfouace (Thérèse), 443 n.
Morice, 534.
Morin, 415.
Morlaix, 36, 126 n., 463.
Mossay (de), 484.
Motmans (Marie-Victoire de), 2 n.
Moustier Ramey, 431 n.
Munster, 366 n.
Muy (Louis de Félix, seigneur de), 440, 454.

Nançay (de), 240 n.
Nancy, 511.
Nantes (château de), 8 n, 329; (évêque de), 304, 418, 456.
Napoléon I, 2 n.
Narbonne, 484 n.
Navailles (Jeanne de), 519 n.
Néron, 64.
Nétumières (M*lle* de), 184 n.
Newton, 21.
Nicolaï (Marie-Elisabeth de), 240 n.
Niquet, 208.
Noël, 180.
Nœufville (v. Frey).
Notre-Dame-de-Paris, 334.
Normandie, 287, 288, 289, 295
Notre-Dame (chanoine de), 121.
Notre-Dame-de-Lantenac, 418 n.
Notre-Dame-de-Vitré, 486 n.
Nourquer (Renée de), 298 n.
Noüalle, 524.
Noyant (Anne d'Aydie, comtesse de), 523.
Noyant (Marie de) 523 n, (Egidie-Louise de), 523 n.

OEil de Bœuf, 406.
Ogier, 92, 505 n, 508 n, 518, 520, 521,

INDEX

523, 524, 527, 536, 537, 540, 542, 547, 548, 562.
O'Gormann, 113 n.
Oléron, 496 n.
Orceau (famille d'), 2 n.
Orléans (duc d'), 357 n, 390, 396.
Orléans (Louise-Diane d'), 369 n.
Ormes (les), 483, 485.
Orry, 198, 203.
Orvault (de Bourigan du Pé, marquis d') 448, 464, 473, 476, 478.
Orvault (Armand-Charles-Marie de Bourigan du Pé, comte d'), 448 n.
Orvault (Félicité de Bourigan du Pé d'), 448 n.
Ossun (d'), 431.
Ostalis (d'), 101, 417.
Oudon, 289.
Oustin, 580.

Pacé, 199.
Paillasson, 175 n, 190, 194, 202.
Paimbeuf, 496.
Paimpont, 201 n.
Palarin (de), 371 n.
Pallet (seigneurs du), 157 n.
Palys (de), 211 n, 468 n.
Pantin, v. La Guère.
Paoli, 564.
Paramé, 548 n.
Parc-Poullain (du), 42, 51, 98, 141, 195, 196, 198, 203, 210, 310, 539, 548.
Parc de Keryvon (René du), 354 n, 577.
Pargat (du), 574.
Parme (bataille de), 7, 240 n.
Parnell, 113 n.
Paris (les prisonniers transférés à), 40, parlement de, 52, 58, 59 n, 102, 176, 179, 180, 182 n, 188, 192, 206, 208, 228, 295, 296, 315, 317, 324, 357, 359, 361, 365 n, 392, 415, 420, 429, 430, 492, 529, 532, police de, 298.
Pascal, 187.
Pau, 496, 518.
Péan (Jeanne-Marie), 407 n.
Peccadeuc (de), 185, 186, 573, 575.
Pelaud de la Ville-Aubin (Marie-Reine), 211 n.
Pellenec (Gillonne-Jeanne), 503 n.
Pellenec (Sainte-Reine-Guillemette), 415 n.
Penmarch (Jacquemine-Antoinette de) 145 n.
Penquilly (de), 113 n.
Penthièvre (de), 82, 144 n, 329 n, 342, 351 n, 356, 363, 380, 390, 421, 427, 529.
Pérette (la Boîte à), 490.
Pérignan, 484.
Perrien (Charles, comte de), 425 n.

Perrien (Mme de), 425.
Petit, 580.
Petit Séminaire, 579.
Phalsbourg, 229 n.
Phélypeaux, comte de Saint-Florentin (Louis), 173 n,
Phélypeaux, 290 n, 437, 455.
Philippe le Bel, 136, 531.
Philippe Egalité, 342 n.
Picardie, 400, 431 n, 493.
Picot. Voir Peccadeuc.
Picquet (L.-C.), 466 n.
Picquet de La Motte, 497 n.
Picquet de Mélesse, 497 n.
Picquet (Gabrielle-Judith), 208 n, 466 n.
Picquet. Voir Montreuil.
Pierre Encise, 210, 447 n, 454, 457.
Pinel du Chesnay, 344 n, 574.
Pinon (Louis-Vincent, chevalier de), 129, 137, 488, 501, 522, 529, 531, 540, 551.
Piré (marquis de), 212 n.
Piré (de), 85, 88, 103, 104, 110, 113 n, 208, 212 n, 259, 263, 303, 306, 307, 313, 314, 315, 325, 326, 328, 336, 337, 352, 356, 357, 358, 363, 377.
Plancoët, 306 n, 384 n, 536 n, 549 n. V. Bédée.
Pléboulle, 536 n,
Plesguen (Saint-Pierre de), 300 n.
Plessé, 423 n.
Plessis-Grenedan (Mme du), 153.
Plessis au Provost (le), 526 n.
Plessis Thiersaut (du), 148 n.
Pleurtuit, 423 n.
Plévenon, 536 n.
Plorec, 464 n.
Plouarède, 423 n.
Plouasne, 146 n.
Plouër (comte de), 548.
Plougonver, 191 n.
Ploujean, 166 n.
Pluduno, 549 n.
Plusquellec, 574.
Poignanant, 555.
Pomme, 349.
Pommereul (famille de), 175 n.
Pompadour (de), 67.
Pontchateau, 484 n.
Pont d'Eschuilly (Claude du), 478.
Pont des Loges (Louis du), 474, 483, 492, 494, 495.
Pont des Loges (Luc-Anne du), 474 n.
Pont des Loges (Paul du), 474 n.
Pont des Loges (Pierre-Louis du), 474 n.
Pont de la Morinière et des Loges (René du) 474 n.
Pontoise, 537,
Pontual (de), 86, 110, 113 n, 306, 409, 435, 442, 443, 444, 477, 478.
Pontual (l'abbé de), 90, 306, 329, 419, 420, 421, 422, 423, 426, 431, 432, 449,

Porée de la Touche (Hélène-Pélagie), 502 n.
Pornic (capitainerie de), 496.
Portail (du), 463.
Portier de Lantimo (Anne), 506 n.
Port-Louis, 62, 197, 199, 209, 214.
Portorson, 576.
Pouences de La Noë, 344 n.
Pouënce des Prises (Joseph-Julien), 575.
Pouënce des Prises (François-Louis-Pierre), 575.
Poulpry (marquis de), 371 n, 567.
Poulpry (Mme de), 117, 371, 567.
Poyanne (de), 498.
Praslin (de), 191, 197, 199, 207, 209, 214, 220, 226, 227, 329. V. Choiseul-Praslin (de).
Pré en Pail, 507.
Pressac (Marie de), 355 n.
Protin de Valmont, 511 n.

Quéhillac en Bouvron, 509 n.
Quéhillac (Fourché de), 8, 98 n, 135 n, 138 n. 509, 513, 520, 522, 535, 546, 554, 555, 559.
Quelen (de), 114 n, 265 n, 303, 347, 403, 406, 435, 572.
Quelen (Mlle de), 45.
Quelneuc, 397 n.
Quemadeuc. Voir Cargouet (de).
Querrien. V. Kerguezec.
Quesnay, 173.
Quessoy, 355 n.
Quiberon, 62, 199, 383 n, 557 et passim.
Quignard, à Dijon, 2 n.
Quimerc'h. V. Tinténiac.
Quimper, 157 n, 166 n, 295 n, 382 n, 418 n, 329 n, 425 n, 436 (évêque de), 382, 392, 420, 421, 424, 433, 438.
Quincy (vicomtes de), 488 n.
Quintin, 574.

Rabier (de), 144 n, 145 n.
Ranconnet, comte de Noyant (Louis-René de), 523 n.
Ranconnet, comte de Noyant (Antoine-René de), 523 n.
Raouls de la Chevannerie (Françoise des), 408 n.
Raudin, 55 n, 62 n, 123 n, 168, 203, 259, 262, 266, 272, 274, 286, 287, 289, 291, 295, 553.
Raufer de Bretenières (Mlle,) 2 n.
Ravenel (Benigne-Jeanne-Marie de) 487 n.
Rays (de), 114 n, 393, 572.
Redmond (de), 244, 251, 483, 490.
Redon, 138, 289, 408 n, 555.
Rennes, 456, 35, 36, 42; (experts à) 51 ; (parlement de) 54, 176 n, 315; (archives de la cour d'appel de) 75 n ; (états de) 121 ; (registres paroissiaux de) 145 n ; (cour de) 335.

Rennes (évêque de), 76 n, 113, 313, 328, 338, 339, 342, 343, 347, 352, 370, 375, 399, 405, 408, 416, 419, 421, 422, 430, 433, 436, 448, 464, 469, 510, 566. V. Desnos.
Reynes (de), 173, 223.
Reynes (Mme Antoine de), 173.
Révol (Claudine de), 460 n.
Richardet, 189
Richebourg (Marie - Charlotte - Quentin de), 161 n.
Richelieu (maréchal de), 7, 241 n, 414.
Richelieu (cardinal de), 67 n, 83, 376, 444.
Richelot, 442, 445.
Rio-Janeiro, 304.
Robien (de), 103 n, 265, 408 n, 455 n, 529, 532.
Robien (Louise-Jeanne de), 294 n, 502 n,
Rohan (duc de), 344 n, 388 n, 520, 524, 528, 541, 517, 548.
Rohan (duchesse de), 524 n, 528.
Rohan-Chabot (Louis-Auguste, comte de), 525.
Roland-de-Lisle, 129.
Rolland, 300.
Rolland, 507 n.
Romillé, 446 n, 468 n.
Roquefeuil (de), 153 n.
Roquefeuille (de), 329.
Roquelaure (Françoise de), 524, n.
Roscoët (du), 114 n, 575.
Roscoff, 557 n.
Rosily (M de), 473 n, 507, 578.
Rosily (Mme de), 126, 579, 580, 581.
Rosnyvinen (chevalier de), 476, 478.
Rosnyvinen (Joachim de), 476 n.
Rosnivinen de Piré, V. Piré.
Rosset de Ceilhes de Fleury (Bernardin), 484 n.
Rosset de Rocozet de Fleury (Bernardin de), 484 n.
Roudien, 329.
Rouen, 382 n, 565.
Roule, 523.
Rousseau, 505.
Rouvre (château du), 300 n.
Royère (de), 304 n, 392 n.
Royllet, 175, 189, 194, 197, 200, 201, 203, 204.
Roz-sur-Couesnon, 576.
Rozée (Marie), 506 n.
Rueil, 459.

Sablé, 235.
Sabran (marquis de), 425 n.
Saint-André-des-Arts (rue), 558.
Saint-Aubin (Blain de), 183, 202, 234, 238.

Saint-Aubin-du-Bois (Charles de Vendômois, abbé de), 463, 479.
Saint-Augustin, 491.
Saint-Barthélemy, 492.
Saint-Brieuc, 157 n, 313,456 ; (états de), 381, 508 n, 524, 530, 532, 538, 539, 542, 544, 562.
Saint-Brieuc (évêque de), 113, 364, 368, 376, 382, 392, 419, 422, 448, 449, 518, 536, 554, 562.
Saint-Cast (bataille de) 64, 212, 240 n.
Saint-Cloud, 157 n, 334.
Saint-Cloud (collégiale de), 121.
Saint-Colombin, 329 n.
Saint-Denis Hors, 242 n.
Saint-Dolay. 435 n.
Saint-Domingue, 240 n, 299 n.
Sainte-Beuve (Jacques de), 570.
Sainte-Foix (de), 333. V. d'Arcq.
Sainte-Marguerite (îles), 323, 326, 518.
Sainte-Monique, 491.
Saintes, 94 n. 103, 122, 141, 145 n, 495, 582.
Saint-Evroult, 313 n.
Saint-Florentin (de) 15 n, 16, 173, 175 n, 184 n, 187, 188 n. 202, 203 n. 206, 210, 218, 225, 226, 227, 228, 232, 233, 234, 236, 238, 244, 245, 253, 255, 259, 260, 264, 266, 271, 273, 274, 276, 278, 279, 280, 299, 305, 308, 319, 320, 332, 340, 351, 356, 371, 372, 375, 383, 413, 435, 442, 462, 467, 469, 471, 477, 480, 526, 530, 554, 565, 566, 567, 570.
Saint-Germain-en-Coglais, 175 n.
Saint-Gilles Perronnay (de), 426, 446, 476, 478, 574.
Saint-Glen, 443 n.
Saint-Herblain, 211 n.
Saint-Hubert, 176, 180.
Saint-Ideuc, 548 n.
Saint-Jean de Béré, 425.
Saint-Lormel, 526 n, 536 n.
Saint-Luc. V. Conen.
Saint-Malo (château de), 2 sqq, 28 n, 31,sqq.(procédure de)50; (commission de) 54, 60, 354 n (chambre de) 98, (évêque de) 304, 382, 392, (édition de) 422, — 436, 505, 534.
Saint-Martin (pont), 157.
Saint-Maugan, 461 n.
Saint-Méen, 126 n, 128, 179, 274, 288, 397, 463 n, 487 n, 488, 510, 512 n, 520, 579.
Saint-Mesmin, 1 n.
Saint-Michel (mont), 8 n, 454.
Saint-Nectaire (Marie-Louise-Thérèse de), 240 n.
Saint-Omer, 101, 417, 422.
Saint-Pern (Vincente-Emilie de), 169 n.
Saint-Philbert de Grandlieu, 330 n.

Saint-Pol de Léon, 392, 557.
Saint-Quentin, 153 n, 389, 483, 485, 490.
Saint-Sauveur, 510.
Saint-Sébastien, 414.
Saint-Servan, 154 n.
Saint-Sulpice, 104 n, (de Paris), 145 n, 153 n, 104 n.
Saint-Vougay en Kerjean, 306 n, 462 n.
Saint-Yves (Hôpital), 578.
Salm (de). V. La Trémoille (Duchesse de).
Sartines (de), 69 n, 332.
Sassenaye (Mlle de), 229 n.
Saulnier, 10. 14, 70 n, 146 n, 166 n, 204 n, 321 n, 425 n, 443 n, sqq.
Saulx, comte du Loch (de), 392 n, 572.
Saumur, 242.
Sauvigny, 366.
Savenay, 483 n.
Scott, 28 n, 38, 39, 40, 144, 177, 178, 202, 260, 263, 268, 270, 271, 515.
Semur, 1.
Sénac de Meilhan, 14 n, 21.
Senlis, 214.
Sens, 379.
Servan, 21.
Servigné (Le Guac de Lansalut, seigueur de), 574.
Sévigné (de), 314 n, 464 n.
Silguy (de), sénéchal-présidial, président du tiers, 329, 408, 415, 418 n, 435, 575.
Silguy (Jean-Hervé de), 329 n.
Silguy (Toussaint de), 575.
Simon, 262 n, 440.
Simon, dame de Kerbringal (Marie-Anne), 418 n.
Sixt, 408 n.
Sondershausen, 366 n.
Sonnet, 580.
Souchay. Voir Montreuil (Mme de).
Souchay (Simon de), 329.
Spire, 281, 284.
Squiffiec, 300 n.
Stuart (Marie-Anne-Charlotte), 485 n.

Tacite, 480 n.
Talaru, 229.
Talhoüet (Claire-Marine de), 397 n.
Talhoüet de Boisorhand (Jean), 397.
Talhoüet de Boisorhand (Joseph de), 397, 403.
Talhoüet de Bonamour (Anne-Claire de), 443 n.
Talhouet-Grationnaye, 300 n.
Talhouet de Keravèon (Renée-Angélique de), 423 n.
Tanneux (Perrine), 401.
Tanquerel (Françoise), 383 n.
Taureau (château du), près Morlaix, 8 n, 31, passim.

Thierry (Hélène de), 486 n.
Thiré, 239 n.
Thouars. V. La Trémoille.
Tibère, 64.
Tifauge, 463.
Tily (dame), 581.
Tinténiac (de), 89, 312, 317, 318, 321, 415.
Tirel, 205.
Toulmen (de). V. Coniac.
Toulouse, 208, 518 n, 564.
Toulouse (comte de), 342 n.
Touraine, 63, 430.
Tournelle (la), 185 n. 481.
Tranchant, 575.
Tranchant Mlle), 545 n.
Trégouet de Carguitté, 344 n, 575.
Trégranteur, 182 n.
Trégoibé (Jeanne-Charlotte de), 294 n.
Tréguier, 157 n, évêque de, 304, 349 n, 382 n, 392, 456, 464 n.
Tréhand (du), 498 n.
Trévenegat (de), 188, 580.
Tréverret (de), 241 n, 329.
Trèves (de), 573.
Trevou (du), 574.
Triac, 574.
Trogoff (de), 344 n, 576.
Tromelin, 395, 412, 413, 426.
Troyes, 431 n, 482.
Truscat (Francheville, seigneur de), 298 n.
Tual (Pierre), 435 n.
Turquety, 18.
Tymeur (marquis du). V. La Bourdonnaye.

Uzès (ducs d'), 524 n.

Vair (de), 152 n, 530.
Valais (le sieur), 505.
Valbelle (comte de), 192.
Valbelle (marquis de), 191.
Valet, 580.
Vallain, 51, 98, 99 n, 191, 195, 197, 203, 262.
Vallet, 157 n.
Vannes, 62, 157 n, 209, 214, 383 n, 418, 456, 534.
Vannes (M. de), 311, 338, 339, 348, 382,
392, 394, 405, 427, 428, 429, 432, 433.
Varade, 289.
Vauboissel (du), 575.
Vaudeuil (de), 430.
Vauferier (frères du), 461.
Vauférier (François du), 461 n, 503 n.
Vaugaillard (Château de), 154 n.
Vatar, 195 n.
Vavincourt (Dieudonné de), 113, n. 431, 434, 444.
Verdun, 313 n.
Véretz, 63, 73, 209 214, 217, 226, 227, 235, 236, 242, 245, 257, sqq., 391, 415, 467, 472, 474, 490 et passim.
Vern (de), 145 n, 144 n.
Vernez (du), 366, 377.
Verrès, 64.
Versailles, 3, 9; (intrigues de), 70.
Vic le Comte, 85, 208 n.
Vienne, 365 n.
Vieux-Châtel (de), 86, 346, 355, 483.
Vieuxpont (Catherine de), 152 n, 153 n.
Vignerot (Madeleine de), 391.
Vignerod du Plessis, 216 n.
Vignerod du Plessis (Agathe), 519 n.
Vignerod du Plessis (Armand), 519 n.
Vignerod-Richelieu (de), 240 n.
Villeblanche (de), 15 n, 45, 46, 159, 175 n, 184, 186, 188, 198, 200, 202, 203 n, 273, 570, 580.
Villeneuve (de), 350, 362, 398, 429, 457, 493, 573.
Villeneuve, frères, 580.
Vincent des Bas Sablons, 298 n.
Virel (de). V. du Fresne.
Visdelou de Bienassis (Louis-Emilie de), 208 n.
Visdelou du Liscouët, 344 n, 548, 574.
Visdelou, marquis de Bédée (Charles-François-Hyacinthe), 502 n.
Visdelou, S^r de La Goublaye et du Colombier (Hyacinthe-François), 502 n.
Vitré, 107, 499, 507, 297 V. La Trémoille.
Voltaire, 19 n, 21 n, 22 n, 23 n, 38, 394, 505.
Voyer d'Argenson (de), 483.

Young (Arthur), 408 n.
Yvignac, 228 n, 397, 425, 472 n.

DOCUMENTS ET OUVRAGES CONSULTÉS

I. — MANUSCRITS

Bibliothèque de Dijon. — N⁰ˢ 1427, 1429, 1430, 1431 : Correspondance du chevalier de Fontette.
Fatras généalogique, par le baron de Juigné, t. VII.
Archives nationales. — H. 362, 378, 436, 439, 440, 608 : Correspondance du contrôle général.
    K. 712 : Pièces rassemblées par M. Gilbert des Voisins sur l'affaire La Chalotais.
    O¹ 462, 463, 464 : Correspondance de ministère de la Maison du Roi.
Bibliothèque nationale. — Fonds fr^s 6680 (Journal de Hardy); 10986 (Etat de la Magistrature).
Bibliothèque de l'Arsenal. — Manuscrits fr^s 3609 à 3614 : Collection relative à Fevret de Fontette et aux affaires La Chalotais.
    12.263 : Dossier relatif à l'incarcération à la Bastille de différents prisonniers.
Archives d'Ille-et-Vilaine.
    C. 1778 : Correspondance de l'intendant avec la cour, relativement aux tenues d'états.
    C. 2691, 2692, 2700, 2702 : Registres des tenues d'états.
    C. 2710 : Registre spécial de la noblesse.
    C. 2711 : Dossier des actes de la noblesse à la tenue de 1766-1767.
    Dictionnaire de l'administration de Bretagne, t. II.
Bibliothèque de Rennes, B. 84 à 89 : Extraits des arrêts de la réformation de Bretagne, 1668-1671, 6 vol. in-f°.
Archives de la Cour d'appel de Rennes :
    Registres secrets du parlement ;
    Registres d'enregistrements ;
    Registre littéraire du parlement, in-f° (copies de lettres).
    Commentaire de la liste imprimée de NN. SS. du parlement. 1767-1768.
Archives de Saint-Malo. — Registres de la communauté.
Registres paroissiaux et Registres d'état civil de Rennes, Nantes, Vannes, Quimper, Lamballe, Saint-Servan, Redon, etc., etc.

Papiers de famille :
- Archives du duc de la Trémoille : Assise des États généraux et ordinaires du pays et duché de Bretagne convoqués et assignés par ordre du Roy dans la ville de Rennes, au 29° jour du mois de décembre de la présente année 1766, suivant les lettres patentes de Sa Majesté données à Versailles le 13° jour du même mois de décembre, ladite assise tenue dans une salle du couvent des pères Cordeliers de la dite ville de Rennes.

Papiers de la famille Gault de La Galmaudière dont est possesseur M. Norbert Saulnier, avocat à la Cour d'appel de Rennes.

Généalogie manuscrite de la famille de La Bourdonnaye faite par M. Saulnier, d'après un projet de généalogie, qui se trouve aux Archives d'Ille-et-Vilaine, et à l'aide de divers documents.

Généalogie manuscrite de la famille Floyd de Tréguibé faite par M. Saulnier, d'après les pièces d'un procès.

II. — IMPRIMÉS

1° *Publications du* xviii° *siècle.*

Almanach généalogique, chronologique et historique pour l'année MDCCLI, par M. l'abbé ***. Amsterdam, petit in-12.

Almanach Royal. Années 1766, 1767, 1768 et 1790.

Augeard. *Mémoires secrets* (1760 à 1800). Paris, 1866, in-8°.

Bezenval (Baron de). *Mémoires.* Paris, 1821, 2 vol. in-8°, t. I.

Bibliothèque historique, 1778, 5 vol. in-8°, t. IV.

Brissot de Warville. *Bibliothèque philosophique du législateur, du politique, du jurisconsulte.* Paris, 1782, 10 vol. in-8°, t. I.

Calendrier des princes et de la noblesse de France pour l'année 1765. Paris, 1765, in-12.

Calonne (de). *Mémoire présenté au Roi par M. de Calonne, maître des requêtes* (Arch. nat. K. 712.)

Commentaire de la liste imprimée de NN. SS. du Parlement 1767-1768. Br. de 18 p., in-12, s. l. n. d.

De l'Affaire générale de Bretagne depuis l'origine des difficultés jusqu'à la clôture des états ouverts le 29 décembre 1766 1767, in-12 de 141 pag.

Dufort de Cheverny. *Mémoires sur les règnes de Louis XV et Louis XVI.* Paris, 1886, 2 vol. in-8°, t. I.

Du Parc-Poullain. *Mémoire.* Rennes, 20 p. in-4°.

Entretiens sur l'ass. des Etats de Bretagne de 1766, in-12 de 77 p., s. l. n. d.

Entretien entre un paysan et un voyageur en Bretagne. Juillet 1788, br. in-8° de 16 p.

Etat militaire de la France pour 1763. Paris, 1763, in-12.

Gallia christiana, t. XIV.

Georgel (*l'abbé*). *Mémoires*. Paris, 1817, 6 vol. in-8°.

Grimm. *Correspondance littéraire, philosophique et critique*. Paris, 1877, 1882. 16 vol. in-8°, t II, III et V.

D'Hozier. *Armorial général de la France*, 7 registres. Paris, 1738, petit in-f°.

Journal des événements qui ont suivi l'acte de démission des officiers du parlement de Bretagne, souscrit le 22 mai 1765, in-12 de 156 p. suivi d'un supplément de 31 p. 1766.

Journal historique du rétablissement de la magistrature. 2 vol. in-12. Londres, 1776, faisant suite au *Journal historique de la Révolution opérée dans la constitution de la monarchie française*, t. I.

La Chalotais (de). *Mémoires de M. de La Chalotais, procureur général au parlement de Bretagne*. Petit in-12 de 80 p., s. l. n. d. (Ce sont les deux premiers *Mémoires*.)

— *Troisième mémoire de M. de La Chalotais, procureur général au parlement de Bretagne*, s. l. n. d. In-12, br. de 71 p.

— *Sixième développement de la Requête qu'a fait imprimer M. de Calonne, ex-ministre réfugié en Angleterre, ou le sieur Calonne, ex procureur général de Douay, M° des requêtes et procureur général de la Commission extraordinaire érigée en 1765 et 1766 à Rennes et à Saint-Malo. Dénoncé à la nation française et à la postérité et pris à partie par l'Ombre de feu M. de La Chalotais, procureur général du parlement de Bretagne*. Londou, 1787. (C'est le 4° mémoire de M. de La Chalotais.)

— *Mémoire présenté au Roi par Louis-René de Caradeuc de La Chalotais et Jacques-Anne-Raoul de Caradeuc, procureurs généraux au parlement de Bretagne... Picquet de Montreuil, Louis Charette de La Gascherie, Louis-François Charette de La Colinière et Jean-François Euzenou de Kersalaün*. 1766. — Signé : Angélique de Caradeuc de La Chalotais, fondée des pouvoirs de mon père et de mon frère, et comme me faisant fort des quatre autres suppliants, ce *11 août 1767*. In-4° de 43 pages.

— *Requête présentée au roi par Louis-René de Caradeuc de La Chalotais, et Jacques-Raoul de Caradeuc, procureurs généraux au parlement de Bretagne, Picquet de Montreuil*, etc., le 12 août 1766. Paris, 1766, in-4° de 32 pages.

La France ecclésiastique pour l'année 1785. Paris, 1785, in-12, p. 218.

Le Long (Le P.). *Bibliothèque Historique de la France*, t. IV, nouv. éd.

Le peuple au Roi (Vox populi vox Dei.) A Paris, avril 1789.

Lettre d'un gentilhomme breton à un noble espagnol, où l'on découvre les vrais auteurs des troubles qui affligent la Bretagne. Rennes, 1768, in 12 de 110 pages.

Deuxième lettre...

Troisième lettre... 1768. In-12 de 122 pages.

Lettre de Mme *la comtesse Louise de Kératry au maréchal de Stainville.* Rennes, le 3 octobre 1788, in-f° de 3 pages.

Lettre d'un solitaire philanthrope à M. le comte de "* *sur les réclamations de l'ordre du Tiers-État de Bretagne contre le despotisme des nobles, du clergé et du parlement.* A Lamballe, 1789, 55 p. in-8°.

Levis (duc de) *Souvenirs et portraits.* Ed. Barrière, t. XIV.

Linguet, *Mémoire pour M. le duc d'Aiguillon.* A Paris, 1770, 183 p. in-4°.

— *Observations sur l'imprimé intitulé : Réponse des États de Bretagne au mémoire du duc d'Aiguillon.* Paris, 1771, in-4°.

Lobineau (dom) *Les vies des saints de Bretagne.* Rennes, 1725, in-f°.

Luynes (de), *Mémoires,* 17 vol. in-8°.

Mémoires secrets pour servir à l'histoire de la république des lettres, depuis 1762 jusqu'à nos jours. Londres, 1777-89, 36 vol. in-12, t III.

Mémoire à consulter pour le s^r *Clémenceau, prêtre, supérieur de l'hôpital St-Méen de Rennes, contre la dame Moreau et son fils.* In-4° de 254 p. Paris, 1769.

Mémoire adressé au Roi par de Begasson, 1767, in-4° de 18 pages.

Mémoire au Roi. Paris, 1767, in-4° (pour M. de Kersalaün).

Mémoire au Roi. Paris, 1767, in-4° (pour M. de Montreuil).

Moufle d'Angerville. *Vie privée de Louis XV.* Londres, 1788, 4 vol. in-12, t. IV.

Observations sur l'imprimé intitulé : Réponse des États de Bretagne au Mémoire du duc d'Aiguillon, Paris. 1871, in-4°.

Nouveau commentaire sur l'ordonnance criminelle du mois d'août 1670 par M. ***. Paris, 1756, in-12.

Procédures faites en Bretagne et devant la cour des pairs en 1770 avec des observations. 1770, 2 vol. in-12.

Procès instruit extraordinairement contre MM. de Caradeuc de La Chalotais, etc. Ed. de 1768, 3 vol. in-12, et éd. de 1770, 4 vol. in-12.

Récit de ce qui a précédé et suivi la rentrée du parlement de Bretagne. (Déc. 1774.). In-4° de 8 p.

Recueil des délibérations, arrestés, remontrances et représentations du parlement sur les affaires de Bretagne. 1767, in-12.

Recueil de pièces, actes, lettres et discours de félicitations à l'occasion du rappel de l'Universalité des membres du parlement de Bretagne, au15 juillet 1769. 1770.

Réponse instructive à l'extrait de la lettre de Rennes du 18 mai 1768, s. l. n. d. In-12 de 68 pages.

Requête au Roy. Paris, imprimerie G. P. Simon, 1767, in-4° de 11 pages

Tableau arrêté le 8 août 1750 par le bâtonnier (Bibliothèque de la Cour d'appel de Rennes).

Sénac de Meilhan. *Le Gouvernement, les mœurs et les conditions en France avant la Révolution.* Ed. Poulet-Malassis.

Soulavie. *Mémoires historiques et politiques du règne de Louis XVI, depuis son mariage jusqu'à sa mort.* Paris. 1801, 6 vol. in 8°, t. I.
— *Mémoires du ministère du Duc d'Aiguillon, pair de France, et de son commandement en Bretagne.* 3e édition. Paris, 1792. Par le comte de Mirabeau, publié par Soulavie.
— *Histoire de la Décadence de la monarchie française.* Paris, 1803, 3 volumes in 8°.
Table historique de l'état militaire de la France depuis 1756 jusqu'à présent. Paris, chez Guyllin, libraire, 1866, in-12.
Tableau chronologique des lettres de cachet distribuées et des actes violents du pouvoir absolu, exécutés en Bretagne, depuis la signature de l'acte de démission du 22 mai 1765. S. l. n. d. In-12 de 8 pages.
Tableau des assemblées secrètes et fréquentes des Jésuites et leurs affiliés à Rennes, nov 1766 et mai 1767. On trouve ce tableau reproduit dans la *Correspondance Fontette* et dans la *Procédure de Bretagne*, t. I, pp. 10 et suiv.
Témoignages des différents ordres de la province de Bretagne sur la nécescité de rétablir le parlement de Rennes dans son universalité. S. l. n. d., 83 p. in-12.

2° *Publications récentes.*

Archives historiques de la Saintonge et de l'Aunis. t. III.
Bonnet. *La Chalotais, son caractère et ses idées.* Rennes, 1882, in-8° de 73 p.
Borel d'Hauterive, *Annuaire de la noblesse.* 1887, in-12.
Bossard (l'Abbé). *Le parlement de Bretagne et la royauté* (1765-1769). *Procès de La Chalotais.* Paris, 1882, in-8°.
Brehant (Mis de). *Généalogie de la maison de Brehant, en Bretagne.* Paris, 1867, in-8°.
Broglie (Emmanuel de). *Un soldat chrétien à la cour de Louis XV.* (Art. publ. dans le *Correspondant* des 25 mai et 10 juin 1880).
Bulletin de la Société des Bibliophiles Bretons. Nantes, X. (M. de La Borderie communique un pamphlet contre Mgr de Farcy, évêque de Quimper).
Bulletin de la Société des Archives historiques de la Saintonge et de l'Aunis., t. I.
Cabasse. *Essais historiques sur le parlement de Provence.* Paris, 1826, 3. vol. in-8°, t. III.
De Carné. *Les Etats de Bretagne et l'administration de cette province jusqu'en 1789.* Paris, 1868, 2 vol. in-8°, t. II.
Chartrier de Thouars.

Chastellux (de). *Notes prises à l'état civil de Paris.* Paris, 1875, in-8°.
Chateaubriand. *Mémoires d'outre-tombe.* Paris, 1860, 6 vol. in-8°.
Chatellier (du). *Histoire de la Révolution dans les départements de l'ancienne Bretagne.* 6 vol. in-8°, t. I.
Chenon. *Les Anciennes Facultés des droits de Rennes*, Rennes, 1890, in-8°.
Cornulier (de). *Généalogie de la maison de Cornulier.* Supplément ; Nantes 1863, in-8°.
Cornulier (de). *Essai sur le dictionnaire des terres et des seigneuries comprises dans l'ancien comté nantais.* Nantes, 1857, in-8°.
Courcy (Pol de). *Nobiliaire et armorial de Bretagne.* 3° édit. Rennes 1890. 3 vol. in-4°.
Courcy (Pol de). Continuation du P. Anselme. *Histoire chronologique des grands officiers de la couronne.* Paris, Didot, 9 vol in-4°.
Dareste, *Histoire de France.* Paris, 1874-1879, 9 vol. in-8°, t. VI.
Documents généalogiques pour la maison, de Charette. Nantes, 1891, in-8°.
Dubedat, *Histoire du parlement de Toulouse.* Paris, 1885, 2 vol. in-8°, t. II.
Ducrest de Villeneuve. *Histoire de Rennes.* Rennes, 1845, in-8°.
Farcy (Paul de) · *Généalogie de la famille de Farcy.* Laval, 1891, in-4°.
Floquet, *Histoire du parlement de Normandie.* 7 vol. in-8°, t. VI.
Foisset. *Le président de Brosses ; Histoire des lettres et des parlements au XVIII° siècle.* Paris, 1842, in-8°.
Généalogie de la maison de Talhoüet. Paris, 1869, in-4°.
Guillotin de Corson. *Famille historique de l'Archevêché de Rennes.* Rennes, 1880-1886, 6 vol. in-8°.
— *L'abbé de Kergu.* 1892, in-8° (Revue de Bretagne, Vendée et Anjou).
Hennequin. *Plaidoyer dans l'affaire de l'Etoile.* Paris, 1826, broch. in-8° de 42 p. suivie de 46 pages de pièces justificatives.
Histoire généalogique de la maison du Breil. Rennes, 1889, in-4°.
Hœfer, *Nouvelle biographie Générale.* Paris, 1854-1870, 46 vol. in-8°, t. XXXVIII.
Inventaire des Archives du Morbihan.
Jobez. *La France sous Louis XV.* Paris, 1873, 6 vol. in 8°, t. VI.
Kersauson (de) *Généalogie historique de la maison de Kersauson.* Nantes, 1886, in-4°.
— *L'Episcopat Nantais à travers les siècles* (Revue historique de l'Ouest, Nantes, 8° année, n° de juillet 1892).
Kerviler. *Répertoire général de Biobibliographie bretonne.* Rennes, in-8° (en cours de publication) 7° fascicule 1889, p. 346.
La Chesnaye des Bois. *Dictionnaire de la noblesse.* 3° éd.
Lacretelle (de). *Histoire de France pendant le* XVIII° *siècle.* Paris, 1812, 6 vol. in-8°, t. IV.

La Gournerie (de). *Les débris de Quiberon.* Nantes, 1875, in-8°.

Lainé. *Archives généalogiques de la noblesse de France*, 1828-1850, 11 vol. in-8° V. *Généalogie de la maison Pantin.*

La Sicotière (de). *L'Association des Étudiants en droit de Rennes avant 1790.* Nantes, 1883, in-8°, 74 p.

Letourneux, *Essai sur La Chalotais* (Discours de rentrée à la cour de Rennes br. in-12 de 20 p. 1837).

Le Vot. *Biographie bretonne.* Rennes 1852-1857, 2 vol. gr. in-8°.

Lucas. *La Chalotais (Revue de Bretagne*, 1883, t. III, 3° livraison).

La Patellière (du Bois de). *Notes historiques sur quelques paroisses du diocèse de Nantes.* 2° série. Nantes, 1891, in-8°.

Luçay (de). *Les secrétaires d'état depuis leur institution jusqu'à la mort de Louis XV.* Paris, 1881, in-8°.

Magon de La Giclais. *Généalogie de la famille Magon.* Lille, 1883, in-8°

Martin (Henri). *Histoire de France.* Paris, 1864-1872, 17 vol. in-8°, t. XVI.

Marion. *Machault d'Arnonville.* Paris, 1891, in-8°.

Mémoires de la Société archéologique d'Ille-et-Vilaine, t. XIII et XVIII.

Michaud. *Biographie universelle et moderne.* Paris, 1811-1859, 82 vol. in-8°, t. VII.

Michelet. *Histoire de France.* Paris, 1871-1874, 17 vol. in-8°, t. XVII (*Louis XV et Louis XVI*).

Monti de Rezé (de). *Documents généalogiques pour la maison de Charette.* Nantes, 1891, gr. in-8° p. 68.

Ogée et Marteville. *Dictionnaire historique de Bretagne.* Rennes, 1843-1853, 2 vol. gr. in-8°.

Paris-Jallobert (Abbé). *Journal historique de Vitré.* Vitré, 1880, in-4°.

— *Descente des Anglais à Cancale en 1758.* Nouveaux documents contemporains inédits. Rennes, 1888, in-8° Extrait du t. XVIII des *Mémoires de la Société archéologique d'Ille-et-Vilaine.*

Perthuis et de La Nicolière-Teijeiro. *Le livre doré de l'Hôtel de Ville de Nantes.* Nantes, 1873, 2 vol. in-8°.

Pitre-Chevalier. *La Bretagne ancienne et moderne.* 1844, in-8°.

Pocquet. *L'opposition aux états de Bretagne.* Br. in 8° de 33 p. Vannes, 1892. (Extrait de la *Revue de Bretagne, de Vendée et d'Anjou*, sept. 1891).

Poli (Oscar de). *Précis généalogique de la maison de La Noue.* 1886, in 12.

Prudhomme. *Dictionnaire des individus envoyés à la mort judiciairement, pendant la Révolution.* Paris, an V, 2 vol. in 8°.

Recueil complet du procès intenté par les héritiers de M. de La Chalotais, ancien proc^r gén^l du Parl^t de Bretagne contre les éditeurs du journal dit l'Etoile — (1re partie, Paris et Rennes. 1826 in-8° de 103 pages.

Revue des grands procès contemporains. 1883 (1re année).

Sismondi. *Histoire des Français.* Paris, 1821-1844, 31 vol. in-8°, t. XXIX.

ERRATA

P. 298, n. : Mourquer, *lire* Nourquer.

P. 385 : Lettre dite : Note de la Noue, *lire* Paris, 7 mars, *au lieu de* Rennes, 7 mars.

P. 502, note 1. Cette note s'applique à la fois à Mme de Lambilly et à sa sœur.

P. 575, n. : Hervé Gabriel, *lire* Jean Hervé.

P. 576, n. : Caradec, *lire* Carcaradec.

P. 607 : Saulnier, *lire* Saulnier (M. le conseiller) et M. l'avocat Norbert Saulnier.

[Extrait des *Mémoires de la Société des Antiquaires de l'Ouest* (tome XV, année 1892)

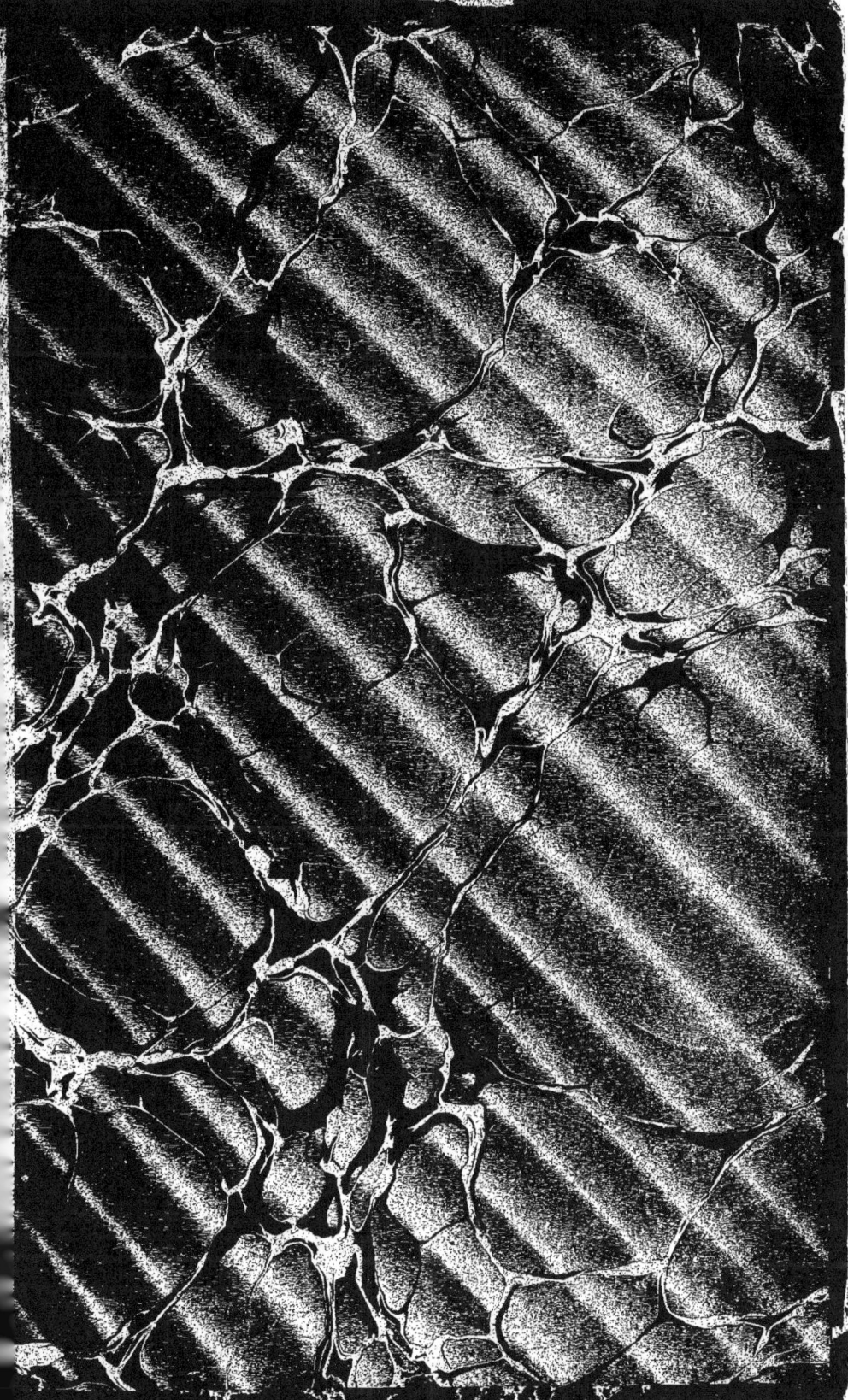

www.ingramcontent.com/pod-product-compliance
Lightning Source LLC
Chambersburg PA
CBHW071241240426
43668CB00033B/1033